KB202982

칼 카우츠키
그리스도교의 기원

Der Ursprung des Christentums
Eine historische Untersuchung

Stuttgart 1919
Verlag von J. H. M. Dietz Nachf.

# 칼 카우츠키
# 그리스도교의
# 기원

칼 카우츠키 지음
이승무 옮김 | 손규태 감수

동연

그리스도교와 성서 비평은 나의 오래된 관심 주제이다. 25년 전에 나는 코스모스(Kosmos)지에 성서의 원역사의 기원에 관한 소고를 발표했으며, 그 2년 후에는 노이에 차이트(Neue Zeit)지에 그리스도교의 기원에 관한 소고를 발표했다. 그래서 이것은 나의 옛사랑에게로 돌아가는 것이다. 나의 『사회주의의 선구자들』의 재판이 필요하다고 여겨졌을 때 기회가 왔다.

그 책에 대한 비평은 내가 아는 한 주로 서문을 트집 잡는 것인데, 그 서문에서 나는 원시 그리스도교의 공산주의를 간략하게 설명했었다. 이는 최근의 연구 결과들을 볼 때 성립할 수 없는 인식이라는 비평이었다.

이런 비평들이 있고 난 직후에 특히 괴레(Göre) 동지에 의해 추가로 공언된 바가 있는데, 그것은 내 책에서 또 하나의 개념이 쓸모없는 것이 되었다는 것이다. 이는 처음에 브루노 바우어가 주장했고 그 다음에는 메링에 의해 핵심 부분들이 받아들여졌고 1885년에는 나에 의해 수용된 개념으로서 우리가 예수의 인간됨에 대해 확실하게 말할 수 있는 것은 없다는 것, 그리고 그리스도교는 이 사람을 끌어들이지 않고서도 설명될 수 있다는 생각이다.

이런 이유들 때문에 옛 연구들을 통해 얻은 그리스도교에 대한 생각들을 최근의 문헌에 비추어 검증함 없이 13년 전에 나온 내 책의 새 판을 준

비하기가 망설여졌다.

그 과정에서 나는 고칠 것이 없다는 안심을 주는 결론에 도달했다. 그러나 최근의 연구들은 수많은 새로운 관점과 제안들을 알려주어서 『선구자들』에 대한 서문을 점검하는 작업은 새 책 한 권을 쓰는 일이 되고 말았다.

나는 물론 그 주제를 빠짐없이 다루었다는 주장을 하는 것이 아니다. 그러기에는 너무나 방대한 주제이다. 나는 유물론적 역사관의 관점에서 그리스도교의 여러 측면들 중에 결정적인 것으로 보이는 것들에 대한 이해에 기여하는 데 성공했다면 만족할 것이다.

나는 물론 종교사의 문제들에 대한 나의 배움을 그 주제에 평생을 바친 신학자들의 학식과 비교할 수는 없다. 나는 현대의 계급투쟁에 참여하는 누구라도 그의 모든 주의(注意)를 현실이 독차지하고 과거사 연구를 위한 자리를 남겨 주지 않는 시대, 러시아 혁명의 시작과 터키 혁명의 발발 사이에 놓인 시기에 문서 간행과 정치 활동을 하고 남는 자유 시간에 이 책을 써야 하는 입장이었던 것이다.

그러나 신학과 종교사 교수들의 주의를 벗어난 원시 그리스도교의 본질에 대한 통찰을 할 수 있게 해 준 것은 바로 내가 프롤레타리아의 계급투쟁에 집중적으로 참여하고 있기 때문이었을 것이다.

『쥘리(*Julie*)』*에서 J. J. 루소는 이렇게 말한다.

사회를(세상을) 그저 방관자로서 연구하려고 하는 시도는 어리석다고 생각한다. 그냥 관찰하기만을 원하는 사람은 아무것도 관찰하지 못한다. 그런 이는 사업에서 무능하고 노는 데도 소질이 없는 것처럼 아무 노릇도 못한

---

* 루소(Jean Jacques Rousseau)의 소설 ─ 옮긴이.

다. 우리는 우리 스스로 행동하는 만큼만 타인의 행동을 본다. 세계라는 학교에서는 사랑의 학교에서처럼 우리는 우리가 배우고 싶은 것을 실천함으로써 시작해야 한다.(제2부, 17. Brief)

이 명제는 여기서 한정된 주제인 인간 연구로부터 모든 사물 연구로 확장될 수 있다. 사람은 결코 사물들에 실천적으로 뛰어들지 않고서 단지 바라보는 것만으로는 멀리 갈 수가 없다. 이는 심지어 별과 같이 먼 것들에 대한 연구에서도 성립한다. 천문학이 순수한 관찰에만 머무르고 그것을 실천, 망원경, 분광분석, 사진술과 연결시키지 않았다면 그 천문학은 어떤 상태에 있겠는가? 그리고 이는 땅의 일들에 대해서는 더욱더 그러하다. 이에 대해서는 우리의 실천이 단지 구경하는 것보다 훨씬 더 우리의 피부에 와 닿는다. 우리가 어떤 일을 그냥 구경만 하는 것으로 배우는 것은 우리가 이것들에 작용하고 이것들과 함께 작업함으로써 경험하는 것에 비하면 새 발의 피다. 자연과학에서 실험의 엄청난 중요성만 생각해 보아도 알 수 있다.

인간 사회에서 실험은 인식의 수단으로서 성립되지 않는다. 그러나 그렇다고 해서 연구자의 실천 활동이 별것이 아닌 역할만을 하는 것은 아니다. 물론 어떤 조건들이 충족될 때 그렇다는 것이다. 이런 조건들이라야 실험도 유익한 것으로 만들어 주는 것이다. 이 조건들이란 이전의 조사자들이 행한 극히 중요한 발견 사항들에 대한 지식, 모든 현상에서 본질이 되는 것을 보는 눈을 날카롭게 해 주는 과학적 방법에 대한 숙지로서 이는 본질적인 것을 비본질적인 것으로부터 분리하게 해 주고 다양한 경험들에서 공통적인 것을 발견하게 해 주는 것이다.

이런 조건을 갖춘 사상가가 자신이 활동하는 분야의 연구를 착수하게 되면 구경꾼으로서는 불가능한 결과를 달성할 가능성이 높다. 이것이 사실인 분야로서 역사 분야를 말할 수 있다. 실천 정치가는 그가 충분한 학문적 수련을 쌓았다면 정치를 움직이는 것에 대한 실천적인 인식이 거의 없는 도서관의 학자보다 정치사를 더 잘 이해하고 그 안에서 자신의 진로를 더 잘 발견할 것이다. 연구자는 자신이 활동 중인, 그리고 그가 그 성질을 친숙하게 알고 있는 계급의 운동을 연구할 때에는 특히 그의 실천 경험으로 도움을 받게 되는 것이다.

지금까지 이것은 거의 전적으로 학문을 독점해 온 자산계급의 장점이었다. 하층계급의 운동은 특출한 연구자들이 많지 않았다. 그리스도교는 그 초기 단계에서는 의문의 여지없이 무산자들의 운동이었으며, 프롤레타리아가 임금노동자만을 가리키는 것으로 쓰이지 않는다면 무산자에는 프롤레타리아라는 이름으로 뭉뚱그릴 수도 있는 극히 다양한 종류의 사람들이 있었다. 누구든지 현대의 프롤레타리아 운동을 알고 여러 나라들에서 그것이 가진 공통점을 아는 사람, 그들과 함께 일함으로써 그것을 아는 사람, 누구든지 프롤레타리아의 동지적 투쟁자였고 거기서 그 감정과 열망을 함께 할 줄 알게 된 사람은 프롤레타리아를 멀리서만 보는 학식 있는 사람보다 더 쉽게 여러 측면에서 그리스도교의 기원을 파악할 수 있다고 기대해도 좋다.

이제 비록 학문적 수련을 쌓은 실천 정치가가 역사를 기술함에 있어서 단순한 책상물림보다 많은 장점을 가졌다 해도 그는 그의 불편부당성을 흐트러지게 하는 유혹을 세상일에 초연한 서생보다 더 강하게 느끼기 때문에 그 장점들을 잃어버리는 일이 많다. 특히 두 가지 위험성이 다른 연구자들의 역사 기술보다 실천적 정치가의 그것을 위협한다. 첫째 과거를 완전히 현재의 틀에 끼워 맞추려는 시도, 그 다음은 현재의 정치상의 필요에 부합하는 방식으로 과거를 바라보려는 노력이다.

우리 사회주의자들은 맑스주의자인 한에서는 프롤레타리아적 관점과 직결된 유물론적 역사관에 의해 이런 위험들에서 보호를 받고 있다고 느낀다.

전통적인 역사관은 정치운동을 특정한 정치제도―군주정, 귀족정, 민주정 등―를 둘러싼 투쟁에 불과한 것으로 바라본다. 그리고 이 정치제도들은 특정한 윤리 사상과 노력의 결과인 것으로 여긴다. 우리가 더 이상 나아가지 않고 이 사상·노력·제도 들의 토대를 탐구하지 않는다면 그것들이 수 세기가 지나는 동안 외면적으로만 달라져 왔고 기본적으로는 똑같다는 결론, 동일한 사상·노력·제도 들이 계속하여 반복된다는 결론, 모든 역사는 압제와 불평등에 항상 맞서는, 결코 실현이 불가능하지만 완전히 뿌리 뽑을 수 없는 자유와 평등을 향한 지속적 운동이라는 결론에 쉽게 도달하게 된다.

어딘가에서 언젠가 자유와 평등의 투사들이 승리했다면 그들의 승리는 새로운 압제와 불평등의 기초로 전락한다. 그러면 곧 이어서 자유와 평등의 새로운 투사들이 한 번 더 일어난다.

이런 식으로 모든 역사는 항상 자기 자리로 돌아오는 원처럼 보인다. 똑 같은 투쟁이 영원히 반복되며 그 가운데 의상은 갈아입지만 인류는 진보를 이루지 못한다.

이런 견해를 가진 사람은 언제나 과거를 현재의 닮은꼴로 그리는 경향이 있다. 그리고 그가 현재의 사람들을 더 잘 알수록 그는 고대의 사람들을 이 표준에 따라 재단하는 경향을 더 가지게 된다.

이와는 달리 사회적 사상의 관찰에 머물지 않고 사회 심층의 기초에서 그 원인을 찾는 역사관이 있다. 이런 역사관은 언제나 생산 양식과 씨름하며 생산 양식은 또한 비록 전적으로는 아니지만 궁극적으로는 기술(技術)의 상태에 의존하는 것이다.

우리가 고대의 기술과 생산 양식을 관찰 대상으로 하자마자 동일한 희·비극이 세계의 무대에서 계속 반복된다는 생각은 사라진다. 인간의 경제사는 낮은 형태에서 높은 형태로의 계속적 발전을 보여준다. 물론 끊이지 않고 곧게 앞으로만 나아가는 발전이 아니기는 하다. 그리고 우리가 다양한 역사적 시기에 인간의 경제관계를 연구하면 곧바로 동일한 사상, 노력 및 정치제도는 끝없이 반복된다는 환상은 사라지게 된다. 똑 같은 낱말이 여러 세기가 지나면서 의미가 달라진다는 것, 외면적으로 서로 닮은 사상과 제도가 다른 내용을 가지며 이는 상이한 환경 속에서 상이한 계급들의 필요에서 비롯된 것이기 때문이라는 것을 우리는 안다. 현대 프롤레타리아가 요구하는 자유는 1789년 제3신분 대표들이 추구한 자유와 다르며, 이는 또 종교개혁 초기에 독일 제국의 기사계급이 얻으려고 투쟁했던 자유와 기본적으로 달랐다.

정치적 투쟁을 추상적 사상이나 정치제도를 위한 투쟁으로 간주하기를 중단하고 그것의 경제적 토대를 드러내자마자 금방 알게 되는 것은 기술과 생산 양식에서와 똑같이 여기서도 더 높은 형태를 향한 계속적인 발전이 있다는 것, 어떤 시대도 그 밖의 시대와 완전히 똑같지는 않다는 것, 동일한 전쟁의 함성과 동일한 주장들이 다른 시대에는 아주 다른 것을 뜻한다는 것이다.

이제 프롤레타리아의 관점이 우리로 하여금 부르주아 학자들보다 더 쉽게 원시 그리스도교가 현대의 프롤레타리아 운동과 가지는 공통적인 측면들을 이해하도록 해 준다면, 유물사관에서 오는 경제적 관계에 대한 강조는 공통적인 특성들에 대한 인식을 넘어서 고대의 프롤레타리아의 특징, 그 특수한 경제 상황에서 나오는 특징, 그들이 갖는 일체의 공통적 측면들에도 불구하고 그들의 분투를 현대 프롤레타리아의 투쟁과 다르게 만들어 주는 특징을 망각하지 않도록 지켜 준다.

맑스주의 역사관은 현재의 잣대로 과거를 재단하는 위험에서 우리를 지켜 주며, 우리에게 각 시대, 각 민중의 특질에 대한 예리한 눈을 제공한다. 동시에 그것은 다른 위험, 과거 서술을 우리가 현시대에 쫓고 있는 현실적 이해관계에 끼워 맞추려는 위험에서 우리를 지켜 준다.

물론 정직한 사람이라면 그의 관점이 무엇이든 의식적으로 역사를 왜곡하는 유혹에 빠지는 것을 스스로에게 용납하지 않을 것이다. 그러나 사회과학에서보다 학자의 불편부당성이 더 필요한 데는 없으며 거기서보다 이를 달성하기가 더 어려운 데도 없다.

학문의 과제는 단순히 존재하는 것을 기술하고 생생한 실재의 사진을 찍어 정상적으로 장비를 갖춘 어떤 관찰자라도 똑 같은 그림을 그리게 할 그런 일을 하는 것이 아니다. 학문의 과제는 혼란스러운 '복합된 측면들' 내지 현상들에서 일반적인 것, 본질적인 것을 끄집어내어 그것들로부터 현실의 미로에서 빠져나올 길을 찾게 해 주는 실마리를 만들어 주는 것이다.

그런 문제에 대해서라면 예술의 과제도 비슷하다. 예술 역시 단순히 현실의 사진을 찍는 것이 아니다. 예술가는 그가 묘사하고 싶은 현실에서 본질적이고 특징적으로 보이는 것을 재현한다. 예술과 학문의 차이는 예술가는 감각기관이 포착할 수 있는 형태로 본질적인 것을 제시하여 그로써 효과를 일으키는 것을 목표로 삼는 반면에 사상가는 본질적인 것을 개념 내지 추상으로서 제시한다는 데 있다.

현상이 복잡하면 복잡할수록 그리고 비교될 수 있는 현상이 적으면 적을수록 거기서 본질적인 것을 우연한 것으로부터 구분하기가 더 어렵고, 연구자와 해설자의 주관적 성질들이 더 큰 역할을 하게 된다. 그럴수록 그의 관점의 명확성과 불편부당성이 더 절실하다.

지금, 인간 사회, 사람들의 사회보다 더 복잡한 현상은 없다. 이 사회의 각 사람이 이미 우리가 아는 다른 어떤 존재보다 더 복잡하다. 그리고 동시에 동일한 발전 단계에서 상호 비교가 가능한 사회 유기체들의 수효는 비교적 아주 적다. 사회에 대한 과학적 연구가 우리 경험의 다른 어느 분야보다 뒤늦게 시작되었다는 것은 놀라운 일이 아니며, 바로 이 영역에서 학자들의 관점이 다른 어느 분야에서보다 서로 간의 편차가 더 크다는 것도 놀랍지 않다. 그러나 이런 난점들은 사회과학에서는 아주 흔한 경우로서 여러 학자들이 그들의 연구결과에 대해 다양한, 많은 경우에 상반되는 방향에서 실천적 관심을 가질 때, 이 실천적 이해관계가 반드시 개인적인 이해관계는 아니지만 사실상 계급적인 이해관계일 수 있을 때 엄청나게 증폭된다.

어떤 이가 아무튼 사회의 모순과 그의 시대의 싸움에 관심을 가지고 동시에 현재의 이 현상들을 과거의 모순과 싸움의 반복으로서 바라볼 때는 불편부당성을 유지하기가 아주 불가능하다는 것은 분명하다. 과거의 것은 이제 현재의 것에 대한 정당화나 정죄를 그 안에 포함하는 선행 사건들이 된다. 현재에 대한 우리의 판단은 과거에 대한 우리의 판단에 의존한다. 자신의 신조를 중요시하는 어떤 사람이라도 불편부당한 입장에 머물 수 있는가? 그가 그 신조에 집착하면 할수록 자신의 입장을 지지해 주는 것으로 보이는 과거의 사실들에 더 큰 중요성을 부여하고 이를 강조할 것이며, 반대의 증언을 해 주는 것으로 보이는 사실들은 비본질적인 것으로 뒷전으로 보내 버릴 것이다. 연구자가 과거의 특정 현상들을 찬양하거나 낙인찍는 도덕가나 변호사가 되는 것은 그가 교회, 왕정, 민주정 등 현대의 유사한 현상들의 옹호자이거나 적이기 때문이다.

경제적 통찰을 토대로 역사에서는 아무것도 되풀이되는 것이 없다는 것, 과거의 경제적 관계는 다시 불러들일 수 없는 곳으로 가 버렸다는 것, 이전의 계급 모순과 투쟁은 오늘날의 그것과는 본질적으로 다르다는 것, 그래서 현재의 제도와 관념은 외면적으로는 과거의 것들과 상통하지만 완전히 내용이 다르다는 것을 일단 깨닫게 되면 상황은 완전히 다르게 된다. 모든 시대는 그 자체의 자로써 재어져야 한다는 것, 현재의 노력들은 현재의 관계들에 토대를 두어야 한다는 것, 과거의 성공이나 실패는 이 문제와 별 관련성이 없다는 것, 현재의 요구를 정당화하기 위해 단순히 과거에 호소하는 것은 우리를 엉뚱한 곳으로 인도할 뿐이라는 것을 사람들은 이제 감지하고 있다. 프랑스의 민주주의자들과 프롤레타리아들은 지난 세기에 현존하는 계급관계에 대한 통찰보다는 프랑스 혁명의 '이론'에 더 의존했을 때 이를 충분히 자주 경험했다.

유물사관의 관점을 취하는 자는 그가 비록 현재의 실천적 투쟁에 가장 적극적으로 참여한다 하더라도 과거를 극히 완벽한 불편부당성을 가지고 바라볼 수 있다. 그의 실천적 행동은 과거의 현상들에 대한 그의 관점을 더욱 예리하게 해 줄 뿐이며 더 이상 흐릿하게 해 줄 수는 없다.

그래서 나도 원시 그리스도교의 뿌리를 찬양하거나 낙인찍으려는 의도 없이 묘사하고 단지 그것을 이해하기로 했다. 나는 내가 어떤 결과에 다다를지라도 내가 투쟁의 목표로 삼은 신조가 그로 인해 훼손될 수는 없다는 것을 알았다. 내가 로마 제국의 프롤레타리아들을 어떻게 보든지, 그들의 노력과 결과가 무엇이었든지 그들은 아주 다른 상황에서 아주 다른 방법으로 투쟁하고 일하는 현대의 프롤레타리아와는 전혀 다르다. 어떠한 강력한 행동과 성취를, 어떠한 참화와 패배를 그 프롤레타리아주의자들이 거두었든, 그들은 현대의 프롤레타리아의 본질과 전망에 대해 우호적이든 비우호적이든 어떤 증언도 해 주지 못할 것이다.

이제 만일 그러하다면, 역사를 파헤칠 어떤 현실적인 목적이라도 있는가? 평범한 관점에서는 역사를 정치적 행동의 바다에서 선원들을 위한 해도로 간주한다. 그것은 이전의 항해자들이 좌초한 암초와 얕은 물을 보여주어 그 후계자들이 무사히 그곳을 지나가게 해 주어야 한다. 그러나 역사의 해협은 계속 변화하고 있으며 얕은 물은 항상 새로운 곳에 생겨나 모든 조타수는 끊임없이 해협을 조사하여 새로운 길을 발견해야 한다. 옛날 해도만 펼치고 키를 잡는 것이 길을 잘못 들게 할 뿐이라면 골동품 수집가가 아닌 이상 왜 아직도 역사를 연구하는가?

이런 입장을 취한 자는 누구나 아기를 목욕물과 함께 버리는 꼴일 것이다.

우리가 사용해 온 비유 이미지에 계속 머문다면 물론 역사는 정치적 선박의 항해사들을 위한 영구적 해도로 사용될 수 없다. 그렇다고 해서 그것이 그에게 도대체 소용 없다는 말은 아니다. 그는 다만 그것을 다르게 사용해야 한다. 그는 그것을 수심측정기로, 자기가 있는 항로를 알아내고 자기 진로를 찾아내는 수단으로 사용해야 한다. 현상을 이해하는 유일한 방법은 그것이 어떻게 생겨났는지를 알아내는 것이다. 오늘날의 사회가 어떻게 생겨났으며 그것의 다양한 현상들, 즉 자본주의·봉건제·그리스도교·유태교 등이 어떻게 발달했는지를 모른다면 나는 오늘날의 사회를 파악할 수 없다.

만일 내가 속한, 혹은 내가 가담한 계급의 사회적 지위와 과제, 전망에 대해서 명확히 알고 싶다면 나는 기존의 사회 유기체에 대해 명확히 알아야 한다. 나는 그것을 모든 측면에서 파악해야 한다. 그것은 내가 그 발전 과정을 추적하지 않았다면 불가능한 일이다. 사회의 발달 경로에 대한 통찰 없이는 의식적이고 멀리 보는 계급 투쟁가가 되는 것은 불가능하다. 사람은 자기의 직접적 환경과 현재 순간에서 받아들인 인상에 의존하게 되며, 앞길을 인도하는 것처럼 보이지만 곧 출구가 없는 낭떠러지 사이의 막다른 길로 가는 해협으로 항해하고 있지는 않은지를 결코 확신할 수 없다. 물론 많은 계급투쟁은 그것에 가담한 자들이 자신이 사는 사회의 본질에 대해 명확히 의식하지 않았어도 성공하는 것은 사실이다.

그러나 오늘날의 사회에서 성공적인 투쟁의 조건들은 사라져 가고 있다. 마치 이 사회에서 자신의 음식과 기호품을 선택하는 데 본능과 전통에만 인도를 받기가 점점 더 어려워져 가는 것과 똑같다. 그것은 단순한, 자연적 조건에서는 적절했을지 모른다. 삶의 조건이 기술과 과학의 진보의 결과로 점차 인공적으로 되어 가면서 그것이 점차 자연에서 벗어남에 따라, 개인은 그에게 제공된 대량의 인공물들로부터 그의 유기체인 몸에 가장 필요한 것을 골라내는 데 더 많은 자연과학적 지식을 필요로 한다. 사람들이 물만 마시던 한에서는 좋은 샘물을 찾아내고 더러운 늪지의 물을 피하게 하는 본능만으로 충분했다. 그러나 제조된 음료수에 대한 안내자로서는 본능은 완전히 실패한다. 과학적 통찰력이 여기서 필수가 된다.

그리고 정치에서, 사회활동 일반에서 꼭 그런 식이 된다. 소박하고 명백한 관계가 수 세기 동안 변함없이 지속하는 고대의 흔히 아주 작은 공동체들에서는 전통과 '건전한 상식', 곧 개인이 자신의 개인적 경험의 결과로 도달한 통찰력이 사회에서의 위치와 소임을 보여주는 데 충분했다. 오늘날 그 시장이 지구 전체가 된 사회, 끊임없는 운동, 기술적 · 사회적 격변 속에 있는 사회, 일꾼들이 수백만의 군대로 조직되고 자본가들은 그들의 손아귀에 수십억에 해당하는 금액을 모으는 사회, 그러한 사회에서는 발흥하는 계급, 존재하는 것의 보전에만 스스로를 한정할 수 없는, 사회의 완전한 갱신을 요구할 수밖에 없는 계급은 건전한 상식과 실천가의 세세한 실무에 매몰된다면 그 계급투쟁을 용의주도하게 성공적으로 수행할 수 없을 것이다. 오히려 각 투쟁가에게는 과학적 통찰력으로 자신의 시야를 넓히고 공간적 · 시간적인 사회적 연관성에 대한 인식을 계발하되 실무를 지양하거나 심지어 그것을 뒷전으로 밀어놓기 위해서가 아니라 그것을 전체 사회 과정과의 의식적 연관 속에 두기 위해서 그렇게 하는 것이 긴급한 필요사항이 된다. 이것을 더욱더 필요하게 만드는 것은 점차로 전 지구를 포괄해 가는 바로 이 사회가 동시에 노동 분업을 점점 더 추진하고 개인을 점점 더 하나의 특수 분야, 단일한 작업으로 국한하며, 그를 정신적으로 저질로 만드는 경향을 띠어 그가 독립성을 더욱 잃게 하고, 동시에 거대한 모습으로 부상하는 전체 과정을 더욱 이해하지 못하게 만드는 경향이 있다는 사정이다.

그래서 프롤레타리아 계급의 흥기를 자신의 필생의 업으로 삼은 모든 이의 의무는 이러한 정신적 황폐화와 우매화의 경향에 맞서서 프롤레타리아들에게 거시적 관점, 거시적 관계들, 거시적 목표에 관심을 기울이도록 하는 것이다.

역사의 연구, 장기간에 걸친 사회의 발전 경로에 대한 개관과 이해보다 이를 더 잘할 수 있는 방법은 좀처럼 없다. 특히 이 발전이 오늘날 지배적인 열강제국에서 계속하여 영향을 떨치는 강력한 사회운동들을 포함한 것일 때 그러하다.

프롤레타리아 계층에게 사회적 통찰, 자아의식, 정치적 성숙, 거시적 사고를 가져다주려면 유물사관의 도움을 받아 역사적 과정을 연구하는 것이 필수적이다. 이런 식으로 우리에게 과거의 연구는 단지 호사가의 골동품 수집 취미가 되는 것이 아니라 더 나은 미래의 달성을 재촉하기 위한 현재의 투쟁에 강력한 무기가 되는 것이다.

1908년 9월 베를린<br>
K. 카우츠키

# 제III부 유태인들

# 제IV부 그리스도교의 출범

■ 일러두기

1. 본문에 인용으로 구분한 단락들은 원문에서는 별도 구분이 없이 붙어 있었다.

2. 1908년 독일어 초판본(J. h. W. Dietz: Stuttgart)을 번역하였으며, Marxists Internet Archive 홈페이지의 영어 번역을 참조였다.

3. 본문 중 성서 구절은 〈공동번역 개정판〉 성서의 번역을 따랐다. 또한 본문 번역에서 한국 개신교에서 사용하는 '하나님'이라는 번역을 '하느님'으로 통일하여 표기했다.

4. 시간적·문화적으로 거리가 먼 원서이기에 책 내용의 이해를 돕기 위해 간략한 연표와 지도(중근동 지방의 무역루트 등)를 추가했고 또한 책에 언급되는 사람들을 간추려 〈인명사전〉으로 덧붙였다.

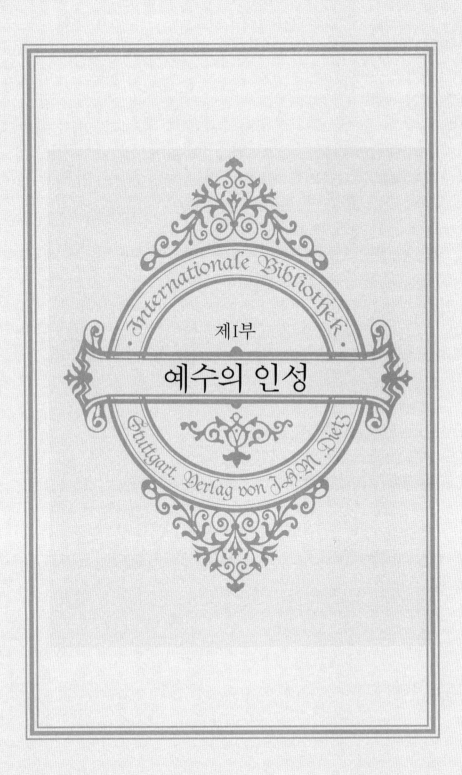

제I부

# 예수의 인성

Internationale Bibliothek

Stuttgart, Verlag von J.H.W. Dietz

# 제1장

# 이교도 측의 사료

그리스도교에 대해 어떤 입장을 취하든지, 그리스도교는 확실히 온 인류 역사에서 가장 거대한 현상 중의 하나로 인정해야 한다. 오늘날 거의 2000년이나 되었어도 아직도 생기 넘치고 여러 나라의 국가 권력보다 더 강력한 그리스도교 교회를 생각할 때 깊은 놀라움의 감정을 감출 길이 없다. 이 거대한 현상을 우리로 하여금 이해하게 도와주는 모든 것과 또한 이 조직체의 근원에 대한 연구는 비록 그것이 우리를 수천 년 전으로 데려갈지라도 크나큰 실천적 의미를 지닌 최고로 현실적인 사안이다.

이는 지난 200년보다 더 위로 거슬러 올라가는 다른 어떤 역사 문제보다 그리스도교의 시초에 관한 연구에 훨씬 더 큰 관심이 모아지지 않을 수 없게 한다. 그러나 그것은 또한 그리스도교의 시초를 발견하는 일을 그렇지 않았을 경우보다 훨씬 더 어렵게 해 주기도 한다.

그리스도교 교회는 그 자신의 권력자나 혹은 다른 교회를 장악하는 법을 알았던 국가 권력자들의 필요에 봉사하는 통치 기구가 되었다. 이 권력자들과 투쟁하는 누구라도 그는 교회와도 맞서서 투쟁해야 한다. 교회를 둘러싼 투쟁과 교회를 반대하는 투쟁은 극히 중요한 경제적 이해관계와 얽힌 다툼의 사안이 되었다. 그래서 교회에 관해서는 역사 연구의 불편부당성을 흐리기가 너무나도 쉽게 되며, 이는 오래전에 지배계급이 그리스도교의 시초에 대한 연구를 금지하고 교회에 일체의 인간적 비판 그 위에 그리고 그 바깥에 선 신적 본성을 부여하도록 유도했다.

18세기의 부르주아 계몽주의는 결국 이 광환(光環)을 근원적으로 걷어치우는 데 성공했다. 처음으로 그리스도교의 기원에 관한 과학적 연구가 가능해졌다. 그러나 세속의 과학이 19세기 내내 이 분야와는 거리를 두어 그것이 마치 신학의 영역에 전적으로 속한 듯이, 세속의 과학과는 무관한 듯이 취급했다는 것은 주목할 만하다. 로마 제국 시대를 다룬 저명한 부르주아 역사가들이 쓴 일련의 역사 저작물들 대부분은 그리스도교의 성립이라는 가장 중요한 그 시대의 사건을 조심스럽게 스쳐 지나간다. 예를 들어 몸센(Mommsen)은 『로마사』 제5권에서 카이사르 치하 유태인들의 역사에 대해 매우 방대한 설명을 하는 가운데 간혹 그리스도교를 언급하지 않을 수 없었다. 그러나 그것은 이미 존재하는 사실로서, 이미 알려진 것으로 상정된 그 무엇으로서 불쑥 등장할 뿐이다. 대개는 신학자들과 그 반대자들인 자유사상의 선전자들만 그리스도교의 기원에 대해 흥미를 느꼈다.

부르주아 역사 서술이 오직 역사 서술일 뿐 투쟁 문서가 되기를 원치 않았던 한에서 그리스도교의 기원을 다루는 것을 삼가게 한 것은 꼭 소심함 때문만은 아니었다. 이 분야에서 정보를 얻어야 하는 자료들의 암담한 상태만으로도 그들은 기겁을 하고 달아났음이 틀림없다.

전통적인 견해는 그리스도교를 예수 그리스도 한 사람의 창조물로 본다. 이 견해는 오늘날까지도 극복이 되지 않았다. 예수는 적어도 "개명한" 그리고 "교육을 받은" 집단 내에서는 더 이상 신으로 여겨지지 않는 것이 사실이다. 그럼에도 불구하고 그는 여전히 특출한 인물로서 새로운 종교를 세우려는 의도로 세상에 등장했고 또 그렇게 해서 엄청난 성공을 거둔 인물로 여겨진다. 개명한 신학자들이 이 견해를 따르며, 급진적인 자유사상가들도 그에 못지않게 이 견해에 의거한다. 후자가 신학자들과 다른 점은 그들이 그리스도라는 인간을 비판하여 그들이 할 수 있는 대로 그에게서 모든 지고한 존재의 속성을 벗겨내려고 노력한다는 점이다.

그러나 18세기 말엽, 영국의 역사가 기본(Gibbon)은 그의 『로마 제국의 쇠퇴와 멸망』(1774년부터 1788년까지 쓰임)에서 예수가 그런 놀라운 일을 행했다고 하는데도 그의 동시대인들 누구도 그를 언급하지 않은 것이 얼마나 놀라운 일인지를 풍자적으로 꼬집었다.

> "우리는 전능자의 손에 의해 그들의 이성이 아닌 그들의 감각기관에 제시된 저 증거들에 대한 이교도들과 철학계의 이러한 주의 태만을 어떻게 설명해야 할 것인가? 그리스도와 그의 사도들, 그리고 그의 첫 번째 제자들의 시대에 그들이 설교한 가르침은 무수한 기적에 의해 뒷받침되었다. 절름발이가 걷고 장님이 보게 되고, 병든 자가 치료받고, 죽은 자가 살아나고, 귀신들이 쫓겨났으며 자연의 법칙이 교회를 위해 정지된 일도 흔히 있었다. 그러나 그리스와 로마의 현자들은 두려운 광경을 외면하고 일상적인 직업생활과 연구에 매달려 세계의 도덕적 내지 물리적 질서에서의 어떠한 변경 사항도 의식하지 못한 것처럼 보인다."

그리스도교의 전설에 따르면 예수의 사망 시에 온 지구는, 아니면 최소한 팔레스티나 전역은 세 시간 동안 암흑에 덮였다. 이는 그의 자연사에서 일식현상에 관하여 한 개의 장으로 다룬 구 플리니우스(Plinius)의 시대

에 일어났다. 그런데 이 일식에 대하여 그는 아무 말도 없다.(Gibbon, 제 5장)

그러나 우리가 기적들을 도외시한다고 해도 복음서에 의할 때 사람들의 정신에 그토록 큰 흥분을 일으킨 복음서상의 예수와 같은 인물이 어떻게 자신의 사업을 완수하고 결국에는 자신의 신념을 위한 순교자로 죽을 수 있었는지, 그런데도 이교도나 유태의 동시대인들이 그에 대해 한 마디도 말이 없을 수 있는지를 이해하기가 어렵다.

비그리스도인에 의한 예수에 대한 최초의 언급은 요세푸스 플라비우스(Josephus Flavius)의 『유태 고대 사적(事績)』에서 찾아볼 수 있다. 제18권 제3장은 공소권자 본티오 빌라도를 다루고 있고 그중에 다음과 같은 말이 나온다.

"이 무렵에 예수가 살았다. 그가 인간으로 불릴 수 있다면, 현인이었다. 기적을 행했고 진리를 기쁘게 받아들인 사람들의 선생이었기 때문이다. 그리고 그는 유태인과 그리스인 중에서 많은 추종자를 두었다. 이 사람은 그리스도였다. 빌라도가 우리 민족의 귀족들의 민원으로 그를 십자가형에 처했으나 그를 사랑했던 자들이 변함없이 그에게 충심을 바쳤다. 하느님의 예언자들이 그의 부활과 그 밖의 그에 관한 놀라운 일들을 예언한 것처럼 그는 사흘째 되던 날 다시 살아나 그들 앞에 다시 나타났다. 그로부터 그리스도인이란 이름이 생겨났다. 그 종파(φῦλον)는 그때 이후로 존속해 오고 있다."

요세푸스는 제20권 제9장 1절에서 다시 그리스도에 대해 이야기한다. "그곳에서 대사제 아나누스는 (네로 시대의) 알비누스 총독 때에 그리스도라고 하는(τοῦ λεγομένου χριστοῦ) 예수의 형제 야고보와 몇 명의 다른 이들을 함께 법정에 출두시켜 범법자로서 기소하고 돌팔매에 사형을 받게 했다"는 것이다.

이런 증언들은 항상 그리스도인들에게 높이 평가받아 왔다. 왜냐하면 이는 서기 37년에 태어나 예루살렘에 거주한 유태인이고 바리사이파 사람이며 예수에 대한 신뢰성 있는 소식들을 아주 잘 수집할 수 있었던 비그리스도인에게서 나온 것이기 때문이다. 그리고 그의 증언은 그가 유태인으로서 그리스도인들을 위해 거짓말을 할 이유가 없었다는 점에서 더욱 값진 것이었다.

그러나 바로 그 진실된 유태인을 통한 그리스도의 과도한 찬사가 그의 작품의 한 군데를 일찌감치 의심스러운 것으로 만들었다. 그리고 이는 아주 오래전의 일이었다. 그 구절의 신뢰성은 이미 16세기에 논란이 되었으며 오늘날에는 그것은 위조된 것이고 요세푸스에게서 나온 것이 아니라는 데 의견이 모아진다.* 그것은 3세기에 어떤 그리스도인 필사자에 의해 삽입되었다. 그는 요세푸스가 팔레스티나에서 들려오는 지극히 사소한 소문들을 설명해 주면서도 예수라는 사람에 대해서는 아무 말도 하지 않는 것에 분개했음이 명백하다. 그 신실한 그리스도인은 어떠한 언급도 없는 것이 그의 주님의 존재 또는 적어도 그분의 중요성을 부정하는 것이라고 느꼈고 이는 맞는 생각이었다. 오늘날 그의 위조를 발견한 것은 예수에 대한 반대 증거가 되었다.

그러나 야고보에 관한 구절도 의심스럽다. 185년부터 254년까지 살았던 오리게네스가 이미 마태오에 대한 주석에서 야고보에 대한 요세푸스

---

* 여러 다른 책들 중에 다음 책과 비교하라. Schürer, *Geschichte des jüdischen Volkes im Zeitalter Jesu Christi*, 1 Band, I, 3. Auflage, 1901, S. 544ff.

의 증언을 언급한 것은 사실이다. 그는 그럼에도 불구하고 요세푸스가 예수를 그리스도로 믿지 않는 것이 이상하다고 지적한다. 켈수스(Celsus)에 대한 반박론에서 오리게네스는 야고보에 관한 요세푸스의 이 진술을 인용하고 요세푸스의 불신앙을 다시 확인한다. 오리게네스에 의한 이런 진술들은 요세푸스가 예수를 그리스도, 메시아로 인정한 그 구절들이 요세푸스의 원문에는 있지 않았다는 데 대한 하나의 증거를 이룬다. 동시에 오리게네스가 요세푸스에게서 발견한 야고보에 관한 구절도 그리스도인의 위조였다는 것이 드러난다. 왜냐하면 그가 인용한 이 구절은 우리에게 입수된 요세푸스의 필사본에서 발견하는 것과는 상당히 다르게 전개되기 때문이다. 거기서 예루살렘의 멸망은 야고보의 처형에 대한 징벌로 그려진다. 그러나 이 조작은 요세푸스의 다른 필사본들에서는 행해지지 않았고, 우리에게 보존되어 남아 있지도 않다. 우리에게 전해진 요세푸스의 필사본들에 나오는 그 문장은 오리게네스에 의하여 인용되지 않았다. 반면에 그는 다른 문장을 세 차례에 걸쳐 기회가 있을 때마다 언급한다. 그럼에도 불구하고 그는 그리스도교 신앙을 위해 가치가 있는 요세푸스의 모든 증언을 세심하게 모았다. 그렇다면 우리에게 전해지는 야고보에 관한 요세푸스의 구절도 위조된 것이며, 그것은 오리게네스 이후에, 그러나 그 구절을 인용한 에우세비우스(Eusebius)보다는 이전에 어느 신실한 그리스도인이 하느님의 더 큰 영광을 위하여 비로소 처음으로 삽입하였다고 가정할 수 있다.

예수와 야고보에 대한 언급처럼, 요세푸스에게 있어서 세례자 요한에 대한 언급(고대 사적, 제18권 제5장 2절)도 '첨가' 된 것으로 의심받는다.*

이와 같이 그리스도인의 위조 행위가 요세푸스의 저작에서 벌써 2세기

---

* P. Schürer, *a. a. O.*, S. 438, 548, 581.

말부터 추적될 수 있다. 복음서의 주요 인물들에 대한 그의 침묵이 너무나도 두드러져서 교정이 필요했던 것이다.

그러나 야고보에 관한 진술이 설사 사실이라고 해도 그것이 기껏해야 입증해 주는 것은 사람들이 그리스도 곧 메시아라고 부른 예수란 사람이 실재했다는 것뿐이다. "그 구절이 실제로 요세푸스의 것이라고 해도, 비판적 신학이 그로부터 얻을 수 있는 것은 한 인간의 형상이 매달려 있는 거미집의 실오라기뿐일 것이다. 요세푸스의 시대 그리고 2세기 내내 자칭 그리스도들이 아주 많아서 대부분의 경우 그들에 대해 개략적인 정보만이 남아 있을 따름이다. 갈릴래아의 유다라는 자, 튜다라는 자, 무명의 이집트인, 어떤 사마리아인, 바르 코흐바라는 자가 있다. 그들 중에 예수라는 자가 있지 말란 법이 없지 않은가? 예수는 흔하디 흔한 유태의 인명이었다."*

요세푸스의 두 번째 문장이 말해 주는 것은 기껏해야 그 시대에 메시아, 주님의 기름부음을 받은 자로 등장한 팔레스티나의 선동자들 중에 예수란 자도 있었다는 것뿐이다. 우리는 그것만으로는 그의 생애와 업적에 대해서는 아무것도 모른다.

비그리스도인에 의한 예수의 그 다음 언급은 대략 100년경 간행된 로마 역사가 타키투스의 연감에서 찾아볼 수 있다. 제15권에서 네로 치하의 로마 대화재가 묘사된다. 그리고 제44장에는 다음과 같은 말이 나온다.

"[네로가 불을 질렀다는] 소문을 잠재우기 위해서 그는 민중에 의해 그리스도인이라 불리고 그 수치스러운 행동 때문에 혐오시되던 사람들을 혐의

---

* Alb. Kalthoff, *Die Entstehung des Christentums*, 1904, S. 16-17.

자로 내세우고 아주 특별한 형벌을 내렸다. 그들의 호칭의 창시자 그리스도는 티베리우스 황제 통치 시기의 본티오 빌라도 총독에 의해 처형되었다. 그렇게 해서 잠깐 동안 진정되었던 미신이 다시 이 악행(mali)이 발원한 땅인 유대아만이 아니라 로마에서도 도졌다. 사방에서 무시무시하고 수치스러운 것들(atrocia aut pudenda)이 로마로 흘러 들어와 세를 불리는 것이다. 처음에는 몇 사람만이 붙잡혀서 실토를 했다. 그리고 나서는 그들의 자백으로 엄청난 무리가 연행되었다. 그들은 직접 방화죄로 기소된 것이 아니라 인간에 대한 증오 혐의로 기소되었다. 그들을 처형하는 것은 여흥 활동이 되었다. 그들에게 야생 짐승의 가죽을 뒤집어쓰게 하고 개들에 의해 갈기갈기 찢기게 했다. 혹은 십자가에 매달리기도 하고 그들을 태우려고 불을 지필 준비를 하고 있다가 어두워지자마자 밤을 밝히도록 불을 놓았다. 네로는 이런 구경거리를 위해 자기의 정원을 내주었으며 병거경주(circus)를 조직하고, 군중들 틈에 병거 기수의 복장을 하고 섞여 있거나 병거에 올라타기도 했다. 그들이 가혹한 벌을 받아 마땅한 범죄자들이기는 했으나 공익을 위해서가 아니라 한 개인의 기분을 위해 희생되는 것이었으므로 동정심이 일어났다."

이 증언은 분명 그리스도인들이 자신들에 유리하게 날조한 것은 아니다. 그러나 그 진실성도 논란의 대상이 된다. 왜냐하면 디오 카시우스*는 타키투스보다 1백 년 뒤에 산 사람이었는데도 네로 치하의 그리스도인들의 박해에 대해 아무것도 몰랐기 때문이다. 쉐토니우스는 타키투스보다 약간 뒤에 저술 활동을 했으며 그도 네로에 대한 전기에서 그리스도인들

---

* 디오 카시우스(155년 혹은 163/164년-229년?): 로마의 집정관으로서 로마의 창건 전설로부터 서기 229년도까지 1400여 년의 역사를 기술한 80권으로 된 로마 역사를 집필한 역사가. – 옮긴이

의 박해에 대해 말한다. "새로운 사악한 미신에 물든 사람들"(제16장)이라는 것이다.

그러나 쉐토니우스는 예수에 대해 전혀 말을 하지 않으며 타키투스는 그의 이름을 한 번도 우리에게 전해 주지 않는다. 기름부음을 받은 자라는 뜻의 그리스어인 그리스도는 히브리어 메시아를 단순히 그리스어로 옮긴 것이다. 그리스도의 업적과 그의 교리 내용에 관해 타키투스는 아무 말이 없다. 그리고 이것이 서력기원 첫 세기에 예수에 대해 보도하는 비그리스도교권의 자료들에서 우리가 알 수 있는 전부이다.

# 제2장

# 그리스도교의 문헌

하지만 그리스도교의 문헌은 점점 더 풍부하게 쏟아져 나오지 않는가? 우리는 복음서에서 예수의 가르침과 행적에 대한 극히 상세한 서술을 접하지 않는가?

물론 충분히 상세하기는 하다. 그러나 유감스럽게도 신빙성을 말한다면 문제가 심각하다. 요세푸스에 대한 날조의 예는 이미 고대 그리스도교 역사가들의 성격적 특성, 그들의 진실에 대한 완벽한 무관심을 우리에게 보여주었다. 그들이 관심을 두었던 것은 진실이 아니라 효과였으며, 그 수단의 선택에서도 시종일관 별로 신중하지 못했다.

공정하게 말한다면 그들 시대에 그들만 그랬던 것은 아님을 인정해야 한다. 유태교의 종교 문헌도 더 나은 것은 아니었다. 서력기원을 전후로 한 세기들에 이방의 신비주의 유파들도 같은 죄를 저질렀다. 대중의 순진함, 그들 자신의 권능에 대한 확신의 결여와 함께 선정주의, 초인적인 권위에 집착할 필요, 현실 감각의 결여, 그 원인에 대해서는 곧 알게 되겠지만 이런 특성들이 그 시대의 모든 문헌을 감염시켰으며, 전통적인 것의 토대에서 많이 벗어나면 벗어날수록 더 심하게 감염이 되었다. 우리는 그리스도교와 유태교의 문헌에서 이에 대한 수많은 증거를 찾아보게 될 것이다. 그러나 동일한 경향이 확실히 그리스도교와 내적인 유사성을 띤 신비 철학에서도 나타난다. 우리는 그 예를 신피타고라스 학파에서 본다. 이는 기원전 마지막 세기에 시작된 유파로서 플라톤주의와 스토아 철학의 혼합이며 계시신앙으로 가득하고 기적을 추구하며 서기 전 혹은 사람들이 말하는 대로 그리스도 전 6세기에 살았고 거의 그에 대해 알려진 바가 없는 옛 철학자 피타고라스의 가르침을 따르면서 나타난 것이다. 신비에 쌓여 있을수록 위대한 이름의 권위를 필요로 하는 무엇이든 그의 것으로 돌리기가 쉬워졌다.

"신피타고라스 학파 사람들은 옛 사모스 섬의 철학자의 충실한 추종자로 여겨지기를 원했다. 그들의 학설을 옛 피타고라스의 학설로서 제시하고자 하는 목적에서였다. 날조된 문서들이 무수히 생산되어 무슨 말이든지 피타고라스라는 자 또는 아르키타스라는 자의 입에서 나온 것으로 만드는데 그것이 아무리 최근의 것이라도, 플라톤이나 아리스토텔레스에게서 나온 것임이 아무리 잘 알려져 있어도 상관이 없었다." *

초기 그리스도교 문헌에서 정확히 똑 같은 현상을 보게 된다. 그것은 대단한 혼돈을 만들어 냈기 때문에 1백 년 이상의 기간 동안 일련의 최고로 예리한 학자들이 그 엉킨 실타래를 풀어내려고 씨름했어도 이렇다 할 확정적 결과를 얻는 데 별 진척이 없었다.

---

* Zeller, *Philosophie der Griechen*, 3. Teil, 2. Abteilung, Leibzig 1868, S. 96.

초기 그리스도교 저술들의 기원에 대해 가지각색의 견해들이 오늘날까지도 얼마나 난무하는지는 깨뜨리기가 특별히 어려운 호두인 요한묵시록의 예에서 볼 수가 있다. 플라이더러(Pfleiderer)는 그의 책 『초기 그리스도교, 그 저술과 교리』에서 그에 관해 말한다.

"다니엘서는 그러한 묵시록 중 가장 오래된 것이고 전체의 묵시록 종류에서 모델이었다. 다니엘의 환상의 열쇠를 지금 사람들이 안티오쿠스 에피파네스 치하의 유태 전쟁의 사건들에서 찾아낸 것처럼 요한묵시록도 그 시대의 상황에 의해 설명되어야 한다는 결론을 내린 것은 옳았다. 지금 13장 18절의 신비한 숫자 666은 여러 학자들(Benary, Hitzig, Reuß)에 의해 거의 동시에 히브리 문자의 숫자 값에 따라 네로 황제를 가리키는 것으로 해석되었으므로 13장과 17장의 비교에서 나온 결론은 묵시록이 68년 네로의 죽음 직후에 집필되었다는 것이다. 이는 오랫동안 지배적인 견해로 되어 있었다. 특히 구튀빙엔 학파에서 그러했는데 이 학파는 여전히 그 책이 사도 요한이 쓴 것이라고 가정하며 유다주의자와 바울로주의자 간의 당파 싸움에 그 책 전체를 이해하는 열쇠가 있다고 생각했다. 이는 하나하나가 조잡한 자의성 없이는 되지 않는 말이었다. (특히 Volkmar의 경우) 그 문제에 대한 철저한 연구를 향한 새로운 진전은 바이스잭커의 한 학생에 의해 1882년에 이루어졌다. 다니엘 필터(Daniel Völter)가 그인데 그는 66년과 170년 (나중에는 140년까지) 사이에 다양한 저자들의 손으로 기초 문서에 확장과 수정이 여러 번 이루어졌다고 가정했다. 이렇게 하여 도입된 문헌 사적 방법은 그후 15년 동안 다양한 변형을 가져왔다. 피셔(Vischer)는 원래의 유태 문서가 한 그리스도인 편집자에 의해 손질이 되었다고 보았다. 사바티에(Sabatier)와 쉰(Schön)은 거꾸로 그리스도교의 문서를 기초로 삼고 거기에 유태적 요소들이 첨가되었다고 본다. 웨일런드(Weyland)는 네로와 티투스 시대로부터 전해 오는 두 유태 문헌과 트라야누스 시대의 그리스도인 편집자를 식별해 냈다. 슈피타(Spitta)는 60년도의 그리스도교 원본과 기원전 63년 및 기원후 40년도의 유태 문헌을 보고 트라야누스 시대의 그리스도인 편집자의 작업이 있었다는 것을 알아냈다. 슈미트(Schmidt)는 세 유태 문헌과 두 그리스도인 개작자를 알아냈다. 푈터(Völter)는 1893년도의 새로운 저작에서 묵시록의 원본은 62년도의 것이며, 티투스, 도미티아누스, 트라야누스, 하드리아누스 시대에 네 번 개정이 되었다는 것을 밝혔다. 이런 상호 모순되고 경합하는 가설들의 결과는 결국 신약서 연구 분야에서 확실한 것은 아무것도 없으며, 아무것에도 확신을 가질 수 없을 것이라는 인상을 국외자들이 받게 되었다는 것뿐이었다.(윌리허Jülicher)"*

플라이더러는 그럼에도 불구하고 지난 20년간의 끈질긴 연구가 확정적 결과를 가져왔다고 생각한다. 그러나 그는 그것을 감히 확신을 가지고 주장하지 못하며, 단지 그가 볼 때 그런 것 같다고 생각한다. 초기 그리스도교 문헌과 관련하여 도달한 어느 정도 확실한 결과는 오직 부정적인 방향에서이며, 이는 확실히 위조된 것이 무엇인지를 알아냈다는 것이다.

초기 그리스도교 저술 중 극소수만이 그것을 썼다고 알려진 저자들에 의해 쓰였다는 것, 그 대부분은 알려진 시기보다 후대에 쓰였으며 그 원문은 나중에 재편집과 추가에 의해 극히 조잡하게 왜곡되는 일이 많았다는 것은 확실하다. 끝으로 복음서나 다른 초기 그리스도인 저술 중 그 어느 것도 예수와 동시대인이 쓴 문서가 없다는 것 또한 분명하다.

이른바 마르코복음은 오늘날 복음서들 중 가장 오래된 것으로 여겨지지만 그 저자가 예수가 예언했다고 말하는 예루살렘 멸망 이전에 쓰인 것

---

* Pfleiderer, *Urchristentum*, 1902, II, S. 282-283.

은 아니다. 다시 말하면 그 저자가 집필을 시작했을 때는 이미 그 일은 일어난 뒤였다. 그렇다면 그것은 예수의 죽음이 있었던 것으로 보는 시기 후 반세기가 지난 때보다 더 일찍 쓰이지는 않았을 개연성이 있다. 우리가 보는 것은 그렇기 때문에 반세기에 걸친 전설 만들기의 산물이다.

마르코 다음에는 루가가 나왔고 그 다음에는 이른바 마태오, 그리고 끝으로 요한이 나왔다. 요한은 예수 출생 후 적어도 한 세기가 지난 2세기 중반의 사람이다. 우리가 시초에서부터 멀어질수록 복음 이야기는 더 기적 같은 이야기가 된다. 마르코도 우리에게 기적 이야기를 해 주지만 그 후에 나오는 기적들에 비해 그래도 사소하다. 죽은 자를 깨워 일으킨 것을 예로 들어 보자. 마르코복음에서 예수는 임종 시점에 있는 야이로의 딸 침대 곁으로 불려갔다. 모든 사람은 그녀가 이미 죽었다고 생각한다. 그러나 예수는 "처녀는 … 자고 있을 뿐이오."라고 말하며 손을 내밀고 그녀는 일어난다. (마르코 5장)

루가복음에서 깨어난 것은 나인성의 젊은이이다. 그는 죽은 지가 오래되었으므로 예수가 그를 만났을 때는 무덤으로 옮겨지고 있었다. 그때 예수는 그를 관 받침대 위에서 일어나게 한다. (루가 7장)

끝으로 요한에게는 그것도 충분하지 않다. 그의 복음서 11장에서 요한은 이미 무덤에서 4일이나 있어서 악취가 풍기기 시작한 라자로의 일어남을 우리에게 보여준다. 그렇게 해서 그는 기록을 깬다.

게다가 복음서 기자들은 극히 무식한 사람들이었다. 그들은 자신들이 집필한 대상이 되는 많은 것들에 대해 완전히 잘못된 관념을 가졌다. 루가는 로마 제국에서 인구조사 때문에 요셉이 마리아와 함께 나자렛을 출발하여 베들레헴으로 갔고 그곳에서 예수가 태어났다고 한다. 그러나 아우구스토 치하에서 그런 인구조사는 없었다. 더구나 유대아는 예수의 출생 일자로 정해진 날짜 후에야 로마의 속주가 되었다. 예수의 출생 후 7년

만에 인구조사가 있었지만 사람들이 거주하던 곳에서 행해졌고 베들레헴으로 여행을 떠날 필요가 없었다.* 우리는 이 주제에 대해 더 많은 이야기를 하게 될 것이다.

본티오 빌라도 앞에서 예수의 심문 절차는 유태 법률과도 로마 법률과도 맞지 않는다. 이처럼 복음서 기자들이 기적 이야기를 하는 것이 아닌 경우에도 그들은 거짓되고 불가능한 것을 보도하는 경우가 혼하다.

그리고 이런 식으로 "복음서"라고 꾸며진 것은 추후에 편집자들과 필사자들 손에 온갖 첨삭을 당했다. 신자들의 교화를 위해서였다.

예를 들어 마르코복음의 가장 나은 필사본은 16장 8절, 여인들이 죽은 예수를 무덤에서 찾았으나 그 대신 기다란 흰옷 입은 웬 젊은이를 발견하는 것으로 끝난다. 그때 그들은 무덤을 떠났고 '두려웠다'.

전통적인 판본에서 뒤 이어 나오는 내용은 나중에 추가된 것이다. 이 8절로 작품이 끝날 수는 없었던 것이다. 르낭은 이미 나머지 부분이 선한 대의를 위해 삭제되었다고 생각했다. 왜냐하면 그것은 후대의 관점에는 역겨운 것으로 보이는 묘사를 포함했기 때문이라는 것이다.

다른 각도에서 플라이더러는 집중적인 연구를 한 후에 다른 이들처럼 다음과 같은 결론에 도달했다.

루가복음은 예수의 초자연적 잉태에 관해 아무것도 말하지 않았으며, 이 이야기는 뒤에 가서야 나오게 되었고 이는 그때 1장 34절 이하의 구절들**과 3장 23절***의 '사람들이 알기에는' 이란 말을 도입함으로써 추가적으

---

\* 이에 관하여는 David Strauß , *Das Leben Jesu*, Tübingen 1840. 4. Aufl., I, S. 227f를 참조.
\*\* 마리아가 "이 몸은 처녀입니다. 어떻게 그런 일이 있을 수 있겠습니까?" 하자 천사는 이렇게 대답하였다. "성령이 너에게 내려오시고 지극히 높으신 분의 힘이 감싸 주실 것이다." 등등.
\*\*\* "사람들이 알기에는 그는 요셉의 아들이요."

로 본문에 들어갔다는 것이다.(*Urchristentum* I. S. 408.)

이 모든 것을 볼 때 19세기 초엽에 많은 학자들이 예수에 대한 역사 자료로서 복음서들이 완전히 쓸모없다는 것을 이미 인정했다는 것은 놀랄 일이 아니다. 심지어 브루노 바우어(Bruno Bauer)는 예수의 존재를 완전히 부정하기까지 할 수 있었다. 그럼에도 불구하고 신학자들은 복음서를 버릴 수 없으며, 하물며 그들 중에 자유주의자들조차도 복음서의 권위를 유지하려고 그들이 할 수 있는 모든 일을 한다는 것은 이해할 만하다. 그리스도라는 인물이 포기된다면 그리스도교에 무엇이 남는가? 그러나 이 인물을 구해 내기 위해서 그들은 이상야릇하게 뒤틀고 비비꼬아야 한다.

가령 하르낙(Harnack)은 그리스도교의 본질(Wesen des Christentums)에 대한 강의(1900년)에서 다피트 프리드리히 슈트라우스가 복음서들의 역사성을 해체하여 없앤 것으로 믿었다고 설명했다. 그러나 두 세대에 걸친 역사적 비판적 작업은 그것을 상당한 정도 복구하는 데 성공했다는 것이다. 복음서들은 무엇보다도 역사 저술이 아니라는 것이다. 그것들은 어떻게 일들이 일어났는지를 보도하기 위해 쓰인 것이 아니라 교양물이다. "그럼에도 불구하고 그것들은 역사적 사료로서 무용지물인 것은 아니다. 특히 그 목적이 외부에서 들여온 것이 아니라 예수의 의도들과 부분적으로 일치하기 때문에 그러하다." (14쪽)

그러나 이런 의도들에 대하여 우리가 아는 것은 복음서들이 우리에게 그렇게 말해 준다는 것뿐이다! 예수의 인물에 대한 사료로서 복음서의 신빙성에 대한 하르낙의 주장 전체는 그런 방향에서는 어떠한 확고하고 결정적인 것을 제시하는 것이 얼마나 불가능한 일인지를 증명해 줄 뿐이다.

나중에 하르낙은 그의 소논문에서 복음서들이 예수의 처음 30년에 대해 말하는 모든 것을, 불가능하거나 날조된 것으로 증명할 수 있는 그 후의 일들에 관한 모든 것과 마찬가지로 비역사적인 것이므로 버릴 수밖에 없다고 생각했다. 그러나 나머지는 역사적인 사실로 구해 내고 싶어했다. 그는 우리에게 여전히 예수의 가르침, 그의 생애의 마지막, 그가 제자들에게 남긴 인상에 관한 생생한 그림이 남겨져 있다고 생각한다.(20쪽)

그러나 어떻게 하르낙은 예수의 가르침이 그렇게 충실하게 복음서들에 재현되어 있다는 것을 아는가? 신학자들은 그 시대의 다른 가르침들의 재현물에 대해서는 더 회의적이라고 판단한다. 하르낙의 동료 플라이더러는 초기 그리스도교에 관한 그의 책에서 이렇게 말한다.

"사도행전의 이런저런 발언들의 역사적 신빙성에 대해 갑론을박하는 것은 정말로 무의미하다. 그러한 발언의 문자적으로 정확하거나 심지어 근사적으로 올바른 전달에 필요한 모든 조건들만 생각해 보면 된다. 청취자에 의해 직접 받아 적혀야(원래는 직접 속기되어야) 했을 것이다. 그리고 다양한 발언의 이 기록물들은 반세기 이상을 들은 내용에 무관심하거나 적대적인 대부분의 유태인과 이방인인 청취자들 집단에서 보존되었어야 하고, 끝으로 널리 흩어져 있는 지점들로부터 역사가에 의해 수집되었어야 했을 것이다. 이런 것들이 얼마나 불가능한지를 깨달은 누구라도 이 모든 발언들에 대해 무슨 생각을 해야 하는지를 대번에 알 것이다. 즉 세속의 모든 고대 역사가들에서와 같이 사도들의 이야기에서도 이 연설들은 제멋대로 한 작문들이고 여기서 그 작가는 주인공이 그 주어진 상황에서 말했을 수 있겠다고 스스로 생각한 방식대로 말하게 만든 것이다.(500, 501쪽을 보라)

그렇다! 그런데 왜 이 모든 것은 예수의 발언들에도 적용되어서는 안되는가? 이는 사도행전의 발언보다도 복음서의 저자들에게 훨씬 더 먼 과거의 일인데도 말이다. 복음서들에 나오는 예수의 발언들은 왜 그 보도의 저자들이 예수가 했기를 바랐던 연설이 아닌 다른 그 무엇이어야 하는가? 실제로 우리는 우리에게 전해 내려오는 발언들 중에 온갖 종류의 모순을 발견한다. 예를 들어서 반항적인 연설도 있고 순종적인 연설도 있는데 이는 그리스도인들 간에 서로 다른 경향이 존재했으며 각 집단은 그 자신의 요구에 따라 그들이 전달하는 그리스도의 발언을 짜 맞추었다는 사실로만 설명이 가능하다. 복음서 기자들이 그런 문제에서 얼마나 거리낌이 없었는지는 한 예에서 볼 수 있다. 루가복음의 산상설교와 좀 후기의 것인 마태오복음의 산상설교를 비교해 보라. 루가복음에서 그것은 다분히 가난한 자를 영화롭게 하고 부자를 저주하는 것이다. 마태오의 시대가 되니 이는 많은 그리스도인들에게 불편한 이야기가 되었다. 그리고 마태오복음은 복을 받는 가난한 자를 심령이 가난한 자로 서슴없이 바꾸고 부자에 대한 저주는 완전히 삭제한다.

그것은 이미 문서화된 발언을 가지고 장난을 친 것이다. 그러고는 문서화되기 반세기 전에 예수가 했다고 하는 발언들이 복음서에 충실히 보도되었다는 것을 우리가 믿도록 만들려고 한다. 즉시 받아 적지 않고 50년 동안 구전에만 의존하여 어떤 발언의 언사들을 그대로 보존한다는 것은 애초부터 불가능하다. 그럼에도 불구하고 그러한 시간 간격의 끝에 순전히 귀와 입으로만 전해 오는 발언을 재현하여 적어 내린 사람은 누구든 이로써 자기 맘에 맞는 것을 적는 행위을 당당하다고 느낀다는 것, 혹은 그에게 설명된 모든 것을 액면 그대로 받아들일 만큼 순진하다는 것을 드러낸다.

다른 한편으로 예수의 언사 중에 많은 것이 그에게서 나온 것이 아니라 이미 그 이전부터 유포되었다는 것을 보여줄 수 있다.

예를 들어서 "주의 기도"는 예수의 고유한 작품이라고 간주된다. 그러나 플라이더러는 고대로 아득하게 거슬러 올라가는 아람의 카디시 기도가 다음과 같은 말로 끝맺는다는 것을 보여주었다: "그가 그의 뜻에 따라 창조한 세상에서 그의 위대한 이름이 높여지고 영화롭게 되소서. 그대들이 사는 동안 그리고 온 이스라엘 집안이 존속하는 동안 그의 나라가 세워지소서."

주의 기도의 서두는 모방이라는 것을 알 수 있다.

그러나 예수의 설교들 가운데 아무것도 남아나지 않고, 그의 젊은 시절 이야기 중에 아무것도 남지 않으며, 확실한 것이지만 그의 기적들 중에 아무것도 남지 않는다고 하면 도대체 복음서들에서 무엇이 남는가?

하르낙에 따르면 그래도 예수가 그의 제자들에게 준 인상과 그의 수난 이야기가 남는다고 한다. 그러나 복음서들은 그리스도의 제자들이 쓴 것이 아니며 그리스도라는 인물이 주는 인상을 반영하지 않고, 그리스도라는 인물 이야기가 그리스도교 공동체 구성원들에게 주었던 인상을 반영한다. 가장 강한 인상조차 그 이야기의 역사적 진실성에 대해 아무것도 말해 주지 못한다. 날조된 인물의 이야기도 그에 대한 역사적 조건들이 현존한다면, 극히 심오한 인상을 사회에 형성할 수가 있다. 괴테의 베르테르는 엄청난 인상을 주었으나 모든 사람이 그것이 단지 소설이라는 것을 알았다. 그래도 그는 수많은 제자와 추종자들을 일깨웠다.

유태공동체에서 예수 직전과 직후 세기들에 가상의 인물들은 그들의 것으로 돌려진 여러 행동과 교리들이 유태 민중이 깊이 느꼈던 필요와 맞아떨어졌을 때 엄청난 영향력을 지녔다. 예를 들어서 이는 예언자 다니엘이란 인물에게서 볼 수 있다. 그에 대하여 다니엘서가 보도하는 바는 그가 느부갓네살, 다리우스, 고레스 치하인 기원전 6세기에 살았고 아주 위대한 기적들을 만들어 냈고 극히 놀라운 방식으로 뒤에 실현된 예언들을 했으며, 유태공동체에 큰 고난이 올 것이라는 예언으로 끝을 맺었다는 것이다. 그로부터 한 구원자가 나타나서 그들을 구해 내고 새로운 영광의 자리로 들어 올린다는 것이다. 이 다니엘은 실존 인물이 아니다. 그의 이야기를 다룬 책은 마카베오 봉기 시기인 기원전 165년경에 쓰였다. 기원전 6세기에 그 예언자가 했다는 예언들이 그 해에 이르기까지 정확하게 확증되었던 것은 놀랄 일이 아니다. 이는 경건한 독자에게 그렇게 틀림없는 예언자의 마지막 예언은 반드시 일어날 것이라는 확신을 주었던 것이다. 그 모두는 대담한 날조이지만 크나큰 효과를 발휘했다. 메시아에 대한 믿음, 오실 구원자에 대한 믿음은 그것으로부터 가장 강력한 양분을 얻었다. 그것은 그 후에 행해진 메시아에 관한 모든 예언들의 모델이 되었다. 그러나 다니엘서는 또한 경건한 집단들에서 어떤 목적을 달성하는 것이 중요한 문제였을 때 속임수가 얼마나 주저 없이 실행되었는지도 보여준다. 그러므로 예수라는 인물이 겨냥하고 달성한 효과도 그것의 역사적 진실성에 대해 아무것도 증명해 주지 않는다.

그래서 하르낙이 생각하기에 복음서에서 역사적인 핵으로서 여전히 건져 올릴 수 있을 것으로 남는 유일한 것은 그리스도의 고난 이야기이다. 그러나 이는 처음부터 끝까지, 부활과 승천에 이르기까지 기적들로 꽉 차 있어서 여기서도 어떤 확정성 있는 역사적 핵을 끄집어내기는 사실상 불가능하다. 우리는 뒤에 가서 이 고난 이야기의 신빙성에 대해 더 살펴볼 것이다.

나머지 그리스도인의 문헌들에서도 사정은 더 낫지 못하다. 예수의 동시대인들, 예들 들어 그의 제자들에게서 나온 것처럼 보이는 문서는 모두가 적어도 그것이 약간 나중 시대 작품이라는 의미에서 허위로 판정된다.

그리고 사도 바울로가 썼다는 서신들은 진위 논란에서 벗어난 것이 하나도 없으며, 그중 다수는 역사 비평에 의해 진본이 아닌 것으로 일반적으로 인식된다. 이 날조 행위 중에 가장 뻔뻔스러운 것은 데살로니카후서이다. 이 위조된 편지에서 저자는 바울로의 이름을 빌려 이렇게 경고한다: "여러분은 지성을 잃고 쉽사리 흔들리거나 당황해서는 안 됩니다. 아마 성령의 감동을 받았다는 사람이나 혹은 말씀을 전한다는 사람이 이런 말을 할지도 모릅니다. 또 우리가 이런 말을 (위조된) 편지에 써 보냈다고 떠들어대는 사람이 있을지도 모릅니다."(2장 2절) 그리고 끝에 위조자는 이렇게 덧붙인다: "바울로로부터. 이렇게 친필로 서명을 하며 여러분에게 문안합니다. 이 서명은 내 모든 편지를 가려내는 표입니다. 이것이 내 글씨입니다." 바로 이 말이 위조자임을 드러내 주었다.

바울로의 여러 다른 서신들은 아마도 그리스도교의 가장 오래된 문헌적 증언들이 될 것이다. 그러나 예수에 대하여 그들은 그가 십자가형을 받았고 다시 살아났다는 것 외에는 사실상 아무것도 말해 주지 않는다.

최소한 우리 독자들을 위해서 부활에 대해 무슨 생각을 해야 하는지를 자세히 파고들 필요가 없을 것이다. 그리스도인의 문헌에서 예수에 대하여 굳게 확인된 결과로는 거의 아무것도 남아 있지 않다.

# 제3장

# 예수의 모습에 대한 논란

예수에 대한 초기 그리스도교의 보고문들의 역사적 핵심은 잘해야 타키투스가 우리에게 말해 주는 것 이상은 아니다: "티베리우스 시대에 한 예언자가 처형되었고, 그로부터 그리스도인의 종파가 유래했다." 이 예언자가 가르치고 행한 것에 대해서 우리는 오늘까지도 확실한 것으로 탐구해 낸 바가 조그만큼도 없다. 결코 그는 초기 그리스도교 보고문들이 묘사하는 센세이션을 일으킬 수는 없었을 것이다. 그렇지 않았더라면 수많은 사소한 일들을 이야기하는 요세푸스가 그에 대해 분명히 말을 했을 것이다. 예수의 선동과 처형은 아무튼 그의 동시대인들의 아무런 주의도 끌지 못했다. 그러나 만일 예수가 정말로 한 종파가 그 선구자요 지도자로 존경한 선동자였다면, 그의 인물됨의 중요성은 그 종파가 성장함에 따라 성장했을 것임이 분명하다. 이제 전설들의 화환이 이 인물을 둘러싸고 형성되기 시작했다. 경건한 사람들이 그 화환에 그들의 사표된 자가 말했고 행했더라면 하고 바라는 뭣이든지 엮어 넣었다. 예수가 이렇게 해서 종파 전체에 모범이 되면 될수록 종파 내의 여러 흐름들 각각은 자신들에게 가장 소중한 관념들을 그 인물에 반영시키려고 애를 썼다. 예수의 권위를 끌어대기 위해서였다. 처음에는 입에서 입으로 전해진, 그런 다음에는 문서로 적혀진 전설들에서 그려진 예수의 상은 점점 더 초인적 인물의 상이 되었고 새로운 종파가 발전시킨 모든 이념들의 집약체가 되었다. 그러나 그 과정에서 그것은 점점 더 모순적인 그림이 되어서 그것의 여러 측면들이 더 이상 조화를 이루지 못하게 되었다.

그 종파가 강고한 조직을 이루어 내고 포괄적인 교회가 되어 그 안에서 어떤 확정된 경향이 주조를 이루게 되었을 때, 그 조직의 과업 중의 하나는 진짜라고 인정하는 모든 초기 그리스도교 문서들의 목록인 정경을 만드는 것이었다. 당연히 이것은 지배적 경향과 일치를 이루는 저작들만을 포함했다. 예수에 대한 다른 상을 제시하는 모든 복음서들과 기타 저작물은 이단이고 날조이고 위경이며, 그다지 믿을 만하지 못한 것으로 여겨져 기각되었다. 그것들은 더 이상 보급되지 못했고 사실상 가능한 한 없애졌으며 그 사본들은 불태워져서 그중 몇 권만이 전해 온다. 정경으로 받아들여진 작품들은 그 다음에는 가능한 한 더 많은 일치점들을 부여하기 위해 '편집'되었다. 그러나 다행스럽게도 그 작업은 아주 서툴게 이루어져서 초기의 엇갈리는 설명들의 흔적이 여기저기서 보이고 발달의 경로를 드러내 준다.

교회의 목표, 즉 이런 방식으로 교회 내의 여러 의견들의 통일을 보장하는 것은 달성되지 못했고 그럴 수도 없었다. 사회적 관계의 발전이 계속하여 교회 안에 새로운 다양한 견해들과 노력들을 만들어 냈다. 그리고 일체의 편집과 숙청에도 불구하고 교회에 의해 인식된 예수의 상에 남았던 모순들 덕분에 이런 변종들이 그 예수 상에서 언제나 그들의 애착의 지점으로 사용할 수 있는 점들을 발견해 냈다. 그래서 사회적 모순들의 충돌은 단지 예수의 말에 대한 해석을 주제로 한 논쟁으로서 그리스도교 교회의 틀 안에서 나타나게 되었으며, 피상적인 역사가들은 그리스도교 세상에서 종교의 기치 아래 싸운 아주 흔하게 피를 흘렸던 모든 거대한 전쟁들은 말에 관한 전쟁에 불과하고 이는 인류의 어리석음을 보여주는 슬픈 표징이라고 생각한다. 그러나 사회적 집단 현상이 단지 관련된 사람들의 어리석음으로 치부되는 경우에, 언제나 이 외견상의 어리석음은 다만 관찰자와 비평자 측의 몰이해를 보여줄 뿐이다. 그는 자신에게 생소한 사고방식에는 적용하지 못하며, 그 배후의 물적 조건과 추진동력까지 주제로 삼을 줄은 몰랐던 것이다. 통상적으로 다양한 그리스도교 종파들이 그리스도의 말의 다양한 의미에 관하여 다툴 때, 서로 싸웠던 이유는 바로 아주 실질적인 이해관계였다.

현대적 사고방식의 발흥과 교회적 사고양태의 극복은 예수 개념에 관한 투쟁으로부터 점차 그 실제적 중요성을 빼앗아 갔으며, 그 투쟁을 신학자들 측의 머리카락 쪼개어 보기 수준으로 전락시켰다. 그 신학자들은 교회적 사고양태가 가능한 한 활력을 유지하도록 하는 일로 국가로부터 봉급을 받는 사람들로서 이를 위해 뭔가를 성취해야 한다.

최근의 성서 비평은 역사적 연구와 문헌 분석의 방법을 성서 저술에 적용하는 것으로서 예수의 인물됨에 대한 논쟁에 새로운 자극을 주었다. 그것은 전통적인 예수상의 확실성을 뒤흔들었다. 그러나 대부분이 신학자들에 의해 행해졌기 때문에 그것은 처음에 브루노 바우어와 그리고 나중에 다른 이들, 특히 A. 칼토프(Kalthoff)에 의해 주장된 입장에까지 도달하는 일은 드물었다. 이는 문헌자료들의 조건을 볼 때 새로운 그림이 복원될 수는 없다는 주장이었다. 새로운 성서 비평은 그러한 복원을 계속 모색하지만 언제나 이전 세기들의 그리스도교 세계가 낳은 것과 똑 같은 결과를 가져올 뿐이다. 즉 각 사람의 신학자가 예수의 상에 자기 자신의 개인적인 이상과 정신을 그려 넣었다는 것이다. 2세기의 예수 묘사와 마찬가지로 20세기의 예수 묘사도 예수가 정말로 가르친 것을 증언해 주지 않으며, 이 그림의 생산자들이 그가 가르쳤기를 바란 것만을 증언해 준다.

칼토프는 이런 예수상의 변천을 날카롭게 지적한다.

"사회적 신학의 관점에서 그리스도 상은 그러므로 한 시대의 모든 활동적인 사회적·윤리적 힘으로서 작용했던 것을 모두 합친 가장 승화된 종교적 표현이다. 그리고 이 그리스도 상이 끊임없이 겪어 온 변화에서, 그것의 확장과 위축에서, 그것의 옛 모습의 저물어 감과 새로운 채색을 띤 광채에서 우리는 그것의 영적 이상의 숭고함부터 지극히 물적인 행위의 깊이까지 현대 생활을 관통하는 그 변화를 가늠하기 위한 극히 섬세한 척도를 가지고 있다. 이 그리스도 상은 때로는 그리스 사상가, 그 다음으로는 로마 황제, 또 그 다음으로는 장원의 봉건 영주, 동업 조합의 마이스터, 고통을 당하는 부역 의무를 진 농부, 자유 시민의 면모를 지닌다. 그리고 이런 모습들은 모두 참되고 모두 생생하다. 학교의 신학자들이 그들 시대의 몇몇 특징들이 바로 복음서의 그리스도가 갖는 근원적이고 역사적인 모습들이라는 것을 증명하려는 발상을 하지 않는 한에서는 그러하다. 기껏해야 이런 모습들은 그리스도교 사회가 발전하고 형성되어 가던 시대에 지극히 다르고 모순되기까지 한 세력들이 협력을 했고 그 각각은 오늘날 작용하고 있는 세력들과 일정한 유사성을 드러낸다는 사실에서 역사성을 지닌다는 인상이 생겨난다. 우리가 오늘날 지니는 그리스도 상은 언뜻 보기에 아주 모순되어 보인다. 그것은 여전히 옛 성인 또는 천상의 군주 모습 중 일부와 닮았으며, 프롤레타리아의 친구 내지는 심지어 노동운동의 지도자라는 현대적 모습도 함께 지닌다. 그러나 그것은 우리 시대를 관통하는 내밀한 모순들을 드러낼 뿐이다."

그리고 일찍이 그는 이렇게 말했다.

"이른바 현대 신학의 대표자들은 대부분 다피트 슈트라우스가 소중히 여긴 비판적 방법에 따라서 그들이 인용하는 성서구절을 재단한다. 복음서의 신비적 부분은 잘려 나간다. 그리고 남는 것은 역사적인 핵이 되는 것이다. 그러나 이 핵 자체가 결국 신학자들의 손질을 거쳐서 너무 빈약한 것이 되고 만다. 일체의 역사적 확정성이 없을 때 예수의 이름은 프로테스탄트 신학을 위해 빈 그릇이 되었고, 그 안에 신학자들마다 자기 자신의 생각을 쏟아 붓는다. 그들 중 누구는 예수를 현대적인 스피노자주의자로 만들고 다른 어떤 이는 그를 사회주의자로 만든다. 그런가 하면 공식적인 강단 신학에서는 당연히 현대 국가의 종교적 관점에서 그를 바라보며, 다시금 점점 더 노골적으로 그를 위대한 프로이센의 국가 신학에서 오늘날 주도적 지위를 주장하는 그 모든 노력들의 종교적 대표자로 소개하게 되었다." *

이러한 사정하에서 세속의 역사 기술이 그리스도교가 단 한 사람에 의해 창조된 것이라는 관점에서 출발한다면 그리스도교의 기원을 탐구할 필요를 느끼지 않는다는 것도 놀라운 일이 아니다. 이 관점이 맞다면 우리는 주저 없이 그리스도교의 발생에 대해 연구하기를 포기하고 그것의 묘사를 신학자들의 종교적 시(詩) 짓기에 맡길 수 있을 것이다.

그러나 범세계적인 종교를 초인 한 사람의 산물이 아닌 사회의 산물로 생각한다면 그것은 다른 문제이다. 그리스도교 성립 시의 사회적 조건은 아주 잘 알려져 있다. 그리고 초기 그리스도교의 사회적 성격은 문헌상

---

* Das Christusproblem, *Grundlinien zu einer Sozialtheologie*, 1902, S. 80, 81, 15, 17.

어느 정도 정확하게 연구될 수 있다.

확실히 복음서와 사도행전의 역사적 가치는 『호메로스의 시』나 『니벨룽겐 노래』의 가치보다 높게 볼 수는 없다. 그것들은 역사적 인물들을 다루는 것일 수 있지만 그들의 행동은 시적인 자유 상상으로 말해져서 그 인물들에 대한 역사적 묘사 같은 것을 조금이라도 뽑아낼 수는 없으며 게다가 그들은 또 가공의 피조물들과 뒤섞여 있어서 그 이야기만으로는 어떤 인물이 역사성이 있고 어떤 인물이 가공의 인물인지를 결코 분간할 수가 없다. 우리가 아틸라에 대해서 『니벨룽겐의 노래』에 나온 것 말고는 아무것도 모른다면 우리는, 예수에 대해서 그래야 하는 것처럼 그가 실존 인물인지 아닌지, 혹은 그가 지크프리트(Siegfried) 같은 신화적 인물인지도 확실히 모른다고 말해야 한다.

그러나 그러한 시적 설명은 그들이 발생한 사회적 조건을 이해하는 데는 헤아릴 수 없는 가치를 지닌다. 이에 대해서 그 이야기들은 그 작가들이 개별 사실과 인물들을 아무리 자유롭게 창작해 냈다고 하더라도 참되게 반영해 준다. 트로이 전쟁과 그 영웅들 이야기가 어느 정도나 역사적 토대에 기초를 두는 것인지는 암흑에 싸여 있으며, 필시 앞으로도 영영 그러할 것이다. 그러나 영웅 시대의 사회적 관계가 어떤 것이었는지에 대해서 우리는 『일리아드』와 『오디세이아』라는 두 권의 일급 사료를 통해 알 수 있다.

그들의 시대를 이해하는 데 시적 창작물이 지극히 충실한 역사적 설명보다 훨씬 더 요긴할 때가 많다. 왜냐하면 역사 서술은 역사적으로 거의 지속적인 영향을 지니지 못한, 인적인, 눈에 띄는 이상한 것만을 전달하지만 시적 창작물은 대중의 일상생활과 활동이라는 끊임없이 지속적으로 작용하면서 사회에 아주 영구적인 영향을 미치는 것에 대한 통찰을 보장해 주기 때문이다. 이는 역사가로서는 매우 명백하고 잘 알려진 것, 자명

한 것으로 보이기 때문에 주목하지 않는 것이다. 이처럼 발자크의 소설들
에서 우리는 19세기 초엽 프랑스의 사회생활에 대한 아주 중요한 역사적
자료 중 하나를 얻는다.

　그리고 복음서들과 사도행전, 사도의 서신들에서 우리는 예수의 삶과
교리에 대하여 확실한 것을 아무것도 배우지 못하지만 원시 그리스도교
공동체들의 사회적 성격, 이상과 열망에 대해 아주 중요한 것을 배울 수
있다. 성서 비평이 겹겹이 쌓여 있는 이 저술들의 여러 층들을 벗겨 낼
때, 그것은 이 공동체들의 발전 과정을 우리로 하여금 최소한 어느 일정
한 정도까지는 추적할 수 있게 해 주며, 그런가 하면 '이방'과 유태계 사
료들은 그 시대에 원시 그리스도교에도 동시에 작용했던 사회적 동력에
대한 통찰을 가능하게 해 준다. 그래서 우리는 그것을 그 시대의 소산으
로 인식하고 파악할 수 있으며, 이 점이 일체의 역사적 인식의 토대이다.
물론 개인들 역시 사회에 영향을 미칠 수 있으며, 두드러진 개인들의 묘
사는 그들 시대의 완벽한 그림을 그리는 데 불가결하다. 그러나 역사적
시간 주기(週期)로 볼 때 그들의 영향력은 일시적인 것에 불과하며, 건물
에서 눈에 처음 들어오는 외부 장식에 불과하고 그 골조에 대해서는 아무
것도 말해 주지 않는다. 그러나 건물의 성격과 그것의 영구성을 결정하는
것은 골조이다. 우리가 그 골조를 알몸으로 보여주는 데 성공한다면, 건
축물의 구조를 파악하는 데 중요한 일을 한 것이다.

제II부

# 로마 제국의 사회

*Internationale Bibliothek*

*Stuttgart. Verlag von J.H.W. Dietz*

# 제1장

# 노예 경제

## 토지 소유권

우리가 다른 시대의 관념들과 구분되는 것으로서 한 시대의 특징을 이루는 관념들을 이해하고 싶다면 우선적으로 살펴보아야 할 것은 그 시대의 고유한 필요와 문제들이다. 결국 이는 그 시대의 특수한 생산 양식에, 그 시대의 사회가 먹고 사는 기술과 방식에 근거를 두는 것이다.

먼저 우리는 로마 제국의 사회가 의존했던 경제 양식을 그 출발부터 발전 과정을 따라 추적하고자 한다. 그런 식으로만 우리는 제정시대 중에서 이 발전이 끝나던 시대의 경제 양식의 특색과 그것이 그 당시에 나타낸 특수한 경향을 이해할 수 있다.

로마 제국을 이룬 나라들의 생산 양식의 기초는 농민적 농업이 놓았으며, 그와 함께 수공업과 교역이 있었으나 중요성이 훨씬 덜했다. 자가소비를 위한 생산이 여전히 지배적이었다. 상품 생산, 판매를 위한 생산은 아직 발달이 미미했다. 장인들과 상인들도 농장을 가졌던 경우가 많았으며, 이는 그들의 가정과 밀접히 연결된다. 농장의 일은 주로 그들의 가정을 위한 생산을 지향한 것이었다. 농장은 부엌의 음식 재료와 아울러 아마·양모·가죽·목재 같은 원재료를 조달해 주었으며, 이런 것들로 가족 구성원들은 옷을 만들고 가재도와 작업도구를 만들었다. 판매된 것은 가계의 필요를 넘는 것이 혹시 남을 경우에 그 잉여분에 불과했다.

이런 생산 양식은 대부분의 생산 수단에 대한, 인간 노동을 포함하는 모든 것에 대한 사유 재산을 필요로 했다. 경작지에 대한 사유 재산도 필요했지만, 삼림과 목초지는 여전히 공유 재산으로 있을 수 있어서 그렇지 않았다. 그것은 가축들도 포함하지만 야생동물은 포함하지 않았으며, 끝으로 그것들로 만들어진 제품들과 함께 도구와 원재료들도 포함하는 것이었다.

사유 재산과 함께 경제적 불평등의 가능성이 생겨난다. 행운이 어떤 농장을 이롭게 하고 부유하게 해 줄 수 있었고 다른 농장을 해치고 빈곤하게 해 줄 수 있었다. 전자의 집단은 성장했고 더 많은 토지와 가축을 얻었다. 이와 함께 특수한 종류의 노동 문제가 대형 농장들에서 이미 생겨난다. 이는 더 많은 가축 떼를 청결하게 돌보고 더 넓은 경작지를 적절하게 경작하는 데 필요한 추가 노동력이 어디서 나와야 하는가에 대한 문제였다.

계급 차별과 계급 대립이 이제 생겨난다. 농업이 더욱 생산적이 될수록 농부의 필요 이상으로 공급되는 잉여는 더욱 커진다. 이 잉여는 한편으로는 장인들을 먹여 살리는 데 쓰이고, 장인들은 예를 들어 대장장이나 도기장이 같은 이들로서 여러 가지 유용한 물건을 생산하는 일에 종사한다. 또 다른 한편으로 그 잉여는 그 지방에서는 생산되지 못하는 유익한 물건이나 재료들을 얻기 위한 교환에 사용될 수도 있다. 그 지방에서는 자연 조건상 공급이 안 되거나 기술이 없어 생산하지 못하기 때문이다. 그런 제품들은 상인들이 다른 지역에서 가져온다. 수공업과 상업의 발생은 토지소유권상의 불평등을 증대하는 데 기여한다. 대토지 소유자와 소규모 토지 소유자 간의 불평등에 이제 장인과 상인들이 모여들어 그들의 재화를 농부의 잉여물과 교환하는 지점에 대한 거리의 멀고 가까움 간의 불평등이 더해진다. 교통수단이 열악할수록 제품들을 시장에 가져가기가 더 어렵고 시장 근처에 사는 사람은 더욱 유리하다.

이 계기들 중 전부 또는 일부에 의해 혜택을 본 자들은 지주 계급이 되어 농부들의 무리보다 더 많은 잉여물을 취득하고 이를 더 많은 상업 및 수공업 제품들과 교환하며, 평균적인 농부들보다 더 많은 여가 시간을 가지고 일과 전쟁에서 더 많은 기술적인 지원을 활용할 수 있으며, 예술가나 상인들과 함께 살아가거나 그들과 빈번한 접촉을 하면서 더 많은 지적인 자극을 받으며, 그래서 자신들의 지적인 지평을 넓힌다. 이 혜택받은 지주 계급은 이제 농민적 편협성의 한계를 넘어서는 일들을 수행할 시간과 기회 그리고 수단을 보유한다. 이 지주 계급은 몇 개의 농민 공동체들을 국가로 통일하여 그 국가를 통치하고 수호할 뿐 아니라 인근 국가는 물론 먼 곳의 국가들과의 관계를 조정할 시간과 힘을 얻는다.

이 모든 계급들, 대농·상인·장인 들은 농업 노동에 의해 창출된 잉여물로 살아가며 이 잉여에는 수공업으로 창출한 잉여가 합쳐진다. 상인들과 대지주들은 사회에서 담당하는 그들의 기능이 점점 더 중요해짐에 따라 이 잉여물 중 더욱 더 많은 몫을 차지한다. 곧이어 대지주는 자신의 경제적 우월성만이 아닌 국가에서의 막강한 지위를 이용하여 농민과 장인들의 작업 잉여물을 빼앗아 간다. 이런 식으로 대지주들은 농민과 장인의 규모를 훨씬 뛰어넘는 부를 벌어들이며, 이로써 그들의 사회적 권력을 더욱 강화하고 더 많은 잉여를 자기 몫으로 차지하고 더 많은 부를 획득할 능력을 증진한다.

그래서 농민들과 장인들은 다양한 층의 착취자들, 대지주와 상인들을 상전으로 모시고 살며, 여기에 대금업자들이 추가된다. 이에 대해서는 다른 이야기를 할 때 언급할 것이다. 그들의 부가 증대하면 할수록 그들의 살림살이를 확장시킬 필요는 커지며, 이는 여전히 농업과 밀접한 관계가 있다. 그 시대에는 자기 자신의 가정을 꾸리고자 하는 사람이라면 누구든지 자기 자신의 농장도 관리해야 했으며, 그 농장은 자기 소유일 때 가장 확실히 보장된다. 장인들, 대금업자들, 상인들을 포함하여 모두는 땅을 얻으려고 노력했다. 그리고 그들은 모두 자기의 땅을 늘리려고 했다. 왜냐하면 지배적인 것은 여전히 자가소비를 위한 생산이었으며 더 많은 안락과 더 번영하는 집안을 원한다면 그는 더 넓은 면적의 토지를 가져야 했기 때문이다.

토지소유권을 취득하고 토지를 확대하려는 노력은 그 시대의 지배적인 열정이었다. 이는 농업에 기초를 둔 정착된 사회의 확립 시기, 농민적 농업이 시작될 때부터 공업 자본의 형성기까지 이어진다. 고대 사회는 제국 시대의 절정기에조차 이 단계를 벗어나지 못했다. 그것은 종교개혁 후의 새로운 시대로 유보되었다.

## 가정 노예제

그러나 토지를 소유한다고 해도 그것을 경작할 노동력이 없으면 아무것도 아니다. 우리는 이미 거대 토지자산의 형성에 뒤이은 특수한 노동 문제를 언급했다. 선사시대에서도 부자들 가운데 혈연관계로 가정에 묶인 가족 구성원의 범위를 넘어서 가정에 편입시키고 항상 믿고 의지할 수 있는 그런 노동력을 찾는 것을 발견한다.

그러한 노동력은 처음에는 임금 노동으로 얻어질 수는 없었다. 초기에도 임금 노동을 한 경우들을 발견하지만 이는 언제나 추수 시기의 도우미처럼 예외적이고 일시적인 것이었다. 독립된 농장이 필요로 하는 생산수단은 별로 대단한 것이 아니었기 때문에 웬만한 가정에서 통상적으로 얻지 못할 것이 없었다. 그리고 가족과 마을공동체의 유대는 아직 강해서 가족에게 닥쳐 그 가족이 재산을 잃게 만드는 가끔 벌어지는 불행은 대부분 친척들과 이웃들의 도움으로 완화되었다.

임금 노동자들의 공급이 빈약했다면, 그들에 대한 수요도 적었다. 왜냐하면 가계와 직업은 아직 밀접하게 연결되어 있었기 때문이다. 추가 일꾼들을 농장에 들이려고 한다면, 그들을 또한 집 식구로도 받아들여야 하는 것이었다. 그들은 자기 자신의 일할 터전이 없을 뿐 아니라 자신의 가족도 없이 지내면서 낯선 가정에 몸 바쳐야 했다. 자유 신분의 일꾼은 쓸모가 없었다. 중세시대에도 직인(Handwerksgesellen)은 단지 일시적 단계로만 마이스터 가문의 구성원 신분을 받아들였으며 이는 스스로가 마이스터가 되고 자신의 가정을 출범시키기 위한 단계였다. 모르는 가정을 위한 추가적 노동력은 임금 관계를 통한 자유민의 노동력의 형태로는 역사의 이 단계에서는 지속적으로 보장되지 않았다. 강제적인 족쇄만이 대토지 자산에 필요한 추가적 노동력을 창출할 수 있었다. 그 해답은 노예제였다. 이방인은 권리가 없었으며, 그 시대 정치공동체의 크기가 작았으므로 이방인이란 용어는 폭넓은 의미를 지녔다. 전쟁 시에 포로로 잡힌 군인들만이 아니라 흔히 정복된 땅의 인구 전체가 노예화되어 승리자들의 몫으로 나뉘어 종속되거나 팔려나갔다. 그러나 평화 시에도 노예를 손에 넣는 방법들이 있었다. 특히 해양 무역이 그런 수단을 제공했다. 해양 무역은 처음부터 해적질과 연결된 경우가 많았다. 그리고 가장 선호된 노획물 중 하나가 튼튼하고 잘생긴 사람들이었다. 이들은 해변에서 무방비 상태로 발견될 때 무장을 하고 항해하는 선원들에 의해 납치되었다. 나아가서,

남자 노예와 여자 노예가 짝을 지으면, 그들의 자식도 노예가 되었다.

물질적인 관점에서 이 노예들의 상황은 처음에는 그다지 어렵지 않았다. 그들은 때로는 퍽 잘살았다. 번영하는 집안의 구성원으로서 몸종이거나 사치한 생활을 돕는 자로서, 도를 넘게 혹사당하지 않았다. 그들이 생산 작업을 할 때는—부유한 농민의 경우에—흔히 주인과 같이 하는 것이었다. 그리고 이는 언제나 그 가족의 자체 소비를 위해서만 하는 것이었고 그 소비에는 한계가 있었다. 노예들의 지위는 주인의 성격과 함께 그들이 속한 가정의 번영 상태에 따라 결정되었다. 그 번영을 증진시키는 것이 그들 자신의 이익이 되었다. 왜냐하면 그러는 과정에서 그들 자신의 처지를 개선하게 되기 때문이었다. 더구나 노예가 그의 주인과 일상적으로 대면하면서 그들은 인간으로서 가까워지고 노예가 재치 있고 영리할 때에는 그는 필요불가결하고 심지어 정식으로 친구가 되기도 했다. 고대의 시인들이 읊은 것 중에는 노예들이 주인들에 대하여 어떤 자유를 누렸는지, 그리고 그 양자가 얼마나 친밀하게 서로 의지했는지에 대해서 많은 예가 있다. 노예가 충직한 봉사에 대한 보답으로 상당한 선물을 받고 자유의 몸이 되는 경우가 드물지 않았다. 다른 노예들은 자유 신분을 사기에 충분한 돈을 저축했다. 많은 노예들이 자유 신분보다 노예 신분을 선호했다. 즉 주인집 울타리 밖으로 나가 빈궁하고 불확실하게 생계를 유지하느니보다 부유한 가정의 구성원으로서 살기를 택했다.

옌취(Jentsch)는 이렇게 말한다.

"충격적인 법률적 노예의 개념이 사적인 생활에서 문자 그대로 받아들여졌고 노예는 인간 아닌 것으로 간주되거나 취급되었다고 생각해서는 안 된다. 제1차 포에니 전쟁 종결 시까지 노예들은 그다지 궁핍하지 않았다. 세대주의 아내와 자식들이 가진 법적 권능에 대하여 말해졌던 것은 노예들에게도 적용된다. 그의 권한은 법적으로 무제한이었으나 종교, 관습, 이성, 감정과 이해관계가 그에 한계를 둔다. 그리고 주인의 변덕에 아무런 보호 장치도 없이 노출된, 판매 가능한 물건으로 법적으로 간주되던 그 사람은 농장에서는 충직한 동료 일꾼으로서 그리고 가정에서는 공동으로 일을 끝낸 후에 노변에서 다정하게 잡담을 함께 나눌 식구로서 대접받았다." *

이런 동료 관계는 농민 거주지에만 국한된 것이 아니었다. 영웅 시대에는 귀공자들도 손수 일을 했다. 『오디세이아』에서 알키누스 왕의 딸은 여종들과 같이 빨래를 했다. 오디세우스는 적수에게 결투가 아닌 풀베기와 밭갈기 경합을 하자고 도전한다. 그리고 그가 고향의 집에 돌아왔을 때 그는 아버지가 정원에서 삽을 들고 일을 하고 있는 것을 발견한다. 오디세우스와 그의 아들 텔레마쿠스는 또한 그들의 노예 에우마에우스의 마음에서 우러난 사랑에 기뻐한다. 에우마에우스는 돼지치기를 신같은 솜씨로 하는 충직한 봉사의 대가로 주인이 만약 집에 있었더라면 벌써 그에게 자유 신분과 농토와 아내를 주었을 것이라고 굳게 믿고 있는 터였다.
　이런 종류의 노예제는 착취의 형태로 알려진 것들 중 가장 부드러운 것의 하나였다. 그러나 그것은 돈벌이에 소용이 되면서부터, 즉 주인의 집으로부터 분리되게 된 큰 사업체에서의 노동이 생겨나면서는 다른 모습을 띠었다.

---

* Karl Jentsch, *Drei Spaziergänge eines Laien ins klassische Altertum*, 1900, 3. Spaziergang, Der Römerstaat, S. 237. 같은 책의 2. Spaziergang도 참조해 보라: *Die Sklaverei bei den Dichtern.*

## 상품 생산에서의 노예제

최초의 그러한 사업장들은 광산이었음이 분명하다. 광물, 특히 금속광맥의 채굴과 정련은 성질 그 자체가 단일 가구의 자가소비만을 위해 수행되는 것과는 좀처럼 맞지 않는다. 그것은 개발되자마자 개인의 필요를 넘는 큰 잉여물을 제공한다. 그리고 대량으로 규칙적으로 생산하는 것을 추구할 때만 일정의 완성도까지 발전할 수 있다. 왜냐하면 그럴 경우에만 일꾼들이 필요한 숙련과 경험을 얻고, 필요한 건축물을 짓는 것이 경제성이 있기 때문이다. 석기시대에서도 돌연장들이 영리 목적으로 대규모로 생산되어 마을에서 마을로 부족에서 부족으로 교역에 의해 확장된 그런 거대 작업장들을 우리는 발견한다. 아무튼 이런 광물 제품들이 최초의 상품들이다. 그리고 확실히 처음부터 교역의 목적을 위하여 상품으로서 제작된 최초의 것이다.

광업은 귀중한 광물들이 발견된 장소에서 발달하여 극히 원시적인 지상 작업 단계를 넘어서자마자 점점 더 큰 규모의 노동력을 필요로 했다. 그 필요는 그 광산이 속한 일련의 마르크공동체*에서 모집될 수 있던 자유 신분의 일꾼들의 수를 쉽게 초과할 수 있었다. 임금 노동은 다수의 일꾼을 지속적으로 공급하지 못했다. 노예이거나 유죄 선고를 받은 죄인들의 강제 노동만이 필요한 노동력의 수를 확보해 주었다.

이 노예들은 더 이상 그들 주인의 제한된 사적 용도를 위한 소비품을 생산하지 않았다. 그들은 주인에게 돈을 벌어 주려고 일을 했다. 그들은 주인이 대리석이나 유황, 철이나 구리, 금이나 은을 그의 집에서 사용할

---

* 중세 후기에, 독일에 존재했던 원시적 촌락 공동체. 삼림, 방목지, 소택지 따위의 공동 용익지를 사용하고 관리하였다. - 국어사전. 옮긴이

수 있도록 일을 한 것이 아니라 광산의 제품을 팔아서 돈을 벌 수 있도록 일을 했다. 그것으로 무엇이든지 살 수 있는, 아무리 가져도 충분히 가질 수 없는 온갖 쾌락, 온갖 권력을 살 수 있는 그 상품을 벌 수 있도록 말이다. 이제 광산 노동자들에게서 짜낼 수 있는 대로의 일을 다 짜낸다. 왜냐하면 그들이 일을 많이 할수록 그들의 주인은 더 많은 돈을 벌기 때문이다. 게다가 그들은 가능한 한 빈약하게 먹여지고 입혀진다. 왜냐하면 그들의 음식과 의복을 구입하려면 돈을 포기해야 하기 때문이다. 광산의 노예들이 그 물건들을 스스로 만들지는 않았던 것이다. 부유한 가정 경제의 소유주는 자신의 노예와 손님들에게 공급하는 것 말고는 그의 잉여 식량과 소비재를 가지고서 다른 일을 시작할 줄 몰랐다면, 이제 상품 생산 체제하에서는 사업체가 돈을 많이 벌수록 노예들은 그만큼 덜 소비했다. 사업체가 커질수록 노예들의 신세는 악화되었다. 점차로 그들은 주인의 집에서 떨어지게 되어 주인 저택의 화려함과는 극명히 대조되는 소름 끼치는 합숙소에 수용되었다. 주인과 노예 간의 일체의 사적 관계는 소멸했다. 이는 그들의 일터가 주인의 저택과 분리되었기 때문만이 아니라 일꾼의 수효 때문이기도 했다. 펠로폰네소스 전쟁 시기에 아테네에서 히포니코스는 트라키아 광산에 600명의 노예를 소유했다고 하며, 니키아스는 1,000명을 소유했다고 한다. 노예에게 아무런 권리도 없다는 것은 이제 무서운 재앙이었다. 자유 신분의 임금 근로자는 여전히 어느 정도는 주인을 선택할 수 있었으며 적어도 시절이 좋을 때는 일을 중단하는 것을 주인에게 압력을 가하고 최악의 결과를 방지하는 수단으로 사용할 수 있었던 반면에 이제는 주인에게서 도망치거나 일을 거부한 노예는 가차 없이 사형에 처해졌다.

　노예를 아낄 동기가 있기는 했다. 그것은 황소를 아낄 동기와 똑 같은 것이었다. 노예를 사들일 비용 때문이었다. 임금 근로자는 비용이 들지 않는다. 그가 일을 하다가 망가지면 다른 이가 그를 대신하면 그만이다. 이와는 달리 노예는 사들여야 한다. 노예가 너무 일찍 못쓰게 되면 그의 주인은 구입 대가를 잃는 것이다. 그러나 이런 동기는 노예가 저렴할수록 덜 중요했다. 그리고 노예들의 값이 이례적으로 떨어질 때도 있었는데 이는 끝날 줄 모르는 전쟁, 내전과 국가 간의 전쟁이 수많은 포로를 시장에 가져다줄 때였다.

기원전 169년 마케도니아에 대한 로마인들의 제3차 전쟁에서 에피루스에서만 70개 도시가 약탈되었고 15만 명의 주민이 노예로 팔렸다.

뵉크(Bockh)에 따르면 아테네에서 노예 한 명의 통상적인 값은 100에서 200드라크마*였다. 크세노폰은 그 값이 50에서 1,000드라크마까지 차이가 있다고 말한다. 아피아누스는 폰투스 전쟁 시의 어떤 경우에 건장한 포로들이 두당 4드라크마에(3마르크 남짓!에) 팔렸다고 한다. 자기 형제들에 의하여 이집트로 팔려 간 요셉은 20세켈(18마르크)밖에 되지 않았다.**

양호한 승마용 말은 노예보다 훨씬 비쌌다. 아리스토파네스 시대에 그것은 약 12므나, 약 1,000마르크가 나갔다.

노예들을 값싸게 공급한 전쟁들은 또한 많은 농민들을 파멸시켰다. 왜냐하면 그 시대에 농민 민병들이 군대의 핵을 이루었기 때문이다. 농부가 전쟁에 나가야 했다면 그의 농토는 그동안 돌보는 이가 없어 황폐화될 가능성이 높았다. 파멸한 농부는 인근 도시에서 장인이나 건달(룸펜프롤레타리아)로서 연명해 나갈 피난처를 찾지 못하면 강도질밖에 할 것이 없었다. 예전에는 듣지도 보지도 못한 범죄와 범죄자들이 들끓었다. 범죄자들 사

---

* 80에서 160마르크: 지금의 한화로 58만 원에서 116만 원. 현재 환율로 1마르크는 대략 한화로 7,200원에 해당함. – 옮긴이
** Herzfeld, *Handelsgeschichte der Juden des Allertums*, 1894, S. 193.

냥은 새로운 노예들을 조달했다. 감옥은 아직 알려지지 않았기 때문이다. 그것은 자본주의적 생산 양식의 산물이다. 그 당시에 십자가 처형을 당하지 않은 자들은 강제 노역에 처해졌다.

그리하여 이따금씩 엄청나게 값이 싼 수많은 노예들이 있곤 했다. 그들의 처지는 지극히 비참했다. 이는 예를 들어 고대의 가장 생산적인 광산들 중에 에스파냐의 은 광산에서 볼 수 있다. 이 광산들에 대해서 디오도루스는 이렇게 보도한다.

'처음에는' 평범한 민간 시민이 광업에 종사하여 큰 부를 얻었다. 은광은 깊이 묻혀 있지 않고 수량이 많았기 때문이다. 후에 로마인들이 이베리아(에스파냐)의 주인이 되었을 때, 이탈리아인의 무리가 광산에 나타났다. 그들은 탐욕으로 큰 부를 얻었다. 노예 집단을 사서 광산 감독에게 넘겼던 것이다. ⋯ 이런 광산에서 일해야 하는 노예들은 그 주인들에게 믿기지 않는 엄청난 수입을 가져다준다. 그러나 그들 중 다수는 밤낮 없이 지하 갱에서 노역에 시달리다가 과로로 죽는다. 그들에게는 휴식도 짬도 없고 격심한 고통을 견디며 죽도록 일하도록 감독의 매를 맞으며 재촉을 당한다. 몇 사람은 그것을 견딜 만한 힘과 끈기를 지녀도 이는 단지 그들의 비참함을 연장할 뿐이다. 이 비참함이란 사느니보다 죽는 편이 낫다고 할 정도로 큰 것이다.*

가부장적인 가정 노예제가 아마도 가장 부드러운 형태의 착취라면 이

---

* Diodorus Siculus, *hitorische Bibliothek*, V, 36, 38. 같은 저작의 III, 13에서 이집트의 금광업에 관하여 인용한 것을 맑스가 그의 Kapital, I, 8. Kapitel, 2, Note 43에서 지적한 것과 비교해 보라.

윤을 위한 탐욕에 종사하는 노예제는 분명히 가장 무서운 것이다.

광산에서 노예를 부리면서 하는 대규모의 작업은 주어진 상황하에서 그 산업의 기술에 의하여 요청된 것이었다. 그러나 시간이 감에 따라 다른 생산 분야들에서도 노예에 의한 대규모 상품 생산이 필요하게 되었다. 군사력에서 이웃들을 훨씬 능가하는 정치공동체들이 있었다. 이들은 전쟁에서 아주 큰 이익을 보아서, 그것으로 만족하지 못하게 되었다. 전쟁을 일으키면 끊임없이 새로운 노예를 떼로 조달했고, 그 노예들을 부려서 이득을 취하려고 했다. 그런데 그런 국가들은 대도시들과도 연결되어 있었다. 위치상으로 유리하여 활발한 교역을 위한 거대한 화물 집산지가 된 도시는 이미 교역을 통해서 많은 사람을 끌어들였으며, 그 도시가 외국인에게 공민권을 수여하는 데 지나치게 인색하지만 않다면 곧 사람과 물자 모두 더 풍부해졌고 그 도시 주위의 복속시킨 다른 지방들도 마찬가지였다. 주위의 땅들을 약탈하고 착취하여 그 도시의 부가 증대되었고 인구도 더욱 늘어났다. 이 부는 거대 건축물에 대한 필요를 낳았다. 하수도 · 상수도 같은 위생 시설, 신전 · 극장 같은 미적 종교적 시설, 성벽 같은 군사 시설이 그런 것이다. 그런 구조물들을 세우는 가장 빠른 방법은 노예들의 대부대를 동원하는 것이었다. 많은 노예를 사서 그 노동력으로 국가를 위한 온갖 건축물을 완성하는 건축 도급업자들이 생겨났다. 대도시는 또한 다량의 식품을 위한 광대한 시장도 일으켰다. 가장 큰 잉여는 노예들의 값이 쌌기 때문에 대형 농장이 가져다주었다. 물론 그 시대에는 대규모 영농의 어떠한 기술적 우월성도 말할 것이 되지 못했다. 오히려 노예 노동은 자유농민의 노동보다 덜 생산적이었다. 그러나 노예들은 그 노동력을 아낄 필요가 없고 사정없이 죽도록 부려먹을 수 있었기 때문에 농부들에 비하여 생계비용을 초과하는 더 큰 잉여를 생산했다. 농민은 그 시대에는 시간 외 노동의 이익을 몰랐고 높은 생활수준에 익숙해져 있었다.

그러한 국가에서 농민은 나라를 지키도록 땅을 갈다 말고 끊임없이 징발되는 데 반하여 노예는 군역에서 면제되는 추가적인 장점도 있었다. 그리하여 그러한 거대한 군사도시들의 경제적 영향이 미치는 영역에서는 노예를 부리는 거대 농업생산이 생겨났다. 카르타고인들은 그것을 상당 정도로 발달시켰다. 로마인들은 그것을 카르타고와의 전쟁에서 배웠다. 그들의 적수로부터 빼앗은 강역(疆域)들과 함께 대형 농장들도 빼앗아서 이를 더 개발하고 확장했다.

결국 같은 수공업에 종사하는 노예의 무리가 모여 있고, 그들의 생산물을 위한 좋은 판매 시장이 있던 대도시에서는 그런 노예들을 여러 명 사들여서 단일한 일터에서 함께 일을 시켜 오늘날 임금 근로자들이 공장에서 하듯이 시장을 위한 생산을 하게 한다는 것은 쉬운 일이었다. 그 와중에도 그러한 노예제 제조업은 로마가 아닌 헬라 세계에서만 비중이 있었다. 그러나 대체로 시장을 위한 곡물과 같은 단일 작물을 공장처럼 생산하는 플랜테이션이든 아니면 주로 가계의 가족 자체 소비 용도에 바쳐져서 가구가 필요로 하는 온갖 제품을 공급하는 것이든, 대규모 영농을 하는 특수한 종류의 노예 산업은 발달했다.

농사일은 연중 특정 시기에만 많은 노동을 필요로 하고 다른 때, 특히 겨울에는 별로 노동이 필요 없는 속성을 지닌다. 그것은 현대의 대규모 영농 기업에게도 문제인데, 그것은 노예 노동 시스템 아래서는 더 큰 문제가 되었다. 왜냐하면 임금 근로자는 필요하지 않은 때는 그를 내보내고 필요할 때는 다시 불러들이는 것이 언제나 가능하다. 그 중간에 그가 있을 데를 찾으면 다행이겠다. 그러나 그 시대에 대지주는 가을마다 노예를 팔고 봄에는 새로 노예들을 사들일 수가 없었다. 그렇게 한다는 것은 너무나 비싼 값을 치르는 일이다. 왜냐하면 노예들은 가을에는 무가치하고 봄에는 비싸기 때문이다. 그래서 주인은 농토에서 할 일이 별로 없는 계절에도 노예들에게 일을 시키려고 시도해야 했다. 농업과 공업 간의 전통적 연계가 아직 살아 있어서 농민은 여전히 아마와 양모, 가죽, 목재 기타 자기 농장의 산물을 가공하여 의복과 집기를 만들었다. 그래서 이제 대규모 농장의 노예들도 농사일이 한산할 때는 옷감 짜기, 무두질, 가죽 일, 마차와 쟁기 만들기, 온갖 종류의 그릇 굽기 등 공업 일에 투입되었다. 그러나 상품 생산이 발달했을 때 그들은 자신들의 농장과 가구를 위해서만이 아니라 시장을 위해서도 생산을 했다.

노예들의 값이 싸면 그들의 공업 생산물도 역시 저렴했다. 그들에게는 돈의 지출도 필요 없었다. 라티푼디움이라는 농장은 일꾼들의 식량과 원료, 그리고 대부분의 경우에 그들의 작업 도구도 공급했다. 그리고 노예들은 농사일에서 그들이 필요하지 않은 때에도 데리고 있어야 했기 때문에 그들이 그들 자신의 사업장에서 소용되는 것 이상으로 생산한 일체의 공업 제품들은 낮은 가격에도 이윤을 낳는 잉여가 되었다.

노예 노동으로부터의 경쟁에 직면하여 자유 수공업이 크게 발달하지 못했던 것은 놀라운 일이 아니다. 고대 세계에서 장인들은 특히 로마 세계에서 그러한데, 대부분이 조수도 없이 혼자서 일을 하고 통상적으로는 고객의 집에서나 자기 집에서나 그들에게 공급된 원료를 가공하는 작업을 하는 불쌍한 존재들이었다. 중세에 발달한 것과 같은 강력한 장인 집단은 있을 수 없었다. 동업조합은 허약한 상태였고 장인들은 항상 보통은 대지주들인 고객에게 의존했다. 그리고 룸펜프롤레타리아로 전락할 위기에서 지주의 수하로서 바로 기생적인 생존을 영위하는 경우도 흔했다.

그러나 노예를 부리는 대기업은 수공업의 강화와 수공업 기술의 발달을 가로막을 수밖에 없었다. 수공업 기술은 고대 전체를 통틀어 낮은 수준에 머물렀으며, 이는 장인의 빈곤 상태에 상응한 것이었다. 장인의 숙련은 일정한 상황하에서는 비상한 높이로 오를 수 있었으나 그의 도구는 비참할 정도로 원시적인 상태였다. 그러나 대기업 자신에게도 사정은 마찬가지였다. 거기서도 역시 노예제는 일체의 기술 발달을 저해하는 효과를 발휘했다.

## 노예 경제의 기술적 열등성

농업에서 큰 규모는 아직 광업에서처럼 높은 생산성의 조건이 아니었다. 상품 생산의 증대는 농업에서도 사회적 노동 분업의 확장을 가져왔다. 많은 영농단위는 곡물 재배에, 또 다른 영농단위들은 가축을 치는 일 등에 종사했다. 대토지 자산의 경우에 농민의 일상적인 삶을 넘는 과학적으로 훈련받은 사람들의 손으로 지도를 받을 수 있는 가능성이 벌써 생겨났다. 실제로 우리는 카르타고인들과 로마인들 사이에서처럼 농업 대기업들을 가진 나라들에서 18세기의 유럽에서와 같이 발달한 농업 이론을 찾아볼 수 있다. 그러나 이 이론을 적용하여 대형 농기업을 농민적 영농의 수준 이상으로 끌어올릴 수 있는 노동력이 없었다. 임금 노동조차 관심과 배려의 측면에서 자유 토지소유 농민의 농사일에 못 미쳤다. 그래서 대기업이 기술면에서 소기업보다 크게 우월할 경우에만 이득을 볼 수 있었다. 그러나 대기업에서 일하는 노예는 더 이상 가부장적 가족관계 속에 있지 않았으며, 오히려 훨씬 더 불만이 가득 찼고 사실상 자신의 주인에게 해를 끼치고자 하는 근로자였다. 가정 노예제에서도 노예의 일은 자유 토지보유자의 일만큼 생산성이 있다고는 생각되지 않았다. 오디세우스는 이렇게 언급한다: "노예들은, 지시를 내리는 주인이 더 이상 재촉하지 않을 때에는, 곧 게을러져서 일을 제대로 할 생각도 하지 않는다. 아. 사람이 노예의 멍에를 메게 되는 날, 섭리자 제우스는 그에게서 품성의 절반을 빼앗는구나!"

매일같이 야만적으로 얻어맞고 주인을 향해 자포자기와 증오로 가득 찬 노예들이라면 오죽할까! 대농기업은 소농과 비교해서 같은 수의 일꾼으로 같은 결과를 획득하려면 기술면에서 엄청나게 더 우수해야 했다. 그러나 우수하지 않았을 뿐 아니라 여러 가지로 열등했다. 노예들은 가혹한 대우를 받으면 황소에게 분을 퍼부었고 그러면 황소 수는 불어나지 않았다. 노예들의 손에 예리한 도구를 쥐어 주는 것도 마찬가지로 불가능했다.

맑스는 이 점을 지적했었다. 그는 '노예의 힘에 의한 생산'에 관하여 다음과 같이 말한다.

고대인들의 표현을 사용하자면, 노예는 단지 말을 알아듣는 도구(instru-mentum vocale)로서 반쯤 말을 알아듣는 도구(instrumentum semivocale)인 짐승, 말을 못 알아듣는 도구(instrumentum mutuum)인 무생물 기구와 구별이 될 뿐이다. 그러나 그 자신은 짐승과 기구에게 그가 그것들과 동등한 존재가 아니라 사람이라는 것을 느끼게 한다. 그는 짐승을 학대하고 기구를 넌지시 망가뜨림으로써 자기는 다르다는 자아 감정을 일으킨다. 결과적으로 이 생산 양식에서는 극히 투박하고 무거운 연장들, 그 불편함만으로도 망가뜨리기가 어려운 연장들만 사용된다는 것이 경제 원리로서 성립한다. 남북전쟁이 발발할 때까지 멕시코만 연안에 접한 노예제가 허용되는 주들에서는 옛 중국의 모형에 따라 만들어진 쟁기만 사용되었다. 이는 돼지나 두더지처럼 땅에 구멍을 내지만 고랑을 파거나 흙을 뒤집는 기능은 없는 쟁기이다. 『연안 주들에서의 여행』*에서 옴스테트(Olmstedt)는 이렇게 기술한다: "나는 여기서(이 노예제를 실시하는 주들에서) 제정신인 사람이라면 우리나라에서는 임금을 주고 쓰고 있는 노동자에게 주어서 애를

---

* Frederick Law Olmsted, 1822~1903. *A Journey in the Seaboard Slave States.* - 옮긴이

먹게 만들 사람이 아무도 없을 연장들을 보게 되었다. 내가 판단하건대 그 과도한 무게와 불편함은 우리가 보통 사용하는 것보다 적어도 10퍼센트는 일을 어렵게 만드는 것이다. 그리고 내가 확신하기로는 그 연장들이 노예들에 의해 사용되는 부주의하고 서투른 방식에서는 더 가볍고 덜 조잡한 어떤 도구라도 그들에게 공급되어 봐야 이익이 되지 않으며, 우리가 우리 노동자들한테 항시 제공하여 쓰도록 함으로써 이익을 보는 그런 연장들이 버지니아의 옥수수 밭에서는 비록 그 옥수수 밭이 우리의 밭보다 훨씬 부담이 덜 되고 돌도 적은 데도 불구하고 하루도 못 갈 것이라고 하는 것이다. 그래서 왜 농장에서 노새가 보편적으로 말을 대체하여 사용되는지 질문을 받게 되면, 그에 대한 첫 번째 이유는, 솔직히 꼭 맞는 이유인 것인데, 말들은 혹인 노예로부터 항시 받아야 하는 혹사를 견디지 못한다는 것이다. 말들은 혹인 노예들에 의해 언제나 곧 불구가 되거나 꼼짝도 못하게 굳어 버리지만, 노새들은 몽둥이질을 견디어 내고, 한두 끼의 먹이를 빼앗겨도 신체적으로 해를 입지 않고 돌보지 않거나 혹사를 당해도 감기에 걸리거나 병들지 않는다고 하는 것이다. 그러나 내가 글을 쓰고 있는 방의 창문 밖을 내다보기만 해도 북부에서는 그렇게 하면 어김없이 농장주에 의해 즉시 쫓겨날 마부의 몰이 행태를 언제든지 목격하게 된다."(Kapital, I, 2. Aufl., 185)

무지하고, 부주의하고, 악의적이고 그들의 증오 대상인 고문자에게 피해를 줄 기회가 생기면 그에 열광하는 라티푼디움의 노예 노동은 농민적 경제보다 훨씬 소출을 적게 내었다. 기원후 1세기에 플리니우스는 이미 이탈리아의 농토가 장군들이 스스로 경작하는 것을 부끄러워하지 않던 시절에는 얼마나 수확량이 많았었는지, 그러다가 어머니인 대지가, 사슬에 묶이고 낙인이 찍힌 노예들에게 넘겨져 혹독한 대접을 받게 되었을 때는 얼마나 다루기 힘들게 되었는지를 지적하고 있었다. 이런 식의 농경은 어떤 경우에는 농민의 농토보다 더 큰 잉여를 가져다줄 수도 있었겠지만, 같은 수의 사람들을 결코 넉넉한 상태로 부양할 수는 없었다. 한편, 로마가 전체 지중해 세계를 끊임없는 불안 속에 두었던 전쟁들이 있던 시대 내내 노예 경제는 계속 확장되어 갔고 농민계급은 계속 몰락해 갔다. 왜냐하면 전쟁은 그 전쟁을 수행한 대지주에게 풍족한 약탈물을 가져다주었고 새로운 토지와 셀 수 없이 많은 값싼 노예를 공급해 주었기 때문이다.

그래서 우리는 로마 제국에서 현대의 발전과 놀랄 만큼 외관적으로 닮은 경제적 발전을 발견한다. 그것은 소기업의 쇠퇴, 대기업의 발전, 대규모 토지 자산, 라티푼디움들의 더 빠른 성장으로서 이는 농민들을 헐벗게 하고 플랜테이션이나 혹은 어떤 그러한 대농기업에 의해 그 농민을 대체하지 않는 경우에는 그를 자유로운 자영농으로부터 종속적 차지농(借地農)으로 전락시킨다.

푈만(Pöhlmann)은 그의 『고대 공산주의와 사회주의의 역사』(Geschichte des antiken Kommunismus und Sozialismus)에서 여러 가지 인용한 것 중에 사이비 퀸틸리아누스의 웅변집으로부터 "부자에 대한 가난한 자의 불평"을 인용했다. 거기서 라티푼디움들의 확산이 잘 묘사되어 있다. 헐벗은 농민이 울부짖는다.

나는 처음부터 부자의 이웃이지는 않았다. 그 주변에는 재산이 비슷비슷한 주인이 있는 여러 농장이 있었고, 그들은 이웃 간에 사이좋게 그들의 구획이 지어진 작은 밭을 갈았다. 지금은 얼마나 다른가! 한때 이 시민들을 먹여 살리던 그 땅은 이제 한 사람의 부자에게 속한 단일한 거대 플랜테이션이다. 그의 토지 재산은 모든 방향으로 경계선을 확장했다. 그것이 집어삼킨 농민의 집들은 헐려서 평지가 되고 그들 조상의 사당들은 허물어졌다. 옛 주인들은 그들의 수호신에게 작별을 고하고 아내와 아이들을 데리고 멀리 떠났다. 단조로움이 넓은 평야를 지배한다. 도처에서 부자들이 마치 담으로 쌓듯이 나를 둘러싼다. 여기에는 그 부자의 정원이 있고 저기에는 그의 밭이 있고 여기에는 그의 포도밭이 있고 저기에는 그의 숲과 목장이 있다. 나 역시 기꺼이 떠났어야 했지만 내가 부자를 이웃으로 두지 않을 그런 땅 조각을 찾을 수가 없었다. 어디에서 부자의 사유재산과 맞닥뜨리지 않을 것인가? 그들은 나라의 국경선처럼 강이나 산 같은 자연적인 경계선에 도달할 때까지 그들의 영지를 확장하는 데 더 이상 만족하지 않는다. 그들은 아주 먼 산간의 황무지와 삼림에까지 손을 뻗친다. 그리고 어디서도 이 사방으로 손을 뻗침은 부자가 다른 부자와 맞닥뜨릴 때가 되기 전까지는 끝도 한계도 없다. 그리고 부자들이 우리에게 폭력을 썼을 때 그것을 부인하려는 수고조차 할 가치가 있다고 생각하지 않는다는 것, 이는 결국 부자가 우리 가난한 자에 대해 보내는 수치스러운 경멸에 속하는 것이다.(II, S. 582, 583)

필만은 그 안에서 일반적으로 극단적인 자본주의 경향의 표징을 발견한다. 그러나 이러한 발전이 현대 자본주의 및 그 자본의 집중과 닮은 점은 순전히 외적인 것일 뿐 양자를 등치시키는 것은 완전히 그릇된 것이다. 우리가 이 문제를 더 깊이 들여다본다면 우리는 양자 간에 발전 방향이 완전히 상반됨을 발견할 수 있을 것이다. 첫째, 집중화의 경향, 대기업을 통하여 소기업을 몰아내고 작은 사업체를 대규모 부의 소유자들에게 의존하도록 하는 것은 오늘날 주로 공업에서 가장 두드러지며, 농업에서는 훨씬 덜하다. 고대 시대에는 정반대였다. 오늘날에는 대기업의 소기업에 대한 승리는 특히 경쟁을 통해 이루어지며, 이는 강력한 기계와 장비를 가진 기업에게 더 큰 생산성을 가져다준다. 고대에는 그것은 자유농민의 마비를 통해서 발생했다. 이들은 군역에 짓이겨지고 노예의 대량 공급에 의해, 돈 있는 자들에게 가용하게 된 더욱 저렴한 노동력에 의해, 그리고 끝으로 우리가 다시 논의하겠지만 대금업에 의해 짓이겨졌다. 이 모든 요인은 순전히 노동의 생산성을 올리는 대신 떨어뜨렸다. 기계 생산의 개발과 적용의 전제 조건들은 고대에는 결여되었다. 자유 수공업자 계급은 아직 영구적 직장에서 임금을 받고 취업할 용의가 있는 다수의 자유 숙련 노동력들을 배출할 수 있을 정도로 발달하지 않았다. 그러나 이들이야말로 기계를 생산하고 그 적용을 가능하게 할 수 있는 유일한 노동력이다. 그러므로 사상가나 발명가 들에게는 기계를 창조할 아무런 유인도 없었다. 이 기계가 실제로 사용되지 않을 것이었기 때문이다. 그러나 일단 기계들이 발명되어 생산에서 성공적으로 사용될 수가 있고, 다수의 자유 노동력이 출현하여 기계의 생산과 이용에 고용되기를 강렬하게 추구하게 되면, 기계는 기업가들 서로 간의 경쟁에서 가장 강력한 무기가 된다. 결과적으로 기계들은 끊임없이 완성되고 확장되며, 노동의 생산성은 올라가고 그와 함께 그것이 생산하는 임금 이상의 잉여도 상승한다. 그러나 또한 새로운 더 나은 기계를 취득하기 위해 이 잉여의 일부분을 모으고 축적할 필요도, 시장을 계속 확대할 필요도 상승한다. 왜냐하면 개선된 기계는 처분해야 할 더 많은 생산물을 계속 공급하기 때문이다. 결국 자본은 부단히 증대하고, 생산 수단의 생산은 자본주의적 생산 양식에서 점점 더 큰 공간을 차지하며, 그래서 자본주의적 생산 양식은 증대된 생산 수단이 창출한 증대된 양의 소비재를 이윤을 올리면서 처분하기 위해서 끊임없이 새로운 시장을 찾아야 한다. 그리고 그것은 단 한 세기, 19세기를 경과하면서 전 세계를 정복했다고도 말할 수 있다.

고대의 사태 전개는 퍽 달랐다. 우리가 보았듯이 조잡한 공구들만이 대형 농장에서 일하는 노예들의 손에 쥐어질 수 있었으며 극히 거칠고 가장 덜 똑똑한 일꾼들이 그곳에서 부려질 수 있었다. 대농기업이 어떤 이익이라도 볼 수 있었던 것은 오직 노예들을 극단적으로 저렴하게 얻을 수 있었기 때문이다. 이는 대농기업 경영자들 측에서 값싼 노예를 얻는 가장 효과적인 방법으로 전쟁에 대한 끊임없는 압력을 창출했으며, 끊임없는 국가의 영토 확장에 대한 압력을 낳았다. 포에니 전쟁 시대부터 이것은 로마의 팽창 전략의 가장 강력한 동기 중 하나였다. 로마는 두 세기 동안 지중해 연안의 모든 나라를 점령했고 그리스도 시대에는 지금의 프랑스인 갈리아를 정복한 다음 독일 지방도 복속시키는 데 착수했다. 독일의 활기찬 민중이 그런 우수한 노예의 공급원이 되었던 것이다.

고대의 대기업이 현대의 대기업과 만족할 줄 모르는 속성, 착취의 영역을 확장하려는 끊임없는 압력에서 닮은 것은 사실이다. 그러나 증가하는 노예 부대가 제공한 잉여를 어떻게 썼는가 하는 기술과 방식에서는 전혀 닮지 않았다. 우리가 알고 있듯이 현대의 자본가는 그의 경쟁자들에 의해 추월되고 당하지 않으려면 그의 이윤의 상당 부분을 축적하여 자기의 사업을 개선하고 확장하는 데 사용해야 한다. 이는 고대의 노예 소유자에게는 불필요했다. 그의 생산 활동에 대한 기술적 토대는 그가 몰아냈던 소농민들의 그것보다 높지 않고 오히려 낮았다. 그것은 끊임없는 변천과 확장을 겪지도 않고 계속 같은 상태로 있었다. 그러므로 그는 낭비자가 아닌 경우에도 도구와 가축, 노예에 들어가는 고정 비용과 대체 및 감가상각 비용을 넘는 잉여 전부를 그의 개인적인 소비에 쓸 수 있었다.

물론 교역과 대금업에 투자하거나 새로 땅을 사서 더 많은 이익을 내는 데 돈을 쓰는 것은 가능했다. 그러나 이 이익도 소비 외에 달리 사용될 수는 없었다. 일정한 정도를 넘는 늘어난 생산 수단을 생산하려는 목적으로 자본을 축적한다는 것은 터무니없는 일이었을 것이다. 이 새로운 생산 수단은 사용될 수가 없었을 것이기 때문이다.

라티푼디움들이 농민을 더 많이 몰아내고 한 개인이 보유하는 토지와 노예의 양이 커짐에 따라 몇몇 사람들이 마음대로 처분할 수 있고, 그들의 개인적 소비 외에는 다른 목적으로 사용할 수 없었던 잉여, 보물은 더 늘어났다. 현대의 자본가는 자본을 쌓아 올리는 것이 특징인 것처럼 그리스도교가 생겨나던 시대인, 제국 시대의 로마 귀족은 쾌락을 애호한 것이 특징이었다. 현대의 자본가들은 고대 로마인들 중 가장 큰 부자의 부를 왜소하게 할 정도로 자본을 축적해 왔다. 이들 중의 가장 큰 부자(크로이소스)는 네로의 노예 신분에서 풀려난 자유민[이하 면천인 - 옮긴이]인 나르시수스로서 물경 9천만 마르크의 재산을 보유했다고 한다. 록펠러라는 사람의 몫인 40억 마르크에 비하면 그것이 대단치는 않다. 그러나 미국 억만장자의 지출은 그가 아무리 제정신이 아닌 자일지라도 나이팅게일의 혀와 식초에 진주를 녹인 요리를 먹은 로마의 선배들의 지출에는 비할 바가 못 된다.

사치의 증대와 함께 사적 용도로 부리는 집안의 노예 수도 당연히 늘어났으며 노예가 싸면 쌀수록 더욱 그러했다. 호라치우스는 그의 풍자시에서 열 명의 노예는 웬만한 형편에 있는 사람이 필요로 하는 최소의 노예 수라고 말했다. 귀족 집안에서 그 수는 수천 명으로 올라갈 수 있었다. 야만족 노예들은 광산과 플랜테이션으로 내보내졌다면, 교육을 잘 받은 노예들, 특히 그리스인 노예들은 '도시 가정', 즉 도시 가구로 보내졌다. 요리사, 비서, 악사, 교사, 배우만이 아니라 의사와 철학자도 노예로 보유되었다. 돈벌이에 종사한 노예들과 달리 이들은 가벼운 노동 부담만 지면 되었다. 그들 중 대부분은 그들의 주인과 마찬가지로 큰 한량이었다. 그러나 이전 시대에 가정 노예들에게 좋은 대접을 어느 정도 보장해 주던 두 요소가 더 이상 존재하지 않았으니 그 두 요소는 노예의 높은 가격, 그리고 노예와 같이 일하던 주인과의 동료적 관계였던 것이다. 이제는 주인의 부는 크고, 노예들의 값은 싸서 노예들에 대한 대우에 극히 작은 제약도 없어졌다. 더구나 대부분의 가정 노예들에게 주인과의 인간관계는 조금도 남지 않았다. 주인은 노예들 대부분을 거의 알지 못했다. 그리고 주인과 종이 인간적으로 서로 가까워졌다면, 이는 더 이상 상호 간에 존중하는 마음이 생겨나는 일터에서가 아니었으며 나태와 방종에서 생겨나고 주인과 종 모두에게 상호 경멸감을 일으키는 폭식과 악행의 때였다. 노예들은 게을렀고 많은 경우에 주인은 태만을 눈감아 주었지만, 그들에게 위험한 크기로 닥치는 어떠한 악의나 광분의 발작에도 무방비로 희생제물이 되었다. 베디우스 폴리오(Vedius Pollio)의 범죄는 잘 알려져 있다. 그는 수정 접시를 깨뜨린 한 노예를 연못에서 기르던 먹성 좋은 물고기 칠성장어의 먹잇감으로 던져 버렸다.

이 가정 노예들로 사회 내의 비생산적 요소들의 수효는 크게 증가했다. 이들 무리는 동시에 대도시의 부랑자 룸펜프롤레타리아 계층의 증가를 통해 불어났으며, 그 계층 안으로 토지에서 방출된 농민 다수가 몰락해 갔다. 그리고 이는 동시에 여러 생산적 활동들에서 노예 노동에 의한 자유노동의 대체가 노동의 생산성을 급격하게 떨어뜨리던 시대에 일어난 일이다.

그러나 한 가구 구성원이 많을수록, 작은 가구 같으면 구입해야 했을 옷가지와 가구 같은 물건들을 자체적으로 만들어 내기가 더욱 쉬워진다. 이는 그 가족의 자체 소비를 위한 생산을 또다시 확장시켰다. 이 후기 형태의 부자들에게서의 가정 경제는 상품 생산의 거의 완전한 결여에 토대를 두었던, 가장 중요하고 필수적인 재화를 생산하고 도구와 사치품들만을 구입한 원래의 단순 가정 경제와 혼동되어서는 안 된다. 두 번째 형태의 가족 자가소비를 위한 생산은 우리가 로마 공화국 말기와 로마 제국 기간 중에 부유한 가구들에서 보듯이 상품 생산, 시장을 지향한 광산 및 라티푼디움의 생산에 토대를 두었으며 그 자체가 사치품 생산에 주로 종사했다.

자가소비를 위한 이러한 종류의 생산 확장은 자유 수공업에는 피해를 주었다. 이는 이미 도시들과 라티푼디움들에서 노예 집단에 의해 영위되는 공업으로 잠식당해 오던 터였다. 상대적으로 자유 수공업은 후퇴해야 했다. 즉 노예 노동자에 대한 자유노동자들의 비율은 수공업에서도 크게 감소했다. 절대적으로는 자유노동자들의 수는 여러 산업에서 늘어날 수 있었다. 그림과 조각상, 예술품뿐만 아니라 향유(香油), 포마드 같은 순전한 사치품에 대한 수요 증대를 일으킨 낭비의 증대 때문이었다.

사회의 번영을 그 씀씀이에 따라 판단하고 일련의 신하, 예술가, 문필가를 보유한 로마 황제들과 토지 소유자들의 편협한 관점을 취하는 자들은 당연히 아우구스토 황제 시대의 사회 상황을 눈부신 것으로 생각할 것이다. 무진장한 부가 오직 쾌락을 증진시킬 목적으로 로마로 쏟아져 들어왔다. 부유한 쾌락을 사랑하는 방탕아들은 잔칫집을 찾아 어슬렁대면서 남아도는 부를 한움큼씩 주위에 뿌리고 다녔다. 그들 스스로만으로는 그것을 다 쓸 수 없었기 때문이다. 여러 예술가와 지식인들이 메세나와 같은 보호자들로부터 상당한 액수의 돈을 받았다. 거대한 건물이 솟아올랐으며, 그 엄청난 크기와 예술적 균형미를 우리는 아직도 경탄한다. 전 세계는 모든 구멍마다 부의 땀을 흘리는 듯했다. 그러나 이 사회는 당시에 이미 죽을 운명이었다.

## 경제적 쇠퇴

내리막길을 가고 있다는 예감은 일찍이 지배계급에게서 생겨났다. 그들은 일체의 활동에서 거리를 두었고 노예들에게 모든 일을, 심지어는 학문과 정치의 일까지도 시켰다. 그리스에서는 노예 노동이 처음에는 주인에게 국가를 다스리고 인생의 가장 중대한 문제들에 관해 성찰하기 위한 충분한 여가시간을 확보해 주는 역할을 했다. 그러나 잉여가 더 커지고 또한 토지 소유권의 집중과 라티푼디움들의 확장, 노예 무리의 성장에 의해 그 잉여가 소수의 손에 집중되어 갈수록 잉여의 향유와 지출은 지배계급의 제일가는 사회적 기능이 되었으며, 찬란함과 호사와 태만에서 서로를 능가하려는 낭비의 경쟁은 더욱 불타올랐다. 이 과정은 그리스에서보다 로마에서 훨씬 더 쉬웠다. 왜냐하면 로마는 아직 낮은 문화 수준에 있던 때에 이런 생산 양식에 도달했기 때문이다. 그리스의 권력은 주로 야만 민족들 쪽으로 뻗어나갔고, 반면에 소아시아와 이집트에서는 강력한 저항에 부딪쳤다. 야만족의 노예들에게서 그리스인들은 아무것도 배울 것이 없었고 그들에게 나라의 행정을 맡길 수도 없었다. 그리고 그리스인들이 야만인들로부터 뽑아 낼 수 있었던 부는 비교적 적었다. 다른 한편 로마의 지배는 곧 동방의 태곳적 문명이 있던 지역을 넘어 바빌로니아(혹은 셀레우키아)까지 퍼져나갔다. 이들 새로이 정복된 속주들로부터 로마인들은 한량없는 부를 차지했을 뿐 아니라 주인보다 지식에서 월등한 노예들도 손에 넣었다. 로마인들은 이 노예들에게서 배워야 했으며, 이 노예들에게 정부의 행정을 쉽게 맡길 수 있었다. 제국 시대에는 대토지 소유자 귀족들은 국가의 관리자로서 황실 가문의 노예들, 황제의 노예였던 자들, 면천인들에 의해 점차 대체되었다. 이들은 예전의 주인에 대한 복종 상태에 머물렀다.

그리하여 라티푼디움의 주인들과 그들에 딸린 수많은 기생자들에게 남은 유일한 기능은 쾌락이었다. 그러나 사람은 그에게 끊임없이 작용하는 자극, 즐거움이든 고통이든, 쾌락이든 죽음의 두려움이든 그런 것에 무감각해진다. 그냥 중단됨 없는 향락은, 어떤 일이나 투쟁으로 방해받는 일도 없다면 처음에는 지나간 쾌락을 능가하고 지친 신경을 한번 더 자극하는 새로운 쾌락의 끊임없는 추구를 낳았다. 이는 가장 부자연스러운 악행들, 가장 빼어난 잔인함을 가져왔을 뿐 아니라 가장 크고 가장 터무니없는 규모로 호사스러움을 가져왔다. 그러나 모든 것에는 한계가 있다. 그 개인이 재정적 또는 신체적 파산의 지점에 도달하여 재력도 체력도 없어져서 더 이상 쾌락을 중진시킬 수가 없으면 그는 무서운 숙취의 두통, 일체의 향락에 대한 기피, 완전한 염세적 감정에 빠져들어 사는 것이 지겹고 일체의 속세의 노심초사가 무익하다고 느끼게 되는 지경까지 이르게된다―헛되고 헛되다. 세상만사 헛되다(vanitas, vanitatum vanitas). 절망과 죽음에 대한 열망이 나타난다. 그러나 그와 나란히 새로운 더 고귀한 삶에 대한 동경도 나타난다. 그러나 일에 대한 혐오는 사람들에게 아주 뿌리가 깊어서 이 새로운 이상적 삶조차도 행복한 노동의 삶으로 생각된 것이 아니라 신체적 필요와 향락에서 오는 일체의 고통과 실망에서 해방된 상태에서만 기쁨을 얻는 철저한 무위의 복락으로서 생각되었다.

착취자들 중에 가장 나은 개인들에 있어서는 그들의 안락이 여러 자유 농민들의 몰락 위에, 그리고 광산과 라티푼디움에서 수천의 노예들의 학대 위에 쌓아올린 것이라는 사실에 대한 수치감도 일어났다. 숙취의 두통 상태는 노예들에 대한 동정심도 일깨웠다. 그 당시에 노예들의 생명을 농단했던 무분별한 잔혹성에 대한―검투사의 연희를 떠올리면 된다―드문 반대나마 있었다. 끝으로 이런 다음날 술이 깬 아침의 느낌은 그 시대에도 세상을 지배하던 황금과 돈의 탐욕에 대한 혐오를 낳았다.

플리니우스는 그의 『자연사』 33권에서 이렇게 말한다.

"스파르타쿠스(노예 봉기의 지도자)는 그의 진영에서 금이나 은을 허용하지 않았다. 우리의 도망친 노예들이 정신의 도량에서 우리를 얼마나 능가하는지! 웅변가 메살라(Messala)는 이렇게 기술한다. 집정관 안토니우스는 금으로 만든 그릇에 용변을 보았다. 금을 생리적 수치심을 유발하는 용도로 깎아 내린 안토니우스는 존경을 받을 만했다. 그러나 그를 존경했던 자는 스파르타쿠스의 일원이었을 것이다."

이런 지배계급, 그중 일부는 쾌락·돈·잔인함의 광적인 추구로 패가망신하는가 하면, 다른 일부는 가난한 자에 대한 동정심과 돈과 쾌락에 대한 혐오, 심지어는 죽음에 대한 동경을 느꼈는데 이런 지배계급 밑에는 무수한 일하는 노예의 무리들이 있어서 우리의 짐을 나르는 짐승들보다도 못한 대접을 받았다. 이 남녀들은 온갖 민족들에서 한꺼번에 휩쓸어 온 자들로서 채찍을 휘두르는 감독자 아래서 사슬에 묶여 끊임없이 학대를 당하고 노역에 시달려 거칠어지고 야수화되었다. 그들은 비분강개했고 복수에 대한 갈망과 절망으로 제정신이 아니었으며 언제든 폭력적인 반란을 할 태세였으나 그들 대다수를 차지하는 야만족들의 낮은 지적 수준 때문에, 비록 그들 중 몇몇의 뛰어난 인물들은 어떤 그러한 목표를 추구하고 싶었지만, 기존의 국가 질서를 뒤집어엎고 새로운 질서를 세울 능력이 없었다. 그들이 달성할 수 있었던 유일한 종류의 해방은 사회를 전복하는 것이 아닌, 사회로부터 도피하는 것이었다. 즉 범죄 집단에, 떼강도 집단에 가담하여 이들 무리를 점점 더 불어나게 하거나 제국의 국경선을 넘어 적의 편으로 도망치는 것이었다.

이러한 수백만 명의 가장 비참한 인류 위에는 많은 경우에 사치스럽고 안락한 생활을 하는 수십만 명의 노예가 있었다. 그들은 항상 극히 광포하고 극히 광적인 감각적 쾌락의 증인이자 대상물이었고 상상할 수 있는 온갖 종류의 부패에서 조력자였으며, 이 부패에 사로잡혀 그들의 주인과 같이 타락하거나 혹은 그들의 주인들 중 다수가 그렇듯이 쾌락 생활의 쓴

맛을 훨씬 더 일찍 맛보았으므로 그들보다 더 빨리 타락과 쾌락 생활에 깊이 반감을 갖게 되고 새로운, 보다 순수하고 보다 고귀한 삶에 대한 동경으로 가득 찼다.

이 모든 사람과 아울러 수십만의 자유 시민들과 면천인들, 수많은 그러나 헐벗은 소농의 후예들, 거지가 된 차지농들, 비참한 도시의 수공업자들와 짐꾼들 그리고 끝으로 대도시의 룸펜프롤레타리아들이 있었다. 이들은 자유 시민의 권리와 자의식은 있었으나 사회에서는 경제적으로 거추장스러운 존재로서 집도 없고, 생계 보장도 없고 힘 있는 자들이 넉넉한 마음 또는 두려움에서 혹은 평안을 얻으려는 희망에서 그들의 잉여로부터 던져 주는 부스러기에 완전히 의지하여 살아갔다.

마태오복음이 예수가 (8장 20절에서) "여우도 굴이 있고 하늘의 새도 보금자리가 있지만 사람의 아들은 머리 둘 곳조차 없다"고 말하도록 할 때 그것은 티베리우스 그락쿠스가 그리스도 전 130년 로마의 전체 프롤레타리아에 대해서 표현했던 생각을 예수라는 사람에 대해 진술하는 것이다: "이탈리아의 들짐승들도 가서 쉴 굴과 보금자리가 있으되, 이탈리아의 권세를 위해 싸우다가 죽는 사람들은 공기와 햇빛, 빼앗길 수 없는 것들 말고는 없구나. 그들은 집도 절도 없이 아내와 아이들과 같이 떠돈다."

그들의 가난과 끊임없는 생존의 불안정 상태는 권세자들의 부가 점점 더 부끄러운 줄 모르고 호사스럽게 과시됨에 따라 그들을 더욱더 분개하게 했음이 틀림없다. 부자들에 대한 가난한 자들의 무서운 계급적 증오가 생겨났으나 그것은 현대 프롤레타리아의 그것과는 다른 종류였다.

오늘날 온 사회는 프롤레타리아의 노동에 토대를 둔다. 그가 그 노동을 멈추기만 하면, 사회의 기초는 흔들린다. 고대의 룸펜프롤레타리아는 일을 하지 않았다. 그리고 자유 농민과 수공업자의 잉여노동은 필수불가결한 일은 아니었다. 사회는 그 당시에 프롤레타리아 계급의 힘으로 연명하지 않았다. 프롤레타리아 계급이 사회의 힘으로 연명했다. 그 계급은 아주 거추장스런 존재였으며, 사회를 해치지 않고서도 완전히 없어질 수가 있었다. 오히려 그렇게 되면 사회에는 짐을 덜어 주는 것이었다. 노예들의 노동이 사회가 토대를 둔 기초였다.

자본가와 프롤레타리아 간의 적대는 오늘날 일터인 공장에서 일어난다. 문제는 생산 수단의 소유자와 노동력의 소유자 중에 누가 생산을 통제할 것이냐 하는 것이다. 그것은 생산 양식에 관한 투쟁이며, 기존의 생산 양식을 더 높은 것으로 대체하려는 노력이다.

고대의 룸펜프롤레타리아는 그런 목적의식이 없었다. 그는 대체로 일을 하지 않았고 일을 하려고 하지도 않았다. 그가 원한 것은 부자들의 쾌락에 동참하는 것, 생산 수단이 아닌 향락의 수단을 재분배하는 것이었다. 그는 생산 양식을 변화시키는 것이 아니라 부자들을 습격하는 것을 원했다. 광산과 플랜테이션에서 노예들의 고통을 짐 운반용 말의 고통인 듯이 대하며 룸펜프롤레타리아는 그에 관해 냉담했다.

농민과 수공업자에게는 더 높은 수준의 생산 양식을 달성하려고 노력할 생각이 들기가 더 어려웠다. 그들은 오늘날에도 그렇게 하지 않는다. 그들의 꿈은 잘해야 과거를 복원하는 것이었다. 그러나 룸펜프롤레타리아와 아주 가까웠으며, 이들의 목표는 농민과 수공업자에게도 아주 매력적이어서 그들은 어쨌든 다음의 것 외에 다른 것을 바라거나 열망하지 않았다. 즉 부자들의 비용으로 노동하지 않는 삶을 영위하는 것, 부자들에 대한 약탈을 통한 공산주의가 그것이다.

그리하여 공화국 말과 제국 기간 중의 로마 사회에는 무서운 사회적 모순, 큰 계급적 증오와 계급투쟁들, 봉기와 내전들이 있었다. 다른 삶, 더 나은 삶을 향한, 기존의 사회 질서를 넘어서 가는 데 대한 무한한 동경이 있었다. 새로운 더 높은 단계의 생산 양식을 도입하려는 노력은 없었다.*

그러한 운동을 위한 정신적 · 지적 조건은 있지 않았다. 새로운 생산 양식을 향한 실질적 동인을 발전시킬 수 있는 지식, 활동력, 노동의 취미, 사심 없는 마음을 가진 계급은 없었다. 게다가 그러한 관념이 생겨나는 것을 허용할 수 있는 물적 전제 조건조차 결여되었다.

우리가 보았던 것처럼 노예 경제는 기술적 진보가 아닌 일보 후퇴를 뜻했다. 그것은 주인들을 무능하고 일도 할 줄 모르게 만들고, 사회 내에 비생산적인 일꾼들의 수를 늘렸을 뿐 아니라 생산적 일꾼들의 생산성을 깎아먹고, 필시 일부 사치품에서는 예외가 있었겠지만 기술의 진보를 억제했다. 노예 경제라는 새로운 생산 양식을 그것이 몰아냈고 억누른 자유농민 경제와 비교한다면 그것은 상승이 아니라 하강이라고 보아야 할 것이다. 그래서 사람들은 옛날이 더 나았다, 황금시대였다, 시대는 점점 더 악해진다는 생각을 하게 되었다. 자본주의 시대는 생산 수단을 개선하려는 끊임없는 노력이 있어서 인류의 무제한한 진보라는 개념이 특징적이며, 과거를 가능한 한 암흑으로 보고 미래를 가능한 한 장밋빛으로 보려는 경향을 띤다면, 로마 제국에서 지배적인 시각은 그 반대였다. 인류는 지속적으로 퇴보하는 것으로 보며, 좋았던 옛날을 계속 동경하는 것이었다. 사회 개혁과 그 시대의 사회적 이상들이 생산관계를 더 건전한 것으로 만드는 것을 의미한 한에서 그것은 단지 옛 생산 양식, 자유로운 소농을 복원하는 것에 목표를 두었으며, 그것이 더 높은 수준의 생산 양식이

---

* 푈만은 앞서 인용했던 그의 *Geschichte des antiken Kommunismus und Sozialismus*에서 고대 프롤레타리아들, 심지어는 빚에 쪼들린 농사꾼들의 계급투쟁, 지주들의 부채 탕감, 무산자들의 약탈과 토지 분배를 터무니없는 방식으로 현대 사회주의와 같은 단계로 놓고 있다. 이 터무니없는 주장의 목적은 프롤레타리아의 독재가 어떤 상황하에서도 구타와 방화, 약탈, 살인, 강간, 갈라서 먹는 일 말고는 낳는 것이 없음을 증명하려는 것이다. 이 에어랑겐 대학 교수의 지혜는 다수의 그리스 문헌 인용으로 치장한 오이겐 리히터(Eugen Richter, 1838-1906, 독일의 정치가, 언론인 - 옮긴이)의 지혜이다.

었기 때문에 그것은 타당한 것이었다. 노예 노동은 막다른 골목으로 빠져들게 했다. 사회는 그 상승일로를 다시 시작할 수 있기 전에 농민 경제의 기초 위로 되돌아가야 했다. 그러나 로마 사회는 더 이상 그럴 능력이 없었다. 왜냐하면 이에 필요한 농민들이 로마에서 없어졌기 때문이었다. 로마 제국이 창조했던 문화의 잔재가 새로운 사회 발전을 위한 기초를 제공할 수 있기 전에 민족 이동에서 여러 민족의 자유 농민들이 로마 제국 전체에 흘러넘쳐야 했다.

모순 위에 세워진 모든 생산 양식처럼 고대의 노예 경제도 스스로의 무덤을 팠다. 로마 세계제국에서 그것이 결국 달성한 형태는 전쟁에 기초를 두었다. 계속된 승전, 계속된 새로운 민족들의 복속, 계속된 제국의 영토 확장만이 그것이 필요로 한 다수의 값싼 노예 무리를 공급할 수 있었다.

그러나 전쟁은 병사 없이 치를 수 없다. 그리고 병사를 만들 최선의 재료는 농민이 공급했다. 야외에서 추위와 더위, 햇볕과 비를 견디며 꾸준한 고된 노동에 단련된 농민은 전쟁이 병사에게 지우는 간난신고를 잘 견딜 수 있었다. 노동에 익숙하지 않은 도시의 룸펜프롤레타리아, 손재주가 있는 수공인, 방직인 또는 금세공인, 조각가조차도 전쟁에는 훨씬 덜 적당했다. 농민이 사라졌을 때, 로마 군대에 필요한 군인들도 사라졌다. 모집된 자원 입대자, 징집 기간을 넘어 군무에 종사할 직업군인으로 시민 민병대의 자리들을 채우는 것이 더욱더 필요해졌다. 로마의 시민으로 한정한다면 곧 이마저 충분하지 않다는 것이 밝혀졌다. 티베리우스는 이미 원로원에서 고급의 자원자들이 부족하며, 온갖 종류의 막돼먹은 부랑자들에 손길을 뻗쳐야 할 것이라고 설명하고 있었다. 로마 군대는 정복된 속주들에서 점점 더 많은 야만인 용병들을 두었다. 그리고 끝으로 군대의 빈자리들을 채우기 위해서 그들은 로마 제국의 적국인 외국인들을 모집해야 했다. 카이사르의 시대에도 우리는 로마 군대 안에서 게르만인들을 발견한다.

군대가 주인 민족에서 모병하는 것이 점점 불가능해지고 군인들이 점점 적어지고 비싸지게 됨에 따라 로마의 평화 애호는 성장했다. 이는 윤리의 변화 때문이 아니라 다분히 물질적 이유에서였다. 로마는 군인들을 보존해야 했다. 그리고 제국의 국경선을 확장하기는커녕 기존의 국경선을 지킬 충분한 군인들이 있으면 감사해야 했다. 티베리우스 치하의 예수 생애가 놓인 바로 그 시기에 로마의 공세는 기본적으로 정지 상태에 도달했다. 그 시점 이후로 로마 제국은 주로 밀려들어 오는 적들을 막아내는 일에 주력했다. 이 외침의 압력은 또한 계속 증가했다. 왜냐하면 외국인들, 특히 게르만인들이 로마 군대에서 점점 더 많이 종사함에 따라 로마의 야만족 이웃들은 로마의 부와 로마의 전쟁 기술 그리고 그 약점도 더 잘 알게 되고, 그들은 용병과 종으로서가 아니라 정복자요 주인으로서 로마에 들어오려는 분위기가 점점 더 생겨났기 때문이다. 로마의 주인들은 곧 야만인들을 상대로 인간 사냥을 수행하는 대신 그들 앞에서 후퇴하거나 그들의 환심을 살 수밖에 없게 되었다. 그래서 기원후 첫 세기에 값싼 노예의 유입은 신속히 정지되었다. 그들은 점점 더 노예를 길러 내는 데 의존해야 했다.

이는 비용이 많이 드는 절차였다. 노예 길러 내기는 숙련 작업을 해야 했던 우수한 종류의 가정 노예의 경우에만 수지가 맞았다. 키운 노예로 라티푼디움 경제를 계속 영위하는 것은 불가능했다. 농업에서의 노예 사용은 계속 줄어들었다. 채광업도 쇠퇴했다. 아낄 필요가 없었던 전쟁에서 나오는 값싼 노예들이 고갈되자마자 많은 광산들이 채산성을 잃었기 때문이다.

노예 경제의 쇠퇴로 농민 경제의 부흥이 일어나지는 않았다. 수많은 경제적으로 강한 농민들의 씨가 말랐다. 그리고 토지의 사유재산권도 이를 저해했다. 라티푼디움의 소유자들은 그들의 재산을 포기할 뜻이 없었다. 경작지 규모를 줄였을 뿐이다. 그들은 토지의 일부를 소농장으로 만들어 소작농, 콜로누스들에게 노동력의 일부를 주인집의 대농장에 쏟아 부어야 한다는 조건으로 대여했다. 이렇게 하여 봉건시대에 대토지 소유자들이 점점 더 의존한 경작 체제가 생겨났으며, 이는 자본주의가 그것을 자본주의적 차지 시스템으로 대체하기까지 계속되었다.

콜로누스들을 충원한 노동력 출처의 일부는 시골의 노예들과 영락한 농민들, 또 일부는 프롤레타리아들, 자유 수공업자들 그리고 대도시의 노예들이었다. 그들은 광산과 플랜테이션에서의 노예 경제에서 나오는 소득이 줄어들어 부자의 선심과 향락 생활이 축소하게 되자 거기서 더 이상 생계를 유지할 수 없게 된 자들이다. 나중에는 밀려드는 야만인들에 쫓겨 제국의 내지로 피신한 국경지역 속주 주민들이 이에 가세했다. 이들은 그곳에서 콜로누스들로서 피난처를 발견했다.

그러나 이런 새로운 생산 양식도 노예 수입의 정체에서 생겨난 경제적 쇠퇴를 막지는 못했다. 그것은 또한 자유 농민의 농업에 비해 기술적으로 열등하고 더 이상의 기술적 발달에 장애가 되었다. 콜로누스가 장원에서 해야 했던 일은 노예 노동의 경우에서와 같은 마지못해 하는 태도와 태만, 가축과 연장에 대한 같은 부주의한 관리로 수행되는 강제 노역에 머물렀다. 그러면서도 콜로누스는 물론 자기의 농장을 얻었지만 그 면적은 아주 인색하게 그에게 배당되는 것이어서 별로 넉넉하게 살게 되지 못했고 겨우 연명할 수 있을 뿐이었다. 게다가 현물 지대는 아주 높게 책정이 되어 겨우 생존할 정도를 넘게 생산한 것은 모두 주인에게 인도되었다. 콜로누스들의 비참함은 대략 아일랜드 소작농이나 남부 이탈리아 농민들의 비참함과 같은 성격의 것이었다. 그곳에서는 아직도 유사한 생산 양식이 지속되고 있다. 그러나 오늘날의 농경 지역은 최소한 발흥하는 공업 지역으로의 전출이라는 형태로 안전밸브가 열려 있다. 이것이 로마 제국의 콜로누스들에게는 없었다. 공업은 아주 작은 규모로만 생산 수단의 생산에 종사했고 주로는 사치 소비재 생산에 바쳐졌다. 라티푼디움과 광산 주인들의 잉여가 줄어들게 됨에 따라 도시의 산업은 쇠퇴하고 그 인구도 급속히 줄어들었다.

동시에 들녘의 농촌 인구도 감소했다. 소작농들은 대가족을 부양할 수 없었다. 그들의 수확은 보통 그들 스스로 근근이 먹고살기에 족할 정도였다. 흉년이라도 들면 그 적자를 메울 비축물도 돈도 없었다. 굶주림과 가난은 그곳에서 특히 사납게 기세를 떨쳤고 콜로누스들의 계층은 층이 얇아졌다. 특히 자녀들 중에는 그렇게 되었다. 아일랜드의 인구가 한 세기 동안 줄어든 것과 똑같이 로마 제국의 인구도 줄어들었다.

"로마 제국 전체에서 인구의 감소를 가져온 경제적 종류의 원인들이 특히 이탈리아에서, 그리고 거기서도 로마에서 가장 강하게 느껴졌다는 것은 쉽게 이해가 간다. 수치를 제시해야 한다면, 도시의 주민은 아우구스토 시대에는 약 백만이었고 로마 제국의 첫 세기 동안 대략 그 수준에서 머물다가 세베루스(서기 220년경) 시대에는 60만 명 정도로 줄어들었고 그 후에는 급속히 감소했다고 생각할 수 있다." *

『고대의 경제발전』(Die wirtschaftliche Entwicklung des Altertums, 1895)이라는 탁월한 책에서 에두아르트 마이어(Eduard Meyer)는 에우뵈아(Euboea)의 한 작은 도시의 사정에 관하여 그의 제7 낭송에서 디오 크리소스토무스(Dio Chrysostomus, 서기 50년경에 태어남)가 그린 묘사를 부록에 신

---

* Ludo M. Hartmann, *Geschichte Italiens im Mittelalter*, 1897. Vol. I, S. 7.

고 있는데 그 도시의 이름은 나와 있지 않다. 거기서 로마 제국의 인구 감소 상황이 대담하게 묘사된다.

"전 지역은 그 도시에 속하며 그곳에 세금을 바쳐야 한다. 전적으로는 아니지만 대부분 땅은 부자들이 소유한다. 그들의 넓은 영지는 일부는 목초지이고 일부는 경작지이다. 그러나 그것은 완전히 버려져 있다. 읍의 회합에서 한 시민은 말한다. '우리 지역의 거의 3분의 2는 버려진 땅입니다. 우리가 돌보지를 않고 인구가 너무 적기 때문이지요. 나 자신도 산간지역만이 아니라 평지에도 남들만큼 많은 땅이 있습니다. 그리고 누구든지 그것을 가꿀 사람만 찾을 수 있다면, 나는 그에게 그것을 공짜로 줄 뿐 아니라 기꺼이 돈도 주려고 합니다….'"

황무지는 도시의 성문 밖에서부터 바로 시작된다고 그는 말한다.

"시골은 완전히 적막한 땅이 되었고 황량한 모습을 보입니다. 마치 도성 문 근처가 아닌 들판 깊숙한 곳에 있는 것 같이 말입니다. 도성 안 대부분의 땅은 밭으로 갈리거나 목초지로 바뀌었습니다. 운동장에는 식물이 심어져서 여름철에는 헤라클레스와 다른 신들과 영웅들의 동상이 자라는 곡식밭에 숨겨지며, 내 앞에서 말한 그 낭송자는 아침마다 소를 몰고 장터로 가서 정부 청사 앞에서 풀을 뜯게 만들어, 우리를 방문하는 외지인들이 이 도시를 조롱하거나 불쌍히 생각하게 합니다."

"그래서 도성 안에는 빈집들이 많습니다. 명백한 것은 인구가 꾸준히 줄고 있다는 것입니다. 카파리안 절벽에서 자주색 염료를 얻으려고 하는 뿔고둥 어부들이 좀 있습니다. 그 외에는 전 지역이 널따란 범위에 걸쳐 사람이 살지 않습니다. 예전에는 이 전체 지역은 한 부유한 시민에게 속했습니다. 그는 많은 말과 가축 떼, 많은 목초지, 많은 좋은 땅마지기들과 다른 커다란 재산을 소유했습니다. 그는 돈 때문에 황제의 명령으로 살해당했습니다. 그의 가축 떼는 그의 목동에게 속한 소를 포함해서 공출당했습니다. 그리고 그때 이후로 온 땅이 놀게 되었습니다. 자유민이고 시민인 두 명의 목동만이 남아 있습니다. 그들은 지금 사냥과 약간의 농사, 원예, 축산으로 살아갑니다."

"디오가 여기서 그린 사정—그리고 그리스 전역에서 사정은 로마 제국 초기에도 이와 유사해 보였다—은 로마와 그 주변 지역에서 그 다음 몇 세기 동안에 전개된 것과 동일하며, 오늘날에 이르기까지 캄파니아(로마 주변의 넓은 평원 - 옮긴이)에 그 흔적을 남기고 있다. 여기서도 사정은 시골 읍들이 사라지고, 땅은 파종하지 않은 채로 수 마일이 널려 있고 방목에만 (그리고 여기저기 산록에는 포도 농사를 짓는 데) 이용되는 데까지 이르러, 결국에는 로마 자체가 황폐화되고 집들은 공공건물들과 마찬가지로 텅텅 비고 무너져 가고 가축들이 광장과 의회 앞마당에서 풀을 뜯는 상황에까지 왔다. 이런 사정은 우리 세기(19세기)에 아일랜드에서 전개되기 시작했고 더블린을 찾아오거나 그 나라를 여행하는 방문객들을 곧 눈에 띄게 맞이한다."(A. a. o., S. 67-69)

동시에 토양의 비옥도도 떨어졌다. 축사에서 가축을 키우는 것도 빈약하게 발달했으며, 노예 경제하에서 더욱 감소했음이 틀림없다. 노예 경제는 가축을 험하게 다루게 만들었기 때문이다. 그러나 축사에서 가축을 키우지 못하면 거름을 만들 수 없다. 거름이 많이 없고 집약적 경작을 못하게 되면, 땅이 내놓는 소출만큼을 땅이 빼앗기는 것이다. 가장 비옥한 땅들에서만 이런 식의 경작 방법은 어떤 이익이 되는 소출이라도 내는 것이다. 그리고 그런 땅들의 수량은 경작이 오래 지속될수록, 그 땅이 양분을 빼앗겨 말라 버리게 될수록 계속 줄어든다.

뭔가 비슷한 일이 19세기의 미국에서도 관찰된다. 그곳에서 남부의 주들은 노예 경제를 유지하고 있었는데 토지에는 거름을 주지 않았고 지력(地力)은 신속하게 고갈되었던 반면에, 이와 동시에 노예들의 사용은 가장 비옥한 땅에서만 이익이 되었다. 노예 경제는 끊임없는 서부 팽창에 의해서만, 지력이 고갈된 땅은 뒤에 버려두고 끊임없이 새로운 땅들을 경작지로 만듦으로써만 존속할 수 있었다. 우리는 동일한 현상을 로마 제국에서도 발견한다. 그리고 그 역시 그 주인들이 끊임없이 땅에 대해 굶주려 했던 원인들 중의 하나이고, 전쟁에 의해 새로운 토지를 정복하려는 동기가 되었다. 로마 제국 초창기부터 남부 이탈리아와 시칠리아, 그리스는 벌써 황무지가 되었다.

토양의 지력 고갈과 노동력의 점차 증가하는 부족은, 그나마 있던 노동력을 비합리적으로 부리는 것과 맞물려 작황을 지속적으로 악화시킬 수밖에 없었다.

동시에 식료품을 외국에서 사들일 나라의 재산은 줄어들었다. 금과 은은 점차 희소해져 갔다. 왜냐하면 우리가 본 바처럼, 노동력 부족으로 광산 경영이 안 되었기 때문이다. 수중의 금과 은은 부분적으로 인도와 아라비아로 빠져나가 남아 있는 부자들을 위한 사치품을 구입하는 데 쓰였다. 그러나 특히 이웃의 야만 부족들에게 하사품을 주는 용도로 많이 쓰였다. 점차 그곳에서 군인들이 더 많이 모집되었다는 것을 우리는 살펴보았다. 점점 더 많은 수가 급료를 받아, 혹은 군역이 끝나면 급료 중의 남은 돈을 가지고 외국으로 나갔다. 로마 제국의 군사력이 점차 몰락함에 따라 주변의 위험한 이웃들을 달래고 기분이 좋은 상태를 유지하게 해 주려는 시도가 더 많아졌다. 가장 간단한 방법은 풍부한 하사품을 지불하는 것이었다. 이것이 실패한 경우에는 적들이 제국을 약탈하려고 떼를 지어 침범하는 일이 너무 많았다. 그리고 이것도 제국의 부의 일부를 빼앗아 갔다.

마지막 남은 것은 결국 그것을 지키려는 노력으로 탕진되었다. 제국 주민들의 군사력이 점점 떨어짐에 따라, 내부에서 모병이 되는 수가 점점 적어지고 국경선 바깥에서 모병하여 들여와야 하는 수가 점차 많아짐에 따라, 야만인 외적들의 압력이 점점 더 강해짐에 따라, 용병들의 공급이 줄어들면서 그들에 대한 수요가 점차 많아짐에 따라 그들에게 지불되어야 했던 급료는 더욱 높아졌다. "카이사르 때부터 급료는 연간 225데나리온(196마르크)이었고 각 사람은 추가로 한 달에 곡식 2/3메딤누스(1메딤누스는 54리터) 혹은 4모디우스를 받았다. 이 배급량은 나중에 5모디우스로 인상되었다. 이것은 다른 생계수단이 없던 노예가 받은 것과 같은 양의 곡식이었다. 남부인들의 생활이 검소했기 때문에 그의 음식 필요량 중 대부분은 곡물 배급으로 충당되었다. 도미티안은 급료를 300데나리온(261마르크)으로 올렸다. 나중의 황제들이 다스릴 때는 병기도 무료로 지급되었다. 셉티미우스 세베루스와 나중에 카라칼라는 급료를 더 많이 올렸다."

한편 그 당시에 화폐의 구매력은 오늘날보다 훨씬 높았다. 세네카는 네로 시대에 철학자 한 사람이 하루에 반 세스테르티우스(11페니히)로 생활할 수 있다고 생각했다. 포도주 40리터가 25페니히였고, 새끼 양 한 마리는 40에서 50페니히였으며, 다 자란 양은 1½마르크였다.

"이런 물가에서 로마 보병의 급료는 대단한 것이었음을 알 수 있다. 그러나 추가로 그는 새로 사령관이 부임할 때 하사품을 받았다. 새로운 사령관이 2개월마다 병사들에 의해 옹립될 때는 그 액수가 대단했다. 그는 복무 기간이 끝났을 때 아우구스토 시대에 3,000데나리온(2,600마르크)의 전별금을 받았다. 이는 칼리굴라에 의해 반으로 줄었지만 카라칼라에 의해 5,000데나리온(4,350마르크)으로 인상되었다." (Paul Ernst, Die sozialen ZustUände im römischen Reich vor dem Einfall der Barbaren, *Neue Zeit*, Vol. XI, No. 2, S. 253ff.)

이와 아울러 상비군의 규모는 사방에서 국경 침범이 증가함에 따라 계속해서 커져야 했다. 아우구스토 시대에는 30만 명 규모였으나 나중에는 두 배 이상 늘어났다.

농업의 발전 상태에 맞추어 로마 제국의 인구가 매우 희소하고 그들의 노동으로 생산한 잉여가 매우 빈약했다는 것을 고려할 때 이는 엄청난 숫자이다. 벨로흐(Beloch)는 지금의 독일 제국의 네 배 규모 정도 되는 전체 로마 제국의 인구가 아우구스토 시대에 약 5,500만 명이 되는 것으로 계산한다. 오늘날 3,300만의 주민이 사는 이탈리아는 당시에 600만 명밖에 안 되었다. 이 5,500만 명은 그들의 원시적인 기술을 가지고서 그 당시 이후로 이루어진 엄청난 기술적 발전에도 불구하고 오늘날 독일 제국에게 짓누르는 부담이 되는 크기만큼의 군대를 유지해야 했으며, 이는 오늘날 독일 병사보다 훨씬 많은 급료를 받는 모집된 용병들의 군대였다.

그리고 인구가 더 적어지고 더 가난해짐에 따라 군사주의의 부담은 계속해서 커져 갔다. 여기에는 두 가지 원인이 있었으며 이는 경제적 붕괴를 완성했다.

국가에는 두 가지 기본 임무가 있었다. 그것은 군사와 토목건축이었다. 국가가 그중 전자를 위한 지출을 세금 인상 없이 상승시키려고 한다면, 후자를 무시해야 했다. 그리고 이는 실제로 벌어진 일이었다. 다수의 노예들의 노동에서 생기는 부와 거대한 잉여가 있던 시대에 국가 역시 부유했고 사치와 종교와 보건을 위해서만이 아니라 경제 생활을 위해서도 큰 건물을 세울 수 있는 위치에 있었다. 엄청난 수의 인력을 거느리고 있던 국가는 이에 힘입어 오늘날 우리가 보기에도 놀라운 거대한 건축물들, 신전과 궁전, 상수도, 하수도 그리고 또한 로마와 제국의 끄트머리 변방과 연결시켜 주고 경제적·정치적 결속과 국제적 교통의 강력한 수단을 이룬 탁월한 도로망을 건설했다. 나아가 거대한 관개 및 배수 시설이 건설되었다. 그래서 예컨대 폰티네(Pontine) 늪지는 널리 펼쳐진 비옥한 땅을 제공했다. 그 늪지의 배수에 의해 100,000헥타르가 경작지가 되었다. 한때 그곳에는 자그마치 33개의 도시가 있었다. 폰티네 늪지의 배수 시설의 건설과 유지는 로마 지배자들의 끊임없는 관심사였다. 이 시설물들은 완전히 쇠락하여 오늘날에는 늪지의 전 지역과 그 인근 지역이 불모의 황무지가 되어 있다.

제국의 재정적 힘이 약화되면서 그 통치자들은 군사주의에 제한을 두는 대신 이 모든 구조물이 파손되게 내버려 두었다. 거대한 건축물들은 거대한 폐허가 되어 이는 노동력이 더욱 희소해짐에 따라 그때그때 필요 불가결한 신축 건물을 짓는 데 골재들을 채석장에서 가져오기보다는 옛 건물들에서 뜯어내어 얻는 것을 사람들이 더 선호함에 따라 더욱 빨리 무너져 갔다. 이런 방식은 반달족과 그 밖의 야만족들의 침략에 의한 파괴보다 고대 예술품에 더 큰 피해를 주었다.

"고대 로마의 폐허를 애통하게 바라보는 구경꾼은 고트족과 반달족이 저지를 겨를도 힘도, 그리고 필시 그럴 마음도 없었던 악행 때문에 그들에 대한 회상을 저주하려는 유혹을 받게 된다. 전쟁의 폭풍은 높다란 망루를 땅으로 쳐서 쓰러뜨렸을 수는 있다. 그러나 저 방대한 구조물들의 기초를 잠식한 파괴는 10세기에 걸쳐 천천히 그리고 조용히 행해졌다…. 집정관이나 황제의 위대함에 대한 기념물들은 더 이상 수도의 불멸의 영예물로 존숭되지 못했다. 그것들은 먼 곳의 채석장보다 더 저렴하고 더 편리한 무진장의 재료를 공급하는 광산으로서만 평가를 받았다." *

예술 작품들만 쇠락해 간 것이 아니라 경제 생활이나 보건, 도로, 수로로 쓰이던 공공 시설물도 쇠락해 갔다. 이 쇠락은 일반적인 경제적 쇠퇴의 결과이면서 이제는 그 쇠퇴를 재촉하는 데 기여했다.

그럼에도 불구하고 군사적 부담은 증가해 갔으며, 훨씬 더 지탱하기 어려운 것이 되어 일반적인 멸망을 완성했음이 분명하다. 공공 부담의 총계—현물세, 노역, 금전세— 는 인구와 그들의 부가 점점 줄어드는데도 같거나 더 증가했다. 개인에게 정부가 주는 부담은 점점 더 무거워졌다. 모든 사람은 그것을 더 약한 자의 어깨에 떠넘기려고 했다. 불쌍한 콜로누스들은 그 대부분의 짐을 받아서 지게 되었고 그렇지 않아도 참담한 그들의 처지는 더욱 절망적인 것이 되었다. 이는 수많은 반란들이 보여주는 바와 같다. 예를 들어서 갈리아의 콜로누스들인 바고대(Bagaudae)는 디오클레티아누스 치하인 285년에 들고 일어났는데 초기에는 성공적이었으나 진압되었다. 그러나 그 후 100년 이상 새로이 되풀이 된 소요와 봉기의 시도들로 그들의 비참함의 규모를 보여주었던 것이다.

인구의 다른 계층들도 콜로누스만큼 어렵지는 않더라도 점점 깊이 내리눌리어 가고 있었다. 세리들은 발견할 수 있는 모든 것을 취해 갔다. 야만족들이 국가보다 더 악한 약탈자가 아니었다. 사회의 일반적 해체가 시작되어 사회의 개별 구성원들 측에서는 공동체와 서로에 대한 가장 필수

---

* Gibbon, *Geschichte des Verfalls und Untergangs des römischen Weltreichs*, 36. Kapitel.

적인 봉사조차도 수행하는 것을 기피하고 또 수행할 능력이 없는 경우가 늘어났다. 예전에는 관습과 경제적 필요에 의해 규율되던 것들이 이제는 점점 국가 권력에 의해 강제되어야 했다. 이런 강제적 법률들이 디오클레티아누스 이후에 확장되었다. 어떤 법은 콜로누스들을 토지에 묶어 두어 그들을 법적으로 농노로 전환시켰고 다른 법은 지주들에게 시 행정에 참여하도록 강제했다. 이는 주로 국가를 위해 세금을 징수하는 업무였다. 또 다른 법들은 장인들이 강제적인 조합에 가입하도록 하여 정해진 가격에 그들의 서비스와 제품을 공급하게 의무를 부과했다. 이런 강제 법률들을 강제하는 업무를 보는 국가 관료는 더욱 커져 갔다.

국가 공권력인 관료와 군대는 이렇게 해서 피착취 계급에게만 아니라 착취자들에게도 더욱더 큰 반목의 대상이 되었다. 이 착취자들에 대해서조차 국가는 점점 더 보호와 촉진의 기능으로부터 약탈과 황폐화를 하는 기관으로 변해 갔다. 국가에 대한 적대감은 커져 갔다. 야만족들의 지배마저 구원으로 간주되었다. 야만인들은 자유농민들로서, 국경 지역의 주민들은 이들에게로 도망쳐 갔고, 결국 이들은 국가와 사회의 지배 질서로부터의 구원자요 구출자로 초청되었고 두 팔 벌려 받아들여졌다.

죽어 가는 로마 제국의 그리스도교 저술가인 살비안(Salvian)은 이 주제에 대하여 그의 책 『신의 정부론』(De gubernatione Dei)에서 이렇게 말한다.

"갈리아와 스페인의 상당 부분이 이미 고트족의 땅이며, 거기에서 사는 로마인들에게 유일한 소망이 있다면, 다시 로마인이 되지 않는 것이다. 나는 어떤 가난하고 궁핍한 사람들이라도 그들의 소유 재산과 가족들을 뒤에 남겨 놓을 수 없다는 이유만 아니라면 고트족의 땅으로 넘어가지 않는 사람이 있을지 의아해 할 뿐이다. 그리고 우리 로마인들은 서로 같이 사는 것보다는 그들 밑에서 사는 것을 선호하는데도, 우리가 고트족들을 물리칠 수 없다는 것을 이상하게 생각한다."

인구의 대량 이동, 야만적인 게르만인들 무리로 로마 제국이 넘쳐난 것은 융성하는 고급 문화의 조숙한 파멸을 의미한 것이 아니라 죽어 가는 문화의 분해 과정의 종결과 새로운 문화의 부상을 위한 토대의 형성을 뜻할 뿐이었다. 이 새로운 문화의 부상은 수 세기에 걸쳐 천천히 그리고 불안정하게 진행되었다는 것이 확실하다.

그리스도교는 아우구스토가 제국 권력의 기틀을 놓은 때부터 야만족의 침략에 이르는 네 세기에 걸쳐 형성되었다. 이 시대는 고대 세계가 달성한 극히 위대한 찬란함, 소수의 손에 최고로 방대하고 황홀한 부와 권력의 축적, 노예와 퇴락한 농민과 장인들과 룸펜프롤레타리아들에 대해서는 더할 수 없이 큰 비참함의 최대한의 축적, 가장 험악한 계급 모순과 극히 통렬한 계급 증오로 시작되고 전체 사회의 완전한 빈곤화와 절망으로 끝난 시대였다.

이 모든 것이 그리스도교에 자신의 표시를 찍어 넣었고 그 안에 자취를 남겼다.

그러나 그것은 또한 우리가 위에서 묘사한 생산 양식의 토양에서 성장한, 그리고 그 작용을 크게 강화해 준, 국가적·사회적 삶에서 발생한 다른 영향들의 흔적도 갖고 있다.

# 제2장

# 국가 제도

## 국가와 상업

노예제와 함께 고대 사회에는 다른 두 가지 중요한 착취 방법이 있었다. 이것들도 그리스도교가 발생하던 때에 그 정점에 도달했다. 그것들은 계급 대립을 극도로 첨예하게 했고 결과적으로 사회와 국가의 몰락을 점점 가속화했다. 이 둘은 대금업과 정복자인 중앙의 권력에 의한 정복된 속주들의 약탈이었다. 이 둘 모두 그 시대의 국가 성질과 밀접하게 관련되며 그 국가의 성질은 경제와 긴밀히 연결되므로 국가와 사회의 기초, 곧 생산 양식을 논할 때에 우선 그것을 고려해야 한다.

그래서 먼저 고대 국가를 간략히 묘사하겠다.

고대 민주주의는 도시공동체 내지 마르크공동체의 틀을 결코 벗어나지 못했다. 이는 한 지역을 공동으로 보유하고 다스리는 하나 이상의 마을들로 구성된 것이다. 이는 민중에 의한, 투표권을 가진 모든 마르크공동체성원들의 총회에 의한 직접 입법을 통해 행해졌다. 이는 자치공동체 내지 조합이 넓은 지역을 포괄하지 않는다는 것을 이미 전제로 했다. 그 영역은 모든 구성원이 집에서 나와 총회에 참석하러 가는 데 너무 어렵거나 너무 크게 손해를 보지 않는 정도로만 넓을 수 있었다. 고대 사회는 이를 위한 기술적·경제적 전제 조건이 결여되었던 것이다. 인쇄술과 우체국, 신문, 철도, 전신을 가진 현대 자본주의가 비로소 현대 국가를 옛날처럼 언어적 통일체로서만이 아니라 지속적인 정치적·경제적 유기체로 창조할 수 있었다. 기본적으로 이는 19세기 중에 처음으로 성취되었다. 영국과 프랑스만이 특수한 조건들이 있어서 더 먼저 현대적 의미의 국가가 되고, 국민적 의회정치를 세우고 자치공동체의 틀보다 더 넓은 틀에서의 민주주의의 기초를 놓는 것이 가능했다. 그러나 이 성취도 두 거대한 자치공동체인 런던과 빠리가 한 주도적 역할 때문에 비로소 가능했다. 그리고 1848년에도 국민적·민주적 운동은 주로 몇몇 뛰어난 자치공동체들인 빠리와 빈, 베를린의 운동이었다.

고대에는 통신 수단이 훨씬 덜 발달해 있어서 민주주의는 자치공동체의 한계 내에 국한되었다. 물론 서기 1세기에 지중해 연안 국가들 간의 교역이 결국 상당한 규모를 달성하여 두 언어가 그곳에서 국제적으로 통용되게 되었다. 그것은 그리스어와 라틴어이다. 불행하게도 이는 민주주의와 정치생활이 대체로 종말을 고하던 시기에 일어난 일이다. 불행한 일이지만 불상사는 아니다. 자치공동체들 간 교역의 발달은 필연적으로 그 당시에 민주주의에는 치명적으로 작용했던 조건들과 연결되어 있었다.

동방 국가들에서는 자치공동체들에 국한된 민주주의가 특정한 종류의 독재정치의 토대가 되었지만 그 나라들에서 이것이 어떻게 된 일인지를 보여주는 것은 우리의 과제가 아니다. 우리는 단일한 예, 곧 로마 자치공동체를 활용하여 헬라와 로마 세계의 특수한 발전 경로만을 고찰할 것이다. 이는 고대의 발전 경로의 경향들을 특별히 극명하게 보여준다. 왜냐하면 고대 세계의 다른 어떤 도시공동체에서보다도 여기에서 사태는 더 빠르게 그리고 더 거대한 규모로 진행되었기 때문이다. 그러나 그들 모두에서 나타난 경향들은 훨씬 더 소심하고 빈약하기는 했지만 동일했다.

모든 마르크공동체와 자치공동체의 외연은 넘어설 수 없는 좁은 한계를 가졌다. 결과적으로 다양한 마르크공동체들과 자치공동체들은 순수한 농민 경제가 주를 이루는 한에서는 대략 동일한 수준에 머물렀다. 이 단계에서는 그들 간에 경쟁심을 갖거나 다툴 유인이 별로 없었다. 왜냐하면 마르크공동체와 자치공동체는 사실상 필요로 한 모든 것을 자체 생산했기 때문이었다. 기껏해야 증가하는 인구 때문에 토지의 부족이 생길 수 있었을 뿐이다. 그러나 인구의 증가가 마르크공동체의 확장을 가져올 수는 없었다. 왜냐하면 그것은 각 구성원이 과도한 시간과 노력의 손실 없이 입법 총회에 참석하지 못할 만큼 넓게 되어서는 안 되었기 때문이다. 실제로 자치공동체의 모든 경작 가능한 토지가 활용되었다면 군대에 갈 나이의 남는 청년들은 그곳을 떠나 다른 곳에 가서 더 허약한 자들을 쫓아내든지 아니면 더 낮은 생산 양식이 아직 지배적이어서 빈공간이 있을 만큼 인구가 희소하던 지역에 정착하든지 하여 그들 스스로의 자치공동체를 창설했다.

그래서 여러 자치공동체들 혹은 마르크공동체들은 아주 같은 수준에 있었다. 그러나 농민경제와 아울러 상업이 일어났을 때 이런 사정은 달라졌다.

우리는 상품 교역이 매우 일찍이 시작되었다는 것을 살펴보았다. 그 기원은 석기시대로 거슬러 올라간다. 다른 곳에서는 희귀하거나 존재하지 않는 많은 수집 대상 원재료를 획득하기 쉬운 지역에서는 주민들은 그들이 필요로 하는 것보다 더 많은 것을 얻기가 쉬웠을 것이며 뿐만 아니라 그것을 획득하고 가공하는 데 더 능숙하게 되었을 것이다. 그들은 그 나머지를 이웃들에게 주고 다른 제품들을 얻는 거래를 했고 그들이 거래한 것의 다수는 또다시 더 멀리 떨어진 곳으로 거래되어 갔다. 부족에서 부족으로의 이 교환 과정에 의해 많은 제품들이 믿을 수 없으리만큼 먼 거리를 여행했다. 이 교역의 전제 조건은 어떤 무리들은 떠돌이 생활을 한다는 것이다. 그들은 떠돌다가 더 자주 만나게 되고 그럴 경우에 잉여 물품들을 거래했다.

이런 경우들은 사람들이 고정된 주거지에 정착하던 때에 끝나게 되었지만 그렇다고 해서 재화들의 교환 필요가 그친 것은 아니다. 특히 도구들에 대한 필요, 소수의 발견지에서만 캐낼 수 있고 그래서 통상적으로 교역을 통해서만 구할 수 있었던 것들을 만들 재료가 된 원료나 도구들에 대한 필요가 커졌다. 이 필요를 충족시키기 위해서 상인이라는 떠돌이 계층이 생겨나야 했다. 이들은 목축을 하던 유목민으로서 이제는 짐을 지는 짐승 등에 물건을 싣고 물건이 남아돌아서 값이 싼 고장에서, 희귀하고 값이 비싼 고장으로 가져가는 일에 종사하는 사람들이거나 아니면 어부들로서 해안선을 따라 탐험을 하거나 배를 타고 이 섬 저 섬으로 탐험을 하던 사람들이었다. 교역이 번창해 갈수록 농민들도 이에 마음이 끌리게 되는 것이었다. 일반적으로 지주계층은 교역을 깔보는 시선으로 멸시했다. 로마의 귀족계층은 대금업은 명예로운 직업으로 보았지만 상업은 그렇게 보지 않았다. 그렇다고 해서 이것이 많은 지주들이 상업에서 큰 이익을 보는 것을 저해한 것은 아니다.

교역은 특정한 길거리에서 이루어졌다. 그 거리는 더욱 활기를 띠게 되었다. 그런 경로에 있던 공동체들은 다른 곳보다 물품들을 더 쉽게 구했으며 자신들의 제품을 사갈 고객을 상인들 중에서 발견했다. 여러 지점에서 그 거리를 벗어나는 것은 가능하지 않았다. 그런 길목들은 우회할 수가 없었다. 그리고 그런 곳들이 천연 요새라면 그곳의 주민들과 또 지주라고 할 수 있는 영주들은 상인들을 붙들어 놓고 돈을 뜯어내거나 통행세를 부과할 수가 있었다. 다른 지점들은 창고나 보관소가 된 곳도 있었다. 그곳에서는 물건들을 옮겨 싣는데, 항구나 교차로 같은 곳이 그러하다. 상인들은 거기에 여러 곳에서 많은 수가 모여들고 많은 경우에 물건들을 장기간 보관해 놓았다.

자연 여건상 교역에 유리한 자치공동체들은 농민 자치공동체의 규모를 넘어 커질 수밖에 없었다. 농민 자치공동체의 인구는 그 영토의 넓이와 비옥도에서 곧 한계에 부닥치지만, 상업도시의 인구는 그 영역의 비옥도에 의존하지 않고 그것을 훨씬 넘어 증가할 수 있다. 그곳이 처분할 수 있는 재화들은 그곳이 필요로 하는 모든 것을 살 수 있고 마르크[공유지 - 옮긴이] 바깥에서 식량까지 벌어들일 수단이 되었던 것이다. 농기구, 공업용 원료와 도구 그리고 공산 사치품 교역과 함께 도시들을 위한 식량 교역이 발달한다.

교역의 범위 자체는 고정된 한계가 없으며 바로 그 본성상 일단 도달한 경계를 넘어서 항상 새로운 고객과 새로운 생산자, 희귀 금속의 새로운 광맥, 새로운 공업 지대, 그들의 제품에 대한 새로운 구매자들을 찾아 뻗어 간다. 그래서 페니키아인들은 일찍이 지중해 연안에서 출발하여 북쪽으로는 영국까지 그리고 남쪽으로는 희망봉을 돌아서까지 진출했다.

"우리는 믿을 수 없으리만큼 이른 시대에 키프로스와 이집트, 그리스와 시칠리아, 심지어는 대서양과 북해에서도 그들을 발견한다. 그들의 교역 영역은 서쪽에서는 서아프리카의 시에라리온과 영국의 콘월로부터 동쪽으로는 동인도의 말라바르 해안까지 미치며, 그들의 손을 거쳐 동방의 금과 진주, 티루스의 보라색 염료, 아프리카 중심부로부터 오는 노예, 상아, 사자와 표범 가죽, 아라비아의 유향, 이집트의 아마 직물, 그리스의 질그릇과 고급 포도주, 키프러스의 구리, 스페인의 은, 잉글랜드의 주석, 엘바의 철이 거래된다." (Mommsen, *Römische Geschichte*, 6. Aufl., 1874, I, S. 484)

상업도시에는 장인들도 정착하기를 좋아한다. 여러 수공품들에 대하여 그런 도시가 시장을 이루며 그런 시장이 그들이 생겨나는 데 필요했다. 한편으로는 물건들을 찾는 상인들이 있고 또 한편으로는 장이 서는 날, 자신들의 식료품을 팔고 물물교환으로 도구·무기·세공품을 사려고 읍에 나오는 주변 마을에서 온 시골사람들이 있었다. 상업도시는 장인들에게 그들의 수공을 행하는 데 없어선 안 될 원료의 공급도 보장해 준다.

상인, 장인과 아울러 부유한 지주계급이 도시공동체에서 생겨난다. 이 도시의 마르크공동체 성원들, 그곳의 도시 마르크에 지분을 가진 자들이 이제는 부자가 된다. 새로 들어온 이들이 땅을 구하고 땅값이 지속적으로 상승하기 때문이다. 또한 이 사람들에게는 상인들이 가져오는 물건들 중에 앞서 살펴봤듯이 노예들도 있다는 것도 장차 도움이 된다. 어떤 이유로든 더 많은 땅과 더 큰 부를 취득해서 평범한 농민 계층보다 높이 올라간 몇몇 지주 집안은 이제 노예를 써서 그들의 농사일을 확장하거나 심지어는 농사일을 전적으로 노예들에게 시키고는, 도시에 정착하여 읍에서의 사무와 도시 행정 또는 전쟁 일에 전념할 수 있었다. 그런 지주들은 여태까지 변두리의 시골집에서만 살다가 이제는 스스로 도회지에 살 집을 지을 수 있었다. 그런 지주들은 여전히 그들의 경제적 권력이나 사회적 지위를 땅과 농장의 소유에서 끌어냈지만, 도시 거주자이기도 했고 그들의 식구들과 함께 도시 인구를 늘렸다. 우리가 이미 살펴본 것처럼 이 식구들은 시간이 지남에 따라 사치용 노예들을 포함해서 상당한 규모가 될 수 있었다.

이런 식으로 상업도시는 계속하여 부유해지고 인구가 많아져 갔다. 그 권세와 함께 호전적인 정신과 약탈의 욕심도 커져 갔다. 왜냐하면 상업은 부르주아 경제학이 생각하는 것처럼 그렇게 평화 애호적인 것이 결코 아니며, 처음에는 전혀 그렇지 않았기 때문이다. 상업과 교통은 그 시대에는 별개가 아니었다. 상인은 오늘날 그럴 수 있듯이 사무실에 앉아서 서면으로 고객의 주문을 받고 육로나 선편이나 우편으로 주문을 낼 수가 없었다. 그는 몸소 시장에 물건을 가지고 나가야 했고 그러려면 힘과 용기가 필요했다. 길도 없는 황야를 도보로나 말을 타고 혹은 폭풍 치는 바다에서 작은 나룻배를 타고 집을 떠나 수개월 혹은 심지어 몇 년씩 길을 가야 했다. 그러한 생활의 고달픔은 군사작전의 고달픔에 못지않았고 강한 남자만이 그것을 견딜 수 있었다.

또한 여행의 위험도 전쟁의 위험에 견줄 만했다. 매순간 상인을 위협한 것은 자연만이 아니었다. 여기서는 파도와 낭떠러지가 저기서는 모래 폭풍, 갈증이나 굶주림, 얼음장 같은 추위나 역병을 발생시키는 더위만이 아니었다. 그가 지닌 값비싼 보물들은 그것을 빼앗을 힘이 있는 누구나 유혹할 만한 먹잇감이었다. 원래의 교역이 부족 간에 행해졌다면 나중에도 그것은 더 큰 사회들에서 육지의 대상(隊商)과 바다의 무역 선단에 의해 행해졌다. 그리고 그런 대열의 모든 구성원은 무장을 해야 했고 손에 칼을 들고 자기 재화를 지킬 능력이 있어야 했다. 교역은 호전적 기질을 배우는 학교가 되었다.

상인이 운반하고 다니는 풍부한 물자가 그에게 그것들을 지킬 군사력을 갖추게 강제했다면, 또 다른 한편으로 이 군사력은 그것을 공격적으로 사용하게 하는 유혹이 되었다. 교역에서의 이익은 싸게 사서 비싸게 팔아야 취해졌다. 그러나 물건들을 가장 값싸게 얻는 방법은 물론 돈을 지불하지 않고 원하는 것을 취하는 것이었다. 강도질과 교역은 처음부터 밀접하게 관련되었다. 상인이 힘이 더 강하다고 느낄 경우에는, 탈취할 값진 뭔가가 있을 때 그는 강도로 돌변하기가 쉬웠다. 그리고 그중에서도 무가치하지 않은 약탈물이 바로 사람이었다.

상인은 자신의 구입품과 이익을 가능한 한 값싸게 얻기 위해서만이 아니라 그가 드나드는 시장에 경쟁자들이 오지 못하게 하기 위해서도 싸울 힘이 필요했다. 왜냐하면 구매자들이 많을수록 그가 사야 했던 물건들의 값이 비싸지고, 판매자들이 많을수록 그가 팔아야 했던 것에 대한 값이 싸져서 구입 가격과 판매 가격 간의 차이인 이익이 작아지기 때문이었다. 몇 군데의 거대한 상업도시들이 생겨나자마자 그들 간에 곧 전쟁이 터졌다. 여기서 승리자는 그의 경쟁자를 시장에서 몰아내는 이익을 보았을 뿐 아니라 또한 경쟁자를 이익에 불리한 인자로부터 유리한 인자로 바꾸는 이익도 보았다. 이것은 가장 급진적인 방식으로, 확실히 반복은 될 수 없는 방식으로서 적들의 도시를 완전히 노략질하여 그 주민들을 노예로 팔아 버리는 것으로 하거나 아니면 덜 급진적이기는 하지만 매년 반복해서 할 수 있는 일로서 정복된 도시를 연합세력으로 받아들여 군대와 조공을 바치게 하고 그 주인이 된 경쟁자에게 어떤 피해도 주지 않도록 삼가게 하는 것에 의해 될 수 있었다.

특별히 그 위치나 다른 조건들이 유리한 어떤 상업도시들은 이렇게 그들의 영토와 다른 많은 도시들을 합쳐서 하나의 국가조직을 이룰 수가 있었다. 그러면서도 민주주의적 정치체제가 각 도시에 계속 존재할 수 있었다. 그러나 도시들의 총합체인 전체로서의 국가는 민주적으로 통치되지 않았다. 왜냐하면 단일한 승리한 도시가 다스리고 다른 도시들은 국가 전체의 입법과 행정에 조금의 영향도 못 미치고 복종해야 했기 때문이다.

그리스에서 우리는 그런 도시국가들을 많이 발견한다. 그들 중 가장 강한 것이 아테네였다. 그러나 승리한 어떤 도시도 다른 모든 도시를 영구적으로 복속시키고 모든 경쟁자를 없앨 만큼 충분히 강하지는 못했다. 그래서 그리스 역사는 몇몇 도시들, 그리고 도시국가들이 끊임없이 서로 전쟁을 하고 오직 공동의 적에 공동의 방어를 하는 때에만 전쟁을 쉬는 역사였다. 이 전쟁들은 앞서 말한 노예 경제의 결과들이 효력을 나타내기 시작하자 그리스의 쇠퇴를 재촉하는 데 엄청난 기여를 했다. 그러나 우리 교수들 중 다수가 그렇게 하듯이 이것을 도덕적 분개심을 가지고 바라보는 것은 우스운 일이다. 경쟁자들에 대항해서 싸우는 것은 교역의 자연스런 부수 현상이다. 이 투쟁의 형태는 달라진다. 그러나 주권을 가진 상업도시들이 서로 대립하는 경우에 그것은 불가피하게 전쟁의 형태를 취한다. 교역이 그리스의 도시들을 크고 강력하게 만들기 시작하자마자 그리스가 여러 조각으로 찢어진 것은 불가피한 일이었다.

모든 경쟁 투쟁의 목표는 경쟁자를 몰아내거나 박멸하는 것이다. 즉 독점이다. 어떤 그리스 도시도, 심지어 강력한 아테네도 그만한 힘이 없었다. 그것을 달성한 것은 한 이탈리아 도시였다. 로마는 지중해 연안 전체 문명세계의 지배자가 되었다.

## 원로원 의원과 평민들

숙적들과의 경쟁은 거대 상업도시의 유일한 전쟁의 원인은 아니었다. 그 도시가 이웃에 힘이 더 센 농민들, 특히 산간지방에서 가축을 키우는 농민들, 보통은 비옥한 평지의 경작자들보다 가난하지만 땅에는 덜 매여 있고 전쟁을 배우는 학교인 유혈 사태와 사냥에는 더 익숙한 이들을 두고 있을 때는 거대 도시의 부가 그 농민들에게 약탈을 부추기기가 쉽다. 그들은 제한된 지역과 몇 사람의 장인들로 된 지방 교역에만 소용이 되는 작은 시골 읍들은 그냥 지나치고 무시할 수 있었다. 그러나 거대 상업 중심지의 보물들은 그들이 떼를 이루어 그 부유한 정치공동체를 습격하도록 몹시도 자극하고 유혹했음이 틀림없다. 한편 그 도시는 그 영토를 확장하고 그 신민(臣民)들의 수를 늘리려고 하고 있었다. 우리는 도시의 성장이 어떻게 그 안에 거대한 농산물 시장을 창출하는지, 그리고 도시를 위해 물자를 생산하는 땅이 어떻게 가치를 갖게 되는지, 이런 식으로 더 많은 땅과 새로 취한 들판을 정복자들을 위해 경작할 더 많은 노동력에 대한 굶주림이 어떻게 커갔는지를 살펴보았다. 이 모든 것이 거대 도시와 그 주변의 농민들 간의 끊임없는 전쟁으로 이어진다. 농촌 민중들이 이기면 그 도시는 약탈되고 처음부터 다시 시작해야 한다. 도시가 이기면 농민들에게서 그들의 마르크의 일부를 취하여 그들 도시의 지주들에게 넘기고 지주들은 그들의 땅이 없는 자식들을 그곳에 정착시켰다. 그러나 대부분, 새로 취득한 땅은 정복된 땅에서 소작농이나 농노 혹은 노예의 형태로 내놓아야 하는 강제노동에 의해 경작되도록 했다. 그중에는 좀 더 온건한 절차가 도입되기도 했다. 정복된 민중은 노예화되지 않을 뿐 아니라 승리한 도시의 시민으로 편입되었다. 그러나 완전한 시민, 그들의 총회가 도시와 국가를 통치하는 그런 시민으로서가 아니라 2등 시민, 완전한 자유와 국법의 모든 보호를 받지만 정부에 참여할 수는 없는 시민으로서 편입된 것이다. 도시는 군사적 부담이 부의 성장과 함께 커짐에 따라, 그리고 옛 시민의 집안들이 더 이상 필요한 수의 민병들을 공급하는 데 충분하지 못하게 됨에 따라 더더욱 그런 새로운 시민들을 필요로 했다. 이제 군역과 시민권은 처음부터 밀접하게 연결된다. 전사들의 수가 급히 늘어나야 한다면, 새로운 시민들이 국가동맹체에 받아들여져야 했다. 로마는 이민자들에게만이 아니라 주변의 정복된 공동체들의 주민들에게 시민권을 주는 데 아주 관대했다는 사실을 통해서 적지 않게 커졌다.

이 새로운 시민들의 수는 임의로 확장될 수 있었다. 그들에게 옛 시민들의 수를 제한한 한계는 존재하지 않았다. 부분적으로 이 제한은 기술적인 것이었다. 국가 행정이 옛 시민들의 총회에서 관리되었다면, 이 총회는 토의를 불가능하게 할 정도로 큰 규모여서는 안 되었다. 게다가 시민들은 공고된 시간에 어려움 없이 그들의 사업에 손해를 초래하지 않고 당도할 수 있도록 총회 장소에서 충분히 가까이에 살아야 했다. 이런 고려 사항들은 새로운 시민들의 경우에는 적용되지 않았다. 그들이 일정한 정치적 권리들을 부여받았을 때에도, 심지어는 시민 총회에서의 투표권을 부여받았을 때에도(이는 더구나 처음부터 좀처럼 있기 어려운 일이었다) 적어도 구시민들의 관점에서는 자기들 총회에 그들이 참석할 수 있는 조건은 결코 필요하지 않았다. 구시민들이 그들끼리 남아 있을수록 그들에게는 좋았다.

그리하여 그들의 수를 제한한 한계들 역시 새로운 시민들에게는 적용되지 않았다. 새로운 시민들의 수는 임의로 증대될 수 있었으며 국가의 크기와 신뢰할 만한 군사들에 대한 국가의 필요에만 제한을 받았다. 왜냐하면 정복된 속주들로부터 군대를 취할 수 있던 곳에서도 군대는 믿을 수 있는 핵심세력을 필요로 했고 그것은 오직 시민 군사들로 된 강한 분견대로 구성될 수밖에 없었기 때문이다.

이런 식으로 도시의 성장과 함께 국가에서의 비민주적 조직의 두 번째 형태가 생겨난다. 한편으로 거대 도시공동체가 여러 자치공동체들과 속주들의 절대적 지배가가 되었다면, 또 다른 한편으로는 이제 옛 도시 영역을 훨씬 넘어서 새로 확장된 자치공동체의 시민 구성 내에서 완전한 혹은 구시민(원로원 의원들)과 새로운 시민들(평민) 간에 대립이 생겨난다. 이런 방식, 저런 방식으로 민주주의는 귀족정치로 변모한다. 완전한 시민들의 범위를 축소하거나 그들 중 일부를 다른 이들보다 높은 특권적 위치로 격상시키는 것에 의한 것이 아니라, 국가는 성장하는데 완전한 시민의 범위는 불변인 상태로 있어서 구자치공동체 혹은 마르크공동체에 추가된 모든 새로운 인자들이 완전한 시민권의 일부 또는 전부를 결여하게 되는 사실에 의해서 이루어졌다.

민주주의로부터 귀족정치로 진화해 간 이 두 길은 같은 방향을 따르지 않는다. 특권적 소수에 의한 국가의 착취와 지배의 한 종류인, 한 자치공동체의 전체 제국에 대한 통치는 로마의 예가 보여주듯이 언제나 규모가 커질 수 있다. 그리고 국가가 강성하고 어떤 더 우월한 세력에 무너지지 않는 한에서는 커져 가는 것이 분명하다. 새로운 시민들에게 정치적 권리를 주지 않았던 것은 문제가 다르다. 그들이 거의 전적으로 농민들인 한에서 그들은 권리의 부재를 다소 조용히 받아들인다. 그들 대부분은 시에서 멀리 떨어진 곳에 살고 있어서 아침에 집을 나서서 정오에 시의 장터에서 열리는 총회에 참석하고 저녁에 집에 돌아올 위치에 있지 않았다. 게다가 국가가 성장하면서 그 내적·외적 관계들은 점점 더 복잡해져 간다. 정치와 전쟁은 농민이 취득할 수 없는 사전 지식을 요하는 사업이 된다. 농민은 시의 정치 총회에서 결정되는 모든 인적·사실적 문제들에 대한 이해가 없었으며, 그래서 거기에 참여할 권리를 취득할 필요를 크게 느끼지 못했다.

그러나 새로운 시민권은 농민들에게만 국한된 상태로 있지 않다. 도시를 찾아오고 도시에 유익한 외국인들도 시민권을 갖는다. 정복을 당하고 시민권을 부여받는 지역들도 농촌 마을들만이 아니라 장인과 상인 그리고 대지주들까지 있는 도시들도 있었다. 이 대지주들은 시골의 땅과 함께 시내의 집도 있었다. 로마 시민권을 얻자마자 그들은 소도시에서 대도시로 이사할 강한 동기를 부여받게 된다. 이제는 단순히 거기에 가는 것이 허용될 뿐 아니라 거기에 가면 더 벌이가 나을 수 있고 더 많은 여가를 즐길 수도 있다는 매력이 있었다. 동시에 앞서 묘사한 방식으로 전쟁과 노예 경제를 통해 재산을 잃어버린 농민들이 점점 더 많아졌다. 공중에 붕 뜬 그런 분자들에게 최선의 피난처는 대도시이다. 그들은 그곳의 시민이다. 거기서 그들은 수공업자나 짐꾼, 술집 지배인, 상점 점원, 혹은 부유한 영주의 식객이 되어 온갖 일을 다 해 가면서 심부름꾼으로 몸을 붙이고 살아가려고 했다—바로 룸펜프롤레타리아들이다.

이런 분자들은 농민들보다 시의 정치에 관여할 시간과 기회가 더 많았다. 그들은 그 정치의 결과를 훨씬 더 명확하게 그리고 직접적으로 느꼈다. 정치에 일정한 영향력을 행사하고 구시민들의 총회를 전체 시민의 총회로 대체하고, 전체 시민에게 공직자로 선출되고 법안을 통과시킬 권한을 갖게 하는 것은 그들의 매우 절실한 이해관계에 속한 일이었다.

국가가 커감에 따라 이런 분자들은 점점 많아지게 되었던 반면에 구시민들의 집단은 확대되지 않았다. 구시민들은 점차적으로 상대적 약체가되었다. 그들이 일반 시민 신분과 구분되는 군사력을 갖지 못하고, 새로운 시민 병사들이 구시민 병사들과 똑같이 무기를 보유하고 그 취급을 맡게 되었기 때문에 더욱더 약하게 된 것이다. 그리하여 이런 종류의 모든도시들에서 구시민과 새로운 시민들 간의 치열한 계급투쟁이 불붙는다. 이는 보통은 조만간에 후자의 승리, 그래서 민주주의의 승리로 끝난다. 그러나 이는 그 자체로는 귀족정치의 확장에 불과하다. 왜냐하면 시민 신분 바깥에 놓인 속주들은 계속 권리가 없었고 착취를 당했기 때문이다. 사실상 속주들에 대한 착취의 범위, 그리고 때때로 그 강도는 많은 경우에 민주주의가 지배적 자치공동체 내에서 진보를 이루던 바로 그 시대에증대했다.

## 로마의 국가

고대의 모든 번영하는 상업도시들을 특징짓는 이 투쟁들은 도시가 처음으로 역사에 등장하던 때에 로마에서 완전히 발달한 형태로 찾아볼 수 있다.

로마는 위치상으로 교역의 중심지가 되기에 아주 좋은 곳에 있었다. 바다에서 조금 먼 티베르 강 유역에 있었지만 그 시대에 이는 해양 무역에 대한 장애 요인이 되지 않았다. 배들은 아주 작았다. 내륙에 위치해 있어서 해적들로부터 안전했고 폭풍을 만나지 않았다는 것이 더구나 장점이 되기도 했다. 구시대의 거대한 상업도시들 다수가 직접 바다에 접한 곳에 있지 않고 하구에서 조금 먼 배가 닿는 강 유역에 위치했다는 것은 우연이 아니다. 바빌론과 바그다드, 런던, 파리, 안트베르펜, 함부르크가 그러하다.

로마 시 역시 배가 다닐 수 있는 티베르 강에 쉽게 요새화할 수 있는 두 언덕이 가까이 있어서 들어오고 나가는 물자 창고들의 보호와 안전을 보장해 주는 지점에서 성장했다. 로마가 생겨난 지방은 여전히 거칠고 순전히 농사를 짓는 땅이었으며, 남쪽과 북쪽은 경제적으로 발달된 지역인 에트루리아와 캄파니아였다. 거기에는 강력한 여러 공업, 원격지 무역업 그리고 이미 부자유한 노동에 기초를 둔 농업이 발달했다. 아프리카로부터 카르타고인들이 자신들의 물건을 가지고 당도했다. 그들은 에스트루칸인들 그리고 남이탈리아의 그리스 식민지인들과 같은 발전 수준에 올라 있었다.

이런 지리적 상황 때문에 로마는 독특한 이중적인 위치에 처했다. 가까운 이웃들인 라틴족들과 볼스키족들에 비하면 그 교역 도시는 더 높은 문명을 대표하는 것으로 보였다. 더 먼 이웃들인 에스트루칸인들과 이탈리아의 그리스인들에 비하면 로마인들은 투박한 농민들로 보였다. 실제로 상업이 발달하기는 했지만 농업이 주된 직업 부문으로 남아 있었다. 바다에서 멀리 떨어져 있었기 때문에 그들은 항해와 조선에 대한 이해가 없었다. 그들은 외국인 상인들과 선원들이 그들에게 와서 교역을 하도록 내맡겼다. 이 특징은 변하지 않았다. 이는 카이사르와 그의 처음 계승자들의 시대, 곧 그리스도교의 발흥 시대에 유태인들이 로마에서 그렇게 강한 정착촌을 이루었던 사실에 대한 부분적인 설명이 된다. 그 시대에 유태인들은 로마 상업의 일부를 손에 넣었다. 그처럼 오늘날 콘스탄티노플에서 무역은 주로 비투르크인들의 손에서 이루어진다.

로마가 교역을 통해 번성해 감에 따라 이웃들과의 갈등도 커져 갔다. 상업에 의해 열린 식품 시장은 로마의 지주들에게 그들의 이웃을 희생시켜 땅을 늘리려는 동기를 부여했다. 그런가 하면 이웃들은 이번에는 도시의 부를 탐내게 되었다. 또 다른 한편으로 이때 에스트루칸 도시들과의 경쟁도 생겨났다. 신생 정치공동체는 많은 기나긴 고된 전쟁들을 견디어야 했지만 우리가 말한 이중적 위치에 힘입어 승리자로 등장했다. 더욱 발전된 기술과 대도시의 견고한 조직으로는 농민들을 이겼다. 또한 에스트루칸인들은 이미 자유농민 경제를 강제노동으로 대체했기 때문에 군사력이 하강하여 로마 농민들의 강인함과 끈기에 두 손을 들었다.

로마가 에스트루칸인들을 굴복시킬 만큼 강해지자마자 전쟁이 얼마나 훌륭한 사업이 될 수 있는지를 깨달았다. 전쟁이 부유한 도시들과 나라들을 상대로 한 것이어서 이들을 약탈하고 조공관계를 맺을 수 있는 경우에는, 대부분이 외국인들에 의해 영위된 무역업이나 소규모 영농의 조건하에서 매년 빈약한 잉여만을 가져다준 농업에서보다 성공적인 전쟁으로 훨씬 더 많은 부를 얻을 수 있었다. 상업과 강도질은 어떤 경우에도 서로 관계가 있다. 그러나 다른 어떤 상업도시도 로마처럼 강도질을 전면에 내세우고 그것을 국가 제도로 승격시키는 일, 사실상 그것을 도시의 위세의 기초로 만들어, 모든 국가 기구가 그에 토대를 두도록 하는 일을 하지는 않았다.

　로마가 에스트루칸 도시들을 정복하고 그들을 약탈하고 조공 도시로 만들자마자 남쪽의 부유한 이웃들을 향했다. 그 이웃들은 이미 이 책에서 여러 번 설명한 이유들에 따라 그 성장하는 부 때문에 군사력이 약해졌던 곳들이었다. 그래서 약탈물은 더 차지하기 쉬운 만큼 욕심을 낼 가치가 있었다. 그러나 이 부는 다른 농경민족 삼늄 사람들을 동시에 끌어들였다. 그들은 남이탈리아의 그리스 도시들이 정복당하기 전에 평야에서 쫓겨나야 했다. 농경민족이 농경민족과 싸운 것이지만 삼늄인들은 농민 전사들에게 중앙집중식의 조직을 가져다준 로마와 같은 대도시가 없었다. 그들은 패배했고 그래서 로마가 남이탈리아의 부유한 도시들로 가는 길이 열렸다. 이제 이 도시들은 약탈당하고 복속되었다.

　남이탈리아에서 한 발짝만 가면 시칠리아였다. 시칠리아는 그리스 강역에 속하는 이탈리아에 못지않게 부유했으며, 로마의 강도떼들에게는 똑같이 매력적인 도시였다. 그러나 그들은 위험한 적인 카르타고인들을 만났다. 카르타고는 오늘날의 트리폴리 부근의 강력한 상업도시로서 아프리카 북부 연안의 서부를 정복했고 로마와 같은 강도 충동을 따라서, 당시에 시칠리아에서 똑 같은 짓을 하려고 하던 참이었다. 그곳은 페니키아인들의 식민지였다. 페니키아인들은 일찍이 그들 나라의 자연환경상 해운업을 하게 되었으며 그 분야에서 괄목할 만한 우수성을 보였다. 카르타고도 해운업을 통해 위세와 부를 달성했다. 카르타고는 농민이 아닌 선원들을 키워 냈다. 농민 경제 대신에 값싼 포획된 노예를 활용하는 라티푼디움 경제를 발달시켰고, 그와 아울러 광업을 발달시켰다. 그러므로 카르타고에는 농민 중심의 국민 군대가 없었다. 그들이 대륙의 해안에서 내륙으로 진출하지 않을 수 없게 되자마자 그들의 정복을 공고히 하고 대륙에 대한 병력을 보유하기 위하여 용병 모집에 손을 뻗쳐야 했다.

세 번의 포에니 전쟁으로 알려진 로마와 카르타고 사이의 투쟁은 기원전 264년에 시작되어 146년에 카르타고의 완전한 붕괴로 끝났다. 한니발이 패배했을 때 이미 승패가 결정되었던 것이다. 한니발의 패배는 기원전 201년도에 제2차 포에니 전쟁의 종말을 가져왔다. 이는 용병들과 농민군 간의, 직업군인과 민병대 간의 전쟁이었다. 전자가 이기는 일이 많았다. 로마는 한니발에 의해 패배하기 일보직전이었다. 그러나 결국 자기 자신의 가정을 지키는 민병대가 더 강인한 것으로 판명되었고 무서운 격투 끝에 적을 땅바닥에 때려눕혔다. 카르타고는 파괴되고 그 주민들은 제거되었다. 라티푼디움과 광산 그리고 복속된 도시들로 된 엄청난 부는 승리자에게 전리품으로 떨어졌다.

이로써 로마의 가장 위험한 적이 쓰러졌다. 이때 이후로 로마는 서쪽 지중해에서 그리고 곧이어 동편 해역에서도 제약을 받지 않는 지배자가 되었다. 그 지역의 나라들은 자유농민을 노예나 농노에 의한 강제노동으로 대체하고, 끊임없는 전쟁으로 몰락해 가는 것, 민병대를 용병으로 대체한 것 등 고대문화의 비운의 길을 가고 있었다. 그들은 이런 길로 너무 나아가서 군사력이 아주 약해졌고 로마 군대에 더 이상 어떠한 이렇다 할 저항도 할 수가 없었다. 가벼운 수고만으로 로마 군대는 도시를 하나씩 하나씩, 나라를 하나씩 하나씩 쓰러뜨려 약탈을 하고 영구적인 조공관계에 두었다. 이때 이후로 로마는 비록 그리스인들이 로마인들보다 학문과 예술에서 훨씬 더 앞서 있었다는 사실에도 불구하고 로마가 그리스인들에게 부여했던 것과 같은 운명을 게르만의 야만인들이 로마에게 부여할 때까지 구문화세계의 지배자로 남아 있었다. 경제와 정치에서처럼 로마는 철학과 예술에서도 그리스인들의 약탈자일 뿐이었다. 그 위대한 사상가와 시인들은 거의 전적으로 표절자였다.

그 당시에 세계의 가장 부유한 땅들은, 수 세기 동안의 혹은 이집트처럼 수천 년 동안의 문화에서 축적된 헤아릴 수 없는 보물들이 넘쳐 났지만 로마의 약탈과 탈취에 무방비 상태가 되었다.

로마가 이런 눈부신 결과를 가져온 엄청난 군사력 노력을 전개할 수 있었던 것은 오직 민주주의가 있었기 때문이었다. 즉 인구를 구성하는 모든 계층이 비록 동일한 방식으로는 아니지만 그 도시의 존속에 관심을 가졌던 하나의 도시였기 때문이었다. 기원전 6세기부터 4세기까지 길고 쓰라린 투쟁에서 새로운 시민, 평민들은 구시민인 원로원 의원들로부터 하나씩 하나씩 특권을 쥐어짜 내는 데 성공하여 결국에는 두 계급 사이의 모든 법적인 구별이 사라졌고 모든 시민이 참가하는 총회가 법률을 제정하고 고급 공무원들, 집정관, 행정관, 조영관(Ädilen, 공공건물의 관리와 공공 행사를 주관하는 공직 – 옮긴이)을 선출했다. 이 공직자들은 임기가 끝나면 실제적으로 전 국가를 통치하는 원로원에 들어갔다.

그러나 이로써 로마 민중은 국가 지배권을 손에 넣은 것이 아니라 주인들을 선택할 권리만을 달성했다. 룸펜프롤레타리아 계층이 로마에서 주된 세력이 되어 갈수록 민주주의의 권리는 더욱더 돈벌이의 수단, 후보자들로부터 후원과 접대를 갈취하는 수단이 되었다.

우리는 이미 온갖 종류의 서비스로 부유한 지주의 시중을 드는 시종들에 대해 알아보았다. 그들에게 투표할 권리가 있었다면, 보호자인 주인이 원하는 대로 투표하는 것보다 더 중요한 시중은 없었다. 그래서 모든 부유한 로마인, 모든 부유한 가문은 자치공동체 총회에서 그들이 속한 파벌에게 행사할 표를 여럿 가지고 있었다. 이런 식으로 부유한 가문들로 된 몇몇 파벌이 그 구성원들을 고위 공직과 이를 통해 원로원으로 선출되게 함으로써 국가에 대한 지배권을 장악했다. 민주주의가 도입한 유일한 변화는 예전에는 귀족 통치하에서 원로원 의원들에게만 국한되었던 이 서

클에 부유한 평민 가문들이 밀고 들어갈 수 있게 허용했다는 것이다.

새로 선출된 집정관과 행정관들은 로마에서 임기의 첫해를 보내야 했다. 그 이듬해에는 그들 각각은 속주의 정부를 맡아서 그곳에서 선출되기 위해 썼던 돈을 회수하고 그리고 가능한 경우에는 그 이상을 착복했다. 왜냐하면 그들은 봉급이 없었기 때문이다. 공직은 '명예직'이었다. 다른 한편으로 속주들에서 강탈과 뇌물수수에 의해 그리고 때로는 직접적인 강도질에 의해 부자가 된다는 희망은 공직을 가능한 한 최대한으로 열렬히 구하는 이유들 중의 하나였다. 그래서 이에 의해 다양한 후보자들은 민중을 위한 업적을 쌓는 일에서 점점 더 높은 수준으로 올라갔다.

그러나 표를 사들이는 다양한 방법들로 룸펜프롤레타리아들이 자신의 공민권을 팔아 이익을 취할 전망이 커질수록 로마 시민권을 보유한 농민들은 들녘에서의 가난하고 고되고 쫓기는 생존을 포기하고 로마로 나올 유혹을 더 많이 느꼈음이 분명하다. 이는 투표권을 행사하는 룸펜프롤레타리아들의 수를 더욱 늘렸으며, 이에 따라 후보자에게 부과되는 요구도 늘어나게 했다. 카이사르 때에 로마에는 국가로부터 무상 곡물을 받는 로마 시민이 32만 명 이상이었다. 판매의 대상이 된 표의 수도 대체로 비슷한 수준이 되었을 것이다. 선거를 한 차례 치르는 것이 얼마만큼의 금액을 집어삼켰는지 상상할 수가 있다.

기원전 53년도에 표의 구입은 동전에 대한 수요를 크게 유발하여 이자율이 급상승하고 화폐 위기가 왔다.* 몸센은 이렇게 말한다.

"귀족 계층(공직을 구하는 귀족들)은 비싼 값을 지불해야 했다. 검투사 쇼에는 720,000세스테르티우스(15만 마르크)가 들었다. 그러나 그들은 기꺼이

---

* Salvioli, *Le capitalisme dans le monde antique*, 1906, S. 243.

지불했다. 왜냐하면 그렇게 함으로써 무산자들이 정치적 경력을 쌓는 것을 차단했기 때문이었다."*

그리고 그들은 자주 비용을 치렀다. 매년 새로운 선거들이 있었기 때문이다. 그러나 이상주의적 동기에서 값을 지불한 것이 아니라 더 이익이 되는 속주들을 약탈할 기회를 사들이는 것이기에 좋은 사업을 하는 것임을 알았기 때문이었다.

'민주주의' 즉 5천만에서 6천만에 달하는 전체 로마 제국의 민중을 수십만 명의 로마 시민이 다스리는 것은 그렇게 해서 속주들에 대한 약탈과 착취를 극단적으로 키우는 가장 강력한 수단 중 하나가 되었다. 왜냐하면 그것에 참여하는 자들의 수를 크게 증가시켰기 때문이다. 그리고 가능한 한 최대한으로 이 강탈을 수행한 것은 지방관들만이 아니었다. 각 지방관은 '친구들'의 무리를 대동했다. 이들은 그의 선거에서 도움을 준 자들로서 그 대가로 그의 비호 아래 절도와 강도짓을 하기 위해 로마시 밖으로 간다.

그러나 그게 전부가 아니다. 추가적으로 로마의 대부 자본이 속주들에 풀렸다. 그곳에서 대부 자본은 초토화시키는 영향을 행사하고, 고대세계 다른 어디에서도 도달하지 못한 규모로 성장했다.

## 대금업

대금업 그 자체는 역사가 유구하며, 교역만큼이나 오래되었다. 물론 그것은 석기시대로 소급될 수는 없으나 분명한 것은 화폐보다도 오래되었다

---

* *Römische Geschichte*, Vol. I, S. 809.

는 것이다. 일정한 가산을 지닌 다양한 가구들이 생기자마자 가축, 땅 혹은 노예의 측면에서 어떤 가정은 다른 가정보다 더 부유하고 다른 가정은 더 가난할 가능성이 있었다. 어려운 상태에 있는 농민들은 더 사정이 나은 이웃에게 뭔가를 빌려올 가능성이 높았다. 예를 들어서 남아도는 가축이나 곡식의 일부를 약간의 추가분을 덧붙여 돌려주기로 서약하거나 혹은 빚 대신에 노동을 하기로 서약하고—채무 노예의 시작이다—빌려가는 것이다. 그러한 대부 거래가 가능하며 순수한 자연 경제하에서 화폐의 사용 없이도 생겨난다. 대토지 소유와 대부는 처음부터 밀접하게 상호 연관된다. 그리고 오늘날에는 고급 금융으로 알려진 대부 자본과 대토지 소유는 흔히 함께 최상의 조화를 이루어 나갔다. 로마에서도 대지주들은 우리가 그들의 역사를 거슬러 올라갈 수 있는 먼 옛날부터 대금업자였다. 행정관들과 평민들 간의 충돌은 정치적 권리를 둘러싼 귀족정과 민주정 간의 투쟁, 국가 공유지를 둘러싼 대지주와 농민 간의 투쟁일 뿐 아니라, 대금업자와 채무자 간의 투쟁이기도 했다.

한편, 농민 노동의 생산성이 낮아 그것이 생산한 잉여는 아주 작았으므로 착취자들에게 어느 정도라도 웬만한 부를 보장해 주는 데는 다수의 사람들에 대한 착취가 적합했다. 로마의 귀족들이 로마 주변 지역의 농민들만을 돈 장사의 대상으로 하던 한에서는 그들이 희생자들을 아무리 가혹하게 쥐어짰어도 얻을 수 있는 것은 그다지 많지 않았다. 이에 반하여 로마의 대금업자들의 사업은 그 당시의 문화세계 전체가 그들에게 열림에 따라 훨씬 더 눈부시게 융성했고 훨씬 더 많은 부를 가져다주었다.

여기서 분업도 생겨났다. 이웃들에게서 이자를 취하는 것은 특별한 주의를 요하는 사업은 아니었다. 귀족들은 영농을 하고 나라를 다스리면서 그 일을 쉽게 돌볼 수가 있었다. 그러나 스페인과 시리아, 갈리아와 북아프리카를 상대로 대금업을 하면서 그렇게 엄청난 국가의 사무를 처리하기는 어려웠다. 대금 사업은 이제 점점 국가의 업무와는 구분되어 갔다. 장군과 지방관의 기능을 수행하는 가운데 속주들을 벗겨먹고, 그러면서도 주저 없이 돈 장사까지 철저히 하던 고급 공무원들과 함께 대부 자본가들이라는 특수한 계층이 생겨나서 '기사' 계층이라는 특수한 신분상의 조직도 보유했다. 돈 장사에만 전념하는 이 대부 자본가 계층의 수가 증가하면서 그들 사업의 다양성도 커져 갈 수 있었다.

속주들을 후려 먹던 주요한 방법들 중 하나는 세금의 징수를 업자가 떠맡는 것이었다. 아직 세금 징수를 맡길 수 있는 관료제가 없었다. 가장 쉬운 방법은 그 기능을 로마인 금융업자에게 맡기는 것이었다. 그는 세금의 일정량을 국가에 전달해 주고 그 자신도 거래에서 손해를 보지 않도록 일을 처리했다. 이는 아직도 동방의 여러 곳에서 시행되어 그곳들을 황폐하게 만드는 것과 유사한 징세제도였다. 왜냐하면 징세 청부업자는 당연히 그에게 맡겨진 일로 만족하지 않기 때문이다. 지방민들은 무방비 상태로 그에게 인도되어 사정없이 고혈을 짜이게 되었다.

그런데 그 당시에 어떤 개별 도시들이나 조공 의무를 진 제후들이 그들에게 부과된 금액을 납부하지 못하는 일이 종종 생겨났다. 여기서 또다시 로마의 돈 장사꾼들은 필요한 금액을 당연히 적당한 이자에 선납해 줄 준비가 되어 있었다. 예를 들어서 위대한 공화주의자 유니우스 브루투스(Junius Brutus)는 갑바도기아의 왕과 살라미스 시에 돈을 빌려 주는 훌륭한 투기를 했다. 이들과 48%의 이율에 대부 계약을 체결했다.(Salvioli, *a. a. O.*, S. 42) 이것은 예외적으로 높은 이율은 아니었다. 살비올리가 보여주는 것처럼 도시들에 대한 대여는 75%에 행해졌다. 위험한 경우에는 훨씬 더 높았다. 그리하여 카이사르 시대에 라비리우스(Rabirius)의 위대한 금융 가문은 유배된 이집트의 프톨레마이오스 왕에게 자신의 전 재산과 친구들의 전 재산까지를 100% 이율에 빌려주었다. 물론 라비리우스의 계산은 어긋났다. 왜냐하면 프톨레마이오스가 왕좌를 되찾았을 때 그는 빚을 갚지 않고, 이집트 전체를 자신의 영지처럼 취급하려고 한 그 무례한 채권자를 하옥시켰기 때문이다. 한편 그 금융가는 로마로 도주했고 카이사르는 그에게 아프리카 전쟁을 위한 조달 계약으로 새로 재산을 일굴 기회를 주었다.

이는 돈을 만드는 또 하나의 방법이 되었다. 로마의 금고로 흘러들어오는 속주들의 공물은 엄청났다. 그러나 계속되는 전쟁은 역시 돈이 들었다. 그 전쟁들은 금융가들이 자신들에게 직접 떨어지는 것은 아니지만 국가에 인도된 속주들의 약탈물 중의 몫으로부터 큰 액수를 밑이 안 보이는 주머니에 넣을 수 있는 한 방식이었다. 그들은 국가를 상대로 전쟁물자 조달 계약을 따냈다. 이는 오늘날에도 여전히 큰 재산을 이룰 수 있는 방법이다. 그들은 또한 그들 자신의 국가가 자금이 쪼들릴 때는 그 국가 자체로부터도 고리의 이익을 취했다. 이는 흔히 있던 일이었다. 국가가 속주들로부터 많은 것을 취할 수 있게 될수록 온갖 종류의 기생자들이 그들의 요구 사항을 더 많이 늘렸기 때문이었다. 때로는 국가에 어떤 개인도 보유하지 않던 큰 금액이 선납되었으며, 주식회사들이 만들어져서 이를 감당했다. 대금업이 자본주의적 착취의 최초 형태를 나타내는 것처럼 그것은 주식회사들의 첫 번째 기능이다.

로마의 돈 장사꾼들은 "이사, 금전출납자, 사환 등이 있는 우리의 주식회사에 해당하는 회사들을 설립했다. 술라(Sulla) 시대에는 국가에 2만 탈란드, 곧 1억 마르크를 대여할 정도로 큰 자본을 가진 아시아니(asiani, 고대 유목 부족의 하나 – 옮긴이)의 회사가 있었다. 20년 후에 그들은 이 채무를 12만 탈란트로까지 올렸다. … 작은 자본액들이 대기업의 주식에 투자되었다. 그래서 폴리비우스(Polybius)(VI, 17)는 말하기를 전체 (로마) 시가 몇몇 특출한 기업들이 영위하는 다양한 금융사업에 관여했다고 한다. 최소액의 저축자들은 공공도급인들(publicani)의 사업에, 곧 징세청부업과 국유지 임대의 사업에 지분을 가졌다. 이는 엄청난 이익을 가져다주는 사업이었다."(Salvioli, *a. a. O.*, S. 40, 41)

이 모두는 아주 현대적으로 보인다. 그리고 그것은 로마 사회가 그리스도교의 발흥 시기에 현대 자본주의의 문턱에 도달해 있었다는 것을 사실상 보여준다. 그러나 고대 자본주의의 작용은 현대적인 것과 그 종류가 사뭇 달랐다.

우리가 여기서 묘사한 방법들은 현대 자본주의가 세워진 토대가 되는 방법들과 대략 동일했는데 이는 맑스가 '원시적 축적'의 방식이라고 지칭한 농민층의 재산 몰수, 식민지들의 약탈, 노예 교역, 무역 전쟁, 국가의 채무 같은 것들이었다. 고대와 마찬가지로 현대에도 이런 방식들의 똑같이 파괴적이고 황폐화하는 효과를 발견한다. 그러나 차이점도 있다. 고대에는 자본주의의 파괴적 효과를 발전시킬 수 있었던 데 불과한 반면에 현대 자본주의는 이런 파괴로부터 새로운 더 높은 생산 양식의 건설을 위한 조건들을 도출한다는 것이다. 확실히 현대 자본주의의 전개 양식은 고대의 것에 못지않게 야만적이고 잔혹하다. 그러나 그것은 이 잔혹한 파괴 작용을 뛰어넘어 오르기 위한 토대를 창출하는 반면에 고대 자본주의는 파괴 작용을 하는 데 국한된 상태로 머물렀다.

우리는 그 이유를 이미 앞 장에서 살펴보았다. 현대 자본주의는 약탈과 강탈 그리고 온갖 종류의 폭력으로 한데 긁어모으는 것의 미미한 부분만을 향락에 사용한다. 그 대부분은 새로운 더 높은 수준의 생산 수단을 만들고 인간 노동의 생산성을 높이는 데 쓰인다. 고대세계의 자본주의는 그러한 과정을 위한 어떠한 조건을 만나지 못했다. 그것이 생산 양식에 관계하는 한에서 단지 자유농민들의 노동을 노예들의 노동으로 대체할 수 있을 뿐이었다. 생산의 결정적인 분야들에서 이는 기술적 퇴보, 사회적 노동 생산성의 저하, 사회의 빈곤화를 의미했다.

　로마의 금융가들의 이익과 로마의 장군 및 공직자들의 약탈물이 새로운 대금 거래에, 곧 그 이상의 약탈 행위에 투입되지 않은 한에서 그것들은 한편으로는 향락에, 그리고 향락 수단의 생산에 지출될 수 있을 뿐이었다. 이런 향락 수단에는 궁전들만 아니라 사원들도 포함된다. 또 다른 한편으로 이 이익은 광산 한두 개를 취득하는 것을 제외하고는 토지 재산의 취득, 즉 자유농민들을 수탈하는 것과 그들을 노예들로 대체하는 데 지출될 수 있었다.

　속주들의 약탈과 초토화는 또한 로마의 부자들에게 노예제를 확산시킴으로써 그렇지 않았더라면 가능했을 것보다 훨씬 더 빠르게, 사회적 노동의 생산성 저하가 진행되도록 하는 수단을 제공하는 데 기여했을 뿐이다. 한 곳에서의 초토화는 현대 자본주의에서 최소한 가끔씩 일어나는 일처럼 다른 곳에서의 경제적 호황으로 벌충되지 않았다. 오히려 한 곳의 초토화는 다른 곳의 몰락을 재촉할 뿐이었다. 그리고 그렇게 로마의 세계 지배에 힘입어 서력기원 초 이후 고대세계의 일반적 궁핍화는 그렇지 않았을 경우보다 훨씬 더 빨리 일어났다.

　그럼에도 불구하고 오랜 기간 동안 경제적 파산의 징후는 불과 몇 십 년 안에 수백, 수천 년의 부지런한 예술 작업이 지중해 주변의 모든 문명의 중심지들에서 생산해 낸 모든 것이 로마로 운반되어 왔다는 사실에서 생겨나는 눈부신 광채로 가려졌다. 체제의 정치적 파산은 경제적 파산보다 훨씬 먼저 명확히 드러났다.

## 절대주의

로마는 정복한 모든 지역에서 저항 세력을 깨뜨리고 그들에게서 모든 독립을 빼앗으면서 정치생활을 압살했다. 어마어마한 제국의 모든 정치는 로마 한 도시로 집중되었다. 그러나 거기서 정치생활은 누가 담당했는가? 오직 관심이라고는 어떻게 하면 이익에 이익을 쌓을까 하는 것이었던 돈 장사꾼들, 쾌락거리를 쫓아 어슬렁거리고 어떤 규칙적인 일이나 노력에도, 심지어는 정부 일이나 전쟁 수행에도 염증을 일으키던 귀족들, 그리고 유일한 생계 부양 수단이 자신들의 정치적 세력을 최고 액수를 거는 자에게 팔아넘기는 것인 룸펜프롤레타리아들이었다.

예를 들어서 쉐토니우스는 『카이사르 전기』에서 그 지도자의 내전 후의 지출에 관해 이렇게 보고한다: "그는 민중에게 10모디우스의 곡식과 같은 10파운드의 기름에 추가하여 그가 이전에 약속했던 300세스테르티우스를 분배했고 지체된 데 대한 이자로 더 많은 것을 나누어 주었다[그것은 한 사람이 하루에 10페니히만으로 살아갈 수 있었던 시기에 80마르크에 해당하는 금액이다. -카우츠키]. 그는 또한 [로마에 숙소를 세내어 살던 자들을 위해 -카우츠키] 로마에서는 1년의 집세를 2000세스테르티우스[400마르크]까지 지불하고 이탈리아에서는 500세스테르티우스[100마르크]까지 지불해 주는 일에 착수했다. 여기에 그는 [20만 명을 위한 -카우츠키] 대연회와 고기의 분배, 그리고 스페인에서의 승리 후에는 두 차례의 아침식사를 추가로 집어넣었다. 첫 번째 아침식사가 그가 볼 때 볼품이 없었고 그의 넉넉한 아량에 걸맞지 않아 보여서 그는 두 번째 조찬을 5일 후에 아주 호화스럽게 준비하도록 지시했다."(28장)

추가적으로 그는 전례가 없던 화려한 오락 행사를 베풀었다. 데시무스 라베리우스(Decimus Laberius)라는 배우는 단 한 번의 출연에 50만 세스테르티우스(10만 마르크)를 받았다.

그리고 아우구스토에 관해서 쉐토니우스는 이렇게 말한다: "그는 자주 백성에게 상금을 나누어 주었다. 그러나 항상 같은 액수는 아니었다. 어떤 때는 400세스테르티우스(80마르크), 어떤 때는 300세스테르티우스(60마르크), 많은 경우에는 1인당 단 250세스테르티우스(50마르크)를 주었다. 그리고 어린이들은 다른 경우에는 11살 이상이 되어야 비로소 뭔가를 받았지만, 그는 여기서 어린이들도 빠뜨리지 않았다. 마찬가지로 그는 자주 흉년이 들면 빵 만들 곡식을 아주 낮은 가격에, 많은 경우에 무상으로 각 사람에게 나누어 주도록 했다. 그리고 그런 때에는 돈으로 나누어 주는 액수도 두 배로 올렸다." (Octavius, Kap. 41)

이런 방식으로 스스로를 매수하게 했고, 명백히 공공연하게 뇌물로 돌아가는 체제를 도입한, 그것도 완전히 드러내 놓고 그렇게 한 프롤레타리아 계층이 모든 정치적 독립성을 상실했다는 것은 명확하다. 그들은 최고의 값을 부르는 자의 손 안에 있는 도구에 불과했다. 국가에서의 권력투쟁은 가장 큰 전리품을 긁어모을 수가 있었던, 그래서 금융가들에게 신용이 가장 높았던 소수의 강도들 간의 경쟁이 되었다.

이런 계기는 용병 군대의 발생에 의해 엄청나게 강화되었다. 이로써 군대는 점점 더 공화국의 주인이 되었다. 용병대가 증가함에 따라 로마 시민들의 전투력은 떨어져 갔다. 아니 그들의 전투력 하강이 용병대의 성장의 조건이 되었다. 민중 가운데 전투 수행 능력이 있던 분자들은 군대에 있었다. 군대 밖에 있던 사람들은 무기를 들 능력도 의지도 모두 계속해서 잃어 갔다.

그러나 군대에게 충분한 급료와 약탈물을 주거나 주겠다고 약속하는 어떤 장군이든 군대를 점점 더 그의 충직한 도구로 전락시키고 군인들을 정치적 고려에 무관심하게 만드는 방향으로 특별히 작용을 한 두 요인이 있었다. 첫 번째 요인은 군대 안에 비로마인들과 지방민들 그리고 끝으로 외국인들의 수가 늘었다는 것이다. 이들은 시민권도 없었고 그래서 로마의 정치생활로부터 완전히 배제되어 있었다. 두 번째 요인은 쾌락 추구적이고 무기력한 귀족층이 군역을 수행할 용의가 점차 없어졌다는 것이다. 그전까지 그들은 장교들을 공급했으나 이제 그들의 자리는 점점 직업군인인 장교들로 채워졌다. 직업군인들은 귀족계층처럼 경제적으로 독립적이지 않았고 게다가 로마에서의 당파싸움, 실제로 귀족 파벌들 간의 싸움이었던 그것에는 조금도 관심이 없었다.

군대 내에 비로마인들이 많아질수록, 그리고 귀족 장교들이 직업군인으로 대체될수록, 군대는 최고의 값을 부르는 자에게 자신을 팔아넘기고 그를 로마의 통치자로 만들 용의가 더욱더 있었다.

이런 식으로 로마의 최고 부자가 공화국을 매점하여 그로부터 정치적 권력을 사들이는 것인 독재 군주제(Cäsarismus)의 기초가 놓였다. 그것은 또한 자기 등 뒤에 군대를 보유한 성공적인 장군이 스스로 로마의 최고 부자가 되려고 시도하는 이유이기도 했다. 이를 행할 수 있는 가장 간단한 방법은 그의 적들을 수탈하고 그들의 재산을 몰수하는 것이었다.

공화국의 마지막 세기의 정치생활은 기본적으로 시민전쟁(Bürgerkriegen, 보통 '내전'으로 번역함 – 옮긴이)뿐이었다. 이는 잘못된 용어이다. 왜냐하면 시민들은 이 전쟁들에 아무런 관련이 없었기 때문이다. 그것들은 시민들의 전쟁이 아니라 몇몇 정치가들, 장군으로서 성공한 것처럼 대부분 돈에 대해서도 마찬가지로 탐욕적이었던 자들 간의 전쟁이었다. 그들은 결국 아우구스토가 모든 경쟁을 물리치고 영구적 군주정을 세울 때까지 서로를 살해하고 서로를 강탈했다.

일정한 정도까지 카이사르가 그 이전에 이 일을 행하는 데 성공했다. 큰 빚을 진 귀족적인 모험가였던 카이사르는 폼페이우스와 크라수스라는 로마의 최고 부자인 두 금융가와 함께 국가를 차지하려는 음모를 꾸몄다. 크라수스는 몸센에 의해 이렇게 묘사된다.

"그의 재산은 혁명 중에 몰수된 부동산들을 사들인 것에 토대를 두었지만 어떠한 돈 버는 분야도 무시하지 않았다. 그는 수도에서 조심스럽게 그리고 대규모로 건설업을 영위했다. 그는 아주 다양한 사업들에서 그의 노예 출신 면천인들과 제휴를 맺었다. 그는 로마 안팎에서 스스로 그리고 자기 사람들을 통해서 은행가로서 활동했다. 그는 원로원에 있는 동료들에게 돈을 빌려주었고, 상황이 되는 대로 그들의 책임하에 일을 성사시키거나 아니면 재판관을 뇌물로 매수하려고 했다. 그는 돈이 되는 일이라면 가리는 것이 없었다. 그는 그의 이름이 등장하는 유언장이 위조된 것으로 소문이 났다는 이유만으로는 유산 상속받는 것을 자제하지 않았다." *

그러나 카이사르도 더 나을 것이 없었다. 돈을 모을 수 있는 어떤 수단도 너무 더러워서 안 되겠다는 것은 없었다. 우리가 이미 여러 번 인용한 쉐토니우스는 그의 『카이사르 전기』에서 나중에 몸센이 찬미한 카이사르에 대해 이렇게 말한다.

"그는 장군으로서도 혹은 국가 통치자로서도 사심 없음을 보여주지 않았다. 여러 증인들이 증언하는 것처럼 그가 스페인에서 총독으로 있었을 때 그는 동맹세력들로부터 돈을 받았다. 이는 빚을 갚기 위해 구걸한 돈이었다. 그리고 루시타니아의 몇 도시들은 그의 명령에 복종을 했고 그가 다가오자 성문을 열었는데도 불구하고 마치 적의 도시들처럼 약탈을 했다. 갈리아에서 그는 헌물들로 가득 찬 사원과 신전들을 약탈했다. 그는 도시들을 그 도시들이 저지른 어떤 위반 행위 때문이라기보다는 전리품을 위해 더 빈번히 파괴했다. 이런 수단을 써서 그는 금을 상당량 모아 이탈리아와

---

* *Römische Geschichte*, III, 14.

속주들에서 파운드 당 3천 세스테르티우스[600마르크]에 매물로 내어 놓고 팔았다.* 그는 첫 번째 집정관 임기 중에 의사당에서 3천 파운드의 금을 훔쳤으며 그것을 같은 양의 도금한 구리로 대신했다. 그는 연합세력과 왕국들을 금을 받고 팔았다. 예를 들어서 그는 그 자신과 폼페이우스의 이름만으로 이집트 왕 프톨레마이오스로부터 거의 6천 탈란트[3천만 마르크]를 취했다. 나중에 그는 험악한 강탈과 사원 강도질로 내전과 전승 및 잔치의 쓰러질 만한 비용을 감당했다."(Julius Caesar, Kap. 54)

카이사르가 갈리아(지금의 프랑스 지역 – 옮긴이)에 대한 전쟁에 착수한 것은 주로 돈을 벌기 위해서였다. 갈리아는 그때까지 로마의 통치로부터 자유로웠으며 그래서 약탈을 당하지 않은 상태로 있었다. 그가 거기서 훔쳐낸 풍부한 전리품은 그를 제 발로 설 수 있게 해 주었고, 그때까지 패권 사업에 손을 잡았던 폼페이우스와의 우정을 끊을 수 있게 해 주었다. 세 번째 동업자인 크라수스는 아시아의 파르테르에 대한 강도 행각에서 쓰러졌었다. 그곳에서 그는 아피아누스(Appianus)가 말하는 것처럼 "많은 명성만이 아니라 상당한 돈도 챙기기를 희망했다."** 이는 그 당시에 카이사르가 갈리아에서 달성하고 있었던 것과 똑같은 방식이었다.

크라수스의 죽음 이후 폼페이우스만이 카이사르에게 방해가 되었다. 그리고 폼페이우스 주변에는 정치적으로 활동하고 있는 귀족계층의 잔당이 진을 치고 있었다. 위대한 율리우스는 그들을 연이은 작전에서 굴복시켰다. 이는 또 한번 그에게 많은 전리품을 가져다주었다.

---

* 어느 때에는 금 1파운드의 가치가 4000세스테르티우스였다. 카이사르의 갈리아 약탈을 통해서 그것은 이탈리아에서 꼭 1/4만큼 값이 떨어졌다.
** 『내전사』, II권 제3장. 아피아누스는 파르테르인들이 조금도 적대 행위를 하지 않았다고 증언한다. 그들에 대한 전쟁은 사실상 강도 행각일 뿐이었다.

"내전이 끝나고 그의 승리에서 그는 6만 탈란트의 은을 2,414파운드가 나가는 2,822개의 금화와 함께 가져갔다고 한다. 승리 직후에 그는 이 보물들을 그의 군대를 만족시키는 데 사용했다. 그는 자신의 약속을 능가하여 모든 군인에게 5천 아틱 드라크마[4000마르크 이상]를 주었고 모든 하급 장교에게는 두 배를 주었고 모든 고급 장교에게는 하급 장교들이 받은 것의 두 배를 주었다."*

그가 로마의 프롤레타리아들에게 하사품으로 준 것은 앞에서 이미 쉐토니우스로부터 인용하여 보고했다.

그때부터 카이사르의 1인 통치는 공개적으로 반박되지 않았으며 오직 암살을 통해서만 공화주의자들이 항거를 감행했다. 그래서 카이사르의 계승자인 안토니우스와 아우구스토는 공화주의자들을 제거했다.

그리하여 로마 제국은 단 한 사람, 카이사르 혹은 황제의 물권, 사유재산이 되었다. 일체의 정치생활은 중단되었다. 이 물권의 관리는 그 소유자의 사적인 업무가 되었다. 다른 어떤 재산이나 마찬가지로 그것은 온갖 종류의 공격에 시달렸다. 강도들, 곧 승전한 장군들은 강한 군대를 등 뒤에 두고서 현존하는 소유자를 자주 협박했다. 현존하는 소유자는 때로는 그 자신의 신변보호자에 의해 살해되어, 그들은 빈 권좌를 최고의 값을 부르는 자에게 팔아넘길 수가 있었다. 그러나 이것은 그 당시에 행해진 다른 많은 거래보다 못할 것 없는 금전 거래였다. 그것은 정치 활동이 아니었다. 정치생활은 완전히 중단되었고, 곧바로 하층계급에서 처음으로, 그리고 다음으로 상층계급에서도 국가에 대한 무관심뿐 아니라 국가와

---

* Appian, *Geschichte der Bürgerkriege*, II, Kap. 15.

그 공직자들, 재판관들, 조세 징수자들, 군인들, 바로 황제들, 더 이상 누구도 보호하지 않는 이들 그리고 부유한 계층에게조차 고통거리가 되었던 이들에 대한 증오가 생겨났다. 이 부유한 계층은 야만족에 의존하여 이들로부터 자신을 지키려고 시도했던 것이다.

　카이사르의 전승 이후에 로마 세계제국에는 정치생활의 흔적을 지닌 곳이 몇 군데 되지 않았다. 이 흔적들은 곧 카이사르의 계승자들에 의해 지워졌다. 가장 오랫동안 활발한 정치생활이 존속했던 장소는 팔레스티나의 대도시 예루살렘이었다. 로마 제국에서 이 마지막 정치적 자유의 요새를 파괴하는 데는 극히 맹렬한 노력이 필요했다. 오랜 기간의 끈질긴 포위 끝에 예루살렘은 서기 70년에 폭삭 무너졌고 유태 민중은 그들의 고향을 빼앗겼다.

제3장

# 로마 제국 시대의 사상과 정서

## 불안정

우리가 본 바와 같이, 그리스도교가 생겨난 시대는 생산과 국가의 전통적 제형태가 완전히 해체되던 때였다. 이에 상응하여 전통적인 사고 형태도 완전히 붕괴되었다. 새로운 사고 형태에 대한 일반적인 탐색과 모색이 생겨났다. 이 과제에서 개인은 완전히 혼자임을 느꼈다. 왜냐하면 자치공동체 혹은 마르크공동체에서 그때까지 발견해 온 일체의 사회적 지지와 전통적 도덕 관점들이 사라졌기 때문이었다. 그래서 개인주의가 새로운 사고방식의 가장 두드러진 특징 중의 하나가 되었다. 이는 결코 개인이 사회적 관계로부터 완전히 고립된다는 것을 뜻할 수는 없다. 그것은 전혀 불가능하다. 인간 개인은 사회 안에서, 그리고 사회를 통해서만 존재할 수 있다. 그러나 개인주의는 개인이 그 안에서 성장해 왔으며 그때까지 자연적이고 자명한 것으로 보였던 사회적 맥락이 그 힘을 잃는다는 것,

그리고 개인은 이제 이 낡은 맥락 바깥에서 스스로의 길을 개척해 나갈 과제에 직면한다는 것을 의미한다. 그는 비슷한 필요와 비슷한 이해관계를 가진 이들과 새로운 사회조직으로 연합함으로써만 이 일을 할 수가 있다. 이들 조직의 본성은 물론 기존의 조건들에 의해 정해지며, 개인들의 변덕에 의존하지는 않는다. 그러나 새로운 조직은 전통적인 조직의 경우에 그러했듯이 갖추어진 모습으로 개인을 대면하지는 않는다. 그 조직은 같은 방향을 추구하여 노력하는 사람들과 함께 비로소 그에 의해 창조되어야 한다. 결국에 가서 의견 다툼과 실험들로부터 새로운 조건에 가장 잘 부합하는, 지속 가능하고 새로운 조직들로 대체된 낡은 조직들과 같이 견고한 지지를 미래 세대들에게 제공할 수 있는 새로운 유기체가 생겨나기까지 많은 오류와 엄청난 의견 차이가 일어날 수 있으며 또 일어나야 한다. 그러한 전환기에는 사회가 개인을 조건 짓는 것이 아니라 개인이 사회를 조건 짓는 것처럼, 사회 형태와 과제, 목적들이 마치 전적으로 개인의 판단에 좌우되는 것처럼 보인다.

비슷한 개인주의, 새로운 사고방식과 새로운 사회조직에 대한 개인적 탐구와 모색이 이를테면 봉건적 조직들의 해체에 뒤따른 자유주의 시대의 특징이기도 했다. 그러면서도 새로운 사회조직을 그 대신에 들여놓지는 못했다. 근로자와 고용주의 새로운 조직들이 점차적으로 자본주의 사회의 결정적 요소들로 될 때까지 그러했다.

옛 사회조직의 해체와 새로운 사회조직의 형성을 통해서 로마 제국의 첫 몇 세기는 19세기와 크게 유사성을 띠었다. 또 닮은 점은, 두 시대에 모두 옛 사회적 관계들의 해체가 대도시에서 가장 급속히 그리고 가장 눈에 띄게 일어났으며, 사회생활은 점점 더 이 도시들에 의해 결정되었다는 것이다.

농민들에게 사회생활은 그들의 힘이 강하고 자족적인 생활을 하던 시대에는 별로 성찰할 동기를 부여하지 않았다. 그 생활이 습관과 관습에 의해 그를 위해 엄격하게 정해져 있었기 때문이었다. 농민들은 끊임없이 자신과 투쟁관계에 있는 자연, 항상 새로운 놀라움을 주고 생존해 가려면 극복해야 했던 자연에 대해서는 그만큼 더 많이 성찰을 해야 했다. 왜 다양한 자연현상이 생겨나는가 하는 의문은 농민들에게는 아주 절실했다. 그들은 자연의 몇 가지 힘들의 의인화를 통해서 자연에서 활동하는 것으로서 여러 신들을 가상함으로써 그것을 설명하려고 했다. 그런데 이 문제 제기에는 이미 자연과학의 단초가 포함되어 있다. 자연과학은 모든 사물의 이유, 원인을 캐묻는 같은 문제제기에 토대를 두는 것이다. 원인과 결과 간의 관계가 규칙적이고 필연적이며, 인격적 신들의 변덕에 좌우되지 않는다는 것을 사람들이 깨닫게 되자마자 이들은 과학적 지식의 길로 들어섰다.

물론 그러한 성취는 자연에 완전히 의존해 있던 농민들에게서는 나올 수 없었다. 그들은 자연의 여러 힘들 앞에 겸손히 머리를 숙였다. 이 힘들을 지식으로 정복하려고 시도하지 않고, 다만 기도와 희생제사로 환심을 사려고 애썼던 것이다. 자연에 대한 과학적 인식은 도시에서만 가능하다. 그곳에서 사람들은 자연에 대한 의존성을 직접적으로 강렬하게 의식하지 않으므로 그것에 대한 초연한 관찰자가 될 수 있다. 관찰하기에 충분한 여가를 가진, 그리고 시골에 있는 대지주들처럼 단순히 육체적 쾌락을 위해 그 여가를 사용하려는 욕구에 굴복하지 않은 지배계층이 생겨난 것도 오직 도시에서였다. 시골에서는 신체적 힘과 끈기가 생산에 아주 큰 비중을 차지하여, 여가와 잉여는 잔치와 사냥 같은 거친 오락만을 낳는다.

자연철학은 도시에서 시작되었다. 그러나 점차 이 도시들 여러 곳이 아주 커져서 그곳의 주민들은 자연과의 접촉 기회를 잃고 자연에 대한 관심을 잃기 시작했다. 그 시대의 발전은 대도시들이 넓은 지역의 경제생활에서처럼 정신적 생활에서도 점점 더 주도적 역할을 하게 했다. 그리고 이런 발전은 우리가 본 것처럼 개인이 그때까지 전통적 조직들과 사고 형태에서 발견했던 일체의 사회적 지지를 해체했다. 게다가 그것은 계급 모순을 점점 더 첨예화시켰고 격렬한 계급투쟁을 일으켜 때로는 전래되어 오던 일체의 관계들의 전복을 가져왔다. 대도시에서 사람들에게 새로운 놀라움을 계속 가져다준 것, 그리고 사람들에게 매일 무엇을 해야 하나 하는 질문을 제기하면서 매일 새로운, 들어 본 적도 없는 과제를 가져다준 것은 이제 자연이 아닌 사회였다.

왜 자연에서는 어떤 일들이 벌어지는가 하는 이유들에 대한 질문이 아니라 사회에서 무엇을 해야 하나 하는 질문, 필연적 · 자연적 연관관계에 대한 지식이 아니라 새로운 사회적 목적들에 대한 외관상 자유로운 제시가 이제 사람들의 특별한 관심사였다. 윤리학이 자연철학을 대체했고 개인의 행복에 대한 추구의 형태를 취했다. 이는 이미 페르시아 전쟁 후의 헬라 세계에서도 그러했다. 우리가 살펴본 대로 로마 세계는 예술과 과학에서 그리스인들의 표절자에 지나지 않았다. 로마인들은 물적 영역에서와 같이 정신적 영역에서도 일이 아닌 약탈에 의해 보물을 손에 넣었던 것이다. 로마인들은 윤리적 관심이 자연의 지식에 대한 관심을 능가하던 시기에 그리스 철학을 알게 되었다. 따라서 로마 사상도 자연철학에 크게 관심을 갖지 않고 그 가장 큰 주의를 바로 윤리학으로 돌렸다.

로마 제국의 처음 몇 세기에 삶의 지혜에서 두 지향이 철학 사조를 특히 지배했다. 에피쿠로스의 지향과 스토아주의의 지향이 그것들이다.

에피쿠로스는 철학을 개념과 증명에 의해 행복한 삶을 실현하는 활동이라고 불렀다. 그는 행복한 삶이 쾌락의 추구, 그러나 건강과 재산을 잃게 만들고 그래서 고통을 가져다주는 일시적인 방탕한 감각적 쾌락이 아닌, 오직 합리적이고 지속하는 향락의 추구에 의해 달성된다고 믿었다.

이는 그들의 부를 소비하는 것 말고는 그 용도를 찾지 못한 착취자 계층에게 아주 적합한 철학이었다. 향락하는 생활의 이성적 규제가 그들이 필요로 한 것이었다. 그러나 이 이론은 이미 신체적·정신적 혹은 재정적 파산을 겪은 이들에게 위안을 주지 못했으며, 그런 이들의 수는 계속 증가했다. 가난하고 비참한 이들에게도, 쾌락에 염증을 느낀 포만한 이들에게도 위안이 되지 못했다. 그리고 아직 전통적인 공동체 형태에 관심을 갖고 아직 그들 자신의 신변을 넘어선 목표들을 추구하던 자들, 국가와 사회의 몰락을 바라보며 무기력한 고뇌에 가득 찼던 저 애국자들에게도 위안이 되지 못했다. 이런 이들 모두에게 이 세상의 쾌락은 진부하고 헛된 것으로 보였다. 그들은 스토아의 가르침으로 돌아섰다. 이 가르침은 쾌락이 아니라 덕을 최고의 선으로, 유일한 행복으로 평가했으며, 외적인 재화·건강·부 등을 외적인 악들과 똑같이 몹쓸 것들로 받아들였다.

이는 결국 많은 사람들이 이 세상을 단호히 등지고 삶을 경멸하고 심지어는 죽음을 동경하도록 유도했다. 자살은 제정 로마에서 흔한 일이 되었다. 그것은 정말로 유행이 되었다.

그러나 주목할 만한 것은, 죽음에 대한 동경과 아울러 죽음에 대한 진정한 공포가 로마 사회에서 자라났다는 점이다.

고전적 고대의 자치공동체들의 시민은 자신이 죽어도 존속하는 거대한 전체, 그 자신에 비하면 불멸하는 전체의 한 부분이라고 느꼈다. 자신의 공동체 안에서 시민들은 삶을 이어갔다. 공동체는 시민 활동의 흔적을 담고 있다. 그리고 시민들은 다른 어떤 불멸성을 필요로 하지 않았다. 우리는 오랜 문화적 발전을 겪지 않은 고대의 민족들에게서 사후의 삶에 관한, 혹은 아니면 유령적 존재에 관한 관념을 전혀 찾아볼 수 없다. 이런 관념은 꿈에 죽은 자들이 나타나는 것을 스스로 설명해 보려는 필요에서 생기는 것이다. 그런데 그런 사후의 삶은 포기하는 것이 나은 비참한 삶이었던 것이다. 다음과 같은 아킬레스의 그림자의 불평이 알려져 있다: "죽어 없어진 자들 전체 무리를 호령하느니 차라리 상속 재산도 나만의 안락함도 없이 가난뱅이 집에서 날품팔이로 밭을 가는 편이 나으련만!" (*Odyssee*, XI, S. 489-491)

죽음 후의 유령적 삶의 가정은 우리가 말한 바처럼 특정한 꿈 현상을 설명할 목적을 띤 하나의 순진한 가설이었다. 그것은 정신의 필요에서 나온 것은 아니었다.

공동체가 죽어 가고 개인이 그로부터 이탈해 나가면서 사정은 달라졌다. 시민들은 더 이상 자신의 행위가 국가 내에서 길이 존속한다는 느낌을 갖지 않았다. 시민들은 사실 국가에 무관심하거나 심지어 적대적이었다. 그러나 시민들은 완전한 소멸을 생각하는 것도 견딜 수 없었다. 그리하여 고대세계가 전에는 알지 못했던 죽음에 대한 두려움이 생겨났다. 나약함이 만연했고, 죽음은 예전과 같은 잠의 형제가 아닌 괴물이 되었다.

하찮은 유령으로서가 아니라 복 받은 존재로서 개인의 불멸성을 단언하는 가르침이 점차 강하게 요구되었다. 곧이어 사람들은 복을 더 이상 세속적 쾌락에서, 심지어는 세속적 덕에서도 구하지 않고 더 나은 피안 세계의 달성에서 구했다. 이 세계를 위해 차안의 비참한 삶은 준비에 불과한 것이다. 이런 개념 형성은 플라톤의 학설에서 강력한 지지를 발견했으며, 그것으로부터 스토아 학파 역시 발달해 갔다.

플라톤은 이미 피안의 삶을 가정했다. 거기서 육신에서 벗어난 영혼은 길이 살며, 지상에서의 행위에 대해 상과 벌을 받는다는 것이다. 그의 저서 『공화국』의 10권 13장에서 그는 전쟁에서 죽은 한 팜필리아인에 대해 이야기한다. 한 팜필리아인이 죽은 뒤 열두 번째 날, 막 화장되려고 할 때 그는 갑자기 깨어나서 영혼이 육신을 떠난 후에 갈라진 틈이 있어 하늘로 인도하기도 하고 지구의 내부로 인도하기도 하는 놀라운 장소에 갔었던 이야기를 했다. 거기서는 심판관들이 앉아서 들어오는 영혼들을 심판하여, 의인에게는 오른쪽 하늘로 가는 길을 보여준다. 그 하늘에는 상상도할 수 없는 아름다움이 지배한다. 그리고 불의한 자에게는 왼쪽 지구의배 속으로, 지하의 심연으로 내려가는 길을 가리킨다. 그곳에서 불의한자들은 자신들이 지상에서 지은 죄를 열 배로 갚아야 한다. 구제가 불가능하게 사악한 자들은 보기에도 사나운 난폭한 자들에 붙들려 사슬에 묶여 고문을 당한다. 그러나 심연에 온 다른 이들, 하늘에 있는 이들에게는새로운 삶이 천년 후에 시작된다. 이 모든 것을 본 팜필리아인은 그것을말할 책임을 부여받고 기적에 의해 다시 살아난 것이다.

누가 여기서 그리스도교적 의미의 천당과 지옥을, 오른편의 양과 왼편의 염소를, 지옥에서 꺼지지 않는 불을(마태오복음 25장 38절, 41절), 그리고 "천년이 끝날 때까지" 죽어 있는 다시 살아난 자(요한묵시록 20장 5절) 등등을 생각하지 않을 수 있겠는가? 그런데 플라톤은 그리스도 전 4세기 사람이었다.

다음의 글을 읽을 때 이에 못지않게 그리스도교적인 것으로 들린다: "육신은 영혼의 짐이고 형벌이다. 그것은 영혼을 짓누르고 영혼을 속박해 둔다." 그러나 이 글을 쓴 이는 그리스도인이 아니라 네로의 스승이고대신(大臣)이며, 그리스도인들의 박해자인 스토아 철학자 세네카였다.

다른 구절도 비슷하게 들린다: "이 해골에 영혼이 싸여서 겉치장을 하고 오염이 되어, 참된 것, 그 자신의 것으로부터 분리되어 거짓에 내던져진다. 영혼의 모든 투쟁은 짐스러운 육신에 대항한 것이다. 영혼은 그것이 내보내어진 곳을 향해 간다. 거기에는 영원한 휴식이 기다린다. 이 무겁고 혼돈된 세계 후에 영혼은 순수하고 명확한 것을 거기서 목도한다."

세네카에게서는 신약에도 나오는 놀랄 만한 수의 다른 표현들도 발견된다. 세네카는 이를테면 이렇게 말한다: "위대한 사나이의 영을 입으라." 브루노 바우어는 이 표현을 로마인들에 대한 바울로의 서신의 표현, "주 예수 그리스도로 온몸을 무장하십시오"(13장 14절) 그리고 갈라디아인들에 대한 서신의 표현, "세례를 받아서 그리스도 안으로 들어간 여러분은 모두 그리스도를 옷 입듯이 입었습니다"(3장 27절)와 비교하는데 이는 타당한 것이다. 이 일치로부터 세네카가 그리스도교 문헌에서 빌려온 것이라는 심지어는 그가 그리스도인이었다는 추론이 도출되기도 했다. 이는 그리스도교적 환상의 소산이다. 세네카는 이를 신약의 다양한 부분들이 구성되기도 전에 집필했다. 어떤 차용이 있었다면 그것은 오히려 그리스도인들이 그 시대 인기 있는 철학자의 널리 유포된 글들을 퍼 갔다고 가정할 수 있다. 양자가 독자적으로 그 당시에 모두의 입에 붙은 표현들을 활용했다고 가정하는 것도 가능하다.

"그리스도를 옷 입다"는 등의 표현에 관하여 플라이더러(Pfleiderer)는 그것이 제정 로마 시대에 아주 인기가 있던 페르시아의 미트라 숭배에서 나온 것임을 지적한다. 그는 이 숭배가 그리스도교적 관념들에 준 영향에 대해 이렇게 말한다.

"미트라의 성례전은 또한 성찬을 포함했다. 여기서 봉헌된 빵과 물 혹은 포도주 잔은 미트라 신도들에게 신적 생명을 전달해 주는 신비한 상징으로 쓰였다. 신도들은 이 예전에 짐승의 가면을 쓰고 나타났다. 미트라 신의 속성을 이렇게 연출함으로써 예전 참례자들은 그들의 신을 '옷 입었다는 것', 즉 그와 내적인 생명을 공유하는 상태로 들어갔다는 것을 암시하려는 의도였다. 이는 성찬을 그리스도의 살과 피를 나누는 것으로 보는 바울로의 교리(고린토전서 10장 16절)와 일맥상통한다. 세례를 받은 자들은 그 그리스도를 입는 것이다(갈라디아서 3장 23절).(Pfleiderer, *Die Entstehung des Christentums*, 1907, S. 130)

세네카만이 우리에게 그리스도교적으로 들리는 표현들을 만들거나 사용한 그 시대의 유일한 철학자는 아니다.

특히, 우리가 지금 다루고 있는 관념들인, 영혼의 불멸성과 피안의 관념에 대해서는 그리스도교의 발생기에 점차 더욱 많은 사람들이 이를 수용했다. 예를 들어서 알렉산드리아의 유태인 필로(Philo)는 서기 초에 살았던 사람으로서 성스러운 율법의 알레고리들에 관한 그의 첫 번째 책을 다음과 같은 문장으로 마무리한다: "참으로 헤라클레이토스는 이렇게 말하였다. '우리는 그들(신들)의 죽음을 살며, 그들의 삶에 대해서는 죽는다', 우리가 살아 있을 때 영혼은 죽어서 무덤에 묻히듯이 육신에 묻혀 있는 반면에, 우리가 죽었을 때는 영혼은 그 자신의 삶을 살며, 악으로부터 그리고 영혼과 같이 묶인 삶의 송장으로부터 벗어난다."

다가올 삶에 대한 준비는 이 세계의 재물들을 위한 싸움보다 점점 더 중요한 것 같아 보였다. 하느님의 왕국은 이 세상의 왕국을 대체했다. 어떻게 그것이 발견될 수 있는가? 예전에 시민은 세 가지 명확하고 믿을 만한 행위 지침을 지녔었다. 전통과 민중의 의지와 공동체의 필요가 그것이었다. 이것들은 이제 없어졌다. 전통은 공허한 그림자가 되어 버렸다. 민중은 더 이상 공통의 의지를 지닌다고 느끼지 않았다. 공동체의 필요는 그들에게 상관없는 것이 되었다. 개인은 사회 속으로 쏟아져 들어오는 새로운 사상과 새로운 관계들의 흐름 속에서 홀로 버려져 무기력하게 서 있으면서 새로운 견고한 지지의 지점을 찾아, 진리와 삶의 올바른 지혜를 가르치고 그에게 하느님 나라로 가는 바른 길을 보여주는 가르침과 스승을 찾아 주위를 둘러보았다. 언제나 그러하듯이 새로운 필요가 생겨날 때는 그것을 충족시켜 주려고 하는 많은 사람들도 있었다. 개인적 도덕성, 개인이 사회의 어떠한 변화도 없이 이 세계로부터 나와서 이 세계를 초월하여 더 나은 세계의 자격 있는 시민이 되게 하는 수단인 도덕성에 대한 설교가 시작되었다.

수사학적·철학적 재능의 보유자들이 다른 어떤 일을 시작할 수 있었 겠는가? 모든 정치적 활동은 끝났다. 사물의 원인에 대한 연구, 학문 활동 에 대한 관심은 무너졌다. 소유를 쟁취하는 소송을 제기하거나 소유를 멸 시하는 도덕성을 가르치는 것, 설교자나 법률가가 되는 것 말고 웅변가와 철학자 들이 에너지를 쏟아 부을 다른 어떤 출구가 남아 있었겠는가? 그 리고 사실 이 두 분야 모두 제국 시대에 잘 계발되어 있었으며, 로마인들 은 이 세상 재물의 무효성에 관한 열변의 형태로 그리고 또 이와 똑 같은 재물의 옹호론을 전개하는 글들로 주목할 만한 기여를 했다. 교훈적인 연 설을 하고 교훈적인 금언과 우화들을 지어내고 편집하는 것이 유행이 되 었다. 근본적으로 복음서들도 이런 종류의 금언과 우화들의 문집을 재편 집한 것에 지나지 않는다.

당연히 이 시대는 그 도덕적인 언변에 의해서만 판단되어서는 안 된다. 새로운 도덕성은 참으로 바로 그 사회적 조건에서 나오는 강한 정신적인 필요에 부응했다. 그러나 실제로 세상에서 도피하는 것은 불가능했다. 세 상이 항상 더 강하다는 것이 입증되었다. 그리하여 도덕 이론과 도덕적 실천 간에 모순이 생겨났으며 이는 이런 종류의 도덕성에서는 불가피한 것이었다.

앞서 벌써 여러 번 언급한 세네카는 고전적인 예이다. 이 고귀한 스토 아주의자는 정치 참여를 반대하는 도덕을 설파했으며, 브루투스가 정치 참여로 스토아주의의 기본 계율들을 위반했다고 비난했다. 그러나 공화 주의자 브루투스가 정치 투쟁에 참여했다고 해서 꾸짖은 바로 이 세네카 는 아그립피나와 네로의 모든 범죄에 한패였으며 단지 장관으로 남아 있 기 위해서 그들의 뚜쟁이 역할을 했다. 그런 세네카가 그의 글에서는 부 와 탐욕과 쾌락에 대한 사랑을 공격하는 데 열을 내었다. 서기 58년에 그는 원로원에서 유산 가로채기와 돈장사로 수백만금을 쌓았다고 자기를 비난하는 쉴리우스(Suilius)의 이야기를 들어야 했다. 디오 카시우스(Dio Cassius)에 따르면, 네로 치하의 브리튼인들의 반란 원인 중 하나는 세네카가 그들에게 고율의 이자로 1천만 데나리온(7백만 마르크)의 차관을 강제하고, 이어서 그 전부를 극도로 가혹하게 한꺼번에 환수한 것이었다고 한다. 가난을 찬양한 그 웅변가는 그 시대에 최고 액수의 재산에 속하는 3억 세스테르티우스(6천만 마르크 이상)의 유산을 남겼다.

이 진정한 위선의 장엄한 예에 비하면, 풍자가 루키아누스가 백 년 뒤에 『헤르모티무스』(Hermotimus)에서, 돈과 쾌락에 대한 경멸을 가르치며 자신의 학설이 인생의 모든 덧없는 변화 가운데 하나의 고귀한 평정심을 줄 것이라고 약속한 가상적인 스토아 철학자가 자기가 가르치던 학생이 계약된 학비를 내지 못하자 그를 법정에 고소한 것, 그리고 잔치자리에서 술에 취하여 열을 내며 말다툼을 하다가 은잔을 적수의 머리에 던진 것을 조롱한 일은 거의 하잘 것 없다.

도덕 설교를 하는 것은 제국에서 유행이 되었다. 그러나 사람들은 그들이 공통적인 공적 활동 및 전통과 일체의 접촉을 잃자 의존적인 무기력한 영혼을 기댈 도덕 이론들만을 찾은 것은 아니다. 그들은 인적인 지지의 필요도 느꼈다. 에피쿠로스는 이미 이렇게 말한 바 있다: "우리는 한 사람의 고귀한 자를 뽑아서 그를 항시 우리의 눈앞에 두고, 마치 그가 쳐다보는 것같이 우리가 살도록, 그리고 그가 우리의 행위를 지켜보는 것같이 행동하도록 해야 한다." 세네카는 이 구절을 인용하여 다음과 같이 계속한다: "우리는 보호자와 선생을 필요로 한다. 잘못된 발길을 딛고 있는 자 편에 선 증인이 있다면 엄청나게 많은 죄가 중단될 것이다. 정신은 그 감추어진 내면까지도 거룩하게 만드는 존경심으로 존중할 누군가가 있어야 한다. 그런 조력자에 대한 생각만으로도 자제와 개선의 힘이 생긴다. 그는 파수꾼이고, 모범이요 기준으로서 그 없이는 완악한 자를 원상태로 되돌릴 수가 없다."

사람들은 죽은 위대한 사람을 수호성인으로 선택하는 관습에 빠졌다. 그들은 한술 더 떠서 아직 살아 있는 사람들, 자신들의 도덕성이 자신들을 나머지 인류 위로 높여 준다는 듯이 자처하는 도덕 설교자들의 지휘 아래에 그들의 행위를 내맡겼다. 스토아주의는 철학자가 오류와 약함으로부터 이미 자유롭다고 설명했다. 이제 독실한 체하는 것과 위선과 아울러 도덕 교사들의 바리사이적 교만이 발달되었다. 이 품성은 고전적 고대에는 전혀 생소한 것으로서 사회적 해체의 시대에 생겨났으며, 철학에서 과학이 윤리학으로 대체되면서, 즉 세상에 대한 탐구가 개인에 대한 요구의 제기로 대체되면서 필연적으로 더욱 전면에 등장했다.

이제 각 계층마다 도덕 설교자들이 있어서 사람들을 자신의 고매한 인격을 본받아 더 위대한 도덕적 완성에 이르도록 고양시키는 일을 맡았다. 프롤레타리아들에게는 그런 사람들로서 특히, 유명한 디오게네스의 제자들인 견유학파(Zynische Schule)의 철학자들이 나타났다. 이 사람들은 거리에서 설교하고 구걸로 연명하며 더러움과 무욕의 상태에서 행복을 보았다. 이는 그들을 어떠한 일에서도 벗어나게 했다. 일하는 것을 그들은 사악한 죄처럼 증오하고 경멸했다. 그리스도와 그의 제자들도 구걸하는 거리의 설교자들로 그려진다. 일에 대해서는 복음서의 어느 것에서도 언급이 없다. 서로 모순되는 모든 사항들에도 불구하고 복음서들은 이 한 가지에서 일치한다.

그러나 귀족들에게는 그들 자신의 가정 도덕 교사들이 있었으며, 이들은 대부분 스토아 학파에 속한 사람들이었다.

"스키피오 시대 이래 세도가들의 유행을 좇아 아우구스토는 알렉산드리아에서 온 스토아 학자인 아레우스(Areus)라는 사람을 자기 자신의 철학자로 가까이에 두었다. 바로 이 사람에게 아내 리비아(Livia)도 자신을 맡겨 아들 드루수스(Drusus)가 죽은 후에 위안을 받았다. 아우구스토는 악티움 전쟁 후에 알렉산드리아에 들어갈 때 아레우스를 수행원으로 데리고 갔으며, 알렉산드리아인들이 마르쿠스 안토니우스를 도와준 데 대하여 그들을 용서하는 연설에서 아레우스가 그의 너그러운 처사에 대한 이유들 중 하나라고 동포 시민들에게 말했다. 다른 궁전과 집안에서도 같은 종류의 영적 안내자들이 권세자들의 영적인 필요를 돌보았다. 예전에는 새로운 이론의 교사들이었으나 내전 후에 그들은 로마인들에게 영혼의 실천적 목자, 정신적 지도자, 불행시의 위로자, 죄책 고백을 듣는 자가 되었다. 그들은 황제의 자의적 의지의 희생자들을 죽는 순간까지 동행했으며, 그들에게 마지막 응원의 말을 해 주었다. 칼리굴라 황제에 의해 사형 판결을 받은 카누스 율리우스(Canus Julius)는 감사함으로 그것을 받아들였으며, 평온하고 안정된 마음으로 죽었는데 그의 마지막 발걸음에 '그의 철학자'가 동행했다. 트라세아(Thrasea)는 자신의 사위 엘비디우스(Helvidius)와 함께 견유철학자 데메트리우스를 마치 가정 성직자처럼 대동하고 방에 들어가서 자기 동맥을 끊게 했으며, 서서히 찾아오는 죽음의 고통 속에서 그의 눈을 데메트리우스에게 고정시키고 있었다."(B. Bauer, *Christus und die Cäsaren*, S. 22, 23)

그리하여 그리스도교의 발흥 이전에도 우리는 고해 신부가 무대에 등장하는 것을 보게 되며 새로운 역사적 인자인 신정정치가 유럽 나라들에서 생겨나는 것을 보게 되는데 이는 단 한 사람의 가르침 때문이 아니라 새로운 상황의 힘에 의한 것이었다. 물론 오래전부터 로마인과 그리스인들 중에는 신부들이 있었다. 그러나 그들은 국가 내에서 별로 중요하지 않았다. 동방의 여러 나라들에서 고대의 이른 시기부터 알려져 있던 것과 같은 신정정치를 위한 조건이 유럽의 여러 나라들에서 생겨난 것은 제정시대에 와서야 된 일이다. 이제 서양에도 성직자 집단을 위한 전제 조건이 형성되었다. 이는 사람들의 통치 기구로서의 성직 제도이며, 이는 그 다수의 구성원들의 가식적인 거룩함과 교만함이라는 사제 직분을 나타내 주는 특징, 그리고 신변 보호자를 필요로 하지 않는 사회의 모든 막강한 분자들에 대한 미움을 그 시대부터 오늘날까지 초래한 그런 특징을 발달시켰다.

플라톤은 철학자들이 국가를 다스리고 나머지 시민들은 아무것도 참견할 일이 없을 때라야 질서가 잘 잡힐 것이라고 이미 설명했었다. 나머지 시민들은 그와 상관이 없었다. 이제 그의 꿈은 실현되었으되, 당연히 그가 별로 좋아하지는 않을 방식으로 실현된 것이다.

그러나 이들 도덕 설교자들과 고해 신부들은 이 불안정한 세대를 충족시켜 주지 못했다. 국가는 대책 없이 몰락하고 있었다. 야만족들은 제국의 문을 점점 더 시끄럽게 두드리고 있었고, 제국은 피비린내 나는 장군들의 암투로 찢기는 일이 흔했다. 그리고 대중들의 비참함은 커져 갔다. 인구 희소화도 진행되었다. 로마 사회는 그 자신의 쇠락을 지켜보았지만, 그 참을 수 없는 상황에서 벗어나려는 정력적인 시도를 하기에는 너무 부패하고 몸과 정신이 몹시 병약하며, 아주 겁이 많고 매우 무기력하며 자기 자신 그리고 주변과 지나치게 불화한 세대였다. 그 세대는 자신에 대한 믿음을 잃었고 그 세대를 완전한 좌절에서 지켜준 유일한 의지처는 더 높은 권세, 구세주에게서의 도움에 대한 희망이었다.

처음에 이 구세주는 황제들인 것으로 인식되었다. 아우구스토 시대에 신탁예언집의 한 예언이 유포되었는데, 이는 가까운 장래에 한 구주가 나올 것이라는 예언이었다.* 사람들은 아우구스토를 내전으로 찢겨진 제국을 광휘와 번영의 새로운 시대로, 선한 뜻을 가진 모든 이들을 지상에서의 평화가 있는 곳으로 이끌어 줄 평화의 왕으로 보았다.

그러나 황제들은 사람들이 이들의 신적 권능에 대해 가진 모든 확신에도 불구하고 지속적인 평화도, 경제적·도덕적 부흥도 가져다주지 못했다. 그리고 그것은 큰일이었다.

사람들은 그들을 사실상 신으로 간주했다. 하느님이 사람이 된다는 교리가 아직 생겨나기 전에 사람이 신이 된다는 교리가 받아들여졌으나 이 두 번째의 절차는 명백히 첫 번째의 것보다 훨씬 더 어려움이 틀림없다.

일체의 정치생활이 사라진 곳에서 국가 원수는 대중들 위로 엄청나게 높이 떠올라서 사실상 초인이 된 것처럼 대중들을 대했다. 왜냐하면 그 홀로 자신의 인격 안에 사회의 전체 권력과 힘을 통일하고 그것을 그가 갈망하는 어디로든지 이끄는 것으로 보이기 때문이다. 다른 한편, 신들은 고대에는 아주 인간적으로 상상되었다. 그래서 초인에서 신으로 도약하는 것은 별로 과한 일은 아니었다.

아시아와 이집트의 부패한 그리스인들은 이미 기원전 몇 세기에 그들의 독재자들을 신이나 신의 아들로 간주하기 시작했다. 그러나 그들의 철학자들도 비슷한 대접을 받았다. 플라톤에 관한 한 이야기가 그의 생전에도 생겨나서 그의 조카 스페우시푸스(Speusippus)는 그의 장례식 조사에서 이를 언급했는데, 이는 그의 어머니 페리크티오네(Periktione)가 남편이 아닌 아폴로와의 사이에서 그를 잉태했다는 것이다. 헬레니즘의 왕국이 로마의 속주가 되자 헬라인들은 그들의 왕과 철학자들에게 주던 신적인 영예를 로마의 총독들에게 돌렸다.

그러나 율리우스 카이사르는 종이 된 그리스인들이 그에게 주었던 것,

---

* Merivale, *The Romans under the Empire*, 1862, VII, 349.

곧 신적 명예를 로마인들에게도 요구하는 대담함을 보인 첫 번째 사람이었다. 그는 자신을 신의 자손이라고 자랑했다. 적어도 비너스 여신 정도는 되어야 그의 할머니라고 할 수 있었다. 나중에 그의 조카 아우구스토의 궁정 시인 비르길리우스가 긴 서사시 『아에네이드』(Aeneid)에서 자세히 기록한 이야기이다.

카이사르가 내전에서 승전자로 로마에 돌아왔을 때 로마에서는 "신으로 된 그에게 몇 개소의 사원을 지어 주고, 그중 하나는 그와 자비의 여신에게 공동으로 봉헌되어 그가 여신과 손을 잡고 있는 모습을 보여주는 곳으로 하도록" 하는 결정이 내려졌다.* 이 기민한 방식으로 사람들은 승리자의 자비심에 호소하려고 했다. 툴리우스(로마의 철학자, 웅변가 키케로를 가리킴 – 옮긴이)는 죽은 후에 '신인 툴리우스'가 공식적으로 인민과 로마 원로원의 결의로 로마의 신들 반열에 올랐다. 그리고 그것은 단지 외적으로 결의에 의해서만이 아니라 사람들의 내적 신념에 의해서도 이루어졌다고 쉐토니우스는 말한다. "왜냐하면 카이사르의 상속자 아우구스토가 그의 신격화 이후 처음으로 그의 영예를 위해 베푼 시합 기간 중에 제11시(저녁 5시와 6시 사이) 무렵에 한 혜성이 7일 동안 연속으로 나타났으며, 사람들은 이를 하늘에 오른 카이사르의 영혼으로 생각했기 때문이다. 이것은 그가 그의 머리 위에 별을 받치고 있는 모습으로 표현되는 이유이다."(89장)

이 대목에서 동방에서 온 현자들에게 아기 그리스도의 신성을 보여준 그 별을 생각하지 않을 수 있는 사람이 누가 있겠는가!

아우구스토 이후 모든 황제들은 죽은 뒤에 신으로 승격되는 것이 당연한 것으로 여겨졌다. 제국의 동쪽 지역들에서 황제는 그러한 존재로서 소

---

* Appian, *Römische Bürgerkriege*, II, 16.

테르라는 그리스 칭호를 받았다. 곧 구세주라는 것이다.

그러나 그런 신격화는 죽은 황제들에게만 국한되지 않았으며, 그 친척들과 총애를 입은 자들에게도 나누어졌다. 하드리아누스는 안티노우스라는 이름의 예쁜 그리스 젊은이와 사랑에 빠졌었는데 그는 모든 면에서 황제의 총애를 받는 자가 되었다고 헤르츠베르크(Hertzberg)는 그의 저서 『로마제국 역사』(*Geschichte des Römischen Kaiserreichs*, S. 369)에서 말한다. 하드리아누스는 총애하던 자가 나일 강에서 익사했을 때 이전과 이후의 공적을 기려 곧바로 그를 신들의 반열에 올려놓았다. 그는 사고를 당한 장소 근처에 고상한 도시를 건설하고 그곳을 안티노폴리스라 이름을 붙였으며, 그 안에 그의 특별한 성자를 위해 웅장한 사원을 세웠다. 안티노우스 숭배는 곧 제국 전체에 퍼졌다. 아테네에서는 그를 기념하는 엄숙한 시합과 희생제사까지 있었다.

아우구스토에 대해서도 쉐토니우스는 이렇게 보고한다: "비록 그는 사원들이 총독들[지방관들]에게까지 봉헌된다는 것을 알았으나, 그 사원이 그 자신과 로마에 공동으로 봉헌되는 것이 아니면 그는 이 영예를 어떤 속주에서도 받아들이려 하지 않았다. 로마 자체에서 그는 항상 이 영예를 단연코 거부했다."(52장)

아우구스토는 그래도 아주 겸손했다. 율리우스 왕조의 세 번째 황제 가이우스는 칼리굴라(작은 장화)가 별명인데 그는 로마에서 그의 생애 중에 스스로 반신(Halbgott)으로서만이 아니라 완전한 신으로서 영예를 받았으며 자신이 그런 존재라고 느꼈다.

한번은 그가 이렇게 말했다: "양과 황소를 지켜야 하는 자들이 양도 황소도 아니고 더 높은 본성을 가진 것과 똑같이, 사람들 위에 다스리는 자로 추대된 자들은 다른 그들과 같은 사람이 아니라 신이다."

실제로 그들의 지배자들을 신으로 만드는 것은 사람들의 양과 같은 본성이다. 이 양의 본성은 제정 시대에는 특별하게 잘 발달했다. 황제와 그의 총애를 받은 자들에게 돌려지는 신적인 영예는 오늘날 많은 사람들이 진지하게 그들의 단춧구멍에 리본*을 달고 그것에서 놀라운 일이 일어나길 기대하는 것과 똑같이 진심으로 받아들여졌다. 이러한 신으로서의 존경에는 당연히 노예근성도 뒤섞여 있었다. 이런 점에서 오늘날까지도 제정 시대를 능가한 것은 없으며, 이는 뭔가를 말해 준다. 그러나 노예근성과 함께 경신(輕信)도 큰 역할을 했다.

## 경신

경신 역시 새로운 상황의 자식이었다.

사람은 처음부터 자연을 정확히 관찰하는 것, 그 현상들의 어느 것에 관해서도 속지 않는 것 그리고 원인과 결과 사이의 일련의 관계들을 정확히 파악하는 것에 절실하게 매달렸다. 이는 사람의 생존 전체의 기초이다. 그리고 그것에 실패할 때 멸망하기는 너무 쉬운 일이다.

사람의 모든 행위는 일정한 원인이 일정한 결과를 유발한다는 경험, 그가 새에게 던져서 맞춘 돌이 그 새를 죽인다는 경험, 그 새의 살이 그의 배고픔을 채워 준다는 경험, 두 막대기를 한데 문지르면 불이 난다는 경험, 불은 따뜻하게 해 주지만 나무를 집어삼킨다는 경험 등에 그 토대를 둔다.

사람은 그러한 경험들을 통해 확정된 자기 자신의 행동 양태에 따라 자연의 다른 현상들을, 그것들이 비인격적 성질을 띠는 한에서는 판단한다. 그는 거기서 초인적인 능력을 갖춘 몇몇 인격체들, 신들의 행위의 결과들도 본다. 신들의 제일가는 역할은 기적을 일으키는 자의 역할이 아니라

---

\* 결혼식에서 신랑이 꽂는 부또니에. 불운을 막아 준다는 속설에서 비롯되었다. – 옮긴이

사건들의 일상적인 자연적 경로, 바람의 불어옴, 바다의 파도, 번개의 파괴적인 힘, 그리고 사람들의 현명하거나 어리석은 여러 관념들을 유발하는 역할이다. 신들은 그들이 파괴하려는 자들을 눈멀게 하는 것으로 알려져 있다. 그러한 현상의 실현은 순진한 자연 종교에서 신들의 주된 기능으로 남는다.

이 종교의 매력은 그 자연스러움, 사물과 사람들에 대한 그 날카로운 관찰 등 호메로스의 시들을 오늘날에도 여전히 비길 데 없는 예술작품으로 만드는 성질들에 있다.

이 예민한 관찰과 '왜'(warum)라는 문제에 대한, 현상들의 원인에 대한 끊임없는 탐구는 도시들이 생겨나면서, 그리고 우리가 살펴본 것처럼 도시들 안에서 자연철학이 생겨나면서 정교해졌다. 도시의 관찰자들은 이제 자연에서 비인격적인 사건들을 발견할 수 있었다. 그것은 아주 단순하지만 그럼에도 불구하고 아주 엄격하게 규칙성을 띤 것이어서 인격적인 신들의 관념과 결부되는 변덕의 영역 바깥에 있는, 필연적인 것으로 쉽게 인식될 수가 있었다. 규칙성과 필연성의 개념을 발생시킨 것은 무엇보다도 천체들의 운동이었다. 자연과학은 천문학에서 시작된다. 그 다음으로 이 개념들은 자연의 모든 것으로 확장된다. 사람들은 모든 곳에서 필연적이고 규칙적인 연관성을 찾기 시작한다. 그래서 규칙적으로 되풀이되는 경험은 사람이 출발점으로 삼는 활동의 기초이다.

앞서 언급한 이유들로 자연에 대한 과학적 연구의 관심이 시들고 이것이 윤리적 관심으로 대체될 때는 사정이 달라진다. 인간의 정신은 이제 더 이상 별들의 경로와 같은 단순한 운동에 관심을 갖지 않으며, 거기서 벗어날 수 있다. 그는 전적으로 자기 자신, 극히 복잡하고 극히 가변적이며, 극히 파악이 힘들고 과학적 연구에 가장 저항하는 현상만을 다룬다. 그리고 이제 윤리학은 더 이상 존재하는 것, 존재해 온 것, 경험상 그리고 대부분 규칙적으로 반복되는 경험에서 완결된 형태로 현존하는 것을 아는 것에 관계하지 않는다. 그 대신 그것은 우리 앞에 아직 경험되지 않고 따라서 보기에는 완전한 자유에 놓여 있는 미래에 대한 갈망과 의무들을 다룬다. 여기서 바라는 것과 꿈꾸는 것은 극히 자유로운 활동공간을 얻는다. 그리고 환상이 속박을 벗어나 날개를 펴고 경험과 비평의 일체의 굴레를 벗어나 위로 날아오른다. 레키(Lecky)는 그의 『계몽정신의 역사』*에서 다음과 같이 타당하게 언급한다.

> "플라톤의 철학은 영적인 것의 영역을 크게 확대함으로써 (주술에 대한) 믿음을 증진시켰다. 그리고 우리는 서력기원 전후로 그 철학이 영향력을 지니던 그 시대는 또한 마술에 대한 더욱 강렬한 취향을 보여주었다는 것을 안다." (독일어판 1874, 19쪽)

동시에 대도시 생활은 주민들, 이제는 정신적으로 지도적인 역할을 하게 된 그들에게서 자연과의 관계성, 자연을 관찰하고 파악할 필요성과 가능성을 빼앗는다. 자연적인 것과 가능한 것에 대한 관념은 대도시 주민들에게서 흔들리게 되고, 그들은 불가능하고 부자연하거나 초자연적인 것의 터무니없음을 인식할 척도를 잃는다.

개인이 무기력함을 많이 느낄수록 그는 일상적인 것 너머에 서 있는 어떤 인격에게서 견고한 지지처를 찾으려고 모색한다. 조건이 절망적일수록 그리고 오직 기적만이 그런 상황으로부터 구원해 줄 수가 있을수록 개인은 더욱더 자신이 구원자요 구세주로서 매달리는 그 인격체가 기적도

---

\* *History of the Rise and Influence of Rationalism in Europe* (New York, 1866), I, 43. – 옮긴이

행할 능력이 있다고 믿고 싶어지기가 쉬우며, 그 구세주가 실제로 자신을 구원할 능력을 갖는다는 것에 대한 시금석으로서 분명히 기적을 갈구할 것이다.

이와 관련하여 옛날 신화들과의 연결이 생겨날 수 있으며, 그런 것들에서 비롯된 주제들이 새로운 신화들에서 기꺼이 채택된 것이다. 그러나 새로운 신화들은 전혀 다른 성격을 띤다. 옛 신들에게는 초인적 권능들이 관찰된 실제 사건들을 아주 정확하고 타당하게 설명하기 위해서 그들의 것으로 돌려졌다. 이제는 누구도 관찰하지 못한, 전혀 불가능했던 현상을 발현시킬 수 있도록 하기 위해 인간에게 초인적인 권능이 씌워졌다. 과거 시대에도 옛 신화로부터 그런 기적적인 현상들을 풀어 가는 것은 강력한 환상으로 이따금 할 수 있었던 일이다. 그러나 새로운 신화들에서는 기적은 출발점이다.

옛날 전설과 새로운 전설이 가장 쉽게 만난 지점들 중 하나는 신에 의해 그들의 영웅이 태어난다는 것이었다. 원시시대에 사람들은 자신들의 조상의 영광을 최대로 크게 만드는 것, 자신들 부족의 조상이 되는 사람을 초인으로, 반은 신으로 아주 위대하게 보이게 만드는 것을 좋아했다. 그런 힘을 원시시대 사람들은 당연히 모든 것의 배후에서 신의 힘을 발견하는 그 당시의 관점에 따라서 그런 신에게서만 받을 수가 있었다. 그리고 이 신들은 초인적인 속성을 지님에도 불구하고 또한 아주 인간적인 감정을 지닌 아주 인간적인 존재들로 생각되어 조상의 어머니가 어떤 신에게 애틋한 감정을 품어 용감한 영웅이 그 열매로 나오게 되었다고 가상하기가 쉬웠다.

똑 같은 방식으로 새로운 전설은 구세주들이 유한한 목숨의 어머니들 그러나 신적인 아버지들에게서 나오게 했다. 이를테면 쉐토니우스는 이렇게 말한다.

"나는 신들에 관한 멘데스의 아스클레피아데스의 책에서 이런 이야기를 읽었다. 아우구스토의 어머니인 아티아는 한때 자정에 아폴로 신에게 드리는 엄숙한 희생제사에 참석했는데 다른 여인들이 도착하기를 기다리면서 자신의 가마에 앉아 잠이 들었다. 그때 갑자기 뱀 한 마리가 그에게 기어들어 왔다가 곧 떠나갔다. 그가 깨어났을 때 마치 그의 남편이 그와 같이 잤다는 느낌이 들어서 목욕을 했다. 갑자기 그의 몸에서 보인 한 곳이 뱀의 모양이었고 그것은 잡아 떼어낼 수도 없었다. 그래서 그때부터 그는 공중목욕탕을 결코 가지 않았다. 열 달 만에 아우구스토가 탄생했으며, 그는 아폴로의 아들 취급을 받았다."(Octavius, Kapitel. 94)

신과의 정사는 그 시대의 로마 숙녀들 간에서는 가능하고도 특별한 그 무엇으로 간주되었던 듯하다. 요세푸스는 이와 관련하여 한 편의 좋은 이야기를 들려준다. 티베리우스 시대에 로마에는 파울리나(Paulina)라는 한 숙녀가 살았는데 그의 아름다움은 순결만큼이나 대단했다. 데시우스 문두스(Decius Mundus)라는 한 부유한 기사가 그녀와 가망도 없이 사랑에 빠져 하룻밤의 대가로 20만 드라크마를 제안했지만 거절당했다. 그런데 그 기사의 여종 출신 면천인이 한 가지 꾀를 생각해 냈다. 그 아름다운 파울리나가 이시스(Isis) 여신의 독실한 숭배자라는 것을 알아냈고 그에 기초하여 계획을 세웠다. 그는 40만 드라크마로 여신의 사제들을 매수하여 파울리나에게 아누비스 신이 그를 갈망한다고 전갈해 주도록 만들었다. "그 여인은 기뻐했고 아누비스가 자기에게 내리려고 하는 큰 영예를 친구들에게 자랑했다. 여인은 또한 남편한테 아누비스에게 식사와 잠자리에 초대를 받았다고 말했다. 그 남편은 아내의 순결함을 알았으므로 기꺼이 찬성했다. 그녀는 사원에 왔다. 식사를 마친 후 잠자리에 들 시간이 되었다. 사제들은 불을 다 끄고 문을 잠갔다. 사원 안에 미리 숨어 있던 문두스는 이제 그녀에게로 와서 사정없이 달려들었다. 그녀는 밤새 문두스의 것이 되었다. 그가 신이라고 생각한 것이다. 그는 쾌락에 빠진 후에 아침 일찍 사제들이 사원에 들어오기 전에 떠났다. 그리고 파울리나는 남편에게 돌아가서 아누비스 신이 어떻게 자기와 함께 있었는지를 이야기했고 그것을 지인들에게 자랑했다." 그러나 귀족 기사 문두스는 며칠 후에 길거리에서 그 숙녀가 아무 대가도 없이 몸을 자신에게 바친 데 대하여 부끄러움도 없이 조롱하기까지 했다. 꿈에서 깨어난, 신의 숭배자인 그 여인은 당연히 노발대발했다. 그녀는 지체 없이 티베리우스에게 달려갔고 이시스의 사제들을 십자가에 매달게 했으며, 그들의 사원은 파괴되고 문두스는 유배되게 했다.*

이 작은 일화에 특별히 자극적인 맛을 풍기게 하는 것은 그것이 기적을 베푸는 자 그리스도에 대한 찬양이 영감 넘치는 음색으로 노래 불러진, 우리가 이야기했던 구절 바로 다음에 온다는 사실이다. 신실한 주석자들은 일찍이 파울리나 부인의 모험과 그리스도를 연결시키는 이 연속에 관해 파고들었으며, 거기서 사악한 유태인 요세푸스가 동정녀 마리아의 처녀성과 그 약혼자 요셉의 순진성을 은밀하게 조롱한 것을 알아냈다. 이 조롱은 확실히 그것 바로 앞에 오는 그리스도의 기적들에 대한 인정과는 잘 맞지 않는 것이다. 그러나 요세푸스는 실제로 그리스도의 기적들에 대해 전혀 몰랐고 또 우리가 알다시피 그 기적들을 다룬 구절은 나중에 그리스도인의 삽입으로 들어간 것이므로 거룩한 동정녀와 자신의 운명에 순응하는 신랑에 대한 조소를 할 의도는 전혀 없었던 것이다. 그것은 오직 그리스도인인 위조자의 어리석음만을 입증해 준다. 하느님의 아들에 관한

---

* Judische Altertümer, XVIII, 3.

증언을 도입할 최선의 위치로 바로 이 대목을 선택한 것이니 말이다.

하느님의 아들로 행세하는 것은 그 당시의 구세주, 그가 카이사르이든 길거리의 설교자이든 그의 직분에 속하는 일이었다. 기적을 일으킨다는 것도 그에 못지않게 그러했으며 기적들은 여기저기에서 판에 박힌 모양으로 창작되었던 것이다.

심지어는 줄곧 차분한 타키투스도 베스파시아누스에 관해서 그가 알렉산드리아에서 많은 기적을 일으켜 황제에 대한 하늘의 호의를 입증했다고 보도한다: 그가 장님의 눈에 침을 발라 그를 보게 했다는 것이다. 마찬가지로 손을 못 쓰는 사람의 손을 밟아 그를 낫게 했다는 것이다.(Historien, IV, Kapitel. 81)

나중에 그런 기적을 행하는 권능은 이교도 황제들에게서 그리스도인 군주들에게로 옮겨졌다. 프랑스의 왕들은 대관식에서 손을 대어 연주창과 갑상선비대증을 낫게 하는 놀라운 은사를 행했다. 1825년이라는 늦은 시대에도 프랑스의 부르봉 왕조의 마지막 왕인 샤를 10세의 대관식에서 이 기적은 시간표에 따라 연출되었다.

물론 비슷한 치료가 예수에 의해 행해진 것으로 자주 이야기된다. 신실한 메리발레(Merivale)는* 베스파시아누스의 기적들이 그리스도교의 기적들을 본뜬 것이라고 가정했다. 이는 베스피아누스 시대에 그리스도교가 얼마나 별 볼일 없고 알려지지 않았는지를 생각한다면 별로 개연성이 없는 일이다. 그런가 하면 브루노 바우어는 그의 『그리스도와 황제들』(*Christus und die Cäsaren*)에서 이렇게 설명한다: "나는 오늘날의 신학자들을 다음의 명제로 기쁘게 하려고 한다―제4복음서의 마지막 저자, 그리고 그 이후 마르코 문서에 포함된 원 복음의 개정자들은 그리스도의 기적

―――――――――――――――
* The Romans under the Empire.

에 의한 치유에서 침을 이용한 것은 모두 타키투스로부터 빌려왔다는 것이다."(요한 9장 6절, 마르코 7장 33절, 8장 23절)

우리의 견해로는 이런 차용이 반드시 받아들여질 필요는 없다. 기적을 믿는 모든 시대는 기적이 어찌 일어나는지에 대한 그 자신의 생각들을 가지고 있다. 죽어 가던 중세시대에 악마와의 협정은 따뜻한 피로 서명이 되어야 한다고 일반적으로 가정되어서 두 저자가 서로 이야기를 빌려올 것도 없이 똑 같은 세부내용을 똑 같은 방식으로 그들의 이야기에 집어넣을 수 있게 된 것처럼, 베스파시아누스의 시대와 그 후의 시대에 침은 기적적 치유의 관행화된 수단으로 여겨져서 카이사르의 권좌에 앉아 있던 속세의 구세주에 관한 멀쩡한 정신의 보도자도, 천년왕국의 보좌에 있는 구세주에 관한 열렬한 보도자도, 서로가 서로의 보도내용을 빌려다 쓰지 않고서도 그들이 영광을 돌리고 있던 인물에게 그런 치료의 능력을 돌린 것은 똑같이 쉬운 일이었다. 그리고 타키투스는 확실히 이 자세한 이야기를 꾸며 낸 것이 아니라 이미 유행하던 전설을 발굴한 것이었다.

그러나 그 시대에 기적을 일으킨 것은 황제들만이 아니었고 그들과 같은 수많은 동시대인들도 기적을 일으켰다. 기적 이야기는 당시에 아주 흔한 것이어서 결국에는 더 이상 어떤 특별한 주의도 끌지 못했다. 그래서 복음 이야기를 전하는 자들도 예수의 기적과 표징이 줄곧 우리의 정서상 불러일으켜야 할 것 같은 그런 깊은 효과를 겨냥하게 하지는 않았다. 예를 들어서 오천 명을 먹인 기적이 있었지만 제자들의 미약한 믿음은 그대로였다. 게다가 예수 말고도 그의 사도들과 제자들도 여러 기적을 행했다. 사람들은 참으로 순진해서, 예를 들어 그리스도인들은 그들이 불한당으로 여긴 사람들이 행한 기적들을 의심할 생각은 결코 하지 않았다. 그들은 단순히 그런 기적들을 악마들과 악한 영들의 소행으로 돌림으로써 위안을 얻었다.

기적은 산딸기처럼 값이 쌌다. 모든 종파나 철학 학파의 창시자는 자기 능력을 보이기 위해 기적을 행했다. 그처럼 우리는 네로와 동시대인으로서 신(新)피타고라스 학파에 속한 티야나의 아폴로니우스의 예를 알고 있다.

당연히 그의 출생도 기적적이다. 그의 모친이 임신했을 때 프로테우스 신이 그녀에게 나타났다. 아무도 이해할 수가 없는 현명한 신이다. 그녀는 두려움 없이 프로테우스 신에게 어떤 아이를 낳게 될 것인지를 물었다. 신은 대답했다. "나다".* 지혜의 신동이었던 아폴로니우스는 성장하여, 순수한 도덕적 삶을 설파하고 친구들과 가난한 친지들에게 재산을 나누어주고, 구걸하는 철학자로서 세상에 나아간다. 그러나 그의 절제와 도덕성보다 훨씬 더 경이롭게 여겨지는 것이 그의 기적들이다. 이는 많은 경우에 그리스도교의 기적들과 몹시 비슷해 보인다. 예를 들어서 그가 로마 체류 중에 있었던 그에 관한 다음과 같은 이야기가 전해 온다.

"한 처녀가 결혼 당일 죽었다. 적어도 죽은 것으로 생각되었다. 신랑은 그녀의 영가를 통곡하면서 따라갔고 로마가 그와 함께 울었다. 그 처녀는 아주 높은 귀족 가문에 속했던 것이다. 이제 아폴로니우스가 장례 행렬을 만나자 이렇게 말했다: '영가를 내려놓으시오. 내가 처녀를 위하여 우는 당신들의 눈물을 닦아 주겠소.' 그리고는 그녀의 이름을 물었으므로 군중은 아폴로니우스가 통상적인 추도사를 행하려 하는 것으로 생각했다. 그러나 그는 죽은 처녀에게 손을 대고 어떤 알아듣지 못할 말을 하면서 그녀를 죽은 것으로 보이는 상태에서 깨워 일으켰다. 그녀는 소리를 지르며 아비의 집으로 돌아갔다." **

---

* Apollonius von Tyana, aus dem Griechischen des Philostratus, übersetzt und erläutert von Ed. Baltzer, 1883, I, 4.
** A. a. O., IV, S. 45.

전설에 따르면 아폴로니우스는 독재자들인 네로와 도미티아누스에게 당돌하게 대하여 투옥되었는데, 사슬을 힘도 안 들이고 벗어버렸지만 도망치지 않고 감옥 안에서 심판을 기다렸다고 한다. 그는 자기 변론을 위해 긴 연설을 했지만 선고가 내리기 전에 로마의 법정에서 불가사의하게 사라져서는 몇 시간 후에 나폴리 근처의 디캐아르키아에 나타났다. 그곳으로 신들이 그를 고속 열차의 속도로 수송한 것이다.

아폴로니우스는 예언의 재능이 고도로 발달했다. 이 재능은 구세주 사업에는 필수적이었다. 또한 투시력도 있었다. 도미티아누스가 로마에 있는 자기 궁전에서 살해되었을 때 에페소에 있던 아폴로니우스는 그가 마치 현장에 있었던 것처럼 그 사건을 명확히 알았고 그것을 에페소인들에게 전해 주었다. 마르코니를 부끄럽게 할 무선 전신 체계라고 할 것이다.

그의 종말도 이런 식으로 찾아왔다. 그는 문들이 그 앞에서 저절로 열리고 그가 들어가자 다시 닫히는 한 사원에서 사라졌다. "안에서 처녀들이 하늘로 올라오라고 그를 초청하는 듯이 노래를 부르는 소리가 들렸다. 지상의 어둠에서 나와 하늘의 빛으로 오세요. 오세요."*

그러나 그의 몸은 발견되지 않았다. 그러므로 이 구세주도 분명하게 승천한 것이다.

그리스도에 대한 믿음의 지지자들과 아폴로니우스에 대한 믿음의 지지자들 간에 활발한 기적 경쟁이 곧 벌어졌다. 디오클레티아누스 치하에서 그의 지방총독들 중 한 사람인 히에로클레스는 그리스도인들을 반대하는 책을 썼다. 그 책에서 그는 그리스도의 기적들이 아폴로니우스의 기적들에 비하면 아무것도 아니며, 그보다 확실성도 덜한 것으로 입증된다고 주장했다. 캐사레아의 에우세비우스는 이에 응답하는 한 반박문에서 아폴

---

* *A. a. O.*, S. 378.

로니우스의 기적들의 실재성에 대해서는 조금의 의문도 표명하지 않았지만 아폴로니우스의 기적들을 하느님의 역사가 아닌 요술, 흑암의 악마들의 역사로 묘사함으로써 폄하하려고 했다.

그리하여 기적들에 대한 비평을 하지 않을 수 없게 된 때에도 그것들을 의심하려는 생각은 생기지 않았다.

이런 경신(輕信)은 사회가 타락하고, 탐구적인 과학적 정신은 시들고, 도덕적 설교에 의해 압도됨에 따라 그만큼 더 커졌다. 경신과 함께 기적에 대한 추구도 자라났다. 그것이 너무 자주 되풀이될 때는 감흥이 작동을 멈춘다. 결국 점점 더 강한 수단들이 인상을 남기는 데 사용되어야 한다. 이미 우리는 제1장에서 복음서들 중에서 죽은 자들을 살리는 사건들의 예를 통해 사람들이 이것을 어떻게 노골적으로 추구할 수 있는지를 살펴보았다. 그 이야기는 나중의 복음서들보다 옛 복음서들에서 더 단순하다.

가장 나중에 나온 복음인 요한복음은 이전의 복음들에 보도된 옛 기적들에 가나의 혼인잔치에서 물을 포도주로 변화시킨 기적을 추가한다. 예수가 낫게 했던 한 병자는 요한복음에서 38년간 병들어 있어야 한다. 그가 보게 했던 장님은 태어나면서부터 장님이어야 한다. 일반적으로 기적들은 극단적으로 수행된다.

출애굽기 17장 1절부터 6절까지는 모세가 목마른 이스라엘 족속에게 마실 물을 주기 위해 사막에서 한 바위를 쳐서 물이 나오게 했다고 보도한다. 그런 것은 그리스도인들의 시대에는 그다지 기적 같지 않았다. 바울로 사도의 고린토인들에게 보낸 첫 번째 편지의 10장 4절은 유태인들이 물을 얻은 바위가 사막을 헤매는 그들과 동행해서 그들은 결코 물이 부족하지 않았다는, 떠돌이 샘 이야기를 해 준다.

이른바 '베드로 사도의 행적'에 나오는 기적들은 특히 조잡하다. 요술쟁이 시몬과의 기적 시합에서 베드로 사도는 소금에 절인 청어를 살려낸다.

또 한편으로 그 시대의 사람들에게는 아주 자연스러운 사태가 기적으로, 사건들의 흐름에 하느님이 자의적으로 개입하는 표징으로 간주되었다. 치유와 죽음, 승리와 패배만이 아니라 내기와 같은 극히 평범한 놀이도 그러했다. "가자에서 열렬한 그리스도인과 한 열렬한 이교도의 말들끼리 벌였던 경마에서 그리스도가 마르나스를 이겨서 여러 이교도들이 세례를 받았다."*

기적으로 간주된 자연적 사건은 이 경우에서처럼 항상 그렇게 명확한 것은 아니었다. "173~174년의 마르쿠스 아우렐리우스의 콰디(Quadi)에 대한 전쟁에서 로마 군대는 한때 타는 듯한 햇볕 아래서 갈증에 기진맥진하고 임박한 전멸의 위협을 느끼며 힘이 우세한 적군에 둘러싸여 있었다. 갑자기 짙은 구름이 몰려와서 폭우를 쏟아 부었다. 그런가 하면 적군 쪽에서는 무서운 폭풍이 일어나 혼란과 파멸을 가져왔다. 로마인들은 구출되었고 승리는 그들에게 돌아갔다. 이 사건의 효과는 아주 위력적이었다. 그것은 당시의 관습에 따라 그림으로 그려져 보전되었으며, 고대의 말기까지 기억되어 수백 년 뒤에 그리스도인들과 이교도들이 똑같이 그들의 믿음의 진리성을 입증하는 것으로 언급하는 기적으로서 일반적으로 받아들여졌다. … 기적적인 구출은 대부분의 사람들에 의해 명백히 황제가 주피터에게 기도한 덕분으로 인식되었다. 그러나 다른 이들은 황제의 수행원 중에 있던 이집트의 마법사 아르누피스의 주술 덕분이라고 주장했다. 그가 신들, 특히 헤르메스를 불러내서 폭우를 일으켰다는 것이다. 그러나 그리스도인인 동시대인들의 이야기에 따르면 그 기적은 제12(멜리테니안)

---

* Friedländer, *Sittengeschichte Roms*, 1901, II, S. 534.

군단에 있던 그리스도인 병사들의 기도에 의해 일어났다고 한다. 테르툴리아누스는 이것을 잘 알려진 사건으로 이야기하며, 마르쿠스 아우렐리우스의 편지를 근거로 삼는다."[*]

이 편지는 위조된 것임이 틀림없다. 그때는 기적만큼이나 위조도 흔했던 시대였다. 경신과 기적에 대한 필요는 위조를 직접적으로 유발했다.

기적에 대한 추구와 경신은 점점 더 규모가 커져서 결국 4, 5세기, 가장 큰 쇠퇴의 시대에 수도사들이 기적을 행하여 이에 비하면 복음서에서 이야기한 예수의 기적은 초라한 것으로 보이게 되는 데까지 이르렀다.

> "… 믿음이 좋은 시대에는 이집트나 시리아인 수도사의 조그마한 장난도 우주의 영원한 법칙들을 중단시키는 데 충분했었다는 말에 속아 넘어갔다. 하늘의 총애를 받은 자들은 만성 질환들을 안수나 말씀 혹은 원격 안수로 고치고, 극히 고집 센 마귀들이 사로잡은 영혼과 육신으로부터 그것들을 쫓아내는 일에 익숙했다. 그들은 사막의 사자들과 뱀들에게 다정하게 다가가거나 위압적으로 명령했다. 마른 가지에 생명을 불어넣었고 물 위에 철을 띄웠으며, 악어 등을 밟고 나일 강을 건넜고 불타는 화로에서 원기를 회복했다."(Gibbon, *a. a. O.*, 37. Kapitel)

그리스도교가 생겨나던 시대의 정신 상태에 관한 탁월한 묘사는 슐로써(Schlosser)가 그의 『세계사』(*Weltgeschichte*)에서 가장 유명한 신플라톤주의 철학자(서기 3세기) 플로티누스에 대해서 한 성격 묘사에서 제공된다.

"이집트의 리코폴리스에서 205년에 태어나 270년 캄파니아에서 죽은 플

---

[*] Friedländer, *a. a. O.*, II, S. 475.

로티누스는 11년 동안 암모니우스의 열렬한 제자였으며, 신과 인간의 본성을 파고드는 데 푹 빠져서 그의 선배와 스승의 이집트—그리스식 비밀 교리에 만족하지 못하고 페르시아와 인도의 지혜에도 탐닉했다. 그는 동생 고르디아누스의 군대에 들어갔는데 이는 그와 함께 페르시아로 가기 위한 것이었다. … 나중에 플로티누스는 로마로 갔으며, 그곳에서 지배적이던 동방의 신비주의에 대한 취향이 그의 목표에 부합하는 것을 발견했다. 그리고 죽기 바로 전까지 25년 동안 예언자 역할을 수행했다. 갈리에누스 황제와 황후는 그를 열광적으로 모셔서 그들은 심지어 이탈리아의 어떤 도시에 플로티누스의 노선에 따른 철학적 국가를 세우려는 의도를 가졌었다고 한다. 플로티누스가 로마 시민들 중 최고의 권문세가들에서 받은 찬양도 똑같이 컸다. 도시의 최고 인물들 중 일부는 그의 열렬한 지지자가 되었으며 그의 가르침을 하늘에서 내리는 메시지로 받아들였다.

로마 세계의 영적 도덕적 무기력증과 일반적으로 유포된 열광주의, 수도자적 도덕성, 초자연적 예언적인 것에 대한 취향을 플로티누스가 준 인상, 그리고 그의 교리가 이해할 수 없는 것이었다는 바로 그 이유로 인해 받은 존경만큼 명확하게 인식시켜 준 것은 아무것도 없었다.

플로티누스와 그의 제자들이 새로운 지혜를 퍼뜨리기 위해 사용한 방법들은 18세기 말에 프랑스에서 부패한 저명인사들을 메스메르(Mesmer)와 깔리오스트로(Cagliostro)의 신비적인 요술로 끌어 모으고, 독일에서는 신실한 프러시아의 왕을 장미십자회·퇴마사 같은 사람들에게로 끌리게 한 것과 똑 같은 방법이었다. 플로티누스는 마술을 행하고 영들을 불러내고 심지어는 몸을 낮추어, 지금은 사회의 천시받는 하층민들에 의해서만 수행되는 사업으로서 친지의 부탁으로 사소한 절도사건의 범인을 찾아 주는 장사까지 했다.

플로티누스의 저술들도 예언적으로 작성되었다. 왜냐하면 그의 가장 유명한 제자에 따를 때 그는 자신의 암시된 영감을 적어 내리고는 나중에 그것을 다시 떠들어 보는 일도 없고 심지어 잘못 쓴 것을 고치는 일도 없었기 때문이다. 고대 그리스인들의 걸작은 당연히 생겨나지 못했다! 사고의 일상적 규칙, 혹은 우리가 방법이라고 부르는 것도 철학적 지식에 이르기를 원하는 모든 사람에게 자신을 버리라거나 사고와 감정의 자연스런 상태에서 벗어날 것을 첫 번째 조건으로 요구하는 사람의 저술이나 강의에서는 찾아보기 어려웠다.

그의 이론의 성격과 그 효과를 묘사하려면 그의 저작들의 내용들에 대하여 몇 마디 언급만 하면 된다. 그는 항상 사람들과 함께하는, 사람들 가운데서의 생활을 죄스럽고 빗나간 것으로 제시한다. 그에게 참된 지혜와 거룩함은 감각적 세계와의 완전한 이별, 자기 자신에 대한 고독하고 어두운 침잠, 그리고 고귀한 것들에 대한 명상에만 있다. 일체의 활동성을 약화시키며 일체의 경험과 모든 인간적 관계들을 비웃는 이 삶의 이론, 그것도 다르게 생각하는 이들에 대한 극도의 경멸을 가지고서 그런 방향으로 개진되는 이 이론에는 순수하게 이론적인, 엄청난 상상에 토대를 둔, 자연과 자연법칙에 대한 관찰이 연결된다. 아리스토텔레스는 그의 자연관을 경험, 관찰 및 수학에 기초시켰다. 이에 관하여 플로티누스에게서는 아무런 흔적도 찾아볼 수가 없다. 그는 자기 자신을 신통한 철학자라고 생각했으며, 내적 영감으로부터 모든 것을 알고 지식에 도달하는 데 아무런 발판도 필요 없는 사람이라고 생각했다. 그의 날개들이 그를 지상에서 높이 띄워서 하늘의 공간 전체를 날아다니게 해 주었다. …

플로티누스에게는 그가 신탁으로 선포한 것을 읽을 수 있는 문체로 바꾸어 주었으며, 그러고는 그의 가르침의 사도들로서 그것을 널리 전파한 세 사람의 제자가 있었다. 이들은 헤레니우스, 아멜리우스 그리고 포르피리우스였다. 이 세 사람 모두 결정적인 재능이 있었으며, 뒤의 두 사람에 대하여 롱기누스는 말하기를, 비록 다른 경우라면 삶과 건전한 이성에 적대적인 어떠한 지혜도 별로 알고 싶은 생각은 없지만, 그들은 그의 시대에 유일하게 그 글이 읽혀질 수 있는 철학자들이었다고 한다.

그러나 그들의 진리에 대한 사랑이 얼마나 비뚤어진 것이었는지는 포르피리우스에 의해 구성된 플로티누스의 삶에서 가장 잘 보인다. 포르피리우스는 자신의 주인이요 스승인 자에 대한 어리석기 짝이 없는 이야기를 들려준다. 그리고 그는 그 이야기들을 믿기에는 너무나 눈치가 빨랐기 때문에 플로티누스의 신탁적인 말씀들을 더 인상적으로 보이게 하기 위해서 그것들을 의도적 · 의식적으로 날조해야 했다." *

## 허위

허위, 그것은 기적 추구와 경신의 불가결한 보완물이다. 그래서 지금까지 우리는 보도자들이 죽은 자들에 관한 기적적인 일들을 이야기한 예들만을 소개했다. 그러나 자기 자신에 관해 더 없이 위대한 기적들을 보도한 사람들도 없지 않다. 알렉산드리아의 아피온 같은 자가 그러한데 그는 유태인 증오자였고 "티베리우스 황제가 세상의 종(Weltschelle)이라고 부른 자였으며, 허풍과 기만, 뻔뻔하기 짝이 없는 전지함과 무조건적인 자기 확신으로 가득 차서, 사람은 볼 줄 몰랐어도 사람의 무가치함은 알아봤으며, 웅변과 민중 선동의 명수였으며, 재치 있었고 영리했고 부끄러운 줄을 몰랐고 맹목적인 충성심이 있었다." **

---

\* *Weltgeschichte*, 1846, IV, 452ff.
\*\* Mommsen, *Römische Geschichte*, V, S. 517, 518.

충성스럽다는 것―곧 노예적이라는 것―은 이런 작자들의 대체적인 성향이었다. 그 충성스러운 악당은 호메로스를 지하에서 불러내어 그의 조상에 대하여 질문을 할 정도로 맹랑했다. 그는 그 시인의 영이 나타나 자신의 질문에 대답을 했으나 그것을 누구에게도 드러내지 말라고 다짐하게 했다고 주장했다!

더 조잡한 사기는 아보노테이코스(105년경에 태어나 175년경에 사망)의 알렉산더가 친 것이었다. 그는 이를테면 훈련받은 동물을 이용하고, 속이 빈 신상들 속에 사람이 숨어서 하는 극히 조잡한 요술을 부렸다. 그는 약 1마르크 정도의 수수료만 내면 예언을 해 주는 신탁을 세웠다. 루키아누스는 이 사업의 이익이 연간 6만 마르크 정도가 되는 것으로 평가한다.

알렉산더는 집정관 루틸리아누스(Rutilianus)를 통해서 '철인' 황제 마르쿠스 아우렐리우스에게도 지대한 영향력을 행사했다. 그 사기꾼은 70세에 부유하고 명예로운 상태로 죽었다. 그의 영예를 기려 사람들이 세운 상은 그의 죽음 후에도 자신에 관한 예언을 한 것으로 생각되었다. 다음에 인용하는 것은 명백히 잘 연출된 사기극이었다.

"디오 카시우스는 (서기) 220년에 한 영이 스스로 알렉산더 대왕의 영이라고 자처하며 그의 잘 알려진 모습, 얼굴, 복장을 하고 나타나 바쿠스신의 사제 복장을 한 400명의 대열과 함께 다뉴브에서 보스포루스까지 가서 거기서 사라졌다고 이야기한다. 어느 관청도 감히 그를 저지하지 못했다. 오히려 그에게는 공공 비용으로 도처에서 숙식이 제공되었다." *

그런 식의 성과 앞에서 우리의 4차원 세계의 영웅들도, 더 쾌락주의적

---

* Friedländer, a. a. O., II, S. 626.

인 쾨페니크의 대위*도 숨어야 할 판이다. 한편 사기꾼과 요술쟁이들만이 의식적인 사기와 기만에 몰두한 것이 아니라 진지한 사상가들과 성실한 사람들도 그랬다.

고대의 역사 저작물은 결코 추상(秋霜)같은 비평을 특징으로 하지 않았다. 그것은 아직 좁은 의미에서의 과학은 아니었으며, 아직은 사회 발전의 법칙에 대한 연구라기보다는 교육적 혹은 정치적 목적에 기여하는 것이었다. 그것은 독자에게 교훈을 주거나 역사기록자가 따르는 정치적 성향들의 타당함을 보여주려고 했다. 조상들의 위대한 행위는 미래의 세대들을 고양시켜 그들에게도 비슷한 행위를 하도록 영감을 주려는 것이었다. 이런 의미에서 역사적 저작은 영웅적 서사시의 산문적인 메아리에 불과했다. 그러나 미래 세대들은 또한 그들의 조상이 경험한 것에서 해야 할 일과 그냥 두어야 할 일을 배워야 한다. 많은 역사가들이 특히나 교훈과 영감을 주려는 목적을 우선시할 때는 전거의 선택과 비평에 지나치게 엄격하지 않았으므로, 그가 또한 예술적 효과를 위해서 상상력을 동원하여 빈 곳을 메우는 일을 스스로에게 허락했다는 것은 쉽게 이해할 수 있다. 특히 모든 역사가는 그의 인물의 입에서 나오는 연설문을 작성하는 것을 특권으로 생각했다. 그럼에도 불구하고 고전적인 역사가는 그가 다루는 인물들의 활동에 대한 의식적이거나 의도적인 허위 서술은 엄격하게 피했다. 그들은 자신들이 보고하는 것이 공공의 정치적 행위였기 때문에 그들이 기술하는 내용이 정확하게 검열될 수 있었다는 점에서 더욱더 그것을 경계해야 했다.

---

* 포이히트(Friedrich Wilhelm Voigt)라는 동프로이센 출신의 제화공으로서 1906년에 베를린의 쾨페니크 구청에 대위 복장으로 변장을 하고 병사들로 변장한 무리들과 함께 들이닥쳐 구청장을 감금하고 구청 금고를 털어 달아난 극적인 사건을 일으켰다. 그래서 그는 쾨페니크의 대위로 알려져 있다. – 옮긴이

그러나 고대 사회가 쇠퇴함에 따라 역사 기술의 과제도 달라졌다. 사람들은 정치적 교훈을 더는 요망하지 않았다. 왜냐하면 정치는 점점 더 그들에게 무관심하고 심지어는 혐오하는 대상이 되었기 때문이다. 사람들은 더 이상 남자다운 용기와 조국에 대한 헌신의 예들을 갈망하지 않았다. 그들이 원한 것은 기분 전환, 그들의 지친 신경에 대한 새로운 감흥, 잡담과 선풍적인 관심, 기적들이었다. 약간 더 정확하거나 덜 정확하거나 한 것은 여기서 문제가 되지 않았다. 게다가 검증은 훨씬 더 어려워졌다. 왜냐하면 이제 공적 영역에서 일어난 것이 아닌 사적인 사건들이 관심사의 전면에 등장했기 때문이다. 역사 서술은 점점 더 추한 소문들의 연대기가 되거나 황당무계한 모험담으로 되어 갔다.

역사 기술의 이 새로운 추세는 그리스 문헌상으로 알렉산더 대왕 때부터 나타난다. 알렉산더의 신하 오네시크리토스는 그의 행적에 관한 책을 썼는데 이는 거짓과 과장으로 가득하다. 거짓말로부터 날조까지는 한 발짝밖에 안 된다. 그 첫발은 3세기에 인도에서 비문(碑文)을 들여온 에우에메로스가 떼었다. 그 비문은 아주 옛날의 것이라고 했지만 그 자신이 날조한 것이었다.

그러나 이 소문난 방법은 역사 기술에만 국한되지 않았다. 우리는 철학에서 이승에 대한 관심이 어떻게 시들어 갔는지 그리고 사후세계에 대한 관심이 어떻게 힘을 얻어 갔는지를 살펴보았다. 그러나 저세상에 대한 그의 생각들이 단순한 환상 이상의 어떤 것이라는 사실을 그의 학생들에게 어떻게 설득시킬 수 있었는가? 가장 간단한 방법은 어떤 여행객도 한번 가면 분명 돌아오지 않는 피안에서 돌아와서 그곳의 질서에 관해 보고를 하는 증인을 찾아내거나 만들어 내는 것이었다. 이런 수법은 플라톤 같은 사람도 무시하지 않았다. 이는 우리가 이미 보고한 바 있는 저 유명한 팜필리아인이 가리켜 주는 바와 같다.

더구나 자연과학에 대한 관심이 사그라지고 윤리학에 의해 대체되면서 모든 진술의 진리성을 실제 경험으로 검증하려고 하는 비판 정신은 사라졌다. 개인이 더욱 불안정하게 되어 감에 따라 그는 어떤 위대한 사람에게서 지지처를 발견해야 할 더 큰 필요를 느꼈다. 사람들에게 이제 결정적인 것이 된 것은 사실적 증명이 아닌 권위였다. 그리고 사람들에게 인상을 남기기를 원하는 자는 누구나 자기편에 필요한 권위들을 끌어들이려고 시도해야 했다. 그것도 여의치 않을 때는 운명을 교정하고(corriger la fortune) 복을 가져다 채워 넣고 권위를 스스로 만들어 낸다. 우리는 다니엘과 피타고라스의 경우들에서 그런 권위들을 본 바 있다. 예수도 같은 범주에 속했고 그의 사도들, 모세, 무당 들도 마찬가지였다.

사람들은 언제나 허구의 이름으로 책 전체를 쓰는 수고를 하지는 않았다. 많은 경우에 인정된 권위를 지닌 참된 저서에 자기의 지향에 부합하는 적당한 문장을 끼워 넣어서 이런 식으로 자신을 위해 그 권위를 활용하는 것으로 충분했다. 이것은 인쇄술이 아직 발명되지 않았으므로 더욱 더 쉬웠다. 책들은 자기가 직접 베껴 쓰거나 저자가 능력 있는 노예를 거느릴 정도로 부유했던 경우에는 노예가 베껴 쓴 사본으로만 유포되었다. 책을 베끼는 일에 종사하는 노예들을 거느린 사업가들도 있었으며, 그렇게 만들어진 사본들은 팔려서 높은 이익을 가져다주었다. 그런 사본을 위조하는 것, 마음에 들지 않는 문장을 삭제하고 필요한 문장은 끼워 넣는 것은 특히 저자가 이미 죽었을 때, 그래서 저 부주의하고 순진한 시대에 아무런 항의도 나올 것으로 기대되지 않던 때에는 얼마나 쉬웠겠는가? 그 당시에 어떤 필사가들은 위조문서가 후세에도 보전되게 하는 수고를 하기도 했다.

그리스도인들에게 이는 아주 간단했다. 그리스도교 공동체들의 최초의 선생들과 조직자들이 누구였든지 그들은 확실히 사회의 최하층 출신이었고 문맹이었으며, 글로 쓴 어떤 기록도 남기지 않았다. 처음에 그들의 가르침은 오직 말로만 전해졌다. 논쟁에서 공동체 최초 스승들의 권위에 호소한 그들의 지지자들은 누구나 전통과 너무 어리석게 상충하는 말을 하지 않는다면 거짓말을 한다는 책망을 좀처럼 받을 수가 없었다. 곧 '주님'과 그의 사도들 말씀의 상이한 판본들이 형성되었음이 분명하다. 그리고 처음부터 그리스도교 공동체들 내에서 발생한 열띤 투쟁들을 볼 때 이 상이한 판본들은 처음부터 객관적인 역사를 위해서라기보다는 논쟁에 써 먹기 위해서 제시되었다는 것이 분명하며 나중에야 기록이 되고 복음서들로 편집되었다. 논쟁의 목적이란 무엇보다도 나중의 필사자들과 개정자들이 여기서 불편한 문장을 빼내고 저기서 추가하여 이것을 모두 그리스도 내지는 그의 사도들이 이런저런 견해를 지지했다는 데 대한 증거로 삼도록 영감과 동기를 준 것이기도 했다. 우리는 복음서들을 검증하는 모든 단계에서 이런 논쟁적 경향과 마주친다.

그러나 그리스도인들은 금세 자신들의 필요에 따라 이런 식으로 그들 자신의 성스러운 경전을 허위와 날조에 의해 다듬는 것으로는 만족하지 못했다. 그리스도인들 중에 그리스도교 문헌 바깥에 있는 저명한 저자들의 증언에 어떤 가치를 부여하기 시작할 만큼 학식을 갖춘 분자들이 생기자마자 그리고 이 학식 있는 그리스도인들에 맞추어 위조된 사본이 꾸며지도록 애를 써서 그들이 이것을 기쁘게 받아들여 유포하도록 하게 할 만한 가치가 있을 정도로 그들의 수가 충분히 많아지자마자, 다른 '이교도' 저자들의 저술에도 이를 모방하려는 충동을 일으키지 않기에는 이 방법은 너무 손쉬웠다. 이 위조물의 다수가 오늘날까지 전해 온다.

우리는 이미 예수에 관한 요세푸스의 증언을 그러한 위조물의 하나로 언급했다. 타키투스의 동시대인으로서 그와 나란히 그리스도인들을 언급한 그 다음 저자는 조카 플리니우스이다. 그는 비티니아의 지방장관으로서(필시 111년에서 113년 사이) 트라야누스에게 그들에 관한 편지를 한 통 보냈으며 이것은 그의 서신집에서 우리에게 전해 온다.(C. Plinii Caecilii Epistolarum libri decem, X. Buch, 97. Brief) 거기서 플리니우스는 자신의 속주에 있는 그리스도인들을 어떻게 할지에 대해 묻는다. 그들에 관해 자기는 좋은 일밖에 경험하지 못했다고 하며, 그러나 그들이 사원들을 텅 비게 만들고 있다는 것이다. 그리스도인들이 무해하다는 이런 생각은 그의 친구 타키투스의 관점과는 잘 맞지 않는다. 타키투스는 그들의 온 인류에 대한 증오심을 강조했던 것이다. 트라야누스의 시대에 그리스도교가 그렇게 널리 퍼져서 비티니아의 사원들을 비게 할 정도였다는 것도 똑같이 놀라운 일이다. 비티니아는 "이미 완전히 황폐화되었고, 그들의 예배는 오랫동안 방치되었고 그들의 희생용 짐승들은 거의 사가는 사람이 없었던 것이다." 이러한 사실들이 주의를 끌었을 것이라고 생각해야 한다. 마치 베를린에서 투표로 사회민주당의 표만 나왔더라면 그랬을 것처럼 세상이 전반적으로 시끄러웠을 것임은 분명하다. 그러나 플리니우스의 고발을 통해서 그리스도인들의 존재를 처음으로 알게 된다. 이런저런 이유에서 이 서신이 그리스도인의 위조물이라는 추측이 가능하다. 이미 1788년에 제믈러(Semler)는 플리니우스의 전체 서신이 그리스도교에 영광을 돌리기 위해 후기의 그리스도인이 날조한 것이라고 가정했다. 다른 한편으로 브루노 바우어는 그 서신이 플리니우스의 것이라고 생각한다. 그러나 원래는 그리스도인들에게 별로 칭찬하는 소리가 아니었다고 보며 나중에 그리스도인 필사자에 의해 적당히 '편집' 되었다고 생각한다.

위조물은 게르만의 야만인들이 대이동 중에 로마 제국에 흘러들어 왔을 때 훨씬 더 대담해졌다. 세계의 새로운 주인들은 소박한 농민들이었으며, 농민다운 민첩함을 확실히 가졌고 그들이 이해하는 모든 일에서 충분히 침착하고 영리했다. 농민들은 소박함에도 불구하고 그들은 옛 문화의 계승자들보다 기적에 덜 굶주렸고 덜 경솔히 믿는다는 것이 입증되었다. 그러나 읽기와 쓰기는 그들에게는 미지의 기술이었다. 이것들은 그리스도교 성직자들의 특권이 되었다. 이제 성직자들만이 교육받은 계급을 대표했다. 이제 더 이상 교회의 이익을 위해 그들이 한 위조 행위에 대한 어떠한 비판도 두려워할 필요가 없었고, 날조 행위는 이전보다 더욱 성행했다. 성직자들은 그런 짓을 마음대로 했다. 날조는 더 이상 그들이 그때까지 해 온 것처럼 교리의 영역에 국한되지 않았다. 그것들은 단지 이론적·전술적 혹은 조직상의 투쟁에서 승리하는 것만을 목표로 삼은 것이 아니라, 이익의 원천 내지는 행헤진 재산 취득 정당화의 법적인 원천이 되었다. 이런 허위문서 중에 가장 엄청난 것은 아마도 콘스탄티누스의 증여문서와 위(僞) 이시도르 교령집이었을 것이다. 이 둘은 모두 8세기에 위조되었다. 첫 번째 문서에서 콘스탄티누스(306-377년)는 교황들에게 이탈리아의 로마와 서양의 모든 속주들에 대한 절대적이고 영구적인 통치권을 넘겨준다. 위(僞) 이시도르 교령집은 7세기 초에 스페인인 주교 이시도르에 의해 편찬되었다고 하며 교회법들을 집대성한 것이다. 이는 교회에서 교황들의 독재적 통치권을 강화하는 것이었다.

그리스도교 발생의 역사가 오늘날까지도 암흑 속에 놓여 있다면, 우리는 그것을 적어도 이 수많은 위조문서 탓으로 돌릴 필요는 없다. 이러한 수많은 위작들은 오늘날까지 그토록 모호한 그리스도교 기원의 역사를 편찬하는 데서 주요한 인자들 중 하나이다. 이 문서들 중 다수는 위조된 것을 알아내기가 쉽다. 많은 것들이 수 세기 전에 드러났다. 예를 들어서 라우렌티우스 발라(Laurentius Valla)는 콘스탄티누스의 증여문서가 허위임을 1440년에 일찍이 증명했다. 그러나 위조문서에 숨겨진 진리의 핵심이 있는지를 알아내는 것과 그것을 들추어내는 것은 그렇게 쉽지 않다.

우리가 여기서 그려야 하는 것은 결코 우아한 그림이 아니다. 정치와 경제 어느 구석이나 다 썩어 갔고 그와 함께 과학적 · 도덕적으로도 썩었던 것이다. 옛 로마인과 그리스인들은 '덕'을 가장 고귀한 가치로 여겼으며 인간다움의 완전하고 조화로운 발달로 간주했다. 비르투스(Virtus)와 아레테(arete)는 용기와 불굴의 정신을 나타내지만 또한 남자다운 자부심, 희생정신, 공동체에 대한 사심 없는 헌신도 뜻한다. 그러나 사회가 노예제 속에서 아래로 침몰할수록 비굴함이 더욱더 최고의 덕으로 되었고, 그로부터 그리고 그와 함께 온갖 어여쁜 특성들이 발달하는 것을 우리는 목격했다. 공동체에서 멀어짐, 자신의 자아에의 국한, 소심, 자신감의 결여, 자신의 힘이나 자기 계층의 힘이 아닌 황제나 신에 의한 구원에의 갈망, 위에 있는 자들을 향한 자신을 낮춤, 낮은 자들을 향한 성직자들의 오만, 권태와 염세 그리고 동시에 자극적인 것과 기적을 향한 열정 · 아첨 · 거짓말 · 위조와 함께 과장과 환희가 그런 것들이다. 이는 제정 시대가 우리에게 제시하는 그림이며, 그런 면모들을 그 시대의 산물인 그리스도교가 반영한다.

## 인간미

그러나 이 묘사는 일면적이고 따라서 진실이 아니라고 그리스도교의 옹호자들은 말할 것이다. 그리스도인들도 인간일 뿐이며, 그들을 타락시키는 환경의 영향을 피할 수 없었다는 것은 사실이다. 그러나 그것은 그리스도교의 한 측면에 불과하다. 또 다른 측면에서 우리는 또한 그것이 고대의 도덕성을 훨씬 능가하는 도덕성, 낮은 자이든 높은 자이든 외국인이든 같은 동향 사람이든 적이든 친구든 인간의 모습을 한 모든 것에 확장되는 고귀한 인간미, 한없는 자비심을 발달시킨다는 것, 그것은 모든 계층과 인종의 형제 됨을 설교한다는 것을 발견한다. 이 도덕성은 그리스도교가 생겨난 시대에 의해 설명될 수는 없다. 그것이 심각한 도덕적 퇴폐의 시대에 가르쳐졌다는 사실 때문에 더욱 놀랄 만하다. 여기서 역사적 유물론이 붕괴하며, 여기서 우리는 공간과 시간의 조건을 뛰어넘는 한 사람, 한 신적인 인간, 혹은 현대적 전문용어를 쓴다면 초인의 고상함으로만 설명이 되는 현상을 보게 된다.

우리의 '관념론자들'이 그런 식으로 말한다.

그것이 사실들과 어떻게 부합하는가? 첫째, 가난한 자들에 대한 선행, 노예들에 대한 인간애가 있었다. 이 두 현상은 정말로 그리스도교에만 고유한 것이었는가? 우리가 고전적 고대에 많은 선행을 빌견하지 못한다는 것은 사실이다. 그 이유는 아주 단순하다. 선행은 큰 규모의 현상으로서의 빈곤을 전제로 한다. 그러나 고대의 정신생활은 공산주의적 조건에, 마르크공동체, 자치공동체, 가구의 공유 재산에 뿌리를 두며 이는 그 구성원들에게 생산물과 생산 수단에 대한 공동의 권리를 주었다. 자선을 베풀 기회는 드물었다.

우리는 환대(歡待, Gastfreundschaft)와 선행을 혼동해서는 안 된다. 환대는 고대에 보편적인 관습이었다. 그러나 그것은 동등자 간의 관계를 나타내는 반면에 선행은 사회적 불평등을 전제로 한다. 환대는 손님과 주인을 모두 기쁘게 한다. 선행은 그것을 베푸는 자를 올려 주고 그것을 받는 자를 낮추고 굴욕을 느끼게 한다.

역사의 경로에서 우리가 살펴본 것처럼 대중 프롤레타리아 계층은 몇몇 대도시에 형성되기 시작했다. 그러나 이 집단은 정치력을 보유했거나 획득했으며 그것을 노예 노동과 속주들의 약탈로부터 부자들과 국가에게 오는 향락 수단 중의 몫을 차지하는 데 사용했다. 민주주의와 그들의 정치 능력에 힘입어 이 프롤레타리아들도 선행을 필요로 하지 않았다. 선행은 대중의 가난만이 아니라 프롤레타리아 계층에서 정치적 권리와 힘이 부재한 것도 전제로 하는 것이다. 그리고 이런 조건들은 제정 시대에 비로소 어느 정도 큰 규모로 생겨났다. 그때서야 선행의 개념이 로마 사회에 퍼지기 시작한 것도 놀라운 일이 아니다. 그러나 그것은 그리스도교의 어떤 초자연적인 높은 도덕성에서 나온 것이 아니다.

황제들은 그들의 통치 초기에 군대뿐 아니라 수도의 프롤레타리아 계층도 빵과 원형경기장으로 매수해 두는 것이 좋다는 것을 알아냈다. 속주들의 여러 대도시들에서도 이런 식으로 하층민들을 조용하게 만들기 위한 노력이 경주되었다.

이것은 오래 지속되지 못했다. 사회가 점점 가난해짐에 따라 정부 지출은 삭감되어야 했으며, 황제들은 자연스럽게 그들이 더 이상 두려워하지 않던 프롤레타리아들에게 예산 삭감을 시작했다. 거기에 점증하는 노동력 부족을 해소해 주려는 희망도 작용하고 있었다. 빵이 더 이상 분배되지 않으면 일할 능력이 있는 프롤레타리아들은 일을 찾아 나서야 했고 대지주들에게 콜로누스로서, 세습 소작인으로서 고용살이를 해야 했다.

그러나 이제 바로 노동력에 대한 필요가 새로운 형태의 빈곤층 부조를 생겨나게 했다.

황제 치하에서 모든 옛 사회조직들은 해체되었다. 마르크공동체만이 아니라 가구들과 대가족들도 해체되었다. 모든 사람은 자기 자신만을 생각했다. 친인척 관계는 정치적 관계와 함께 좌초되었다. 친척들을 위한 희생정신은 자치공동체와 국가를 위한 희생정신과 마찬가지로 사라졌다. 고아들이 특히 고통을 겪었다. 부모가 없는 그 아이들은 이제 세상에서 무방비 상태였으며, 아무도 그들을 맞아들이지 않았다. 무의탁 어린이들의 수는 모두가 가난해지고 자기희생이 줄어들면서 사람들이 점차 가족의 부담에서 벗어나려는 경향을 보임에 따라 더욱더 늘어났다. 어떤 이들은 독신으로 남아서 성매매에 의존하며 생계를 해결해 나갔다. 남성 성매매가 엄청나게 번창했다. 다른 이들은 최소한 결혼을 해서도 아이 갖기를 회피하려고 했다. 이런 방편들은 당연히 인구 감소, 노동력 부족 그리고 또 다시 사회적 빈곤화에 크게 기여했다. 아이를 가진 이들 다수는 아이들을 방치하여 죽이는 것이 가장 편리한 일임을 발견했다. 이런 악명 높은 관행은 큰 규모로 성행했다. 아무리 금지를 해도 소용이 없었다. 그래서 한편으로는 무의탁 어린이들을 돌보고 또 한편으로는 부모가 있는 빈민의 자녀들을 돌보는 일이 점점 더 시급한 문제가 되었다. 이런 일들은 다분히 초기 그리스도인들의 일이기도 했다. 고아들을 돌보는 일은 그들의 끊임없는 관심사였다. 동정심만이 아니라 노동자와 군인에 대한 필요도 고아들과 버려진 아이들, 프롤레타리아의 자녀들의 양육을 보장하는 데 기여했다.

아우구스토의 시대에도 우리는 이런 방향의 노력들을 발견한다. 서기 2세기에 이런 노력들은 실제적인 형태를 갖추게 되었다. 네르바 황제와 트라야누스 황제는 이탈리아에서 처음으로 다양한 자산들을 국가가 매입하고 이를 다시 임대하거나 혹은 보증금을 받고 임대하는 형태로 자선기관들을 설립한 최초의 황제들이다. 임대료와 보증금 이자 수입은 가난한 아이들, 특히 고아들의 양육에 쓰인 것이었다.*

하드리아누스는 즉위 시에 곧바로 트라야누스 황제 때 5천 명의 아이들을 수용하도록 만들어진 이 기관을 확대하였다. 나중의 황제들은 거기서 더 나아갔다. 이러한 국가의 자선활동과 동시에 자치체의 자선활동도 생겨났다. 민간의 자선활동은 그보다 앞선다. 우리가 아는 가장 오래된 사설 고아원은 아우구스토 시대로부터 비롯된다. 전임 집정관인 엘비우

---

* B. Matthias, Romische Alimentarinstitutionen und Agrarwirtschaft, Jahrbuch für Nationalökonomie und Statistik, 1885, VI, S. 503f. 참조

스 바실라(Helvius Basila)는 라티움의 아티나 시민들에게 8만8천 마르크를 유산으로 남겨 주어 아이들에게, 유감스럽게도 그 아이들의 수는 알려지지 않지만, 빵을 제공하도록 했다.* 트라야누스 시대 무렵에는 그런 기관들이 여럿 언급된다. 타라시나(Tarracina)의 카엘리아 마크리나(Caelia Macrina)라는 한 부유한 부인은 자기 아들이 죽었는데 1백만 세스테르티우스(20만 마르크가 넘음)를 기부하여 1백 명의 소년과 1백 명의 소녀가 그 이자로 부양을 받을 수 있도록 했다. 97년도에 조카 플리니우스는 그의 고향 도시 코뭄(지금의 코모)에 고아원을 세워 50만 세스테르티우스에 달하는 연간 부동산 수입이 가난한 아이들의 부양에 바쳐지도록 했다. 그는 학교, 도서관 등을 세웠다.

그러나 이 모든 기관들로도 제국의 인구 감소를 막기에는 물론 역부족이었다. 그것은 경제적 조건에 깊이 그 기초를 두고 있었으며, 경제의 쇠퇴와 함께 심화돼 갔다. 일반의 빈곤화는 결국 아이들의 돌봄을 지속할 수단을 빼앗아 갔다. 국가와 함께 자선기관들은 파산했다.

뮐러(Müller)는 이런 전개에 대해 다음과 같이 보고한다.

"그들의 존재는 거의 180년을 지속한다. 하드리아누스는 아이들이 잘 보살펴지게 하는 데 주의를 기울였다. 안토니누스 피우스는 이 목적을 위해 더 많은 돈을 확보했다. 이 소년, 소녀들에 의해 피세눔(Picenum)의 한 도시 쿠프라몬타나에 145년에 그를 기리는 공덕비가 세워졌으며, 161년에는 움브리아에 있는 세스티눔의 어린이들에 의해 세워졌다. 같은 분야에서 마르쿠스 아우렐리우스의 활동을 입증하는 것으로서 라티움의 피쿨레아

---

* A. Müller, *Jugendfürsorge in der römischen Kaiserzeit*, 1903, S. 21.

(Ficulea)로부터 비슷한 공덕비의 헌정이 있었다. 그가 치세하던 처음 몇 년 동안은 이 기관이 그 절정에 달했던 것 같다. 그리고 나서 그것은 제국의 딱한 처지와 더불어 가파르게 내리막길을 걸었다. 그의 계속되는 군사적 필요는 그로 하여금 왕관의 보석, 장신구, 기타 값나가는 것들을 경매에 붙이게 할 정도였는데 그 결과 그는 기관들의 자본금을 끌어들여서 그 이자의 지불을 정부 금고에서 하도록 했던 것 같다. 그러나 콤모두스 치하에서 금고는 9년 동안이나 채무를 이행하지 못했고 페르티낙스(Pertinax)는 연체금을 지불할 수가 없어서 그것을 취소해야 했다. 그러나 기관들의 형편은 나중에 개선된 것으로 보인다. 3세기 말에도 한 공직자가 있어서 이 기관들이 있음을 말해 주고 있다. 그러나 그것으로 끝이다. 콘스탄티누스 치하에서는 더 이상 존재하지 않았다." *

빈곤의 증대는 자선기관들을 파멸시켰으나 자비의 관념은 파멸시키지 못했다. 이는 궁핍이 커져 감에 따라 함께 자라났다. 이 관념은 결코 그리스도교만의 것은 아니다. 그리스도교는 자비의 관념을 그 시대와 공유하였으며, 그 시대는 도덕적 고양에 의해서가 아니라 경제적 쇠퇴에 의해 그리로 이끌렸다.

선행 그리고 그에 대한 존경의 정신과 함께 매력적이지 않은 품성도 한 가지 생겨났는데 이는 자기가 베푼 적선을 자랑하는 것이다. 한 예는 방금 언급한 플리니우스이다. 우리는 그의 자선기관에 관하여 오직 그의 말을 통해서만 안다. 그는 출판할 목적으로 쓴 저술들에서 그것들에 대해 장황하게 기술했다. 플리니우스가 자기의 감흥들을 어떻게 떠들고 다녔

---

* A. a. O., S. 7, 8.

는지 그리고 그가 자신의 고상함에 대해 어떤 경탄을 하는지를 볼 때, 그것은 로마 제국 '황금시대', 그레고로비우스가 그의 대부분의 동료들과 함께 그렇게 부른 것같이* 그 가장 행복한 시대의 윤리적 위대성의 증거물로 보이지는 않으며, 오히려 그 시기의 허망한 경망스러움의 증거이자 성직자의 교만과 신실한 위선에 대한 교훈적인 부가물로 생각될 뿐이다.

우리가 아는 바로, 니부르(Barthold Georg Niebuhr, 1776-1831. 독일의 정치인, 역사가 - 옮긴이)는 플리니우스의 '유치한 허영심'과 '창피한 저속함'을 나무라면서 그를 몹시 날카롭게 비평했다.**

노예들에 대한 인간적인 대우는 그리스도교에 특징적인 또 하나의 품성으로 생각되는 것인데 이에 관해서도 선행의 경우와 사정은 꼭 같다.

우선 언급되어야 할 것은 그리스도교가 최소한 그것이 공식적 종교로 된 형태에 있어서는 결코 원칙적으로 노예제에 반대한다는 생각을 갖지 않았다는 것이다. 그리스도교는 노예제도의 지양을 위해 조금도 노력하지 않았다. 그리스도교 아래서 금전적 이익을 위해 노예들을 착취하는 것이 종결되었다면, 이는 어떤 종교적 관념과도 관련이 없는 이유들에서였다. 우리는 이미 그 이유들을 살펴보았다. 기본적인 이유는 로마의 군사적 몰락이었다. 이는 값싼 노예의 공급을 차단시켰고 노예들을 쥐어짜는 것이 더 이상 이익이 되지 못하게 했다. 사치를 위한 노예제는 그럼에도 불구하고 로마 제국보다도 오래갔다. 사실상 그리스도교와 더불어 로마 세계에는 새로운 종류의 노예들이 생겨났다. 내시들이었다. 그들은 콘스탄티누스 이래로 그리스도인 황제들 치하에서 큰 역할을 담당했다. 우리는 이미 네로의 부친인 클라우디우스의 궁전에서도 그들을 발견한다.

---

* *Der Kaiser Hadrian*, 1884.
** *Römische Geschichte*, 1845, V, S. 312.

(Suetonius, *Tiberius Claudius Drusus*, Kaps.18, 44)

노예제를 끝낸다는 생각은 자유 신분의 프롤레타리아들에게 결코 떠오르지 않았다. 그들은 스스로는 아무 일도 하지 않고 부자들과 정부를 짜내서 자신들의 운명을 향상시키려고 했으며, 이는 오직 노예들을 착취함으로써만 가능했다.

아리스토파네스가 그의 저서 『여성집회』(*Ecclesiazusen*)에서 조롱하는, 미래의 공산주의 국가에서 노예제가 계속된다는 것은 중요하다. 부자와 가난한 자의 구분은 사라지지만 이는 오직 자유민에게서만이다. 그들에게는 모든 것이 공유재산이 된다. 이에는 생산을 수행하는 노예들도 포함된다. 이것은 익살일 뿐이지만 고대인들이 생각하는 방식을 정확히 반영한 것이다.

우리는 기원전 4세기부터 전해 오는, 아티카가 번영했던 이유들에 관한 소책자에서 비슷한 관념들을 발견한다. 이는 앞서 인용한 바 있는 푈만이 아티카의 역사에서 언급하는 것이다.

푈만이 표현하듯이 이 소책자는 "국가의 공공경제를 교통과 생산의 목적을 위해 크게 확장할 것"을 요구한다. 무엇보다도 은 광산을 위한 노예들을 정부가 구매할 것을 요구한다. 이런 정부 노예들의 수는 결국 시민 한 사람당 세 명의 노예가 있을 때까지 증가해야 한다는 것이다. 그리해야 국가는 시민 각 사람에게 최소한 최저 생계를 보장할 수가 있다는 것이다.*

푈만 교수는 이 그럴듯한 제안이 집산주의적 급진주의와 민주적 사회주의에 전형적인 것으로서 이는 프롤레타리아 계층의 이익을 위해 모든

---

* Pöhlmann, *Geschichte des Antiken Kommunismus*, II, S. 252f.

생산 수단을 국유화하려고 하는 것이라고 본다. 실제로 그것은 고대 프롤레타리아 계층의 특성과 그 계층이 노예제를 유지하는 데 가진 이해관계를 전형적으로 보여주는 것이다. 그러나 필만이 그렇게 파악한 것은 부르주아 학계의 몰지각성을 전형적으로 보여준다. 이들에게는 재산의 어떠한 국유화도, 심지어 인간에 대한 재산권을 국유화하는 것도 '집산주의'이며 프롤레타리아 계층의 이익을 위한 모든 조치는 이 프롤레타리아 계층이 착취자에 속하건 피착취자에 속하건 상관없이 '민주적 사회주의'인 것이다.

로마의 프롤레타리아들의 혁명운동 어디에서도 인신재산 소유에 대한 원칙적 반대를 찾아볼 수 없는 것도 노예제도에 관한 프롤레타리아들의 이해관계에 부합한다. 따라서 우리는 경우에 따라서 노예들조차 프롤레타리아의 봉기를 진압하려는 태세를 갖춘 것을 발견하게 된다. 귀족들의 지휘를 받아 카이우스 그락쿠스의 프롤레타리아 운동에 치명적 타격을 가한 것이 노예들이었다. 50년 뒤에 로마의 프롤레타리아들은 마르쿠스 크라수스의 지도하에 스파르타쿠스가 이끈 반란을 일으킨 노예들을 진압했다.

아무도 노예제의 일반적 폐지를 진지하게 생각하지 않았지만, 그러나 노예들이 다루어지는 방식은 다른 문제였다. 여기서 인정해야 할 것은 그리스도교 아래서 노예에 대한 태도가 훨씬 더 인간적으로 되었고 노예들의 인권이 인정되게 되었으며, 이는 제국 초기의 노예들의 비참한 상태와 극명한 대조가 된다는 것이다. 제국 초기에는 우리가 살펴본 것처럼 노예의 육신과 생명은 그의 주인의 마음에 달려 있었고 그 주인은 자신의 권한을 극히 잔혹하게 행사하는 일이 흔했다.

그리스도교가 노예들에 대한 이런 식의 처우에 결연히 반대했다는 것은 확실하다. 그러나 그렇다고 해서 그리스도교가 그 시대의 정신에 반대로 나갔다거나, 그리스도교만이 노예들을 옹호했다는 말은 아니다.

어느 계급이 노예들에 대한 무제한적인 남용과 살해의 권리를 주장했는가? 당연히 부유한 지주계급, 특히 귀족계층이었다.

그러나 민주정치의 평민들은 노예를 소유하지 않아서 노예들을 혹사할 권리에 대해 대량의 노예 소유자들과 이해관계가 동일하지 않았다. 아무튼 역시 노예를 보유한 소농계층 혹은 이 계층의 전통이 로마 사람들에게 지배적이던 한에서는, 그들은 노예들을 편들어 줄 아무런 절박성도 느끼지 않았다.

점차적으로 여론이 반대로 형성되어 갔다. 이는 도덕성이 고상해져서가 아니라 로마 프롤레타리아 계층의 구성이 달라졌기 때문이었다. 자유민으로 태어난 로마인들, 특히 소농계층은 점점 수가 줄어들고, 면천된 노예들은 로마 시민권도 있었는데 그 수가 엄청나게 늘어나서 제국 시대에 결국 로마 인구의 다수를 차지하게 되었다. 노예 해방에는 여러 이유들이 있었다. 사람들이 점점 결혼과 자녀의 부담을 두려워하던 그 시대에는 흔한 경우로서 자식이 없던 많은 사람들은 마음 내키는 대로 혹은 친절에 의해 자기 유언장에 한 구절을 넣어서 죽은 후에는 자기 노예들을 해방하게 되었다. 개별 노예가 주인의 생전에 특별한 봉사에 대한 상으로 혹은 허영심으로 풀려나는 경우도 흔했다. 왜냐하면 많은 노예를 해방한 사람은 부유하다는 명성을 얻었기 때문이었다. 다른 노예들은 정치적 고려에 따라 해방되었다. 대부분의 경우에 면천인은 머슴으로서 그의 주인에게 의존하는 상태에 남아 있으면서 정치적 권리는 보유했기 때문이었다. 그렇게 하여 면천인은 자기 주인의 정치적 영향력을 증대했던 것이다. 끝으로 노예들은 저축을 하여 자신의 자유신분을 사는 것이 허용될 수 있었다. 그리고 많은 주인들은 골병이 들도록 부려먹은 노예에게 체력이 강한 신선한 노예를 사들일 만한 값을 치르고 자유신분을 사도록 하여 이문이 남는 장사를 했다.

인구 중 노예들의 수가 증가함에 따라 면천인의 수도 증가했다. 자유신분의 프롤레타리아 계층은 농민보다는 노예계층에서 더 많이 충원되었으며 이들은 노예를 소유한 귀족층에 정치적으로 반대 입장을 가졌다. 이들로부터 그토록 구미에 당기는 경제적 이익을 가져다줄 수 있는 정치적 권리와 정치적 세력을 쟁취해 내고 싶었던 것이다. 인간 역축(役畜)들에 대한 노예 소유자들의 과도한 처우가 절정에 달하던 바로 그 시기에 노예들과의 동료적 감정이 로마 민주주의에서 싹트기 시작한 것도 놀라울 것이 없다.

같은 방향에서 또 하나의 사정이 있었다.

황제들이 권좌에 오를 때 그들의 집안은 모든 로마 귀족들의 집안처럼 노예들과 면천인 머슴들에 의해 운영되었다. 로마인들이 아무리 깊이 추락했어도, 자유민 태생의 시민은 동료 시민 중 최고의 세도가에게라도 인적인 봉사를 하는 지위로 전락하는 것은 자신의 존엄성에 저촉되는 일로 받아들였다. 그러나 황제들의 집안은 황궁이 되었고 그들의 종복들은 황궁의 공직자들이 되어 이들은 공화국 시대로부터 전해 오는 기구와 병렬하여 새로운 행정 기구를 형성하기 시작했다. 실제로 국가의 사업을 돌보고 나라를 다스리는 일을 점점 더 맡게 된 것은 새로운 정부였으며, 반면에 공화국 시대부터 전승되어 온 관직들은 점점 허영심만 충족시키고 실권은 없는 공허한 직함이 되어 갔다.

황제의 궁전 노예들과 면천인들은 세계의 통치자들이 되었으며, 착복과 갈취, 뇌물로 세계에서 가장 성공적인 착취자들이 되었다. 프리틀랜더(Friedländer)의 탁월한 저서인 『제정 로마 시대의 도덕사』(*Sittengeschichte des kaiserlichen Rom*)는 이미 여러 번 언급한 바 있는 자료로서 다음과 같이 말한다.

"그들의 특권적 지위 때문에 그들에게로 온 부는 그들의 힘의 주된 원천이었다. 면천인들의 풍족함이 유명하던 시대에 황제의 이 종복들과 견줄 수 있었던 자들은 확실히 없었다. 나르시수스는 4억 세스테르티우스(8천7백만 마르크)를 소유했는데 이는 고대에 알려진 가장 큰 재산이었다. 팔라스는 3억 세스테르티우스(65¼백만 마르크)를 소유했고, 칼리스투스, 에파프로디투스, 도리포루스 등 기타 사람들도 그보다 과히 적지 않은 금고를 보유했다. 클라우디우스 황제가 황실 금고의 고갈에 관해 불평했을 때, 로마에서는 그가 만약 그의 두 면천인인 나르시수스와 팔라스에 의해 동업 관계에 받아들여진다면 충분한 액수 이상을 얻게 될 것이라는 말이 돌았다."

사실상 여러 황제들의 실제 소득원 중 하나는 부유한 노예들과 면천인들에게 그들의 사취물과 갈취물 수입을 같이 나누도록 강제하는 것이었다.

"황제의 면천인은 아주 많은 돈을 소유하여 그 자부심과 위용에서 로마의 고관들 수준을 능가했다. 그들의 궁전은 로마에서 가장 화려했다. 유베날리스(Juvenalis)는 (클라우디우스의) 내시 포시데스의 궁전이 의사당보다 화려했다고 말한다. 땅에서 나는 최고로 희귀하고 가장 값비싼 물건들이 그곳을 사치스럽게 장식하여 채우고 있었다. 그러나 황실의 면천인들은 로마와 왕조의 다른 도시들을 화려한 공공용도의 건물들로 치장했다. 콤모두스의 권세 있는 면천인인 클레안더는 그의 엄청난 재산의 일부를 가옥들과 목욕탕, 그 밖에도 개인들에게나 도시 전체에게나 유익한 건물들을 짓는 데 바쳤다."

많은 노예 및 해방된 노예들의 융성은 옛 토지 보유 귀족계층의 재정적 몰락에 비할 때 더욱더 두드러져 보였다. 이는 오늘날 유태인 금융귀족계충의 상승과 유사한 장면을 연출했다. 그리고 오늘날 파산한 세습귀족계층이 부유한 유태인들을 마음속으로 증오하고 멸시하면서도 필요할 때는 그들에게 아첨하는 것과 꼭같이 황실의 노예와 면천인들과의 관계에서도 그러했다.

"오래된 유명한 가문의 애송이들이기도 한 로마의 최고위 귀족계층은 혐오하던 줄기에서 나온 자들, 종놈의 수치로 지울 수 없는 때가 묻은 자들, 그리고 한 가지 이상의 측면에서 법적으로 자유신분 태생의 거지보다 낮은 자들인 그들을 아무리 뿌리 깊게 경멸하고 혐오했더라도, 이 막강한 권한을 가진 황제의 시종들에게 영예를 돌리고 환심을 사는 일에 경쟁했다."

외적으로는 황제의 종복들의 지위는 아주 보잘것없었으며 높은 신분 태생의 관직 보유자에게 완전히 종속적이었다.

"실제로는 그 관계가 전혀 달랐으며 그 정반대인 경우도 흔했다. 그리고 철저히 멸시되던 '노예'는 자유민과 귀족들이 자신들을 찬양하고 자신들을 복 있다고 부르는 것을 보는 만족감, 로마의 최고 거두들이 자신들 앞에 몸을 낮추도록 만드는 만족감을 누렸다. 그들을 감히 시종으로 취급하는 자들은 별로 없었다.… 속보이는 아첨의 형태로 팔라스의 족보가 만들어졌다. 이 족보는 같은 이름을 가진 아카디아 왕에게까지 그의 조상 혈통을 거슬러 올라간다. 그리고 스키피오 가문의 한 후예는 원로원에서 왕실 가문의 이 자손이 그의 오래전부터 전해 오는 귀족신분보다 국가의 이익을 앞세우고 군주의 시종이 되어 준 데 대하여 치하의 성명을 할 것을 제안했다. 집정관 중 한 사람의 동의로 (서기 52년) 집정관의 문장과 상당한 금품(1500만 세스테르티우스)이 그에게 수여되었다."

팔라스는 집정관 문장(紋章)만을 받아들였다. 이에 대하여 원로원은 팔라스에게 감사를 표시한다는 결의안을 투표로 통과시켰다.

"이 칙령은 갑옷을 입은 율리우스 카이사르의 상 바로 옆의 놋판에 새겨졌으며, 3억 세스테르티우스의 소유자는 엄격한 멸사봉공의 모범으로 칭송되었다. L. 비텔리우스(Vitellius)는 같은 이름의 황제의 아버지로서 아주 지위가 높고 그 당시에도 경악을 유발한 겸손한 행동의 명수였던 사람인데 팔라스와 나르시수스의 금제 인물상들을 그의 집안 신들 가운데 넣어서 모셨다."

"그러나 이런 전직 노예들의 지위를 그 무엇보다도 잘 보여준 것은 그들이 귀족가문, 심지어는 황제와 관련된 집안의 딸들을 신부로 집에 데려올 수 있었다는 사실이다. 그리고 이는 귀족계층의 옛 시조와 귀족 조상들로 이어져 온 긴 혈통에 대한 자부심이 대단했던 시대의 일이다." *

이런 식으로 로마 시민들은 세계의 주인들이면서, 노예들 그리고 한때 노예였던 자들의 지배를 받게 되었고 그들 앞에 머리를 조아렸다.

이것이 노예제 일반에 대한 그 시대의 태도에 얼마나 엄청난 영향을 주었을지는 명확하다. 귀족들은 자신들이 어떤 노예 앞에서 머리를 조아려야 했고, 민중이 그 노예를 존경하게 되고 그 노예 자신도 자기의 힘을 느끼기 시작할수록 더욱더 노예들을 증오했을 수 있다.

게다가 전제주의가 민주주의의 투쟁에서 전면에 등장했다. 민주주의 자체가 노예 대량 소유자들인 귀족계층에 대항하는 전직 노예들로 대부분 이루어진 것이었다. 노예 소유자들은 무산대중들처럼 매수하기가 쉽

---

* Friedländer, *Sittengeschichte Roms*, I, S. 42–47.

지 않았으며 국가권력에 대한 유일하게 언급할 만한 경쟁자를 이루었다. 국가권력은 새로 등장하는 황제들이 차지했다. 노예의 대량 소유자들은 제국 내에서, 반대파라는 것을 말할 수 있었던 한에서는, 공화주의적 반대파를 이루었다. 한편 노예들과 면천인들은 황제의 가장 충직한 지지자들이었다.

이 모든 것의 결과로 프롤레타리아 계층에서만이 아니라 황실에서도 그리고 황실의 기조를 따르는 집단들에서도 노예들에 대한 호의적인 태도가 형성되었다. 이 태도는 궁정 철학자들과 프롤레타리아의 거리에서 외치는 설교자들에 의해 강하게 표명되었다.

그런 주장들을 인용할 겨를은 없으므로 여기서는 한 가지 독특한 사실만 보도하려고 한다: 폭군 네로가 노예들과 면천인들에게 보여준 호의가 그것이다. 이 때문에 그는 귀족층의 원로원과 끊임없이 다투었다. 원로원은 비록 특정한 권세 있는 면천인에게는 비굴했어도 일반적으로는 항상 노예들과 면천인에 대한 가장 엄격한 규제를 원했다. 그리하여 56년도에 원로원은 면천인의 전 주인에게 '무익'한 것으로 입증된, 즉 자기에게 충분히 노예적으로 복종하지 않는 면천인에게서 자유를 회수해 갈 권리를 줌으로써 면천인의 '교만'을 깨뜨리기를 갈망했다. 네로는 이 법안에 가장 격렬하게 반대했다. 그는 많은 기사와 심지어 원로원 의원들도 배출한 면천인의 계층이 얼마나 큰 중요성을 띠게 되었는지를 지적했고, 국민의 여러 계층들 간에 어떠한 차이가 있을지라도 자유는 모두의 공유재산이어야 한다는 옛 로마의 기본 원칙을 환기시켰다. 네로는 면천인들의 권리가 축소되어서는 안 된다는 역제안을 제출했으며 겁이 많은 원로원으로 하여금 그것을 받아들이도록 강압했다.

상황은 61년도에 더 어려웠다. 임명직 시장인 페다니우스 세쿤두스(Pedanius Secundus)가 그의 노예들 중 한 사람에 의해 살해되었다. 옛 귀족정치의 법에 따르면 그런 행위는 그에 대한 대속을 위해서는 살해의 시점에 집안에 있었던 모든 노예들을 처형하는 것이 필요했다. 이 경우에는 여자와 아이들을 포함해서 적어도 400명이 되었다. 여론은 더 가벼운 처분을 요구했다. 민중들은 노예들 편에 굳게 섰다. 원로원 자체도 일반의 태도에 의해 마음을 빼앗기는 것 같았다. 그때 카이우스 카시우스(Cajus Cassius)가 나섰다. 그는 원로원에서 공화주의적 반대파의 지도자였으며, 카이사르의 살해자들 중 한 사람의 자손이었다. 질풍 같은 연설에서 그는 원로원에게 겁을 먹고 위축되지 말고 관용에 자리를 양보하지 말라고 경고했다. 인간 말종들에게 재갈을 물릴 수 있는 것은 오직 두려움을 통해서일 뿐이라는 것이다. 이 선동자의 연설은 압도적인 효과를 지녔다. 원로원에서 아무도 그를 반박하지 못했다. 네로 자신도 겁을 집어먹었고 잠자코 있는 것이 상책이라고 생각했다. 그 노예들은 모두 처형되었다. 그러나 공화파 귀족들이 이 성공에 의기양양하여 원로원에서 처형된 노예들과 한 지붕 아래서 살았던 면천인들을 이탈리아에서 다른 곳으로 이주시키자는 의안을 들고 나왔을 때, 네로는 일어서서 비록 동정심과 연민이 옛 관습을 누그러뜨려서는 안 되지만 적어도 그것을 더 혹독하게 만들어서는 안 된다고 천명했다. 그래서 그 의안은 기각되었다.

네로는 또한 자기 사람을 심판관으로 두어 세네카가 우리에게 이야기해 주는 바와 같이 "노예들이 주인에 의해 가혹행위를 당한 사건들을 심문하고 주인들의 야수성과 변덕, 음식을 인색하게 공급하는 것에 한도를 두도록" 했다. 바로 이 황제는 검투사의 시합을 제한했고 때로는 쉐토니우스가 말하듯이, 그런 시합에서 어떤 검투사도 그가 비록 유죄 선고된 죄인일지라도 죽이지 못하게 했다.

비슷한 이야기가 티베리우스에 대해서도 있다. 방금 말한 사실들은 오늘날의 도덕적 혹은 정치적 기준으로 과거의 사람들을 재단하는 것을 일

삼는 도덕적 혹은 정치적 편향을 가지고 역사를 쓰는 것이 무익하다는 사실을 명확히 보여준다. 네로는 자신의 어머니와 아내를 죽인 살인자이면서도 노예들과 죄인들에게는 아량을 베풀어 목숨을 살려준다. 공화주의자들에 대항해서는 자유를 수호한 전제군주이고, 그리스도교의 성인들과 순교자들에게는 인도주의와 선행의 미덕을 실천한 미친 무뢰한인 그는 배고픈 자를 먹여주었고 목마른 자들에게 마실 것을 주었으며, 헐벗은 자를 입혔다. 로마의 프롤레타리아 계층에 대한 그의 군주다운 선행을 회상해 보라. 그는 가난한 자, 비참한 자의 편에 섰다. 이 역사적 인물은 그를 윤리적 기준으로 판단하려는 어떠한 시도도 좌절케 한다. 네로가 근본적으로 좋은 친구인지 아니면 악인인지, 아니면 오늘날 대부분이 그렇게 보는 것처럼 둘 다인지를 판단하려는 시도가 어렵고 무의미하기는 하지만, 네로와 그의 행동들, 우리가 동정하는 것들과 우리를 분개하게 만드는 것들을 그가 살던 시대와 그의 위치로부터 이해하기는 그만큼 쉽다.

황실과 프롤레타리아 계층 모두가 노예들에 대해 품었던 온정은 노예가 더 이상 값싼 상품이 아니었다는 것을 통하여 확고한 뒷받침을 얻은 것이 틀림없다. 이는 한편으로 극악한 야수성을 항상 재촉했던 노예노동의 측면, 즉 이윤을 위한 노예 착취의 종결을 가져왔다. 사치 노예제만이 남았는데 이는 언제나 더 부드러웠던 것이다. 노예들이 더 희소해지고 더 비싸짐에 따라 노예의 조기 사망으로 초래되는 손실은 더 커지고, 그를 대체하기란 더 어려워짐에 따라 사치 노예제는 더욱더 높이 부상했다.

같은 방향에 있는 마지막 요인은 도시인들을 유혈사태로부터 무서워 도망치게 한 병역 기피가 점점 늘어났다는 것이며, 끝으로 여러 도시들에는 모든 사람이 혈통의 구분 없이 동등하게 취급되어야 한다고 가르친, 그래서 민족적 차이와 반목을 소멸시킨 국제성이 있었다.

## 국제성

우리는 이미 세계의 교통이 로마 제국에서 어느 정도 발달했는지를 지적한 바 있다. 우수한 도로망이 로마와 속주들을 연결했으며, 속주들을 서로 연결했다. 상업교통은 공화국의 마지막 세기들을 채웠던 도시들과 국가들 상호간의 끊임없는 전쟁, 그리고 다음으로 내전들이 끝난 뒤에 제국 내에 존재했던 평화에 의해 촉진되었다. 그 덕택에 국가의 해상 무력은 완전히 해적들 소탕용으로만 사용될 수 있었다. 지중해의 해적질은 결코 완전히 끝난 일은 없었으나 이제는 종결되었다. 중량과 치수, 화폐 주조는 제국 전체에서 통일되었다. 이 요인들이야말로 제국의 다양한 부분들 간의 교류를 상당히 도와주었다.

이 교통은 주로는 사적인 일이었다. 우편 서비스는 최소한 사적인 서신들에 대해서는 잘 발달되지 않았으며, 누구든지 외지에 볼 일이 있으면 오늘날 그런 것보다 훨씬 더 빈번히 거기에 가서 그 일을 몸소 해야 했다.

이 모두는 지중해를 둘러싼 민족들을 서로 더 가까워지게 했고 그들의 특색을 점점 더 갈아 없앴다. 물론 아직은 전체 제국이 완전히 동질적인 일체를 형성하는 데 도달한 것은 아니었다. 두 개의 반쪽은 언제나 구별될 수 있었다. 서편의 로마화된 라틴어를 쓰는 반쪽과 동편의 헬라화된 그리스어를 쓰는 반쪽이 그들이었다. 세계를 지배하는 로마의 양식과 전통이 죽어 감에 따라 그리고 로마가 더 이상 제국의 수도가 아니게 됨에 따라 이 두 부분은 정치와 종교에서 분리되었다.

그러나 제국의 초기에는 제국의 통일성의 손상에 대한 어떤 문제도 없었다. 바로 그 당시에 또한 정복당한 민족과 지배하는 자치공동체 간의 차이는 점점 더 사라져 갔다. 로마의 민중이 영락(零落)하게 됨에 따라 황제들은 더욱더 스스로를 전체 제국의 지배자라고, 로마의 이름으로 속주

들을 다스리는 지배자가 아니라, 로마와 속주들의 주인이라고 간주하게
되었다. 로마는 귀족, 평민 할 것 없이 속주들이 먹여 살렸다. 그러나 속
주들을 통치하기에 충분한 군인들과 공직자들을 공급할 능력이 없었다.
이런 로마는 황제들의 제국에 대해 강점이 아닌 약점이 되었다. 로마가
속주들로부터 취한 것은 황제들에게는 그만큼 손해였으며, 그 대가로 오
는 것은 아무것도 없었다. 그래서 자신들의 이익을 위해 황제들은 제국
내에서 로마의 특권적 지위를 방해하고 결국에는 그것을 종결시킬 생각
을 품게 되었다.

로마의 시민권은 이제 지방민들에게 자유롭게 주어졌다. 우리는 지방
민들이 원로원에 들어가고 고위 공직 자리를 채우는 것을 보게 된다. 황
제들은 출신과 상관없이 모든 사람이 평등하다는 원칙을 실제로 적용한
최초의 사람들이었다. 모든 사람은 똑같이 그들의 종이었으며, 그들이 원
로원 의원이든 노예든, 로마인이든 시리아인이든 혹은 갈리아 사람이든
그들의 쓸모 정도로만 황제들에 의해 가치가 매겨졌다. 드디어 3세기 초
에는 나라들의 통합과 평준화가 크게 진전되자 카라칼라는 속주들의 모
든 주민에게 로마 시민권 수여를 감행하여 예전의 주인과 예전의 신하들
간의 형식적 구별도 없앨 수 있었다. 이는 모든 본질적 차이가 사실상 벌
써 오래전에 근절된 후였다. 그 시대의 가장 고상한 관념들 중 하나이고
그리스도교가 자신의 것으로 주장하고 싶어 하는 관념에 그런 공개적인
표현을 한 것은 가장 가련한 황제들 중 한 사람이었다. 그리고 그 독재자
를 그런 명령을 선포하도록 몰아간 동기 역시 가련한 것이었다. 그것은
돈의 필요였다.

공화정하에서 로마 시민들은 정복당한 속주들이 약탈물과 괜찮은 이익
을 산출하기 시작한 때부터 납세로부터 자유로웠다. "아에밀리우스 파
울루스는 페르세우스를 굴복시킨 후 마케도니아를 약탈하여 3억 세스테

르티우스를 국고에 들여왔으며, 이때부터 로마 민중은 세금이 면제되었다."* 그러나 아우구스토 때부터 재정적 핍박이 심해져서 로마 시민들에게 점점 더 무거운 세금 부담을 다시 지울 수밖에 없게 됐다. 이때 카라칼라의 "개혁"은 지방민들을 로마 시민으로 만들어서 그들이 내던 세금에 추가하여 로마 시민으로서의 세금을 더 내야 하게 된 것이다. 제국의 재정 마법사는 그 후 곧 이 세금 부담을 두 배로 증가시켰다. 그 대가로 그는 군사예산을 6,100만 마르크만큼 증가시켰다. 그가 단 한 번의 재정 "개혁"으로 수지를 맞출 수 없었으며 다른 개혁들을 더 필요로 했다는 것은 놀랄 일이 아니다. 그중 가장 중요한 것은 극히 후안무치한 금화의 순금 함유 비율 삭감과 위조를 행한 일이다.

일반적 몰락은 그래도 다른 면에서는 국제적 경향의 확산과 민족적 편견의 소멸에 도움이 되었다.

로마에서의 인구 감소와 부패는 급속히 악화되어 로마인들은 군사 배출을 중단하더니 곧이어 자격을 갖춘 공직자도 배출할 수가 없었다. 우리는 이를 황제 자신들에게서도 발견할 수가 있다. 초기의 황제들은 그래도 율리안 족과 클라우디안 족의 옛 로마 귀족 가문의 자손들이었다. 그러나 율리안 왕조의 세 번째 황제 칼리굴라는 이미 미치광이였다. 그리고 네로 때에는 로마 귀족계층은 통치 능력의 파산을 보여주었다. 네로의 계승자 갈바(Galba)는 그래도 로마인 집정관 집안에서 나왔다. 그러나 그의 뒤를 이은 오토(Otho)는 에트루스칸 귀족 가문에서 나왔고, 또 뒤를 이은 비텔리우스는 아풀리아 출신의 평민이었다. 마지막으로 플라비안 왕조를 세운 베스파시아누스는 사비네 출신의 평민이었다. 그러나 이탈리아 평민들은 곧 로마의 귀족들이나 마찬가지로 부패하고 통치능력이 없다는 것

---

* Plinius, *Naturgeschichte*, XXXIII, 17.

을 스스로 입증했다. 그리고 베스파시아누스의 아들, 불쌍한 도미티아누스는 네르바가 잠깐 통치하는 시기 뒤에 스페인의 트라야누스에게 왕위를 물려준다. 그와 함께 스페인 황제들의 통치가 시작되어 거의 100년을 지속하다가 그 역시 콤모두스 때에 와서는 정치적 파산을 보여주었다.

스페인 황제들을 뒤이어 셉티미우스 세베루스(Septimius Severus)가 나왔다. 그는 아프리카—시리아 왕조의 창설자이다. 이 왕조의 마지막 황제 알렉산더 세베루스가 살해된 후에, 고트 출신의 트라키아 사람 막시미누스(Maximinus)가 왕관을 차지했다. 이는 군대의 힘으로 된 것이었으며 고트족이 로마에서 통치를 하게 될 시대의 전조였다. 점점 더 속주들은 일반적 해체 상태에 빠졌으며, 점점 더 새로운 야만족의 비로마계 혈통이 죽어 가는 제국에 새로운 생명을 주입하는 데 필요해졌다. 군인들만 아니라 황제들도 문명의 중심지에서 점점 더 멀리 있는 곳에서 찾아내야 했다.

위에서 우리는 노예들이 궁전의 공직자들로서 자유민을 지배하는 것을 보았다. 이제는 지방민들, 심지어 야만족들이 황제들로서, 신적인 숭배의 영예를 받는 존재들로서 로마인들 위에 군림하는 것을 보게 된다. 이교도적 고대의 모든 종족과 계급상의 편견은 사라져야 했으며, 만민이 평등하다는 감정이 점차 전면에 등장한다.

이런 감정은 우리가 묘사해 온 조건들이 그것을 평범한 것으로 만들기 전에도 일찍이 여러 사람들의 정신에 나타났다. 키케로는 이미 다음과 같은 글을 쓰고 있었다: "동료 시민들은 배려해야 하지만 외국인은 안 된다고 주장하는 자는 누구든 인류의 일반적 유대를 깨뜨리는 것이며, 그와 함께 선행 · 관대 · 친절 그리고 정의를 말살하는 것이다." (De officiis, 3, 6) 우리의 이데올로기적 역사가들은 당연히 그리고 습관적으로 원인을 결과와 혼동하여 위와 같은 명제들에서 예법의 인간화의 원인, 민족 개념이 인류 개념으로 확장된 원인을 찾는다. "신자"들은 그런 명제들을 복음서에서 발견하고 "식자"들은 이방의 철학자들에게서 발견한다. 다만 여기서 그들에게 난처했던 점은 사람들의 정신에 이런 혁명을 일으킨 것으로 여겨지는 "고상하고 숭고한" 정신들의 선두에 티베리우스 · 네로 · 카라칼라 같은 타락하고 피에 굶주린 망나니들이 행진한다는 것이며, 조카 플리니우스와 티아나의 아폴로니우스 그리고 플로티누스 같은 부류의 우리가 아는 일련의 어리석은 통속 철학자들과 사기꾼들이 대열에 있었다는 것이다.

덧붙여 말하고 싶은 것은 더 고상한 그리스도인들은 이런 훌륭한 사회에 빠르게 적응할 줄 알았다는 점이다. 꼭 한 가지 예만 들겠다. 콤모두스 황제(180-192년)가 두었던 여러 남녀 후궁들 중에(300명의 여자 후궁과 그만한 수의 남자 후궁이 있었다고 한다) 마르시아(Marcia)가 최고 위치의 영예를 누렸다. 마르시아는 독실한 그리스도인이고 로마의 그리스도교 공동체 장로인 히아신투스의 양녀였다. 그녀의 영향력은 아주 커서 유형에 처해진 수많은 그리스도인을 석방할 힘이 있었다. 그럼에도 불구하고 그녀는 조금씩 그녀의 애인인 황제에게 싫증이 났다. 필시 그 황제가 피에 굶주린 듯 보여서 그녀는 자기 목숨을 걱정했던 것으로 여겨진다. 아무튼 그녀는 콤모두스를 죽이려는 모의에 가담했고 그 살해 계획을 실행에 옮겼다. 192년 12월 31일 밤, 그 품행 단정한 그리스도교 여신도는 자기의 의심하지 않는 연인에게 독을 탄 음료를 주었다. 이것이 생각만큼 속히 효과를 나타내지 않자, 이미 의식이 없던 황제는 목이 졸렸다.

이 일화와 마찬가지로 특징적인 것은 마르시아의 비호를 받던 칼리스투스의 이야기이다.


"이 칼리스투스는 특별한 사업 수완이 있어서, 그의 인생의 이른 시기에 은행업을 했다. 처음에 그는 자신에게 큰 돈을 맡겨 은행업에 사용하도록 한 한 귀족 그리스도인의 노예였다. 과부들과 신도들이 그 주인의 확고한 명성의 힘을 믿고 은행에 맡긴 많은 예금들을 그 노예가 유용하여 파멸할 지경에 도달한 후에, 주인은 회계장부를 보자고 했다. 그 불충한 종은 도망쳤다가 붙들려서 강제노동 수용소에 보내졌다. 그리스도인 형제들의 청원으로 풀려나 행정관에 의해 사르디니아의 광산으로 보내졌다. 그는 콤모두스 황제의 가장 영향력 있는 부인인 마르시아의 총애를 차지했다. 그녀의 추천으로 석방되었고 곧 로마의 주교로 선택되었다." *

칼토프는 자청하여 불의한 맘몬의 친구가 된 불의한 청지기에 대한 복음서 이야기(루가복음 16장 1-9절)와 많이 사랑하였기 때문에 많은 죄를 용서받은 죄 많은 여인의 이야기(루가복음 7장 36-48절)는 로마에 있는 그리스도교 공동체에서 그러한 역할을 한 마르시아와 칼리스투스의 미덥지 못한 인간성에 대해 교회다운 설명과 인정을 해 주려는 목적으로 복음서에 들어갔을 가능성이 있다고 생각한다.

복음서들의 기원의 역사에 대한 또 하나의 공헌이다.

콤모두스의 살해가 그리스도인의 마지막 폭력행위가 아닌 것과 꼭 같이 칼리스투스는 정부(情婦)의 덕으로 관직을 얻은 주교이자 교황으로서 마지막 사람은 아니었다. 성자 콘스탄티누스 이래로 여러 교황과 황제들의 피에 굶주린 잔인성은 유명하다.

그리스도교와 함께 생겨난 "예절의 온순화와 고상화"는 그러므로 독특한 성질의 것이었다. 그 한계와 모순을 이해하기 위해서는 그 경제적 뿌리를 살펴보아야 한다. 그 시대의 훌륭한 도덕적 가르침을 통해서는 그것이 해명되지 못한다.

---

* Kaltoff, *Die Entstehung des Christentum*, S. 133.

그리고 그 시대의 국제성에 대해서도 똑같이 말할 수 있다.

## 종교성

세계적인 교류와 정치적 평균화는 성장하는 국제성의 두 가지 큰 요인이었다. 물론 그것은 옛 공동체들을 결속해 주었고 또한 그들을 서로 별개로 두었던 모든 유대의 끈을 해체하지 않고는 그 같은 정도로는 불가능했을 것이다. 고대에 개인의 전 생애를 정해 주었으며 그에게 뒷받침을 해주고 지도를 해 주었던 조직들은 제정 시대에는 중요성과 활력을 모두 잃었다. 부족이나 심지어는 가문과 같이 혈연관계에 기초를 둔 것들과, 지리적 관계, 마르크공동체와 자치공동체처럼 같은 땅에서 함께 사는 것에 기초를 둔 것들이 모두 그러했다. 이것은 우리가 살펴본 대로 그러한 도덕적 지지가 없어진 사람들이 모범과 지도자, 심지어는 구세주들을 찾았던 이유였다. 또한 사람들이 점점 더 짐만 되는 전통적 조직보다 새로운 필요에 더 잘 부합하는 새로운 사회 조직체를 만들고자 추구하는 동기도 있었다.

공화정 말기에 주로 정치적 목적에서였지만 또한 상부상조의 목적에서도 클럽과 협회를 결성하는 추세가 두드러졌다. 황제들은 그것들을 해체했다. 사회적 조직체들보다 독재 권력이 더 두려워하는 것도 없다. 국가 권력이 유일한 사회적 조직체이고, 국민은 국가에 대하여 뿔뿔이 흩어진 개인으로서만 존재할 때 그 권력은 가장 크다.

과연 카이사르는 "아주 먼 고대로부터 유래하는 협회들을 제외하고 모든 협회들을 폐지했다"고 쉐토니우스는 말한다.(Cäsar, Kap. 42) 아우구스토에 대해서는 이렇게 말한다: "많은 당파들(plurimae factiones)이 새로운 단체의 이름으로 결성되었고 온갖 악행을 저질렀다. 그는 유서 깊고 법에 의해 인정된 것들을 제외하고 모든 단체를 해산시켰다."*

몸센은 이런 조치들을 아주 칭찬할 만한 것으로 본다. 물론 그는 교활하고 양심도 없는 음모가이고 깡패 두목 같은 카이사르를 "진정한 정치가"라고 여긴다. "그는 대가를 바라고 인민을 섬긴 것이 아니다. 심지어는 인민의 사랑이라는 대가도 바라지 않았다"는 것이다. 다만 미래의 행복을 위해서 그리고 특히 그의 민족을 구하고 민족을 젊어지게 해도 된다는 허락을 받고 그렇게 했다는 것이다.** 카이사르에 대한 이런 생각을 이해하려면, 몸센의 저작(1854년 초판이 나옴)이 1848년의 6월 학살 후 몇 년 동안에 쓰였다는 것, 이때는 나폴레옹 3세가 많은 자유주의자들에게, 특히 독일의 자유주의자들에게 사회의 구원자로서 환호를 받았던 때이며, 나폴레옹은 카이사르 숭배를 유행시켰다는 것을 기억해야 한다.

정치적 활동이 마감되고 정치적 단체들이 해산된 후에 조직을 향한 열성은 보다 순수한 조합들로 돌아갔다. 전문직 단체와 질병·사망·빈곤의 경우에 대비한 기금회와 의용소방대 그리고 또한 그냥 사교 클럽, 식사 클럽, 문필가 모임 같은 것들이 우후죽순으로 생겨났다. 그러나 전제권력은 의심이 아주 많아서 그런 조직체들도 용납할 수가 없었다. 그것들이 더 위험한 단체들을 감싸 줄지도 모른다는 것이다.

플리니우스와 트라야누스 간의 서신에서 플리니우스는 니코메디아를 초토화한 대화재를 다시 설명하며 감시하기 쉽게 150명 이하로 구성된 의용소방대의 결성을 승인하라고 권고한다. 그러나 트라야누스는 이 조직이 너무 위험하다고 생각하여 승인을 거절했다.***

---

* Octavianus Augustus, Kap. 32.
** *Römische Geschichte*, III, 476.
*** Plinius, *Briefe*, X, 42 및 43.

더 나중의 편지들(117년, 118년)에서는 혼례나 그 밖에 돈을 나누어 주는 부자들의 잔치 때문에 사람들이 모이는 것이 플리니우스와 트라야누스에게는 국가에 위험한 것으로 여겨졌다는 것을 보게 된다.

그런데도 우리의 역사가들은 트라야누스를 가장 훌륭한 황제들 중 하나로 칭찬한다.

그런 상황하에서 조직 열망은 비밀결사에 의존하게 되었다. 그것이 발각되면 가담자들은 사형을 당할 위험이 있었다. 단순한 오락이나 개인에게만 도움이 되는, 사적인 처지의 개선을 목적으로 한 이해관계가 누군가 목을 저자거리에 내걸 위험을 무릅쓰게 할 정도로 강한 것일 수 없었다는 것은 명확하다. 개인적 이익을 넘어선 목적, 그 개인마저 망하더라도 여전히 존속하는 목적을 내건 그런 단체들만이 자기 자리를 지킬 수 있었다. 그러나 그런 단체들도 힘을 얻을 수 있었던 것은 이 목적이 일반적으로 느껴지는 강렬한 사회적 이익과 필요, 계급 이익 혹은 일반 이익, 다수의 대중에 의해 강하게 느껴지고 그 군중 가운데 가장 강하고 가장 사심 없는 구성원들에게 그것을 충족시키기 위해 목숨을 걸게 할 수 있는 이익에 부합할 경우에 한정되었다. 다시 말하면 제정 시대에 자리를 지킬 수 있었던 유일한 조직체들은 폭넓은 사회적 목표, 높은 이상을 가진 조직체들이었다. 당시에 그러한 조직에게 연명할 힘을 줄 수 있었던 것은 실용적 이득이나 당장의 이해관계 보장을 위한 노력이 아니라 오직 가장 혁명적인 혹은 가장 이상적인 열성이었다.

이 이상주의는 철학적 관념론과는 공통점이 없었다. 거대한 사회적 목표들을 설정하는 것은 유물론적 철학의 방법으로도 달성할 수가 있다. 사실상, 환상에서 벗어난 위대한 사회적 목표들을 세우도록 할 수 있는 것은 경험에서 출발하여 우리 경험의 필연적 인과관계를 연구하는 것인 유물론적 방법뿐이다. 그러나 제정 시대에는 그러한 방법을 위한 일체의 전제 조건들이 부재했다. 그 시대의 개인이 자기 자신을 넘어서 사적이고 순간적인 평안을 넘는 목표를 달성할 수 있었던 것은 도덕주의적 신비주의에 의해서였을 뿐이다. 혹은 다른 말로 하면 종교적인 것으로 알려진 사고방식에 의해서였다. 제정 시대에 자신을 유지했던 단체들은 오직 종교단체들이었다. 그러나 종교적 형태, 도덕주의적 신비주의 저 너머에 이 모든 단체들에게 힘을 주었고 이들 단체에 내재해 있던 사회적 내용을 간과한다면 그것들에 대해서 잘못 파악하는 것이 될 것이다. 희망이 없는 현재의 처지에 대한 극복의 갈망, 더 높은 사회 형태에 대한 갈망, 고립상태에서 버팀목이 없던 개인들, 높은 목적을 위해 한데 뭉친 데서 다시금 용기와 기쁨을 끌어낸 이 개인들의 긴밀한 협동과 상호지지에 대한 갈망이 그런 것이다.

지중해 여러 나라들에서 민족의 개념이 인류의 개념으로 확장되던 바로 그 시대에, 이런 종교단체들과 함께 사회에 새로운 경계선이 그어졌다. 개인을 특정한 측면에서 돕는 것을 목표로 세운 순수하게 경제적인 조직체들은 개인을 기존의 사회에서 떼어내지 않았고 개인의 삶에 새로운 내용을 주지 않았다. 그러나 종교단체들은 달랐다. 이들은 종교의 외투를 입고 위대한 사회적 이상을 향해 분투했다. 그들의 이상은 기존 사회와는 한 가지 점에서가 아니라 모든 점에서 완전히 모순되었다. 이 이상의 수호자들은 그들의 동포들과 같은 언어로 말했지만 무슨 말을 하는지 전혀 이해를 받지 못했다. 사사건건 두 세계, 곧 구세계와 새 세계는 비록 같은 나라에서 살았지만 그 경계선에서 서로 적대하며 충돌을 일으켰다. 새로운 대립이 사람들 간에 생겨났다. 갈리아 사람들과 시리아 사람들, 로마인과 이집트인들, 스페인 사람들과 그리스인들이 그들의 민족적 개성을 잃어버리기 시작하고 있던 바로 그때에 신자와 불신자, 성자와 죄인, 그리스도인과 이방인 사이의 큰 대립이 생겨나서 곧이어 세계를 그

밑동까지 둘로 쪼갰다.

대립이 점점 날카로워질수록 투쟁의 에너지와 함께 어떤 투쟁에든 자연스럽게 끼어드는 불관용과 열광주의도 더욱 커졌다. 이것들은 진보적 세력에게 활력을 주고 이들을 강화시킬 때에는 투쟁과 마찬가지로 진보와 발전의 필수 요소들을 이룬다. 주의사항이 있다. 여기서 불관용을 어떠한 불편한 견해에 대해서도 그 선전을 강압적으로 억누른다는 뜻으로 쓴 것이 아니라 모든 다른 견해의 격렬한 거부와 비판, 자기 자신의 견해에 대한 열띤 옹호를 뜻하는 말로 썼다. 생의 거대한 일반 이익이 걸려 있을 때는 겁쟁이들과 게으름뱅이들만이 이런 의미에서 관용적이다.

물론 이런 이익들은 끊임없이 변화하는 것으로 파악된다. 바로 어제까지만 해도 절실한 문제였던 것이 오늘에는 싸울 가치도 없는 상관없는 일이 될 수도 있다. 이런 점에서 어제만 해도 필수였던 열광주의는 오늘에는 힘 낭비의 원인이고 그래서 아주 해로운 것이 될 수도 있다.

분투하는 그리스도교 종파들 다수의 종교적 불관용과 종교적 열광주의는 거대한 사회적 목표들이 종교의 외투를 걸치고서만 대중에게 다가갈 수 있었던 한에서는, 즉 제정 시대부터 종교개혁 때까지는 사회의 발전을 전진시킨 힘들 중의 하나였다. 이런 품성들은 일단 종교적 사고방식이 현대적인 탐구 방법에 의해 대체되자 반동적이 되고 진보를 가로막는 수단에 불과한 것이 되어, 그것은 더 이상 후진적 계층들·계급들·지역들에 의해서 말고는 간직되지 않고 또 더 이상 새로운 사회적 목표들을 감싸주는 외투가 되지도 못한다.

종교적 불관용은 고대 사회의 사고방식에서 아주 새로운 면모였다. 고대인들은 민족적인 관계에서 불관용이었고 외국인이나 적을 싫어하여 이들이 전쟁에서 그들에 대항하여 싸운 일이 없더라도 노예로 삼거나 죽이기는 했지만, 종교적 견해 때문에 누구든지 하찮게 생각한다는 것은 그들에게는 결코 생각할 수 없는 일이었다. 소크라테스 재판의 예처럼 종교적 박해로 보이는 경우들은 종교적이 아닌 정치적 성격의 고발이 그 원인이었던 것으로 볼 수 있다.

그리스도인과 이교도 양측에 종교적 불관용을 가져다준 것은 제정 시대에 생겨난 새로운 사고방식이었다. 그러나 이교도의 경우에는 물론 모든 낯선 종교에 대한 불관용이 아니라 종교의 외투를 두른 새로운 사회적 관념, 기존의 사회질서와 완전한 모순을 이루는 관념을 선전하던 그 종교에 대한 불관용이었다.

그것을 별개로 한다면 이교도들은 전부터 실천해 오던 종교적 관용에 충실한 채로 있었다. 참으로 제정 시대의 국제 교역은 종교 의식에서도 국제성을 가져왔다. 외국 상인들과 그 밖의 여행객들은 모든 곳에 그들의 신들을 모시고 다녔다. 그리고 생소한 신들은 그 당시에 고향 땅의 신들보다 더 높은 존경을 받았다. 고향의 신들은 아무짝에도 쓸모가 없었고 완전히 무기력하게 된 것 같았다. 일반적 파멸과 멸망에서 생겨난 절망의 감정이 옛 신들에 대한 의문도 가져왔으며, 더 대담하고 더 독립적인 정신의 소유자들 다수에게 무신론과 회의주의 그리고 모든 신과 심지어 모든 철학에 대한 의심을 갖도록 했다. 그러나 마음이 여리고 약한 자들은 우리가 살펴본 것처럼 그들이 그 안에서 지지와 희망을 찾을 수 있는 새로운 구세주를 찾아 나서는 데로 이끌렸다. 많은 이들이 황제들에게서 그런 지지와 희망을 발견한다고 믿어서 그들을 신들의 지위에까지 들어올렸다. 다른 이들은 오랫동안 신으로 모셔졌지만 그 땅에서 아직은 검증을 받지 않고 있던 신들에게 찾아가는 것이 더 안전하다고 생각했다. 그래서 외래의 예배 행위들이 유행되었다.

이러한 신들의 국제적 경쟁에서 동방이 서방을 이겼다. 이는 부분적으로는 동방의 종교들이 덜 순진했으며 더 도시적인 철학적 깊이가 있었기 때문인데, 그랬던 이유에 대해서는 나중에 논의할 기회가 있을 것이다. 또 부분적으로는 동방이 서방보다 산업적으로 우위에 있었기 때문이었다.

동방의 오래된 문명세계는 처음에는 마케도니아인들에게, 그 다음으로는 로마인들에게 점령당하고 약탈당했을 때 서방보다 산업적으로 훨씬 우수했다. 그때 이후로 진행된 국제적 평균화가 산업상의 평균화도 일으켰을 수가 있으며 서방을 동방 수준으로 끌어올렸을 수도 있다고 여기는 것도 일리가 있다. 사실은 그 반대였다. 어느 시기부터인지 고대 세계의 일반적 쇠퇴가 시작되었고 이는 부분적으로는 자유민의 노동보다 강제노동이 더 지배적이었다는 것의 결과이고, 부분적으로는 로마와 대부 자본이 속주들을 약탈한 결과라는 것을 우리는 살펴보았다. 그러나 이 쇠퇴는 동쪽에서보다 서쪽에서 더 신속히 진행되어 동방의 상대적인 문화적 우수성은 서기 2세기부터 여러 세기에 걸쳐 대략 1000년도까지 축소되기보다는 다소 증가했다. 빈곤과 야만족화 그리고 인구 감소는 동방에서보다는 서방에서 더 빠르게 진행되었다.

이 현상의 원인은 동방의 산업적인 우수성과 제국 전역에 걸쳐 노동자 계층에 대한 착취가 꾸준히 증대했다는 것에서 주로 찾아야 한다. 노동자들이 생산한 잉여는 속주들로부터 주로 로마, 거대한 착취자들의 중심지로 흘러들어 갔다. 그러나 그곳에 축적된 잉여가 화폐의 형태를 취한 한에서는, 그 상당 부분이 동방으로 돌아갔다. 왜냐하면 동방만이 착취자들이 갈망하던 사치품들을 생산했기 때문이다. 동방은 사치 노예들도 제공했지만 또한 페니키아의 유리와 자주색 의복, 이집트의 아마포와 직물, 소아시아의 가는 양모와 가죽제품들, 바빌로니아의 융단 같은 공산품들도 공급했다. 그리고 이탈리아의 비옥도가 감소하여 이집트는 로마의 곡식창고가 되었다. 왜냐하면 매년 들판을 신선하고 비옥한 진흙으로 덮어주는 홍수 덕분에 나일 강 골짜기의 농업은 고갈될 줄 몰랐기 때문이었다.

동방이 공급한 것의 대부분은 정말로 세금과 대부 이자 형태로 그곳으로부터 강제로 취해졌지만, 그 밖에 상당 부분이 당시에 빈곤해져 가던 서양에서의 착취에서 거둔 수확물로 지불되어야 할 것으로 여전히 남아 있었다.

그리고 동방과의 왕래는 제국의 경계선 너머로 확장되었다. 알렉산드리아는 이집트의 공산품을 판매하는 것을 통해서만이 아니라 아라비아와 인도와의 교역에서 중개지로서 기능하는 것을 통해서 부유해졌다. 한편 흑해 연안의 시노페에서부터 중국으로 가는 교역 루트가 열렸다. 플리니우스는 그의 『자연사』에서 중국의 비단과 인도의 보석, 아라비아의 향신료를 구입하는 데만 매년 약 1억 세스테르티우스(2천만 마르크 이상)가 제국을 떠나간 것으로 추산한다. 현물의 형태로는 언급할 가치가 있는 어떤 대가 지불도 없었고 공물이나 이자의 형태로 외국 측이 진 어떤 채무도 없었다. 전체 금액이 귀금속으로 지불되어야 했다.

동방의 물품들을 싣고서 동방의 상인들 역시 로마를 향해 밀려들었고 더불어 그들의 예배의식을 날라 왔다. 이런 예배의식은 동방에서도, 비록 제국 전역에 지금 지배적인 상황처럼 절망적인 정도의 상황은 아니었겠지만, 비슷한 사회적 상황이 이미 그 이전에 전개되었기 때문에 서방의 필요에 안성맞춤이었다. 지상의 쾌락을 희생하여 호의를 얻어서 신을 통해 구원을 받는다는 관념은 제국을 통틀어 지금 급속히 퍼져나가는 대부분의 예배의식들, 특히 이집트의 이시스 숭배와 페르시아의 미트라 숭배에 공통적이었다.

"이시스 숭배가 특히 술라(Sulla) 시대에 로마에 들어와서 베스파시아누스 때부터 황실의 호의를 얻었다. 이시스 신은 서쪽 끝까지 전파되어 점차 처음에는 건강의 여신으로서 그리고 좀 더 좁게는 치유의 여신으로서 엄청

난 모든 것을 아우르는 의미를 얻었다. … 이 여신에 대한 예배는 고행과
참회, 엄격한 계율, 그리고 무엇보다도 신비의식과 아울러 위풍당당한 대
열들로 가득했다. 종교적 열망, 속죄에 대한 희망, 맹렬한 고행에 대한 추
구, 그리고 신에 대한 헌신에 의해 복된 불멸을 얻는다는 희망은 그리스-
로마적 신들의 세계 안으로 이질적인 예배의식들의 수용을 촉진한 요인이
었다. 그리스-로마적 신들의 세계에서는 그때까지도 신비 의식, 광적인
환희, 마술, 자기부정, 신에 대한 한없는 헌신, 정화와 봉헌의 예비적 조건
으로서의 포기와 고행 같은 것들은 아주 낯선 것이었다. 그러나 훨씬 더
강력했고 특히 군대에 널리 퍼진 것은 미트라에 대한 비밀 예배였는데 이
것도 마찬가지로 구원과 불멸에 대한 약속이 있었다. 그것은 티베리우스
치하에서 처음 알려졌다." *

인도의 관념들도 로마 제국에 들어왔다. 예를 들어서 티야나의 아폴로
니우스는 우리에게 이미 알려진 사람으로서, 그는 오직 철학적·종교적
가르침들을 연구하려는 목적으로 인도로 여행을 갔다. 우리는 플로티누
스에 대해서도 그가 페르시아와 인도의 지혜에 대해 더 자세히 연구하기
위하여 페르시아로 갔다는 것을 들은 바 있다.
　이 모든 관념들과 예배의식들은 구원과 영적 고양을 위해 투쟁하던 그
리스도인에게도 주목받지 않은 채로 지나간 것은 아니었다. 그것들은 그
리스도교의 예식과 전설의 태동에 강력한 영향을 주었다.

"교부 에우세비우스(Eusebius)는 이집트의 예배의식을 '풍뎅이의 지혜'라
고 경멸적으로 말했다. 그러나 동정녀 마리아의 신화는 나일 강 강둑에서

---

* Hertzberg, *Geschichte des römischen Kaiserreichs*, S. 451.

탄생한 신화들의 메아리에 불과하다."

"오시리스는 땅 위에서는 아피스의 황소로 표상된다. 지금 오시리스 자신이 남신의 도움 없이 어머니에게 잉태된 것처럼 그의 지상의 대표자도 황소의 도움 없이 처녀 암소에게서 태어나야 했다. 헤로도투스는 아피스의 어머니가 햇빛에 의해 투과되었다고 우리에게 말하는데 플루타르크의 말에 의하면 그것은 달빛이었다."

"아피스처럼 예수도 아버지가 없었지만 천상의 빛줄기에 의해 잉태되었다. 아피스는 황소였지만 신을 대표했다. 예수는 어린양으로 표상된 신이었다. 이제 오시리스도 양의 머리로 표상되는 일이 자주 있었다." *

실제로 한 조롱꾼은 3세기에 그리스도교가 이미 아주 강성해졌을 때, 이집트에서 그리스도인과 이방인 간에 큰 차이가 없다는 견해를 피력했다.

"이집트에서 세라피스를 숭배하는 사람은 그리스도인이기도 하다. 그리고 자신들을 그리스도교 주교라고 부르는 자들은 세라피스도 숭배한다. 유태인들 중 모든 위대한 랍비, 모든 사마리아인, 모든 그리스도교 성직자들은 마술쟁이 · 예언자 · 돌팔이 의사(aliptes)이기도 하다. 대주교가 이집트에 올 때도 어떤 이는 그에게 세라피스한테 기도를 해 달라고 요청하고 또 다른 이는 그에게 그리스도에게 기도해 달라고 부탁한다." **

우리가 루가복음에서 볼 수 있는 그리스도의 탄생 이야기도 불교적 특징들을 보여준다.

---

* Lafargue, Der Mythus von der unbefleckten Empfängnis, *Neue Zeit*, XI, 1, 849.
** Mommsen, *Römische Geschichte*, V, 585에서 인용.

플라이더러는 복음서가 아무리 전거가 의심스러울지라도 복음서의 저자가 이 이야기를 지어내지는 않았다고 언급한다. 그는 오히려 복음서는 그 저자에게 "어떤 식으로든 전해진" 전설로부터 취했다는 것이다. 그것은 필시 근동의 민족들 사이에 공통적인 원시 전설들이었을 것이다.

"왜냐하면 [그리스도 전 5세기에 살았던-카우츠키] 인도의 구세주 고타마 붓다의 어린 시절 이야기에서도 부분적으로 놀랄 만큼 비슷한 점들을 가진 전설들을 발견하기 때문이다. 그 역시 동정녀 왕비인 마야에게서 기적적으로 태어난다. 마야의 흠 없는 몸에 붓다의 천상의 휘황한 본체가 들어갔다. 그의 출생 시에도 하늘의 영들이 나타나 이런 찬송가를 불렀다: '놀라운 영웅, 비교할 데 없는 분이 태어나셨다. 애통에 가득 찬 세상의 복이로다. 오늘날 당신은 당신의 호의를 온 우주에 펼치소서. 기쁨과 만족이 모든 피조물에게 있을지어다. 그리하여 그들은 고요하게 되고, 자신들의 주인이 되고 행복하게 될지어다.' 그 역시 율법의 의례들을 행하기 위해 어머니에게 이끌려 성전으로 갔다. 거기서 그는 늙은 수도승 아시타에게 발견된다. 아시타에게 히말라야로부터 한 직관이 내려왔던 것이다. 아시타는 이 아이가 모든 악에서 구원할 자 붓다가 될 것이라고 예언한다. 자유와 빛과 불멸로 이끌 자라는 것이다. 그리고 끝으로 황족인 그 아이가 매일 매일 영적인 완성을 향해 그리고 신체적 아름다움과 강인함에서 성장하는 모습을 간략히 묘사한다. 이는 어린아이 예수가 루가복음 2장 40절과 52절에서 묘사되는 것과 꼭 같은 방식이다." *

---

* *Urchristentum*, I, 412.

"그리고 자라나는 아이 고타마에 대해서도 일찍 지혜를 얻은 것을 보여주는 증거들이 이야기되며, 그중에는 그가 한때 잔치에서 그의 가족들과 떨어지게 되었고, 나중에 그의 아버지가 샅샅이 찾은 후에 거룩한 사람들에게 에워싸여 한가운데서 경건한 명상에 잠긴 채로 발견되었다는 이야기가 있다. 그는 놀란 아버지에게 더 고귀한 것들을 찾으라고 충고했다." *

플라이더러는 언급한 책에서 다른 예배의식들에서 취해져서 그리스도교로 들어온 더 많은 요소들을 열거한다. 예를 들어서 미트라 숭배 같은 것이 있다. 우리는 이미 미트라 성례전에 속했던 만찬의 원형에 대한 그의 언급에 대하여 이야기한 바가 있다. 부활의 교리에서도 이교적인 요소들이 발견된다.

"여기서는 필시 그 당시에 아도니스, 아티스, 오시리스에 대한 서남아시아 지방의 예배에서 주조를 이루었던 것과 같은, 신이 죽고 다시 태어난다는 대중적 관념들이 합세했다. 다양한 이름들로 나타나지만 일반적으로 기본적으로는 비슷하다. 시리아의 수도 안티오크는 바울로가 오랫동안 노동을 했던 곳인데 이곳에서 주된 명절은 봄의 아도니스 축제였다. 처음에는 아도니스('주님')의 죽음과 그의 그림으로 표현된 시신의 매장이 그림으로 표현되며 여인들의 격한 통곡으로 기념되었다. 그 다음날(오시리스 축제에서는 셋째 날이었고, 아티스 축제에서는 죽은 후 넷째 날이었다) 그 신이 살았다는 소식이 전해지고 사람들은 그(그의 그림)를 공중으로 떠오르게 했다." **

---

* Pfleiderer, *Entstehung des Christentums*, 198, 199.
** *A. a. O.*, S. 147.

그러나 플라이더러는 그리스도교가 단지 이런 이방의 요소들을 흡수하기만 한 것이 아니라 그것들을 통일적 세계관에 적합하게 만들었다고 타당하게 지적한다. 왜냐하면 그리스도교는 낯선 신들을 그들이 나타난 그대로 받아들일 수 없었기 때문이다. 그러기에는 그리스도교의 유일신론이 방해가 되었다.

## 유일신 신앙

그러나 단일한 신에 대한 믿음인 유일신 신앙이 그리스도교에만 특수한 것은 아니었다. 그리고 여기서도 이런 관념이 싹트게 된 경제적 뿌리를 드러내는 것이 가능하다. 우리가 살펴본 것처럼 대도시의 주민들은 자연과의 접촉을 상실했었다. 개인이 예전에 도덕적 지지를 발견했던 모든 전통적 조직들은 사라졌다. 자아에 대한 몰두가 사유의 주된 대상이 되어, 이는 외부 세계에 대한 연구로부터 자신의 사적 감정과 필요 속으로 파고드는 것으로 전환했다.

신들은 본래 그 법칙적 관계들이 이해되지 않는, 자연에서 일어나는 현상들을 설명하는 데 소용이 되었었다. 이런 현상들은 극히 다수였고 온갖 종류였다. 그것들을 설명하기 위해서 온갖 다양한 신들이 가정되어야 했다. 무서운 신, 유쾌한 신, 잔인한 신, 부드러운 신, 남신, 여신이 다 동원되었다. 자연에서의 규칙적 인과관계에 대한 지식이 발전하면서 개별 신들은 점점 더 군더더기가 되었다. 그러나 신들에 대한 믿음에 완전히 종지부를 찍을 수 있기에는 신들은 수 세기에 걸쳐 사람들의 사고방식에 너무나도 깊은 뿌리를 내렸고, 사람들의 일상적인 문제들과 너무 깊이 혼합되어 있었고 자연에 대한 지식은 아직 너무 불완전했다. 신들은 단지 한 활동영역에서 다른 활동영역으로 계속 쫓겨났다. 그들은 사람들의 변함

없는 동무였던 것에서 특별한 기적적 현상으로, 지상의 거주자에서 지상을 너머선 지역인 천상의 거주자로, 지치지 않고 세상을 움직이는 활동적이고 정력적인 일꾼이요 투사인 존재에서 세상이라는 연극에 대한 관조적인 구경꾼으로 변화되었다.

마침내, 앞서 묘사한 바 있는 대도시의 형성과 경제적 쇠퇴가 사람들을 자연으로부터 관심을 돌려 정신을 통한 정신의 연구, 즉 경험된 정신적 현상들 전체에 대한 과학적 연구가 아니라 개인 자신의 정신이 자신에 관한 모든 지혜의 근원이 되고 이 자신에 관한 지혜가 또 일반적으로 모든 세상의 지혜의 근원을 여는 그런 연구를 사고의 무대로 떠밀지 않았더라면, 자연과학의 진보는 그 신들을 완전히 제거했을 것이다. 혼의 움직임과 필요가 아무리 다양하고 가변적일지라도 혼 자체는 통일적이고 불가분리적인 그 무엇으로 여겨졌다. 다른 이들의 혼은 자기 자신의 혼과 완전히 똑 같은 성질을 띠는 것으로 알려졌다. 과학적 관점에서라면 이 모두로부터 모든 정신 활동은 규칙적인 법칙을 따른다고 결론을 내렸을 것이다. 그러나 바로 그 시대에는 옛 도덕적 지지처들의 붕괴가 시작되었으며, 그 지지처의 결여는 사람들에게 자유로, 개인을 위한 의지의 자유로 여겨졌다. 모든 사람에게서의 정신의 단일성은, 어디에서나 정신은 동일한 정신의 부분이라는 가설에서만 설명이 가능한 것으로 여겨졌다. 그 정신의 발현과 복제가 각 개인에게 있는 통일적이고 파악이 불가능한 혼을 이룬다는 것이다. 이 일반적인 혼 혹은 세계의 혼도 개인의 혼처럼 공간에 있지 않다. 그러나 그것은 모든 사람에게 현존하고 활동하며, 또한 모든 곳에 현존하며 모든 것을 안다. 가장 비밀스러운 생각조차 그것에게는 알려진다. 자연적 관심에 대한 도덕적 관심의 우위는 이런 세계의 혼을 가정하는 발단이었으며 그것에 도덕적 성격을 부여했다. 세계의 혼은 그 당시 사람들에게 관심사가 된 모든 도덕적 이상들의 총체가 되었다. 이를 달성하기 위해서 그것은 사람의 혼에 붙어 다니고 그 도덕성을 흐리는 육체성에서 해방되어야 했다. 그래서 새로운 신 개념이 발달했다. 우리 외부의 자연 현상들의 다수성에 상응하여 고대의 신들이 여럿인 것과는 대조적으로 개인의 혼의 단일성에 상응하는 것으로 이것은 단일한 존재일 수밖에 없었다. 그리고 새로운 신은 자연의 외부에 그리고 자연 위에 있고 자연 이전에 존재했다. 자연을 그것이 창조한 것이다. 반면에 옛 신들은 자연의 부분이었고 자연보다 더 오래된 것은 아니었다.

그러나 사람들의 새로운 영적 관심이 아무리 순수하게 정신적이고 도덕적인 것으로 보였어도 그들은 자연을 완전히 도외시할 수 없었다. 그리고 자연과학이 동시에 쇠퇴했기 때문에, 자연을 규명하는 일에 초인의 인격적 개입의 가정이 한 번 더 도입되었다. 이제 세계의 흐름에 개입하는 고귀한 존재들은 더 이상 옛날처럼 주권자인 신들이 아니었다. 그들은 그 시대의 관념에 따라 자연이 하느님 밑에 있고 육신이 혼 밑에 있는 것과 똑같이 세계의 혼 아래에 있었다. 그들은 하느님과 사람들 사이의 중간적 존재들이었다.

또한 정치적 발전의 경로가 이런 사고방식을 뒷받침해 주었다. 천상에 있는 신들의 공화국의 몰락은 로마에서의 공화국의 몰락과 같이 가는 것이었다. 하느님은 저 세상의 전능한 황제가 되었으며 카이사르처럼 그도 자기 궁전과 성자들과 천사들이 있고 자기의 공화파 반대세력인 악마와 그 군대들이 있었다.

마침내 그리스도인들은 하느님의 천상의 관료인 천사들을 등급별로 나누게 되었는데 이는 황제들이 지상의 관료를 분류한 것과 똑같다. 지위에 대한 똑같은 자부심이 황제의 공직자들 가운데서와 같이 천사들에게서도 지배적이었던 것 같다.

콘스탄티누스 시대 이래 시종들과 국가 공직자들은 다양한 등급으로 분류되었으며 각기 독특한 호칭을 지녔다: 1. 집정관은 저명한 자들, 글로리오시(gloriosi)라고 불렀다. 2. 가장 고귀한 자들이라는 노빌리시미(nobilissimi)는 왕실 혈통에게 주어진 호칭이었다. 3. 파트리치(Patricii)는 남작이다. 이런 귀족 등급 뒤에는 관료의 고위 등급들이 온다. 4. 일루스트레스(Illustres)는 밝게 빛나는 자들, 5. 스펙타빌레스(Spectabiles)는 출중한 자들, 6. 클라리시미(Clarissimi)는 많이 이름 난 자들. 이들 밑에는 또 이런 것들이 있다: 7. 페르펙티시미(Perfectissimi)는 가장 완전한 자들, 8. 에그레기(Egregii)는 특출한 자들, 9. 코미테스(Comites)는 추밀고문관들.

천상의 궁전도 정확히 똑같은 방식으로 조직된다. 우리의 신학자들은 이 주제에 관해 정확한 정보를 가지고 있다.

그래서 예컨대 교회 『카톨릭신학사전』(*Kirchenlexikon der katholischen Theologie*, Wetzer and Welte 편찬, Freiburg i.B., 1849)은 천사라는 항목에서 천사들의 많은 수효에 대해서 말하며, 다음과 같이 계속한다.

"여러 박사들은 성 암브로시우스의 예를 따라서 천사들의 수가 사람의 수와 99:1의 비율이 된다고 믿는다. 왜냐하면 선한 목자의 비유에서(루가복음 15장 7절) 잃어버린 양은 인류를 뜻하며, 잃어버리지 않은 아흔아홉 마리의 양은 천사들을 나타내기 때문이다. 이런 헤아릴 수 없는 무리로 있으면서 천사들은 다양한 계급을 이루며, 교회 역시 모든 영들은 그 본체·능력 등에서 동등하다는 오리게네스의 견해에 반대하여 553년 제2차 콘스탄티노플 공의회에서 천사들의 다양성을 공공연하게 주장하는 선포를 했다. 교회는 천사들의 아홉 개 부대를 알고 있으며, 세 부대마다 또 하나의 부대를 이룬다. 그들은 1. 세라핌, 2. 체루빔, 3. 왕좌들(Throni) 4. 지배권들(Dominationes), 5. 덕성들(Virtutes), 6. 권능들(Potestates), 7. 권세들

(Principatus), 8. 천사장들(Archiangeli), 9. 천사들(Angeli)*이다."

좁은 의미의 천사들은 가장 낮지만 가장 수가 많은 계급인 반면에 세라핌은 등급이 가장 높지만 수가 가장 적다는 이것만큼은 의문의 여지가 없는 것 같다. 그리고 그것은 땅 위에서도 마찬가지이다. 각하들은 몇 안 되지만, 평범한 우편배달부는 떼를 이룬다.

우리는 다음과 같은 것도 더 읽게 된다.

"하느님과의 관계에서 천사들은 그와 친밀하고 인적인 공동체를 이루며 살아간다. 그리고 그에 대한 그들의 관계는 끝없는 존숭과 겸손한 복종 그리고 예외를 모르고 하느님 밖에 있는 모든 것을 단념하는 사랑, 그들 전 존재의 완전하고 즐거움에 찬 봉헌, 끊임없는 충심과 변함없는 복종, 끊이지 않는 감사와 내적인 찬양에서 그리고 또한 끊임없는 찬사, 계속되는 영화롭게 함, 존경에 따른 고양, 거룩한 기쁨과 황홀한 환희에서 나타난다."

이 즐거운 굴종은 황제들이 그들의 시종과 관직자들에게 요구했던 바로 그것이다. 그것은 비잔틴주의의 이상이었다.

우리는 그리스도교에서 형성된 유일신상에는 플라톤 이래로 점점 더 유일신론을 향해 가던 철학보다 황제의 독재가 적지 않게 기여한 것을 보게 된다.

이 철학은 일반의 열망과 감정의 길에 아주 밀접하게 맞아떨어져서 그것은 곧 대중의 의식 속으로 들어가게 되었다. 그와 같이 그리스도 전 3세기의 희극 작가인 플라우투스(Plautus)는 아주 대중적인 지혜를 가능한 한

---

* Angelus라는 단어는 원래 다름 아닌 사자(使者)를 뜻한다.

최선의 형태로 표현하는 일만을 했는데 그의 작품에서 우리는 선처를 구하는 한 노예의 다음과 같은 탄원 구절을 발견한다.

당신도 알듯이 우리의 모든 행실을 듣고 아는 하느님이 계시다오.
당신이 여기서 나에게 하듯 그분은 당신 아들에게 하실 것이라오.
당신이 잘 하면 그것을 갚아 주실 것이고
당신이 잘못 하면 그분은 그것도 갚아 주실 것이라오.
(포로들, 제2막, 2장. Donner 독일어 역)

이것은 이미 완전히 그리스도교적인 하느님 개념이다. 그러나 그것은 아직 순진한 유일신 신앙이며, 생각 없이 옛 신들을 여전히 자기 곁에 존속하게 놔두는 것이다. 그리스도인들에게조차 그들이 수많은 이방인의 기적들을 별 생각도 없이 받아들인 마당에 옛 신들의 존재를 부정하겠다는 생각은 떠오르지 않았다. 그러나 그들의 하느님은 그와 병행하는 다른 어떤 신도 참지 못했다. 그는 유일한 통치자가 되기를 원했다. 이방의 신들이 그에게 굴복하여 그의 신하가 되려고 하지 않는다면 그들에게 남는 유일한 역할은 초기 황제들 아래서 공화파적 반대세력에게 부여된 역할이 되며, 이는 대체로 아주 초라한 역할이었다. 그 일은 전능한 통치자에게 이따금씩 장난을 치려고 시도하여 그 통치자에 대항하여 충직한 신민들이 반란을 일으키도록 선동하는 것이었으나, 결코 그 통치자를 거꾸러뜨릴 희망은 없었고 그의 화를 돋우기만 할 뿐이었다.

그러나 이런 비관용적이고 강압적인 유일신 신앙, 하느님의 우월성과 전능함을 한순간도 의심하지 않는 이 유일신 신앙은 이미 있는 것을 그리스도교가 발견한 것이었다. 물론 이교도들에게서 발견한 것은 아니고 특별한 종류의 한 작은 민족인 유태공동체에서 발견한 것이다. 이들은 구세주에 대한 믿음, 상부상조의 의무, 그리고 강한 결속력을 그 시대의 다른 어떤 민족이나 인구계층보다 훨씬 더 강력하게 발달시켜 왔으며, 그로써 그 시기에 강하게 느껴진 필요를 훨씬 더 강하게 충족해 주었다. 그러므로 유태공동체는 그런 필요들로부터 자라난 새로운 가르침에 강력한 동력을 주었으며, 그것에 그 가장 중요한 요소들 중 몇몇을 제공했다. 일반적으로 제정 시대의 로마–헬라 세계와 병행하여 특별히 유태공동체를 파악할 때에야 비로소, 그리스도교가 싹튼 모든 뿌리들이 드러나게 된다.

제III부

유태인들

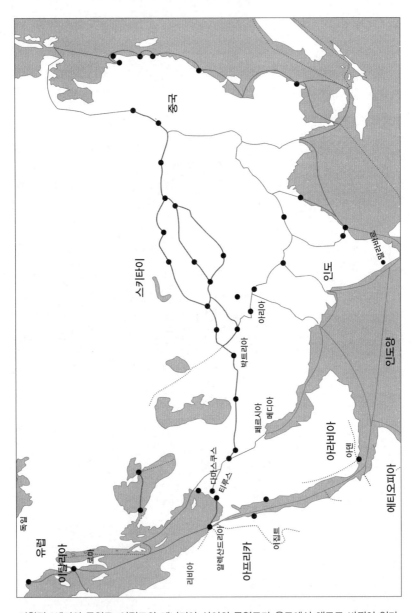

기원전 1세기의 무역로: 이집트와 페니키아 사이의 무역로가 육로에서 해로로 바뀌어 있다.

# 제1장

# 이스라엘

## 셈족의 이동

유태 역사의 시초는 그리스나 로마 역사의 시초처럼 모호하며 그 이상으로 짙은 어둠에 싸여 있다. 왜냐하면 여러 세기에 걸쳐 이 시초 이야기는 구전으로만 보전되었을 뿐 아니라, 옛 전설들이 마침내 집성되어 글로 적혔을 때에는 그것들은 극히 편파적으로 왜곡이 되었기 때문이다. 성서의 이야기를 실제 역사 기술로 보는 것만큼 큰 잘못도 없을 것이다. 그 이야기들은 역사적 핵심을 지니지만, 그 핵심에 도달하기는 무척 어렵다.

유태인들의 "거룩한" 경전이 우리가 오늘날 알고 있는 형태로 만들어진 것은 5세기 바빌론 포로에서 귀환한 시점보다도 한참 뒤에야 있었던 일이다. 모든 옛 전승들은 당시에 지독히도 뻔뻔스럽게 가위질되고 창작에 의해 확대되었으며, 이는 떠오르는 신정체제의 요구를 충족시키기 위한 것이었다. 그 과정에서 초기 유태 역사의 모든 것은 거꾸로 뒤집어졌다. 이것은 특히 포로기 이전의 이스라엘 역사에 관해 이야기되는 모든 것에 대해서는 사실이다.

포로기 후에 유태교가 예루살렘과 그 주변 영역에 공동체를 세웠을 때 벌써 다른 민족들은 그 독특성에 기겁을 했다. 이는 우리가 여러 출처들에서 알 수 있는 것이다. 이에 반해 포로기 이전 시대에 관해서는 우리에게 아무런 증언도 전해 오는 바가 없다. 바빌론 사람들이 예루살렘을 파괴하기 전까지 유태인들은 다른 민족들에 의해 다른 여느 민족과도 같이 간주되었다. 그들에게는 아무런 특별한 점도 눈에 띄지 않았다. 그리고 그 시대까지 유태인들이 실제로 아무런 특별한 점도 보여주지 않았다고 가정할 온갖 이유들이 있다.

우리에게 전해 오는 사료들이 희소하고 신뢰성이 없기 때문에 고대 이스라엘의 모습을 충분한 확실성을 가진 것으로서 개관하는 것은 불가능하다. 개신교 신학자들에 의한 성서 비평으로 이미 성서의 상당 부분이 거짓이고 가공된 것임이 드러났으나 아직 위조된 것으로 명백하게 입증되지 않은 것은 모두 진실로 받아들이는 경향이 너무 크다.

이스라엘 사회의 발달경로를 묘사하려고 한다면, 본질적으로 가설들에 의존하게 된다. 구약의 이야기들은 우리가 이 이야기들을 비슷한 상황에 처한 민족들에 대한 기술들과 비교하는 것이 가능한 한에서 훌륭하게 이용할 수 있다.

이스라엘인들이 최초로 역사적 존재를 얻게 되는 것은 가나안 사람들의 땅에 침입하면서부터이다. 그들의 유목 시대의 모든 이야기들은 편파적으로 재구성된 한 옛 부족의 전설이고 이야기이거나 후세에 날조된 것이다. 그들은 셈족의 대이동에 참가자들로서 역사에 들어온다.

민족 대이동은 고대세계에서 오늘날의 혁명과 비견할 역할을 수행했다. 앞의 글에서 우리는 로마 세계제국의 쇠퇴에 대해서 알게 되었고, 그 제국의 몰락이 게르만의 야만인들, 민족 대이동이라고 불리는 사건에 의해 어떻게 유발되었는지를 살펴보았다. 그것은 전례가 없는 사건은 아니었다. 옛날의 동방에서는 그보다 작은 규모로 그러나 유사한 이유들로 되풀이하여 일어난 사건이었다.

동방의 큰 강들 여러 곳의 비옥한 유역에서는 일찍이 식량의 상당한 양의 잉여를 낳은 농업이 일어났다. 이는 농민만이 아니라 그와 함께 다수의 다른 인구가 생활하고 일할 수 있게 해 주었다. 수공업과 예술과 학문이 그곳에서 번성했다. 그러나 귀족계층도 형성되어 이들은 자신들의 시간을 전적으로 무기 만드는 일에 쏟아 부을 수 있었으며, 이는 강 유역의 부(富)가 호전적인 유목민 이웃들에게 약탈을 위한 침입을 부추겼기 때문에 더욱더 필요한 일이 되었다. 농부가 자신의 땅을 평화롭게 경작하고 싶다면 그는 그러한 귀족들의 보호를 필요로 했으며, 이를 구매해야 했다. 귀족계층이 더욱 강성해짐에 따라 그들은 군사력을 수입을 늘리는 데 사용하려고 시도하기가 쉬웠다. 특히 예술과 수공업의 번창이 온갖 종류의 사치품, 곧 큰 부를 요구한 것을 발생시켰기 때문에 그러했다.

그래서 농민들에 대한 압제가 이 시점에 시작된다. 무기 다루는 기술이 뛰어난 귀족과 그 봉신들이 이웃 민족들을 대상으로 노예사냥 전쟁에 나선 것도 함께 시작되었다. 강제 노역이 시작되고 이는 로마 제국의 사회가 나중에 도달하게 된 것과 같은 미로로 사회를 몰아간다. 자유 농민은 파멸하고 강제 노동자들로 대체된다. 그러나 그와 함께 제국 군사력의 토대도 사라진다. 이와 동시에 귀족계층은 고도로 발달된 군사기술에도 불구하고 커져 가는 사치에 의해 기상을 잃어 군사적 우수성을 상실한다.

귀족들은 자신들의 사회적 지위가 커지게 된 토대가 되었던 기능을 수행하는 데 필요한 능력들을 상실한다. 약탈하러 오는 이웃들의 진입에 맞서 공동체를 방어하는 기능이 그것이었다. 이 이웃들은 아주 부유하고 매력적인 먹잇감의 약점을 눈치 채게 된다. 그들은 그 경계선에 점점 더 심하게 밀려들고 마침내는 경계선을 넘어 들이닥쳐 이주의 물꼬를 트고, 이는 점점 더 많은 민족들이 밀려드는 이동의 물꼬를 터서 오랜 기간 동안 사그라지지 않았다. 일부 침입자들은 땅을 차지하고 새로운 자유 농민 계층을 형성한다. 더 강한 다른 침입자들은 새로운 군사적 귀족계층을 이룬다. 이와 동시에 옛 귀족계층은 옛 문명의 예술과 학문의 수호자로서 우월한 지위를 여전히 유지할 수가 있으나 이는 더 이상 전사계급으로서가 아니라 단지 사제들의 계급으로서이다.

민족 대이동이 휴지기에 접어들자 자본주의 사회에서의 번영과 위기의 순환과 다소 비교할 수 있을 이러한 새로운 순환운동의 전개가 다시 시작된다. 물론 10년의 주기가 아니라 수 세기에 걸친 순환주기이며, 자본주의적 생산 양식에 의해 처음으로 제거된 순환이기는 하지만 말이다. 이는 오늘날의 위기의 순환주기를 사회주의적 생산이 비로소 극복하게 되는 것과 마찬가지이다.

이러한 사태의 경로는 아시아와 북동 아프리카의 극히 다양한 지역들에서 수천 년간 계속되었다. 특히 넓은 스텝이나 사막 곁에 비옥한 넓은 강 골짜기들이 있는 곳에서 두드러졌다. 그 골짜기들은 힘 있는 부를 생산했지만 결국에는 속속들이 썩은 부패와 유약함도 낳는다. 이는 가난하지만 호전적인 유목 민족들을 성장하게 했다. 그들은 약탈할 틈만 보이면 거주지를 옮길 준비가 항상 되어 있고 먼 지역들로부터 셀 수 없이 많은 수로 신속히 모여들어 한 지역을 초토화시키는 폭풍 같은 공격을 감행할 수가 있었다.

그러한 강 골짜기들은 중국인 정치공동체가 형성된 황하와 양자강 유역이었고, 인도의 부가 집중된 갠지스 강 유역, 바빌로니아와 앗시리아의 강력한 제국들이 생겨난 유프라테스 강과 티그리스 강 유역, 그리고 마지막으로 이집트의 나일 강 유역이었다.

이와는 대조적으로 중앙아시아와 아라비아는 그 이웃들의 생활을 괴롭게 만들고 이따금씩 그 이웃들의 약세를 활용하여 대량 이주를 한 호전적인 유목민들의 고갈될 줄 모르는 저수지를 이루었다.

그런 허약한 시대에 중앙아시아에서 몽골인들, 때로는 이른바 인도-게르만인들의 홍수가 문명의 둑을 넘어 시시때때로 들이닥쳤다. 아라비아에서는 우리가 셈족이라는 이름으로 한데 묶는 민족들이 쳐들어왔다. 바빌로니아, 앗시리아, 이집트 그리고 그 사이의 지중해 연안이 셈족 침략자들의 목적지가 되었다.

그리스도 전 2천 년기 말에 또 한 번 셈족이 이동을 시작하여 메소포타미아, 시리아, 이집트를 향하고 기원전 11세기에 이동을 대략 끝낸다. 그당시에 이웃의 문명국들을 노략한 셈계 부족들 중에 히브리인들도 있었다. 베두인다운 방랑생활 중에 이미 그들은 이집트 국경선과 시나이 지역에 있었을 수 있으나 그들이 팔레스타나 정착에 성공한 후에야 히브리족은 고정된 형태를 띠면서 유목적인 불안정성의 단계, 어떠한 지속적인 더큰 민족적 결집체도 이룰 수 없는 그런 단계를 넘어섰다.

## 팔레스타나

그때부터 이스라엘인들의 역사와 특성은 그들이 베두인 시대에 획득했고그 후에도 일정 기간 보유한 특질들만이 아니라 팔레스타나의 자연과 처한 위치에 의해서도 정해졌다.

역사에서 지리적 요소의 영향은 과장되어서는 물론 안 된다. 지리적 요소―위치, 지형, 기후―는 역사 시대에는 대부분의 나라들에서 대체로동일한 상태로 있다. 그것은 역사 이전에 존재하며, 확실히 그 역사에 엄청난 영향을 미친다. 그러나 지리적 요인이 어느 나라의 역사를 결정짓는 모습과 방식은 이번에는 그 나라에서 기술과 사회적 제 관계가 발달한 수준에 좌우된다.

그와 같이, 예를 들어 영국인들은 그들 나라의 특수한 자연이 없었다면, 풍부한 석탄과 철 그리고 섬나라로서의 위치가 아니었다면, 18, 19세기 중에 세계를 제패하는 위치에 결코 도달하지 못했으리란 것이 확실하다. 그러나 석탄과 철이 증기 시대에 획득한 기술상의 지배적 역할을 맡지 못하던 한에서는 토양의 자연적 부들은 단지 미미한 중요성만을 띠었다. 그리고 아메리카 대륙과 인도 항로가 발견되기 전까지는, 범선 항해술이 고도로 발달하고 스페인·프랑스·독일이 고도로 문화를 발달시키기 전까지 이들 나라가 단지 야만족이 거주하는 땅이던 한에서는, 영국의 섬나라로서의 위치는 영국을 유럽의 문명으로부터 차단하고 영국을 약하고 야만적인 상태로 유지해 주는 요인이었다.

다양한 사회적 조건 속에서는 그 나라의 동일한 자연은 상당히 다양한 뭔가를 의미할 수 있다. 그 나라의 자연이 생산 양식의 변화에 의해 달라지지 않은 경우에도 그 영향은 반드시 동일한 상태로 남아 있지는 않다. 여기서도 우리는 늘 그러하듯이 결정적 요인으로서 경제적 제 관계의 총체성을 마주한다.

그러므로 이스라엘의 역사를 결정한 것은 팔레스티나의 절대적 자연과 위치가 아니라, 일정한 사회적 제 관계하에서의 그 자연과 위치였다.

팔레스티나의 특징은 적대적 요소들이 충돌하고 싸우던 경계선상의 지역이었다는 것이다. 그것은 한편에서는 아라비아 사막이 끝나고 시리아의 문명화된 국가가 시작되는 곳이며, 다른 편에서는 두 거대 제국의 영향권이 충돌하는 위치에 있었다. 그들은 우리 문화의 토대에 위치하여 이를 지배하는 것들로서, 나일 강 계곡에서 형성된 이집트 제국과 그 중심지를 바빌론에 두기도 하고 니느웨에 두기도 한, 유프라테스·티그리스 강 유역에서 생겨난 메소포타미아 제국이 그 두 제국이다.

끝으로 팔레스티나는 아주 중요한 교역 루트들이 가로질러 가던 곳이다. 그것은 한쪽에서는 이집트와 다른 쪽에서는 시리아·메소포타미아 사이의 교역을, 페니키아와 아라비아 사이의 무역과 아울러 지배했다.

첫째 요인의 영향을 고찰해 보자. 팔레스티나는 비옥한 땅이었다. 그 비옥함은 물론 중간 수준을 넘는 것은 아니었지만 근처의 모래와 돌로 된 사막과 비교하면 대단해 보였다. 그 황무지의 주민들에게는 그것은 젖과 꿀이 흐르는 땅으로 통했다.

히브리족은 유목을 하는 목동들로 등장했다. 그들의 정착은 팔레스티나의 원주민들, 가나안 사람들과의 끊임없는 전쟁 속에서 이루어졌다. 이들에게서 도시를 하나하나씩 빼앗고 이들을 점차 지배하에 두었다. 그러나 끊임없는 전쟁으로 차지한 것은 끊임없는 전쟁으로 지켜야 했다. 에돔 사람들, 모압 사람들, 암몬 사람들 등 그들과 똑같이 비옥한 땅을 소유하기를 갈망한 다른 유목민들이 뒤를 이어 나왔기 때문이었다.

그 땅을 정복한 후에도 히브리인들은 비록 이제 정주 생활을 했으나 오랜 기간 목자들로 남아 있었다. 그러나 점차 원주민들에게 경작 방식, 곡물과 포도의 재배, 올리브와 무화과의 농사 등을 전해 받고 그들과 뒤섞여 살았다. 그러나 히브리인들은 오랫동안 자신들의 출신인 떠돌이 베두인 부족의 성격적 특성을 유지했다. 사막에서 유목을 하며 가축을 키우는 것은 기술 진보와 사회적 발전에는 특히 불리한 것 같다. 오늘날 아라비아 베두인들의 생활 방식은 아직도 아브라함·이삭·야곱의 옛 전설에서 묘사된 것을 우리에게 생생하게 회상시켜 준다. 여러 세기를 거쳐 대대로 동일한 활동과 고생, 동일한 필요와 관점의 영원한 반복이 전수되어 지독한 보수주의의 결실을 가져온다. 이는 농민에게서보다 유목민에게서 훨씬 강하며, 큰 변화가 생겨나는 가운데서도 옛 전통과 제도들의 보전을 촉진한다.

이러한 경향의 한 예로 들 수 있는 것이 아궁이는 이스라엘인 농민의 집에서는 고정된 위치가 없었고 종교적 의미도 없었다는 것이다. 벨하우젠(Wellhausen)은 "이 점에서 이스라엘인은 아라비아인과 가깝고 그리스인과는 다르다. 일상생활의 다른 측면에서는 그리스인과 훨씬 더 가까웠는데도 그렇다"라고 말하면서 이렇게 덧붙인다.

"히브리인들은 아궁이에 해당하는 낱말이 없었던 것이나 마찬가지이다. 아슈포트라는 호칭은 다분히 '오물더미'라는 의미를 띠었다. 그것은 인도-유럽어족의 아궁이가 집의 제단인 것과는 차이를 보여준다. 결코 꺼지지 않는 아궁이의 불 대신에 히브리인들은 영원한 등불을 가졌다." *

이스라엘인이 베두인 시대로부터 물려받아 보존한 기질 중에는 특히 상품 거래의 감각과 취향이 포함될 수 있을 것이다.

위에서 로마 사회를 연구하면서 우리는 개인 간의 거래가 아닌 민족 간의 교역이 얼마나 일찍이 발달했는지를 지적했다. 그 최초의 중개인들은 사막에 살던 유목민들이었을 것이다. 유목민들의 생계 유지 방식은 그들을 한 초지에서 다른 초지로 쉴 새 없이 헤매도록 내몰았다. 그들의 땅의 빈약한 토질은 아주 일찍이 그들에게 그들의 땅과 경계를 맞대고 있는 다른 풍성한 자연의 혜택을 받은 나라들의 산출물에 대한 필요를 일깨웠음이 틀림없다. 유목민들은 필시 남아도는 가축을 곡식, 기름, 대추야자 또는 목제, 석제, 청동 및 철제 공구와 교환했을 것이다. 그러나 그들의 이

---

* Wellhausen, *Israelitische und jüdische Geschichte*, S. 87f.

동성은 먼 곳에서 그들 자신을 위한 물품만 얻는 것이 아니라 다른 민족을 위해 수요가 많고 쉽게 운송이 가능한 제품들도 교환할 수 있도록 해 주었다. 즉 그들 스스로 보관하고 소비하거나 사용하기 위한 목적이 아니라 대가를 받고 그것들을 내어줄 목적으로 그런 물품들을 얻은 것이다. 유목민들은 그래서 최초의 상인이 되었다. 도로가 없고 해운이 별로 발달하지 않았던 때에는 이런 형태의 상업이 지배력을 행사했음이 분명하며, 그것을 영위하는 자들에게 큰 부를 가져다줄 수 있었다. 나중에 해운이 증가하고 안전하고 실용적인 도로가 건설됨에 따라 유목민들을 통해 중계된 교역은 쇠퇴했음이 틀림없으며, 유목민들은 그들 사막의 제품들에만 의존하게 되어 가난해졌음이 분명하다. 이는 최소한 부분적으로는 동인도로 가는 뱃길의 발견 이래로 중앙아시아의 오래된 문명이 그렇게 쇠퇴하게 된 이유가 된다는 것이 확실하다. 마찬가지의 이유로 벌써 이른 시기에 아라비아가 가난해졌다. 페니키아의 도시들이 번성하던 때에 아라비아의 유목민은 페니키아의 도시민들을 상대로 이문이 아주 크게 남는 장사를 했다. 유목민들이 양에서 나온 값진 양털을 도시의 물레 돌리는 사람에게 가져다주면 여기서 나온 생산품이 서쪽으로 수출된다. 그들은 또한 남쪽의 부유하고 비옥한 "복된" 아라비아의 산품도 가져다주었다. 유향과 향신료, 금과 보석들이 그런 것이다. 게다가 그들은 복된 아라비아에서 좁은 물만 건너면 있는 에티오피아로부터 상아와 흑단 같은 진기한 물품들을 실어 갔다. 인도와의 교역도 주로 아라비아를 거쳐서 이루어졌다. 페르시아 만과 인도양 연안까지 말라바르와 실론에서 물품들이 배에 실려 왔고 그 다음은 사막을 가로질러 팔레스티나와 페니키아로 운송되어 갔다.

이런 교역은 여러 부족들의 손을 거쳐 이루어졌으며 그 손을 제공한 모든 부족들에게 상당한 부를 안겨주었다. 이는 부분적으로는 상인의 이윤을 통해서 그리고 부분적으로는 통관되는 물품에 부과되는 세금을 통해서였다. 헤렌(Heeren)은 이렇게 말한다.

"이 민족들 가운데 아주 부유한 부족들이 있음을 발견하는 것은 흔한 일이다. 아라비아의 유목민들 중에 누구도 미디안 사람들보다 더 많은 이익을 얻으면서 대상 무역을 수행한 자는 없는 것 같다. 미디안 사람들은 페니키아 근처의 이 땅의 북쪽 변방에서 방랑하곤 했다. 요셉이 팔린 것은 아라비아에서 이집트로 가는 향신료와 향유와 몰약을 실은 미디안 대상들에게였다.(창세기 37장 28절) 이스라엘 사람들은 (기드온이 미디안 사람들의 가나안 침입을 격퇴했을 때) 이 민족에게서 금으로 된 많은 전리품을 얻었고 그 많은 수량이 그들에게 경이로움을 일으켰다. 금속은 그들에게는 아주 흔해서 개인 장식용만이 아니라 낙타의 고삐에도 사용되었다."

판관기 8장은 다음과 같이 우리에게 말해 준다.

"기드온이 일어나 세바와 살문나를 쳐서 죽이고, 그들이 타던 낙타의 목에서 초승달 모양의 장식을 떼어 가졌다. … 기드온은 말을 계속하였다. '여러분에게 한 가지 청이 있습니다. 각 사람이 얻은 전리품 가운데서 귀고리 하나씩을 나에게 주십시오.' 미디안 군은 이스마엘 사람들이므로 모두 금귀고리를 달고 있었다. … 그의 요청으로 들어온 금귀고리의 무게가 금 천칠백 세겔*이나 되었다. 그 밖에도 초승달 모양의 장식품과 패물들, 미디안 왕들이 입었던 자주색 옷과 낙타 목에 둘렀던 사슬이 있었다."

---

* 금 1세겔은 16.8그램=47마르크와 같다.

혜렌은 그 다음에는 에돔 사람들에 대해서 논하면서 다음과 같이 계속한다.

"그리스인들은 북아라비아에서 떠돌던 모든 유목 부족을 나바테아의 아라비아인들이라는 이름으로 포괄한다. 디오도루스는 그들의 생활방식을 아름답게 묘사하면서 그들과 예멘과의 대상 무역을 잊지 않는다. 그는 이렇게 말한다. '그들 중 적지 않은 부분이 유향, 몰약, 기타 값나가는 향신료를 지중해로 운반하는 사업을 한다. 이것들을 그들은 복된 아라비아에서 가져온 자들에게 얻는다.'" (Diodorus, II, S. 390)

"사막의 일부 부족들이 이런 식으로 취득한 부는 그리스의 전사들의 탐욕을 자극할 정도로 컸다. 에돔 사람들의 구역을 통과해 간 물품들의 창고 중 하나는 페트라의 요새였다. 그곳에서 북서 아라비아는 페트라아라비아라는 이름을 얻는다. 데메트리우스 폴리오르케테스는 이 성읍을 급습하고 약탈하려고 시도했다." *

우리는 그 이웃인 이스라엘인도 떠돌이 시대에 그의 이웃인 미디안 사람들처럼 그랬을 것이라고 상상해야 한다. 이미 아브라함에 관해서는 그가 가축만이 아니라 은과 금에서도 부자였다고 보도된다.(창세기 13장 2절) 유목민들은 이것들을 교역을 통해서만 얻을 수 있었다. 나중에 가나안에서 그들의 상황은 유목민이었을 때 생겨난 교역 정신을 제한하고 약화시킬 수 없었던 것 같다. 왜냐하면 이 나라의 위치가 그들로 하여금 페니키아와 아라비아 사이, 이집트와 바빌론 사이의 교역에 전과 똑같이 참여하

---

* Heeren, *Ideen über die Politik, den Verkehr und den Handel der vornehmsten Völker der alten Welt*, 1817. I, S. 84-86.

여, 일부는 중개인과 운송업자로 활동하고 또 일부는 산에 있는 요새로부터 대상들을 습격하고 그들을 약탈하거나 공물을 취하는 식으로 교역을 방해함으로써 이익을 얻을 수 있게 해 주었기 때문이다. 그 당시에 상업과 강도가 밀접하게 관련된 직종이었음을 잊어서는 안 된다.

"이스라엘인들이 가나안에 오기 전에도 이 가나안 땅의 교역은 고도로 발달했다. 텔-엘-아마르나 서신들(그리스도 전 15세기)에서 대상들은 호송을 받으며 그 땅을 통과하는 것으로 이야기된다." *

그러나 심지어 2000년경에도 팔레스타나와 이집트 그리고 유프라테스 지역의 땅들 간에 밀접한 상업적 관계가 있었다는 증거가 있다.

예레미아스(라이프치히 대학의 사강사이고 유태인 예언자가 아님)는 그 시대의 한 파피루스 내용의 핵심을 다음과 같이 전한다.

"팔레스타나의 베두인 부족들은 그리하여 이집트의 문명화된 땅과 밀접하게 연결되어 있었다. 파피루스에 따르면, 그들의 족장들은 이따금 파라오의 궁전을 방문하여 이집트에서 벌어진 사건들에 대한 소식을 얻는다. 대사들이 문서화된 위임장을 들고 유프라테스 지역과 이집트 간을 오갔다. 이 아시아계 베두인들은 결코 야만족이 아니었다. 야만 민족들은 이집트의 왕이 맞서서 전투를 벌인 민족들인데 그들은 이들과는 명확히 적대적인 것으로 언급된다. 베두인 족장들은 여러 패거리의 두목들에 대항한 큰 군사작전에 합류한다." **

---

* Franz Buhl, *Die sozialen Verhältnisse der Israeliten*, 1899, S. 76.
** Jeremias, *Das alte Testament im Lichte des alten Orients*, 1906, S. 300.

헤르츠펠트(Herzfeld)는 그의 『고대 유태 교역사』(*Handelsgeschichte der Juden des Altertums*)에서 팔레스티나를 통과하거나 그 근처를 지나간 대상 루트들에 대해 폭넓은 설명을 한다. 그의 견해는 "그러한 교역로가 고대 에는 아마도 오늘날의 철도보다 훨씬 더 큰 상업적 중요성을 띠었을 것"이라는 것이다.

"그러한 하나의 루트는 남서아라비아로부터 홍해 연안과 아카바 만에 나란히 나 있는 길이었다. 그리로 복된 아라비아, 에티오피아 그리고 몇몇 에티오피아 내륙의 물품들이 나중에 페트라라고 불린 셀라로 왔다. 이곳은 사해 남쪽 약 70km 지점이다. 또 하나의 대상 루트는 바빌로니아와 인도의 물자를 페르시아만의 게르하(Gerrha)로부터 아라비아를 가로질러 페트라로 운반했다. 여기서부터 세 갈래의 다른 루트가 갈라졌다. 하나는 이집트로 가는 루트로 오른편으로는 지중해 연안의 아라비아 항구들로 가는 길이 여러 갈래로 갈라진다. 둘째는 가자(Gaza)로 가는 루트로서 북쪽으로 난 아주 중요한 연장 루트로 연결된다. 셋째는 사해의 동쪽 연안과 요르단을 따라 다마스쿠스로 가는 루트이다. 게다가 아일라트(Ailat)는 그 이름을 따서 이름이 지어진 에일라트만(아랍어로는 아카바만 – 옮긴이)의 안쪽 구석에 있으면서 이미 남쪽 여러 나라 물품들의 보관창고였다. 그것은 페트라와 짧은 루트로 연결되었다. 앞서 언급한 가자에서 북쪽으로 난 길은 유대아와 사마리아의 분지를 통과하여 이스르엘 평원 동쪽에서 아코(Acco)로 가는 다른 길로 이어진다. 이 다양한 길로 운반되는 물자들 중에서 페니키아로 가는 것들은 아라비아의 항구들이나 가자와 아코에서 배에 실린다. 왜냐하면 아코에서 티루스와 시돈으로 가는 길은 바위가 매우 많고 육로 운송을 위해서는 아주 훗날에나 도로가 생겼기 때문이다. 동쪽으로부터 많이 이용된 대상 루트는 유프라테스 중부의 바빌론에서 나중에

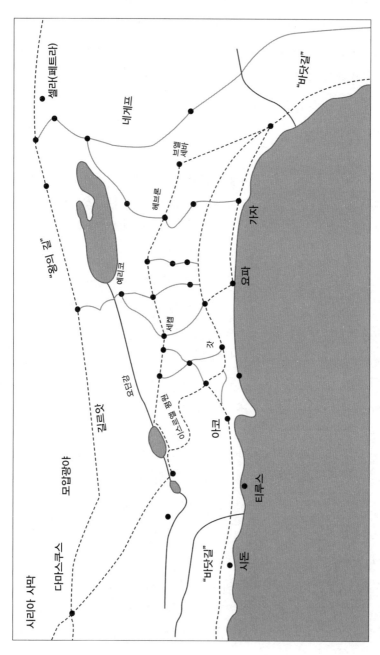

무역로: 바빌론에 의한 예루살렘 함락 이전 고대 이스라엘 무역로: "왕의 길"과 "바닷길"

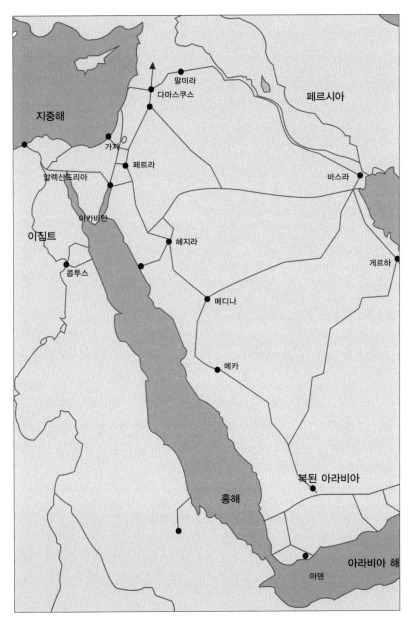

아라비아의 무역로: 남쪽 행운의 아라비아 지역의 유향이 올라온 경로

팔미라가 번창했던 아라비아와 시리아의 사막을 통과하고 요르단 상류의 동편 강둑을 따라 조금 간 후에 그 강을 건너 이스르엘 평원을 통과하여 곧장 바다로 간다. 그 길이 요르단에 도착하기 바로 전에 그것은 길르앗에서 오는 길과 합류한다. 이 길은 우리가 살펴본 것처럼 요셉의 시대에도 이용되었다. 그리고 이스르엘 평원에서 가자로부터 오는 길이 그 길로 이어진다는 것을 우리는 살펴보았다. 추측컨대 가자는 또한 팔레스티나에서 이집트로 가는 길의 출발지였을 것이다.(창세기 37장 25, 41, 57절) 이 교역 루트들과 그 결절점에 형성된 장터들이 유태인에게 상업적인 영향을 미쳤다는 것은 상당히 오랫동안 역사적으로 전해 오는 사실들에서 입증되고 가늠될 수가 없다. 그러나 그 영향의 내적인 불가피성이 있으므로 의문시될 수가 없다. 그리고 그것을 가정함으로써 많은 빈약한 고대의 전거들이 해명이 되며, 이로써 사실상 그런 영향을 인식할 수가 있다." *

사치품과 수출 산업 그리고 예술은 이스라엘인들 가운데서 교역의 융성에 훨씬 못 미쳤다. 그 이유는 필시 수공업이 높은 완성도에 이르렀던 시기에 그들 주변이 온통 이스라엘인들이 정주하게 되었다는 데 있을 것이다. 사치품들은 그 지방의 수공업에 의해 마련될 경우보다 교역을 통해 취득될 때 더 훌륭하고 더 값이 쌌다. 수공업은 극히 단순한 물품의 생산에 국한되었다. 훨씬 일찍 문화민족이 된 페니키아인들 중에서도 그들의 공업의 발전은 그들이 판매한 이집트와 바빌로니아 물품들의 경쟁에 의해 늦어졌다. "초기에 페니키아인들은 공업 분야에서 시리아의 나머지 지방 주민들보다 우수했다고 하기 힘들다. 그리스의 연안에 상륙한 최초의 페니키아인들이 자신의 나라가 아닌 이집트와 앗시리아, 곧 시리아 내

---

* *Handelsgeschichte der Juden*, S. 22-25.

류의 나라들에서 생산된 물건들을 팔러 다녔다고 헤로도투스가 말할 때 그의 말이 맞을 것이다. 페니키아의 대도시들은 주로 그들이 정치적으로 종속되고 대부분의 상업적 관계들을 잃은 후에 비로소 공업도시들이 되었다." *

수공업의 발달을 저해한 것은 또한 영구적인 전쟁 상태였을 것이다. 아무튼 수공업이 별로 발달하지 못했다는 것은 확실하다. 예언자 에제키엘은 티루스의 교역에 관해서 그 도시를 위한 통탄의 노래에서 자세히 설명한다. 여기에는 이스라엘과의 교역이 포함된다. 이스라엘의 수출품은 전적으로 농산물이었다. "유다와 이스라엘도 너와 무역을 했다. 민닛에서 난 밀곡식과 돌무화과, 꿀, 기름, 유향을 주고 너의 상품들을 사 갔다."(에제키엘 27장 17절)

다윗이 예루살렘을 그의 수도로 만들었을 때 티루스의 히람 왕은 그에게 "송백 재목과 함께 목수와 석수를 딸려 보내어 다윗의 궁을 짓게 하였다."(사무엘하 5장 11절) 솔로몬이 성전을 건축할 때도 같은 일이 있어서 히람에게 매년 밀 이만 섬과 찐기름 이십 섬을 지불했다.(열왕기상 5장 25절)

고도로 발달된 사치품 수공업이 없이는, 즉 예술적 수공기술이 없이는 사람의 인품을 묘사하는 데까지 나아간 조형예술, 사람의 유형을 개략적으로 그리는 것을 넘어서 그 개성을 나타내고 이상화할 수 있는 조형예술은 없었다.

그러한 예술은 온갖 성질을 띤 온갖 재료를 예술가에게 가져다주어 그의 목적에 가장 부합하는 것을 선택하게 해 줄 수 있는 고도의 교역을 전제로 한다. 그것은 또한 집중적 분업과 다양한 재료들을 취급하는 데 여러 세대에 걸쳐 축적된 경험, 그리고 끝으로 예술가를 강제 노동의 수준

---

* R. Pietschmann, *Geschichte der Phönizier*, 1889, S. 238.

위로 높여 주고 예술가에게 여가와 기쁨과 기력을 주는 높은 가치 인정을 전제로 한다.

이 모든 요소들이 결합된 것은 활기차고 원숙한 수공기술을 가진 거대한 상업도시들에서만 찾아볼 수 있다. 테베와 멤피스, 아테네 그리고 나중에 중세 이후로는 피렌체, 안트베르펜, 암스테르담에서 조형예술은 활력이 넘치는 수공기술을 토대로 절정의 만개 상태에 도달했다.

이는 유태인들에게는 결여되었으며, 이는 다시 그들의 종교에도 영향을 미쳤다.

## 고대 이스라엘의 신 관념

신에 대한 관념은 원시 민족들 가운데서 지극히 모호하고 혼돈되었으며, 학자들이 신화 책에서 제시한 것을 보는 것처럼 명쾌한 것은 결코 아니었다. 개별 신들은 명확히 구상되지도 않았고 서로 구별되지도 않았다. 그들은 자연과 인간들에 영향을 주는 알 수 없는, 비밀이 가득한 인격체들로서 사람들에게 행운과 불행을 가져다주지만, 처음에는 꿈속의 환상들처럼 더욱 그림자 같고 희미한 것으로 상상된다.

개별적인 신들을 서로 구분시켜 주는 유일한 차이는 어느 장소에 있는 신이냐에 달렸다. 원시인의 환상을 특별히 불러일으키는 모든 지점이 그에게는 특정한 신의 자리로 보인다. 높은 산들이나 고립된 바위, 특별한 위치에 있는 작은 숲들, 그리고 홀로 선 아득하게 오래된 거목, 샘, 동굴이 모든 것이 신들의 자리로서 일종의 신성을 부여받는다. 또한 특별히 모양 지어진 돌이나 나무토막이 그것들을 소유했을 때 거기에 사는 신의 도움을 보장해 주는 거룩한 물건으로서 신의 자리로 간주될 수가 있다. 모든 부족, 모든 씨족은 그러한 성스러운 물건 혹은 주물(呪物, Fetisch)을 획득하려고 했다. 이는 히브리인들에게도 사실이었다. 왜냐하면 그들의 원래의 신 관념은 유일신론과는 거리가 멀고 우리가 방금 서술한 바로 그 수준에 있었기 때문이다. 이스라엘인의 성스러운 물건들은 처음에는 주물들에 불과했던 것 같다. 야곱이 자신의 장인 라반에게서 훔친 우상들(테라빔)은 물론, 야훼가 들어가 있으며 그것을 정당하게 소유하는 사람에게 승리와 비와 부를 가져다준다는 언약궤까지 다 그런 것들이었다. 페니키아인들과 이스라엘인들이 숭배한 거룩한 돌들은 벧엘이라고 불렸다. 하느님의 집이라는 뜻의 말이다.

　지방의 신들과 주물들은 이 단계에서는 확실하게 개체화되지 않았다. 흔히 그것들은 같은 이름을 지녔다. 예를 들어서 이스라엘인들과 페니키아인들 가운데서 여러 신들이 엘(복수, 엘로힘)이라고 불렸고 다른 신들은 페니키아인들에 의해 바알 곧 주라고 불렸다. "이름이 같은데도 이 모든 바알들은 처음부터 퍽 구별되는 존재들로 간주되었다. 흔히 그들을 구분하는 데는 그 신이 숭배되는 곳의 이름 외에는 다른 것이 더해지지 않았다."*

　조형예술이 사람의 형체를 개별화하고 관념화하며, 그 자신의 특별한 개성을 지니지만 또한 평범한 사람의 모습보다 높이 올려 주는 매력이나 위엄, 크기 혹은 무서움도 지닌 특정한 형체들을 창조할 만큼 충분히 발달했을 때에야 비로소 민중의 의식에서 개별 신들을 서로 간에 명확하게 구분해 주는 것이 가능했다. 이 시점에서 다신론이 물적인 토대를 얻었다. 이제 비가시적인 것이 가시적인 것이 되었고, 이로써 각자에게 똑같은 방식으로 상상이 가능한 것이 되었다. 이제 개별 신들은 서로 간에 영구적으로 구별이 되었으며 그들 간에 혼동을 일으키는 것은 불가능하게

---

* Pietschmann, *Geschichte der Phönizier*, S. 183, 184.

되었다. 그때부터 사람들은 원시인의 환상 속에서 난무하는 무수한 영적 존재들로부터 개별 인물들을 특별히 선택할 수 있었고 그들을 개별화할 수가 있었다.

우리는 이집트에서 개별적 신들의 수가 조형예술의 발달과 함께 어떻게 증가하는지를 명확히 추적할 수가 있다. 그리스에서도 공예산업 그리고 조형예술에서의 인간 묘사가 최고점에 도달한 시기가 신들의 세계에서 가장 큰 다양성과 가장 날카로운 개별화의 때와 서로 부합한다는 것은 확실히 우연이 아니다.

이스라엘인들은 공업과 예술에서 뒤졌기 때문에 결코 공업적 · 예술적으로 발달된 민족들의 진보, 곧 신의 형상으로 영혼 혹은 신의 거주지인 주물을 대체하는 것을 완수하지 못했다. 이 측면에서도 그들은 베두인의 사고 양태 수준에 머물렀다. 그들 자신의 신들을 형상으로 표현하려는 생각은 결코 그들의 머리에 떠오르지 않았다. 그들이 알던 모든 신들의 형상은 외국인의 신의 형상, 적의 신들의 형상이었다. 외국에서 수입된 것들이거나 그것들을 표본으로 모방한 것이었다. 그래서 이 형상들에 대한 애국자들의 증오가 생겼다.

이것은 후진성의 요소를 지녔다. 그러나 그것은 유태인들이 우리가 이미 언급했던 원인들로 인해 고대 세계 최고의 발전 수준에 있던 다양한 대도시들에서 생겨난 철학적이고 윤리적인 유일신 신앙에 대해서 알게 되자 그들이 다신론을 넘어 발전하는 것을 더 쉽게 해 주었음이 분명하다. 신들의 형상이 사람들의 정신에 뿌리를 내렸던 경우에는 다신론도 쉽게 극복될 수 없는 확고한 토대를 제공받았다. 이에 반하여 신들의 형상이 불특정하다는 것과 여러 지방에서 그들의 호칭이 같다는 것은 하나의 신이라는 관념을 대중화하는 길을 열었다. 그 하나의 신에 비하여 다른 모든 보이지 않는 영들은 하위의 존재들에 불과한 것이다.

아무튼 모든 유일신론적 민중 종교들이, 아직 유목민적 사고 양식에 머물렀고 어떤 높은 수준의 공업이나 예술을 발달시키지도 못했던 민족들에게서 나왔다는 것은 단순한 우연이 아니다. 유태인과 아울러 이들은 페르시아인이며, 나중에는 이슬람의 아라비아인으로서 고등의 도시 문명과 접촉하게 되자마자 유일신론을 받아들였다. 이슬람교만이 아니라 조로아스터교도 유일신 종교에 들어간다. 이는 오직 한 주님이요, 세상의 창조자인 '아후라 마즈다'*만을 인정하며 '앙그라 마이뉴'(아흐리만)**는 사탄과 같은 하위의 영이다.

후진적 형태들이 진보를 더 쉽게 받아들이며, 그것을 더 앞선 형태들보다 발전시킨다는 것은 이상해 보일 수도 있다. 그러나 그것은 유기체들의 진화에서도 드러나는 사실이다. 고도로 발달한 형체들은 흔히 적응 능력이 떨어지고 쉽게 사멸하는 반면에 하등의 형체들은 덜 분화된 기관을 가지고서 새로운 조건에 더 쉽게 적응할 수 있고 따라서 더 많은 진보를 이룰 수가 있다.

사람에게 있어서 기관들은 무의식적으로만 발달하지 않는다. 그는 자신의 신체기관 외에도 의식적으로 또한 사람들로부터 그 제조방법을 배울 수가 있는 다른 인공적 기관들도 발달시킨다. 이런 인공적 형체들과 관련하여 개인이나 집단들은 발달의 전체 단계들을 뛰어넘을 수가 있다. 이는 물론 다른 이들이 이미 더 높은 단계에 도달해 있어서 그들에게서 그것을 전수받을 수 있을 경우에만 가능하다. 이미 가스등에 상당한 자본 투자를 한 대도시들보다 여러 농촌 마을이 전기 조명을 더 쉽게 받아들였

---

* 아후라 마즈다는 아베스탄어로 창조되지 않은 조물주, 즉 신으로서 조로아스터에 의해 강화된 신의 이름이다. – 위키백과
** 아베스탄어 이름으로 파괴적인 영혼의 조로아스터교의 실체이다. 중기 페르시아의 아흐리만과 동등하다. – 위키백과

다는 것은 잘 알려진 사실이다. 농촌 마을은 가스등의 단계를 거치지 않고 등잔불에서 전기등으로 직접 뛰어넘어 갈 수 있었으며, 이는 다만 전기등에 필요한 기술적 지식이 대도시들에서 이미 얻어졌기 때문이다. 농촌 마을은 이 지식을 자체적으로는 결코 개발할 수 없었을 것이다. 마찬가지로 유일신론은 이집트인, 바빌로니아인 혹은 그리스인들에게보다 유태인과 페르시아인 민중에게 더 쉽게 수용되었다. 그러나 유일신론의 관념은 처음에는 이들 고도로 발달한 문화민족들의 철학자들에 의해 발달되었다.

그러나 우리가 다루고 있는 시대, 곧 포로기 이전에는 일이 아직 그렇게까지 진척되지 못했다. 신들에 대한 원시적 숭배가 여전히 지배적이었다.

## 상업과 철학

상업은 수공업과 예술과는 다른 사고방식을 발달시킨다.

정치경제학 비판에서 그리고 후에는 자본론에서 맑스는 상품 안에 표현된 노동의 이중적 성격을 언급한다. 각 상품은 사용 가치인 동시에 교환 가치여서 그것에 들어가는 노동도 특정한 종류의 노동─가령 직조 작업·그릇 만드는 노동·대장간 노동 같은 노동으로, 그리고 동시에 추상적인 일반적으로 인간적인 노동으로 간주된다.

특정한 사용 가치를 생산하는 특정한 생산 활동은 당연히 그 특정한 사용 가치를 원하는 소비자에게 주로 관심의 대상이다. 소비자가 옷감을 필요로 하면 그 소비자는 옷감을 만드는 데 들어가는 노동에 관심을 가진다. 그것이 바로 이 특수한 옷감 생산 작업이기 때문이다. 그러나 상품의 생산자에게도─우리가 이야기하고 있는 단계에서 이는 통상적으로 아직은 임금 노동자가 아니라 독립적 농민, 장인, 예술가, 혹은 그들의 노예들을 말한다―노동은 그에게 특정한 제품을 생산할 수 있게 해 주는 특정한 활동으로 간주된다.

상인은 다르다. 그의 활동은 비싸게 팔기 위해 싸게 사는 데 있다. 그가 어떤 특정한 상품을 구입하거나 판매하는지는 기본적으로 그가 구매자를 발견하는 한 그에게는 무관한 일이다. 그는 구매와 판매의 시간과 장소들에서 취급하는 물건들을 생산하는 데 사회적으로 필요한 노동의 양에 전적으로 관심을 가진다. 왜냐하면 노동의 양이 물건들의 가격에 결정적으로 영향을 미치기 때문이다. 그러나 이 노동은 특정한 사용 가치를 생산하는 구체적 노동으로서가 아니라, 오직 가치를 부여하는 일반적 인간 노동, 추상적 노동으로서만 그에게 관심의 대상이다. 물론 이 모두가 상인에게 이런 형태로 의식되지는 않는다. 왜냐하면 사람들이 일반적 인간 노동에 의한 가치의 결정을 발견하게 되기까지는 긴 시간이 걸리기 때문이다. 그 발견은 고도로 발달한 상품 생산의 조건하에서 칼 맑스라는 천재에 의해 비로소 완전하게 달성되었다. 그러나 수천 년 전에도 노동의 구체적 형태들과 대조되는 것으로서 추상적·일반적 인간 노동은 화폐로 구체적으로 표현되었다.* 돈을 이해하는 데는 조금의 추상능력도 필요하지 않다. 돈은 모든 상품에 포함된 일반적 인간 노동을 대표한다. 그것은 직조자, 도자기공 혹은 대장장이의 일과 같은 특정한 종류의 노동을 표상

---

* 옛날에 돈은 유통 수단과 마찬가지로 가치 척도로서 등장한다. 그것은 아직 물물교환이 지배적 형태인 시절에는 그런 식으로 사용된다. 그래서 이집트에서는 다음과 같은 관습이 있었다고 한다. "91그램의 구리막대(우텐)를 그것으로 다른 모든 상품을 사들일 수 있는 진짜 돈으로서가 아니라 그것으로써 서로 거래되는 상품들의 가치를 평가하는 상품 교환에서의 가치 척도로 사용하는 관습이 있었다. 그래서 한때 신왕국에서는 그 값어치가 119우텐의 구리로 평가된 황소가 25우텐의 상감세공된 지팡이, 12우텐의 다른 지팡이, 11우텐의 꿀단지 11개 등으로 값이 치러졌다. 이로부터 나중에 프톨레마이오스의 구리본위제가 생겨났다." (Meyer 편, 『고대의 경제발전』, 1895, S. 11)

하는 것이 아니라 오늘은 이런 종류, 내일은 저런 종류 등 모든 종류의 노동을 표상한다. 그러나 상인은 상품이 돈을 표현하는 한에서만 그 상품에 관심을 갖는다. 그는 그것의 특정한 쓸모가 아니라 그것의 특정한 가격에 관심을 둔다.

생산자─농민, 장인, 공예가─는 자신의 작업의 특정한 성질, 자신이 작업할 재료의 특정한 성질에 관심이 있다. 그리고 생산자는 자기 노동을 분업화할수록 자신 노동력의 생산성을 높이게 된다. 그의 특정한 작업은 그를 특정한 장소, 그의 땅 혹은 그의 작업장에 묶어놓는다. 그를 골몰케 하는 일의 확정성은 그리하여 그의 사고방식에 일정한 편협함을 낳는다. 이는 그리스인들이 바나우 양식(바나우소스=장인에서 파생)이라 부른 것이다. 소크라테스는 기원전 5세기에 이렇게 말했다: "대장장이들·목수들·제화공들은 그들 일에서는 숙련이 되어 있을지 모르지만, 그들 대부분은 노예 영혼의 소유자이다. 그들은 무엇이 아름다운지, 무엇이 선한지, 무엇이 옳은지를 모른다." 똑같은 견해가 기원전 200년경 시락의 아들 예수에 의해서도 표명되었다. 수공기술이 유익하기는 하나 장인들은 정치나 사법(司法) 혹은 도덕 교육의 전파에는 쓸모가 없다고 그는 생각한다.

기계만이 근로 계급의 대중이 이 편협성을 지양하는 것을 가능하게 해 준다. 그러나 오직 자본주의적 상품 생산의 지양(止揚)만이 기계가 노동하는 대중들의 해방이라는 숭고한 사명을 완전히 성취시켜 줄 수 있는 조건을 창출하게 될 것이다.

다른 한편, 상인의 활동은 그에게 수공업과는 전혀 다른 영향을 미친다. 그는 특정한 지방의 특정한 생산 분야에 대한 지식에 스스로를 한정시킬 필요가 없다. 그의 관점이 넓을수록, 그가 관여하는 생산 분야가 많을수록, 그의 특수한 필요와 생산 조건을 지닌 지역들이 많을수록 그는 어느 주어진 시기에 어떤 상품을 거래하는 것이 가장 이익이 큰지를 더 신속히 발견할 것이며, 그가 가장 유리하게 살 수 있는 시장들과 그가 가장 유리하게 팔 수 있는 시장들을 더욱 신속히 발견할 것이다. 그가 관여하고 있는 제품과 시장 들이 아무리 다양하더라도 결국 그의 관심은 가격들의 관계, 즉 추상적 인간 노동의 여러 양들의 관계, 곧 추상적 수치상의 관계에 있을 뿐이다. 교역이 더욱 발달할수록, 구매와 판매가 장소와 시간상으로 더욱 분리될수록, 그 상인이 취급해야 할 동전과 동전 품위의 차이가 복잡해질수록, 판매와 지불 행위가 서로 더욱 떨어지게 되어 신용 체계와 이자의 지불이 발달할수록, 이 수적 관계성들은 더욱 복잡하고 다양해진다. 그래서 상업은 수학적 사고를 발달시키며 이와 아울러 추상적 사고를 발달시킴이 분명하다. 상업이 지방적이고 직업적인 편협성을 넘어 지평을 넓혀 주고 상인에게 극히 다양한 기후와 풍토, 문화의 단계들과 생산 양식들에 대한 지식을 열어 줌에 따라, 그것은 그에게 비교를 하도록 자극을 주고 그에게 특수한 것들 중에서 일반적인 것을 볼 수 있게 해 주며, 우연한 것들 중에서 규칙적인 것, 주어진 조건하에서 항상 반복되는 것을 볼 수 있게 해 준다. 이런 식으로 수학적 사고에 의해서와 마찬가지로 추상의 능력이 고도로 발달하는 반면에, 수공업과 예술은 구체적인 것, 그러나 또한 사물의 본질보다는 피상적인 측면들에 대한 감각을 발달하게 한다. 과학적 탐구의 토대를 이루는 그런 정신적 역량을 형성하는 것은 농업, 수공업 같은 "생산적" 활동들이 아닌 "비생산적" 상업이다.

그러나 그렇다고 해서 상업이 탐구 그 자체를 낳는다는 말은 아니다. 초연한 사고, 사적 이익이 아닌 진리에 대한 탐구는 상인의 특징과는 거리가 멀다. 농민과 장인은 그들의 손으로 하는 일에 의해서만 먹고 산다. 그들이 도달할 수 있는 번영은 좁은 한계 내에 국한된다. 그러나 그 한계 내에서는 전쟁이나 자연재해가 전체 마을을 파멸시키고 빈곤으로 내몰지 않는다면 원초적 조건하의 모든 건강한 평균적인 개인에게 번영이 보장된다. 그러한 경우에 평균을 넘어서 얻으려고 노력하는 것은 필요한 일도 아니고 썩 가망성이 있지도 않다. 자신의 물려받은 몫에 즐거이 만족하는 것이 이런 직종들의 특징이다. 이는 자본이 우선 대부 자본의 형태로 이들이나 이들의 주인들을 굴복시키고 괴롭히지 않는 한에서는 그러하다.

그러나 일반적인 인간 노동으로 하는 상업은 구체적인 유용한 노동의 수행과는 완전히 다르다.

구체적인 유용한 노동의 성공은 그 개인의 능력에 의해 제한되지만, 상업의 성공은 아무런 제한도 받지 않는다. 상업의 이익은 상인이 보유하는 돈, 자본의 양에 의해서만 정해지는 한계가 있으며, 이 양은 제한 없이 확대될 수가 있다. 또 한편으로 이 상업은 단순 상품 생산에서의 농민적 노동과 수공업적 노동의 영구적 단조로움보다 훨씬 큰 변화와 위험에 노출된다. 상인은 항시 큰 부와 완전한 파멸의 양극단을 오간다. 이익을 향한 열정은 생산 계층들에서와는 전혀 다르게 자극된다. 경쟁자들, 착취 대상물들을 향한 충족을 모르는 탐욕과 무자비한 야수성, 이런 것들이 상인의 특징이다. 이는 오늘날에도 생존을 위해 일하는 사람들을 분개하게 하는 방식으로, 자본에 의한 착취가 특히 식민지들에서처럼 강력한 저항에 직면하지 않는 곳 도처에서 벌어지는 일이다.

이것은 초연한 과학적 사고를 가능하게 하는 사고방식이 결코 아니다. 상업은 그런 사고에 필요한 정신적 자질을 발달시키지만 그 자질을 과학에 적용하게 하지는 않는다. 오히려 상업이 과학에 영향을 미치는 경우에 그 효과는 자신의 목적을 위해 과학을 거짓되게 왜곡하는 것으로서 그에 대해서는 오늘날까지도 부르주아 과학이 셀 수도 없는 많은 예를 보여준다.

과학적 사고는 교역이 가져다주는 모든 재능과 경험, 지식에 의하여 영향을 받지만, 동시에 돈을 벌어야 할 필요에서 벗어난, 그래서 직접적·실무적·사적인 결과들을 고려하지 않으면서 초연하게 연구를 하고 문제를 풀여가 시간과 기회가 있고 그런 활동에 즐거움을 느끼는 계층에게서만 생겨날 수 있었다. 철학은 거대한 상업 중심지에서만, 그러나 그들의 재산이나 사회적 지위에 의해 여가와 자유를 보장받은, 상업에서 벗어난 분자들이 있는 곳에서만 발달했다. 여러 그리스의 교역 도시에서 그러한 분자들은 대지주들이었으며, 이들은 자신의 노예들 덕분에 일에서 벗어났으며, 시골에 살지 않고 도시에 살아서 시골 양반의 촌스러움에 빠지는 것을 면했고 도시와 그곳의 거대 상업의 온갖 영향을 받았다.

그러나 도시에 살면서 철학을 하는 지주계층은 토지 면적이 토지 귀족계층을 낳을 정도로는 크지만 그들이 도시와는 거리를 두게 하고 관심을 토지 소유를 확장하는 데 쏠리게 할 정도로 크지는 않은 해안 도시들에서만 나타났던 것 같다. 이런 조건들은 무엇보다도 그리스의 해안 도시들에서 찾아볼 수 있다. 바닷가의 페니키아 도시들은 땅이 너무 좁아서 그러한 토지 자산 계층을 낳지 못했다. 그곳에서는 모두가 상업으로 살아갔다.

광대한 영토로 둘러싸인 도시들에서 지주들은 시골 생활의 영향 아래에 더 머물러 있었던 것 같으며, 시골 양반의 정신세계 쪽으로 더 발달했던 듯하다. 아시아의 거대한 내륙 상업 중심지들에서, 생계를 위한 일에서 가장 자유롭고 실무적 활동에 가장 적게 참여한 것은 몇몇 신전의 사제들이었다. 이 신전들 중 적지 않은 수가 상근직 사제들을 둘 정도로 중요성과 부를 취득했으며, 이 사제들의 업무 부담은 아주 가벼웠다. 그리스의 해변 소도시들의 귀족계층 몫으로 주어졌던 그런 사회적 임무는 동방의 본토, 특히 이집트와 바빌론의 거대한 상업 중심지들에서는 성전 사제들에게 부과되었다. 즉 과학적 사고와 철학의 발전이 그것이다. 그러나 이 때문에 동방의 사고는 그리스의 사고가 벗어나 있는 어떤 제한을 받았다. 종교적 예배 행위와의 항상적인 연관성, 그리고 그에 대한 고려였다.

철학이 이 때문에 잃게 된 것을 예배 행위가 차지했으며, 사제들도 그것을 차지했다. 그리스에서 사제들이 예식을 집행하는 단순한 공직자이고 신전의 경비원이며, 그곳에서 종교 행위의 수행자에 머물렀다면, 동방의 거대한 상업 중심지들에서는 그들은 과학적인 것뿐 아니라 사회적인 모든 지식, 수학·천문학·의학뿐 아니라 역사와 법률의 보전자이고 행정가들이 되었다. 국가와 사회에서 그들의 영향력은 그에 따라 엄청나게 증대되었다. 그러나 종교 그 자체는 그리스의 신화가 도달할 능력이 안 되었던 영적인 깊이에 도달할 수 있었다. 왜냐하면 그리스 철학은 더 깊은 지식으로 그 신화의 순진한 관념들을 채워 넣고 그 둘을 조화시키려고 하지 않고 곧 신화를 한쪽 편으로 제쳐 놓았기 때문이다.

그리스의 종교에 감각적이고 생생하고 향락적이고 예술적인 성질을 부여하는 것은 조형예술의 높은 수준과 아울러 사제 신분으로부터 철학이 거리를 두고 있었다는 사정이다. 또 한편, 국제 교역상으로 중요하지만 조형예술이 별로 발달하지 못하고 지적인 취향과 필요를 가진 불경한 귀족계층도 없는 지역, 그러나 강한 사제 직분이 있고 명확히 구분된 개별 신들로 된 다신론을 아직 발달시키지 않은 종교를 가진 지역에서는 그 종교가 추상적이고 영성화된 성격을 더 쉽게 띨 수 있고, 신은 더 쉽게 하나의 인격이던 것에서부터 하나의 관념이나 개념이 될 수 있다.

## 상업과 민족성

상업은 사람들의 사고에 위에서 설명한 것과는 또 다른 방식으로 영향을 준다. 그것은 민족 감정을 크게 조장한다. 우리는 이미 상인의 폭넓은 시야에 비하여 농민과 소시민의 정신적 지평의 협소함에 대해 언급한 바 있다. 상인은 출생의 우연성이 그를 있게 한 장소에서 벗어나 끊임없이 앞으로 밀치고 나가는 과정에서 그러한 폭을 획득한다. 우리는 고대의 페니키아인과 그리스인 같은 해양 무역을 하는 민족들에게서 이것을 극명하게 보게 된다. 페니키아인들은 지중해를 훨씬 넘어 대서양으로의 항해를 감행했고 그리스인들은 흑해 길을 열었다. 육로 상업은 그러한 넓은 이동 범위를 허락하지 않았다. 그리고 바다를 통한 교역은 선진 기술, 특히 조선 분야에서의 선진 기술을 전제로 했다. 그것은 고등 민족과 열등 민족 간의 교역이었으며, 여기서 열등 민족은 쉽게 복속될 수 있었고 식민지가 상업 민족에 의해 세워질 수 있었다. 육지에서의 상업은 더 고도로 발달된 민족들에게 와서 거기서 농산물과 공산품의 잉여물들이 모두 마련되어 있는 것을 발견한, 유목민들에 의해 가장 먼저 그리고 가장 쉽게 수행되었다. 몇 차례의 탐험을 통해서 식민지를 세운다는 것은 있을 수 없었다. 이따금 다수의 유목민 부족들 전체가 합세하여 더 부유하고 더 선진적인 나라를 함께 약탈하거나 정복하는 일은 있을 수 있었지만 그런 경우에도 그들은 더 높은 문화를 지닌 자, 식민자로서 등장하지는 않았다. 방랑하는 부족들의 그러한 단결은 예외적인 상황에서만 드물게 일어났다. 왜냐하면 유목민 목축활동의 전체적 성격은 부족과 씨족, 심지어는 개별 가족들을 서로 고립시키고 광대한 지역에 그들을 흩어지게 하기 때문이다. 통상적으로 이런 부족들에서 나온 무역상들은 수용되는 난민으로서만 그들이 교역을 하는 상대인 부유하고 강력한 국가들에 들어갈 수가 있었다.

이는 이집트에서 시리아까지의 국제적 루트 위에 정착했던 작은 민족들의 무역상들에게도 해당된다. 페니키아인과 그리스인처럼 그들도 바빌로니아에서 이집트까지 교역 상대 국가에 정착촌을 세웠지만 그것들은 엄격한 의미에서 식민지가 아니었다. 그것들은 문명화된 민족이 야만족을 지배하고 착취한 수단이 된 강력한 도시들이 아니라 강력하고 고도로 문화가 발달된 도시들 내의 난민들의 약한 자치공동체들이었다. 그런 사정이 이 자치공동체의 구성원들로 하여금 그들을 둘러싼 외국인들에 대하여 아주 가깝게 뭉칠 필요를 더욱 느끼게 했고 그들 민족의 권능과 위세에 대한 갈망에 긴박함을 부여했다. 왜냐하면 외국 땅에서 그들 자신의 안전과 위신이 그런 것에 의존했으며 따라서 그들이 상업활동을 수행한 조건도 그에 달렸기 때문이다.

내가 토마스 모어에 대한 책에서도 언급한 것처럼, 19세기가 되기까지 상인은 어디에서나 사회의 가장 국제적이면서도 가장 민족적인 구성원이다. 외국 땅에서의 천대에 무방비로 노출된 작은 민족 출신의 상인들에게 이런 민족 감정과 민족적 결속, 민족적 자긍심에 대한 필요는 외국인을 향한 증오와 아울러 특히 강하게 성장했음이 분명하다.

이스라엘 무역상들이 그런 위치에 있었다. 이스라엘인들은 그들이 가나안에서 정주생활을 하는 정착민이 되기 오래전 아직 방랑하는 목축자였을 때에, 일찍이 이집트로 이주했었는지도 모른다. 가나안인의 이집트 이동에 관해서는 3천년기로 거슬러 올라갈 수 있는 증언들이 전해 주고 있다. 에두아르트 마이어(Eduard Meyer)는 이 문제에 대해 다음과 같이 말한다.

"베니하산에 있는 크넴호텝의 무덤 안의 유명한 그림은 37명으로 된 베두인 가족이 그 우두머리 압샤의 인도로 우세르테센 3세* 치세 제6년도에 이집트로 왔다는 것을 우리에게 보여준다. 그들은 아무(Amu), 즉 가나안인들로 기술되며 그들의 용모는 그들이 셈족이라는 것을 명확히 보여준다. 그들은 고대부터 아시아에서 유행했던 밝은 색 옷을 입고, 활과 창으

_____

* 그리스도 전 2100년에서 1900년경까지 약 200년을 다스린 제12왕조의 한 통치자.

로 무장을 갖추고 나귀와 염소를 데리고 온다. 그들 중 한 사람은 하프를 연주할 줄도 안다. 그들은 값진 물건으로 눈 화장 물감인 메쎄무트를 가져왔다. 지금 그들은 입경 허가를 요청하며 크넴호텝의 메나추푸 궁전에 출두한다. 동편 산의 땅들이 메나추푸에게 속했다. 왕의 서기관 네세르호텝이 그들을 자기 앞으로 데려오게 해서 더 명령을 내리고 왕에게 올리는 보고서를 만들었다. 여기서 불멸의 것으로 만들어진 것과 비슷한 장면들은 흔히 일어났을 수 있으며, 의문의 여지없이 많은 가나안 무역상들과 수공업자들이 이런 식으로 삼각주의 동편 도시들에 정착했음이 분명하다. 그리고 그곳에서 우리는 그들을 다시 만나게 될 것이다. 거꾸로 이집트의 무역상들이 시리아의 도시들에 흔히 왔음도 확실하다. 여러 중간의 연결 장소들이 있기는 했지만 이집트의 상업은 아무튼 이 시대 무렵에 바빌론까지 진출했을 것이다."

그 수백 년 후, 아마도 기원전 1800년경, 이집트 사회가 쇠퇴하던 때에 북이집트는 힉소스라는 가나안의 유목민이 틀림없는 부족들에게 정복당했다. 이집트 정부의 유약함이 그들을 유혹했고 그들에게 부유한 나일 강의 나라를 침략할 수 있게 해 준 것이다. 거기서 그들은 200년 이상을 버텨 냈다. "세계 역사에서 힉소스 지배의 중요성은 그에 의하여 이집트와 시리아 지역 간에 활발한 교류가 일어나 그 후 결코 중단되는 일이 없었다는 것이다. 가나안의 상인들과 사업가들은 이집트로 몰려들었다. 우리는 가나안의 인명들과 예배의식들을 신 왕국의 모든 장소에서 발견한다. 가나안의 어휘들이 이집트어로 침투해 들어오기 시작한다. 교류가 얼마나 활발했는지는 기원전 1550년경 쓰인 의학 서적이 케프니의 어떤 아무(Amu)에 의해 마련된 눈에 대한 처방을 포함한다는 사실에서 보인다. 케프니는 필시 비블로스라는 페니키아 도시일 것이다." *

우리는 셈족 베두인들이자 이집트 동편과 북동편의 도시 주민들인 "아무"들 중에 히브리인들은 없었다고 생각할 이유가 없다. 비록 그들이 명시적으로 언급되지는 않았지만 말이다. 또 한편으로 요셉의 전설들, 히브리인들이 이집트에 체류한 이야기, 모세의 지도로 탈출한 이야기에서 어떤 것을 역사적 핵심으로 취해야 할지를 오늘날 알아내기가 어렵다. 그들을 힉소스와 등치시키는 것은 요세푸스가 그렇게 했지만 가당치 않다. 이 정도 이야기는 할 수 있는 것 같다. 즉, 이스라엘 전체가 아니라 히브리인들 최소한 몇 가족과 대상들이 일찍이 이집트에 왔다. 그곳에서 변화하는 상황에 따라 다소 훌륭하게 대접을 받고 어떤 때에는 기꺼이 맞아들여졌고 나중에는 "짐스러운 외국인들"로 괴롭힘을 당하고 내쫓김을 당했다. 이는 강력한 제국들에 정착한 약소민족 출신의 외국 상인들의 정착촌이 겪는 전형적인 운명이다.

세계에 흩어진 유태인들인 "디아스포라"는 로마인들에 의한 예루살렘 파괴와 함께 처음 시작된 것도 아니고 바빌론 포로기와 함께 시작된 것도 아니며 훨씬 더 일찍 시작된 것이다. 그것은 상업의 자연스러운 결과로서 유태인들이 대부분의 상업 민족들과 공유하는 현상이다. 그러나 물론 농업은 이 대부분의 상업 민족들에게서처럼, 유태인들의 생계의 주된 원천으로서 포로기까지 남아 있었다. 예전에 상업은 유목민들에게는 단지 부업이었다. 그들이 정주생활을 하게 되고 분업이 생겨났을 때, 방랑하는 상인과 흙에 달라붙은 농민이 사람의 두 종류로 되었을 때, 상인들의 수는 비교적 적었고 농민이 민족의 성격을 결정했다. 외국에 사는 이스라엘인들의 수는 어떤 경우에도 고국에 남아 있던 이들의 수에 비해 적었다. 이 모든 면에서 유태인들은 다른 민족들과 다르지 않았다.

---

\* Ed. Meyer, *Geschichte des alten Ägyptens*, 1887, S. 182, 210.

그러나 그들은 외국인에 대한 증오, 강한 민족 감정, 심지어는 과민성 등 상인들 중에서 생겨난 것들을 다수 민중에게도 농경민족들의 일반적인 경우에서보다 더 큰 정도로 전파한 상황하에서 살았다.

## 여러 민족들의 도로, 가나안

우리는 이집트, 바빌로니아, 시리아의 상업에 대하여 팔레스티나가 갖는 중요성을 살펴보았다. 아득한 옛날부터 이 나라들은 그곳을 수중에 넣으려고 노력했다.

(기원전 1800년경부터 1530년까지) 이미 언급한 바 있는 힉소스에 대항한 투쟁에서 군사적 정신이 이집트에서 자라났다. 동시에 힉소스는 이집트와 시리아 간의 교류를 크게 진작시켰다. 힉소스를 축출한 후 이집트인들은 군사적 팽창으로, 특히 바빌로니아로 가는 무역 루트를 통제하는 방향으로 관심을 돌렸다. 그들은 팔레스티나와 시리아를 점령하고 유프라테스까지 밀고 나갔다. 그들은 곧 힛타이트인들에 의해 시리아에서 쫓겨났다. 팔레스티나에서 그들은 기원전 15세기부터 12세기까지 더 오래 버텼다. 그곳에서도 그들은 예루살렘을 포함해서 일련의 위압적인 도성을 구축했다.

그러나 결국 이집트의 군사력은 불구가 되었고, 12세기부터 더 이상 팔레스티나를 장악할 수가 없었다. 그런가 하면 동시에 시리아의 힛타이트인들도 앗시리아인들의 팽창이 시작되자 약화되었고 남방 진출이 막혔다.

이런 식으로 팔레스티나의 외세 지배는 깨어졌다. 일단의 베두인 부족들은 이스라엘인이란 이름 아래 모여 그 나라로 진입할 기회를 활용했으며, 점차 그곳을 정복하고 차지했다. 그것으로 끝을 본 것이 아니었다. 그들은 그 땅의 이전 주인들과 치열한 싸움을 벌였다. 그러자 그 약속의 땅에 그들을 따라 들어온 다른 베두인 부족들 중에 새로운 적이 생겨났다. 동시에 그들은 유태인들에 정복된 고지대와 바다 사이의 평원의 주민들인 적대자와 정면으로 충돌했다. 이들은 블레셋인들이었다. 이들은 이스라엘인 같은 호전적인 사람들의 공격으로 끔찍한 위협을 느꼈음이 틀림이 없다. 또 한편으로 해안의 평원은 이스라엘인들에게 특별히 매력이 있었다. 왜냐하면 그곳을 통해 이집트와 북쪽지방을 잇는 간선 도로가 지나갔기 때문이다. 그곳을 통제하는 자는 누구이든 이집트와 북쪽 및 동쪽과의 전체 외국 무역도 대부분 통제하게 되었다. 지중해 연안과 이집트의 해양 무역은 그 당시에는 아직 소규모였다. 평원에 나란히 달리는 산맥의 주민들이 호전적이고 약탈적인 족속인 것으로 드러났다면 그들은 이집트로부터 오가는 상업에, 그리고 거기서 나오는 부에 끊임없는 위협이 되었을 것임이 분명하다. 그런데 그들은 호전적이고 약탈적이었다. 우리는 이스라엘에서 도적떼들의 형성에 대해서 자주 듣는다. 예를 들면 입다(구약 판관기에 나오는 이스라엘의 길르앗이라는 사람의 서자-옮긴이)는 "건달패들을 모아 비적떼의 두목이 되어 있었다."(판관기 11장 3절) 도적들이 블레셋 땅을 습격한 일이 자주 이야기된다. 삼손의 경우, 그때에 주의 영이 삼손에게 세차게 내리 덮쳤다. 삼손이 아스클론으로 내려가서 그곳 주민 서른 명을 죽이고, 그들에게서 노략한 옷을 가져다가 수수께끼를 푼 사람들에게 주었다.(판관기 14장 19절) 다윗도 처음에는 도적떼의 두목으로 묘사된다. 압제를 받는 사람들과 빚에 시달리는 사람들과 원통하고 억울한 일을 당한 사람들 모두 다윗의 주변으로 몰려들었다. 이렇게 해서 다윗은 그들의 우두머리가 되었는데, 사백 명이 넘는 사람이 그를 따랐다.(사무엘상 22장 2절)

블레셋인들과 유태인들 간에 거의 쉼이 없는 결투가 있었다는 것, 그리고 블레셋인들은 그들의 골치 아픈 이웃을 길들이기 위해 힘이 닿는 모든 일을 했다는 것은 놀라운 일이 아니다. 한편으로는 베두인들에게, 다른 한편으로는 블레셋인들에게 쫓기어 이스라엘은 종속과 빈핍의 처지에 빠졌다. 언덕배기에 사는 것은 지방색을 조장하고 부족들을 갈라놓는 반면에 평지에 사는 것은 블레셋의 여러 부족과 마을을 행동을 위해 단결하도록 도와주었기 때문에 블레셋인들에게 더 쉽게 굴복한 것이다. 이 핍박이 끝나게 된 것은 다윗의 강한 군사왕국이 이스라엘의 여러 부족을 굳센 통일체로 결합시키는 데 성공한 이후에 비로소 가능했다.

이제 블레셋인들은 무너졌고 이스라엘에 아직 저항해 오던 가나안의 마지막 강한 도성들은 예루살렘을 포함해서 빼앗겼다. 예루살렘은 이스라엘인들에게 가장 오랫동안 저항했고, 남쪽에서 팔레스티나로 들어오는 접근로를 통제했던 특별히 강하고 점령하기가 어려운 곳이었다. 그곳은 왕국의 수도가 되었고, 연맹체의 주물인 언약궤, 그곳에 전쟁신 야훼가 산다는 그 궤의 자리가 되었다.

다윗은 이제 이집트와 북쪽 지방 사이의 교역 전체에 대한 지배권을 얻어서 그로부터 큰 이득을 취했다. 이는 그에게 군사력을 증강하고 그의 나라의 국경선을 북쪽과 남쪽으로 확장할 수 있게 해 주었다. 그는 약탈하는 베두인 부족들을 홍해까지 복속시켰고 이스라엘인들은 항해에 대해 아무것도 몰랐기 때문에 페니키아인들의 도움을 받아 홍해에서, 예전에는 남아라비아(사바)로부터 북쪽으로 육로를 통해 행해지던 무역을 수행하기 시작했다. 이는 이스라엘의 황금시대였으며, 그 시대의 가장 중요한 교역 루트들을 지배하는 위치였기에 이스라엘에는 세력과 부가 취하게 할 정도로 넘치게 쏟아져 들어왔다.

그러나 이스라엘 멸망의 근원이 된 것은 바로 이 위치였다. 그곳의 경제적 중요성은 거대한 이웃 국가들에게 비밀이 아니었다. 그 나라가 다윗과 솔로몬 치하에서 융성하면 할수록 그것은 이웃들의 탐욕을 부추겼다.

이웃들의 군사력이 바로 그 무렵에 다시 증강하고 있었던 것이다. 이집트에서는 특히 농민 민병대가 용병들로 대체되었는데, 이 용병들은 더 용이하게 공격 전쟁에 준비태세를 갖추었기 때문이다. 물론 이집트의 세력은 이스라엘을 영구적으로 정복하기에는 힘이 부쳤으며, 이는 이스라엘에게는 그만큼 나쁜 일이었다. 최소한 이스라엘에게 외국의 적들로부터 평화와 보호를 가져다주었을 세력을 가진 거대한 나라에 영구적으로 조공을 바치게 되는 대신에 이스라엘은 서로 싸우는 이집트인들과 시리아인들 사이에, 그리고 나중에는 앗시리아인들까지 끼어들어 가지고 노는 공이 되었다. 팔레스티나는 이 세력들이 충돌하는 전쟁터가 되었다. 이스라엘이 자신의 이익을 위해 싸워야 했던 전쟁의 참화에 이제는 그 나라의 주민들과는 전혀 생소한 이익을 위해 그곳에서 싸운 거대한 군대들로 인한 참화가 더해졌다. 그리고 이따금 이스라엘인들에게 부과된 공물과 종속의 부담들은 이제 그것들을 부과하는 주인이 항상 동일인이 아니라는 사실, 그 주인은 전쟁의 운에 따라 바뀌고 그들 각각은 이스라엘을 불안한 소유물로 간주해서 그로부터 가능한 한 신속히, 가능한 한 많은 것을 취해 가길 원했다는 사실 때문에 조금도 가벼워지지 않았다.

그 당시 팔레스티나는 18세기의 폴란드 혹은 중세기부터 19세기까지의 이탈리아, 특히 북이탈리아와 사정이 비슷했다. 그 당시의 팔레스티나처럼 이탈리아와 폴란드는 그들 스스로의 정책을 시행할 능력이 없는 상태였으며, 외세 열강들의 전쟁의 무대요 약탈의 대상물이 되었다. 폴란드는 러시아·프로이센·오스트리아에게, 이탈리아는 스페인과 프랑스, 아울러 독일 제국, 나중에는 오스트리아의 주인에게 수탈당했다. 그리고 이탈리아와 폴란드에서처럼 팔레스티나에서도 비슷한 이유로 민족이 분단되었다. 팔레스티나에서는 이탈리아에서처럼 나라의 다양한 부분들이 그이웃들에 의해 여러 방식으로 영향을 받았다. 이스라엘인들에게 점령된 지역의 북부는 시리아인들, 그 다음에는 앗시리아인들에게 많은 위협을 받고 지배도 받았다. 남부인 예루살렘과 그 인근지역은 특별히 유대아 부족의 구역인데 이집트에 의해 상황에 따라서 더 많은 위협을 받거나 종속되었다. 그러므로 이스라엘 본류는 흔히 유다와는 다른 대외 정책들을 펼치는 것으로 보였다. 대외 정책의 이런 차이는 대외 정책이 열두 부족을 공통의 적인 블레셋인들에 대항하여 통일하게 한 이유가 되었던 이전의 상황과는 대조적으로 이스라엘이 두 왕국으로 분단된 주된 이유였다.

그러나 유사한 상황이 또 다른 측면에서 이탈리아와 폴란드와 팔레스티나에서 흡사한 결과를 불러일으켰음은 분명하다. 여기서나 거기서나 우리는 똑같은 민족적 국수주의, 똑같은 민족 감정, 똑같은 외국인 혐오를 마주치게 되는데 이는 같은 시대의 다른 민족들에게 민족적 대립이 낳았던 것의 정도를 넘어선 것이다. 그리고 이런 국수주의는 이 견딜 수 없는 상황, 나라를 거대한 이웃들의 강도적 침입을 위한 전쟁터요 운명의 축구공으로 끊임없이 만든 그 상황이 오래 지속될수록 증가할 수밖에 없다.

앞서 언급했던 이유들 때문에 동방에서는 종교가 그렇게 중요했었는데, 국수주의는 종교에서도 등장해야 했다. 이웃 나라들과의 활발한 교역 관계는 그들의 종교적 관념들, 예배 행위, 형상들을 그 나라에 들여오게 했다. 외국인에 대한 증오는 점점 더 그 신들에 대한 증오로 되어야 했다. 이는 그들의 존재가 의심받았기 때문이 아니라 바로 그들이 적을 가장 실질적으로 도와주는 조력자로 간주되었기 때문이다.

이 점에서는 히브리인들도 동방의 다른 민족들과 결코 다르지 않다. 이집트에서의 힉소스의 부족신은 수테크였다. 힉소스가 쫓겨났을 때, 그들의 부족신도 항복해야 했다. 그는 암흑의 신, 세트 혹은 수테크와 동일시되었으며, 이집트인들은 이로부터 기겁을 하며 피했다.

이스라엘의 애국자들과 지도자들과 예언자들은 독일의 애국자들이 나폴레옹 시대에, 독일 언어에 프랑스 어투와 프랑스 어휘들이 들어오는 것에 분노한 것과 똑같은 기분으로 이방의 신들에 반대했음이 분명하다.

## 이스라엘에서의 계급투쟁

그러나 애국자들은 외국인 증오만으로 오래 버티고 있을 수는 없었다. 그들은 나라를 되살리고 나라에 더 큰 힘을 주는 일도 모색해야 했다. 외세의 핍박에 비례하여 이스라엘 공동체에서 사회의 해체는 증가했다. 다윗 시대 이래로 무역의 성장은 그 땅에 거대한 부를 가져왔다. 그러나 고대의 다른 곳에서처럼 팔레스티나에서도 농업은 사회의 토대로 남아 있었으며, 토지 소유는 가장 확실하고 가장 명예로운 소유 형태였다. 다른 곳에서처럼 부유해진 분자들은 토지를 소유하려고 하거나 아니면 그들이 이미 지주들이던 경우에는 그들의 보유 토지를 늘리려고 했다. 여기서도 라티푼디움을 만들려는 경향이 나타났다. 이것은 다른 곳에서처럼 팔레스티나에서도 농민이 새로운 조건하에서 파멸했다는 사실에 의해 더 용이하게 되었다. 예전에는 이스라엘인들의 투쟁이 대부분 작은 지방의 결투들이어서 농민 민병을 그의 토지에서 멀리 떨어진 곳으로 데려가거나 그를 오랫동안 땅에서 멀리 벗어나 있게 한 것이 아니었다면, 이스라엘이 이제 더 큰 나라가 되어 있고 거대 국가들의 전쟁에 개입되어 있는 마당에서는 더 이상 그렇지 않았다. 군역은 이제 농민들을 파멸시켰고 이들을 돈을 가진 영향력 있는 이웃에게 종속되게 만들었다. 이 이웃은 대금업자가 되어 그를 작은 농장에서 쫓아내거나 아니면 그냥 거기에 남아서 오직 빚을 갚기 위해 일해야 하는 채무노예로 전락시키는 선택권을 가지게 되었다. 흔히 후자의 방식이 선호되었다. 왜냐하면 우리는 팔레스티나에서는 다른 민족 출신의 구매된 노예에 대해 별로 들어보지 못했기 때문이다. 구입된 노예가 집안의 비싼 사치품 이상의 어떤 것이 되려면, 그가 생산에 대한 이문이 좋은 투자가 되려면, 이는 풍부한 값싼 노예 자원을 공급하는 끊임없는 성공적 전쟁들을 전제 조건으로 한다. 이는 이스라엘인들에게는 가능하지 않았다. 그들 대부분은 노예를 획득하기보다는 노예를 제공한 불운한 민족들에 속했다. 이런 모든 사정이 라티푼디움의 주인들, 저렴하고 종속적인 노동력을 필요로 하는 그들에게 그들 자신의 동포들에 대한 채무노예제를 선호하게 했음이 분명하다. 이는 다른 곳에서도, 예컨대 농노제도를 폐지한 후 오늘날까지 러시아에 노예나 농노가 없었을 때처럼 대지주들에게 활용된 제도였다.

이러한 과정이 진행되어 갈수록 이스라엘의 군사력과 외부의 적들에 맞서 대항하는 능력이 자유농민의 수 감소와 함께 심각하게 줄어들었다. 그래서 애국자들은 사회 개혁자들 그리고 민중의 친구들과 이런 치명적인 사태의 전개를 중단시키기 위해 단합했다. 그들은 나라 안의 이방 신들과 농민의 적들에 맞서 싸우라고 민중과 왕국에 촉구했다. 그들은 압제와 농민층의 빈곤화를 종결짓지 못한다면 국가가 망할 것이라고 예언했다.

이사야는 이렇게 외친다: "아, 너희가 비참하게 되리라. 집을 연달아 차지하고 땅을 차례로 사들이는 자들아! 빈터 하나 남기지 않고 온 세상을 혼자 살듯이 차지하는 자들아! 만군의 야훼께서 내 귀에 대고 맹세하신다. '많은 집들이 흉가가 되어 제아무리 크고 좋아도 인기척이 없게 되리라.'"(이사야 5장 8절, 9절)

그리고 아모스 예언자는 이렇게 예언했다: "바산 풀밭의 암소들아, 이 말을 들어라. 사마리아 언덕에서 노니는 여인들아, 남편을 졸라 술을 가져다 마시며 힘없고 가난한 자를 짓밟는 자들아, 주 야훼께서 당신의 거룩하심을 걸고 맹세하신다. '너희를 갈고리로 끌어내고 너희 자식들을 작살로 찍어 낼 날이 이르렀다.'"(아모스 4장 1, 2절)

"이 말을 들어라. 가난한 사람을 짓밟고 흙에 묻혀 사는 천더기의 숨통을 끊는 자들아, 겨우 한다는 소리가 '곡식을 팔아야 하겠는데 초하루 축제는 언제 지나지? 밀을 팔아야 하겠는데 안식일은 언제 지나지? 되는 작게, 추는 크게 만들고 가짜 저울로 속이며 등겨까지 팔아먹어야지. 힘없는 자, 빚돈에 종으로 삼고 미투리 한 켤레 값에 가난한 자, 종으로 부려 먹어야지' 하는 자들아. 야훼께서는 야곱이 자랑으로 여기는 당신의 이름을 걸고 맹세하신다. '나는 이 백성이 한 일을 결코 잊지 않으리라. 그리하여 땅은 뒤틀리고 거기 사는 사람은 모두 찌들리라. 에집트의 나일 강처럼 부풀어 올랐다가 잦아들리라.'"(아모스 8장 4-8절)

부자들과 힘 있는 자들이 정부 기구를 활용하여 새로운 질서를 입법을 통하여 합법화한다는 것은 기존의 법에 대한 예언자들의 계속되는 불평에서 명확히 볼 수 있는 것이다. 웅변가 이사야는 이렇게 외친다: "아, 너희가 비참하게 되리라. 악법을 제정하는 자들아, 양민을 괴롭히는 법령을 만드는 자들아! 너희가 영세민의 정당한 요구를 거절하고 내가 아끼는 백성을 천대하여 그 권리를 짓밟는구나."(이사야 10장 1-2절) "시온은 그 기틀이 바로잡히고 주민은 마음이 바로잡혀 다시 살게 되리라."(같은 책 1장 27절) "거짓 선비의 붓끝에서 법이 조작되었다."(예레미야 8장 8절) "그런데 너희는 어찌하여 공평을 뒤엎어 독약을 만들고 정의에서 소태처럼 쓴 열매를 맺게 하느냐?"(아모스 6장 12절)*

---

* M. Beer, Ein Beitrag zur Geschichte des Klassenkampfes in hebräischen Altertum, *Neue Zeit*, XI, S. 447.

예언자들이 프로이센이나 작센에 살지 않았던 것이 다행이다! 그들은 반란교사, 비방, 고등 반역죄의 기소를 결코 피하지 못했을 것이다.

그러나 그들의 선동이 아무리 강력했어도 혹은, 그 선동을 일어나게 만든 필요가 아무리 시급했어도, 비록 그들이 가끔씩 빈곤계층의 숨통을 트거나 사회적 모순을 바로잡는 입법을 쟁취할 수가 있었을지라도 그들은 성공하지 못했다. 적어도 사회에서 지속적인 성공을 거두지는 못했던 것이다. 그들의 노력은 오직 과거를 복구하고 경제 발전의 흐름을 막는 경향을 띨 수 있었을 뿐이다. 로마에서 그락쿠스 형제의 유사한 노력이 실패로 판가름 났던 것처럼 이는 불가능했다. 이스라엘에서 농민층의 몰락과 따라서 국가의 몰락은 나중에 로마에서도 그러했듯이 불가항력이었다. 그러나 국가의 몰락은 로마의 세계제국에처럼 그렇게 완만한 죽음은 아니었다. 압도적으로 강력한 적들이 그 생명력이 고갈되기 오래전에 급작스런 종지부를 찍어 주었다. 이 적들은 앗시리아인들과 바빌로니아인들이었다.

## 이스라엘의 쇠망

틸랏트-필레제르 1세 때(그리스도 전 약 1115-1050년)부터 간헐적인 중단은 있었지만 앗시리아인들은 대규모의 정복 정책을 시작하여 점점 더 가나안에 다가왔다. 이 강력한 정복자들은 피정복자들을 다루는 새로운 방식을 도입했으며, 이는 이스라엘인들에게 지극히 치명적이었던 것 같다.

유목민 시기에는 전체 민족이 군사 모험에 관심이 있었다. 왜냐하면 모든 민족 구성원이 그로부터 이익을 보았기 때문이다. 군사 모험은 단순한 약탈이나 비옥한 땅의 정복에 소용되었다. 정복의 경우에 승리자들은 토착 민중의 귀족 착취자들로서 그곳에 정착했다.

정주 농경 단계에 인구의 다수인 농민과 장인은 더 이상 정복 전쟁에 관심이 없었으며, 물론 그럴수록 성공적인 방어 전쟁에 대한 관심을 증대시켰다. 왜냐하면 패배할 경우에는 자유의 상실과 땅의 상실 위협에 직면했기 때문이다. 강압적인 외적 팽창 정책은 교역 루트와 외국 시장의 보호를 필요로 한 대(大)상인들이 갈망했다. 이는 최소한 몇 개 지점의 군사적 점령에 의해서만 보통 보장될 수가 있었다. 토지 보유 귀족계층도 더 많은 땅과 새로운 노예들을 얻을 생각에 영토 팽창을 촉구했다. 왕들도 세수의 증대를 탐내어 호전성을 띠었다.

그러나 상비군이 없었던 한에서, 그리고 토지로부터 벗어나 어디든지 자유로이 정착할 수 있는 관료계층도 없는 한에서는 승리자에 의한 영구적 점령과 정복지의 행정은 이 단계에서는 좀처럼 가능하지 않았다. 그는 보통 제압된 민족에 대한 철저한 약탈과 약화 후에 충성 맹세를 받아내고 조공 납부액을 정하는 것에 만족했으나, 정복된 나라의 지배층은 그 위치에 그냥 남겨두고 그 정치 체제에는 아무런 변화도 주지 않았다.

그러면 피정복민은 질시하던 멍에를 벗어 던질 처음 있는 최선의 기회를 잡아 일어서게 되어, 새로운 군사 파견으로 그들을 다시 굴복시켜야 하는 단점이 있었다. 물론 이때는 '반란'에 대한 극히 야만적인 징벌이 수반되었다.

앗시리아인들은 그들의 정복에 더 큰 영속성을 약속해 준 체제를 고안해 냈다. 그들은 완고한 저항을 받거나 반복되는 반란을 경험한 곳에서 그 수뇌부를 데려감으로써, 즉 지배계급을 탈취해 감으로써, 최고의 귀족과 최고의 부자들, 가장 지적이고 호전적인 주민들, 특히 수도의 주민을 먼 지역으로 유배함으로써 그 민족을 불구로 만들었다. 그 먼 곳에서 유배자들은 피지배 계층으로 구성된 하층도 없이 완전히 힘을 잃은 상태로 있었다. 뒤에 남겨진 농민들과 소(小) 수공업자들은 이제 어떠한 무력 저항도 정복자에게 할 수가 없는 지리멸렬한 대중을 이루었다.

샬라만네세르 2세(기원전 859년—825년)는 시리아 본토(알레포, 하마스, 다마스쿠스)를 침입한 최초의 앗시리아 왕이었으며 또한 우리에게 이스라엘에 관한 소식을 전해 주는 최초의 왕이다. 842년의 설형문자 보고서에서 그는 다른 것들 중에서 이스라엘 왕 예후의 공물을 언급한다. 이 공물을 바치는 것이 기술되어 있다. 그것은 우리에게 전해 오는 가장 오래된 이스라엘의 형상에 대한 묘사이다. 그 시대 이후로 이스라엘은 공물을 바치거나 반란을 일으키거나 함에 따라 앗시리아와 더욱 긴밀히 접촉하게 된 반면에, 피정복민 특히 반란적 민족들의 상층을 이식하는 관행은 계속 퍼져나갔다. 이제 정복당하지 않은, 그리고 명백히 정복할 수 없는 앗시리아인들의 손에 멸망할 날이 이스라엘에도 언제 찾아올 것인지, 이는 단지 시간 문제였다. 유태인 예언자들이 그렇게 생생히 예언한 이 종말을 예언하는 데는 그다지 큰 예언의 능력이 필요하지 않았다.

북왕국에서 그 종말은 호세아 왕 때 찾아왔다. 그는 이집트의 원조를 믿고 724년에 앗시리아에 조공을 바치기를 거절했다. 그러나 원조는 오지 않았다. 샬라만네세르 4세는 이스라엘에 진군하여 호세아를 격파하고 그를 포로로 잡고 그의 수도 사마리아를 포위했다. 이는 샬라만네세르의 계승자인 사르곤에 의해 3년간의 포위 끝에 722년에 함락될 수 있었다. '인구의 꽃'(벨하우젠)인 앗시리아 측 계산으로 27,290명이 이제 앗시리아와 메디아의 도시들로 보내졌다. 그 대신 앗시리아의 왕은 반란적인 바빌로니아의 도시들에서 사람들을 데려와서 "이스라엘 사람들이 살던 사마리아 성읍들에 이주시켜 그들로 하여금 그곳에서 자리 잡고 살게 하였다."(열왕기하 17장 24절)

그리하여 유배된 것은 이스라엘의 북쪽 10개 부족의 인구 전체가 아니라 도시 출신의 최고 귀족들만이었다. 그 도시들에는 외국인들이 들어와서 정착하게 되었다. 그러나 그것은 이 10개 부족의 민족성의 종말을 가져다주기에 충분했다. 농민은 그들만으로는 별도로 공동체를 만들 능력이 없었다. 앗시리아로 이식된 이스라엘의 도시 주민들과 귀족계층이 여러 세대를 거치며 그들의 새로운 주변 지역과 섞여서 그 속에서 사라졌다.

## 예루살렘의 첫 번째 파괴

이스라엘 민족 중에 예루살렘과 그 주변 구역, 곧 유대아만이 남았다. 이 작은 나머지 부분도 곧 다수의 운명을 공유하여 이스라엘이라는 이름은 지구 표면에서 사라질 것 같았다. 그러나 예루살렘을 차지하고 파괴하는 것은 앗시리아인들의 몫이 될 수 없었다. 예루살렘에 진주하고 있던(701년) 앗시리아의 산헤립 군대가 바빌론에서의 소요사태로 회군해야 했고 그래서 예루살렘이 구원을 받은 것, 그것은 단지 일시적 유예였다. 유대아는 앗시리아의 제후국으로 남아 있었다. 이는 어느 때에든지 소멸될 수 있었다.

그러나 산헤립의 시대부터 앗시리아인들은 점점 북쪽으로 주의를 돌려야 했다. 그곳에서는 호전적인 유목민들이 점차 위협적으로 다가오고 있었고 점점 더 많은 힘이 그들을 내쫓는 데 소요되었다. 키메리아인, 메데 사람, 스키타이인이 그들이었다. 625년경에 스키타이인들이 근동에 침투해 들어와 이집트의 국경선까지 와서 약탈을 하고 초토화를 시켰다. 그러나 결국 그들 자신의 제국을 세우지 못하고 28년 후에 다시 떠났다. 그러나 그들이 별 흔적도 남기지 않고 사라진 것은 아니었다. 그들의 공격은 앗시리아의 왕조를 밑동부터 흔들었다. 메데 사람들은 이제 앗시리아를 공격하여 성공을 거두기가 더 쉬웠고, 바빌론이 들고 일어나 스스로 해방을 쟁취했다. 그런가 하면 이집트인들은 그 정세를 활용하여 팔레스티나를 자신의 권역에 두었다. 유대아 왕 요시아는 므깃도에서 이집트인들에 패배하여 살해되었다(609년). 그 후 이집트 왕 느고는 예루살렘에 여호야 킴을 그의 제후로 세웠다. 결국 606년에 니느웨는 바빌론인들과 메데인들의 연합군에 파멸했다. 앗시리아인들의 제국은 종말을 고했다.

그러나 그것은 결코 유대아를 구원하지 못했다. 이제 바빌론이 앗시리아의 발걸음을 뒤따라서 즉시 이집트로 가는 도로의 통제권을 쥐려고 했다. 그 과정에서 느부갓네살 치하의 바빌론인들은 북시리아까지 침투해 왔던 느고와 충돌했다. 카르케미시에서 벌어진 전투에서(605년) 이집트인들이 패배했고 그 후에 곧 유대아는 바빌론의 제후국이 되었다. 우리는 유대아가 어떻게 이 손에서 저 손으로 인계되면서 번번이 독립을 상실하였는지 보게 된다. 이집트의 들쑤심으로 유대아는 597년 바빌로니아에 조공을 바치는 것을 거부했다. 그 반란은 거의 싸움도 없이 주저앉았다. 예루살렘은 느부갓네살에 의해 포위되었고 무조건 항복을 했다.

"이렇게 그의 부하들이 예루살렘을 포위하고 있는 동안 바빌론 왕 느부갓네살이 성을 치러 친히 왔다. 일이 이쯤 되자 유다 왕 여호야긴은 자기 어머니와 신하들과 장군들과 내시들을 거느리고 바빌론 왕에게로 나아가 사로잡혔다. 때는 바빌론 왕 제팔년이었다. 야훼께서 말씀하셨던 대로, 바빌론 왕은 야훼의 신전과 왕궁에 있는 모든 보화를 털어 갔고 이스라엘 왕 솔로몬이 야훼의 신전에 만들어 두었던 온갖 금기물을 다 부수었다. 또한 예루살렘 전 시민과 고관들과 군인 일만 명, 그리고 은장이들과 대장장이들을 사로잡아 가고 가난한 지방민만 남겨 두었다. 그는 여호야긴도 그의 어머니와 왕비들과 내시들과 나라의 권력층과 함께 사로잡아 예루살렘에서 바빌론으로 데려갔다. 그리고 유력자 칠천 명과 은장이, 대장장이 천 명을 바빌론으로 사로잡아 갔는데 그들은 모두 싸우러 나갈 수 있는 용사

들이었다." *

그리하여 바빌론은 앗시리아의 옛 방식을 계속했다. 그러나 여기서도 이주된 것은 전체 민족이 아니라 왕족, 귀족계층, 군인들, 재산 있는 도시민들 등 모두 남자 1만 명뿐이었다. 농촌과 도시의 가장 가난한 민중은 뒤에 남겨졌으며 그들과 함께 지배계층도 일부 남았다. 그럼에도 불구하고 유대아는 전멸당하지 않았다. 바빌론의 주인들에 의해 새로운 왕이 임명되었다. 그러나 한 번 더, 마지막으로 옛 놀이가 반복되었다. 이집트인들이 새로운 왕 시드기야에게 바빌론을 버리라고 충동질했다.

그러자 느부갓네살은 예루살렘을 포위했고 이를 취하여 그토록 반역적이고, 바빌론에서 이집트로 가는 국제도로에 대한 지배적 위치 때문에 그토록 성가셨던 다루기 힘든 도시에 종지부를 찍었다(586년).

"바빌론 왕의 친위대장 느부사라단이 예루살렘에 들어와 야훼의 전과 왕궁과 예루살렘 성안 건물을 모두 불태웠다. 큰 집은 모두 불탔다. 친위대장을 따르는 바빌론 군인들은 예루살렘을 둘러싸고 있는 성벽을 죄다 허물어 버렸다. 친위대장 느부사라단은 예루살렘 성에 남은 사람들과 바빌론 왕에게 항복해 온 자, 그리고 기타 남은 백성들을 포로로 데려갔다. 그는 백성들 중 가장 비천한 층의 사람들만 남겨 두어 포도원을 가꾸고 농사를 짓게 하였다." **

마찬가지로 예레미야 39장 9~10절에는 이렇게 적혀 있다: "근위대장

---

* 열왕기하 24장 11-16절
** 열왕기하 25장 8-12절

느부사라단은 성 안에 살아남은 사람들과 미리 항복했던 사람들과 남은 기술자들을 바빌론으로 데려가고, 가진 것 없는 영세민들은 포도원과 농토를 주어 유다 땅에 남겨 두었다."

그리하여 농민 분자들이 뒤에 남게 되었다. 그 땅을 경작할 사람들도 없이 무거주지로 방치하는 것은 어리석은 일이었을 것이다. 왜냐하면 그 당시에 그렇게 하면 아무도 세금을 내지 않았을 것이기 때문이다. 명백히 바빌로니아인들은 당연한 조치로서 민족을 한데 뭉치게 하고 이를 지도하여 바빌로니아인들의 종주권을 위협할 수 있을 만한 인구의 그 부분을 데려가기를 원했다. 농민만으로는 좀처럼 외세의 지배에서 벗어날 방도를 몰랐다.

예레미야 39장이 보도하는 것은 유대아에도 생겨났던 라티푼디움의 형성을 상기해 볼 때 퍽 이해할 만하다. 라티푼디움은 쪼개져서 수탈당한 농민에게 주어졌다는 것, 또는 채무 노예와 소작인들은 그들이 경작한 땅의 자유로운 소유자로 전환됐다는 것은 명백하다. 그들의 주인들은 바로 바빌론에 맞선 전쟁에서 유대아를 이끌던 사람들이었다.

앗시리아의 보고에 따르면, 산헤립 치하의 유대아 인구는 예루살렘을 포함하지 않고 20만 명이었다. 예루살렘 인구는 2만5천 명으로 추정할 수 있다. 대지주들의 수는 1만5천 명으로 본다. 느부갓네살은 이들 중 7천 명을 첫 번째 예루살렘 점령 시에 데려가서* 8천 명을 남겨 두었다. 그런데도 열왕기하 24장 14절은 그 당시에 '가난한 지방민'만 남았다고 이야기한다. 이제 이 8천 명이 두 번째 파멸 때에 이주당했다. '아무 가진 것이 없는 가난한 백성'에게 주어진 것은 그들의 포도원과 밭이었던 것이 틀림없다.

---

* F. Buhl, *Die sozialen Verhältnisse der Israeliten*, S. 52, 53 참조.

아무튼 이번에도 이주를 당한 것은 전체 민중이 아니라 예루살렘의 인구 전체였다. 농촌 인구는 적어도 상당 부분 남았다. 그러나 남은 자들은 더 이상 특별한 유태적인 공동체를 이루지는 못했다. 유태 민족의 일체의 민족적 삶은 이제 유배지에 있는 이주당한 도시 거주자들에게 집중되었다.

이 민족적 삶은 이제 이 도시 유태인들의 특수한 위치에 상응하는 독특한 색채를 띠었다. 그때까지 이스라엘인들은 그들 주위의 다른 민족들과 두드러지게 다른 점이 없는 민족이었다면, 거기서 남은 자들, 특별히 민족적인 삶을 여전히 계속했던 자들은 이제 독특한 종류의 민족이 되었다. 유태인들의 비정상적 상황, 그들을 역사상 독특한 현상으로 만들어 준 상황이 시작된 것은 로마인들에 의한 예루살렘 파괴 후에 비로소 있었던 일이 아니라 이미 느부갓네살에 의해 파괴되면서부터였다.

# 제2장

# 포로기 이후의 유태인들

## 포로기

표면상으로 예루살렘의 파괴 후의 유대아는 사마리아 파괴 후의 이스라엘 열 부족과 같은 운명을 만났다. 그러나 이스라엘을 역사에서 사라지게 만든 것이 유대아를 세계사에서 희미한 존재로부터 가장 강력한 인자들 중 하나로 들어올렸다. 왜냐하면 예루살렘이 앗시리아에서 더 멀리 떨어져 있었던 점, 예루살렘의 자연적 강점 그리고 북방 유목민들의 침입이 예루살렘을 사마리아보다 135년 늦게 망하게 했다는 점 때문이다.

유태인들은 열 부족보다 네 세대나 더 우리가 논한 그 영향들에 종속되어 있었다. 이는 민족적 열광주의를 극단적으로 자극한 영향들이다. 그 요인만으로도 유태인들은 북부의 형제들보다 훨씬 더 강한 민족 감정을 지니고 유배를 갔다. 같은 방향으로 작용한 또 하나의 상황은, 유대아가 본질적으로 단일한 대도시와 그 주변 영토에서 충원된 사람들인 반면

북왕국은 별로 함께 가까이 성장해 오지 않던 열 부족의 결집체였다는 것이다. 그로 인해 유대아는 이스라엘보다 훨씬 더 통일되고 공고한 몸체였다.

그럼에도 불구하고 유태인들도 만약 열 부족처럼 오래 외세 지배하에 있었다면 유배지에서 그들의 민족성을 상실했을 것이다. 외국으로 유배당한 자는 그곳에서 고국을 그리워하고 그 새로운 거주지에 뿌리를 내리지 못할 수도 있다. 유배는 그들에게 있어서 민족 감정을 더 심화시킬 수도 있다. 유배지에서 태어나 새로운 조건에서 성장한 어린이들은 그들 아비의 이야기를 통해서만 옛 환경을 의식하게 되어 민족 감정은 새로운 나라에서의 권리 부재나 천대 혹은 고국으로 속히 돌아가고 싶은 희망에 의해 끊임없이 되살려지지 않는다면, 그렇게 강렬하게 되는 일은 드물다. 3세대는 그 주변 사람들에 비하여 뒤로 처지고 나머지 인구로부터 특수하고 열등한 민족으로 차별을 당하고 강제로 격리되며, 이를 통해 압제와 천대를 당하지 않는다면 그 민족성을 거의 모르게 된다.

이는 앗시리아와 바빌로니아로 유배된 자들에게는 그렇지 않았던 것 같다. 그리고 유태인들도 세 세대를 넘어서 더 오랫동안 그들 가운데 머물렀더라면 민족성을 상실하고 바빌로니아인들에 동화되었을 것이다. 그러나 예루살렘의 파괴 후 곧 승리자의 제국은 비틀거리기 시작했고 유배자들은 곧 그들의 아비의 땅으로 돌아갈 수 있다는 새로운 희망을 얻었다. 그리고 둘째 세대가 지나는 가운데 그 희망이 이루어져 유태인들은 바빌론에서 예루살렘으로 돌아가는 것이 허락되었다. 왜냐하면 앗시리아를 멸망시켰던, 북방에서 메소포타미아로 밀려들던 민족들은 그렇게 금방 평온한 상태에 이르지 않았기 때문이다. 그들 중 페르시아인 유목민족이 가장 강력한 민족이라는 것이 밝혀졌다. 페르시아인들은 앗시리아 지배의 두 상속자인, 메데 제국과 바빌로니아 제국에 최후의 일격을 가했으며, 앗시리아-바빌로니아 제국을 새로운 형태로 재건했을 뿐 아니라 이 집트와 소아시아를 정복하여 그것을 엄청나게 확장시켰다. 그들은 최초로 세계제국을 위한 공고한 기초를 이루고, 그것을 지속적으로 결속시키고, 그 안에서 지속적인 평화를 유지한 군사조직과 문민 행정을 창설했다.

바빌론을 정복한 자들은 바빌론이 정복하여 유배지로 데려온 사람들을 그들의 고향에 못 가게 막을 이유가 없었다. 538년에 바빌론은 칼 한 번 휘둘러 보지 못하고 페르시아인들에게 함락되었다. 이는 바빌론이 스스로 얼마나 약하다고 느꼈는지를 보여주는 표시이다. 그리고 단 1년 안에 페르시아 왕 고레스는 유태인들에게 귀향하도록 허가했다. 그들의 유배 생활은 50년이 채 못 되었다. 그러나 많은 이들은 이미 새로운 환경에 익숙해져서 일부만이 그 귀향 허가를 활용했고, 적지 않은 수가 더 고향처럼 느껴진 바빌론에 남았다. 예루살렘이 사마리아와 같은 운명에 처했더라면, 즉 만약 예루살렘의 파괴와 바빌론의 멸망 사이에 50년이 아니라 180년이 흘렀더라면, 유대아가 완전히 소멸했으리라는 것은 의문의 여지가 없다.

유태인들의 유배 생활은 짧았지만 그것은 유태교에 크나큰 변화를 초래했다. 이는 그때까지 유대아에서의 상황들이 창출했던 일련의 싹과 꽃봉오리를 이제는 활짝 피우고 힘 있게 해 주었고, 이제 유태공동체가 지금부터 처하게 된 독특한 상황을 통해 그것들에 완전히 독특한 형태를 띠게 했다.

유태인들은 유배지에 있는 가운데도 민족으로서 존속했으나, 농민이 없는 민족, 전적으로 도시 인구만으로 된 민족이었다. 이는 오늘에 이르기까지 유태공동체의 가장 중요한 특징의 하나를 이루며, 실제로 도시인의 품성들에 불과한 것으로서 농민계층으로부터 인구에 신선한 수혈이 없는 오랜 도시 생활에 의해 극단으로 치우진 형태가 가장 본질적인 종족적 특성의 토대가 된다. 이는 내가 1890년에 벌써 언급했던 사항이다.*
유배지에서 팔레스티나로의 귀환은 앞으로 살펴보겠지만 이런 사정을 크
게 변화시키지 않았고 단지 피상적인 변화만을 주었다.

유태공동체는 이제 도시인들로 된 민족일 뿐 아니라 상인들로 된 민족
도 되었다. 우리가 살펴본 것처럼 유대아에서 공업은 별로 발달하지 않았
다. 간단한 집안일의 용도에 충분한 정도일 뿐이었다. 그런 것으로는 선
진 기술을 가진 바빌로니아인들 사이에서 먹고 살 수가 없었다. 군역과
국가 행정은 독립을 상실한 유태인들에게는 개방되지 않았다. 상업 외에
도시인에게 다른 어떤 생계 수단이 남아 있겠는가?

상업이 옛날부터 팔레스티나 생활에서 큰 역할을 했었다면, 유배지에
서 그것은 그들의 주요한 생계 수단이었음이 틀림없다.

교역의 성장과 함께 그들의 지성, 수학적 감각, 성찰과 추상의 능력도
성장했음이 분명하다. 동시에 민족적 불운은 이 증대된 예리한 감각에 사
적 이익보다 더 고귀한 대상을 제공했다. 유배지에서 동포들은 고향에서
보다 더 긴밀히 뭉쳤다. 소속감은 외국인들에 맞서서 더 강해졌다. 왜냐
하면 개인은 스스로를 더 약하고 더 위험에 처해 있다고 느끼기 때문이
다. 사회적 감정과 윤리적 정서는 더 강해졌고 이는 유태인들의 예민한
내면에 민족적 불운의 원인들과 나라를 다시 일으킬 수단에 대한 극히 심
오한 사고의 열매를 맺게 했다.

유태인들의 사고에 대한 또 하나의 강력한 자극은 수백만의 주민이 살
고 있고, 전 세계적인 무역을 하고 있고, 고대 문화·과학·철학을 보유
한 바빌론 도성의 웅장함이었음이 분명하다. 지난 세기 전반기에 세느
(Seine) 강가의 바빌론에 머물던 것이 독일 사상가들을 고양시켰고 그들에

---

* "Das Judentum", *Neue Zeit*, VIII, S. 23f.

게 최고, 최선의 작업을 하도록 능력을 부여했던 것과 똑같이 기원전 6세기에 유프라테스 강가의 바빌론에 머물던 것은 예루살렘에서 온 유태인들에게 영향을 주었고 그들의 지평을 확 터뜨려 열리게 했다.

그러나 물론 바빌론에서는, 지중해 연안이 아닌 내륙에 위치한 동방의 모든 상업 중심지들에서와 같이 앞서 지적한 이유들 때문에 과학은 종교와 뒤섞여 있었으며, 종교에 얽매여 있었다. 유태공동체에도 일체의 새로운 강한 인상들이 종교적 형태로 뚫고 들어왔다. 사실 종교는 이제 유태인들에게 훨씬 더 전면에 등장할 수밖에 없었다. 왜냐하면 그들이 국가적 독립을 잃은 뒤 공통의 민족적 예배 행위는 여전히 민족을 결속하는 유일한 끈이었으며, 이 예배 행위의 사제계층은 민족 전체에게 권위를 지녔던 유일한 중앙기관이었기 때문이다. 부족 조직은 국가체제가 폐지되었던 유배지에서 새로운 힘을 얻은 것 같았다.* 그러나 종족적 분파주의는 그 민족을 한데 결집시키는 계기를 이루지 못했다. 유대아는 이제 종교 안에서 그 민족의 보전과 구원을 추구했으며, 민족의 지도력은 이제 사제계층에게 돌아갔다.

유대아의 사제계층은 바빌론의 사제계층에게서 그 법도들을 전수받았을 뿐 아니라 그 예배 관념들도 다수 받아들였다. 성서에 나오는 일련의 전설들 전부가 바빌론에서 유래한 것이다. 세상의 창조, 천국, 타락, 바벨탑, 대홍수 등에 관한 전설들이 그런 예이다. 안식일의 엄격한 준수도 마찬가지로 바빌론식이다. 그것은 유배기 중에 처음으로 강조되었다.

"에제키엘이 안식일의 성화(聖化)에 대해서 행한 강조는 꽤 새로운 것이다. 이전의 어떤 예언자도 안식일 축제를 그런 식으로 강조하지는 않았다.

---

* Frank Buhl, *Die sozialen Verhältnisse der Israeliten*, S. 43 참조.

왜냐하면 예레미야 17장 19절 이하는 위작이기 때문이다." *

5세기에 유배지에서 돌아온 뒤에도 안식일 휴식의 강제는 극히 어려운 일이었다. "왜냐하면 그것은 옛 관습에 너무 강하게 배치되었기 때문이다." **

비록 직접적 증거는 없지만 유태의 사제계층은 저 높은 바빌론의 사제계층에게 대중적 전설들과 관습만 배운 것이 아니라 더 고상하고 더 영적인 신 관념도 배웠다고 가정해도 좋다.

이스라엘인들의 신(神) 관념은 오랫동안 아주 조잡한 것이었다. 나중에 옛날이야기들의 수집자와 편집자 들이 그로부터 이교도의 모든 흔적들을 제거하느라 아무리 애를 썼어도 우리에게 전해 오는 이 이야기들의 판본에는 여전히 남은 것이 약간 있다.

그 예로 야곱에 관한 이야기를 들어보자. 그의 하느님은 가능한 한 온갖 의심스러운 일들에서 그를 도울 뿐 아니라 야곱과 씨름을 벌여 신이 사람에게 진다.

"그런데 어떤 분이 나타나 동이 트기까지 그와 씨름을 했다. 그분은 야곱을 이겨 낼 수 없으리라는 것을 알고 야곱의 엉덩이뼈를 쳤다. 야곱은 그와 씨름을 하다가 환도뼈를 다치게 되었다. 그분은 동이 밝아 오니 이제 그만 놓으라고 했지만 야곱은 자기에게 복을 빌어 주지 않으면 놓아 드릴 수 없다고 떼를 썼다. 일이 이쯤 되자 그분이 야곱에게 물었다. '네 이름이 무엇이냐?' '제 이름은 야곱입니다.' '너는 하느님과 겨루어 냈고 사람과

---

\* B. Stade, *Geschichte des Volkes Israel*, II, S. 17.
\*\* *A. a. O.*, S. 187.

도 겨루어 이긴 사람이다. 그러니 다시는 너를 야곱이라 하지 말고 이스라엘이라 하여라.' 이 말을 듣고 야곱이 말했다. '당신의 이름이 무엇인지 가르쳐 주십시오.' 그분은 '내 이름은 무엇 때문에 물어 보느냐?' 하고는, 야곱에게 복을 빌어 주었다. 야곱은 '내가 여기서 하느님을 대면하고도 목숨을 건졌구나' 하면서 그곳 이름을 브니엘이라 불렀다." *

야곱이 씨름을 해서 이겼고 그로부터 축복을 빼앗아 낸 그 위대한 미지의 존재는 그래서 사람에게 제압당한 신이었다. 이는 일리아드에서 신들과 사람들이 싸우는 것과 똑같다. 그러나 디오메데스가 아레스에게 부상을 입히는 데 성공할 때에는 팔라스 아테네의 도움이 있었다. 야곱은 다른 어느 신의 도움도 없이 자신의 신을 제압한다.

우리가 이스라엘인들 중에서 순진한 신 관념을 발견한다면, 그들을 둘러싼 문명화된 민족들 중에서는 많은 사제들이 최소한 그들의 비밀 가르침에서 유일신론에 도달해 있었다.

이는 한때 이집트인들 중에서 전격적으로 표출되었다.

"우리는 지금 이집트인들의 지적 발달의 모든 단계들과 그들의 사유의 모든 곡절들을 자세히 설명하고 연대순으로 추적할 위치에 있지는 않다. 궁극적 결론은 비밀 교리에 있어서 아들과 아버지인 호루스와 레조차도 완전히 동일하며, 그 신은 자신의 하늘의 여신인 어머니에 의해 자신을 낳으며, 그 어머니 역시 한 영원한 신의 피조물, 소생이라는 것이다. 이 교리는 (15세기에 힉소스를 축출한 후) 신 제국의 초기에 처음으로 명확하고도 단호하게 그 모든 결과들과 함께 표현된다. 그러나 그것은 이미 제6왕조의 종

---

* 창세기 32장 25–31절.

말 이래의 암흑시대에(2500년경) 형성되기 시작했으며, 중간왕국 기간 중에(2000년경) 근본 사상들이 이미 완전히 확정되었다. … 새로운 교리의 출발점은 태양의 도시(헬리오폴리스) 아누이다." *

이 교리는 비의로 남아 있었으나 곧 실제로 적용되었다. 이는 14세기 아멘호텝 4세 때 히브리인들이 가나안에 들어가기 전에 일어났다. 이 통치자는 부와 권세 면에서 사제계층에게 압도당할 위협을 느껴 그들과 갈등하게 되었던 것 같다. 그는 사제들의 비밀 교리를 진지하게 받아들이는 것 말고는 그들에게서 자신을 보호할 다른 방법을 몰랐다. 그래서 한 신에 대한 숭배를 강제하고 다른 모든 신들을 가혹하게 박해했다. 이는 실제로는 그 사제 집단의 엄청난 부를 몰수하는 일이었다.

우리는 종교권력과 왕조 간의 이 투쟁의 자세한 내용은 모른다. 그것은 오래 끌었지만 아멘토프 4세 후 한 세기가 지나 사제계층이 완전한 승리를 거두고 옛 다신 숭배를 완전히 복원했다.

사건의 전말은 유일신의 관념들이 고대 동방의 문명 중심지들의 비밀스런 사제들의 교리에서 얼마나 많이 발달되어 있었는지를 보여준다. 우리는 바빌론의 사제들이 온갖 예술과 과학에서는 이집트에 필적하면서 이 부분에서는 이집트의 사제들에 뒤떨어져 있었다고 가상할 이유가 없다. 그래서 예레미아스도 바빌론에서의 '잠재적 유일신론' 에 대하여 이야기한다. 하늘과 땅의 창조자 마르둑은 신들의 주님으로서 신들을 양처럼 기른다. 즉 여러 신들은 한 신이 나타날 때 취하는 구체적인 형태들일 뿐이었다. 그와 같이 바빌론의 한 문서는 여러 신들에 대해 말한다: "니닙: 힘의 마르둑. 네르갈: 전쟁의 마르둑. 벨: 통치의 마르둑. 나부: 상업

---

* Ed. Meyer, *Geschichte des alten Ägypten*, S. 192, 193.

의 마르둑. 신: 밤을 비추어 주는 마르둑. 샤마스: 정의의 마르둑. 아뚜: 비의 마르둑.”

바로 유태인들의 유배 시대, 일종의 유일신론이 이제 바빌론과 접촉하게 된 페르시아인들 사이에 번성해 가고 있던 때에, 바빌로니아에는 물론 아메노피스 4세(아멘호텝)의 파라오식 태양 숭배와 강한 유사성을 보여주었다고 할 수 있는 유일신론의 씨앗이 심어졌다는 표징들이 있다. 아무튼 바빌론의 멸망 직전 시기에서 유래한 비문을 보면 바빌론의 달 숭배의 중요성과 아주 부합하는 것으로서 달의 신이 아메노피스 4세에게 태양신과 같은 역할을 띠면서 등장한다.*

바빌론과 이집트의 사제 집단, 그들의 전체 권력과 부가 전통적인 다신 숭배에 의존했기 때문에, 그들의 궁극적인 유일신론적 관점을 백성들에게서 멀리하는 것에 생생한 이해관계를 느꼈다면, 예루살렘의 언약궤라는 주물을 섬기는 사제계층은 달랐다.

예루살렘의 파괴 이전에도, 사마리아가 파멸하고 북왕국 이스라엘이 전복된 이래로 이 주물은 크게 중요하게 되었다. 예루살렘은 이제 이스라엘 민족의 유일한 대도시가 되었다. 그 주변의 땅들은 이에 비하면 상대적으로 덜 중요했다. 오래전부터, 아마도 다윗 이전부터도 이스라엘에서 유대아 부족에게 특히 위대한 것이던 법궤라는 주물의 위엄은, 그 민족의 다른 모든 성소들에 이제 그늘을 드리우고 그 빛을 가렸음이 분명하다. 이는 예루살렘이 유대아의 다른 모든 장소들 저 위에 군림하던 것과 마찬가지였다. 마찬가지로 이 주물을 지키던 사제계층은 그 땅의 다른 사제들에 대하여 지배적 위치를 차지했을 것이다. 농촌의 성직자들과 수도의 사제들 간에 투쟁이 서서히 움텄으며 이는 필시 포로기 이전에 이미 예루살

---

* H. Winckler, *Die babylonische Geisteskultur*, 1907, S. 144.

렘의 주물이 독점적 지위를 차지하는 것으로 정리된 것 같다. 그것이 최소한 한 사제가 성전에서 621년에 "발견"(gefunden)* 했다고 하는 '교리의 책'인 신명기 이야기의 의미이다. 그것은 예루살렘 바깥의 모든 신전들을 허물라는 신의 명령을 담고 있다. 이 명령을 요시아 왕이 충실히 따랐다.

그는 또 유다 각 성읍과 예루살렘 인근 지역에 있는 산당들에서 제물을 살라 바치도록 유다 왕들이 세웠던 가짜 사제들을 파면하고, 바알과 해와 달과 성좌들과 하늘의 별들에게 제물을 살라 바치던 자들을 모두 파면하였다. … 그는 유다 모든 성읍에서 사제들을 불러들이고 게바에서부터 브엘세바에 이르기까지 전국에서 그들이 제사 드리던 산당들을 모두 부정한 곳으로 만들었다. … 왕은 또한 이스라엘을 죄에 빠뜨린 느밧의 아들 여로보암이 베델에 세웠던 산당과 제단도 허물고 돌들을 부수어 가루를 만들었다.**

이방 신들의 신전만이 아니라 야훼 자신의 신전들도, 그의 가장 오래된 제단들도 이렇게 해서 모독을 당하고 제거되었다.

필시 이 이야기 전체는 성서의 다른 많은 이야기들처럼 포로기 이후에 만들어진 허구에 불과할 것이다. 이는 포로기 이후에 취해진 조치들을 예전의 조치들의 반복으로 표현함으로써, 선행 사실들을 날조하거나 최소한 그것들을 조잡하게 과장함으로써 정당화하려는 시도였을 것이다. 아

---

* 저자가 이 단어에 인용부호를 한 것은 그것이 실은 "erfunden" 곧 날조였을 수 있다는 것을 암시하려는 것으로 생각된다. – 옮긴이
** 열왕기하 23장 5절 이하.

**270 •** 제3부 유태인들

무튼 수도의 사제들과 지방의 사제들 간에는 포로기 이전에도 경쟁이 있었으며, 이는 경우에 따라서는 불편한 경쟁적 신전들을 문 닫게 하는 것으로 종결되었다고 가상할 수 있다. 예루살렘 출신이 주를 이루던 유배지의 유태인들에게는 예루살렘에 있는 성전의 독점적 지위를 받아들이기가 수월했다. 바빌론의 철학과 그들 자신의 민족적 파국 그리고 아마도 유태종교와 상당히 같은 시기에 같은 방향으로 발달하고 유태교와 접촉하면서 서로 자극을 주고받던 페르시아 종교의 영향 등 이 모든 영향하에서 그 주물에 대한 독점권을 창출하려는 사제들의 노력은 윤리적 유일신론의 형태를 취했다. 여기서 야훼는 더 이상 단지 이스라엘의 특수한 부족신이 아니라 선(善)의 의인화이고 모든 도덕의 총체인 세계의 유일한 신이었다.

그리하여 유태인들이 유배지에서 예루살렘으로 돌아왔을 때 그들의 종교는 무척 높은 수준으로 발달했고 아주 영적으로 되었기 때문에, 그곳에 남겨져 있던 유태 농민들의 조잡한 종교관념과 관습들은 역겨운 이방의 혐오물에 불과한 것으로 보인 것이 분명하다. 전에는 그런 일이 없었지만, 이제 예루살렘의 사제들과 지배자들은 이 경쟁하는 지방의 제의들을 종결시키고 예루살렘 종교권력의 독점권이 영구히 확립되도록 조치할 수 있었다.

그리하여 유태교의 유일신론이 생겨났다. 그것은 예컨대 플라톤 철학처럼 본성상 윤리적이었다. 그러나 유태인들 가운데서는 새로운 신 관념이 그리스인들에게서처럼 종교 바깥에서 생겨나지 않았다. 그것은 사제 계층 외부의 계층에 의해 제시되지 않았다. 그리하여 한 분의 하느님은 옛 신들의 세계 위에 그리고 바깥에 있는 새로운 신으로서 등장한 것이 아니라 옛 신들의 사회를 단일한 가장 강력한 신, 예루살렘 주민들에게 가장 가까이 있는 신, 옛날의 호전적인, 결코 윤리적이지 않은 부족적인 그리고 지방적인 신 야훼로 통폐합한 것으로 등장했다.

이는 유태 종교에 수많은 엉켜 있는 모순들을 도입했다. 윤리적인 신으로서 야훼는 온 인류의 하느님이다. 왜냐하면 선과 악은 모든 사람들에게 똑같이 유효한 것으로서 절대적으로 취해지는 개념들이기 때문이다. 그리고 윤리적인 신, 도덕관념의 의인화된 존재로서 한 분의 하느님은 모든 곳에 있다. 도덕성은 모든 곳에서 타당한 것으로 간주되기 때문이다. 그러나 바빌론의 유태교에서 종교와 야훼 숭배는 또한 그들의 가장 강력한 민족적 결속 수단이었다. 그리고 그들이 민족적 독립을 되찾을 어떠한 가능성도 예루살렘의 재건과 분리할 수 없게 연결되었다. 예루살렘에 성전을 세우고 보전하는 것은 유태 민족을 결집시키는 대명제가 되었다. 이 성전의 사제계층은 유태인들의 민족적 최고 지도부가 되었고 이 성전의 예전(禮典) 상의 독점권을 지키는 데 모든 관심을 쏟은 계층이 되었다. 그리하여 단일한 전능한 하느님, 희생 제사가 아니라 순수한 마음과 죄에서 벗어난 생활만을 요구하는 그런 고도의 철학적 추상과 특정 장소, 신이 온갖 봉헌 행위에 의해 성공적으로 영향을 받게 될 수 있었던 유일한 장소에 있는 존재로 신을 지방화한 옛날의 원시적 주물신앙이 보기 좋게 접합했다. 예루살렘 성전은 모든 경건한 유태인이 찾아가야 하는, 그가 사모할 만한 야훼의 배타적인 자리로 남았다.

또 하나의 모순, 똑같이 이상한 모순은 모든 사람에게 동일한 윤리적 요구들의 총체로서 하느님이 이제 모든 사람의 하느님이 되면서도 유태의 부족신으로 여전히 남아 있다는 것이었다. 하느님은 확실히 모든 사람들의 하느님이며, 모든 사람은 그를 사랑하고 경배할 의무가 있지만 유태인들은 이 사랑과 경배에 대한 증인으로 그가 선택한 유일한 민족으로서 이들에게는 그의 존귀함을 계시하고 이방인들은 눈 먼 상태로 두었다고 말함으로써 이 모순을 풀려는 시도가 행해졌다. 나머지 인류에 대한 이

당돌한 우월감이 등장한 때는 바로 깊디깊은 치욕과 절망의 시기인 포로기였다. 예전에 이스라엘은 다른 민족들과 같은 하나의 민족이었고 야훼는 다른 신들과 같은 하나의 신이었다. 사람이 자신의 민족을 다른 민족들보다 우선시하는 것처럼 그는 다른 신들보다 필시 더 강한 신이었겠지만, 실재하는 유일한 신은 아니었고 이스라엘만이 진리를 보유한 백성도 아니었다.

"이스라엘의 하느님은 전능한 것이 아니라 신들 중에서 가장 권세가 있었을 뿐이다. 그는 그들과 같은 등급에 있었고 그들에 맞서 전쟁을 해야 했다. 그못과 다곤, 하닷은 모든 면에서 그와 비교할 만했고 덜 위력적이었지만 그렇다고 덜 실재적인 것은 아니었다. '너희 신인 그못이 너희에게 차지하라고 주는 것은 너희에게 속한다.' 입다는 경계선을 넘어온 이웃들에게 경고한다. '그리고 우리 신 야훼가 우리를 위해 점령한 것은 우리 것이다.' 신들의 영역은 민족들의 영역처럼 구분되었고 어떤 한 신이 다른 신의 땅에서는 권리가 없었다." *

그러나 이제는 완전히 다르다. 포로기 말 혹은 그 직후에 그 글을 쓴 이사야 40장 이하의 저자는 야훼가 다음과 같이 선포하는 것으로 말한다.

"나는 야훼다. 이것이 내 이름이다. 내가 받을 영광을 뉘게 돌리랴? 내가 받을 찬양을 어떤 우상에게 돌리랴? … 새 노래로 야훼를 찬양하여라. 지구 위 구석구석에서 찬양소리 울려 퍼지게 하여라. 바다와 바다에 가득한 물고기들아, 소리를 질러라. 섬과 섬에 사는 사람들아, 환성을 올려라. 사

---

* Wellhausen, *a. a. O.*, S. 32.

막과 사막에 자리잡은 성읍들아, 찬양하여라. 케달족이 웅성대는 부락들에서도 찬양소리 울려 퍼지게 하여라. 셀라 주민들도 환성을 올려라. 산봉우리 봉우리에서 크게 외쳐라. 야훼께 영광을 돌려라. 그를 찬양하는 소리, 이 섬과 저 섬에서 메아리치게 하여라." *

거기에는 팔레스티나 혹은 예루살렘에 한정된다는 말은 결코 없다. 그러나 같은 편집자는 야훼가 다음과 같이 말하게 한다.

"너, 이스라엘, 나의 종, 너, 내가 뽑은 자, 야곱아, 나의 친구 아브라함의 후예야, 나는 너를 땅 끝에서 데려왔다. 먼 곳에서 너를 불러 세우며 일렀다. '너는 나의 종이다. 내가 너를 뽑아 세워 놓고 버리겠느냐? 두려워 마라. 내가 너의 곁에 있다. 걱정하지 마라. … 너와 다투던 자들은 찾아도 보이지 아니하고 너와 싸우던 자들은 어이없이 사라지리라. 나 야훼가 너의 하느님, 내가 너의 오른손을 붙들어 주며 이르지 않았느냐? … 내가 비로소 이 소식을 시온에 알렸다. 내가 예루살렘에 희소식을 전할 자를 보냈다." **

이것은 이상한 모순이지만 삶에서 나온 모순, 바빌론의 유태인들의 모순된 위치에서 나온 모순이다. 바빌론에서 유태인은 그 강한 인상이 그들의 사고방식 전체를 뒤집어엎은 새로운 문명 안에 놓였었다. 반면에 그들의 삶의 모든 조건은 그들에게 그토록 특별히 소중하게 된 민족적 생존을 지킬 유일한 방도로서 그들의 옛 전통을 지키도록 충동했다. 그들에게 있

---

* 이사야 42장 8~12절
** 이사야 41장 8~27절

어서 한 세기에 걸친 고통에 찬 상황은 민족 감정을 특별히 생생하고 정력적으로 펼치게 했다.

새로운 윤리를 옛 주물숭배와 결합시키는 것, 바빌론을 중심으로 한 여러 민족들을 포괄하는 광대한 문화권의 인생과 세계에 대한 지혜를 외세에 적대적인 산악 민족의 편협성과 조화시키는 것, 그것이 이제 유태교 사상가들의 과제가 되었다. 그리고 이 조화는 종교 수준에서 즉 전승된 믿음의 수준에서 일어날 수 있었다. 그래서 새로운 것들이 새것이 아니라 옛 것이며, 눈을 감고 외면할 수 없었던 외국인들의 새로운 진리는 새롭지도 않고 외국의 것도 아니며, 참된 유태인의 것이며, 이를 인정하고 받아들임으로써 유태인은 바빌론의 여러 민족의 잡탕죽 그릇에서 그들의 민족성이 사라지지 않고 더 강하고 더 확고하게 된다는 것을 보여주는 것이 중요했다.

이는 날카로운 감각을 단련하고 해석과 분석의 기술을 발달시키는 데 적합한 과제였으며, 이런 기술이 이때부터 유태인들 가운데서 고도의 완성에 도달한 것이었다. 그것은 또한 유태인들의 역사 문헌에 특수한 성격을 부여했다.

이제 맑스가 자연상태에 관한 18세기의 관점들에 대한 탐구에서 규명한 자주 일어나는 하나의 과정이 진행되었다. 그에 대하여 그는 다음과 같이 말한다.

"스미스와 리카도의 출발점을 이루는 개별적 고립적 사냥꾼과 어부는 18세기의 진부한 허상들에 속한다. 그것들은 로빈슨 크루소식 소설들로서, 문화사가들이 상상하듯이 단지 지나친 세련화에 대한 반발과 오해된 자연적 생활로의 복귀를 표현하는 것은 결코 아니다. 자연적으로 독립적인 개인들이 서로 접촉하게 되고 계약에 의해 관계를 갖는다고 하는 룻소의 사회계약설이 그러한 자연주의에 토대를 두고 있지 않듯이 그들도 마찬가지로 자연주의에 토대를 두고 있지 않다. 그것들은 작고 큰 로빈슨 크루소식소설의 미학적 허구이다." 실제로 그것들의 밑바닥에 있는 것은 "오히려 16세기 이래로 발달과정에 있던, 그리고 18세기에 성숙을 향한 거대한 발걸음을 내딛던 부르주아 사회를 예고하는 것이다. 이 자유 경쟁 사회에서 개인은 자연의 속박 등에서 벗어난 존재로 등장한다. 이 속박은 역사상의 이전 시대에는 그를 확정되고 제한된 인간 군집의 일부로 만들었던 것이다. 스미스와 리카도가 여전히 그 어깨 위에 올라가 서 있는 18세기의 예언자들에게, 봉건적 사회 형태의 해체와 16세기 이래 발달해 온 새로운 생산력의 공동 작품인 이 18세기적 개인은 그 존재가 과거에 속하는 이상으로서 등장한다. 역사의 결과로서가 아니라 그 출발점으로서 말이다. 그 개인이 자연에 순응하는 것처럼 나타나고 인간 본성에 대한 그들의 상상에 합치되었기 때문에 그는 역사의 산물이 아닌 자연의 산물로 간주되었다. 이 허상은 모든 새로운 시대의 특징을 이룬다." *

이는 또한 포로기 중에 그리고 그 후에 유태공동체에서 유일신론과 신정체제의 관념을 발달시킨 사상가들의 허상이기도 하다. 그 관념은 그들에게는 역사적으로 생겨난 관념이 아니라 애초부터 설정된 관념으로, '역사적 결과'가 아니라 '역사의 출발점'인 것으로 보였다. 역사 그 자체가 이제 같은 방향으로 인식되었다. 그리고 그것이 단지 구전하는 전통에 기초를 둔 것이라 문서상으로 뒷받침된 것이 적을수록 새로운 필요에 더 쉽게 맞추어졌다. 한 하느님에 대한 믿음과 야훼 사제들에 의한 이스라엘

---

* Marx, *Einleitung zu einer Kritik der politischen Ökonomie*, 1907년판 "Kritik der politischen Ökonomie", S. xiii, xiv에서 발췌.

지배는 이제 이스라엘 역사의 시초로 옮겨졌다. 부인될 수 없었던 다신론과 주물숭배는 조상들의 실제적인 원초적 신앙이었지만, 그것이 아닌 것으로서 나중에 조상들의 신앙에서 이탈한 형태로 설명되었다.

그리고 이 관점은 또 하나의 큰 장점을 지녔다. 그것은 거기에 뭔가 빼어나게 위안을 주는 점이 있다는 것이다. 하느님의 선택받은 백성이라는 이스라엘의 자기 선포가 그런 것처럼 말이다. 야훼가 단지 이스라엘의 부족 신이라면, 그의 백성의 패배는 그 신에게도 그만한 패배가 되는 것을 뜻하고, 그 신은 다른 신들과의 싸움에서 그들보다 약하다는 것이 드러난 것이며, 그렇기에 야훼와 그의 사제들에 대해 절망할 이유가 있을 것이다. 야훼 외에 다른 신은 없고 그 야훼가 다른 민족들보다 이스라엘인들을 선택했고 이스라엘인들은 그에게 감사할 줄 모르는 태도와 배신으로 보답했다면, 이야기는 다른 것이 된다. 이제 이스라엘과 유대아의 모든 비운은 그들의 죄 그리고 야훼의 사제들을 등한시한 데 대한 정당한 벌로서, 하느님의 약함이 아니라 자신에 대한 조롱을 처벌하지 않고 그냥 두지 않는 하느님의 진노의 증거로 여겨졌다. 그러나 여기에는 그들이 그와 그의 사제들과 예언자들에 대한 참된 믿음을 굳게 붙들기만 하면 하느님이 다시 한 번 그의 백성에게 자비를 내리고 그들을 구원할 것이라는 신념의 기초가 놓여 있다. 적대적이고 위력적인 세력들 가운데서 사는 조그마한 민족 "벌레 같은 야곱"(이사야 41장 14절), 가련한 작은 무리 이스라엘의 사정이 절망적일수록 민족의 삶이 소멸하지 않으려면 그러한 신앙이 더욱더 필요했다.

초자연적 · 초인적 · 신적인 권능, 하느님이 보낸 구원자, 메시아에 의해서만 유대아는 구원을 받고 해방되며, 결국에는 지금 그를 유린하는 민족들 위에 통치자가 될 수 있을 것이다. 메시아 신앙은 유일신론과 동시에 생기며, 그와 밀접하게 관련된다. 그러나 바로 이런 이유 때문에 메시아는 하느님이라고 생각되지 않고 하느님이 보낸 사람이라고 생각된다. 그는 하늘의 왕국이 아니라(왜냐하면 유태적 사고는 아직 그렇게 추상적으로 되지 않았기 때문이다) 지상의 왕국, 유태의 왕국을 세워야 했다. 사실상 유태인들을 바빌로니아에서 풀어주고 예루살렘으로 돌려보낸 고레스는 이미 야훼의 기름부음을 받은 자·메시아·그리스도로 지칭되었다.(이사야 45장 1절)

유태인들의 사고에서 이 변형은 한꺼번에 행해질 수도 평화롭게 행해질 수도 없었다. 그것은 유배지에서 가장 강력한 동력을 지녔지만 그곳에서 성취될 수는 없었다. 우리는 그것이 예언자들의 성향에 따른 격렬한 논쟁, 욥기의 형식을 따른 깊은 의문과 모색 그리고 끝으로 모세오경의 다양한 부분들의 구조를 따른 역사적 설명들로 표출되었다고 생각해야 한다. 이 책들이 그 시대 무렵에 쓰인 책이다.

이 혁명 시기가 완결된 것은 포로기 한참 후에야 있었던 일이다. 특정한 교조적·의례적·법적·역사적 견해들이 우여곡절 끝에 승리자로 판가름 났고, 민족의 지배자가 된 사제계층에 의해 그리고 다수의 백성들 자신에 의해 올바른 것으로 인정되었다. 어떤 저술들은 이런 견해들과 합치를 이루어 이제 태곳적부터 있었던 것이고 거룩한 것으로 성격이 규정되어 후세에 그렇게 전해졌다. 그 과정에서 옛것과 새것, 옳게 이해된 것들과 오해된 것들, 진짜와 가짜가 극히 혼란스러운 다양성을 이루며 결합되어 존재하는, 모순으로 가득 찬 문헌의 다양한 구성요소들에 일정한 통일성을 부여하기 위해서 단호한 '개정 작업', 삭제, 첨가가 시도되어야 했다. 이 모든 '편집 작업'에도 불구하고 그 결과물인 '구약'에는 다행히도 충분한 원자료가 남아 있어 무성히 날조된 내용 속에서 포로기 이전의 옛 히브리 공동체의 근원적 특성을 간신히 분간하게 해 준다. 이에 대하여 새로운 유태교는 그것의 계속되는 형태일 뿐 아니라 완전한 대립을 이루는 것이기도 했다.

## 유태인들의 디아스포라

기원전 538년에 바빌로니아의 유태인들은 고레스에서 예루살렘으로 돌아가도 좋다는 허가를 받았다. 우리는 결코 그들 모두가 이 허가를 활용하지 않았다는 것을 보았다. 그들 모두가 어떻게 그곳에서 생계를 유지할수 있었을까? 그 도시는 폐허 상태였으며, 그곳이 거주가 가능하고 요새화되고 야훼의 성전이 재건되기까지는 약간의 시간이 필요했다. 그때가되었어도 도시가 모든 유태인들에게 생계 유지의 가능성을 주지는 못했다. 지금도 그렇지만 그때에도 농민은 도시로 잘도 이주했지만 도시인이농사일로 옮겨가는 것은 어렵고도 드물었다.

유태인들은 바빌론에서 공업 기술을 거의 익히지 못했다. 필시 그들은그곳에 너무 짧은 시간 동안 있었던 것이다. 유대아는 국가적 독립을 달성하지 못하고 외국의 정복자들에게 종속된 상태로 있었다. 처음에는 페르시아인들, 그다음 알렉산더 대왕 때부터는 그리스인들에게 종속되었다가 짧은 독립의 기간과 여러 차례의 재앙적인 소동을 거친 후 결국에는로마인들의 지배를 받게 된다. 유대아에서는 약한 이웃들을 복속시키고약탈하여 부를 얻는 군사적 왕조가 성립할 조건이 결코 존재하지 않았다.

유배지에서 돌아와서 유태인들은 농경이나 공업 혹은 군역에서 얻을것이 별로 없었으며 바빌론에서처럼 상업 외에는 그들에게 남겨진 다른직업이 없었다. 그들은 수 세기에 걸쳐 교역에 필요한 정신적 능력과 지식을 개발해 온 터라 더욱 애착심을 가지고 그 일에 임했다.

그러나 바빌론 유배생활 이후로 팔레스티나의 상업상의 위치에 피할수 없는 정치·상업상의 혁명적 격변이 일어났다.

소농 농업은 물론 수공업도 고도로 보수적인 직종이었다. 이런 직종에서의 기술 발달은 드물게 일어난다. 원시적 조건에서 그러하듯이 경쟁의 자극이 결여되어 있는 한, 그리고 정상적인 경우에, 즉 흉년이나 가뭄, 전쟁 등의 재난이 없는 경우에 전통적 방식으로 노동하는 일꾼이 자신의 양식을 거둘 것을 확신하는 반면에, 시도해 보지 않은 새로운 방식이 실패와 손해의 원인이 될 수 있는 한에서는, 그것이 도입되는 속도도 늦다.

통상적으로 소농 농업과 수공업에서의 기술 발달은 그 분야 자체에서 일어나는 것이 아니라, 외국에서 새로운 제품과 공정을 들여와서 사고를 일깨우고 결국에는 새로운 이득이 되는 작물과 방법을 만들어 내는 교역에서 생겨난다.

교역은 훨씬 덜 보수적이다. 처음부터 그것은 지방적·직업적 편협함을 초월해 있으며, 고향의 전통에 대해서 비판적이다. 왜냐하면 이것을 다른 고장의 상이한 조건하에서 달성된 것과 비교할 수 있기 때문이다. 게다가 상인은 농부나 장인보다 경쟁의 압력을 더 일찍이 받는다. 왜냐하면 그는 거대한 상업 중심지의 여러 민족 출신의 경쟁자들을 만나기 때문이다. 그래서 그는 곧 뭔가 새로운 것, 특히 개선된 교통수단과 상거래 관계 권역의 확장을 끊임없이 추구하지 않을 수 없게 된다. 농업과 공업이 자본주의적으로 영위되지 않고 과학적 발판 위에 세워지지 않는 한에서 교역은 경제에서 유일한 혁명적 요소를 이룬다. 해양 무역이 특히 이런 식으로 작용한다. 항해는 육로 무역보다 더 먼 거리를 갈 수 있게 해 주고, 육로 무역보다 더 많은 이민족들이 서로 접촉할 수 있게 해 준다. 바다는 원래는 육지보다 민족들을 더 분리하고 그들의 발전을 다른 민족들로부터 더 독립적이게 하고 더 개성적이게 한다. 항해술이 발달하고 그때까지 고립되었던 민족들이 서로 접촉하게 되면, 서로 간에 대립하는 일이 육로 교역의 경우에서보다 더 첨예할 때가 많다. 항해는 또한 고도의 기술을 필요로 한다. 해양 무역은 육로를 통한 교역보다 훨씬 나중에 등장한다. 왜냐하면 해양 운항이 가능한 배를 건조하는 것은 예컨대 낙타나 당나귀를 길들이는 것보다 훨씬 더 큰 자연에 대한 지배를 요하기 때문이다. 또 다른 한편, 고도로 발달한 조선 기술의 토대에서만 획득이 가능한 해양 무역의 큰 이익은 이 기술을 발달시키려는 지극히 강한 동기들 중 하나가 된다. 고대 기술이 조선에서처럼 일찍 발달하고 큰 성취를 이룬 다른 분야는 아마 없을 것이다.

그러나 해양 무역은 육로 무역을 저해하지 않고 촉진한다. 도시의 항구가 번창하려면, 통상적으로 그것은 배에 실을 물건들을 공급하고 또 배로 실려 온 물건들을 흡수하는 후배지가 있어야 한다. 그 도시는 항해와 함께 육로 교통을 발달시키려는 노력을 해야 한다. 그러나 항해가 점점 더 중요해져서 그것이 결정적 요인이 되기에 이르면, 육로 무역은 그것에 종속된다. 항해 루트가 달라지면, 육상 루트도 그에 따라 달라져야 한다.

지중해에서 최초의 원거리 해운업자들은 페니키아에서 왔다. 이들은 나일 강과 유프라테스 강 유역의 오랜 문명국들 사이에 있어서 그들 간의 거래에 참여했다. 페니키아는 이집트처럼 지중해 연안에 있었다. 그러나 이집트인들은 나일 강의 연례적 범람으로 땅의 비옥도가 무진장이라는 바로 그 자연 조건 덕분에 해운이 아니라 주로 농업을 발전시켰다. 더욱이 이집트인들은 필요한 목재도 없었고, 초기 단계에서 사람들에게 공해상의 위험들을 감수하게 해 줄 수 있는 유일한 채찍인 필요의 압력도 없었다. 이집트인들의 하천 운항은 발달 수준이 높았으나 바다 위에서는 짧은 거리의 연안 항해를 넘어서지 못했다. 그들은 농업과 공업, 특히 직물업을 발달시켰으며, 그들의 상업 교통은 융성했다. 그러나 그들은 무역상으로서 외국에 가지 못했고 외국인들이 물품을 가져오기를 기다렸다. 사막과 바다는 그들에게 적대적인 요소로 남아 있었다.

그런가 하면 페니키아인들은 해안에 살았고 이것이 그들을 바다로 갈 수밖에 없도록 만들었다. 그 해안은 바위로 된 산맥에 아주 가까웠기에 경작 가능한 땅이 매우 빈약하여 농경은 고기잡이로 보충되어야 했다. 그런 반면에 산비탈은 배를 건조하기 위한 훌륭한 목재를 공급했다. 이런 조건들이 페니키아인들을 바다로 나가게 했다. 공업화된 발달한 지역들 중에서도 그들의 사정은 고기잡이 출항을 해상 무역 출항으로 확장하도록 자극을 주었다. 이렇게 해서 그들은 인도·아라비아·바빌로니아·이집트의 제품들, 특히 직물과 향신료를 서양으로 운송하는 자가 되고, 서양에서 다른 종류의 제품들, 주로 금속을 가져왔다.

그런데 점차 위험한 경쟁자들이 그리스인들 중에 생겨났다. 그들은 섬과 연안에 살았는데 그곳의 밭은 페니키아의 들판처럼 토질이 안 좋았다. 그래서 그들도 어업과 해운을 할 수밖에 없었다. 그들의 출항은 계속 증가했고 페니키아인들은 점점 더 공포스러워졌다. 처음에 그리스인들은 페니키아를 우회해서 동방으로 가는 새로운 길들을 개척하려고 했다. 그들은 흑해로 들어갔다. 이 항구들로부터 인도와의 교역이 중앙아시아를 통해 확보되었다. 동시에 그들은 이집트와 관계 맺기를 시도했고 이집트를 해양 무역을 하도록 개방시키려고 했다. 유태인들의 바빌론 포로기 직전에 이오니아인들과 카리아인들은 이 작업에 성공했다. 프사메티쿠스(663년) 때부터 그들은 이집트에 확고히 정착했고 그들의 무역상들이 그리로 밀려들어 왔다. 아마시스(569-525년) 때에 그들은 나일 강 서안의 한 지역을 차지하여 자기들의 방식대로 항구도시 나우크라티스를 세웠다. 이곳은 그리스 무역의 유일한 중심지가 될 것이었다. 곧이어 이집트는 바빌로니아가 전에 그랬듯이 525년에 페르시아인들에게 망했다. 그러나 이집트에서 그리스인들의 사정은 그 일로 전혀 손상을 받지 않았다. 오히려 이제 외국인들은 이집트 전역에서 자유롭게 장사를 할 수 있게 되었고 그로부터 이익의 상당한 몫이 그리스인들에게로 돌아갔다. 페르시아의 지배 체제가 느슨해지고, 예전의 유목민족의 군사적 정신이 대도시 생활에서 누그러지자마자 이집트인들이 일어나 그들의 독립을 다시 한 번 되찾고자 시도하여 한동안 성공을 거두었다(404년부터 342년까지). 이는 그리스인들의 도움 덕분에 비로소 가능했다. 그리스인들은 그동안 아주 강해져서 육지와 바다에서 힘센 페르시아인들을 물리쳤으며, 그들과 함께 그들의 신하인 페니키아인들도 쫓아냈었다. 마케도니아의 알렉산더 시대에 그리스는 페르시아 제국에 공세를 취하여(334년부터) 페르시아를 병합하고 오랫동안 쇠퇴 일로에 있던 페니키아 도시들의 영광에 완전히 종지부를 찍었다.

팔레스티나의 상업은 페니키아의 상업보다 훨씬 먼저 무너졌다. 세계 무역은 인도의 수출품뿐 아니라 바빌로니아 · 아라비아 · 에티오피아 · 이집트의 수출품들을 팔레스티나 루트에서 비켜 가게 했다. 팔레스티나는 이집트와 시리아의 국경지대로 시리아의 주인들과 이집트의 주인들 간에 전쟁이 가장 먼저 일어나는 무대로 남게 되었기 때문이다. 이 두 지역 간의 무역은 이제 육지를 건너뛰어 바다를 통해 이루어졌다. 팔레스티나는 요충지의 모든 장점을 상실하고 온갖 단점만을 떠안게 되었다. 다수의 유태인들이 그들의 생계 수단으로서 점점 더 상업에 의존하게 되는 가운데 그들 자신의 나라에서 상업을 영위할 가능성은 계속 축소되어 갔다.

사업 기회가 그들에게 오지 않았으므로 그들은 사업 기회를 쫓아 외국으로 나가야 했다. 그래서 그들 자신의 상인계층을 내지는 못했지만 장사하러 오는 외국인들을 받아들이는 민족들에게로 갔다. 그런 민족들은 퍽 많이 있었다. 농업이 다수의 백성을 부양하고 유목민적인 목축이나 어로에 의해 보충이 될 필요가 없는 곳, 귀족계층이 자기 나라에서는 라티푼디움을 늘려 나가고 외국에 가서는 전쟁을 하여 그들의 팽창 욕구를 만족시키는 곳에서는 사람들은 외국의 물품을 가지러 몸소 외국에 가기보다는 무역상들이 그들에게 오게 하는 것을 더 선호했다. 이는 우리가 살펴본 것처럼 이집트인이 그랬고, 역시 우리가 이미 알고 있듯이 로마인들도 그랬다. 이들 두 나라에서 무역상은 이방인, 특히 그리스인과 유태인이었다. 그들은 그런 나라들에서 아주 번창했다.

이제 우리는 디아스포라를 보게 된다. 이들은 바빌론 포로기 직후에 유태인들이 고향에 돌아가도 좋다고 허락을 받은 바로 그때부터 그들 자신의 고국 바깥으로 흩어진 유태인들이다. 이 흩어짐은 예루살렘의 멸망과 같은 폭력적 사태의 결과가 아니라 그 당시에 시작된, 감지되지 않는 혁명인, 무역 루트 변경의 결과였다. 세계 무역의 경로들이 그때 이후로 오늘날까지 팔레스티나를 피해 갔기 때문에 유태인들에게 그들의 조상 땅에 정착할 자유가 주어졌을 때도 유태 민중은 오늘날까지 그 땅을 피한 것이다. 어떠한 시오니즘도 그것이 세계 무역의 중심지를 예루살렘으로 옮길 힘을 갖지 못하는 한에서는 이에 대해 아무런 변화도 주지 못할 것이다.

그들의 가장 큰 집단이 무역의 흐름이 가장 강한 곳, 가장 큰 부가 모여드는 곳인 알렉산드리아로, 나중에는 로마로 몰려들었다. 유태인들은 그곳에서 인구수만 증가한 것이 아니라 부와 권세도 증대했다. 그들의 강력한 민족 감정은 그리스도 이전의 마지막 세기들에서 보편적인, 증가하는 사회적 해체의 시대에 일반적인 사회적 유대가 느슨해지고 풀려갈수록 더욱더 힘차게 작용한 강력한 결속력도 그들에게 주었다. 그리고 유태인들이 그 당시 헬라와 로마의 문명화된 세계의 모든 상업 중심지에서 찾아볼 수 있었기 때문에 그들의 내적인 결집은 그 모든 지역을 포괄하여 그들이 어디에 있든지 그 구성원들에게 강한 지지를 해 준 인터내셔널(internationale)을 이루었다. 그들의 내적인 결집에 수 세기에 걸쳐 형성된,

그리고 그들이 포로기 이후에 일방적으로 날카롭게 발달시킨 상업적 능력을 추가한다면 그들의 권세와 부의 성장을 이해할 수 있다.

몸센은 알렉산드리아에 대해서 "그곳은 거의 그리스인들의 도시인 것만큼이나 유태인들의 도시이다"라고 말한다. "그곳의 유태인 공동체는 숫자, 부, 능력, 조직에서 최소한 예루살렘 공동체와 대등했다. 제국 초기에 8백만 명의 이집트인들 중에 유태인들이 1백만 명에 달했던 것으로 추산되며, 그들의 영향력은 그 비율보다 더 컸던 것으로 추측된다. … 그들에게, 그리고 그들에게만 자치공동체 속에 자치공동체를 이루는 것이 허락되었으며, 다른 이방인들은 시 행정당국의 통치를 받았던 반면에 그들은 일정한 정도까지는 자치권을 허락받았다."

"시트라보는 이렇게 말한다. '유태인들은 알렉산드리아에 그들 자신의 민족 수뇌가 있어서 그가 마치 독립된 자치공동체의 지배자인 것처럼 사람들을 다스리고 소송의 판결을 하고 계약과 각종 절차들을 규제한다.' 이는 그러한 특별한 법적 조치가 그들의 민족성이나, 같은 것이지만 그들의 종교 때문에 필요하다고 유태인들이 주장했기 때문에 생긴 일이다. 게다가 일반적인 국가 명령들은 폭넓은 규모로 유태인들의 민족적 · 종교적 감정을 고려했으며, 가능한 경우에는 예외 조치들로 그들을 도와주었다. 공동거주지가 적어도 빈번하게 생겨났다. 예컨대 알렉산드리아에서는 도시의 다섯 구역 중 두 구역에 주로 유태인들이 거주했다." *

알렉산드리아의 유태인들은 부만 달성한 것이 아니라 세계의 지배자들에 대한 위엄과 영향력도 손에 넣었다.

예를 들어서 나일 강의 아라비아 쪽에 있는 징세관 알라바르크 알렉산더가 한 중요한 역할이 있었다. 나중에 유대아의 왕이 된 아그립파는 티

---

* Mommsen, *Römische Geschichte*, V, S. 489~492.

베리우스 시대에 그에게 20만 드라크마를 차용했다. 알렉산더는 그에게 5달란트를 현금으로 주고 디캐아르키아에서 받을 수 있는 그 나머지에 대한 지불증서를 써 주었다.* 이는 알렉산드리아의 유태인들과 이탈리아의 유태인들 간에 긴밀한 상거래 관계가 있었음을 보여준다. 나폴리 근처의 디캐아르키아 혹은 푸테올리에는 강한 유태인 공동체가 있었다. 요세푸스는 바로 이 동일한 알렉산드리아의 유태인에 대해 더 많은 것을 보도한다: "클라우디우스 황제는 오랜 좋은 친구인 알라바르크 알렉산더 리시마쿠스를 석방해 주었다. 그는 황제의 어머니 안토니아의 집사였는데, 화가 난 카이우스에 의해 옥에 갇혔었다. 이 사람의 아들 마르쿠스는 나중에 아그립파 왕의 딸 베레니케와 결혼했다."**

알렉산드리아에 대해 사실이었던 것은 안티오크에도 적용이 되었다: "이집트의 수도에서처럼 시리아의 수도에서도 일정한 독립적 공동체와 특권적 지위가 유태인들에게 허락되었고 유태인 디아스포라의 중심지로서 그들의 위치는 두 도시의 발전에 적지 않은 요소가 된다."***

로마에서 유태인들의 존재는 기원전 2세기로 거슬러 올라간다. 기원전 139년에 로마의 외무 집정관은 그들의 안식일에 이탈리아인 개종자들을 받아들인 유태인들을 추방했다. 이 유태인들은 로마인들의 호의를 얻기 위해 시몬 마카베오가 보낸 사절단의 구성원들로서 그들의 종교를 선전하기 위해 그 기회를 이용한 자들이었던 것 같다. 그러나 우리는 유태인들이 곧 로마에 정착하는 것을 보게 된다. 그곳의 유태인 공동체는 폼페이우스가 기원전 63년 예루살렘을 정복했을 때 상당히 강화되어 있었다. 그는 많은 유태인 포로들을 로마로 데려왔고 이들은 노예나 면천인으로

---

* Josephus, *Altertümer der Juden*, 18, 6, 3.
** *Altert.*, 19, 5, 1.
*** Mommsen, *Römische Geschichte*, V, S. 456.

서 계속 그곳에 살았다. 그 공동체는 상당한 영향력을 얻었다. 60년경에 키케로는 그들의 권세가 광장(forum)에서도 느껴진다고 불평했다. 그들의 권세는 카이사르 치하에서 더 증대했다. 몸센은 그 상황을 다음과 같이 묘사한다.

"카이사르 이전에도 로마 자체에 유태인 인구가 얼마나 많았는지, 그리고 그들이 얼마나 긴밀한 교포 연합을 이루었는지는 그 당시의 한 문필가의 언급에서 볼 수 있다. 주지사는 자신의 주에서 유태인들과 친하게 지내기 전에 두 번 생각해야 한다는 것이다. 왜냐하면 그가 돌아올 때 수도의 군중에게 야유를 받는 것으로 대가를 치러야 한다는 것이 확실하기 때문이다. 이 유태공동체는 비록 그 시대의 민족들의 혼합물이라는 전혀 유쾌하지 못한 그림에서도 별로 유쾌하지 못한 구석이기는 했지만, 그럼에도 불구하고 사태의 자연스런 경로에서 진화하는 역사적 인자였다. 정치가는 그 존재를 무시하거나 그와 싸울 수 없었다. 그리고 오히려 카이사르는 그의 선임자 (마케도니아의) 알렉산더처럼 유태공동체를 이해하고 가능한 모든 도움을 주었다. 알렉산드리아 유태공동체의 창설자 알렉산더가 그들 민족을 위해 거의 다윗이 성전을 지을 때 한 것보다 크게 뒤지지 않게 해 주었다면, 카이사르는 알렉산드리아와 로마에 있는 유태인들을 특별한 호의와 특권들을 통해서 지원했으며 특히 지방의 그리스와 로마 사제들에 맞서 유태인들의 예배 행위를 보호했다. 물론 그 두 위인은 유태 민족을 헬라 혹은 이탈리아-헬라 민족과 같은 수준에 두려는 생각은 없었다. 그러나 유태인들은 서양인들처럼 정치조직의 판도라 선물을 받아들이지 않았고 기본적으로 국가에 대해 무관심했으며, 게다가 그 민족적 특성의 핵심을 포기할 의사가 없으면서도 어느 민족의 장식물로라도 그 핵심을 포장하고 이방 민족의 방식에 어느 정도는 따를 용의는 그만큼은 있었는데,

바로 이런 이유들 때문에 유태인들은 백 개의 도시국가의 폐허 위에 세워질, 다분히 추상적이고 본래부터 다듬어진 민족성을 띠게 될 국가에 특히 적합했다. 고대 세계에서조차 유태공동체는 사해동포주의(Kosmopolitan-ismus)와 민족 해체의 적극적인 누룩이었으며, 그런 한에서 카이사르적 국가에 특히 적합한 구성원이었다. 카이사르 국가의 정체(政體)는 실질적으로 세계 시민 공동체일 뿐이었고, 그 나라의 국민 자격은 기본적으로 인류일 뿐이었다." *

몸센은 여기서 전문적인 세 종류의 역사관을 몇 줄로 요약하여 보여준다. 첫째, 왕조들이 역사를 만든다는 관념이다. 알렉산더 대왕의 칙령 한두 건이 알렉산드리아의 유태인 공동체를 만든 것이지, 알렉산더 이전부터 이집트에 큰 유태인 공동체를 일으켰고 알렉산더 후에도 그것을 발달시키고 강화한 교역 루트의 변경이 그런 것은 아니라는 것이다. 아니 여러 세기를 지속한 이집트의 범세계적 무역이 마케도니아의 정복자가 그 나라에 잠깐 체류하면서 스치듯 해 본 생각에 의해 창출되었다는 것인가?

칙령에 대한 이 미신적인 믿음 바로 뒤에 종족의 미신이 행진한다. 서양 민족들은 천성적으로 인종적인 능력으로서 정치적 조직의 판도라의 선물상자를 타고났으며, 이는 유태인들에게는 태어날 때부터 결여된 역량이라는 것이다. 자연은, 정치라는 것이 있기도 전에 틀림없이 스스로의 정치적 동기들을 창조했으며, 이를 다양한 '종족'들에게, 여기서 종족이란 말이 무엇을 의미하는 것으로 이해되든, 임의대로 배분했다는 것이다. 포로기까지 유태인들이 그들 정도의 문화적 단계에 있는 다른 모든 민족들처럼 큰 정치적 조직이라는 판도라의 선물상자 몫을 지녔고 또 활용했

---

* Mommsen, *Römische Geschichte*, III, S. 549-551.

다는 것을 상기할 때 자연의 이 신비로운 변덕은 이 맥락에서 더욱더 우스워 보인다. 그들에게서 나라를 빼앗았고 나라와 함께 정치적 조직을 위한 자원도 빼앗은 것은 외적 조건들의 압력일 뿐이었다.

왕조적 역사관과 '자연과학적' 역사관에 더하여 세 번째의 이데올로기가 등장하는데, 이는 군사 지도자들과 국가의 조직자들이 마치 독일 교수들이 연구실에서 일련의 생각을 짜내듯이 하여 그러한 사고 계열에 따라 행동한다고 믿는다. 대담한 고등 사기꾼이자 모험가인 카이사르는 세계 시민과 인류라는 추상적 국적을 창조하기를 원했다고 하며, 유태인들을 그 목적에 가장 유익한 수단으로 간주하여 도와주었다는 것이다!

카이사르가 그런 식의 것들을 말했을지라도 그것들을 그의 실제 생각을 나타내는 것으로 바로 간주해서는 안 되었다. 이는 말하자면 나폴레옹 3세의 말을 액면 그대로 받아들여서는 안 되는 것과 마찬가지이다. 몸센이 『로마사』를 집필하던 당시의 자유주의적 교수들은 나폴레옹의 미사여구에 쉽게 사로잡혔으나, 그것이 그들의 정치적 능력이 되었던 것은 아니다. 카이사르는 사실 그런 비슷한 생각의 흔적도 전혀 내비친 바가 없다. 황제들은 항상 유행하는 문구만을 사용했으며, 이는 어수룩한 프롤레타리아들 내지는 어수룩한 교수들에 대한 선동에 이용될 수 있었다.

카이사르가 유태인들을 용인했을 뿐 아니라 그들에게 호의를 베풀었다는 사실은 그의 항구적인 채무와 그의 항구적인 돈에 대한 탐욕으로 그다지 고상하게는 아닐지라도 훨씬 더 단순하게 설명할 수 있다. 돈은 국가에서 결정적 권력이 되어 있었다. 카이사르가 유태인들을 보호했고 그들에게 특권을 준 이유는 그들이 돈을 가졌고 따라서 그에게 유익했으며, 장차 훨씬 더 유익해질 수 있었기 때문이지, 그들의 종족적 특성이 "추상적이고 가다듬어진" 국민성을 창조하는 데 사용할 수 있었기 때문이 아니다.

유태인들은 그의 호의에 감사할 줄 알았다. 카이사르의 죽음을 그들은 깊이 애도했다. "성대한 공공 장례식에서 그는 (로마의) 외국인 거주자들에게 애도를 받았다. 각 민족마다 저들의 방식대로 애도했다. 특히 유태인들은 며칠 밤을 줄을 지어서 빈소를 찾아오기까지 했다."*

아우구스토도 유태인들의 중요성을 잘 알았다.

"아우구스토 때에 근동의 자치공동체들은 유태인 시민들을 다른 시민들과 똑 같은 기준으로 군역에 징발하고 그들에게 안식일을 지키는 것을 더이상 허가하지 않으려고 했다. 그러나 아그립파는 이에 반대되는 결정을하여 현상 유지를 하는 쪽으로 유태인들의 손을 들어 주었다. 아니 오히려이제는 예전에 그리스 속주들의 개별적인 지방관들이나 자치공동체에 의해 특권으로 부여되던 것, 곧 유태인들을 군역에서 면제하고 안식일 특권을 주는 것을 처음으로 법적 구속력을 띠도록 만들었다. 아우구스토는 나아가 유태인들에게 단체와 집회를 금하는 엄격한 제국의 법령을 적용하지말 것을 아시아의 지방관에게 지시했다. … 아우구스토는 티베르 강 건너의 로마 교외에 있는 유태인 거주구역에 대해서도 친절을 베풀어서 안식일 때문에 그의 하사금을 수령하지 않은 자들은 그 다음날 자기 몫을 찾아갈 수 있게 했다."**

로마의 유태인들은 그 당시에 엄청나게 수가 많았던 것이 분명하다. 그들의 자치공동체로부터 기원전 3년에 아우구스토에게 보내진 유태인 사절단에 (남자만?) 8000명이 넘게 참가했다. 아주 최근에 수많은 유태인 묘지들이 로마에서 발견되었다.

---

* Sueton, *Julius Cäsar*, Kap. 84.
** Mommsen, *Römische Geschichte*, V, S. 497, 498.

중요한 것은 아니지만, 비록 교역이 그들의 주된 직업이었으나 외국에 사는 모든 유태인들이 상인이었던 것은 아니다. 다수의 유태인들이 함께 사는 곳에서는 유태인 수공 기술자들도 바빴다. 에페소와 베노사(Venosa) 에서 출토된 비문에는 유태인 의사들이 언급된다.* 요세푸스는 로마의 유태인 궁정 배우에 대해서도 이야기한다: "디캐아르키아 혹은 이탈리아 인들이 부르는 대로 푸테올리에서 나는 알리투루스라는 배우(μιμολόγος 미모로고스)의 친구가 되었다. 그는 유태인 출신이었고 네로의 총애를 받았다. 그를 통해서 나는 포페아 황후를 알게 되었다."**

## 유태교의 포교

포로기까지 이스라엘 민족은 별로 두드러지게 증가하지 않았다. 다른 민족들보다 나을 것이 없었다. 그러나 포로기 후에는 믿기기 않을 만큼 커졌다. 이제 아브라함에게 했다고 하는 야훼의 약속이 이루어진 것이다.

"나는 너에게 더욱 복을 주어 네 자손이 하늘의 별과 바닷가의 모래같이 불어나게 하리라. 네 후손은 원수의 성문을 부수고 그 성을 점령할 것이다. 네가 이렇게 내 말을 들었기 때문에 세상 만민이 네 후손의 덕을 입을 것이다."***

이 약속은 사실상 성서의 거의 모든 예언들처럼, 그것이 예언한 사태가 이미 생겨난 후에 날조된 것이다. 어떤 신의 은총을 받은 주인공들이 현대의 사극에서 선포하는 예언들처럼 말이다. 야훼가 아브라함 앞에 제시

---

* Schürer, *Geschichte des jüdischen Volkes*, III, 90.
** Josephus, *Selbstbiographie*.
*** 창세기 22장 17, 18절.

한 것은 포로기 후에야 기록될 수 있었다. 왜냐하면 그때라야 그 진술이 의미가 있는 것이기 때문이다. 그러나 그때에는 예언은 아주 잘 맞았다. 유태인 사회는 놀랄 만큼 증대하여, 지중해 세계의 모든 중요한 도시들에서 정착하여 살 수 있었고 "그의 적들의 성문을 차지할" 수 있었으며, 그 상업을 번창하게 하고 "땅 위의 모든 민족에게 복을 줄" 수 있었다.

그리스도의 탄생 시기에 대해 집필한 지리학자 시트라보(Strabo)는 유태인들에 관하여 이렇게 말했다: "이 민족은 사람이 사는 땅 위에서 이미 모든 도시마다 있으며 그 민족을 받아들이지 않고 (재정적으로) 그들에 의해 지배받지 않는 어떤 장소도 발견하기 어렵다."

이렇게 빠른 유태인 인구의 증가는 부분적으로는 유태인들의 높은 출산율에 기인한다. 그러나 이것도 그들 종족의 특수한 성격은 아니며—그랬더라면 그들은 오래전부터 주목을 받았을 것이다—단지 지금 그들을 대표하는 주계층, 곧 상인들의 특별한 성질일 뿐이다.

모든 사회 형태마다 독특한 인구 법칙을 가질 뿐 아니라 주어진 사회 내의 각 계층도 그러하다. 예를 들어서 현대의 임금 프롤레타리아 계층은 프롤레타리아들이 남녀 할 것 없이 일찍 경제적으로 독립하고 그들의 자녀도 일찍 취업시킬 전망을 가진다는 사실, 게다가 프롤레타리아들은 유산이 없어서 그것을 쪼개어 나누어 줄 자녀의 수를 제한하게 할 수 있는 것이 없다는 사실 덕분에 급속히 커진다.

정착 생활을 하는 농부들의 인구 증가 법칙은 다르다. 그들이 이제까지 사냥꾼들이나 목축업자들이 살던 나라를 점령할 때 일반적으로 그러하듯 이 빈 땅을 발견하는 곳에서는 빠른 속도로 증가한다. 왜냐하면 그들이 생활하는 조건이 자녀들을 양육하기에는, 식량 공급도 불확실하고 모유 외에는 어떠한 우유의 공급원도 없어서 엄마들은 수년 동안 자녀들에게 젖을 주어야 하는 떠돌이 사냥꾼들의 환경 조건보다 훨씬 더 유리하기 때문이다. 농부는 규칙적인 식량을 풍부하게 생산하고 그가 기르는 소는 많은 양의 우유를 준다. 이는 건초를 찾아 헤매느라 적잖은 에너지를 낭비하는 유목민들의 소에서 나오는 것보다 더 많은 양이다.

그러나 경작지와 들판은 제한이 있으며, 자연에 의해 이미 제한된 것보다 사유재산에 의해 더욱 많이 제한을 받을 수 있다. 게다가 농업의 기술적 발달은 일반적으로 엄청나게 느리다. 따라서 농경 민족에게는 조만간 새로운 집을 짓고 가정을 이룰 더 이상의 새 땅이 없는 때가 온다. 이는 농부들의 과잉된 후손이 군역이나 도시 공업과 같은 다른 분야로 나갈 출구를 찾지 못하면, 농부들이 인위적으로 그들 자녀의 수를 줄이지 않을 수 없게 강제하는 요인이 된다. 이런 상황에서 농민은 맬서스주의자들의 이상이 된다.*

그러나 비록 모든 경작 가능한 땅이 경작되고 있지 않더라도 땅에 대한 사유재산권만으로도 같은 효과를 낼 수가 있다. 토지를 보유하는 것은 이제 권력을 준다: 더 많은 땅을 보유할수록 자기 마음대로 할 수 있는 사회에서의 권력과 부는 커진다. 이제 지주의 노력은 자신의 보유 토지를 늘리는 것이며, 토지 면적은 정해진 양으로 있고 확장될 수 없으므로 토지 재산은 이미 존재하는 토지들을 겸병(兼倂)함으로써만 늘어날 수 있다. 상속법은 이런 축적을 저해하거나 촉진할 수 있다. 둘 다 땅을 상속한 남녀가 결혼하여 그 땅을 합치면 그것을 촉진하는 것이 되고, 재산이 상속인 여럿에게 쪼개지면 그것을 저해하는 것이 된다. 농민들에게처럼 대지주

---

* 토마스 맬서스는 인구론에서 인구는 기하 급수적으로 증가하나 식량은 산술 급수적으로 증가하므로 인구와 식량 사이의 불균형이 필연적으로 발생할 수밖에 없으며, 여기에서 기근·빈곤·악덕이 발생한다고 하였다. 이러한 불균형과 인구 증가를 억제하는 방법으로는 기근, 질병 등으로 인한 사망과 같은 적극적 억제 외에 성적 난행(性的 亂行)을 막고 결혼을 연기하여 출산율을 감소시키는 등의 도덕적 억제를 들고 있다. – 옮긴이

에게도 그들의 토지 재산을 큰 상태로 유지하도록 자녀의 수를 줄일 수 있는 대로 줄이거나 한 자식만 남기고 다른 자녀들에게는 모두 상속을 해 주지 않는 그런 시점이 온다. 자녀들 간의 상속 재산의 분배가 상례로 남아 있을 때에 토지에 대한 사유 재산은 조만간 지주들 측에서 자녀 수의 제한을 하는 결과를 가져오며, 또 일정한 조건하에서는 그 계층의 인구수를 끊임없이 축소하는 결과를 낳는다. 이는 본질상 농업에 토대를 둔 로마 제국의 인구가 줄어든 여러 이유들 중 하나였다.

유태인 가정들의 다산성은 생생한 대조를 이룬다. 유태인들은 더 이상 농업을 위주로 하는 민족이 아니었다. 대부분은 상인이고 자본가들이었다. 자본은 토지와 달리 증대될 수 있다. 교역이 번성하면 자본은 무역상의 자녀 수보다 빠르게 성장할 수 있다. 자녀 수는 급속히 증가할 수가 있고 그러면서도 개개인의 부는 더 커질 수가 있다. 포로기 이후 로마 제국의 초기년도에 이르기까지 수 세기는 교역이 엄청나게 증대된 시대였다. 농업에 종사하는 근로자들—노예, 소작농, 농민—에 대한 착취는 급속히 상승했고 착취 영역도 동시에 확장되었다. 광산에서의 착취도 최소한 새로운 노예의 공급이 끊어지지 않는 동안에는 증가했다. 결국, 우리가 살펴본 바와 같이 이는 농업의 쇠퇴, 토지의 인구 감소, 마지막으로 군사력의 고갈 그리고 그 결과로 끊임없는 성공적인 전쟁 수행에서만 올 수 있었던 새로운 노예 공급원의 고갈을 가져왔으며 이로 인해 광산업도 쇠퇴했다. 그러나 이런 결과들을 감지하는 데는 오랜 시간이 걸렸고 그럴 때까지는 소수의 손에 부가 축적되면서 동시에 인구는 감소했고 사치가 불어났다. 그러나 그 시대의 상업은 주로 사치품 거래였다. 운송 수단은 덜 발달했다. 값싼 대량 운송 방법은 겨우 초기 단계에 있었다. 이집트에서 이탈리아로의 곡물 무역이 일정 정도 중요성을 띠었으나, 일반적으로는 사치품들이 주된 상업 품목이었다. 현대 상업이 주로 다수 대중의 생산과 소비에 바쳐진 것이라면, 예전의 상업은 소수 착취자들의 거만과 호사에 소용되는 것이었다. 오늘날 상업이 대량 소비의 성장에 의존한다면, 예전에 그것은 착취와 낭비의 성장에 의존했다. 그것은 페르시아 제국의 창건으로부터 초창기 로마 황제들에 이르는 시기에서 보다 더 유리한 조건을 발견하지 못했다. 상업 루트의 변경이 팔레스티나에게는 몹시 괴로운 일이었으나 유프라테스 강과 나일 강에서 다뉴브 강과 라인 강까지, 인도에서 영국에까지 상업 일반을 활기가 넘치게 촉진했다. 경제적 기초를 농업에 둔 민족들이 쇠퇴하고 그 지역에서 인구가 축소되는 것은 당연했다. 상인들로 된 민족은 번창했고, 그 자연적 증가를 결코 제약할 필요가 없었다. 인구 증가를 제약할 만한 외적 방해 요소도 없었다.

그러나 유태인들의 자연적 다산성을 아무리 높게 보더라도 그것만으로 유태인 사회의 신속한 증대를 설명하기에는 충분하지 않을 것이다. 그것은 포교의 힘으로 상당 정도 보충되었다.

어떤 민족이 종교적 포교에 의해 불어난다는 사실은 유태공동체 자체의 역사적 위치만큼이나 이례적인 것이다.

원래 유태인들은 다른 민족들처럼 혈연관계로 뭉쳤었다. 왕국이 혈족 체제를 대신하여 영토적 결합, 국가와 그 영역들을 확정했다. 이 결속은 유배지로 이식되면서 중단되었다. 예루살렘으로의 귀환은 민족의 단지 작은 부분에 대해서만 그 결속을 다시 만들어 주었다. 민족 구성원의 더 많은 부분이 그리고 점점 더 많은 수가 유태 민족국가 바깥의 외국에서 다른 나라의 상인들처럼 단지 일시적으로만이 아니라 영구적으로 살았다. 결과적으로 민족의 또 하나의 결속 수단, 곧 언어 공동체가 상실되었다. 해외에 거주하는 유태인들은 그 땅의 언어를 말해야 했으며, 여러 세대가 그곳에서 산 다음에는 젊은 세대들은 모국어를 잊어버리고 그 거주국의 언어만을 말했다. 특히 그리스어가 그들 가운데서 널리 사용되었다.

기원전 3세기에도 알렉산드리아의 유태인들 중 히브리어를 이해하는 자가 더 이상 얼마 안 되었으므로 유태인들의 경전이 그리스어로 번역되었다. 아마도 이는 그리스인들을 포교하기 위한 방편이기도 했을 것이다. 그리스어는 당시 새로운 유태 문학의 언어가 되었고 심지어는 이탈리아에서도 유태 민족의 언어가 되었다. "로마의 다양한 유태인 자치공동체들은 부분적으로는 공동묘지를 두고 있었는데 그중 다섯 곳이 지금까지 알려져 있다. 비문들은 물론 부분적으로는 거의 해독할 수 없는 방언으로 된 것도 있지만 압도적으로 그리스어가 많다. 그와 함께 라틴어로 된 것도 있지만 히브리어로 된 것은 없다."* 팔레스티나의 유태인들도 히브리어를 지킬 수 없었다. 그들은 주변의 인구가 사용하는 언어인 아람어를 받아들였다.

로마인들에 의해 예루살렘이 파괴되기 수 세기 전에 히브리어는 이미 살아 있는 언어가 아니었다. 그것은 더 이상 동포들 간의 의사소통 수단으로 사용되지 않았으며, 단지 옛날의 경전을 읽기 위한 수단일 뿐이었다. 이 경전들은 여러 세기와 여러 천년을 거슬러 올라가는 것으로 여겨졌으나 그것은 착각일 뿐이다. 왜냐하면 실제로 그것들은 오래된 잔재들과 새로운 창작을 토대로 정리된 것이었기 때문이다.

이스라엘의 조상들에게 계시된 것이라고 하지만 실제로는 포로기 중에 그리고 그 후에 이루어진 이 종교는 상업 교류와 함께 유태공동체의 가장 굳건한 결속 수단이었고, 그들을 다른 민족과 구분해 주는 유일한 표지가 되었다.

그러나 이 종교의 한 분 하느님은 더 이상 여러 부족신들 중 하나가 아니었다. 그는 세계의 유일한 하느님, 모든 인간을 위한, 모든 인간에게 그

---

* Friedländer, *Sittengeschichte Roms*, II, 519.

명령이 유효한 하느님이었다. 유태인들이 다른 민족들과 유일하게 다른 점은 다른 민족들은 눈이 멀어서 하느님에 대해서 아무것도 모른 반면에 그들은 하느님에 대해서 알게 되었다는 것이다. 이 하느님에 대한 지식은 이제 유태공동체의 표징이었다. 그를 알고 그의 명령을 받아들인 누구든지 하느님의 선택을 받은 자에 속했으며, 유태인이었다.

이 유일신 신앙은 또한 유태공동체의 영역을 포교에 의해 확장하는 것을 논리적으로 가능하게 했다. 그러나 이 가능성은 그것이 유태교의 팽창 충동과 맞아떨어지지 않았다면 아무것도 아니었을 것이다. 유태 민족이 약소민족이었던 것은 깊디깊은 굴욕을 가져다주었지만 그들은 굴복하지는 않았다. 극악한 시련을 견디어 내고서 다시 한 번 굳은 땅에 발을 디디고 섰다. 그리고 이제 아주 다양한 지역들에서 부와 권세를 획득하기 시작하고 있었다. 이는 그들이 정말로 선택받은 민족이고 언젠가는 다른 민족들을 지배하도록 부름을 받을 민족이라는 자부심을 그들에게 확신으로 주었다. 그러나 아무리 그 하느님과 하느님에게서 기대했던 메시아를 의지했다고 해도 그들은 수백만 명의 이방인 중에 아주 작은 민족으로 있는 한 그 기회는 올 희망이 없다는 것을 스스로 인정해야 했다. 이방인들의 엄청난 수적인 우월성을 그들은 그들의 상업관계의 반경이 확장될수록 더욱더 명확히 깨닫게 되었다. 권세와 지위에 대한 갈망이 강해질수록 더욱더 그들은 동포들의 수를 늘리고 외국 민족들 가운데 지지자들을 확보하려고 애타게 시도했다. 그래서 유태공동체는 예루살렘 파멸 전 마지막 세기들 동안에 강력한 팽창 경향을 발달시켰다.

유태인 국가의 주민들에게는 강제 개종이 가장 손쉬운 방법이었다. 한 민족을 복속하는 것은 드문 일이 아니었다. 유태인들이 이를 행했던 경우에 그들은 이제 그들의 종교도 강요하려고 했다. 이는 마카베오와 그의 후계자들 시대, 곧 기원전 165년부터 63년까지 있었던 일이다. 그때

시리아 제국의 패망은 유태 민족에게 잠시 동안 운신할 여지를 주었으며 유태인들은 이를 시리아의 멍에를 벗어던지는 데 활용했을 뿐 아니라 그들 자신의 영토를 확장하는 데도 활용했다. 갈릴래아는 이 시기에 정복되었다. 그곳은 쉬러(Schürer)가 증명했듯이 이전에는 유태인들의 땅이 아니었다.* 이두메아와 요단강 동편 땅이 복속되었고 그 연안 요파에 발판이 마련되었다. 그러한 정복 정책에는 전혀 특별한 것이 없었다. 이례적이었던 것은 그것이 종교적 팽창 정책으로 되었다는 것이다. 새로이 정복된 지역의 주민들은 예루살렘 성전에서 예배되던 신을 자신의 신으로 받아들여야 했다. 그들은 그분에게 경배하기 위해서 예루살렘으로 순례의 길을 떠나 예식 중에 성전세를 바치고, 할례와 유태인들의 특별한 예식 규정들에 의해 다른 민족들과 스스로 구분될 것을 요구받았다.

그러한 진행 경과는 고대 세계에서 전혀 유례가 없던 일이다. 고대 세계에서 정복자는 통상적으로 재산과 생명에 대하여 세금을 쥐어짜기만 하고 종교와 관습의 완전한 자유는 건드리지 않았다.

유태공동체의 이러한 팽창 방식은 시리아인들의 권세가 너무 약하고 로마인들의 권세가 유대아의 군사적 진출을 봉쇄하기에 아직 충분히 가까이에 있지 않았던 한에서 오직 잠정적으로만 가능했다. 폼페이우스가 (기원전 63년) 예루살렘을 점령하기 전에도 유태인들의 팔레스티나 진출은 중단되었다. 그때 로마인들의 지배가 유태교의 종교적 형제관계를 확장하는 강제적인 방법에 강력한 재갈을 물렸다. 그 시점부터 더욱더 열을 내어 유태인들은 그들의 종교적 공동체를 확장하는 대안적인 방식, 평화적 포교의 방법으로 돌입했다. 그것도 당시에는 독특한 현상이었다. 그리스도교 이전에도 유태공동체는 나중에 그리스도교가 보여준 것과 같은

---

* *Geschichte des jüdischen Volkes*, II, S. 5.

종류의 포교열을 나타내어 상당한 성공을 거두었다. 그리스도인 스스로도 자신의 종교를 위해 그토록 열렬히 그런 열심을 보여주었으면서도 유태인들이 이 열심을 가진 데 대하여 그들을 비난하는 것은 충분히 이해할 만하지만, 물론 그다지 논리적이지는 못했다.

복음서는 예수가 다음과 같이 말하는 것으로 보도한다: "율법학자들과 바리사이파 사람들아, 너희 같은 위선자들은 화를 입을 것이다. 너희는 겨우 한 사람을 개종시키려고 바다와 육지를 두루 다니다가 개종시킨 다음에는 그 사람을 너희보다 갑절이나 더 악한 지옥의 자식으로 만들고 있다."(마태오 23장 15절)

그렇게 그리스도교적으로 말하는 것은 경쟁심 탓이다.

단지 물질적 이익만으로도 많은 추종자를 '이방인' 세계로부터 유태공동체로 끌어들일 수 있었을 것이다. 그런 광범위하게 가지를 뻗고 번성하는 무역회사의 동업자가 되는 것은 적지 않은 이들에게 아주 매력적이었을 것이다. 유태인이 어디를 가든지 그는 믿음의 형제들의 열렬한 지지와 원조에 의존할 수 있었다.

그러나 유태공동체에게 그 포교 능력을 가져다준 또 다른 이유들이 있었다. 우리는 윤리적 유일신론에 우호적인 정서가 도시생활의 일정한 범위에서부터 어떻게 자라나는지를 살펴보았다. 그러나 철학자들의 유일신론은 전통적 종교와는 반대되었으며, 최소한 그 영역 바깥에 있었다. 그것은 사고의 독립성을 요구했다. 그러나 유일신론적 사고를 촉진한 바로 그 사회적 발전들이 우리가 살펴본 것처럼 국가와 사회의 쇠퇴, 개인 쪽에서는 불안감의 증대와 안정적 권위에 대한 필요의 증대를 가져왔다. 이는 개인을 주체적으로 서게 하는 철학 대신에 초인적 권위의 완벽하고 고정된 산물로서 개인들에게 다가가는 종교의 필요성을 의미했다.

고대의 문화민족들 가운데 오직 두 민족, 페르시아인과 유태인만이 특수한 상황 때문에 철학으로서가 아니라 종교로서의 유일신론에 도달했다. 두 종교 모두 헬레니즘의 민족들 사이에서, 그리고 다음에는 로마 제국의 민족들 사이에서 상당한 진보를 이뤘다. 그러나 유태공동체는 그 암울한 민족적 상황 때문에 개종을 향한 더 큰 열정에 휩쓸렸다. 그리고 알렉산드리아에서 그것은 그리스 철학과 긴밀한 접촉을 하게 되었다.

그리하여 유태교는 쇠퇴하는 낡은 세계의 인간들에게, 그들의 전통적 신들을 의심했지만 그들 나름대로 신이 없는 세계 혹은 단 하나의 신만 있는 세계의 세계관을 수립할 힘이 결여된 자들에게 그들이 갈망하던 것을 가장 잘 제공할 수 있었다. 하나의 윤리적 근원의 힘에 대한 믿음에 그 당시 온 세계가 목말라 하는 장차 올 구원자에 대한 믿음도 결부시켰기 때문에 더더욱 그러했다.

로마 세계제국에 한꺼번에 나타난 여러 종교들 중에 유태 종교가 그 시대의 사고와 필요에 가장 적합한 것이었다. 그것은 물론 '이방인'의 철학이 아닌 그들의 종교보다 우수했다. 유태인들이 이방인들보다 훨씬 우수하다고 스스로 느꼈다는 것, 그들의 지지자들의 수가 급증했다는 것은 놀라운 일이 아니다. 알렉산드리아의 유태인 필로는 이렇게 말한다: "유태공동체는 모든 사람들을 정복하며, 그들에게 미덕을 권유한다. 야만인들, 헬라인들, 본토 사람들과 섬사람들, 서방 사람들과 마찬가지로 동방 사람들, 유럽인들, 아시아인들, 세계의 민족들에게 말이다." 그는 유태교가 세계의 종교가 되기를 기대했다. 이는 그리스도의 시대 무렵이었다.*

우리는 위에서 그리스도 전 139년이라는 이른 시기에 로마 자체에서 유태인들이 이탈리아인 개종자들을 만들었기 때문에 추방되었다는 것을 지적했다. 안티오크에서 보고되는 것에는 그곳의 유태인 공동체 대부분

---

* 토빗서 14장 6, 7절 참조.

은 태생적 유태인들이 아닌, 개종한 유태인들로 이루어졌다는 내용이 있었다. 여러 다른 도시에서도 그러했을 것이다. 이 사실만으로도 유태인의 특성을 그들 종족으로부터 끌어내려고 하는 것이 얼마나 우스운 일인지를 입증해 준다.

왕들도 유태교로 개종하는 일이 있었다. 앗시리아의 아디아베네 국왕 이자테스는 그의 어머니 헬레나가 그랬던 것처럼 몇 사람의 여자 유태교 개종자들에 의해 유태교로 인도되었다. 그의 열심은 그 스스로에게 할례를 행하게 한 데까지 나아갔는데, 그의 유태교 선생이 그의 지위를 위태롭게 하는 일이기 때문에 그러지 말라고 충고했는데도 불구하고 할례를 받았다. 그의 형제들도 유태교로 개종했다. 이 모든 일은 티베리우스와 클라우디우스 시대에 일어났다.

아름다운 유태 여인들은 다른 많은 왕들을 유태교로 인도했다.

이처럼 에메사의 아지즈 왕은 아그립파 2세의 누이 드루실라와 결혼하려고 유태교를 받아들였다. 그녀는 나중에 그의 충성에 모욕적인 방식으로 보답해 주었다. 그녀는 왕가의 남편을 포기하고 로마 집정관이었던 펠릭스를 선택한 것이다. 그녀의 여동생 베레니체도 나을 것이 없었다. 폴레몬 왕은 그녀를 위해서 스스로 할례를 받았다. 그러나 아내의 정숙치 못함으로 그는 그녀뿐 아니라 그녀의 종교까지 역겨워하게 되었다. 베레니체 부인은 우울한 기분을 달랠 줄 알았다. 그녀는 남자들을 바꾸는 데 익숙했다. 처음에 그녀는 마르쿠스라는 자와 결혼했었다. 그가 죽은 후에는 그녀의 아저씨인 헤롯과 결혼했다. 그 역시 죽자 그녀는 위에서 언급한 폴레몬과 결혼할 때까지 자기 남동생 아그립파와 살았다. 그러나 결국 그녀는 티투스 황제의 첩의 지위를 달성했다.

이 숙녀는 자신의 민족에게 불성실했지만 그 때문에 다른 많은 숙녀들이 유태교에 귀의했다. 유태교는 그들에게 매력이 있었던 것이다. 유태교를 끌어안은 다른 많은 이들이 있었으며, 그들 중에는 네로의 아내 포페아 사비나도 있었다. 그녀는 열렬한 유태인이 되었다고 한다. 하지만 그녀의 삶의 전환이 그것을 통해서 특별히 겸손함을 가져다주지는 않았다.

요세푸스는 네로 시대에 유태인들의 봉기가 일어난 초반에 다마스쿠스 시의 주민들이 그 도시에 사는 유태인들을 쓸어내 버리기로 결정했다는 이야기를 한다. "그들은 오로지 자기 아내들을 두려워했다. 아내들 대부분이 유태교에 귀의했기 때문이었다. 따라서 남자들은 그들의 계획을 비밀에 부쳤다. 그 모의는 성공했다. 그들은 한 시간 안에 1만 명의 유태인을 살해했다." *

유태교 가입 형식은 상당히 다양했다. 새로운 개종자들 중 가장 열성적인 자들은 이를 완벽하게 받아들였다. 그들의 수용은 세 단계를 거친다: 할례를 받은 다음 이방인의 죄성을 씻어 내기 위해 물에 잠기는 침례를 받음, 그리고 끝으로 희생 제사를 드림. 여성의 경우에는 물론 첫 번째 단계는 없었다.

그러나 모든 개종자들이 유태교의 모든 계율을 예외 없이 따르기로 결심할 수 있었던 것은 아니다. 우리는 유태교가 얼마나 모순에 가득 찼었는지, 어떻게 고도로 개명한 국제적인 유일신 신앙을 아주 편협한 부족적 유일신 신앙과 결합시키고, 순수한 윤리를 두려움에서 오는 전통적 의례에 대한 집착과 결합시켜서 그 당시의 사람들에게 아주 현대적이고 장엄하게 보였던 관념들과 아울러 유태인 공동체의 구성원들에게 비(非)유태인과의 사회적 교류를 아주 어렵게 한, 헬라인이나 로마인에게는 아주 특이하고 심지어는 혐오스럽게 여겨졌던 관념들도 포함했었는지를 살펴보았다. 이런 관념들 중에는 음식에 관한 율법들 · 할례 · 안식일의 엄격한

* *Jüdischer Krieg*, II, 20, 2.

준수가 있었으며, 이는 지극히 광적인 형태를 띤 경우가 많았다.

우리는 유베날리스(Iuvenalis)의 저서에서 오늘날 가사일에서의 최신 발견이라고 찬양되는 조리기구가 고대 유태인들에게 알려져 있었다는 것을 알게 된다. 안식일 전야에 그들은 건초로 가득 찬 바구니에 그들의 음식을 담아 보온해 놓는다. 그런 바구니가 없는 유태인 가구는 없었다고 한다. 이것은 벌써 안식일의 엄격한 준수에 관련된 어려움을 가리켜 준다. 그러나 그것은 때에 따라서는 유태인들에게 파멸적인 정도로까지 실행되었다. 전쟁 시에 안식일 날 공격을 받은 신실한 유태인들은 방어도 하지 않고 도망도 치지 않으며 하느님의 계명을 어기지 않으려고 자기들 목을 베도록 가만히 내버려 두었다.

그런 정도의 광신과 하느님에 대한 믿음을 지킬 수 있는 자들은 많지 않았다. 그러나 유태 율법의 덜 철저한 준수도 모두의 마음에 맞았던 것은 아니었다. 유태교 공동체에 들어가서 유태 율법의 모든 의무를 지는 자들과 아울러 하느님에 대한 유태교식 예배에 참여하고 회당에 드나들지만 유태교의 규정들을 지키지는 않는 사람들도 흔했다. 팔레스티나 바깥에 있는 유태인들 중에는 이런 계율들에 큰 가치를 두지 않는 이들이 많았다. 흔히 그들은 참 하느님에 대한 예배와 장차 올 메시아에 대한 믿음으로 만족하고, 할례는 받지 않고 지내며, 새로 사귄 친구가 물속에 잠겼다 나오는 침례를 통하여 죄에서 정결케 되면 만족했다.

유태인들의 이러한 '경건한' 친구들(세보메노이)이 유태교로 귀의한 이방인의 대부분을 이루었다. 그들은 처음에는 그리스도교 공동체들이 예루살렘을 넘어서 퍼져 나가자마자 그리스도교 공동체들의 구성원을 모집했던 가장 중요한 영역이었다.

# 유태인 증오

유태교의 포교 능력이 컸지만, 그것이 모든 계층에 똑같이 영향을 끼친 것은 물론 아니었다. 많은 이들이 그것에 염증을 느꼈음이 틀림없다. 이는 특히 지주들에게는 사실이었다. 이들의 정주성(定住性)과 편협한 지방색은 상인의 비정착성과 국제주의와는 극히 반대되었다. 게다가 상인의 이윤 일부는 지주들의 손해로 이루어졌다. 상인은 지주들에게서 구입하는 물건의 값을 깎으려고 했고 지주들이 자신에게서 사는 물건의 값은 올려 받으려고 했다. 대지주는 항상 대부 자본과 사이가 좋았다. 우리는 그들이 일찍이 대부이자에서 큰 힘을 얻었음을 살펴보았다. 그러나 통상적으로 그들은 상업에는 적대적이었다.

또한 수출을 위해 생산을 하던 공업인들도, 오늘날 가내수공업자들이 선대(先貸)계약자들에 반감을 가진 것처럼, 마찬가지로 상인들에게 적대적이었다.

상업에 대한 이 적개심은 주로 유태인들을 향했다. 이들은 민족성에 매우 강하게 집착했고, 이웃들과 언어상으로 구분이 잘 안 될수록 그들의 전통적 민족 관습에 집요하게 매달렸다. 이는 민족적 유대(紐帶) 수단인 종교와 극히 긴밀하게 융합되었으며, 이를 통해서 팔레스티나 바깥의 다수 인구에게 영향을 미쳤다. 이국적인 어느 것이나 마찬가지로 이런 특색들이 그렇지 않아도 군중의 조롱을 불러일으킬 뿐이었다면, 모든 상인들과 같이 착취에 의해 살아가고 인구의 나머지에 대하여 긴밀한 국제적 결사로 똘똘 뭉쳐 있고, 나머지 사람들은 현저하게 가난해지고 권리를 잃어가는 와중에서 그것들이 부와 특권에서 성장하던 계층의 특색이었던 경우에는 적대감을 가지고 받아들여졌다.

우리는 타키투스로부터 유태공동체가 다른 민족들에게 어떻게 영향을 미쳤는지를 알아볼 수 있다. 그는 이렇게 말한다: "모세는 나머지 인류의 관습에 반대되는 새로운 종교 관습들을 도입했다. 그곳에서는 우리에게 거룩한 모든 것이 불경(profanum)한 것이다. 그리고 우리에게는 역겨운 것이 그들에게는 허락된다." 그런 관습들로서 그는 돼지고기를 먹지 않는 것, 빈번한 금식 그리고 안식일을 언급한다.

"이런 종교적 관습들은 그 발생 동기가 무엇이든 이것들이 아주 오래전부터 내려오던 것이라는 이유로 옹호된다. 다른 역겹고 무서운 제도들이 저들의 타락으로 힘을 얻었다. 왜냐하면 그 제도들은 극악한 자들이 자기 조상의 종교를 배반하고, 그들에게 희사를 하고 선물을 바친 것을 통해 힘을 얻었기 때문이다. 이런 식으로 유태인들의 부는 증대했다. 이는 또한 그들이 서로 간에는 극히 엄격한 정직과 자비로운 선행이 지배적이었지만 그 외의 모두를 향해서는 혹독한 증오가 지배적이었기 때문이었다. 그들은 다른 이들과 식사도 같이 하지 않으며, 다른 신앙을 가진 여인들과 같이 자려고 하지 않았던 반면에 그들 간에는 허락되지 않는 것이 없다. 그들은 자신들과 다른 사람들 간에 차이를 두기 위해 할례를 도입했다. 그들에게로 넘어가는 자들도 할례를 받아야 하며, 그들이 세뇌를 당하는 첫 번째 사항은 다른 신들을 경멸하는 것, 조국을 배신하는 것, 부모와 자녀와 형제를 무시하는 것이다. 이렇게 하는 그들의 목표는 그들의 수를 늘리는 것이며, 자녀를 두지 않는 것은 그들에게는 범죄로 여겨진다. 전쟁터나 종교 때문에 형장에서 죽는 자들의 영혼은 불멸한다고 그들은 믿는다. 따라서 그들에게는 자녀를 낳아야 한다는 강박관념과 죽음에 대한 경시가 있다."

타키투스는 그 다음에 그들의 형상물에 대한 일체의 숭배 거부에 관해 이야기하면서 이렇게 결론을 짓는다: "유태인들의 풍습은 터무니없고 가

런하다(*Judaeorum mos absurdus sordidusque*)."*

　풍자가들은 유태인들 흉을 보는 것을 좋아했다. 그들을 겨냥한 농담에는 항상 귀를 기울이는 청중이 있었다.

　유베날리스는 14번째 풍자시에서 부모의 본보기가 어떻게 자녀에게 영향을 미치는지를 보여준다. 나쁜 본보기는 유태교 취향을 가진 아버지에 의해 만들어진다.

　"여러분은 운명에 의해 안식일을 지키는 아버지의 자녀가 된 사람들을 발견한다. 그런 사람들은 구름과 하늘의 신에게만 기도한다. 그들은 돼지고기가 사람의 살과 다름이 없다고 믿는다. 그들의 아버지가 돼지고기를 안 먹기 때문이다. 곧 그들은 자신의 포피(包皮)를 제거하고(포경수술, 유태인들의 이른바 '할례'를 의미함 – 옮긴이) 로마인들의 법률을 경멸한다. 그 대신 그들은 유태교 율법을 배우고 따르고 존중한다. 이는 모세가 그의 비밀이 가득한 두루마리에 적어 전해 준 모든 것이다. 그들은 길을 물어보는 사람이 같은 신앙을 가진 사람이 아니면 길도 가르쳐 주려고 하지 않는다. 사람들이 목이 말라 할 때 그들은 할례를 받은 자들(verpos)만 샘으로 인도하려고 한다. 이는 이레마다 오는 하루는 쉬는 날(ignavus)이고 어떠한 살아 있다는 표징도 보이기를 삼가는 날이 되는 그런 아버지를 둔 결과이다."**

　사회적 불만이 높아 가면서 유태인에 대한 적대감도 커졌다.

　그 당시에도 이미 그것은 국가와 사회의 쇠퇴에 대하여 짜증을 보이는 가장 간편하고 가장 안전한 방편이었다. 왕좌의 전제군주에게는 고사하

---

\* *Historien*, V, 5.
\*\* Satiren, XIV, 96–105.

고 귀족계층, 라티푼디움의 소유자들, 대금업자들, 장군들을 공격하는 것은 너무 위험했다. 그러나 유태인들은 특권은 있었지만 국가권력에 의해 제대로 보호를 받지 못했다.

제정시대 초창기에 농민층의 빈곤화가 무르익고 룸펜프롤레타리아 계층의 다수가 약탈할 기회를 찾아서 대도시로 모여들었을 때, 이따금 본격적인 유태인 박해(pogromen)가 있었다.

몸센은 가이우스 칼리굴라 황제(서기 37–41년) 시대에 일어난 이런 유태인 사냥을 아주 구체적으로 그려 준다. 이는 또한 그리스도의 죽음이 있었다고 하던 그 시대 무렵의 일이다.

"헤롯 1세와 마리암메의 한 손자는 보호자이자 그의 할아버지 헤롯의 친구 이름을 따서 아그립파라고 불렸는데, 그는 아마도 로마에 거주하는 여러 왕자들 중에 가장 변변치 못하고 가장 못난이였을 것이다. 그러나, 아니 그렇기 때문에 새로운 황제의 총애를 받는 유년기 친구였다. 그때까지는 방탕함과 빚을 진 것으로만 알려져 있던 사람이 그의 보호자로부터 제후가 공석인 작은 유태인 공국들 중 한 곳과 함께 제후의 직함을 선물로 받았다. 그 보호자에게 티베리우스가 죽었다는 소식을 그가 제일 먼저 전해 주었던 것이다. 38년도에 그가 새로운 영지로 가는 길에 알렉산드리아 시에 도착했다. 몇 개월 전에 그는 야반도주한 채무자로서 그곳에서 유태인 은행가들에게 돈을 빌리려고 시도했었다. 그런 그가 화려한 제복을 입은 경호 부대를 거느리고 용포를 입은 모습으로 나타났을 때 이것이 스캔들과 웃음거리를 좋아하고 유태인들을 아무튼 별로 좋아할 일이 없었던 도시의 비유태인 거주자들에게 흉내 내기 놀음을 하도록 자극한 것은 당연했다. 그리고 그것으로 그치지 않았다. 그것은 잔인한 유태인 사냥으로 바뀌고 말았다. 산재되어 있던 유태인 가옥들은 강탈당하고 불탔으며, 항구에 있는 유태인 선박들은 약탈당했다. 비유태인 구역에서 마주친 유태인들은 학대를 당하고 얻어맞았다. 그러나 사람들은 순수한 유태인 구역을 무력으로 공격하지는 못했다. 그들의 지도자들은 주된 공격 대상이던 회당들, 혹은 최소한 아직도 운영이 되던 회당들을 새로운 지도자의 신전으로 만들려는 발상을 했다. 그래서 모든 회당에 그의 조각상을 세우고 주된 회당에는 말 네 필이 끄는 마차 위에 있는 상을 세웠다. 가이우스 황제는 그의 미친 정신이 기능을 발휘할 수 있는 한에서는 자기 자신을 육신으로 살아 있는 진짜 신이라고 믿었다. 이는 유태인과 지방관을 포함해서 모두에게 알려졌다. 그 지방관의 이름은 아빌리우스 플라쿠스(Avilius Flaccus)였으며 용감한 사람이었고 티베리우스 밑의 훌륭한 행정관이었으나 이제는 새로운 황제의 눈 밖에 나서 운신할 수가 없고 소환과 처벌을 매순간 기다리는 몸이 되었다. 그래서 그는 자신의 위치를 회복하기 위해 그 기회를 서슴없이 활용했다. 그는 포고령을 통해 회당들에 조각상을 세우는 것을 막지 못하게 했을 뿐 아니라 그 자신이 유태인 사냥에 가담했다. 그는 안식일 폐지 명령을 내렸다. 그는 나아가 그의 포고에서 이 관용을 입은 외국인들이 허가도 없이 도시의 가장 좋은 부분을 점유하고 있었다고 하여 그들을 다섯 구역 중 한 구역으로 거주지가 한정되게 하고 다른 모든 유태인 가옥들은 하층민에게 넘겨주는가 하면, 쫓겨난 주민들은 머리 위에 지붕도 없이 무리를 이루어 거리로 나앉게 하라고 선포했다. 아무런 항의도 경청하지 않았다. 그 당시에 행정장관을 대신해 유태인들을 지도했던 원로원 의원 38명은 전 인구가 보는 가운데 원형극장에서 공개 태형을 당했다. 400채의 집이 폐허가 되었고 무역과 물물교환은 중단되었다. 공장들도 가동을 멈추었다. 유일한 호소처는 황제였다. 알렉산드리아에서 두 무리의 사절단이 그에게로 왔다. 유태인 사절단은 신유태 학파의 학자 필로를 단장으로 세웠다. 그는 과단성이 있기보다는 부드러운 사람이었지만, 이 응급 상황에서 나름대로 과감하게 임했다. 반유태인 사절단의 단장은 아피온이었다. 그는 알렉산드리아의 학자이고 저술가로서 티베리우스 황제가 그를 부른 것처럼 '세상의 종(鐘, Weltschelle)' 이었다. 허풍이 세고 거짓말은 더 잦으며, 뻔뻔스러운 무불통지와 무조건적인 자기 확신으로 가득 차고, 사람의 가치를 알아보지는 못해도 최소한 그 사람의 무가치함을 알아보는 자이며, 웅변과 선동의 저명한 고수이고 꾀가 많고 영리하고 후안무치하며, 맹목적으로 충성하는 그런 인간이었다. 처음부터 일이 어떻게 판가름 날지는 명확했다. 황제는 정원을 돌보던 중에 사절단들을 맞이했지만, 청원자들의 말을 듣지는 않고 그들에게 조롱하는 질문을 던졌다. 반유태주의자들은 일체의 예법을 어기고 크게 웃었다. 그리고 황제는 기분이 좋아서 다른 면에서는 괜찮은 이 사람들이 자신의 선천적인 신적 본성을 이해하지 못하게 불운하게 타고 난 것이 불쌍하다는 말로써 측은한 마음을 표명하는 데 그쳤다. 이 말에서 그는 물론 진심을 토로한 것이었다. 그래서 아피온이 이겼으며, 반유태주의자들은 원하는 곳이면 어디에서나 회당을 가이우스의 신전으로 만들었다." *

이러한 묘사에서 오늘날의 러시아의 상황을 생각하지 않을 사람이 있는가? 그리고 그 유사성은 유태인 사냥에 그치지 않는다. 사람들은 오늘날 황제의 보좌에 앉은 이 광적인 야수 가이우스에 대해 말할 때면, 러시아의 이민족 박해의 지체 높은 보호자들을 떠올리지 않을 수 없다. 이 패거리는 독창적인 것도 아니다!

로마 자체에서는 기존의 군사력이 너무 강하고 황제들도 어떤 종류의 집단행동에도 너무 반대를 많이 했으므로 그런 장면이 거기서는 연출될

---

* *Römische Geschichte*, V, S. 515-518.

수가 없었다. 그러나 황제의 권력이 공고화되고 황제들이 더 이상 유태인들을 필요로 하지 않게 되자마자 그들은 유태인들을 습격했다. 어떠한 단체도, 심지어는 전혀 말썽이 없는 단체조차 의심을 하던 터였으므로 이 국제적인 종교 조직은 그들에게는 크게 못마땅했음이 분명하다.

이미 티베리우스도 유태인 박해로 통치를 시작했다. 요세푸스는 그 원인을 다음과 같이 설명한다.

"로마에 한 유태인이 있었는데 그는 신을 의식하지 않는 철저하게 불경한 사람으로서 자신의 나라에서 여러 악행을 저질러 처벌이 두려워 도망쳐 온 자였다. 그는 모세의 율법 교사로 자처했는데, 공모자 세 사람과 짜고는 유태교 신앙을 받아들였고 그에게서 가르침을 받고 있던 귀부인 풀비아(Fulvia)를 설득하여 예루살렘 성전에 금과 자줏빛 옷을 선물로 보내야 한다고 했다. 그들이 그것을 그 부인에게서 받자 원래의 의도대로 자기들이 써 버렸다. 풀비아의 남편 사투르니누스는 아내의 간청으로 친구인 티베리우스 황제에게 탄원을 했으며 황제는 모든 유태인들을 로마에서 당장 내보내라고 명령했다. 그들 중 4천 명이 군인이 되어 사르디니아로 보내졌다." *

이 글은 로마 궁정 사회의 귀부인들의 유태교에 대한 취향을 보여주는 흥미로운 설명이다. 그 사건이 모든 로마의 유태인 사회에 대한 가혹한 조치들이 실행된 계기가 된 것은 사실일지라도, 확실히 그것이 전체의 원인이었던 것은 아니다. 유태교 전체에 대한 적대감이 없었다면 그 죄인을 처벌하는 것으로 충분했을 것이다. 가이우스 칼리굴라도 우리가 살펴본

---

* *Altertümer*, XVIII, 3, 5.

대로 그에 못지않게 적대적이었다. 클라우디우스 시대에(서기 41년부터 54년까지) 유태인들은 로마에서 한차례 더 추방되었다. 왜냐하면 쉐토니우스가 말하기를(클라우디우스 제25장) 그들이 크레스토스라는 자의 지도하에 소요를 일으켰기 때문이라는 것이다. 이 크레스토스는 태생적으로 유태인이 아니라 개종한 그리스인이었다. 여기서도 유태인 증오의 증거들이 유태교의 포교 능력의 증거들과 만난다.

## 예루살렘

지배계층과 대중들의 태도가 이처럼 유태인들에게 반감을 갖는 것이어서, 유태인들은 외국에서 크나큰 발전을 이루어 가고 있었으며 고국에서는 생활 기반을 찾기가 점점 더 불가능해지는 사정에도 불구하고 예루살렘과 그 주변의 지역을 향한 염원을 항상 품고 바라보았다는 것이 명백하다. 모든 주민이 유태인이어서 최소한 어느 정도는 그들이 자신의 집에서 주인 노릇을 할 수 있는 지상의 유일한 구석이었기 때문이다. 또한 약속된 위대한 유태인 왕국이 출범할 수 있는, 기대하던 메시아가 유태공동체의 영토를 둘 수 있던 지상의 유일한 구석이었던 것이다.

　예루살렘은 유태공동체의 중심지요 수도로 남아 있었다. 그리고 유태공동체와 함께 예루살렘도 성장했다. 예루살렘은 한 번 더 부유한 도시, 어림잡아 주민이 20만 명이나 되는 큰 도시가 되었다. 그러나 다윗과 솔로몬 시대와 달리 예루살렘은 더 이상 그 거대함과 부를 군사적 실력이나 팔레스티나의 여러 민족들의 상업에서 얻을 수 없었으며, 오직 야훼의 신전에서 끌어냈다. 모든 유태인은 그가 어디에 살았든지 신전의 유지를 위해 기부해야 했으며, 매년 성전세로 2드라크마를 납부했다. 이것은 예루살렘으로 보내졌다.

많은 추가적인 특별 헌물들이 신전을 향해 흘러들었다. 요세푸스의 이야기에서 네 명의 유태인 횡령자가 풀비아에게서 갈취해 낸 진귀한 예물처럼 모든 헌물들이 성전으로 들어간 것은 아니었다. 그러나 추가로 모든 경건한 유태인은 평생에 최소한 한 번은 그의 하느님이 살고 또 그곳에서만 예물을 받으시는 그 장소에 순례를 갈 의무가 있었다. 예루살렘 바깥의 여러 도시들에 있는 유태인들의 회당들은 집회와 기도의 장소, 그리고 학교—유태인 학교—일 뿐이었고 희생 제사가 야훼에게 드려지는 신전은 아니었다.

성전세와 순례자들이 상당한 액수의 돈을 예루살렘에 가져왔고 많은 사람에게 일자리를 주었을 것이 분명하다. 예루살렘에서의 야훼 숭배는 직간접적으로 신전의 사제들과 서기관들만 아니라 유대아와 갈릴래아의 점포 운영자, 환전상, 수공업자, 농민, 농장주, 목축업자, 어부 들을 먹여 살렸다. 이들에게는 예루살렘이 그들의 밀과 꿀, 새끼 양과 새끼 염소, 갈릴래아의 게네사렛 바다 혹은 강가에서 잡아 예루살렘으로 가져와서 말리고 소금에 절인 물고기를 팔 훌륭한 시장이었다. 예수가 신전에서 구매자와 판매자, 환전상과 비둘기 파는 자들을 발견했다면 이는 예루살렘 생활에서 신전이 맡은 임무와 철저하게 부합한 것이었다.

유태교 문헌상에 그들 조상의 형편으로서 제시되어 있던 것은 실제로는 그 문헌이 생겨나던 시대에 해당한 경우였다. 이제 팔레스티나의 모든 유태인 공동체는 문자 그대로 야훼 예배로 먹고 살았으며, 이 예배가 무너지거나 다른 형태를 취하기만 해도 멸망의 위협이 되었다. 예루살렘 바깥에도 다른 야훼 신전들을 세우려는 시도들이 있었다.

오니아스라고 하는 사람은 유태교 대사제의 아들인데 프톨레마이오스 필로메토르 시대(기원전 173-146년)에 이집트에 야훼 신전을 왕의 지원을 받아 지었다. 왕은 이집트의 유태인들이 자기 나라에 그들 자신의 신전을 가지게 되면 더 충성하는 신민이 될 것으로 기대했던 것이다.

　그러나 새로운 신전은 결코 대단한 것이 되지 못했다. 그것은 바로 이집트 유태인들의 충성심 확립을 겨냥한 것이었기 때문이다. 이집트에서 그들은 이방인이며 관용의 대상인 소수자였고, 그 상태로 남아 있었다. 그곳에서 어떻게 메시아가 생겨나 그들 민족에게 독립과 민족적 위대성을 가져다줄 수 있었겠는가? 그런데 메시아에 대한 믿음은 야훼 숭배에서 가장 강한 추진동력 중 하나였다.

　세겜 근처의 그리심 산 위, 예루살렘에서 멀지 않은 곳에 사마리아인들의 종파가 지어 경쟁자가 된 신전은 훨씬 더 못마땅한 것으로 되었다. 이는 요세푸스에 따르면 알렉산더 대왕 때 지어졌다고 하고 쉬러(Schürer)에 따르면 그보다 한 세기 전에 지어졌다고 한다. 그곳에서 사마리아인들은 그들의 야훼 숭배를 행했다. 두 경쟁자 간에 극심한 증오가 있었다는 것은 놀랄 일이 아니다. 그러나 더 오래된 하느님 사업이 워낙 부유하고 명성이 있어서, 신규 사업자가 그것에 심각한 손해를 줄 수는 없었다. 사마리아인들의 모든 포교활동에도 불구하고 그들은 예루살렘에 있는 그들의 신의 자리를 바라보고 있던 유태인들만큼 빠르게 성장하지 못했다.

　예루살렘의 독점권이 위협을 당할수록 예루살렘의 주민들은 그 예배 행위의 '순수성'을 더욱더 열심히 지키려 했고, 그것에 뭐든지 바꾸려 하거나 아니면 아예 완력으로 변화를 강제하려는 어떠한 시도도 훨씬 더 광적으로 반대하게 만들었다. 그리하여 그 당시의 다른 민족들의 종교적 포용성과 이상하게 대조를 이루는 것으로서, 예루살렘 유태인들의 종교적 광신과 불관용이 생겨났다. 다른 민족들에게 그들의 신들은 알 수 없는 현상들을 설명하는 수단이었고, 인간의 권능이 실패하는 것으로 여겨진 상황에서 위로와 도움의 수단이기도 했다. 팔레스티나의 유태인들에게 그들의 하느님은 생계를 꾸려간 수단이었다. 야훼는 어떤 신이 오직 그의 사제들에게만 가질 의미를 민족 전체에게 가진 그런 존재였다. 사제들의 광신은 팔레스티나에서는 민족 전체의 광신이 되었다.

그러나 비록 그들이 야훼 숭배를 옹호하는 데서, 그리고 그것을 감히 훼손하려고 드는 누구에게든 반대를 하는 데서 한 사람처럼 움직였지만 그럼에도 불구하고 그곳에서도 계급 대립이 기승을 부렸다. 예루살렘도 예외가 될 수 없었던 것이다. 모든 계층은 자기 방식대로 야훼를 기쁘게 하고 그분의 성전을 보호하려고 했다. 각 계층은 장차 올 메시아를 다른 방식으로 바라보았다.

## 사두가이파 사람들

『유태 전쟁사』 제2권 제8장에서 요세푸스는 유태인 중에 바리사이파 사람, 사두가이파 사람 그리고 에세네파 사람 등 사상 유파가 셋 있었다고 보도한다. 앞의 두 파에 대하여 그는 다음과 같이 말한다.

"다른 두 종파와 관련해서 말한다면, 바리사이파 사람들은 율법을 가장 엄격하게 해석하는 것으로 생각된다. 그들은 종파를 가장 먼저 이룬 자들이었다. 그들은 만사가 운명과 하느님에 의해 정해진다고 믿는다. 그들의 견해에서는 사람이 선을 행하는가 악을 행하는가는 그 사람에게 달려 있는 것이 맞지만, 운명도 그것에 영향을 준다는 것이다. 그들은 인간의 영혼이 불멸한다고 믿는다. 선한 자의 영혼은 새 몸으로 들어가고 악한 자의 영혼은 영원한 고문으로 고통을 받는다는 것이다.

다른 종파는 사두가이파 사람들이다. 이들은 운명의 효력을 부정하며, 하느님은 그 누구의 선행이나 악행에도 책임이 없다고 말한다. 자기의 자유 의지에 따라 어떤 일을 행하기도 하고 또 어떤 일은 그냥 두기도 하는 것은 전적으로 사람에게 달린 일이라는 것이다. 그들은 또한 영혼이 불멸한다는 것, 죽음 후에 벌이나 상이 있다는 것도 부정한다.

바리사이파 사람들은 민중에게 도움을 주고 그들과 조화를 이루면서 살려고 노력한다. 사두가이파 사람들은 서로에게조차 사나우며, 외국인들에게만이 아니라 동포들에게도 모질다."

이 구절에서 종파들은 상이한 종교적 관점의 대표자들로 등장한다. 그러나 비록 지금까지 유태 역사가 거의 전적으로 신학자들, 종교가 전부이고 계급 적대는 관심 밖인 이들이 연구해 왔음에도 불구하고, 그들조차 사두가이파 사람과 바리사이파 사람 간의 갈등이 기본적으로 종교적 갈등이 아니라 계급 갈등이라는 것, 프랑스 혁명 전의 귀족계층과 제3신분(사제도 귀족도 아닌 평민층 – 옮긴이) 간의 갈등과 비교할 수 있는 갈등이란 것을 발견해 냈다.

사두가이파 사람들은 사제 귀족계층의 대표자로서 유태 국가에서 권력을 쥐었고 그 권력을 처음에는 페르시아의 지배하에서 그 다음에는 알렉산더 대왕의 계승자들 밑에서 행사했다. 그들은 성전에서 무소불위의 주인이었다. 성전을 통해서 예루살렘을 지배했고, 예루살렘을 통해서 유태 공동체 전체를 지배했다. 성전으로 들어오는 모든 세금이 그들에게 돌아갔다. 그 액수는 적지 않았다. 포로기까지 사제계층의 수입은 보잘것없었고 불규칙적이었으나 그 후에는 많이 늘어났다. 우리는 모든 유태인 남자가 부유하건 가난하건 두 살 이상이 되면 성전에 내야 했던 2드라크마(혹은 반 세켈, 약 1.6마르크)의 세금을 언급한 바 있다. 그리고 선물들도 그들에게 들어왔다. 얼마나 많은 돈을 그들이 차지했는지에 대해서는 몇 가지의 실례가 있을 뿐이다. 마트리다테스는 한때 코스 섬에서 성전으로 갈 800달란트를 몰수했다고 한다. *

키케로는 2년 전에 아시아 속주의 총독이었던 플라쿠스(Flaccus)를 변호하여 행한 연설(기원전 59년)에서 이렇게 말한다: "유태인들의 돈이 매년 이탈리아와 모든 속주들에서 예루살렘으로 빠져나가므로 플라쿠스는 아시아 속주[서소아시아]에서 어떤 돈도 [예루살렘으로] 송금되어서는 안 된다고 포고했습니다." 키케로는 플라쿠스가 소아시아의 여러 지방에서 성전세로 징수된 돈, 아파메아에서만 금 100파운드에 달하는 돈을 어떻게 몰수했는지를 계속 이야기한다.

게다가 희생 제사도 있었다. 예전에는 제물을 바친 자들이 그 제물로 흥겨운 잔치를 베풀어서 나누어 먹었고, 사제들은 단지 잔치에 참여했을 뿐이었다. 포로기 후에는 제물을 드리는 자들의 몫은 점점 작아지고, 사제들의 몫은 점점 커졌다. 제물을 드린 자 자신이 즐겁게 사람들을 모아서 소비했던, 흥겨운 축제에 내놓는 선물이었던 것, 그래서 하느님만 아니라 그 자신도 즐겁게 해 주었던 것이 이제는 하느님이 자기 자신, 곧 그의 사제들을 위해 챙기는 현물세가 되었다.

이런 세금 수입은 점점 더 많아졌다. 짐승과 기타 음식으로 된 희생 제물, 곧 오로지 사제들만 가지는 것으로 점차 되어 간 것에 더하여 십일조, 즉 모든 작물뿐 아니라 처음 태어난 동물의 십분의 일 세금도 있었다. '정결한' 동물들인 소·양·염소, 곧 식용으로 쓰이는 동물들의 처음 태어난 놈은 하느님의 집에 실물로 넘겨졌다. '부정한' 짐승들인 말·나귀·낙타 등은 돈으로 대속해야 했다. 사람의 첫 아들이 태어났을 때도 그랬다. 이에는 5세겔이 들었다.

우리는 유태교 사제들이 백성들에게서 취한 것에 대한 명쾌한 요약을 느헤미아서 10장 32절 이하에서 발견한다. 이는 나중에 더 올라서 1/3세

---

* Josephus, *Altertümer*, XIV, 7. 1달란트=4700마르크.

겔이 곧 1/2세겔로 인상되었다.

"우리는 또 다음과 같은 규례를 정하였다. '우리 하느님의 성전 행사를 위하여 해마다 삼분의 일 세겔씩 바칠 것. … 사제, 레위인, 일반민 구별없이 가문별로 제비를 뽑아 해마다 정한 때에 우리 하느님의 성전에 장작을 바칠 것. 이것은 법에 있는 대로 우리 하느님 야훼의 제단에서 사를 장작이다. 우리 밭에서 나는 햇곡식과 처음 딴 과일도 해마다 야훼의 성전에 바칠 것. 법에 있는 대로 맏아들과 처음 난 가축, 곧 처음 난 송아지나 새끼 양을 우리 하느님의 성전에서 봉직하는 사제들에게 바칠 것.' 또 우리는 받들어 드릴 예물로 처음 만든 떡반죽, 갖가지 과일, 햇술, 기름을 우리 하느님의 성전 행랑방의 사제들에게 바치고 우리 밭에서 나는 소출 중 열의 하나는 레위인들의 몫으로 떼어놓기로 하였다. 농사를 지으며 사는 우리의 성읍마다 돌아다니며 그 열의 하나를 거두어들이는 것은 바로 레위인들의 일이다. 레위인들이 열의 하나를 거둘 때 아론의 후손인 사제 한 사람이 따라다니도록 하였다. 레위인들은 그 거두어들인 열의 하나에서 다시 열의 하나를 떼어 우리 하느님의 성전에 가져다가 성전 창고에 있는 여러 방에 보관시키기로 하였다. 그 방들은 성전 기구들을 두기도 하고 당번 사제들과 수위들과 합창대원들이 머물기도 하는 곳이었다. 이스라엘 백성과 레위인들이 받들어 드릴 곡식과 햇술과 기름은 그 방들 안에 넣어 두는 것이다. 이렇게 하여 우리는 우리 하느님의 성전을 그냥 내버려두지 않기로 하였다."

우리는 이 성전이 말하자면 교회와 비교될 수 있는 장소가 아니었다는 것을 안다. 그곳에는 거대한 창고가 있어서 그 안에는 현물뿐 아니라 금과 은도 어마어마한 양이 쌓여 있었다. 따라서 그곳은 강력하게 요새화되고 경비가 잘 되었다. 이교 신전들처럼 그곳은 돈과 재산이 특별히 안전하게 보관되는 장소로 통했다. 그리고 이교 신전들과 마찬가지로 그곳은 민간인들이 귀중품을 보관해 놓는 곳으로 활용되었다. 안전한 예치 금고의 이 기능은 야훼에 의해 무료로 수행된 것은 아니었을 것이다.

예루살렘 사제계층의 부가 엄청나게 커졌다는 것은 확실하다.

우리가 이미 앞에서 알게 되었던 카이사르의 동료-공모자인 마르쿠스 크라수스는 파르티아인들을 정벌하는 약탈 원정을 떠날 때 이 사실을 이용했다. 그 길에 그는 유태 성전의 보물들을 가지고 갔다.

"크라수스가 파르티아를 치러 갈 준비를 하고 있던 때에, 그는 유대아로 가서 폼페이우스가 남겨둔 모든 돈(χρήματα 크레마타)을 성전에서 취하였다. 2천 달란트였다. 이와 함께 (금화로 주조되지 않은) 금 전부, 8천 달란트 어치를 취했다. 마지막으로 그는 3백 므나에 달하는 금 막대를 훔쳤다. 우리 시세로 한 므나는 2파운드 반에 해당한다."*

이 모두는 5000만 마르크 정도가 된다. 그럼에도 불구하고 성전은 곧 다시 한 번 금으로 가득 찼다.

사제 신분의 범위는 출생에 의해 정해졌다. 그것은 세습 귀족계층을 이루었다. 여기서 관직은 상속된다. 그 자신이 헤카테우스에 근거지를 둔 요세푸스에 따르면(아피온을 반대하여 I, 22) "십일조를 받고 공동체를 다스리던 1500명의 유태인 사제들이 있었다."

그들 중에서도 점차 하층 귀족과 상층 귀족의 구분이 생겨났다. 일정한 가문들이 정부의 전체 권력을 그들 손아귀에 영구적으로 넣을 수 있었으

---

* Josephus, *Altertümer*, XIV, 7.

며, 이를 통하여 그들의 부를 증대시킬 수 있었다. 그리고 그것이 거꾸로 그들의 영향력을 증대시켰다. 그들은 긴밀히 짜인 동아리를 형성했으며, 그들 계열에서 항상 대사제를 지명했다. 그들은 용병을 활용하여 권세를 강화했고, 그들이 내리누를 수 있었던 다른 사제들로부터 그 권세를 수호했다.

그리하여 요세푸스는 우리에게 이렇게 이야기해 준다: "이 시기쯤에 아그립파 왕은 파비의 아들, 이스마엘에게 대사제직을 주었다. 그러나 대사제들은 사제들, 민중의 지도자들과 예루살렘에서 격돌하게 되었다. 그들 각각은 가장 불량스럽고 소란스러운 사람들로 된 무리를 규합하여 그들의 지도자가 되었다. 때로 그들은 언쟁을 하기도 하고 서로 욕설을 하며 돌을 던지기도 했다. 아무도 그들을 제지하지 않았다. 마치 그 도시 안에 행정당국이 없는 것처럼 폭력이 자행되었다. 결국 대사제들은 후안무치하게도 종들을 창고로 보내 사제들의 몫인 십일조를 빼앗아 가는 일까지 스스럼없이 감행하여 어떤 사제들은 굶어 죽기까지 했다."*

분명, 유태인 공동체 사회가 이미 그 종말에 가까이 가고 있던 때에야 사태가 이 지경에 이르렀다.

그러나 처음부터 사제 귀족층은 자신들을 민중 위에 군림하는 위치에 놓고 백성의 관점과 취향, 특히 팔레스티나의 유태인 인구의 관점과 경향에 반대되는 관점과 경향을 채택했다. 이는 외교 정책 분야에서 특히 명확하다.

우리는 팔레스티나가 그 지리적 위치 때문에 항상 외세의 지배하에 있거나 적어도 그 위험 밑에 있었다는 것을 살펴보았다. 그것을 방지하거나 완화하는 데는 두 가지 길이 있었다. 외교 아니면 무력항쟁이 그것이었다.

---

* *Jüdische Altertumer*, XX, 8, 8, 또한 9, 2 참조.

페르시아 제국이 존속하는 한, 이 대안 중 어느 것도 가망이 없었다. 그러나 알렉산더가 그 제국을 패망시킨 후에 사정은 달라졌다. 그가 그 자리에 세운 새로운 국가는 그가 죽은 후에 여럿으로 찢어졌으며, 시리아-바빌로니아 왕국은 예전처럼 이스라엘의 지배권을 놓고 이집트 왕국과 싸웠다. 이제 두 나라 모두 그리스 왕조들에, 한 나라는 셀레우코스 왕조에, 또 한 나라는 프톨레마이오스 왕조에 지배를 받았으며, 이 두 나라 모두 점점 더 그리스적 정신으로 충만하게 되었다.

이들 세력 그 어느 쪽에도 군사적 수단으로 이기는 것은 가능하지 않았다. 그럴수록 더 강한 쪽에 붙고 그 제국의 일부로서 특권적 위치를 얻는 기민한 외교로써 이길 가능성이 있었다. 그러나 외국인 혐오사상과 우수한 헬라 문화와 그 권력 수단에 대한 기피로는 그것을 달성할 수 없었다. 그것에는 이 문화를 수용하는 것이 오히려 불가결했다.

예루살렘의 귀족계층은 대외 문제에 대한 더 많은 지식으로 그리로 이끌려 갔다. 이는 그들의 사회적 지위와 공직 기능 수행 덕택에 나머지 인구에 비해 그들이 갖는 장점이었다. 그러나 그들의 부도 그들을 그리로 이끌어 갔다. 조형예술과 삶의 향락에 대한 예술들은 팔레스티나에서는 발달하지 않았던 반면에 그리스인들은 다른 어떤 민족도 그 당시에 아니그 후 수 세기 동안에도 필적할 수 없는 수준에 예술을 올려놓았었다. 모든 민족의 지배자들은 승리자인 로마의 지배자까지도 그 당시에 그리스에서 휘황찬란한 쾌락의 형상들을 들여왔다. 그리스적인 양식은 고대세계에서 모든 착취자들의 생활방식이 되었다. 이는 프랑스적 양식이 18세기에 유럽에서 그랬던 것과 마찬가지이다.

귀족계층이 유태인 사회를 심하게 착취할수록, 그리고 귀족들이 더 많은 부를 취득할수록, 그들은 더욱더 헬라 문화를 동경했다.

마카베오 1서는 안티오쿠스 에피파네스 시대(기원전 175-164년)에 관하여 다음과 같이 불평한다: "그 무렵, 이스라엘에서는 형편없는 자들이 생겨 많은 사람들을 선동하면서 '주위의 이방인들과 맹약을 맺읍시다. 그들을 멀리하고 지내는 동안 얼마나 많은 재난을 당하였습니까' 하고 꾀었다. 이 말이 그럴듯하여 백성들 중에서 여럿이 왕에게 달려가, 이방인들의 생활풍습을 받아들이자고 청하여 허가를 받았다. 그들은 곧 이방인들의 풍속을 따라 예루살렘에 김나지움(즉, 사람들이 그 안에서 나체로 싸우던 원형 경기장)을 세우고 할례받은 흔적을 없애고 거룩한 계약을 폐기하고 이방인들과 어울렸다. 이렇게 그들은 자기 민족을 팔고 악에 가담하였다."

이 악인들은 단단히 미쳐서 귀두(龜頭)에 인공으로 만든 포피를 덮고, 또한 유태식 이름을 버리고 그리스식 이름으로 개명을 하기도 했다. 대사제 예수스는 자신을 야손이라고 불렀고, 또 다른 대사제 엘리야킴은 알키모스가 되었고, 마네세라는 사람은 메넬라우스가 되었다.

이런 헬라 양식의 장려를 참기 힘들어 한 것은 유다 민중들이었다. 공업과 예술이 유대아에서 얼마나 미발달 상태였는지를 우리는 여러 번 지적한 바 있다. 헬라적 영향의 진행은 외국 제품들이 국내 제품을 몰아낸 것을 뜻했다. 헬라인도 비록 지금 시리아나 이집트의 왕으로 온 것이지만 항상 압제자요 착취자로 등장했다. 유대아는 이미 그 자신의 귀족계층에 의해 쥐어 짜여 말라 비틀어졌는데, 이방인 왕조와 그 관원들에게 조공을 바쳐야 하는 신세를 더욱더 받아들이기 어려워했다. 귀족들은 종종 그들 스스로 외국의 주인들 대리인이요 징세 청부자로 나서서 넉넉한 돈벌이를 할 줄 알았다. 이와 함께 그들은 세금에 짓눌린 이들에 대한 고리대금을 통해 치부를 했다. 그 반면에 민중은 외세 지배의 전체 무게를 감당해야 했다.

페르시아인들 밑에 있을 때도 비슷한 일이 일어났다. 이는 아르탁세르세스 왕이 유대아의 총독으로 임명한(기원전 445년) 유태인 느헤미야가

한 생생한 묘사에서 볼 수 있다. 그는 자신의 활동에 대하여 다음과 같이 보고한다.

"그런데 백성들 중의 일부 유다인 동족들에게 불평이 생겨 여자들까지 아우성을 치는 일이 벌어졌다. '살아 보겠다고, 목에 풀칠이라도 해야겠다고, 우리는 아들딸을 잡혔다' 하는 사람이 있는가 하면, '흉년이 들어 입에 풀칠이라도 해야겠어서 우리는 밭도 포도원도 집도 모두 잡혔다' 하는 사람도 있고, '황제에게 세금 낼 돈이 없어서 우리는 밭도 포도원도 모두 잡혔다' 하며 외치는 사람도 있었다. '한 겨레인데 저희 살이나 우리 살이나 무엇이 다르냐? 제 자식이 아까우면 남의 자식 아까운 줄도 알아야 할 것이 아니냐? 우리 꼴을 보아라. 우리는 제 아들딸을 종으로 팔아먹는 신세다. 딸들이 짓밟히는데도 우리는 어떻게 손쓸 힘이 없구나. 우리 밭이나 포도원은 이미 남의 손에 들어가고 말았다.' 이러한 아우성을 듣고 나는 매우 화가 났지만, 마음을 억누르며 회의를 소집하여 유지들과 관리들을 모아 놓고 어찌하여 한 겨레끼리 돈놀이를 하느냐고 호되게 꾸중을 하였다. '유다인들은 우리와 한 겨레요. 그 우리의 겨레가 남의 나라에 팔려 갔던 것을 우리는 일껏 찾아 왔소. 그런데 그대들은 제 겨레를 또 팔아먹다니, 우리더러 다시 찾아오라는 말이오?' 그들이 입을 다문 채 아무 말도 못하는 것을 보고 나는 말을 이었다. '이건 정말 못할 짓이오. 우리를 미워하는 다른 나라 사람들에게 욕이라도 얻어먹지 않으려면 하느님 두려운 줄 알고 살아야 할 것 아니오? 나도, 내 일가도, 내 수하 사람들도 돈놀이를 하여 장리변을 놓아 왔지만, 우리는 그 변리를 포기하기로 하였소. 그러니 그대들도 잡았던 밭이나 포도원이나 올리브 밭이나 집을 오늘 당장 돌려주도록 하시오. 또 돈이나 곡식이나 포도주나 올리브기름을 꾸어 주고 변리를 받았거든 그것도 돌려주도록 하시오.' '말씀대로 돌려주고 변리를 거두어들이지 않겠습니다' 하고 그들은 대답하였다. 그 말을 듣고 나는 사제들을 불러 그대로 하겠다는 서약을 받게 하였다. 그리고 나는 내 옷자락을 털며 말했다. '이 말을 지키지 않으면, 누구든지 하느님께서 이렇게 털어 버리실 것이오. 그의 성전에 들어가서 주시는 것을 받아먹지 못하고 빈털터리로 떨려날 것이오.' 온 회중은 '아멘' 하며 야훼를 찬양하였다. 이렇게 해서 백성은 서약한 대로 하였다. 아르닥사싸 황제 제20년부터 32년까지 12년 동안 나는 유다 총독 노릇을 하였지만, 나와 나의 일가는 총독으로서 받아야 할 녹을 타먹지 않았다. 나의 선임 총독들은 양식과 술값으로 하루에 은 40세겔씩을 거두어 들였다. 이렇게 총독 자신들도 백성을 괴롭힌데다가 수하 사람들도 백성을 착취하였다. 그러나 나는 하느님이 두려워서 그런 일을 하지 않았다. 나는 밭 한 뙈기 못 얻었지만, 이 성을 쌓는 데 온 힘을 다 기울었다. 나의 수하 사람들도 그 일에 힘을 모았다. 인근 여러 나라에서 찾아오는 사람을 제외하고 내 식탁에서 먹는 유다인 관리들만도 백오십 명이나 되었다. 식탁에는 나의 부담으로 날마다 소 한 마리, 기름진 양 여섯 마리에 새고기도 올랐다. 갖가지 술도 한번 나오면 열흘씩 넉넉히 돌았다. 그러면서도 나는 총독으로서 받아야 할 녹을 요구하지 않았다. 그렇지 않아도 백성은 부역으로 허덕이는 형편이었기 때문이다. '나의 하느님이여, 이 몸이 이 백성을 위해 한 모든 일을 기억하시고 잘 보살펴 주십시오!'"

이런 종류의 자기 칭찬은 고대 문서들, 특히 동방의 문서들에서는 드물지 않다. 그로부터 그 공직자가 스스로 자랑하듯이 정말로 백성에게 봉사를 했다고 언제나 결론을 내리는 것은 성급한 일일 것이다. 그러나 한 가지 그런 진술들이 명백하게 가리켜 주는 것이 있다. 총독과 귀족들이 통상적으로 백성의 피를 흘리고 그들을 억압한 방식이 그것이다. 느헤미야는 자신의 행동이 예외가 아니었다면 그것을 자랑하지 않았을 것이다. 누구라도 은수저를 훔치는 것이 예사로운 일이었던 사회 안에서 말고는 자신은 그런 도둑질을 하지 않았다고 목청을 돋우어 선언하려 들지는 않을 것이다.

시리아와 이집트 왕들이 다스릴 때 팔레스티나의 조세 징수는 청부업자에게 위탁되었다. 통상적으로 대사제가 징세 청부업자였다. 그러나 경우에 따라서는 그의 동료들 중에 경쟁자들이 있었다. 그래서 고귀한 사제집단 내부에 불화를 초래했다.

유대아의 민중은 외세의 지배에 대하여 그로부터 이득을 보던 귀족계층보다 반대할 훨씬 더 큰 이유를 지녔다. 외국인들에 대한 분노는 세력관계에 대한 그들의 무지 탓에 심화되었다. 팔레스티나의 유태인 다수는 그들의 적이 지닌 압도적인 힘을 의식하지 못했다. 이 모든 이유 때문에 그들은 외교를 업신여기고 외세의 멍에를 무력으로 떨쳐 버리기를 갈망했다. 그러나 그것뿐이었다. 귀족계층의 멍에도 떨쳐 버리려 하지는 않았다. 귀족계층은 민중에게 똑같이 무거운 짐이 되었다. 그러나 민중은 예루살렘과 그 인근 지방에서 성전 때문에, 그 예배와 그 사제 직분이 가지는 중요성 때문에 전체 생계를 꾸리지 않았는가? 그러므로 그들의 가난에 대한 비분강개는 전적으로 외국의 압제자들에게 집중되어야 했다. 민중세력(Demokratie)은 국수주의(Chauvinismus)가 되었다.

상황들이 운 좋게 맞아떨어지면, 작은 민족이 그 강력한 주인들에 맞서 봉기한 것이 한때 성공을 거두는 것이 가능했다. 이는 우리가 보여준 것처럼 셀레우코스 왕조가 내전으로 기초부터 흔들리고 마찬가지로 프톨레마이오스 왕조도 완전한 쇠퇴 일로에 있던 때, 그리고 이 두 왕국이 서로 지속적으로 분쟁을 하면서 이 둘이 모두 동방과 서방의 새로운 주인인 로마인들에게 복속될 날이 머지않던 때에 일어났다.

쇠퇴하는 모든 체제들처럼, 셀레우코스 왕조는 압박을 증대시켰고, 이는 당연히 반발 압력을 낳았다. 유태의 애국 활동은 점점 더 반란적으로 되어 갔으며, 아시데안*들의 조직을 그 핵심과 지도력으로 삼았다.

이들 가운데서 또한 다니엘서(기원전 167년에서 164년 사이)가 생겨났다. 이는 피압박민에게 이스라엘이 곧 일어나서 해방될 것이라고 예언하는 선동적 저작물이다. 이스라엘은 그 자신의 구원자이고 그 자신의 메시아가 된다는 것이다. 이와 함께 외세 지배세력의 패배와 유태공동체의 승리, 그 구원과 지상의 모든 민족들에 대한 통치를 선포하는 일련의 메시아적 선전물들이 나오기 시작했다.

그러나 다니엘서에는 이 사상이 아직 민주적으로 표현되어 있다. 거기서 메시아는 여전히 민족 자신이다. 메시아는 "지극히 높으신 하느님을 섬기는 거룩한 백성"이다. 이 민족에게 "천하만국을 다스리는 권세와 영광이 모두 돌아올 것이다. 그 나라는 영원히 끝나지 않아 모든 나라가 그 나라를 섬기고, 그 명을 따를 것이다." **

이 메시아적 예언은 곧바로 눈부시게 성취될 것으로 보였다. 압제자에 대항한 유격전의 규모가 계속 커져서 결국에는 하스모니안 가문의 승전한 유격대 지도자들, 그중에서 유다 마카베오가 첫째 인물인데, 이들이 시리아 군대와 휜한 들판에서 맞부딪쳐 이길 수 있었으며 결국 시리아의 점령 아래에 있던 예루살렘을 차지할 수 있었다. 유대아는 해방되었고 그 국경선을 넓히기까지 했다. 유다 마카베오가 쓰러진 후(기원전 160년) 그의 동생 시몬은 전쟁에서 그들 민중에게 자유를 되찾아 주는 데 성공한 여러

---

* 헬라화된 유태인들을 반대하는 신실한 유태인들을 가리키는 말. 히브리말 하시딤에서 유래했다. - 옮긴이
** 다니엘서 7장 27절.

민주적인 장군들이 그 이전에도 그 이후에도 행한 일을 할 수가 있었다. 그는 자유를 요술처럼 사라지게 했고 자신의 머리에 왕관을 썼다. 아니 그는 민중이 그의 머리에 왕관을 씌우는 것을 허락했다. 사제들의 총회와 민중은 그가 대사제(archiereus), 대원수(strategos) 그리고 민족지도자(eth-narches)가 되어야 한다고 결의했다(기원전 141년). 그래서 시몬은 하스모니안 왕조의 시조가 되었다.

시몬은 새로 쟁취한 독립이 얼마나 불안정한 것인지를 알았다. 그래서 서둘러서 외부의 원조를 찾았던 것이다. 139년도에 우리는 그가 보낸 사절단이 로마에 와서 유태인들의 영토를 보장해 달라고 로마인들에게 요청하는 것을 보게 된다. 이는 그 몇몇 구성원들이 개종자를 만들었다고 해서 로마에서 추방되었다고 앞서 이야기한 그 사절단이었다. 그 와중에도 그 사절단은 목적을 달성했다. 시몬은 유대아의 새로운 친구들이 머지 않아 가장 위험한 적들이 되고 유태 국가를 영구히 끝장내리라고는 생각하지 못했다. 로마의 지배자들 사이에 내전이 기승을 부리던 한에서는 유대아의 운명은 부침을 계속했다. 폼페이우스는 기원전 63년에 예루살렘을 정복하여 많은 전쟁 포로를 사로잡아 노예로 로마에 보냈으며, 유태인의 영역을 유대아·갈릴래아·페레아로 제한했고 유태인들에게 세금을 부과했다. 크라수스는 54년에 성전을 노략했다. 그의 퇴위 후에 유태인들은 갈릴래아에서 로마인들에 맞서 봉기했으나 진압되었다. 많은 포로들이 노예로 팔렸다. 카이사르는 유태인들을 더 잘 대우했고 그들에게 우호적이기까지 했다. 그가 죽은 뒤에 벌어진 내전들로 유대아는 다른 지역들과 같이 황폐해졌고 내전은 유대아에 무거운 부담을 주었다. 아우구스토가 마침내 승자로 등장했을 때 그는 카이사르가 그랬던 것만큼이나 유태인들에게 호의적이었다. 그러나 유대아는 로마 군대에 점령당해 로마인들에게 복속된 상태에 머물렀다. 유대아는 로마 관원들의 감독하에 있다가 결국 직접 행정관리를 받았다. 그리고 우리는 이 악당들이 속주들에서 어떻게 행패를 부렸는지 어떻게 고혈을 짜냈는지를 살펴본 바가 있다. 로마인들에 대한 증오는 점점 날카로워졌으며 특히 다수 민중에게 있어서 그러했다. 꼭두각시 왕들과 사제 신분의 귀족계층은 그들 다수가 마음속으로는 이방인들을 아무리 증오했을지라도, 마카베오 봉기 이전에 그리스인들에게 그랬듯이 로마인 주인들에게 환심을 사려고 시도했다. 그러나 그들의 당파인 사두가이파 사람들은 애국자들의 민주적인 당파인 바리사이파 사람들에 비하여 점점 권세를 잃어 갔다.

일찍이 기원전 100년에 요세푸스는 그의 『고대사적』(*Altertümer*)에서 이렇게 서술한다: "부자들은 사두가이파 사람 편이었고, 민중은 바리사이파 사람을 지지했다."(XIII, 10, 6)

그리고 헤롯 시대(또한 그리스도의 시대)에 대해서 그는 이렇게 보도한다.

"사두가이파는 불과 몇 사람의 지지밖에 받지 못했지만 그 나라에서는 최고 귀족들의 종파였다. 그러나 나랏일은 그들이 원하는 대로 풀리지 않는다. 그들이 공직에 나가게 되자마자 그들은 싫든 좋든 바리사이파 사람들의 관점에 따라 행동해야 한다. 그렇지 않으면 일반 민중은 그들을 용납하지 않으려고 한다."(같은 책, XVIII, 1, 4)

바리사이파 사람들은 점점 성직 귀족계층 대신에 유태 민족의 영적 지도자들이 되어 갔다.

## 바리사이파 사람들

우리는 위에서 마카베오 전쟁 기간 중에 '경건한 자들'인 아시데안들에 대해서 알아보았다. 수십 년 뒤에 요한 히르카누스(기원전 135년부터 104년까지) 시대에 이 경향의 대표자들이 바리사이파 사람이란 이름으로 등장했고, 또한 마찬가지로 그와 반대되는 경향은 사두가이파 사람이란 이름으로 불렸다.

사두가이파 사람이라는 명칭이 어디서 왔는지는 확실하지 않다. 아마 자독크 사제의 이름에서 따왔을 것이다. 그의 이름을 따라 사제집단은 자독키트 족이라고 불렸다. 바리사이파 사람들(페루심), 즉 구별된 자들은 자신들을 '동지'(카베림) 혹은 의형제라고 불렀다.

한때 요세푸스는 그들이 그렇게 작은 나라에서 6천 명이나 되는 유력한 정치조직이었다고 구체적으로 말한다. 그는 헤롯 시대(기원전 37년부터 4년)를 다루면서 다음과 같이 보도한다.

"그 시대에는 유태인들 중에 자기들이 조상의 율법을 엄격히 준수한다는 것을 자랑으로 여기고, 하느님이 자기들을 특별히 사랑한다고 믿은 사람들이 있었다. 여성들은 특히 이 집단을 지지했다. 이 사람들은 바리사이파 사람이라 불렸다. 그들은 아주 강력했고 왕에게 가장 먼저 반기를 드는 자들이었으나, 눈치가 빠르고 조심스러웠으며, 봉기를 하려고 할 적에는 때를 기다렸다. 유태 민족 전체가 [아우구스토] 황제에게 충성 서약을 하고 [헤롯] 왕에게 복종했을 때, 이 사람들은 선서를 거부했다. 그들은 6천 명 이상이었다." *

---

* *Altertümer*, XVIII, 2, 4.

잔인한 폭군인 헤롯은 보통은 처형을 거침없이 명령했으나 이 충성 선서를 거부하는 것을 감히 가혹하게 벌하지 못했다. 이는 바리사이파 사람들이 민중에게 미치는 영향력이 상당히 크다는 것을 그가 알고 있었음을 보여주는 징표이다.

바리사이파 사람들은 민중의 영적 지도자들이 되었다. 그리고 그들 중에서도 지배적인 집단은 경전을 배운 사람들 혹은 '율법학자'인데, 이들은 신약에서 항상 바리사이파 사람들과 짝을 이루어 등장하는 랍비들(랍비 = 나의 주님, 선생님)이다.

본래 지식인 계층은 동방의 어디에서나 그런 것처럼 유태인 중에서도 사제계층이었다. 그러나 유태의 귀족계층의 이야기는 여느 귀족계층의 이야기와도 동일했다. 그들이 점점 부유해질수록 특권적 지위의 토대였던 기능들을 무시했다. 그들은 그들에게 의무로 주어진 극히 형식적인 전례들만 겨우 집행했다. 그들은 학문, 저술, 입법, 사법 일들을 점점 등한시하여 이런 기능들은 점차 민중 가운데 교육받은 분자들이 거의 전적으로 수행하는 결과를 가져왔다.

법을 만들고 재판하는 활동이 특히 중요해졌다. 고대 동방의 국가들에는 입법 회의체가 없었다. 모든 법은 관습법, 애초부터 있던 법이었다. 물론 사회 발전이 진행되면 새로운 관계들과 새로운 문제들을 낳으며, 이는 새로운 법적 규범을 필요로 한다. 그러나 법은 하느님에게서 나오는 것으로 영원히 동일하다는 감정이 민중의 정신에 깊이 뿌리 박혀서 새로운 법은 태곳적부터 존재해 왔으나 망각되었기 때문에 재등장하는 것일 뿐인 관습법, 전통법의 형태를 취할수록 더 쉽게 인정을 받는다.

새로운 법을 이런 식으로 옛 법으로 만드는 지배계층의 가장 간단한 방법은 문서를 위조하는 것이었다.

유대아의 사제계층은 우리가 이미 여러 차례 살펴본 것처럼 이런 편법을 많이 동원했다. 동방에서는 초보적인 것을 넘어서는 모든 지식을 포괄하던 종교적 전통의 전문가이고 수호자인 단일한 지배계층이 민중을 상대할 경우에 문서 위조는 하기가 아주 쉬웠다. 그러나 문자 교육을 받은 새로운 계층이 옛 사제계층과 나란히 생겨났을 때는 이들 양자는 새로운 것을 모세나 다른 어떤 고대의 권위자가 창조했던 그 무엇으로 소개하기가 더 어렵게 되었다. 이제 경쟁하는 두 계층이 위조 행위자를 손바닥 들여다보듯이 보게 된 것이다.

예루살렘이 파괴되기 전 마지막 두 세기 동안 사제계층에 의한 거룩한 문서들의 정경(Kanon) 확정을 파기하고 오래된 글로 받아들여지고 또 이전 경전만큼이나 명성을 인정받는 새로운 문서들로 그것을 확장하려는 랍비들의 노력이 끊임없이 이루어졌다. 그러나 이는 성공하지 못했다.

요세푸스는 아피온을 비판하는 그의 책(I, 7 및 8)에서 유태교 경전의 신빙성을 고찰한다: "왜냐하면 모두가 자기 마음대로 글을 쓸 권리가 있는 것이 아니라, 그 권리는 과거의 일들을 하느님의 영감에 따라 믿을 만하게 적어 내린 예언자들에게만 속하는 것이다. 이들은 그뿐만 아니라 그들 시대의 상황에 대한 진실된 설명도 하고 있다. 따라서 서로 모순되고 상충하는 책 수천 권이 아니라 스무두 권만이 세상의 시초부터 일어난 일을 이야기하는 것으로서 정당하게 신성한 것으로 간주되는 것이다." 즉 모세 오경, 모세의 죽음부터 아르탁세르세스에 이르기까지의 시기를 포괄하는 예언자의 책 열세 권, 그리고 시편과 격언들로 된 책 네 권이 그것이다.

"아르탁세르세스부터 우리 시대에 이르기까지 모든 것이 서술되고 채록되었으나 그다지 믿을 만하지 못하다. … 우리가 우리의 경전을 얼마나 높이 평가하는가 하는 것은 그렇게 오랜 기간 동안 아무도 감히 뭔가를 더하거나 제거 또는 변경을 하려는 시도를 하지 않았다는 사실에서 볼 수 있다."

　요세푸스의 시대에 이는 물론 진실이었다. 여기서 열거된 문헌에서 확정된 기존의 율법을 변경하기가 점점 더 어려워질수록 혁신자들은 주석 과정에 의해 율법을 새로운 필요에 맞추지 않을 수 없었다. 유태인들의 성경은 이런 작업에 특히 적합했다. 왜냐하면 성경이 단일한 조각으로 이루어진 것이 아니라 극히 다양한 시대와 사회적 조건들에서 쏟아져 나온 문헌들로 된 것이기 때문이다. 그 안에는 고도로 문명화된 바빌론의 도시적 지혜와 함께 태고의 베두인 시대 전설들이 포함되며, 이 모두는 바빌론 포로기 후의 사제들의 손으로 편찬되었다. 많은 경우에 조잡하기 짝이 없는 모순들을 그대로 둔 아주 거칠고 몰상식한 것들이다. 어떤 사람이 율법의 모든 구절들을 외우고 그것들을 손바닥 들여다보듯이 잘 알 정도로 예리한 정신과 좋은 기억력을 지녔다면 이런 식의 '율법' 으로 무엇이든지 증명할 수 있었다. 이는 바로 랍비식의 지혜가 지향하는 바였다. 그들은 삶을 연구하려고 하지 않았고, 학생의 머릿속에 성스러운 글에 대한 정확한 지식을 집어넣고 주석 안에 재치 있는 해석과 미묘한 의미의 발견을 극단까지 도입하려고 했다. 그들은 물론 의식하지 못한 채로 주변의 삶에 영향을 받았지만, 학교들에서 랍비식의 지혜가 오래 발달할수록 그것은 더욱더 삶을 이해하고 따라서 그것을 통달하는 수단이 되기를 그치고, 한편으로는 경이로운 법률적 말장난과 기교로 모든 사람, 심지어 주 하느님까지도 가지고 노는 기술이 되었고 또 한편으로는 경건한 인용문에 의해 어떤 상황에 처해서도 위로를 받고 교훈을 얻는 기술이 되었다. 이 가르침이 세상의 지식에 기여한 바는 없었다. 그것은 세상에 관하여 점점 더 깊은 무지에 빠져들었다. 이는 예루살렘의 파괴로 끝난 전쟁들에서 명백하게 된 것이다.

　눈치 빠르고 세속에 밝은 사두가이파 사람들은 그 당시의 세력 관계를 정확하게 인식했다. 그들은 로마인들을 막아내는 것이 불가능하다는 것을 알았다. 그러나 바리사이파 사람들은 로마가 유대아에 점점 더 무거운 고통거리가 되고 백성을 절망으로 몰아감에 따라 로마의 멍에를 무력으로 벗어던지고자 더욱 열심히 노력했다. 마카베오의 봉기는 한 민족이 폭군에 대항하여 어떻게 자신의 자유를 지킬 수 있고 또 지켜야 하는지를 눈부신 사례로 보여주었다.

메시아에 대한 기대는 그 봉기의 강한 버팀목이 되었으며, 봉기의 성공은 그 기대를 강화해 주었고 이는 로마의 멍에를 벗어던지려는 열망이 커지면서 점점 더 강해져 갔다. 사실 로마인들은 시리아인들의 썩어문드러진 왕국보다 더 위험한 적이었으며, 고대세계 전역에서 여러 민족들의 자기 행동에 대한 확신은 마카베오 시대 이래로 사그라졌다. 로마의 내전이라고 불린 것은 실제로는 세계 지배를 위한 승전한 장군들 개인 간의 경쟁에 불과했다. 그래서 이제 메시아 관념은 자기 자신을 해방시키는 유태 민족으로 이해되지 않고, 선택받은 성자들로 이루어진 박해받는 민족을 시련과 슬픔에서 구원할, 하느님이 보낸 힘센 전쟁 영웅인 것으로 이해되었다.

그런 기적적인 지도자 없이는 가장 열광주의적인 바리사이파 사람들도 압제자를 제거하는 것이 불가능하다고 생각했다. 그러나 그들은 메시아에게만 의존하지 않았다. 그들은 지지자의 수가 로마 제국 내, 특히 이웃 민족들 중에서 얼마나 증가하고 있는지, 그리고 그들이 알렉산드리아·바빌론·다마스쿠스·안티오크에서 얼마나 강한지를 자랑스럽게 계산했다. 압박을 당하던 고국이 떨쳐 일어날 때 그들이 도우러 오지 않겠는가? 그리고 로마 같은 일개 도시가 세계 지배권을 쟁취하는 데 성공할 수 있었다면, 위대하고 자랑스러운 예루살렘에게는 왜 꼭 불가능하다는 것인가?

요한묵시록의 토대는 다니엘서와 같은 식의 유태교 선동 문서이다. 그것은 베스파시아누스, 그리고 다음으로 티투스가 예루살렘을 포위하고 있던 기간 중에 작성되었을 개연성이 있다. 그것은 로마와 예루살렘 간의 결투를 예고한다. 로마는 일곱 개의 산 위에 앉은 여인이다. "온 땅의 탕녀들과 흉측한 물건들의 어미인 대바빌론", "세상의 왕들이 그 여자와 더불어 놀아났고", "세상의 상인들이 그 여자의 사치 바람에 부자가 되었기 때문이다."(17장, 18장) 이 도시는 망하고 심판이 내릴 것이다. "세상의 상인들도 이제는 그들의 상품을 사 줄 사람이 하나도 없기 때문에, 그 여자가 망하는 것을 보고 울며 슬퍼한다." 거룩한 도시 예루살렘이 그 여인을 대신할 것이다. "만국 백성들이 그 빛 속에서 걸어 다닐 것이며 땅의 왕들은 그들의 보화를 가지고 그 도성으로 들어 올 것이다."(21장 24절)

사실상 예루살렘은 로마의 권세를 모르는 순진한 자들에게는 당연히 티베르 강 유역의 세계 여주인의 위험한 숙적으로 보였을 수도 있는 한 도시였다.

요세푸스는 네로 시대에 사제들이 예루살렘의 유월절 축제에 모인 사람들의 수를 한번 세어 보았다고 보고한다. "사제들은 256,500마리의 유월절 양이 있었다고 수를 세었다. 이제 최소한 열 명이 양 한 마리마다 같은 식탁에 앉았다. 때에 따라서는 양 한 마리를 놓은 한 식탁에 스무 명씩 앉았다. 양 한 마리에 열 명씩 앉았다고 하면, 대략 270만 명이 된다." 이에는 부정한 자와 불신자들은 들어가지 않았다. 그들에게는 유월절 축제에 참석하는 것이 허락되지 않았다.*

요세푸스가 여기서 어떤 계수 방식을 언급하지만 그가 제시한 숫자는 우리가 250만 명 중에 예루살렘에서 음식도 숙박 장소도 요청하지 않은

---

* *Jüdischer Krieg*, VI, 9, 3.

예루살렘 인근의 많은 시골 사람들이 있었다고 가정할지라도 믿을 수 없는 것으로 여겨진다. 웬만큼 먼 거리에서 무더기째로 식품을 운반하는 것은 그 당시에는 수운으로만 가능했다. 대도시들은 모두 수운이 가능한 강변이나 해변에 있었다. 예루살렘의 경우에는 그런 수운은 있을 수 없었다. 바다와 요단강은 아주 멀리 떨어져 있고 요단강은 운항이 불가능하다. 그만한 다수의 사람들은 예루살렘에서 마실 물도 충분히 얻을 수 없었을 것이다. 그 도시는 빗물을 받아서 우물에 저장하는 방식으로 식수 일부를 해결했다.

110만 명의 유태인이 예루살렘에서 그 파멸에 이르기까지 포위 중에 죽었다는 취지로 요세푸스가 같은 문단에서 말한 것도 마찬가지로 믿을 수 없다.

타키투스가 제시하는 수치는 훨씬 적다.* 포위된 자들은 나이와 성별을 불문하고 모두 합해서 60만 명에 달했다고 한다. 많은 사람들이 평소에는 그곳에 살지 않았는데도 그 도시에 갇혀 있었으므로 이 숫자의 절반이 파괴 이전에 수십 년간의 통상적인 주민 수로 간주될 수 있을 듯하다. 우리가 그 삼분의 일만을 취한다고 해도 이는 당시의 도시 인구로는 꽤 비중이 있는 규모이다. 그러나 요세푸스의 수치는 이 크기가 유태 민족의 상상 속에서 얼마나 증폭되었는지를 보여주는 것이다.

아무튼 예루살렘이 아무리 크고 강성했더라도 외부의 도움 없이는 승리할 가능성이 없었다. 유태인들은 그런 도움을 믿었다. 그러나 그들은 팔레스티나 바깥의 유태인 인구가 순전히 도시인들, 사실상 대도시인들이고 어느 곳에서나 소수자였다는 것을 잊고 있었다. 그러나 당시에는 나중 시대보다도 더욱더 지겨운 군역을 감당할 수 있었던 것은 농민뿐이었

---

* *Historien*, V, 13.

다. 도시의 다수 상점주인들, 가내 수공업자들 그리고 룸펜프롤레타리아들은 광야에서 훈련된 군대에 맞설 수 있는 어떤 군대도 이룰 수가 없었다. 팔레스티나에서의 마지막 대봉기 중에 팔레스티나 바깥에서도 유태인들의 소요 사태가 있었던 것은 사실이지만 예루살렘을 도와주는 행동에는 결코 미치지 못했다.

메시아가 기적을 베풀지 않는다면 어떤 유태인의 봉기도 희망이 없는 것이었다. 유대아에서의 상황이 반란의 기운이 강할수록 바리사이파 사람들 사이에서 메시아에 대한 기대심은 더욱 열렬히 조장되었다. 사두가이파 사람들은 물론 메시아에 대한 기대심에 상당히 회의적인 태도를 취했다. 그리고 그에 밀접하게 관련된 부활의 교리에 대해서도 마찬가지였다.

신화 전체가 그런 것처럼, 사람이 죽은 후에 어떻게 되는지에 대한 이스라엘인들의 관념도 같은 문명 수준에 있던 다른 민족들과 원래 다른 점이 없었다. 죽은 자들이 꿈에 나타난다는 사실은 죽은 사람이 비록 그림자뿐이고 육신은 없으나 여전히 인격적 존재를 영위한다는 가정을 하도록 했다. 그리고 그의 그림자적 존재가 지하의 어두운 장소와 연관된다는 생각을 하게 만든 것은 사자를 어두운 무덤 안에 안치하는 관습이었음이 분명하다. 이승의 기쁨과 즐거움을 누리는 자들은 생애의 종말이 일체의 즐거움과 기쁨의 종말을 뜻하지 않는다거나, 죽은 자의 그림자 생활이 결코 기쁨이 없고 우울한 것과 다른 것이라고는 상상할 수 없었다.

우리는 이런 관념들이 원래 고대 그리스인들에게서처럼 이스라엘인들에게도 있었음을 발견한다. 그리스의 하데스는 이스라엘의 스올(Scheol)에 해당하는 것이었다. 이는 땅 속 깊은 곳, 캄캄한 어둠의 장소로서 그곳에 내려간 사자가 되돌아오지 못하게 철저히 감시를 받는 곳이다. 호메로스에게서 아킬레스의 그림자가, 살아 있는 날품팔이가 죽은 군주보다 낫다고 불평한다면, 전도서(마카베오 시대에 쓰인 책)의 전도자 솔로몬은 다음과 같이 서술해 나간다. "죽은 사자보다 살아 있는 강아지가 낫다", "죽고 나면 아무것도 모른다. 다 잊혀진 사람에게 무슨 좋은 것이 돌아오겠는가? 사랑도 미움도 경쟁심도 이미 사라져 버려 하늘 아래서 벌어지는 어떤 일에도 간섭할 길은 영원히 없어진 것이다."

그래서 죽은 자들에게는 아무 보상이 없다. 그들이 불경한 자이건 의인이건 지하 세계에서 그들 모두에게 같은 운명이 닥친다. 기쁨과 즐거움은 살아 있을 동안에만 있다.

"그러니 네 몫의 음식을 먹으며 즐기고 술을 마시며 기뻐하여라. 이런 일은 하느님께서 본래부터 좋게 보아 주시는 일이다. 언제나 깨끗한 옷을 입고 머리에 기름을 발라라. 하늘 아래서 허락받은 덧없는 인생을 애인과 함께 끝날까지 즐기며 살도록 하여라. 이것이야말로 하늘 아래서 수고하며 살아 있는 동안 네가 누릴 몫이다. 무슨 일이든 손에 닿는 대로 하여라. 저승에 가서는 할 일도 생각할 일도 없다. 깨쳤던 지혜도 쓸데없어진다.

지금은 하느님이 네가 하는 일을 좋게 보아 주시니, 너는 가서 즐거이 음식을 먹고, 기쁜 마음으로 포도주를 마셔라. 너는 언제나 옷을 깨끗하게 입고, 머리에는 기름을 발라라. 너의 헛된 모든 날, 하느님이 세상에서 너에게 주신 덧없는 모든 날에 너는 너의 사랑하는 아내와 더불어 즐거움을 누려라. 그것은 네가 사는 동안에, 세상에서 애쓴 수고로 받는 몫이다. 네가 어떤 일을 하든지, 네 힘을 다해서 하여라. 네가 들어갈 무덤 속에는 일도 계획도 지식도 지혜도 없다." (전도서 9장 4-10절)

여기서는 상당히 '헬라적' 인 이승의 기쁨이 이야기될 뿐만 아니라 상당히 '이교도' 적인 죽음에 대한 관점도 이야기되고 있다. 이것들은 유태인들의 오랜 관념으로서 사두가이파 사람들이 보전해 왔다. 그러나 정반대 종류의 관념들이 이미 전도서 시대에 생겨나고 있었다.

삶에 대한 애착은 농민계층이 건강하고 번성하던 시기에는 대중의 감정에 부합했다. 농민계층의 쇠퇴 후에도 귀족계층은 여전히 현실의 삶에서 기쁨을 느낄 수 있었으며, 그 기쁨을 쾌락에 대한 추구로까지 강화할 수 있었다. 그러나 그러한 감정은 하층계급에게는 그들의 고통받는 생존 상태에서 상실되었다. 아직 그들은 현실을 개선할 가능성에 대해 절망할 시점에는 도달하지 않았다. 현실이 그들에게 더 비참해질수록 더 나은 삶과 이승에서의 기쁨을 함께 가져다줄 혁명에 대한 희망에 더욱더 처절하게 매달렸다. 메시아가 그 혁명이었다. 물론 실제의 역학관계가 착취를 당하고 학대를 당하는 민중에게 불리하게 돌아가면서 점점 더 초인적인 힘과 기적에 의지해야 했다.

기적에 대한 믿음과 장차 올 메시아의 기적적인 권능에 대한 확신이 커 가는 것과 같은 정도로 압제에 대한 투쟁이 요구했던 고난과 희생의 양이 커졌고, 투쟁에서 쓰러져 간 순교자들의 수도 늘어났다. 그들은 모두 헛되이 희망을 품고 기다렸던 것인가? 메시아에 대해 가장 헌신적이고 가장 대담한 투사들은 선택받은 자들에게 메시아의 승리가 가져다줄 영광스런 삶에서 제외되어야 하는 것인가? 성자들과 선택받은 자들을 위해 생의 모든 향유를 포기하고 심지어 목숨 자체도 포기한 자들에게 아무런 보상도 없어야 한단 말인가? 예루살렘에서 승리한 동지들이 세계를 다스리고 그 즐거움을 함께 누리는 동안 그들은 스올에서 그림자 같은 슬픔의 존재로 살아야 하는가?

메시아가 로마를 정복할 권능이 있는 것으로 믿어졌다면 그는 또한 죽음도 극복할 수 있는 자로 될 수 있었다. 죽은 자들을 깨워 일으키는 것은 그 당시에는 불가능한 것으로 간주되지 않았다.

그리하여 투쟁에서 쓰러진 유태공동체의 투사들이 승리 후에 육신이 온전한 상태로 무덤에서 살아나서 기쁨과 향락의 새로운 삶을 시작할 것이라는 관념이 생겨났다. 그것은 영혼의 불멸성이 아니라 육신의 부활을 말하는 것이었다. 그 육신에게는 승리를 거둔 예루살렘에서 최고의 실제적인 쾌락이 그의 몫으로 주어질 것이었다. 술에 만취하는 것이 이런 기대에 큰 역할을 했다. 사람들은 사랑의 기쁨도 잊지 않았다. 요세푸스는 바리사이파 사람들에게 넘어간 헤롯의 한 내시 이야기를 한다. 바리사이파 사람들이 장차 올 메시아가 그에게 짝을 맞이하고 자녀를 낳을 힘을 줄 것이라고 약속한 것이다.*

메시아가 그의 충신에게 보답을 해 줄 권능을 지닌 사람으로 믿어졌다면, 그는 당연히 벌을 내릴 권능도 지니고 있을 것이다. 순교자들이 보답을 받지 않고 가야 한다는 생각이 용인될 수 없는 것과 마찬가지로 그들의 모든 박해자들이 행복하게 죽어 복수를 면하고 의인들의 혼령처럼 지하세계에서 똑같이 무감각한 존재를 영위한다는 관념도 용인될 수 없었을 것이다. 박해자들의 몸도 메시아에 의해 부활되어 무서운 고통에 넘겨져야 하는 것이었다.

이는 본래 모든 죽은 자들의 부활을 말하는 것이 아니었다. 부활은 예루살렘의 독립과 세계 지배를 위한 투쟁의 종말을 뜻하는 것이었다. 그것은 한쪽 편 혹은 다른 편에서 싸우다 죽은 자들에게만 관련되는 것이었다. 그리하여 다니엘서는 유태공동체의 승리의 날에 대하여 이렇게 말한다: "티끌로 돌아갔던 대중이 잠에서 깨어나 영원히 사는 이가 있는가 하면 영원한 모욕과 수치를 받을 사람도 있으리라." (12장 2절)

이른바 요한의 묵시는 우리가 살펴본 대로 동일한 사고범주에 속한 것이다. 우리에게 전해 오는 그리스도교적 개정판에서는 두 가지 부활이 있다. 처음 부활은 모든 사람의 부활이 결코 아니고 순교자들만의 부활이다. 물론 전통적인 이야기에서는 그리스도인 순교자들이다. 그들은 살아

---

* *Altertümer*, XVII, 2, 4.

나서 이 땅에서 천 년을 살게 된다: "…예수께서 계시하신 진리와 하느님의 말씀을 전파했다고 해서 목을 잘리운 사람들의 영혼을 보았습니다. 그들은 그 짐승이나 그의 우상에게 절을 하지 않고 이마와 손에 낙인을 받지 않은 사람들입니다. 그들은 살아나서 그리스도와 함께 천 년 동안 왕노릇을 하였습니다. 이것이 첫째 부활입니다. 그 나머지 죽은 자들은 천년이 끝나기까지 살아나지 못할 것입니다."(20장 4절, 5절)

부활에 대한 믿음은 투쟁의 교리였다. 우월한 힘을 가진 적과의 길고 맹렬한 투쟁의 열정에서 탄생한 것이며, 또 이런 식으로만 설명이 되어야 할 것으로서 그것은 그 열광주의를 지탱하고 강화하는 힘이 있었다.

비유태 세계에서 이 믿음은 사람들의 불멸에 대한 열망과 만났다. 이는 투쟁의 필요와는 아무 공통점도 없었고, 오히려 피곤한 체념에서 나온 것이었다. 그 덕분에 플로티누스 사상과 피타고라스 사상의 영혼 불멸성에 대한 철학적 관념들이 널리 유포되었다. 그러나 훨씬 더 구체적이고 생생한 효과는 바리사이파 사람들의 부활에 대한 희망이 비록 추상적 사고의 훈련은 받지 않았을지라도 그 시대의 기적을 믿는 다수의 사람들에게 끼친 것이었다. 그들은 이 희망을 기꺼이 수용하여 이를 유태인의 상황으로부터 그들 자신의 성격이 다른 상황에 맞게 변용했다.

부활의 교리는 유태교의 포교에 예루살렘이 파괴되기까지 적지 않은 힘이 되어 주었다. 그러나 그 파괴는 메시아가 곧 도래하리라고 확신을 품고 기대한 자들 대다수를 죽여 없앴고 다른 유태인들 중에서도 그의 신속한 도래에 대한 믿음을 털어 버리게 했다. 메시아에 대한 기대는 더 이상 유태공동체에서 실천적 정치의 동인이 아니었다. 그것은 경건한 염원, 우울한 열망이 되었다. 동시에 바리사이파 사람들의 부활에 대한 믿음은 유태교 사상에서 뿌리를 잃었다. 그것은 메시아에 대한 믿음과 아울러 그리스도교 공동체에서만 보전되었다. 그리스도교 공동체는 이런 식으로 그들의 가장 좋은 포교 동력의 일부를 바리사이파 사람들에게서 받아들인 것이다.

그러나 그리스도교 공동체는 우리가 그런 용어를 써도 좋다면, 유태 사회의 부르주아 민주주의자들보다 프롤레타리아 분자들에게서 훨씬 더 많은 힘을 얻었다.

## 젤롯당원들

바리사이파 사람들은 성직자 귀족 지배에 대립하는 민중을 대표했다. 그러나 이 민중은 프랑스에서 대혁명 전의 '제3신분'과 다소 비슷하게 아주 다양한 이해관계를 지니고 싸움에 나설 의지와 능력의 정도도 아주 다양한 이질적인 분자들로 이루어졌다.

그것은 팔레스티나 바깥의 유태인들에게도 마찬가지였다. 그들은 모두가 도시 거주 인구였고 상업과 은행업, 징세청부업 등으로 주로 생계를 유지했다. 그러나 그들이 부유한 상인과 은행가들로만 이루어졌다고 생각한다면 큰 오산이다. 우리는 이미 상업이 농사일이나 수공업보다 얼마나 더 예측 불능의 일인지를 지적한 바 있다. 이는 지금보다 그 당시에 훨씬 더했다. 항해술은 불완전한 상태에 있었고 해적질은 더 극성을 부렸던 것이다. 그리고 수많은 가구들이 내전으로 파산했다!

그러나 부유했으나 가난해진 많은 유태인들이 분명히 있었지만, 결코 부자가 될 수가 없었던 자들이 훨씬 더 많았다는 것은 분명하다. 교역은 주어진 상황하에서 그들에게 최선의 전망을 제공했던 분야였지만, 그렇다고 해서 누구에게나 대규모 상업을 위한 자본이 주어진 것은 아니었다. 그들 대부분이 한 장사는 행상이나 소매업이었던 것이다.

그들은 또한 별다른 예술적 능력이나 탁월한 취미를 요하지 않았던 그런 공예에도 종사할 수 있었다. 유태인들이 많이 모여든 곳에서는 그들의 예절과 관습의 특수한 성격상 그들과 같은 신앙을 가진 많은 장인들에 대한 필요가 창출되었음이 분명하다. 이집트의 주민 8백만 명 중에 유태인이 1백만 명이었다는 것을 자료에서 읽었지만, 그들이 모두 장사를 해서 생계를 이어갔을 수는 없을 것이다. 실제로 알렉산드리아에서의 유태인의 산업들도 언급이 된다. 유태인 장인들은 다른 도시들에서도 있었던 것으로 보도된다.

여러 도시들, 특히 로마에 있는 도시들에 유태인들이 노예로, 그리고 면천인으로 상당히 많이 있었음이 분명하다. 그들의 계속되는 패전과 봉기의 실패가 새로운 포로들을 계속 공급하여 이들이 노예로 팔려간 것이다. 부분적으로 프롤레타리아 계층과 아주 가까운 이 모든 계층들로부터 룸펜프롤레타리아의 저변이 형성되었고, 지역에 따라서는 상당히 다수가 되었다. 예를 들어서 유태인 거지들은 로마의 프롤레타리아들 중에 특별히 두드러졌다. 마르티알리스는 수도의 도시 생활을 묘사한 적이 있다. 거리에 나와 일을 하는 장인들, 사제들, 야바위꾼들 그리고 행상들의 대열 중에 그는 유태인 소년이 어머니가 구걸하라고 내보내서 나와 있는 것도 언급한다. 유베날리스는 그의 세 번째 풍자시에서 에게리아의 관목 숲에 대한 이야기를 한다.

"이곳은 지금 유태인들에게 임대되었으며, 이들의 가재도구는 바구니 하나와 건초꾸러미뿐이다. 나무마다 우리에게 지금 이득을 가져다주어야 하기 때문에 그렇게 된 것이다. 이제 거지들이 숲을 차지하고, 뮤즈들은 쫓겨난다."*

---

\* Juvenal, *Satiren*, III, 13-16.

이 증언은 물론 예루살렘의 파괴 후의 시대, 도미니티아누스 치세 때로부터 유래한 것이다. 도미니티아누스는 유태인들을 로마에서 쫓아내어 인두세를 내고 관목 숲에 머물도록 허가했다. 이것은 최소한 로마에 수많은 유태인 거지들이 있었다는 것을 증명해 준다.

거지는 당시에 이미 유태공동체에서 주목할 만한 현상이었다. 룸펜프롤레타리아는 자연스럽게 아주 유동적인 분자를 이루었다.

유태인 거지들의 방랑의 주된 목적지는 확실히 예루살렘이었을 것이다. 그곳에 가면 마음이 편안했고 적대적이거나 이해심이 없는 인구에 의해 조롱을 받거나 푸대접을 받는 것을 두려워할 필요가 없었다. 그곳에도 땅 위의 구석구석에서 잘사는 순례객들이 다수가 모여들었고, 종교적 감동과 함께 그들의 선행도 최고조에 달했다.

그리스도의 시대에는 룸펜프롤레타리아 계층이 많지 않았던 대도시는 없었다. 로마 다음으로 예루살렘이 적어도 상대적으로는 그런 프롤레타리아 계층이 가장 많이 몰려 있던 도시였다. 이 두 도시 모두 로마 제국 전체에서 그들이 모여드는 곳이었기 때문이다. 우리가 살펴본 것처럼 그 시대에 장인들은 이 프롤레타리아 계층과 아주 가까웠다. 그들은 통상적으로 가내 수공업자에 불과했으며, 오늘날에도 프롤레타리아들로 간주된다. 그들은 거지들, 짐꾼들과 공통된 문제를 일으키기가 쉬웠다.

그러한 무산 민중계층들은 다수가 몰려든 곳에서는 특히 전투적인 본성을 드러낸다. 그들에게는 가진 자들처럼 잃을 것이 없다. 그들의 사회적 지위는 견디기 어려운 것이며, 기다린다고 해서 얻을 것이 없다. 그들의 수가 많다는 데 대한 의식은 그들을 대담하게 해 준다. 게다가 군대는 그 당시의 좁고 꾸불꾸불한 거리에서는 실력을 발휘하기가 어려웠다. 도시의 프롤레타리아들은 개방된 전쟁터에서의 군역에서는 별 쓸모가 없었고 불안하게 행동했지만 거리 투쟁에서는 두각을 나타냈다. 이는 알렉산드리아와 예루살렘에서 벌어진 사건들이 보여준 것이다.

예루살렘에서 이 프롤레타리아 계층은 바리사이파 사람의 계층을 이루어 간 자산 보유자들과 지식인들과는 전혀 다른 투쟁 의욕으로 고취되어 있었다. 평상시에 프롤레타리아들은 바리사이파 사람들의 지도를 받은 것이 사실이다. 그러나 예루살렘과 로마 간의 대립이 첨예화되고 결전의 시간이 다가오면서, 바리사이파 사람들은 점점 더 조심스러워지고 소심해졌으며 앞으로 나서는 프롤레타리아 계층과 점점 더 갈등관계에 들어갔다.

프롤레타리아 계층은 갈릴래아의 농민 인구에게 강력한 지지를 받았다. 그곳에서 작은 땅을 보유한 농민과 목축업자들은 로마 제국 전체에서 그러하듯이 세금과 고리대금으로 고혈이 짜였으며 채무 노예로 전락하거나 재산을 수탈당했다. 그들 중 일부는 예루살렘으로 와서 이 도시의 프롤레타리아 계층의 수가 증가했음이 분명하다. 그러나 자포자기 상태의 수탈당한 농민들 중 가장 정열적인 자들은 제국의 다른 곳에서처럼 무장봉기에 가담하거나 산적 떼에 합류했을 것이다. 베두인의 관습이 살아 있던 사막이 가까이에 있었던 것은 투쟁을 용이하게 해 주었다. 그곳은 원주민 외에는 아무도 모르는 많은 은신처를 제공했다. 갈라진 땅으로 되어 있고 동굴이 많은 갈릴래아는 그 자체가 산적단 일을 하는 데 그에 못지않은 유리한 조건을 제공해 주었다. 산적들이 내걸고 싸운 기치는 메시아에 대한 기다림이었다. 마치 오늘날 러시아에서 산적들마다 자신의 '재산 수탈'을 수행하는 데 혁명을 핑계로 내세우고, 또 다른 한편으로 혁명에서 이익을 보려는 동기가 수많은 순진한 활동력 있는 반란자들을 도적으로 만든 것처럼 갈릴래아에서도 그랬다. 산적 두목들은 스스로 메시아라고 선포하거나 최소한 메시아의 선구자라고 선포했으며, 스스로 예언자나 메시아로 부름을 받았다고 느낀 열광주의자들은 산적 두목이 되었다.

갈릴래아의 산적들과 예루살렘의 프롤레타리아들은 긴밀하게 접촉을 유지했고 서로 도움을 주었으며, 결국에는 공동으로 도당을 만들어 바리사이파 사람들에 대항했다. 그것이 젤롯당 혹은 열심당이다. 이 두 집단 간의 대립은 많은 점에서 지롱드당과 자꼬뱅당*의 대립을 닮았다.

예루살렘의 프롤레타리아들과 갈릴래아의 무장 산적 집단들 간의 연계, 그리고 그들의 활동 의욕은 그리스도의 시대 이후로 뚜렷하게 전면에 등장한다.

헤롯의 마지막 투병 기간 중에(기원전 4년) 예루살렘 민중은 그의 혁신 조치들에 대항하여 봉기했다. 무엇보다도 헤롯이 성전 위에 설치한 금 독수리에 대해 분노가 쏠렸다. 폭동은 무력으로 진압되었다. 그러나 헤롯이 죽은 후 민중들은 유월절에 다시 봉기했다. 이는 매우 맹렬한 봉기여서 헤롯의 아들인 아르켈라우스의 군대는 봉기를 진압하기까지 많은 피를 흘려야 했다. 유태인이 3천 명이나 살해되었지만 그것도 예루살렘 민중의 투쟁 의지를 누그러뜨리지 못했다. 아르켈라우스가 왕으로 승인을 받기 위해 로마에 갔을 때 민중은 다시 일어났다. 이제 로마인들이 개입했다. 나중에 케루시(Cherusci)와 맞붙어 싸우다가 죽은 바로 그 사람인 바루스(Varus)가 그 당시에 시리아의 총독이었다. 그는 예루살렘으로 급히 출정하여 봉기를 진압했고 예루살렘에는 집정관 사비누스 휘하에 한 군단을 남겨 두고는 안티오크로 돌아왔다. 사비누스는 자기의 군사력을 과신했기 때문에 유태인들을 구석으로 몰아세우고 마음대로 약탈과 도둑질을 했다. 이는 불에 기름을 끼얹은 격이었다. 오순절에 많은 사람들, 특히 갈릴래아 사람들이 예루살렘에 모였다. 그들은 아주 강인해서 로마 군단과 헤롯이 모집하여 자기 아들에게 물려준 용병들을 함께 둘러싸고 포위전

---

* 프랑스 혁명 당시의 온건개혁파와 급진파를 각각 대표한다. - 옮긴이

을 벌였다. 로마인들은 여러 번 포위를 뚫고 공격하여 많은 유태인들을 죽였으나 헛수고였다. 포위자들은 약해지지 않았다. 그들은 헤롯 군대의 일부를 자기편으로 끌어들이는 데 성공했다.

동시에 봉기는 시골로 확산되었다. 갈릴래아의 산적단들에는 많은 무리가 모여들어 이들로 전체 군대를 구성했다. 그들의 지도자들은 스스로를 유태인의 왕, 곧 메시아라고 부르게 했다. 그들 중에 특히 걸출한 자는 유다였다. 그의 아버지 히스키야는 유명한 산적이었고 그 죄목으로 처형당했던 자이다.(기원전 47년) 페레아에서는 예전에 헤롯의 노예였던 시몬이 산적단을 규합했다. 세 번째 세력은 목동인 아트론게스(Athronges)의 지휘를 받았다.

로마인들은 바루스가 예루살렘에서 포위당한 군단을 구출하러 두 개 군단과 여러 지원 부대를 이끌고 온 후에 아주 어렵게 봉기를 진압했다. 말로 할 수 없는 살상과 약탈이 벌어졌다. 포로 2천 명이 십자가에 매달렸고 노예로 팔려간 이들도 부지기수였다.

이것은 그리스도가 탄생한 무렵의 일이었다.

그리고 몇 년 동안 조용했으나 오래가지 못했다. 서기 6년에 유대아는 로마의 직접 통치를 받게 되었다. 로마인들이 취한 첫 번째 조치는 징세 목적으로 인구조사를 한 것이었다. 그에 대한 반응으로 갈릴래아 사람 유다에 의한 새로운 봉기 시도가 있었다. 유다는 10년 전 봉기에서 활약했던 바로 그 사람이었다. 그는 바리사이파 사람 사둑과 모의를 했으며, 사둑이 예루살렘 민중을 선동하기로 했다. 그 시도는 실제적인 성공을 거두지 못했으며, 오히려 그 결과로 한편에서는 다수의 평민과 반란 성향을 띤 갈릴래아인들 그리고 또 한편에서는 바리사이파 사람들 간에 분열이 초래되었다. 그들은 기원전 4년의 반란에서는 함께했었다. 이제 바리사이파 사람들은 충분한 것을 얻었고 더 이상 행동을 함께 하려고 하지 않았다. 이제 젤롯당이 그들에 대항하여 결성되었다. 그 시대 후 예루살렘의 파괴에 이르기까지 봉기의 불길은 갈릴래아와 유대아에서 결코 완전히 꺼지지 않았다.

요세푸스는 그의 바리사이적 관점에서 이에 대하여 보도한다.

"그 후에 가말라 시 출신인 갈릴래아 사람 유다가 바리사이파 사람 사둑의 도움으로 민중 봉기를 선동했다. 그들은 백성에게 만약 그들이 재산에 대해 평가를 받게 되면 노예가 될 것이며, 그들은 자유를 수호해야 한다고 설득했다. 이렇게 하면 그들은 재산을 지킬 수 있을 뿐 아니라 대담한 용기에 의해 큰 영예와 명성을 얻을 것이기 때문에 훨씬 더 큰 행복을 달성할 것이라고 지적했다. 그들이 적극적인 결단을 하여 그것을 실행하는 데 고생을 아끼지 않는 것이 아니라면 하느님은 그들을 돕지 않으리라는 것이다. 민중은 이에 기꺼이 귀를 기울였고 대담한 행동을 하도록 모두가 고무되었다.

이 두 사람이 민중 가운데서 얼마나 많은 악을 행했는지를 이루 다 표현할 수도 없다. 그들이 일으키지 않은 악행은 없었다. 그들은 연이어서 전쟁을 일으켰다. 계속되는 폭력이 그들 가운데 지배했다. 누구든지 그들에 반대하는 발언을 한 자는 목숨을 내놓아 대가를 치러야 했다. 산적들은 시골에서의 폭동을 이끌었다. 자유를 살려낸다는 핑계로 최고의 귀족들이 처단되었다. 실제로는 그 동기는 탐욕과 그들의 재산을 갈취하려는 욕망이었다. 여러 차례의 소요 사태와 상시적인 유혈 사태가 잇달아 일어났다. 그런 한편, 부분적으로는 시골의 백성이 서로 광분하여 싸웠고 한 도당이 다른 도당을 짓밟으려고 시도했다. 또 부분적으로는 외부의 적들이 그들을 쓰러뜨렸다. 끝으로 기근이 다른 모든 것에 더하여져서 모든 한계를 걷어치워 버리고 도시들을 파멸의 극단으로 몰고 갔으며 이는 하느님의 성전이 적들에 의해 잿더미가 될 때까지 계속되었다. 그래서 옛 관습의 혁신과 변화는 폭도들 자신에게는 파멸적인 것이 되었다. 이런 식으로 유다와 사둑은 제4의 교리를 도입했고 그들 자신에 대한 많은 지지자들을 얻었으나 그들 자신의 시대에 국가를 혼란하게 했을 뿐 아니라 그 당시까지 알려져 있지 않던 이 새로운 교리로 그에 뒤이은 모든 악이 생겨나는 길을 열어 주었다. … 그들을 지지하던 젊은 사람들은 우리를 파멸로 몰고 갔다."

(『고대사적』, XVIII, 1, 1)

그러나 같은 장의 끝에서 요세푸스는 그가 첫 부분에서는 경멸하는 바로 그 젤롯당원들에 대하여 훨씬 더 큰 존경심을 품고서 이야기한다.

"[바리사이파 사람, 사두가이파 사람, 그리고 에세네파 사람들의 교리와 함께] 이들 교리의 네 번째 것은 갈릴래아인 유다가 도입한 것이었다. 그의 지지자들은 자유에 대한 끈질긴 사랑을 보여주었고 하느님만이 주님이요 왕으로 인정되어야 한다고 선언한 점을 제외하고는 바리사이파 사람들과 모든 점에서 의견을 같이 했다. 그들은 어떤 사람을 주님이라고 부르기보다는 차라리 극악한 고문을 당하고 그들의 친구들과 친척들도 고통을 겪게 할 사람들이었다. 나는 이 주제에 대해 상세히 파고들지는 않으려고 한다. 그들이 이런 문제들에서 얼마나 완고함을 보여주었는지는 충분히 잘 알려져 있기 때문이다. 사람들이 내 말을 믿지 않을까 걱정이 되는 것이 아니라 그들이 어떤 영웅심과 어떤 굳은 의지로 엄청난 고문을 견디는지를 묘사하기에 충분한 말들을 찾지 못할까 걱정이 될 뿐이다. 집정관 게시우스 플로루스(Gessius Florus, 서기 64년부터 66년)가 그의 권력을 남용하여 민중을 탄압함으로써 그들을 자포자기의 상태로 몰아가고 로마인들에게 반기를 들게 만들었을 때 이 광기는 전체 민중에게 전염병처럼 번졌다."

로마의 멍에가 더 억압적이 되고 유태 민중의 절망이 더 극심해짐에 따라 그들은 점차 바리사이파 사람들을 저버리고 열광주의로 넘어갔다. 동시에 열광주의는 이상한 부산물을 낳았다.

그중의 하나가 무아경의 열정이었다. 지식은 고대의 프롤레타리아 계층의 특징이 아니었으며, 지식에 대한 갈구도 그렇지 않았다. 백성의 다른 어떤 계층보다 유태 민중들은 자신들이 이해하지 못하고 또 불길한 것으로 여기던 사회적 세력관계에 종속되었고, 또 사람들이 근심에 가득 차 지푸라기라도 잡으려는 절망적인 상황에서 다른 어떤 계층보다 특히 기적에 대한 믿음에 빠져들었다. 메시아에 관한 예언에 깊이 영향을 받은 그들은 이를 통하여 다른 어느 집단보다도 현실적 조건을 완전히 오해하고 불가능한 것을 기대하는 성향을 띠었다.

자신을 메시아라고 선포하고 기적으로 민중을 해방하겠다고 약속한 모든 열광자에게 지지자들이 모였다. 그런 사람 중 하나가 집정관 파두스(Fadus, 서기 44년부터) 때의 예언자 튜다였다. 그는 군중을 요르단 강으로 이끌고 갔으며, 그곳에서 파두스의 기병대에 의해 흩어졌다. 튜다는 체포되어 참수되었다.

집정관 펠릭스 때(서기 52년-60년) 열광주의는 더욱 기승을 부렸다.

"한 불한당 패가 있어서 사람들을 죽이지는 않았지만 불경한 생각을 품고 살인자들에 못지않게 [예루살렘] 도시를 시끄럽고 불안하게 만들었다. 왜냐하면 그들은 온갖 혁신 조치들을 신의 계시라고 설교하고 민중을 선동하여 폭동을 일으키게 하는, 사람들을 꾀는 사기꾼들이었기 때문이다. 그들은 민중을 이끌고 사막으로 들어가서는 하느님이 그들에게 자유의 표징을 보게 할 것이라고 주장했다. 펠릭스는 이것이 봉기의 시초라고 생각하였기 때문에 그들에게 군사들, 보병과 함께 기병을 보내서 수많은 자들이 살해되었다.

훨씬 더 큰 불행이 이집트 출신의(이는 이집트의 유태인을 뜻한다-카우츠키) 거짓 예언자에 의해 유태인들에게 닥쳤다. 그는 마법사였으며, 그의 요술로 자신을 예언자로 여겨지게 만드는 데 성공했다. 그는 자기를 지지한 3만 명의 사람들을 미혹했다. 그는 그들을 이끌어 사막으로부터 이른바 올리브 산으로 데려갔다. 거기서 예루살렘에 침입하여 로마 주둔군을 격퇴하고 민중에 대한 통치권을 확립하려는 것이었다. 펠릭스가 그의 계획에 대한 소문을 듣자마자 로마 병사들 그리고 공공선을 위해 나설 용의가 있는 모든 사람들과 함께 그를 치러 가서 전투를 벌였다. 그 이집트인은 불과 몇 명의 무리와 함께 도주했다. 대부분은 붙잡혔고 나머지는 시골에 몸을 숨겼다.

이 소요가 잠잠해지자 곧 새로운 악질(惡疾)이 도졌다. 병들고 감염된 몸이 그런 것과 똑같았다. 어떤 마법사들과 살인자들이 결합하여 다수의 추종자를 얻었다. 그들은 모든 사람에게 자유를 쟁취하라고 촉구했으며 그 시간 이후로 로마의 당국에 순응하는 신민이 되려는 자들은 죽을 것이라고 위협했다. 이렇게 말했다: '노예의 멍에 밑에 자발적으로 몸을 숙이는 자들은 그들의 의지에 반하여 해방이 되어야 한다.'

그들은 유태인들의 온 땅을 휩쓸고 다니며 부자들의 집을 약탈하고 그 안에 있는 사람들을 죽이고 마을을 불태우며 아주 역겨운 짓을 하여 그들 때문에 전체 유태 민족이 괴로움을 당했다. 그리고 날이 갈수록 이런 파멸적인 질병은 더욱 퍼져나갔다." *

예루살렘 자체 내에서는 로마 군대에 대항하는 공개적 반란이 쉽지 않

---

* Josephus, *Jüdischer Krieg*, II, 13, 4-6.

았으며, 기성 질서에 대한 극도의 염증을 느낀 적들은 암살에 의존했다. 집정관 펠릭스 시기는 산적들과 열광자들이 들끓던 때인데, 이때 테러분자들의 당파도 조직되었다. 폭약은 알려지지 않았던 때이고 테러분자들의 각광을 받던 무기는 외투 밑에 숨긴 굽은 단도였다. 그들은 이 단도(시카)의 이름을 따서 시카리인라고 불렸다.

대중적 대의의 이 모든 옹호자들의 필사적인 격분은 민중의 억압자들의 수치를 모르는 야수성에 대한 불가피한 응답일 뿐이었다. 요세푸스가 이 모든 사태를 목격하고서 예루살렘 파괴 전에 유대아를 다스린 마지막 두 집정관의 조치들을 어떻게 묘사하는지 들어보라.

"페스투스(Festus)는 집정관 자리에 올랐다(서기 60-62년). 그는 유태 시골 땅에 출몰하던 산적들을 추적하여 그들 중 다수를 사로잡아 죽였다. 그의 계승자 알비누스(Albinus, 서기 62-64년)는 유감스럽게도 그의 예를 따르지 않았다. 너무 큰 범죄가 되고 너무 무거운 죄가 된다고 해서 그가 행하지 않은 일은 없었다. 그는 정부의 공금을 횡령했을 뿐 아니라 신민들의 사유재산에 손을 대어 그것을 강제로 빼앗아 자기 것으로 만들었다. 알비누스는 백성에게 막대한 부정당한 세금을 지웠다. 시 당국과 그 자신의 선임자들이 감옥에 넣은 강도들을 돈을 받고 놓아주었고 돈을 못 낸 죄수들만 감옥에 남아 있었다. 이는 예루살렘에서 혁명가들의 대담성을 증대시켰다. 부자들은 선물로 알비누스에게 손을 썼으며, 그는 그 부자들이 자신을 따르는 무리를 거느리는 것을 묵인할 정도였다. 그러나 조용한 것을 좋아하지 않는 민중은 그런 사람들에게 달라붙기 시작했다. 알비누스가 그들을 총애했기 때문이다. 따라서 모든 악한들이 패거리를 거느리고 최고의 사기꾼으로서 두각을 나타냈으며, 용병들을 시켜서 모든 선량한 시민을 약탈하고 강도짓을 하게 했다. 강도를 당한 자들은 침묵을 지켰고 아직 당하지 않은 자들은 그런 일을 당할까 두려워 망나니 같은 악당들에게 아첨을 했다. 압력이 너무 커서 아무도 불평할 수 없었다. 그리하여 우리 도시의 파멸의 씨앗이 심어졌다.

알비누스가 비록 그렇게 철면피하고 사악한 행동을 저질렀다 해도 그의 계승자 게시우스 플로루스(64-66년)는 그보다 훨씬 더 심해서 그 둘을 비교한다면 알비누스가 그래도 나아 보인다. 왜냐하면 알비누스는 그의 악행을 비밀리에 저질렀고 매사에 좋은 얼굴을 할 수가 있었기 때문이다. 그러나 플로루스는 우리 민중을 학대하여 자기 영광을 추구하는 듯이 모든 일을 공공연히 저질렀다. 그는 강도짓을 하고, 약탈을 자행하고, 처벌을 하되, 마치 집정관으로 부임한 것이 아니라 유태인들을 고문하는 집행자로 온 것처럼 행동했다. 그는 자비를 발휘했어야 하는 경우에 공포를 활용했다. 그는 뻔뻔스러웠고 거짓되어, 사람들을 속이는 데 그만큼 많은 꾀를 짜낼 수 있었던 사람도 없었다. 그는 몇몇 민간인들의 고혈을 짜내고 그들에게 손해를 끼쳐 이익을 취하는 데 만족하지 않았다. 그는 전체 도시들을 약탈했고 전체 민중을 멸망시켰다. 부족한 것이 있었다면 그가 이렇게 공적으로 선포하지 않았다는 것이다: 강도와 절도는 자기 몫을 떼어 주는 한에서는 마음대로 허용된다고. 그와 같이 일이 진행되어 온 땅은 쑥대밭이 되었다. 많은 사람들이 조국을 떠나 외국으로 나갔기 때문이다." *

러시아의 치노프니크(관리官吏 - 옮긴이)의 광분에 대한 보고서를 읽는 것이라고 생각하지 않을 사람이 있을까!

플로루스 때에 상황은 결국 대봉기로 치달았으며, 전체 민중이 온 힘으로 압제자에 대항하여 일어났다. 플로루스가 66년 5월 성전을 털려고까

---

* *Jüdischer Krieg*, II, 14, 1, 2.

지 시도했을 때, 예루살렘은 반기를 들었다. 아니 예루살렘의 하층민들이 반기를 든 것이다. 재산을 보유한 자들 대다수는 사두가이파 사람들뿐 아니라 바리사이파 사람들도 봉기를 두려워했고 평화를 갈망했다. 로마인들에 대항한 반란과 함께 내전도 시작되었다. 주전파(主戰派)가 이겼다. 주화파(主和派)는 거리싸움에서 졌다. 그뿐만 아니라 로마 주둔군도 철수할 수밖에 없었으며, 철수하는 길에 패퇴했다.

봉기자들의 사기는 아주 높아서 그들은 사리아의 특사 케스티우스 갈루스(Cestius Gallus)가 이끄는 원군 3만 명을 섬멸하는 데 성공했다.

팔레스티나 전역의 유태인들이 봉기했고 팔레스티나 바깥의 유태인들도 마찬가지였다. 알렉산드리아에 있는 유태인들의 봉기를 진압하는 데는 이집트에 있는 로마인들의 모든 군사력을 소집해야 했다.

물론 로마가 유태공동체에 의해 제압당하는 것은 있을 수 없는 일이다. 그러기에는 유태공동체는 힘이 너무 약했고, 또 너무나 완벽하게 도시인들이었다. 그러나 반란 세력이 쟁취한 승리의 여세를 몰아 즉시 거세게 공세를 취했더라면 이는 로마로 하여금 유대아를 좀 더 오랫동안 남겨 두도록 했을 수도 있다. 상황은 곧 그들을 도와주었다. 유태 전쟁 두 번째 해에 제국의 서편에 있던 군인들이 네로에 반기를 들었고 군대들 간의 전투가 네로가 죽은(서기 68년 6월 9일) 후에도 계속되었다. 유대아를 정벌하는 일을 맡은 군대의 총원수인 베스파시아누스는 그가 관여하던 작은 지방의 전쟁보다는 왕좌가 걸려 있는 곳, 서쪽의 사태들에 더 주의를 기울였다.

반란 세력들이 그나마 가졌던 작은 기회마저 지나갔다. 로마인들에게 전쟁을 선포하고 유태의 주화파를 짓밟은 것은 분명히 하층민들이었지만, 부자들과 식자들은 여전히 로마인들에 대한 전쟁의 지휘권을 손에 넣을 충분한 영향력이 있었다. 이는 그 전쟁이 적을 쓸어내려는 목적에서가 아니라 단지 적에게 맞서려는 목적으로 소심하게 여린 마음으로만 수행된다는 것을 뜻했다. 반란 세력들은 결국 그들의 지도자들이 싸움에서 얼마나 미지근한지를 알게 되었고, 그래서 젤롯당들은 지휘권을 그들 자신의 손에 넣을 수가 있었다.

"열광적인 대중적 당파에서 성공적이지 못한 사태의 전개는 그때까지의 전쟁 지휘에서 열정이 부족한 탓으로 돌려졌으며, 이는 이유가 없지 않다. 민중 쪽 사람들은 상황의 통제권을 장악하고 이전의 지도자들을 쫓아내는 데 온 노력을 기울였다. 이전의 지도자들은 통제권을 순순히 내어주지 않았으므로 무서운 유혈 내전이 67년, 68년의 겨울에 예루살렘에서 일어났다. 그 공포스러운 장면들은 첫 번째 프랑스 혁명에서 말고는 다른 어디에서도 찾아볼 수 없는 것이다." *

프랑스 혁명과의 비교는 그 사태들의 목격자들에게 모두 드는 생각일 것이다. 그러나 프랑스에서 공포 통치는 혁명을 살려내고 유럽 전체에 대하여 승리자로 나아갈 수 있게 만드는 수단이었지만, 예루살렘에게는 상황의 성질 자체로 볼 때 그런 성공 가능성은 처음부터 배제되었다. 하층민들의 공포 통치는 그 종말의 날짜를 세고 있던 유태 국가에게는 잠깐의 처형 집행 연기를 얻기에도 사실 너무 늦었다. 그것은 전투를 연장시키고 고통을 늘리고 최종적인 승리자의 광분을 더욱 매섭게 할 뿐이었다. 그러나 그것은 또한 그 시대의 일반적인 나약함과 각자도생(各自圖生)의 오욕에 대비되어 외롭게, 그러나 더욱더 인상적으로 부각되는 끈기와 영웅적 행동, 헌신의 기념비를 세계에 제공해 줄 수 있었다.

---

* Schürer, *Geschichte des jüdischen Volkes*, I, 617.

서기 70년 9월까지 3년간을 더 압도적인 적에 대항하여 희망 없는 대투쟁을 가장 꿋꿋하고 가장 결연하고 가장 슬기롭게 계속한 자들, 싸움을 포기하기 전에 온 땅을 시체로 뒤덮고, 결국에는 배고픔과 질병으로 약해져서 불타는 폐허더미를 자기 무덤으로 삼은 그들은 예루살렘의 전체 유태공동체가 아니었다. 사제들, 율법학자들, 장사꾼 왕족들은 대부분 포위가 시작될 무렵 안전한 장소로 도망쳤다. 그들 민족의 영웅이 된 것은 예루살렘으로 진군했던 갈릴래아의 프롤레타리아화된 농민들과 함께 싸운 예루살렘의 작은 장인들, 가게 주인들 그리고 프롤레타리아들이었다.

그러한 것이 그리스도교 공동체가 생겨나게 된 분위기였다. 그것은 결코 르낭이 그의 저서 『예수의 생애』에서 그린 주변 환경에 대한 미소를 머금은 그리스도의 그림을 제공하지 않는다. 르낭은 그의 관념을 그 시대의 사회적 조건이 아니라 현대의 갈릴래아 관광객이 받는 그림과 같은 인상에 토대를 두었다. 따라서 르낭은 예수에 대한 그의 소설(예수의 생애)에서 예수의 시대에 이 아름다운 땅은 "풍요와 기쁨과 만족으로 가득하여", "그리스도교의 기원에 대한 모든 이야기는 매력적인 풍경 묘사가 된다는 것"을 우리에게 확신시켜 주고 만다.

1871년 빠리에서의 눈부시게 아름다운 달 5월과 마찬가지로 매혹적인 이야기이다.*

## 에세네인들

그러나 인정해야 할 것은, 그리스도 시대에 유대아 역사를 묘사하는 두려

---

* 하인리히 하이네의 서정시 "눈부시게 아름다운 달 5월에"와 빠리 꼬뮌(1871년 3월 18일-5월 28일)이 유혈 진압된 5월을 교묘하게 겹쳐서 표현하고 있다. - 옮긴이

움과 유혈의 광경 중에는 평화로운 전원풍경의 인상을 주는 한 가지 현상이 떠오른다는 것이다. 이는 에세네인 혹은 에세인들의 공동체이다.* 이들은 요세푸스에 따르면 기원전 150년경에 생겨나서 예루살렘의 파괴 때까지 지속되었다. 그 시점부터 그 공동체는 역사에서 사라진다.

젤롯당들처럼 그것은 명백히 프롤레타리아적인 기원을 가진다. 그러나 그 성격은 아주 달랐다. 젤롯당들은 그들 자신의 어떠한 사회관도 발달시키지 않았다. 그들은 바리사이파 사람들과 목표가 아닌 수단에서만 달랐다. 그것을 달성하려고 하면서 무자비함과 폭력을 동원했던 것이다. 그 목표가 달성되고 예루살렘이 로마 대신에 세계의 여왕으로 등극하여 로마 백성들이 차지했던 모든 보물이 유태공동체로 왔다면, 모든 계층들이 당하는 온갖 시련은 끝이 났을 것이다. 이런 식으로 민족주의는 프롤레타리아들에게조차도 사회주의를 불필요한 것으로 만드는 것 같았다. 젤롯당원들에게 프롤레타리아적 특성은 오직 그들의 애국운동의 에너지와 열성에서 드러났다.

그러나 모든 프롤레타리아들이 메시아가 세계를 다스리는 새 예루살렘을 열 때까지 기꺼이 기다리려고 한 것은 아니었다. 많은 이들은 당장에 그들의 위치를 개선하려고 했으며, 정치는 어떠한 신속한 도움도 약속해 주지 못하는 것으로 보였으므로 그들은 경제 조직에 눈을 돌렸다.

이것이 에세네공동체의 창설을 가져온 사고 전개였음이 틀림없다. 그 점에 대해 전해 오는 것은 아무것도 없다.

반면에 그것의 성격은 확실하며, 공공연한 공산주의였다. 그들은 요세푸스 시대에 4000명에 달하는 사람들이 유대아의 여러 마을과 시골 도시

---

* 요세푸스는 "에세네" 인이라고 쓰고, 필로는 "에세" 인이라고 쓴다. 그 단어는 시리아어 카제 (히브리어 카시드), 곧 '신실한' 의 그리스어형이다. 이 단어의 복수형은 카젠과 카수야의 두 형태가 있다.

들에 있는 공동체 주택에서 함께 살았다.

필로는 그들에 대해서 이렇게 말한다. "그들은 거기서 함께 살면서 단체와 친교 연합체, 식사 모임으로 조직되고( κατὰ θάσους ἑταιρίας καὶ συσσίτια ποιούμενοι ) 공동체를 위한 노동에 규칙적으로 종사한다."

"그들 중 누구도 자기 자신의 재산을 가지려고 갈망하는 사람이 없으며, 집도 노예도 땅뙈기도 가축 떼도 그 외에 부를 이루는 그 무엇도 가지려고 하는 사람이 없다. 그 대신 그들은 모든 것을 함께 차별 없이 두며, 그들 모두는 그것을 공동으로 사용한다.

다양한 방식으로 노동을 하여 버는 돈을 그들은 선출된 행정관에게 넘겨준다. 그것으로 그는 필요한 것을 사서 그들에게 충분한 음식을 주고 그 밖에 생활에 필요한 것은 무엇이든 제공한다."

이로부터 각 사람은 자영으로 생산활동을 했거나 임금을 받고 일을 했다고 가정할 수 있을 것이다.

요세푸스는 그들의 생활을 다음과 같이 묘사한다.

"이것이[아침 기도] 끝나면 그들은 그들의 우두머리의 파송을 받고 각자 자기가 배운 일을 하러 가며, 제5시[일출시부터 계산해서 약 11시]까지 열심히 노동을 한 다음 정해진 장소에 모여서 아마포 수건을 허리에 두르고 찬 물에 몸을 씻는다. 이 정결예식이 끝나면, 그들은 식당으로 들어간다. 그 안에는 이 종파의 구성원이 아닌 사람은 들어갈 권리가 없다. 그들은 그렇게 사원에 들어가는 것처럼 청결하고 순수하게 그곳에 들어간다. 그들이 침묵하면서 그곳에 앉아 있으면 빵 굽는 자는 각 사람 앞에 빵을 가져다 놓고 요리사는 각 사람 앞에 한 가지 음식이 담긴 접시를 가져다 놓는다. 그러고 나서 사제가 와서 음식에 축복을 한다. 그리고 기도를 하기 전에는 무엇이든 맛을 보는 것이 허락되지 않는다. 점심 식사가 끝나면 그들은 다시 감사기도를 드린다. 이런 식으로 그들은 식전과 식후에 모든 양식을 주는 분인 하느님을 찬양한다. 그리고 그들은 성의(聖衣)와 같은 망토를 벗고 다시 저녁때까지 일하러 간다. 저녁 식사는 점심과 같은 방식으로 먹으며 손님이 오면[이는 다른 곳에서 온 공동체의 구성원들이다. 국외자들은 식당에 들어가는 것이 허락되지 않았기 때문이다. - 카우츠키] 그들도 같이 식탁에 앉게 한다. 고함이나 무질서가 집을 욕되게 하지 않으며, 그들이 대화할 때는 한 사람이 말한 다음에 다음 사람이 말하고, 한꺼번에 동시에 말하지 않아서 공동체에 속하지 않은 사람들에게는 그 집안의 조용한 삶은 외경심을 일으키는 신비로 여겨진다. 고요한 생활의 원인은 그들의 계속되는 절제에 있다. 그들은 생활을 유지하는 데 필요한 것 이상으로 먹고 마시지 않는 것이다."

일반적으로 그들은 우두머리의 지시가 없이는 일을 하지 않으며, 예외는 동정심을 베풀거나 도움을 주는 것은 마음대로 할 수 있다는 것이다. 긴급한 필요가 있을 때는 언제든 그들 중 누구라도 도움을 필요로 하고 도움을 받을 만한 자들을 돕거나 가난한 자들에게 음식을 가져다줄 수 있다. 그러나 그들은 우두머리의 승낙이 없이는 친구들이나 친지들에게 아무것도 줄 수가 없다.

공산주의는 그들에게서 극단적으로 실행되었다. 그것은 의복에까지 미쳤다. 필로는 이렇게 말한다.

"음식만이 아니라 의복도 그들에게는 공동 소유였다. 겨울을 위해서는 두꺼운 외투가 마련되어 있고, 여름에는 가벼운 겉옷이 있어서 모든 사람은 자기 마음대로 그 옷들을 사용할 수가 있었던 것이다. 한 사람이 가지는 것은 모두의 재산으로 간주되며, 그들 모두가 가지는 것은 각 사람의 것으로 간주되는 것이다."

그들은 노예제도를 반대했다. 농사일이 그들의 주된 직업이었지만 또한 수공업에도 종사했다. 사치품 제조와 전쟁 무기 제조만이 장사와 아울러 금지되었다.

그들의 공산주의식 체계의 토대는 오직 소비의 공유였지 사회적 생산은 아니었다. 사회적 생산에 대해서도, 그와 함께 노동에 대해서도 언급이 있지만 그것은 개인들에게 임금으로 혹은 판매한 물건의 대가로 돈을 가져다주는 일의 문제일 뿐이다. 그 일은 사회 조직 외부에서 행해지는 것이다. 반면에 공동체의 모든 구성원은 주거와 식사를 공동으로 했다. 그것은 공동 가정 운영의 공산주의이다. 이것이 무엇보다도 그들을 결속해 주는 것이다. 이는 개별 가정 운영, 개별 가족, 개별 혼인의 포기를 필요로 한다.

실제로 우리는 소비의 공산주의와 공동체적 가정 운영의 기초에 의존하는 모든 조직에서 개별적 결혼이 곤란을 초래하여 그것을 폐지하려는 노력이 행해지는 것을 보게 된다. 이는 명백히 상호 배타적인 두 가지 방식, 성 관계에 대한 첨예한 극단들인, 최대의 순결과 최대의 '느슨함'으로 행해질 수 있다. 그런데 두 방식 모두 그런 종류의 공산주의적 조직체들에 똑같은 정도로 가까이 있다. 에세네파로부터 모든 그리스도교 공산주의 종파들을 거쳐 우리 시대에 미국에 있는 공산주의 종파들의 집단 거주지에서 우리는 그들 모두가 결혼에 반대하지만, 독신을 지향하는 것과 똑같은 정도로 여인들을 공유하는 것을 지향하는 경향이 있음을 볼 수 있다.

이는 사람들을 이런 공산주의와 그 관념의 상부구조로 인도한 것이 단지 이념적인 고려뿐이었다면, 생각할 수 없는 일일 것이다. 그것은 그 경제적 조건들의 토대로 쉽게 설명할 수 있다.

대부분의 에세네파들은 여인들과의 접촉을 일체 거부했다.

"그들은 결혼을 거부하지만, 외부의 어린이들이 아직 어리고 가르칠 수 있을 때 그들을 입양하여, 그들을 자기 자녀로 간주하고 그들에게 사는 방식과 관습을 가르친다. 그들이 결혼이나 종족의 재생산을 없애거나 금지하려고 하는 것은 아니다. 그러나 그들은 여인들의 부정은 경계해야 한다고, 이는 여인들 중 누구도 단 한 사람의 남자로 만족하지 않기 때문이라고 말한다."

이는 요세푸스가 『유태 전쟁사』 제2권 제8장에서 말하는 것이며, 이로부터 에세네인들에 관한 인용문들을 가져왔다. 그러나 『유태 고대사적』 제18권 제1장에서 그는 같은 문제에 대하여 다음과 같이 말한다.

"그들은 아내도 취하지 않고 노예도 두지 않는다. 그들은 노예는 옳지 못하며, 아내는 분란을 일으킨다고 생각한다."

두 군데에서 모두 그는 결혼에 대한 반대의 근거로서 금욕주의가 아니라 단지 현실적인 고려를 제시한다. 요세푸스는 에세네인들을 직접 관찰하여 알고 있었다. 그는 사두가이파 사람, 에세네인, 바리사이파 사람과 차례차례로 같이 지냈으며, 마지막에는 바리사이파 사람과 같이 살았던 것이다.

그래서 요세푸스는 에세네인들이 무엇으로 여자에 대한 악감정의 근거를 삼는지 우리에게 말해 줄 좋은 위치에 있다. 그렇다고 해서 요세푸스가 말하는 고려 사항이 궁극적인 원인이 된다는 것은 아니다. 왜냐하면 우리는 끊임없이 어떤 사람이 자기 행동을 합리화하기 위해 끌어대는 논리와 그런 행동을 실제로 초래하는 심리적 동기들 간에 구분을 해야 하기 때문이다. 극소수의 사람들만이 이런 동기를 명확히 의식했다. 그러나 우리 역사가들은 그들에게 전해 내려온 논리들을 역사적 사건이나 관계들의 실제적 동기들로 간주하기를 좋아한다. 그들은 실제적 동기들에 대한 탐구를 자의적인 '구성물'로서 거부한다. 즉 역사가들은 우리의 역사 지식이 역사자료가 유래한 시대에 지녔던 것보다 더 높은 관점에 이르러서는 안 된다고 주장한다. 그때 이후로 축적되어 온, 우리로 하여금 극히 다양한 역사적 현상들에서 본질적이고 전형적인 것을 비본질적이고 우연한 것에서 분리하게 해 주고 사람들이 공언하는 것 배후에 있는 그들의 실제 동기들을 발견할 수 있게 해 주는 전체의 엄청난 사실 자료, 그런 것은 우리에게 일체 존재하지 않는다는 것이다.

공산주의의 역사를 아는 자라면 누구나 에세네인들에게 결혼이 구역질나는 것이 되게 한 것은 여인들의 본성이 아니라 공산주의적 가정 운영의 본성이었다는 것을 대번에 알아차릴 것이다. 많은 남성과 여성들이 공동의 세대에서 함께 살던 때에는 부정(不貞)의 유혹과 질투에 의한 싸움은 너무 흔한 것이었다. 이런 종류의 가정 운영이 포기되지 않으려면 남자들이 여자들과 같이 살기를 그만두든지 아니면 일부일처제를 포기하든지 해야 했다.

에세네인 모두가 첫 번째 방식을 택한 것은 아니다. 요세푸스는 앞서 인용했던 『유태 전쟁사』 제2권 제8장에서 다음과 같이 보도한다.

"또 한 부류의 에세네인들이 있다. 이들은 생활방식, 예절, 규칙에서 앞서 말한 에세네인들과 완전히 일치하지만 결혼 문제에서는 그들과 다르다. 왜냐하면 그들은 이렇게 말한다. '결혼 관계를 삼가는 자들은 삶에서 가장 중요한 기능(μέρος 메로스)을 빼앗는 것이다. 모든 사람이 그들처럼 생각한다면, 재생산은 끊임없이 줄어들고 인류는 곧 멸종할 것이다.' 이 사람들은 아내를 3년 동안 시험해 보는 관습이 있다(δοκιμάζοντες 도키마존테스). 그들이 세 번의 정결예식 후에 아이를 낳기에 적합하다는 것을 보여주면 결혼을 한다. 임신을 하자마자 남편은 더 이상 아내와 자지 않는다. 이는 그들이 감각적 쾌락을 위해서가 아니라 자녀를 낳기 위해서만 결혼한다는 것을 보여주기 위해서이다."

이 구절은 별로 명확하지 못하다. 아무튼 요세푸스는 에세네인들의 결혼이 관습적인 결혼과 아주 달랐다는 것을 말해 준다. 그런데 여자들을 '시험' 해 본다는 것은 일종의 여자들의 공유가 있었다는 전제하에서 말고는 달리 생각할 여지가 없다.

이런 사회적 조건들 위에 세워진 이데올로기적 상부구조로부터, 하나의 사상이 특히 강조되어야 한다. 즉 의지의 자유를 가르친 사두가이파 사람들, 그리고 중간 입장을 취한 바리사이파 사람들과 대립하여 에세네인들은 의지의 부자유를 언명했던 것이다.

"바리사이파 사람들이 모든 것은 운명에 따라 생겨난다고 말할 때 그들은 사람의 자유의지를 부정하는 것이 아니고 단지 선이나 악을 행하려고 하는 사람들의 결정과 운명의 결정 사이에, 말하자면 혼합이 일어나게 하는 것이 하느님의 뜻이라는 것이다.

한편 에세네인들은 모든 것을 운명으로 돌린다. 그들은 운명에 의해 결정되지 않은 일은 사람에게 아무것도 일어날 수 없다고 주장한다. 사두가이파 사람들은 운명에 대해서는 대체로 아무것도 알려고 하지 않는다. 그들은 그런 것은 없으며, 운명은 사람들의 운을 결정하지 않는다고 말한다.

그들의 주장은 모든 것을 사람의 자유의지로 돌려 뭔가 자기에게 좋은 일이 생기면 자기 자신에게 감사해야 하는 반면에 불행한 사건은 자기 자신의 어리석음의 탓으로 돌려야 한다는 것이다."*

이런 엇갈리는 견해들은 순수하게 사고의 차이에서 생기는 것으로 보일 수도 있다. 그러나 우리는 이미 이들 각 성향은 계급의 차이를 나타낸다는 것을 알고 있다. 그리고 우리가 역사를 추적할 때에 아주 많은 경우에 지배계급들은 의지의 자유를 가정하는 경향이 있으며, 더욱더 많은 경우에 피압박 계급들은 의지의 부자유라는 관념을 지지한다는 것을 발견한다.

이는 이해하기 어렵지 않다. 지배계급들은 스스로 하고 싶은 것은 뭣이든 하거나 시킬 자유가 있다고 느낀다. 이는 그들의 힘 있는 위치에서 오는 것일 뿐 아니라 그들 구성원의 수가 적다는 데서도 오는 것이다. 규칙성은 다수에서만 나타난다. 다중 가운데서는 정상으로부터의 다양한 편차들은 서로 상쇄된다. 관찰되는 개체들의 수가 적을수록 일반적이고 전형적인 것에 비하여 인적(人的)이고 우연한 것의 비중이 커진다. 군주의 경우에 일반적이고 전형적인 것은 완전히 폐지되는 것 같다.

그래서 지배자들은 자신이 사회적 영향력 위로 초월해 있는 존재인 것으로 생각하기 쉽다. 사회적 영향은 그것이 이해되지 않는 한에서는 사람들에게 비의적인 힘으로, 운명이나 숙명으로 보인다. 지배계급들은 자신의 처지도, 그뿐 아니라 피지배자들의 처지도 자유의지의 귀결인 것으로 보도록 마음이 쏠리는 것을 느낀다. 그들에게는 피착취자들의 곤경이 피착취자 자신의 잘못인 것으로 여겨지며, 피착취자들이 심술궂은 행패로

---

* *Altertümer*, XIII, 5, 9.

저지르는 모든 범죄는 순전히 악취미에서 나온 못된 악행이고 엄격한 처벌을 요한다고 그들은 생각한다.

의지의 자유를 가정하는 것은 지배계급들이 도덕적 우월감과 분개심을 느끼는 가운데 억압당하는 계급들을 심판하고 억누르는 기능을 수행하는 것을 더 용이하게 만들어 주기 마련이다. 이는 확실히 그들의 힘을 더 돋우어 준다.

그러나 빈민과 억압당한 대중은 매 단계마다 그들이 상황의 노예, 운명의 노예라는 것을 느낀다. 운명의 결정은 그들에게는 알 수 없는 것이지만 아무튼 그들보다 더 위력이 있다. 잘사는 이들이 그들더러 자기 자신의 운명을 만드는 장인이 되라고 말할 때 그것이 그들에게는 큰 조롱이 된다는 것을 뼈아프게 느낀다. 그들은 자신들을 억압하는 조건들에서 벗어나려고 시도하지만 헛수고이다. 그 조건들이 자신의 목덜미를 움켜쥐고 있음을 느낀다. 그리고 그들의 수가 많다는 것은 이것이 그들 가운데 고립된 개인들에게만 일어나는 일이 아니라는 것, 그들 각 사람마다 자기 뒤에 같은 사슬을 끌고 간다는 것을 깨닫게 해 준다. 그들은 행동과 그 행동의 성공만이 아니라 감정과 사고, 그리고 그와 함께 의지마저 그들의 상황에 의존한다는 것도 아주 정확하게 안다.

바리사이파 사람들이 중간적인 사회적 위치에 걸맞게 의지의 자유와 동시에 필연성을 받아들이는 것은 희극적으로 보일 수도 있다. 그러나 그들보다 거의 2000년 후에 위대한 철학자 칸트도 똑같이 했다.

우리는 여기서 에세네적 사회 체제의 토대에서 생겨난 그 밖의 이데올로기적 상부구조를 다시 다룰 필요는 없다. 물론 바로 이것이 통상적인 경우 역사가들이 대체로 관심을 가지는 것이기는 하지만 말이다. 왜냐하면 그것은 에세네주의가 조로아스터교나 불교, 피타고라스주의나 다른 어떤 주의에서 유래한 것에 대한 심오한 설명을 할 기회를 그들에게 주기 때문이다.

에세네주의의 실제적 뿌리의 문제에 대한 물음은 그런 것으로 풀리지 않는다. 한 민족 내에서의 사회적 제도들은 언제나 그 민족 내의 실제적 필요들에서 생겨나지, 외국 모델의 단순한 모방을 통해서 생겨나지는 않는다. 물론 다른 나라나 다른 시대에서 배울 수는 있다. 그러나 사람은 이들에게서 그가 활용할 수 있는 것, 필요에 부합하는 것만을 취한다. 예를 들어서 르네상스 후에 로마법이 독일에서 왜 그렇게 잘 수용되었는지에 대한 유일한 이유는 그것이 강력히 부상하는 계급들인 절대왕정과 상인들의 필요에 아주 잘 맞았다는 것이다. 완성된 도구가 눈앞에 마련되어 있는데 새로운 도구를 발명하는 수고는 당연히 하지 않는다. 어떤 도구가 해외에서 들어온 것이라는 사실은 왜 그것이 사용되는가 하는 문제에 대한 답을 주는 것이 아니다. 그것은 오직 사람들 자신에게 있는 실제적 필요에 의해서만 설명될 수 있다.

더욱이 에세네주의에 영향을 미쳤을 수도 있는 조로아스터교나 불교, 혹은 피타고라스주의로부터의 모든 영향은 의문스러운 것이다. 그것들 중 어느 것도 에세네인에게 직접 영향을 준 증거는 없다. 그들 간에 비슷한 점들은 그들 모두가 상당히 비슷한 조건에서 생겨났다는 것과 연결될 수 있다. 그런 조건은 어디에서나 자연스럽게 비슷한 해결의 시도를 하도록 몰고 갔던 것이다.

사람들은 피타고라스 학파 사람들과 에세네인들 간의 관련성을 생각하기가 가장 쉬울 것이다.(『고대사적』, XV, 10, 4) 요세푸스는 사실, 에세네인들이 피타고라스 학파 사람들과 아주 유사한 방식으로 살았다고 말한다. 그러나 에세네인들이 피타고라스 학파에게서 배운 것인지, 그 반대인지 하는 질문을 제기할 수 있을 것이다. 요세푸스는 확실히 피타고라스 자신이 유태교적 관념들을 수용했고 그것들을 자기 자신의 것으로 내놓았다고 말하지만(아피온을 반대함, I, 22) 이는 유태공동체를 영광되게 하려고 날조한 건강부회일 개연성이 있다. 실제로 우리는 피타고라스에 대해 확실한 것은 거의 아무것도 모른다. 그에 관한 정보가 보다 더 풍부해지기 시작한 때는 그가 죽은 지 한참 뒤였을 뿐이다. 그가 살았던 시대에서 우리가 더 멀어져 갈수록 정보가 더 많아지고 더 확정된 형태가 되며, 더 믿기 힘든 내용들이 나온다. 우리는 서두에서 피타고라스가 예수와 같이 취급을 받았다는 것을 지적했다. 그는 이상적 인물이 되어, 윤리적 모범에게 기대되고 요망되는 모든 것을 행한 장본인으로 알려지고, 뿐만 아니라 극히 놀라운 이적으로써 자신의 신적인 사명을 보여준 마법사요 예언자가 되었다. 확정적인 것은 아무것도 그에 관해 알려지지 않았다는 바로 그 때문에, 마음에 드는 것은 무엇이든 그의 행위로, 그리고 그의 입에서 나온 말로 돌릴 수가 있었기 때문이다.

피타고라스에 의해 도입되었다고 하는 생활방식도 에세네인들의 그것과 아주 비슷하게 재산을 공유하는 방식인데, 이는 비교적 최근에 기원을 두는 것일 개연성이 있으며, 필시 에세네인들의 기원보다 더 오래되지는 않았을 것이다.

이 피타고라스주의는 알렉산드리아에 기원을 두었을 개연성이 있다.* 그곳에서 유태공동체와의 연결성은 상당히 있을 만한 일이었고 피타고라스적 관념이 팔레스티나로 전파되는 것도 물론 가능했다. 그 반대도 가능했다. 결국, 그 둘이 공통의 원천에 근거를 둔 것일 수도 있다. 그것은 이집트의 관습이다. 이집트에서는 선진적인 사회 발전이 이미 비교적 이른 시기에 수도원 같은 기관들을 생겨나게 했다.

---

* 이에 관하여 그리고 피타고라스 학파 일반에 관하여 Zellner, *Philosophie der Griechen*, erster und dritter Band 참조.

그 오랜 문화와 로마 제국의 다른 어떤 나라보다도 먼저 이미 오래전부터 진행된 문화의 쇠퇴가 사유재산과 인생의 쾌락에 대한 혐오감과 함께 세상으로부터의 도피 노력을 낳았다면, 그러한 도피는 사막이 문명의 중심지와 밀접하게 닿아 있는 곳인 이집트보다 실행해 옮기기가 더 쉬운 곳은 없었다. 다른 곳에서는 대도시에서 피신한 사람은 누구나 시골에서도 사유재산이 있다는 것, 그리고 그것도 가장 억압적인 형태로 토지에 대한 사유재산권이 있다는 것을 발견했다. 그는 문명에서 여러 마일을 벗어난 광야로 물러나야 했다. 그곳은 아주 끈질긴 노력을 해야만 사람이 살 수 있는 곳으로 만들 수 있는데 이는 도시 거주자는 도저히 할 수 없는 노동이었던 것이다.

이집트의 사막에는 여느 사막과도 마찬가지로 토지에 대한 사유재산이 없었다. 그곳에 사는 것은 어렵지 않았다. 그곳의 기후는 사나운 날씨로부터 보호를 받기 위한 건물·의복·난방에 대한 어떠한 큰 지출도 요하지 않았다. 게다가 도시와 아주 가까웠으므로 은둔자는 친구들에게서 생활필수품을 쉽게 공급받을 수 있었다. 아니 불과 몇 시간만 걸으면 스스로 가져올 수도 있었다.

따라서 이집트는 일찍이 수도승과 같은 은둔자 집단을 내기 시작했다. 그때 신피타고라스주의가 알렉산드리아에서 생겨났으며, 결국에는 서기 4세기에 그리스도교 수도원 제도가 거기서 시작되었다. 그러나 알렉산드리아의 유태교도 자신의 독특한 수도원 공동체인 테라페우테(Therapeute)를 창설했다.

사람들은 필로가 그들에 관하여 보도한 "명상 생활에 관하여"라는 논저서를 위작이라고 선언했지만, 이 경우에는 그런 의심은 근거가 없다.

필로는 말하기를, 수도사들은 현자처럼 재산을 포기하고 그것을 자기 친척들과 친구들에게 나누어준다고 한다. 그들은 형제, 자녀, 아내, 부모,

친구 그리고 고향 도시를 떠나 같은 생각을 가진 사람들과 공동생활을 하는 데서 진정한 고향을 발견한다. 이러한 단체들은 이집트의 여러 곳에서 특히 알렉산드리아에서 발견된다. 여기서 각 사람은 소박한 작은 방에서 혼자 살아간다. 다른 이들의 방도 그 근처에 있다. 그곳에서 그들은 경건한 명상에 들어 시간을 보낸다. 수도사들의 음식은 빵과 소금과 물로 아주 간단하다. 안식일이면 그들은 경건한 강의와 찬송을 위해 남녀가 모두 공동의 연회실에 모여든다. 그러나 칸막이가 있어서 남녀의 자리가 구분되었다. 그들은 육식과 음주와 노예제를 거부한다. 그러나 그들 쪽에서 일에 대한 것은 아무것도 이야기되는 것이 없다. 그들은 친구와 후원자들에게서 오는 자선으로 살아갔음이 분명하다.

알렉산드리아의 유태인들이 테라페우테의 관념들을 팔레스티나에 전해 주어서 이로써 에세네주의에 영향을 미쳤으리라는 것은 가능성이 충분하다. 그러나 이 둘은 서로 근본적으로 차이가 있다. 테라페우테는 다른 사람들의 노동으로 명상을 하는 무위 속에 살아가지만 에세네인들은 부지런히 일을 하여 많이 벌어서 스스로 살아갈 뿐 아니라 남는 것이 있어서 곤궁한 이들과 나누었다. 양자는 모두 사유재산을 거부하지만, 테라페우테는 세상의 재물을 가지고 아무것도 할 줄 모른다. 그들은 쾌락만이 아니라 일도 싫어하며, 소비 수단을 포기하듯이 생산 수단도 포기하여 따라서 그들의 재산을 친구들과 친척들에게 나누어준다. 에세네인들은 노동을 하며 이를 위해 그들은 생산 수단을 필요로 한다. 따라서 그 구성원들은 자신들이 소유하는 것을 친구에게 나누어주지 않고 공동의 사용을 위한 것으로 모은다.

그들은 일을 했기 때문에 몸이 튼튼해야 했고 잘 먹어야 했다. 엄격한 금욕주의는 일하는 사람들에게는 불가능하다.

대부분이 금욕주의, 세상으로부터의 도피, 재산의 포기에 대해 수다를 떨던 테라페우테, 더더구나 신피타고라스 학파 사람들과 에세네인들 간의 차이는 그리스도교가 생겨난 시대에 팔레스티나의 유태인 공동체와 로마 제국의 나머지 문화세계 간의 차이를 말해 준다. 에세네주의에서 우리는 젤롯당에게서 관찰하는바 그 시대의 유태공동체로 하여금, 투쟁이 두려워 쾌락과 유혹으로부터 도망친 다른 문명화된 민족들의 비겁한 실의(失意)를 힘차게 뛰어넘게 해 주는 활동력과 똑같은 활기를 보게 된다. 다른 민족들 중에 있던 공산주의적 경향들도 소심하고 금욕적인 성격을 띠었다.

에세네주의를 가능하게 한 것은 유태공동체의 활동력이었지만 그것만이 아니었다. 바로 유태공동체가 이 독특한 현상을 낳도록 영향을 준 다른 요인들도 있었다.

일반적으로 그리스도 전 마지막 세기에 우리는 대중의 빈곤과 함께 프롤레타리아들과 그들의 친구들이 조직을 통하여 곤경을 덜어 보려고 하는 노력이 늘어나는 것을 보게 된다. 공동 식사는 원시적 공산주의의 마지막 흔적인 동시에 새로운 공산주의의 출발점을 이룬다.

유태공동체 중에서 단결과 상부상조의 필요는 특히 강하게 발달했다. 외국에서 동포들은 고국에 있을 때보다 더 긴밀하게 뭉쳤다. 유대아 바깥의 유태인들보다 더 집이 없이 살고 더 끊임없이 낯선 고장에 사는 자들도 없었다. 그래서 유태인들은 서로 돕는 특징이 있었고 이는 그들이 비유태인들과 분리되는 성향만큼이나 눈에 띄는 것이었다. 한 마디 문장으로 타키투스는 그들이 지닌 일체의 남들에 대한 적대적인 증오심과 함께 그들 서로에 대한 끊임없는 친절을 강조한다.*

그들은 또한 공동 식사와 함께하는 그들의 모임에 특별한 집착을 가지

---

* *Historien*, V, 5.

고 모였던 것 같다. 고대로부터 내려오던 것이 아닌 모든 단체들을 금지한 카이사르가 유태인들의 단체는 허용한 사실을 달리 설명할 길은 없다.

"다른 모든 경우들에서 그는 독립적인 단체가 그들 자신의 재산을 가지고 결성되는 데 대하여 원로원의 허가를 요구했지만 그는 공동 식사를 하고 공동 재산을 갖는 유태인 단체들은 제국 전역에서 두말 없이 그 결성을 허가했다. 그 당시에 널리 퍼진, 단체에 대한 소속의 열망은 국가가 아주 두려워하고 탄압하던 것인데 이를 볼 때 유태종교의 단체들에 대한 이 관용은 많은 이교도들이 이른바 경건한 사람들로서 유태교 단체에 입회를 신청하게 한 결과를 가져왔으며, 이 요청은 쉽게 받아들여졌다." *

프롤레타리아들의 그러한 단체는 순전히 공산주의적인 성격을 띨 가능성이 농후했다. 그러나 공동 식사를 훨씬 뛰어넘어 공동의 재산을 갖는 것은 대도시에서는 쉽게 할 수 없었다. 거기서 더 나아갈 별다른 동기도 없었다. 그 당시에 남쪽 나라들에서 의복은 프롤레타리아들에게 별로 큰 역할을 하지 않았다. 의복은 날씨에 대한 보호 기능으로서보다는 보여주기 위해서 입었다. 대도시의 프롤레타리아들은 구석진 곳을 찾아 잠을 잤다. 결국 그들이 구걸을 하든 도둑질을 하든, 아니면 행상이나 짐꾼을 하든 어떤 식으로 연명을 하든 먹고살다 보니 그들은 도시의 변두리로 흩어졌다.

그 단체의 공동 식사에는 각자 자기 몫을 가져왔고 각 구성원은 자기가 뭔가를 내놓을 처지에 있건 그렇지 못하건 이에 동참했는데, 이는 그 단

---

* O. Holtzmann, *Das Ende des jüdischen Staatswesens und die Entstebung des Christentums*, 1888, S. 460.

체를 결속시킨 가장 강한 고리였다. 또한 빈곤한 자들에게는 너무나 파괴적인 것이 되었던 생활의 변동에 대하여 개인들을 보호해 주는 가장 중요한 수단이었다.

시골에서는 대도시와 사정이 달랐다. 시골에서는 가정과 직업이 분리되지 않는다. 공동 식사는 공동 주거와 공동 경제를 필요로 한다. 농업 대기업은 그 당시에는 드물지 않았다. 어느 정도는 노예들에 의해 운영되었지만 그러면서도 공산주의식 확대 가족과 주거 집단들이 이 발전 단계에 특징적이다.

팔레스티나는 이제 유태공동체가 여전히 농민층을 기반으로 하던 유일한 지역이었으며, 이는 예루살렘의 수도권 지역 및 그 프롤레타리아 계층과 끊임없는 긴밀한 연계 속에 있었음을 우리는 살펴보았다. 그 당시의 다른 어떠한 프롤레타리아 계층보다도 유태의 프롤레타리아 계층에 더 가까웠던 공산주의적 경향들이 들녘으로도 뻗어나가 그곳에서 에세네주의를 특징짓는 모습을 띠게 되는 것은 어려운 일이 아니었다.

에세네인들 조직의 경제적 토대는 소농 농업이었다. "그들은 농사일에 전념했다"고 요세푸스는 약간의 과장을 섞어서 말한다.(『고대사적』, XVIII, 1, 5)

들녘에서의 그런 조직체는 국가에 의해 용인이 되는 한에서만 지속할수 있었다. 생산 조합이 비밀 결사로 존재하는 것은 특히 시골에서는 불가능했다.

그러므로 에세네주의는 유태교적 자유의 존속과 결부되었다. 유태교적 자유의 몰락은 에세네주의의 몰락에 따라서도 진행되었음이 분명하다. 그것은 자유로운 팔레스티나 바깥의 비밀 결사로서 대도시들에서 존재하기에는 적합하지 않았다.

한편 예루살렘이란 대도시는 다른 어느 것보다 제국 전역의 대도시 프롤레타리아 계층의 필요에 더 적합한 것으로 입증된 조직, 결국 다른 어느 것보다 제국 자체의 필요에도 더 적합한 것으로 입증된 조직 형태를 발달시켜야 했다.

그 조직은 유태공동체에서 시작하여 제국 전체로 확산되었으며, 그 당시의 사회의 변동과 해체에서 생겨난 새로운 감정과 사고의 모든 요소들을 자기 안에 받아들인 조직이었다.

우리는 그 조직을 이제부터 관찰하게 될 것이다. 그것은 그리스도교 공동체였다.

제IV부

그리스도교의 출범

## 제1장

# 원시 그리스도교 공동체

## 공동체의 프롤레타리아적 성격

우리는 젤롯당들의 순수하게 민족주의적인 민주 운동이 예루살렘의 여러 프롤레타리아 분자들을 만족시키지 못했다는 것을 살펴본 바 있다. 그러나 에세네인들처럼 도시에서 시골로 도피하는 것이 모든 사람의 취향에 맞은 것도 아니었다. 그 당시에도 오늘날처럼 시골로부터 도피하는 것은 아주 쉬웠고 도시로부터 도피하는 것은 아주 어려웠다. 도시 생활에 적응한 프롤레타리아는 시골에서는 편하지가 않았다. 물론 부자라면 그의 시골 별장을 도시의 소란을 피해 기분 전환을 해 주는 것으로 볼 수도 있었다. 프롤레타리아에게 땅으로 돌아가는 것은 들녘에서 힘든 일을 해야 하는 것을 뜻했다. 그가 이해하지도 못하고, 하기에 적합하지도 않은 일이다.

그래서 프롤레타리아 대중은 다른 대도시들에서처럼 예루살렘에서도 도시에 머물기를 선호했음이 분명하다. 에세네주의는 그들에게 필요한 것을 주지 못했다. 그들 중에서도 순수한 룸펜프롤레타리아였고 사회에 기생하여 살아가는 습관이 든 자들에게는 특히 그랬다.

그리하여 젤롯당과 에세네인들과 함께 제3의 프롤레타리아적 경향이 생겨났다. 이는 젤롯적인 경향과 에세네적인 경향을 서로 결합한 것이다. 이는 메시아 공동체라는 형태로 표출되었다.

그리스도적 공동체가 원래는 거의 전적으로 프롤레타리아 분자들만을 포함했으며, 프롤레타리아적 조직이었다는 것은 일반적으로 인정된다. 이는 초창기 후에도 오랫동안 그러한 상태였다.

바울로는 고린토인들에게 보낸 첫 번째 편지에서 공동체 안에는 교육받은 자도 부자도 대변되지 않는다고 강조한다.

"형제 여러분, 여러분이 하느님의 부르심을 받았을 때의 일을 생각해 보십시오. 세속적인 견지에서 볼 때에 여러분 중에 지혜로운 사람, 유력한 사람, 또는 가문이 좋은 사람이 과연 몇이나 있었습니까? 그런데 하느님께서는 지혜 있다는 자들을 부끄럽게 하시려고 이 세상의 어리석은 사람들을 택하셨으며, 강하다는 자들을 부끄럽게 하시려고 이 세상의 약한 사람들을 택하셨습니다. 또 유력한 자를 무력하게 하시려고 세상에서 보잘 것 없는 사람들과 멸시받는 사람들, 곧 아무것도 아닌 사람들을 택하셨습니다."*

프리틀랜더(Friedländer)는 이미 여러 번 인용된 그의 『로마풍속사』(Sittengeschichte Roms)에서 원시 그리스도 공동체의 프롤레타리아적 성격을 잘 묘사해 준다.

---

* 고린토전서 1장 26절 이하.

"복음의 전파에 아무리 많은 원인들이 힘을 합친다고 해도 복음이 2세기의 중반이나 후반까지는 상부 계층 가운데는 단지 간헐적인 몇몇 지지자들만을 발견했다는 것이 명백하다. 여기서 철학적인, 그리고 그 밖의 다신론 신앙과 밀접하게 관련된 교양이 막강한 저항세력을 이루었을 뿐 아니라, 그리스도교 신조는 기존 질서와 극히 위험한 갈등을 일으켰다. 끝으로 모든 세속적인 이해관계를 끊는 것이 명예와 권력과 부를 가진 집단들에서 가장 어려웠다. 가난하고 낮은 자들은 부자들보다 더 기꺼이 신앙을 받아들인다고 락탄티우스(Lactantius)는 말한다. 부자들 가운데는 흔히 의문의 여지도 없이 그리스도교에 있는 사회주의적 성향들에 대해 적대적 태도가 있었던 것이 분명하다. 반면에 사회의 하층 계급들에서는 그리스도교의 확산이 유태인들의 분산에 의해 크게 촉진이 되었는데 그 속도는 매우 빨랐음이 틀림없고 특히 로마 본토에서는 그러했다. 64년에 그곳에서 그리스도인들의 수는 이미 상당했다."

그럼에도 불구하고 이 확산은 오랫동안 몇몇 장소들로 한정되었다.

"단지 행운에 의해 보전되어 온, 우리가 가진 자료로는 그리스도교 공동체들이 있었던 것으로 볼 수 있는 곳은 98년까지 약 42개소였으며, 180년까지는 그 숫자가 74개소이고 325년까지는 550개소를 넘는다."
"그러나 그리스도인들은 3세기까지 로마 제국에서 단지 소수였던 것만이 아니라, 이 소수는 최소한 처음에는 전적으로 사회의 최하층 집단들로 이루어졌다. 이방인들은 그리스도인들이 바보들·노예들·여자들 그리고 어린이들만을 개종시킬 수 있다고, 그들은 교육받지 못했고 거칠며, 촌스러운 사람들이라고, 그들의 공동체는 주로 미천한 자들·장인들·늙은 여자들로 이루어졌다고 조롱했다. 그리스도인들도 이를 부인하지 않았다.

그리스도의 공동체가 모인 것은 리세움과 아카데미아로부터가 아닌 사회의 최하층(de vili plebecula)으로부터라고 예로니무스는 말한다. 그리스도인 작가들은 새로운 신앙이 3세기 중반까지도 상층 계급들 가운데는 오직 고립된 신자들만 있었다고 공공연히 진술한다. 에우세비우스는 콤모두스 재위 때(180-192년)에 교회가 누리던 평화는 그리스도교를 전파하는 데 크게 기여하여 '부와 출신 배경이 훌륭한 로마의 모든 사람들도 집안식구와 씨족 모두를 이끌고 구원을 받으려고 왔다' 고 말한다. 알렉산더 세베루스(Severus) 재위 때(222-235년)에 오리게네스는 이제 부자들과 여러 귀족들도, 심지어 거만한 귀족 출신 숙녀들까지 그리스도의 말씀의 메시지를 받아들였다고 말한다. 이는 그리스도교가 전에는 자랑하지 못했던 성공이었다. 그러므로 콤모두스 시대부터 상층 계급에서의 그리스도교 확산은 그러한 증거가 예전 시대에 대해서는 결여된 그만큼 명시적으로 그리고 빈번하게 확인된다. … 콤모두스 이전 시대에 그리스도교로 개종했을 개연성이 아주 높은 것으로 인정되는 상류 계층의 유일한 사람들은 95년에 처형된 집정관 플라비우스 클레멘스(Flavius Clemens)와 폰티아로 유배된 그의 아내 내지는 누이인 플라비아 도미틸라(Flavia Domitila)였다." *

이 프롤레타리아적 성격은 그리스도교의 초창기에 관하여 우리에게 그렇게도 정보가 없는 주된 이유들 중의 하나이다. 그 최초의 옹호자들은 유창한 웅변가였을 수도 있다. 그러나 그들은 읽고 쓰는 것을 잘 할 줄 몰랐다. 읽고 쓰기는 그 당시에는 오늘날보다 더 민중과는 거리가 먼 기술이었다. 여러 세대 동안 그리스도교의 교리와 그 공동체들의 역사는 구전에만 한정되었다. 이는 열병이 든 것처럼 흥분하고 엄청나게 순진한 사람

---

* *Sittengeschichte Roms*, II, S. 540-543.

들에 의해 전해 내려오는 전설, 사건들이 있었던 경우에는 오직 소수의 집단만이 개입된 사건들만을 다루는 전설들이며, 따라서 인구 대다수에 의해 특히 그 비판적이고 초연한 분자들에 의해 검증될 수 없었던 전설들이다. 이러한 전설들을 적어 내는 것은 사회적 지위가 좀 더 높은 잘 교육을 받은 분자들이 그리스도교로 들어오기 시작했을 때 비로소 시작되었으며, 그때에 이 기록은 역사적 목적이 아니라 호교적 목적을 겨냥했고, 특정한 견해와 요구들을 지지하는 것을 겨냥했다.

이런 식으로 존재하게 된, 불가능한 일들과 조잡한 모순들로 가득 찬 역사적 문서들을 이용하여 개인들의 삶과 심지어 그들의 말까지도 자세히 이야기하는 데는 커다란 대담성과 함께 선입견뿐만 아니라 역사적 신빙성의 조건들에 대한 완전한 무지도 필요하다. 우리는 첫머리에서 그리스도교 공동체의 창시자라고 하는 자에 대한 어떠한 구체적 진술도 하기가 불가능하다는 것을 보여주었다. 지금까지 이야기되어 온 것을 토대로, 우리는 그에 대하여 어떠한 구체적인 것도 알 필요가 없다는 것을 지금 덧붙일 수 있다. 그것이 찬양을 하는 것이든 비난을 하는 것이든 그리스도교의 특징이 된다고 보통 지적되는 모든 관념체계들은 그리스 로마나 유태의 발전의 산물이라는 것을 우리는 이미 알게 되었다. 어떤 지고한 예언자와 초인에게까지 거슬러 올라갈 필요가 있도록 하는 독특한 그리스도교적 사고는 하나도 없으며, '이교도'나 유태의 문헌에서 예수 이전에 이미 있었던 것으로 증명될 수 있는 사고이다.

그러나 예수와 그의 제자들의 인성에 대하여 정보를 얻는 것이 우리의 역사적인 통찰에는 별로 중요하지 않지만, 원시 그리스도교 공동체 자체의 성격을 명확하게 경험하는 것은 극히 중요하다.

다행히도 이는 전혀 불가능한 것이 아니다. 그리스도인들이 선구자요 스승으로서 존경하는 사람들의 연설과 행적 역시 환상적으로 치장이 되었을 수도 있고 완전히 자유롭게 날조되었을 수도 있지만, 아무튼 초기 그리스도교 저작자들은 그리스도교 공동체 안에서 그 공동체를 위해 일 했으며 그 정신 속에서 집필을 했다. 그들은 초기부터 전해 오는 전설들 을 되풀이했고, 그 세부적인 내용에는 변경을 가하였을 수도 있지만, 그 일반적 성격은 아주 명확히 확정된 것이어서 이를 눈에 띄게 변조하려는 어떠한 시도도 즉시 맹렬한 반대를 받았을 것이다. 사람들은 그리스도교 공동체 초기에 우세하던 정신을 희석하거나 재해석하려고 시도했을 수는 있었지만 그것을 완전히 사라지게 할 수는 없었다. 그러한 희석화의 시도 는 그 증거를 남기고 있으며, 그 시도들은 그리스도교 공동체가 원래의 프롤레타리아적 성격을 잃고 교육을 잘 받고, 잘살고 저명한 사람들을 받 아들임에 따라 점점 강해진다. 그러나 원래의 성격이 명확히 인식되는 것 은 바로 이런 시도들로부터이다.

이런 식으로 얻어진 인식은 추후의 그리스도교 종파들의 진화 과정에 서 뒷받침을 받게 된다. 그들의 진화 과정은 처음부터 우리에게 알려져 있으며, 나중의 전개 과정에서 우리에게 마찬가지로 알려진 그리스도교 공동체의 발달을 2세기부터 충실하게 반영하여 보여준다. 그러므로 우리 는 이 발달이 합법칙적인 것이라고 생각할 수 있으며, 추후의 종파들의 알려진 초창기는 알려지지 않은 그리스도교의 초창기와 비슷하다고 가정 할 수 있다. 그러한 유비에 의한 추론은 물론 그 자체가 증거는 아니지만 다른 방식으로 도달된 관념을 아주 잘 지지해 줄 수 있다.

두 종류의 증거, 곧 추후의 종파들과의 유사성, 그리고 원시 그리스도 교적 삶의 최초 전통들의 보전된 유적이 그 공동체의 프롤레타리아적 성 격이 본래부터 기대하게 해 주는 경향들을 똑같이 입증해 준다.

## 계급 증오

거기서 우리는 무엇보다도 부자들을 향한 치열한 계급 증오를 발견한다.

그것은 루가의 복음에 명확히 나타난다. 이는 2세기 초에 작성된 것이다. 이 복음서에만 나오는 라자로 이야기(16장 19절 이하)에서 특히 그러하다. 부자는 지옥으로 가고 가난한 사람은 아브라함의 품으로 간다. 이는 부자가 죄인이고 가난한 사람이 의인이어서가 아니다. 그에 대해서는 아무런 말도 없다. 부자는 단지 그가 부유했기 때문에 저주를 받는다. 아브라함이 그에게 말한다: "너는 살아 있을 동안에 온갖 복을 다 누렸지만 라자로는 불행이란 불행을 다 겪지 않았느냐? 그래서 지금 그는 여기에서 위안을 받고 너는 거기에서 고통을 받는 것이다." 억압받는 자들의 복수에 대한 목마름이 이런 미래상에서 충족되고 있다. 같은 복음서는 예수가 다음과 같이 말한 것으로 기록한다: "재물이 많은 사람이 하늘 나라(βασιλείαν 바실레이안)에 들어가는 것이 얼마나 어려운 일인지 모른다. 부자가 하느님 나라에 들어가는 것보다 낙타가 바늘귀를 빠져나가는 것이 더 쉬울 것이다."(18장 24, 25절) 여기서도 부자는 그의 지은 죄 때문이 아니라 그의 부 때문에 저주를 받는다.

마찬가지로 산상 설교에는 다음과 같이 되어 있다.(6장 20절 이하)

"가난한 사람(거렁뱅이들, πτωχοί 프토코이는 거지같이 가난한 사람들이다)들아, 너희는 행복하다. 하느님 나라가 너희의 것이다. 지금 굶주린 사람들아, 너희는 행복하다. 너희가 배부르게 될 것이다. 지금 우는 사람들아, 너희는 행복하다. 너희가 웃게 될 것이다. … 그러나 부요한 사람들아, 너희는 불행하다. 너희는 이미 받을 위로를 다 받았다. 지금 배불리 먹고 지내는 사람들아, 너희는 불행하다. 너희가 굶주릴 날이 올 것이다. 지금 웃고 지내는 사람들아, 너희는 불행하다. 너희가 슬퍼하며 울 날이 올 것이다."

우리가 알듯이 부유한 것과 부를 누리는 것은 가장 통렬히 뉘우쳐야 할 범죄이다.

해외에 흩어진 열두 부족에게 보내는 야고보의 서신은 2세기 중반에 나온 것으로서 같은 영으로 숨을 쉰다.

"이번에는 부자들에게도 한 마디 하겠습니다. 당신들에게 닥쳐 올 비참한 일들을 생각하고 울며 통곡하십시오. 당신들의 재물은 썩었고 그 많은 옷 가지들은 좀먹어 버렸습니다. 당신들의 금과 은은 녹이 슬었고 그 녹은 장차 당신들을 고발할 증거가 되며 불과 같이 당신들의 살을 삼켜 버릴 것입니다. 당신들은 이와 같은 말세에도 재물을 쌓았습니다. 잘 들으시오. 당신들은 당신들의 밭에서 곡식을 거두어들인 일꾼들에게 품삯을 주지 않고 가로챘습니다. 그 품삯이 소리를 지르고 있습니다. 또 추수한 일꾼들의 아우성이 만군의 주님의 귀에 들렸습니다. 당신들은 이 세상에서 사치와 쾌락을 누리며 지냈고 도살당할 날을 눈앞에 두고도 마음은 욕심으로 가득 채웠습니다. 당신들은 죄 없는 사람을 단죄하고 죽였습니다. 그러나 그는 당신들을 대항하지 않습니다. 그러므로 형제 여러분, 주님께서 오실 때까지 참고 기다리십시오." (야고보 5장 1절 이하)

그는 심지어 신자들의 공동체에 들어온 같은 편의 부자들에 대해서도 벼락을 친다.

"가난한 형제는 하느님께서 높여 주시는 것을 기뻐하고 부요한 형제는 하느님께서 낮추어 주시는 것을 기뻐하십시오. 아무리 부요한 사람이라도들에 핀 꽃처럼 사라지게 마련입니다. 해가 떠서 뜨겁게 내려 쬐면 풀은 마르고 꽃은 져서 그 아름다움이 없어져 버립니다. 이와 같이 부자도 자기 사업에 골몰하는 동안에 죽어 버리고 맙니다. … 내 사랑하는 형제 여러분, 잘 들으십시오. 하느님께서는 이 세상의 가난한 사람을 택하셔서 믿음을 부요하게 하시고 당신을 사랑하는 사람들에게 약속해 주신 그 나라를 차지하게 하지 않으셨읍니까? 그런데 여러분은 가난한 사람들을 업신여겼습니다. 여러분을 압박하는 자들은 바로 부자가 아닙니까? 또 여러분을 법정으로 끌고 가는 자들도 그들이 아닙니까? 하느님께서 여러분에게 주신 그 존귀한 이름을 모독하는 자들도 바로 그들이 아닙니까?" *

현대 프롤레타리아 계층의 계급 증오는 그리스도인의 그것과 같은 광적인 형태에는 좀처럼 도달하지 못했다. 우리 시대의 프롤레타리아 계층이 권좌에 오르게 된 짧은 기간에 그 계층은 결코 부자들에게 복수를 하지 않았다. 오늘날의 프롤레타리아 계층이 그리스도교가 싹트던 때의 프롤레타리아 계층보다 더 힘이 강하다는 것을 스스로 느끼는 것은 사실이다. 그리고 자기가 강하다는 것을 아는 사람은 약한 사람보다 언제나 더 관대하다. 부르주아지가 반란을 일으키는 프롤레타리아 계층에게 항상 그토록 무서운 보복을 하는 것은 오늘날 부르주아지가 스스로 얼마나 약하다고 느끼는지를 보여주는 것이다.

마태오복음은 루가복음보다 몇 십 년 뒤의 것이다. 그 사이에 잘살고 교육을 잘 받은 사람들이 그리스도교에 가까워지기 시작했다. 많은 그리스도교 포교자들은 이 사람들에게 더 매력적일 형태를 그리스도교 교리에 부여하는 것이 필요하다고 느꼈다. 원시 그리스도교의 "배불리 먹는

---

* 야고보 1장 9–11절, 2장 5–7절.

이야기"는 불편하게 되었다. 그러나 그것은 너무 깊이 뿌리를 내려서 단순히 치워 버릴 수가 없었기 때문에 원래의 문장을 적어도 기회주의적 방향으로 개정하는 노력이 행해졌다. 이런 개정 작업 덕분에 마태오복음은 "모순된 것들로 된 복음"\*이며 "교회의 총애를 받는 복음"이 되었다. 여기서 교회는 "원시 그리스도교의 열정과 사회주의라는 질풍 같고 혁명적인 것이 교회적인 기회주의의 중용으로 크게 완화된 것을 발견하여, 그것은 더 이상 조직된 교회가 인간 사회와 평화를 이루면서 존재하는 것을 위태롭게 할 것으로 여겨지지 않았다."

자연히 마태오복음에 계속 이어서 손을 댄 다양한 저자들은 그들이 할 수 있는 한 모든 불편한 것들, 라자로의 이야기 같은 것들을 빼 버렸으며, 역시 부자들에 대한 공격을 일으키는 상속 논쟁 금지(루가복음 12장 13절 이하)도 빼 버렸다. 그러나 산상 설교는 이미 너무나 대중적이고 유명해서 그런 식으로 똑같이 처리할 수 없었다. 그것은 도리어 개악되었다. 마태오복음에는 예수가 이렇게 말한 것으로 되어 있다.

"마음이 가난한 사람은 행복하다. 하늘 나라가 그들의 것이다. … 옳은 일에 주리고 목마른 사람은 행복하다. 그들은 만족할 것이다."(5장)

물론 계급 증오의 모든 흔적은 이 정교한 개정 작업에서 씻겨 나갔다. 이제 복이 있는 것은 마음이 가난한 사람이다. 이 사람들이 어떤 종류의 사람들인지, 바보들인지 아니면 상상에서만 가난하고 실제로는 그렇지 않은 자들, 즉 계속해서 소유물을 가지지만 자기들의 소유에 의존하지 않는다고 주장하는 자들인지 확실하지 않다. 개연성이 있는 것은 그중 후자

---

\* Pfleiderer, *Das Urchristentum*, I, S. 613.

의 의미인 것 같다. 그러나 어떤 경우에도 가난한 자들의 축복에 포함된 부자들에 대한 저주는 사라졌다.

굶주린 자들이 의로 배부르게 되리라는 보장이 주어지는, 의에 굶주린 자들로 변형된 것은 정말로 희극적인 인상을 준다. 여기서 사용된 그리스 어 단어($\chi o \varrho \tau \alpha \zeta \omega$ 코르타조)는 대체로 짐승들에게 사용하고 사람에게 사용할 때는 경멸적으로 혹은 희극적으로 쓰는 단어로서 위(胃)를 채운다는 저급한 표현이다. 그 단어가 산상 설교에서 사용되었다는 것은 그리스도교의 프롤레타리아적 기원을 암시해 주는 또 한 가지의 것이다. 그 표현은 그것이 생겨난 집단들에서 통용된 것으로서 그들의 육신상의 배고픔이 완전히 없어짐을 가리키는 것이다. 그것을 의에 대한 굶주림을 없앤다는 것에 적용하게 되면 우스워진다.

이런 축복들에 대한 상대 내용인 부자들에 대한 저주는 마태오복음에서는 사라졌다. 그 저주에 대해서는 최고로 교묘한 왜곡으로도, 개종의 목표가 되고 있던 잘사는 자들의 집단에게 수용될 만한 표현 형태로 만들 수는 없었다. 그 저주들은 없어져야 했다.

그러나 비록 기회주의적으로 되어 가는 그리스도교 공동체의 영향력 있는 집단들이 기회주의적으로 변질하여 그 프롤레타리아적 성격을 지워 버리려고 노력했어도, 프롤레타리아 계층과 그들의 계급 증오는 그렇게 해서 없어지지 않았으며, 그것을 표명한 약간 명의 사상가들은 항상 있었다. 파울 플뤼거(Paul Pflüger)가 지은 작은 책 『교부들의 사회주의』(Der Sozialismus der Kirchenväter)는 성 클레멘스, 아스테리우스 주교, 락탄티우스, 대 바실리우스, 닛사의 성 그레고리, 성 암브로시우스, 성 요한 크리소스토무스, 성 예로니무스, 아우구스티누스 등, 대부분 그리스도교가 이미 공식 국가 종교가 되어 있던 4세기의 인물들의 저작들로부터 문구들을 모아 만든 훌륭한 선집이다. 그 글들은 모두 부자들에 대한 통렬한 고발로 일관하며, 그들은 부자를 강도·도둑과 같은 반열에 놓는다.

## 공산주의

공동체에 프롤레타리아적인 성격이 새겨져 있는 것을 볼 때, 그 공동체는 공산주의식 조직 형태를 지향했을 가능성이 높다. 이는 명시적으로 증언된다. 사도행전은 다음과 같이 말한다.

> "그들은 사도들의 가르침을 듣고 서로 도와주며〔공산주의( κοινονία 코이노니아)를 행하며 – 카우츠키〕 빵을 나누어 먹고 기도하는 일에 전념하였다. … 믿는 사람은 모두 함께 지내며 그들의 모든 것을 공동 소유로 내어 놓고 재산과 물건을 팔아서 모든 사람에게 필요한 만큼 나누어주었다." (2장 42절, 44절)
>
> "그 많은 신도들이 다 한 마음 한 뜻이 되어 아무도 자기 소유를 자기 것이라고 하지 않고 모든 것을 공동으로 사용하였다. … 그들 가운데 가난한 사람은 하나도 없었다. 땅이나 집을 가진 사람들이 그것을 팔아서 그 돈을 사도들 앞에 가져다 놓고 저마다 쓸 만큼 나누어 받았기 때문이다." (4장 32-35절)

어떻게 아나니아스와 사피라가 그들의 돈의 일부를 공동체로부터 떼어 놓았다가 즉시 신의 섭리에 의해 죽음의 벌을 받았는지가 알려져 있다.

불을 뿜는 웅변으로 크리소스토무스, 즉 금으로 된 입이라 불린 성 요한은 그의 시대(347-407년)의 두려움 없는 비판자로서 원시 그리스도교 공산주의에 대한 위의 묘사에 아주 현실주의적으로 경제적인 논의이며 결코 황홀경이나 금욕주의로 들리지 않는 그 장점에 대한 논의를 덧붙였다.

이는 사도행전에 대한 그의 11번째 설교이다. 그는 이렇게 말했다.

"그들 가운데 은혜가 있었다. 아무도 궁핍을 겪지 않았기 때문이다. 즉, 그들은 아무도 가난한 상태로 있지 않도록 열심히 주었기 때문이다. 그들은 일부만을 주고 다른 일부는 자기 자신을 위해 챙기지 않았다. 그들은 모든 것을 내놓되 자기 재산인 것을 내놓는 것같이 한 것도 아니다. 그들은 불평등을 없앴고 아주 풍족하게 살았다. 그리고 이것을 그들은 최고로 칭찬받을 만한 모습으로 행했다. 그들은 헌물을 감히 궁핍한 자의 손에 쥐어 주거나 거만한 시혜를 베푸는 식으로 주거나 하지 않고 그것을 사도들의 발 앞에 놓았으며 사도들이 헌물의 주인이요 분배자가 되게 했다. 그러면 어떤 한 사람이 필요로 하는 것은 개인들의 사유재산이 아니라 공동체의 금고에서 취하게 된다. 이로써 기부자들은 오만하게 되지 않았다.

우리가 오늘날도 그만큼 한다면 우리 모두는 가난한 자나 부자나 훨씬 더 행복하게 살 것이다. 그리고 가난한 자들이 부자보다 더 이익을 보는 것은 아닐 것이다. … 왜냐하면 준 자들은 그에 의해 가난해지지 않았고 오히려 가난한 자들도 부유하게 만들었기 때문이다.

모든 사람이 자기가 가진 모든 것을 공동의 기금으로 넣는 이런 방식으로 일이 진행된다고 상상해 보자. 아무도, 부자도 가난한 자도 그것을 걱정하지 않아도 될 것이다. 얼마나 많은 돈이 거두어질 것으로 생각하는가? 나는 만약 모든 개인이 그의 모든 돈과 땅, 부동산, 가옥을 (나는 노예에 대해서는 말하지 않겠다. 초대 그리스도인들은 물론 노예가 없었는데, 이는 그들이 노예들에게 자유를 주어서일 개연성이 있다) 기부했다면 백만 파운드의 금이 얻어졌을 것이며, 그 수량의 두세 배가 될 가능성도 다분히 있다고 추론— 확실히 말할 수는 없으므로—한다. 그렇다면 우리의 도시[콘스탄티노플]에는 얼마나 많은 사람들이 사는가? 얼마나 많은 그리스도인들이 있는가?

십만 명 가까이 되지 않겠는가? 그리고 수많은 이교도와 유태인들이 있다! 몇 천 파운드의 금이 모이겠는가? 그리고 얼마나 많은 가난한 자들이 있는가? 나는 5만 명을 넘는다고 생각하지 않는다. 그들을 먹여 살리는 데 매일 얼마가 필요하겠는가? 그들 모두가 한 상에서 먹는다면, 그 비용은 별로 크지 않을 것이다. 우리의 거대한 금고로 무슨 일을 또 착수하겠는가? 당신은 그 금고가 도대체 동이 날 수 있다고 믿는가? 그리고 하느님의 복이 우리에게 천 배나 더 풍성하게 쏟아지지 않겠는가? 우리가 땅을 하늘나라로 만들지 않겠는가? 이것이 3천에서 5천 명[의 초대 그리스도인들]에게 아주 훌륭하게 이루어졌다면, 그리고 그들 중 아무도 궁핍하지 않았다면, 그렇게 큰 숫자에서는 얼마나 더 많이 그럴 것이 보장되겠는가? 각각의 신입자들이 약간씩을 더 보태지 않겠는가?

재산의 분산은 더 큰 지출의 원인이고 그래서 빈곤의 원인이다. 남자와 아내 그리고 열 명의 자녀가 있는 가구를 생각해 보라. 그녀는 옷감을 짜고 그 남자는 생계를 꾸려 나가기 위해 시장으로 간다. 그들이 한 집에서 살 경우에 더 궁핍하겠는가 아니면 각각 살 때 더 궁핍하겠는가? 그들이 각각 살 때 더 궁핍하다는 것이 확실하다. 열 명의 아들이 각각 제 길을 간다면 그들은 열 채의 집과 열 개의 식탁과 열 명의 종과 그 밖의 모든 것을 그 비율로 필요로 할 것이다. 그렇다면 다수의 노예들은 어떠한가? 이들은 돈을 절약하기 위해서 한 식탁에서 먹이지 않는가? 분산은 통상적으로 낭비를 가져오고 한데 합치면 있는 것도 절약하게 해 준다. 이것이 지금 사람들이 수도원에서 사는 방식이고 신자들이 한때 살았던 방식이다. 그때 누가 굶어 죽었는가? 누가 충분히 만족하지 않았는가? 그런데도 사람들은 이런 생활방식을 끝없는 바다에 뛰어드는 것보다 더 두려워한다. 우리가 그런 시도를 하고 상황을 과감하게 장악하기만 한다면! 그 결과로 얼마나 큰 복이 있겠는가! 신자들이 별로 없어 불과 3천에서 5천 명밖에 안 되던 그 시대, 온 세상이 우리에게 적대적이고 어디에서도 위로받을 데가 없던 그 시대에 우리의 선배들이 이 일에 그토록 결연했다면, 하느님의 은총으로 신자들이 도처에 있는 오늘날 우리는 얼마나 더 많은 확신을 가질 것인가! 누가 아직도 이방인으로 남아 있겠는가? 아무도 없다고 나는 믿는다. 모든 사람을 우리에게 이끌고 우리에게 호의를 갖도록 만들 것이다." *

초대 그리스도인들은 그렇게 명확하고 차분하게 세부사항을 서술할 역량은 안 되었다. 그러나 그들의 간략한 언급, 호소, 요구, 희망 등은 모두 그리스도교 공동체 초기의 동일한 공산주의적 성격을 가리켜 준다.

사실상 2세기 중반이 되어서야 비로소 생겨난 요한복음에서는 예수와 사도들의 공산주의식 생활이 자명한 것으로 전제된다. 그들은 가리옷 사람 유다가 관리하던 하나의 돈 주머니만 가지고 있었다. 요한은 다른 곳에서처럼 여기서도 그의 선배들을 능가하려고 하는데, 유다를 공동의 기금에서 돈을 훔친 도적으로 낙인을 찍어 그의 배신 행위에 대해 느껴지던 혐오감을 깊게 한다. 그는 마리아가 어떻게 값비싼 향유로 예수의 발에 부었는지를 묘사한다.

"예수의 제자로서 장차 예수를 배반할 가리옷 사람 유다가 '이 향유를 팔았더라면 삼백 데나리온은 받았을 것이고 그 돈을 가난한 사람들에게 나누어줄 수 있었을 터인데 이게 무슨 짓인가?' 하고 투덜거렸다. 유다는 가난한 사람들을 생각해서가 아니라 그가 도둑이어서 이런 말을 한 것이다. 그는 돈주머니를 맡아 가지고 거기 들어 있는 것을 늘 꺼내 쓰곤 하였다."**

---

* S. P. N. Joanni Chrysostomi opera omnia quae exstant, Paris 1859, Ed. Migne. IX, 96 bis 98.
** 요한복음 12장 4-7절.

최후의 만찬에서 예수는 유다에게 이렇게 말한다: "네가 할 일을 어서 하여라." "그러나 그 자리에 앉아 있던 사람들은 예수께서 왜 그에게 이런 말씀을 하셨는지 아무도 몰랐다. 유다가 돈주머니를 맡아 보고 있었기 때문에 더러는 예수께서 유다에게 명절에 쓸 물건을 사오라고 하셨거나 가난한 사람들에게 무엇을 주라고 하신 줄로만 알았다." *

계속 반복해서 예수는 복음서에서 그의 제자들에게 각자가 자신이 소유하는 모든 것을 주라고 요구한다.

"…너희 가운데 누구든지 나의 제자가 되려면 자기가 가지고 있는 것을 모두 버려야 한다." **

"너희는 있는 것을 팔아 가난한 사람들에게 주어라." ***

"유다의 지도자(ἄϱχων 아르콘) 한 사람이 '선하신 선생님, 제가 무엇을 해야 영원한 생명을 얻겠습니까?' 하고 예수께 물었다. 예수께서는 이렇게 말씀하셨다. '왜 나를 선하다고 하느냐? 선하신 분은 하느님 한 분뿐이시다. 간음하지 말라. 살인하지 말라. 도둑질하지 말라. 거짓 증언하지 말라. 네 부모를 공경하라고 한 계명들을 알고 있지 않느냐?' 그 사람은 '어려서부터 저는 이 모든 것을 다 지켜 왔습니다' 하고 대답하였다. 예수께서는 이 말을 들으시고 '너에게는 아직도 해야 할 일이 하나 더 있다. 있는 것을 다 팔아 가난한 사람들에게 나누어주어라. 그리고 와서 나를 따라라. 그러면 하늘에서 보화를 얻게 될 것이다' 하셨다. 그러나 그는 큰 부자였기 때

---

* 요한복음 13장 27-29절.
** 루가복음 14장 33절.
*** 루가복음 12장 33절.

문에 이 말씀을 듣고 무척 마음이 괴로왔다."*

이는 그때 예수에게 부자가 하느님 나라에 들어가는 것보다 바늘귀를 통해 가기가 더 쉬운 낙타의 비유를 이야기하도록 한 동기가 된다. 가난한 자들과 자기의 재물을 나누는 자들만이 그 나라에 동참할 수 있다.

마르코가 쓴 것으로 되어 있는 복음도 이 문제를 똑 같은 방식으로 서술한다.

그러나 수정주의자 마태오는 원래의 생기를 여기서도 약화시킨다. 그 요구에는 조건이 붙는다. 마태오는 예수가 부자 청년에게 이렇게 말하는 것으로 바꾼다: "네가 완전한 사람이 되려거든 가서 너의 재산을 다 팔아 가난한 사람들에게 나누어 주어라."(19장 21절)

예수가 원래 그의 지지자 각 사람에게, 공동체의 모든 구성원에게 요구한 것으로 생각되던 것은 완전함을 신조로 하는 자들에게만 요구하는 것으로 시의적절하게 바뀌었다.

이러한 발전은 원래 순전히 프롤레타리아적이었다가 나중에 점점 더 부유한 분자들을 받아들인 조직의 경우에 꽤 자연스러운 것이다.

그러나 초기 그리스도교의 공산주의적 성격을 부정하는 일군의 신학자들이 있다. 이는 사도행전에 있는 그에 관한 보도가 나중에 쓰인 것이라는 이유에서이며, 그들은 고대에 흔히 있었던 것처럼, 사람들이 꿈꾸던 이상적인 조건이 과거에 실현되었던 듯이 표현된 것이라고 주장한다. 이 모든 것에서 잊고 있는 것은, 부자들을 찾아 나선 그 후 몇 세기 동안의 공식 교회에게 원시 그리스도교의 공산주의적 성격은 매우 불편한 것이었다는 사실이다. 그에 대한 설명이 후대의 날조에 토대를 둔 것이라면 기

---

* 루가복음 18장 18-23절.

회주의적 성향을 띤 투사들이 즉시 그에 항의했을 것이며, 그런 설명을 담은 저작들을 교회가 인정한 책으로만 이루어진 정경에서 빼 버리도록 했을 것이다. 교회는 자기에게 이익이 되는 날조만을 용납했다. 이것은 공산주의에는 해당되지 않았다. 그것이 공식적으로 원시 공동체의 원래의 요청인 것으로 인정되었다면, 이는 확실히 이 점에 관하여 전해 오는 이야기가 너무나 깊이 뿌리를 내렸고 너무나 일반적으로 받아들여졌기 때문에 어쩔 수 없이 그렇게 되었던 것이다.

## 공산주의의 존재에 대한 반론들

원(原)공동체의 공산주의를 반박하는 자들의 반론은 그래서 역시 별로 결정적인 것이 없다. 그것들은 모두 내가『사회주의의 선구자들』에서 원시 그리스도교에 대해 했던 설명을 반박하는 한 비판자에 의해 집대성된 것으로 볼 수 있다.

신학박사 A. K.는 비판자로서 노이예 차이트지(Vol. XXVI, No. 2, S. 482)에 "이른바 원시 그리스도교 공산주의"에 대한 기사에서 그의 반론을 발표했다.

무엇보다도 먼저, "나자렛인의 설교는 경제적 혁명을 목표로 두지 않았다"고 반론을 제기한다. A. K.는 그것을 어떻게 아는가? 사도행전은 그에게 예수가 죽었다고 하는 때 이후의 시기에 그 기원을 둔 조직체들의 묘사를 위한 불확실한 전거로 여겨진다. 그러나 부분적으로는 사도행전보다 뒤에 나온 것인 복음서들이 그리스도의 말씀의 성격을 우리에게 확실히 알려 줄 수 있다는 것이다!

복음서들에 대해서도 사도행전에 대해서와 똑같은 것을 말할 수 있다: 우리가 알 수 있는 것은 그 복음서들을 쓴 자들의 성격이다. 게다가 그것들은 회상을 재연해 줄 수 있다. 조직체들에 대한 기억은 말씀의 기억보다 오래 남으며, 쉽게 왜곡되지 않는다.

게다가 그리스도가 한 것으로 되어 있는 말씀들에서 원공동체의 공산주의에 부합하는 성격을 찾아낼 수 있다는 것을 우리는 살펴보았다.

그러므로 사실상 확정적인 것은 아무것도 모르는 예수의 구체적 가르침들로는 공산주의를 부정하는 어떤 것도 입증할 수 없다.

다음으로 A. K.는 예루살렘의 프롤레타리아들이 목격한 에세네인들의 실천적 공산주의가 그들에게 아무 영향력이 없었다는 것을 믿게 하려고 열심히 시도한다. 오히려 그리스 철학자들과 사상가들의 공산주의적 이론이 예루살렘 외부의 그리스도교 공동체들의 배우지 못한 프롤레타리아들에게 깊디깊은 영향을 미쳤으며, 이 공산주의적 이상을 세뇌시켰는데, 그 이상의 실제 형태를 (그 시대의 관행에 따라서) 과거로, 즉 예루살렘의 원공동체에 있었던 것으로 그들이 이전시켰다는 것이다.

그리하여 공산주의의 실천적 모범은 예전에 프롤레타리아들에게 아무 감동도 주지 못한 채로 그냥 두었지만, 나중에 교육받은 자들이 프롤레타리아들에게 공산주의를 세뇌시켰다는 것이다. 이런 관점을 그럴듯한 것으로 만들려면, 극히 강력한 증거가 필요할 것이다. 그러나 증거로 존재하는 것은 그 반대를 말해 준다. 교육을 잘 받은 자들이 그리스도교에 영향을 많이 미치게 됨에 따라 그리스도교는 공산주의에서 더욱 멀어지게 된다. 이는 마태오복음이 말해 주는 바와 같고 우리가 차후에 공동체의 발전을 논하면서 보게 될 내용과도 같다.

A. K.는 에세네인들에 대하여 전혀 틀린 관념을 가지고 있다. 그는 예루살렘의 공산주의식 그리스도교 공동체에 대해 이렇게 말한다: "이 고독한 공산주의 실험이 바로 유태인들로 이루어진 단체에서 행해졌다는 것은 우리가 의심을 품게 만든다. 유태인들은 결코 서기 초까지 이런 성질의

사회적 실험을 하지 않았다. 그때까지 유태교 공산주의는 없었다. 그러나 그리스인들 중에는 이론적·실천적 공산주의가 새로운 것이 아니었다."

우리의 비판자는 그가 그리스도의 시대에 어디서 헬라의 실천적 공산주의를 발견하는지를 알려주지 않는다. 그러나 실제로 유태인들의 공산주의가 그 실제적 실현이 되면서 그리스인들의 공산주의적 꿈들을 훨씬 높이 능가하는데도, 그가 헬라인들 중에서보다 유태인들 중에서 공산주의를 덜 발견한다면, 그것은 한마디로 믿을 수가 없는 것이다. 그리고 A. K.는 에세네인들이 이미 그리스도보다 한 세기 반 전에 언급되었다는 사실은 전혀 모르는 것이 명백하다. 그는 그들이 그리스도의 시대에 처음 생겨났다고 믿는 것 같다!

그의 말은 예루살렘 공동체의 실생활에 아무런 영향도 미치지 못했다고 생각되는 바로 이 에세네인들이 그리스도 후 2세기에 사도행전에 나타난 공산주의식 전설을 만들어 냈다는 것이다. 예루살렘의 파괴 후에 시야에서 사라지는 에세네인들은, 필시 유태공동체의 멸망 중에 같이 휩쓸려 들어가서 그런 것일 텐데, 그 사건이 있은 후 이들이 유태교와 그리스도교 간의 대립이 이미 불붙은 시기에 헬라의 프롤레타리아들에게 그리스도교 공동체의 기원에 대한 전설들을 전해 주었고 그들에게 공산주의적인 과거를 암시해 주었다는 것이 된다. 그런데도 예루살렘의 유태인 프롤레타리아들이 에세네주의와 많은 인적·물적인 접촉점을 가졌음이 틀림없는 조직을 세우던 때에 이 에세네인들이 이들에게 조금도 영향을 주지 않았다는 것이다!

에세네인의 전설과 관념들도 그리스도교 문헌의 초창기에 엮여 들어갔으리란 추측은 상당히 가능성이 있다. 그러나 훨씬 더 개연적인 것은 아무런 문헌도 나오고 있지 않던 그리스도교 공동체의 초기 단계에 그들의 조직이 에세네의 모델에서 영향을 받았으리라는 것이다. 이는 진정한 공산주의를 실행에 옮기는 의미에서의 영향이었을 뿐이지, 실제에 부합하지 않는, 공산주의적 과거가 있었다는 허위의 의미는 아니었을 수 있다.

이 모든 인위적 해석은 현대 신학자들에 의해 소개되고 A. K.가 받아들인 것으로서, 에세네인들의 영향이 존재하던 시기에 그들의 영향력을 부정하여, 그 영향이 더 이상 존재하지 않던 시대에 결정적인 역할을 했던 것으로 보려고 하는 것인데, 이는 원시 교회로부터 공산주의의 '역겨운 냄새'를 없애는 것이 문제가 될 때 신학적인 두뇌가 얼마나 창의적일 수 있는지를 보여줄 뿐이다.

그러나 이 모두는 A. K.에게 결정적인 근거는 아니다. 그는 여태껏 결코 눈치채어지지 않은 '주된 논점'을 알고 있다: 그리스도인의 적대자들이 가능한 한 모든 것을 비난했지만 그들의 공산주의는 비난하지 않았다는 것이다. 그러나 그 공산주의가 근거가 있었다면, 그들은 이 고발사항을 놓치지는 않았으리란 것이다. 나는 세계가 이 '주된 논점'을 앞으로도 고려하지 않으려고 하는 것 같아 두렵다. A. K.는 그리스도교의 공산주의적 성격이 사도행전과 복음서들에서 모두 극명하게 여러 진술들로 강조되는 것을 부정할 수 없다. 그는 단지 이 진술들이 순전히 전설적이라고 단언하는 것이다. 그러나 그 진술들은 아무튼 거기에 있으며, 실제의 그리스도인의 성향들에 부합했다. 이제 그럼에도 불구하고 그리스도교의 적들이 공산주의에 대한 반대를 들고 나오지 않았다면, 그 이유는 그들이 그러한 비난을 할 아무런 사실적 근거도 발견하지 못했기 때문일 수는 없다. 왜냐하면 그들은 그리스도인들이 어린이 살해와 근친상간 같은 것들을 했다고 비난했는데 이는 그리스도교 문헌에서 조금도 근거를 찾을 수 없는 것이다. 그런데도 적들이 초대 그리스도교 문헌에서부터 그리스도인의 저작에서 확인할 수 있었던 고발들을 삼갔을 것이라는 말이다!

그 원인은 원시 그리스도교 공산주의가 없었다는 것과는 다른 데서 찾아야 한다. 그 원인은 공산주의에 대하여 그 당시 사람들은 오늘날과는 다르게 생각했다는 사실에 있다.

오늘날 원시 그리스도교적 의미에서의 공산주의, 곧 나눔은 생산의 진보, 사회의 존재와 조화를 이룰 수 없다. 오늘날 경제적 조건들은 절대적으로 나눔의 반대, 소수의 장소에, 그것이 오늘날처럼 사적인 손이든 혹은 사회주의 체제에서처럼 사회 · 국가 · 공동체 · 협동조합 그 어느 손이든, 부를 집중할 것을 요구한다.

그리스도의 시대에는 사정이 달랐다. 광산업을 제외하면 존재하던 산업은 소규모였다. 농업에는 큰 규모로 확장된 대기업이 있었지만, 노예들에 의해 경작이 되고 있어 소농장보다 기술적으로 우수하지 못했으며, 값싼 노예 무리의 노동력에 토대를 두고 무자비한 약탈적 농경을 추진하는 것이 가능한 경우들에서만 지탱이 될 수 있었다. 대기업은 오늘날처럼 전체 생산 양식의 기초가 아니었다.

따라서 소수의 손에 부를 집중하는 것은 결코 생산 과정을 위한 기초, 그래서 사회적 존재를 위한 기초가 되기는 고사하고 노동 생산성의 증진을 조금도 의미하지 않았다. 생산력의 발전을 의미하는 것이 아니라 그것은 단지 쾌락의 수단을 아주 많은 양을 축적하여 개인이 모두 소비할 수가 없어서 다른 이들과 나누는 것 말고는 다른 대안이 없다는 것을 의미했을 뿐이다.

부자들은 대규모로 이 나눔을 행했다. 부분적으로는 기꺼이 말이다. 베풂은 로마 제국에서 주된 덕목들 중의 하나로 간주되었다. 그것은 지지자와 친구를 얻는 수단이었고 그래서 자신의 권세를 키우는 수단이었다.

"[노예들의] 해방에는 많은 경우에 다소간 넉넉한 기부가 수반될 개연성이 있었다. 마르티알리스(Martialis)는 추측컨대 이런 종류의 기회에 이루어진

1천만 세스테르티우세스의 기부 건을 언급한다. 로마의 고관들은 그들의 선행과 보호를 자신의 지지자들과 의뢰인들의 가족에게까지 확장했다. 그렇게 해서 티베리우스 황제의 친구인 코타 메살리누스(Cotta Messalinus)의 한 면천인은 그의 주인이 여러 차례 그에게 기사의 등록세에 해당하는 금액[40만 세스테르티우세스, 8만 마르크에 상당함]을 주었고, 자신의 자녀의 교육을 돌보았고, 자기의 아들들을 아버지처럼 부양했고, 군대에 간 자기 아들 코타누스가 군단 사령관의 자리에 오르도록 도와주었고, 그 자신에게는 이 묘비석까지 세워 주었다고 아피아 가도에서 발견된 그의 묘비문에서 자랑스럽게 말한다." *

이런 경우들이 많이 있었다. 그러나 민주주의가 지배적이던 곳에서는 나눔 중에 비자발적인 나눔도 들어 있었다. 누구든지 공직을 추구하는 자는 민중에게 풍성한 선물을 주고 그것을 사야 했다. 뿐만 아니라 민중이 권력을 가진 곳에서는 부자에게 높은 세금을 부과하여, 그 수입으로 먹고 살았다. 말하자면, 시민들은 민회에 참여하는 데, 심지어 공적인 공연을 관람하는 데 국고에서 비용을 지급받거나 공동 식사 혹은 그들에 대한 식량 배급이 국고에서 지출되었다.

나눔을 실천하는 것이 부자의 역할이라는 생각은 민중을 놀라게 한 생각도 아니었고 통상적인 관념에 배치된 것도 아니었으며, 그것과 가장 잘 들어맞았다. 그런 생각은 민중을 배척하기보다는 그들의 마음을 끌었다. 그리스도교의 적들이 그 종교의 이 측면을 강조한다면 그것은 바보스러운 일이었을 것이다. 요세푸스와 필로 같은 보수적인 작가들이 에세네인들의 공산주의에 대하여 어떤 존경심을 가지고서 말하는지를 한 번만 읽

---

* Friedländer, *Sittengeschichte Roms*, I, S. 111.

어 보라. 그들에게 그것은 부자연스러운 것도 주제넘은 것도 아니었고 오히려 아주 고귀한 것으로 여겨진다.

원시 그리스도교 공산주의에 대한 A. K.의 '주된 반론', 곧 그것이 그 적들에게 공격을 받지 않았다는 반론은 그가 과거를 과거의 눈으로 보지 않고 현대 자본주의 사회의 눈으로 바라본다는 것을 증명할 뿐이다.

어떠한 증거로도 뒷받침되지 않는, 오히려 순전한 '구성물'인 이런 반론들과 아울러 A. K.는 이제 또한 사도행전에서 이야기된 사실들에 기초를 둔 일련의 의문들을 제기한다. 원시 그리스도교 문헌에서 지속하는 상황들의 서술에 대해 그렇게도 회의적인 우리의 비판자가, 고립된 사건에 대한 모든 설명을 액면 그대로 받아들이는 것은 주목할 만하다. 그것은 거의 『오디세이아』에 나오는 영웅시대의 사회적 조건들의 서술을 날조된 것으로 설명하지만 폴리페무스와 키르케(오디세이아에 나오는 등장인물 – 옮긴이)는 실제 그 이야기 대로 행한 역사적 인물들로 받아들이고 싶어 하는 것이나 마찬가지이다.

그런데 이런 고립적 사실들조차 원시 공동체의 공산주의를 부정하는 어떤 것도 입증하지 않는다.

A. K.가 제시하는 첫 번째 논점은 예루살렘에 있던 공동체가 5천 명의 구성원으로 이루어졌으리라고 생각된다는 것이다. 그런 무리가 여자들과 어린이들을 포함하여 어떻게 단일한 가족을 구성할 수 있었겠는가?

그러나 그들이 한 상에서 먹는 단일한 가족을 이루었다고 누가 그러는가? 그리고 사도행전이 말하는 것처럼(4장 4절), 원시 공동체가 정말로 5천 명이었다는 것을 누가 무조건 믿겠는가? 통계는 고대 문헌의 강점이 아니었으며, 동방에서는 더더욱 그렇다. 효과를 내기 위해 과장하는 것은 즐겨 쓰는 절차였다.

5천 명이라는 정확한 수치는 큰 무리를 가리킬 필요가 있을 때 흔히 제시된다. 그와 같이 복음서들은 예수가 다섯 덩이의 빵으로 먹인 것은 "여자들과 어린이들 말고도"(마태오 14장 21절) 5천 명의 남자였다고 정확하게 안다. 우리의 비판자는 이 경우에도 그 수치가 정확하다고 맹세할 수 있는가?

실제로 원시 공동체의 구성원 수를 5천 명이라고 보는 것이 과장된 것이라고 간주할 이유는 충분하다. 사도행전에 따르면, 예수가 죽은 직후에 베드로는 불꽃같은 선동적 연설을 하고, 3천 명이 그 자리에서 세례를 받았다.(2장 41절) 추가적인 선동이 더 많은 이들을 믿게 만들며, 이제 그 수는 5천이다.(4장 4절) 그렇다면 예수가 죽었을 때 그 공동체는 구성원 수가 얼마나 되었을까? 그의 죽음 직후에 집회가 있었으며 "참석 인원은 약 120명이었다."(1장 15절)

이는 예수와 그의 사도들에 의한 극히 맹렬한 선동 작업에도 불구하고 그 공동체가 초기에는 아주 소수였음을 가리켜 준다. 그리고 이제 그가 죽은 뒤에 있었던 일장 연설 후에 그 공동체가 갑자기 100여 명에서 5천 명으로 성장했다고 말해야 하는가? 우리가 어떤 확정된 숫자라도 취하려 한다면 앞의 숫자가 뒤의 숫자보다 훨씬 더 그럴듯할 것이다.

5천 명의 조직된 동지들은 예루살렘에서는 아주 두드러진 집단이었을 것이며, 요세푸스는 확실히 그런 세력에 주목했을 것이다. 그 공동체는 사실상 그 동시대인들이 언급하지 않을 만큼 아주 미미한 것이었음이 틀림없다.

A. K.는 또 다른 반론을 제기한다. 그 공동체의 공산주의에 대한 보도에서 그 공동체에 대한 서술 후에 사도행전은 다음과 같이 계속 말한다는 것이다: "키프로스 태생의 레위 사람으로 사도들에게서 '위로의 아들' 이라는 뜻인 바르나바라고 불리는 요셉도 자기 밭을 팔아 그 돈을 사도들 앞에 가져다 바쳤다. 그런데 아나니아라는 사람은 그의 아내 사피라와 함

께 자기 땅을 판 다음 의논한 끝에 그 돈의 일부는 빼돌리고 나머지만 사도들 앞에 가져다 바쳤다."

이것이 공산주의에 반대되는 증거일 것이라고 A. K.는 생각한다. 모든 구성원이 그들의 재물을 팔아서 그 돈을 사도들에게 가져갔다면 바르나바가 특별히 언급되지는 않았으리란 것이다.

A. K.는 여기서 바르나바가 어떻게 행동해야 하는지에 대한 모범으로서 아나니아와 대조되고 있다는 것을 망각한다. 이는 공산주의적 요청을 훨씬 더 명확하게 부각시킨다. 사도행전은 자기의 재산을 판 사람을 모두 거명해야 하는가? 우리는 왜 바르나바가 꼽혔는지는 모른다. 그를 강조하는 것이 공산주의를 실천한 유일한 사람이라고 말하려는 의도로 해석하는 것은 실로 사도행전 저자들의 지능을 너무 낮추어 보는 것이다. 바르나바의 예는 무엇이든 소유한 자들은 모두가 그것을 어떻게 팔았는지에 대한 설명 직후에 나온다. 바르나바가 특별히 거명되었다면, 그것은 그가 저자들이 좋아하는 인물이었기 때문일 수가 있다. 그들은 뒤에서도 바르바나를 자주 언급한다. 또한 필시 그의 이름만이 아나니아의 이름과 함께 전해 내려왔기 때문일 수도 있다. 어쩌면 이 두 사람이 뭔가 팔 것이 있었던 원시 공동체의 구성원 전부였고 그 밖의 사람들은 순수한 프롤레타리아들이었는지도 모른다!

세 번째 반론은 사도행전 6장 1절 이하에서 다음과 같이 말하고 있다는 사실에 근거를 둔다: "이 무렵 신도들의 수효가 점점 늘어나게 되자 그리스 말을 쓰는 유다인들이 본토 유다인들에게 불평을 터뜨리게 되었다. 그것은 그들의 과부들이 그날 그날의 식량을 배급받을 때마다 푸대접을 받았기 때문이었다."

"철저하게 돌아가는 공산주의에서 이것이 가능한가?" 하고 A. K.는 분개하여 질문한다.

그러나 공산주의를 운영하는 데서 아무런 어려움도 없었다거나 심지어 아무런 어려움도 있을 수 없었다고 누가 그러는가? 설명은 계속된다. 공산주의가 포기되었다는 것이 아니라 그 조직은 분업을 도입하여 개선되었다는 내용으로 이어진다. 그때부터 사도들은 포교에만 전념하고 일곱 명의 위원회가 공동체의 경제적 기능들을 위해 선출되었다.

이런 설명 전체는 공산주의를 가정하면 훌륭하게 맞아떨어지지만, 우리의 비판자가 홀쯔만에게서 빌려온 견해, 곧 원시 그리스도인들은 그들의 사회 조직에서 유태의 동료 시민들과 다르지 않았고 "최근에 처형된 나사렛 사람"에 대한 믿음에서만 달랐다는 견해를 받아들인다면 무의미하게 된다.

나눔이 없었다면, 나눔에 대한 불평은 왜 있겠는가?

다시 [사도행전] "12장에서는, 공산주의에 대한 보도와 엄격한 모순이 되는 것으로서 그 집단의 한 구성원인 마리아라는 사람이 자기 소유의 집에 살았다고 되어 있다"는 것이다.

이는 맞는 말이다. 하지만 A. K.는 그녀가 그 집을 팔 권리를 가졌다는 것을 어떻게 아는가? 그녀의 남편이 살아 있으면서 공동체의 구성원이 아니었을 수 있지 않은가? 그리고 어쨌든 그녀가 그 집을 파는 것이 허용되었다고 해도 그 공동체는 결코 그것을 요구하지 않았을 것이 분명하다. 이 집은 동지들이 모이는 장소였다. 마리아는 그것을 공동체의 처분에 맡겼으며, 그것이 법적으로 마리아에게 속했을 수는 있어도 그들은 그것을 사용했다. 그 공동체가 집회 장소들을 사용했다는 것, 그 공동체는 그런 본부건물을 취득할 수 있었던 법인이 아니었다는 것, 따라서 개별 구성원들이 형식적으로 그 집들을 소유했다는 것은 공산주의의 존재를 부정하는 증거가 못 된다. 우리는 공동체가 구성원들의 집을 사용하는 것이 필요하던 때에 그것들을 매각 대상으로 내놓고 그 수입을 나누어가져야 한다고 요구하는 그런 터무니없는 천편일률적인 원칙을 원시 그리스도교 공산주의에게 기대할 필요는 없다.

끝으로 그리고 마지막 반론으로, 공산주의는 예루살렘 공동체에 대해서만 실시된 것으로 보도된다는 점, 그리고 다른 그리스도교 공동체들에 대해서는 아무 이야기가 없다는 점이 있다. 우리는 그리스도교 공동체들의 차후의 발달 과정을 논할 때 이에 대해 더 할 이야기가 있을 것이다. 우리는 공산주의가 실천이 되었는지, 얼마나 철저히 실천되었는지, 얼마나 오랫동안 실천되었는지를 보게 될 것이다. 그것은 별개의 문제이다. 대도시는 농업에서는 예컨대 에세네인들에 대해서는 존재하지 않던 어려움들을 공산주의에 야기했다는 것이 이미 암시된 바 있다.

여기서 우리는 원래의 그리스도교의 공산주의적 경향들만을 다루고 있으며, 이를 의심할 하등의 이유도 없다. 그 경향들이 있었다는 것을 신약의 증언, 그 공동체의 프롤레타리아적 성격, 에세네주의에서 아주 강하게 표현된 바, 예루살렘 파괴 이전 마지막 두 세기 동안 유태공동체의 프롤레타리아적 분파에서의 강한 공산주의적 요소가 말해 준다.

그에 대한 반박으로 내세워지는 것은 사실에 의해 조금도 뒷받침되지 않는 오해이고, 구실이고 공허한 상상이다.

## 노동에 대한 멸시

원시 그리스도교가 염원한 공산주의는 그 시대의 상황과 완전히 부합하는 것으로서 향유 수단의 공산주의, 나눔과 함께 먹음의 공산주의였다. 농업에 적용되었을 때는 이 공산주의는 생산의 공산주의, 계획된 공동 작업을 가져올 수 있었다. 그 시대의 생산 조건하에서 대도시권에서 프롤레타리아들은 직업상 노동자이건 걸인이건 뿔뿔이 흩어져 있었다. 도시 공산주의는 가난한 자들이 부자를 갈취하는 것을 최고로 강화하는 것 말고 다른 목표를 둘 수가 없었다. 아테네와 로마에서처럼 프롤레타리아 계층이 정치권력을 장악했던 도시들에서는 프롤레타리아 계층이 그것을 아주 탁월하게 발달시킨 것이다. 그것이 열망한 공동체성은 이렇게 얻어진 향유 수단의 공동 소비, 공동 가계 운영과 가족공동체의 공산주의를 넘어설 수가 없었다. 우리가 살펴본 바와 같이 크리소스토무스는 그것을 이 관점에서만 논한다. 공동으로 소비할 부를 누가 생산할 것인지는 그의 고민거리가 아니었다. 똑같은 태도를 원시 그리스도교에서도 발견할 수 있다. 복음서들은 예수가 가능한 한 모든 것에 관하여 말하지만, 일에 대해서는 말하지 않은 것으로 전하고 있다. 아니 그가 일에 대해 이야기할 때는 그것은 극히 경멸하는 말투였다. 그래서 그는 루가복음(12장 22절 이하)에서 다음과 같이 말한다.

"너희는 무엇을 먹고 살아갈까, 또 몸에다 무엇을 걸칠까 하고 걱정하지 마라. 목숨이 음식보다 더 귀하고 몸이 옷보다 더 귀하지 않으냐? 저 까마귀들을 생각해 보아라. 그것들은 씨도 뿌리지 않고 거두어들이지도 않는다. 그리고 곳간도 창고도 없다. 그러나 하느님께서는 그들을 먹여 주신다. 너희는 저 날짐승들보다 훨씬 더 귀하지 않으냐? 도대체 너희 중에 누가 걱정한다고 목숨을 한 시간인들 더 늘일 수 있겠느냐? 이렇게 하찮은 일에도 힘이 미치지 못하면서 왜 다른 일들까지 걱정하느냐? 저 꽃들이 어떻게 자라는가 생각해 보아라. 그것들은 수고도 아니하고 길쌈도 하지 않는다. 그러나 온갖 영화를 누린 솔로몬도 결코 이 꽃 한 송이만큼 화려하게 차려 입지는 못하였다. 너희는 왜 그렇게도 믿음이 적으냐? 오늘 피었다가 내일이면 아궁이에 던져질 들꽃도 하느님께서 이처럼 입히시거든 하물며 너희에게야 얼마나 더 잘 입혀 주시겠느냐? 그러니 무엇을 먹을까 무엇을 마실까 하고 염려하며 애쓰지 마라. 그런 것들은 다 이 세상 사람들이 찾는 것이다. 너희의 아버지께서는 이 모든 것이 너희에게 있어야 할 것을 잘 알고 계신다. 너희는 먼저 하느님의 나라를 찾아라. 그러면 이 모든 것도 곁들여 받게 될 것이다. 내 어린 양떼들아, 조금도 무서워하지 마라. 너희 아버지께서는 하늘 나라를 너희에게 기꺼이 주시기로 하셨다. 너희는 있는 것을 팔아 가난한 사람들에게 주어라."

여기서 주제는 그리스도인들이 금욕적인 견지에서 자신의 영혼의 잘됨만을 신경 써야 하기 때문에 먹고 마시는 것에 대해 걱정하지 말아야 한다는 것이 아니다. 그것이 아니라 그리스도인들은 하느님의 나라, 곧 그들 자신의 나라를 추구해야 한다는 것이다. 그러면 그들이 필요로 하는 모든 것이 그들에게 온다는 것이다. 우리는 "하느님 나라" 관념이 얼마나 세속적이었는지를 알게 될 것이다.

## 가족의 파괴

공산주의가 생산의 공동체가 아니라 소비의 공동체에 근거를 둔다면 그것은 그 공동체를 새로운 가족으로 전환시키려고 시도한다. 왜냐하면 전통적 가족 유대의 존재는 방해하는 세력으로 느껴지기 때문이다. 우리는 이를 에세네인들의 경우에 살펴본 바 있다. 그것은 그리스도교에서도 반복된다. 그리스도교는 자주 가족에 대한 적대감을 날카롭게 표출한다.

그와 같이 마르코가 썼다고 하는 복음은 이렇게 말한다(3장 31절 이하): "예수의 어머니와 형제들이 밖에 와 서서 예수를 불러 달라고 사람을 들여보냈다. 둘러앉았던 군중이 예수께 '선생님, 선생님의 어머님과 형제분들이 밖에서 찾으십니다' 하고 말하였다. 예수께서는 '누가 내 어머니이며 내 형제들이냐?' 하고 반문하시고 둘러앉은 사람들을 돌아보시며 말씀하셨다. '바로 이 사람들이 내 어머니이며 내 형제들이다. 하느님의 뜻을 행하는 사람이 곧 내 형제요, 자매요, 어머니이다.' "

루가는 이 점에서도 역시 특히 단호하다. 그는 이렇게 말한다: "다른 사람에게 '나를 따라 오너라' 하고 말씀하시자 그는 '선생님, 먼저 집에 가서 아버지 장례를 치르게 해 주십시오' 하고 청하였다. 예수께서는 '죽은 자들의 장례는 죽은 자들에게 맡겨 두고 너는 가서 하느님 나라의 소식을 전하여라' 하셨다. 또 한 사람은 '선생님, 저는 선생님을 따르겠습니다. 그러나 먼저 집에 가서 식구들과 작별 인사를 나누게 해 주십시오' 하고 말하였다. 예수께서는 '쟁기를 잡고 뒤를 자꾸 돌아다보는 사람은 하느님 나라에 들어갈 자격이 없다' 하고 말씀하셨다."(9장 59절 이하)

이는 가족에 대한 극단적인 무시의 요구를 증언하는 것이지만 루가복음의 다음 구절은 가족에 대한 더 직설적인 증오를 토해 낸다: "누구든지 나에게 올 때 자기 부모나 처자나 형제자매나 심지어 자기 자신마저 미워하지 않으면 내 제자가 될 수 없다."(14장 26절)

여기서도 마태오는 스스로가 기회주의적 수정주의자임을 보여준다. 그는 앞의 문장에 다음과 같은 형태를 부여한다: "아버지나 어머니를 나보다 더 사랑하는 사람은 내 사람이 될 자격이 없고 아들이나 딸을 나보다 더 사랑하는 사람도 내 사람이 될 자격이 없다."(10장 37절) 가족에 대한 증오의 톤은 여기서 낮아진다.

가족에 대한 증오와 밀접하게 관련된 것은 결혼에 대한 기피로서 원시 그리스도교는 이것을 에세네인들처럼 요구했다. 그리스도교가 결혼하지 않는 상태의 두 형태를 발달시켰던 것으로 보이는 것도 에세네파를 닮았다: 그 두 형태는 독신 생활, 일체의 부부관계 포기 그리고 자유분방한 혼외 정사인데, 이는 또한 여자의 공유라고도 묘사되는 것이다.

캄파넬라의 『태양의 도시』(Civitas solis)에는 주목할 만한 구절이 있다. 한 비평가는 이렇게 말한다: "로마의 성 클레멘트는 사도적 제도들에서 아내들도 공유되어야 한다고 말하며, 플라톤과 소크라테스도 그렇게 되어야 한다고 말했다고 해서 그들을 찬양한다. 그러나 주석자는 이것이 모든 여성에 대한 공손함의 공유를 뜻하는 것이지, 잠자리의 공유를 뜻하는 것은 아니라고 본다. 그리고 테르툴리아누스는 그 해석을 긍정하며, 초대 그리스도인들은 여자를 제외하고 모든 것을 공유했다고 말한다. 여자들은 공손함에서만 공유였다는 것이다." 이 '공손함에서의' 공유는 '마음이' 가난한 자들의 복을 강하게 떠올리게 해 준다.

특별한 성관계들을 열두 사도의 가르침, 혹은 디다케의 한 구절이 암시해 준다. 이는 그리스도교의 가장 오래된 책들 중의 하나로서 그로부터 우리는 2세기의 그리스도교 질서를 알 수가 있다. 거기서는 이렇게 말한다.(XII, 11)

"그러나 교회의 지상(地上)의 비밀을 참조하여 행동하는 믿을 만하고 진실한 모든 예언자는 모두가 자기처럼 행해야 한다고 설교하지는 않으며, 여러분에 의해 판단을 받아서도 안 된다. 왜냐하면 그는 하느님 안에서 자기 심판을 받기 때문이다. 바로 그런 식으로 옛 [그리스도인] 예언자들이 행동했다."

하르낙은 이 모호한 말에서 "교회의 지상의 비밀"은 결혼이라고 논평한다. 그 목적은 이상한 종류의 결혼을 실천하는 그런 예언자들을 향한 공동체들의 불신에 대응하는 것이다. 하르낙은 이것이 결혼 생활을 내시들처럼 했거나 그들의 아내를 누이처럼 대했던 자들에 대한 것이라고 추측한다. 그러한 절제가 추문을 불러일으켰을까? 그것은 받아들이기 어렵다. 이 예언자들이 결혼 없는 정사를 더 이상 설교하지는 않았지만 "옛 예언자들처럼", 즉 그리스도교의 초기 스승들처럼 그것을 실천했다면 그것은 전혀 다른 문제일 것이다.

하르낙 자신은 "교회의 지상의 비밀을 참조하여 행동한 좋은 예시"로서 클레멘스가 쓴 것으로 잘못 알려진 동정(童貞)에 관한 편지문(I, 10)의 다음 구절을 인용한다: "여러 부끄러운 줄 모르는 사람들이 경건한 척하면서 처녀들과 함께 살고, 그래서 위험에 빠진다. 혹은 그들은 그들과 홀로 길가로, 한적한 장소로, 위험과 추문과 올가미와 함정이 가득한 길로 돌아다닌다. … 다른 이들도 그들과 함께 먹고 마시며, 처녀들, 성별 서약한 여자들(sacratis)과 지나친 방종과 많은 수치스러움의 와중에서 식탁을 함께 한다. 그러나 그러한 일들은 믿는 자들 중에서 있어서는 안 되며, 더구나 스스로 동정을 선택한 자들 가운데서는 있어서는 안 된다."

바울로가 고린토인들에게 보낸 첫 번째 편지에서 결혼하지 않은 상태로 남아 있기로 서약한 사도들은 자기들에게 여신도들과 세상에서 자유롭게 활보할 권리가 있다고 주장한다. 바울로는 이렇게 외친다: "내가 자유인이 아니란 말입니까? … 우리라고 해서 다른 사도들에게나 주님의 형제들이나 베드로처럼 믿는 자매(ἀδελφήν 아델펜)를 아내로서( γυναῖκα 귀나이카)* 데리고 다닐 권리가 없단 말입니까?(공동번역에는 '그리스도를 믿는 아내를 데리고 다닐 권리가 없단 말입니까?' – 옮긴이)"**

이는 바울로가 결혼하지 말 것을 권면한 직후에 나온다.

---

\* 고린토전서 9장 1절, 5절

\*\* 마르틴 루터는 "자매를 여자로 데리고 돌아다닌다", 바이체커(Weizäcker)는 "결혼한 아내를 데리고 돌아다닌다"로 번역한다. 귀네( τυνή )라는 그리스어는 성적 존재로서의 여자, 동물들에서 어린 암컷, 또한 첩, 끝으로 결혼한 아내를 뜻한다. 그 사도가 자기의 "자유"를 기대하는 경우에, 여기서 합법적으로 결혼한 아내를 말하는 것일 가능성은 없다.

사도가 한 젊은 숙녀와 함께 돌아다니는 것은 바울로행전에서 큰 역할을 한다. 이는 테르툴리아누스에 따르면 작성자 본인이 고백한 대로 2세기 중에 소아시아의 한 장로에 의해 쓰인 연애소설이다. 그렇다고 해도 "이 행전은 오랫동안 인기 있는 경건 서적이었다." * 이는 그 안에 이야기된 사실들이 많은 경건한 그리스도인들을 당혹하게 하지 않고 그들에게 크게 교훈적으로 여겨졌다는 표시이다. 그 안에서 가장 주목할 만한 것은 "2세기 그리스도교 세계의 훌륭한 풍경화를 담고 있는 … 테클라의 아름다운 전설" 이다. **

이 전설은 이카리움의 귀족 청년의 약혼녀 테클라가 바울로의 이야기를 듣고 즉시 그의 숭모자가 되는 과정을 그리고 있다. 이야기 중에 우리는 그 사도에 대한 묘사를 보게 된다: 작은 키, 벗겨진 머리, 굽은 다리, 튀어나온 무릎, 큰 눈, 함께 붙은 눈썹, 길쭉한 코, 매력이 넘치고 때로는 사람 같고 때로는 천사 같다. 유감스럽게도 우리는 이런 모습들 중 어느 것이 천사 같은 것인지에 대해서는 들은 바가 없다.

아무튼 그의 말의 마력이 아름다운 테클라에게 깊은 인상을 주고 그녀는 약혼자를 떠난다. 그 약혼자는 지방관에게 바울로를 여자들과 젊은이들을 결혼하지 못하게 유도하는 사람으로 고발한다. 바울로는 투옥되지만 테클라는 그를 만나고야 만다. 그리고 그와 함께 감옥에 있다. 지방관은 바울로를 그 도시에서 추방하라고 판결하고 테클라는 화형에 처하라고 선고한다. 기적이 그녀를 구한다. 화목(火木)의 불이 소나기가 쏟아지는 바람에 꺼지고 구경꾼들도 비를 피해 흩어진다.

테클라는 자유의 몸이 되고 바울로를 찾아 나서 그를 길에서 발견한다.

---

* Pfleiderer, *Urchristentum*, II, S. 171.
** Pfleiderer, *a. a. O.*, S. 172.

그는 그녀의 손을 붙들고 안티오크로 같이 간다. 그곳에서 그들은 한 귀족을 만나는데 그 귀족은 테클라를 보자 즉시 사랑에 빠져서 그녀를 바울로에게서 빼내려고 거액의 보상금을 제시한다. 바울로는 그녀가 자기 것이 아니고 그녀를 알지 못한다고 대답한다. 이는 그렇게 자존심 강한 증거자에게는 참으로 비겁한 대답이다. 그럴수록 테클라는 그 못된 귀족에게 더욱 완강히 자기 자신을 지켜, 그 귀족은 그녀를 힘으로 차지하려 든다. 그래서 그녀는 원형경기장의 맹수들에게 던져지지만, 맹수들이 그녀를 해치려고 하지 않아서 한번 더 석방된다. 그녀는 이제 남자의 옷을 입고 머리를 자르고 바울로를 따라서 다시 방랑한다. 바울로는 그녀에게 하느님의 말씀을 전하도록 지시하고 테르툴리아누스의 논평으로 판단하건대 그녀에게 세례를 줄 권리도 주었을 개연성이 있다.

명백히 이 이야기의 원형은 훗날의 교회를 당혹하게 한 많은 내용을 포함했다. "그러나 이 행적은 다른 측면에서는 교훈적이고 교육적인 것으로 밝혀져서 그 원래의 성격의 모든 흔적들을 없애지는 않고 가장 논란이 될 수 있는 부분들을 삭제하는 교회의 개정 작업이 그것을 그런대로 볼 만한 것으로 만들었다." * 그러나 비록 그러한 이야기들 중 많은 부분이 상실되었다고 해도 보전된 윤곽들은 아주 특이한 성적 관계, 전통적 규범과는 상당히 차이가 있는 것에 대한 증거가 되기에 충분하다. 이는 큰 추문을 불러일으켰고 따라서 사도들에 의해 애써 변명될 필요가 있었다. 훗날의 교회가 책임 있는 입장이 되어 그것을 가능한 한 은폐하려고 노력했다.

독신 상태가 혼외 정사로 넘어가기는 열광적인 금욕주의자들의 경우를 제외한다면 얼마나 쉬운 일인지 더 설명이 필요 없다.

그리스도인들은 부활 후에 맞이할 미래의 나라에서는 결혼이 없어질

---

* Pfleiderer, *a. a. O.*, S. 179.

것으로 기대했다. 이는 한 여자가 생전에 남편 일곱을 차례차례 맞이했다면 부활 후에는 누가 그녀의 남편일 것인지에 대한 예민한 질문에 답을 해야 했던 구절이 시사해 주는 것이다.

"예수께서 이렇게 대답하셨다. 지금 시대( αἰῶνος 아이오노스)의 사람들은 (공동번역에서는 '이 세상 사람들은' – 옮긴이) 장가도 가고 시집도 가지만 죽었다가 다시 살아나 저 세상에서 살 자격을 얻은 사람들은 장가드는 일도 없고 시집가는 일도 없다. 그들은 천사들과 같아서 죽는 일도 없다. 또한 죽었다가 다시 살아난 사람들이기 때문에 하느님의 자녀가 되는 것이다."
(루가 20장 34-36절)

이것을 원시 그리스도인들의 미래의 나라에서 사람들이 육체적 필요를 지니지 않는 순전한 영혼일 것이라는 뜻으로 받아들여서는 안 된다. 앞으로 보게 되겠지만, 그들의 육체성과 그들의 물적 향유에서 누리는 만족이 명확하게 부각된다. 아무튼 예수는 여기서 미래의 나라에서는 기존의 결혼관계는 일체 해소되어 일곱 남편 중 누가 남편이 맞느냐 하는 문제는 공리공담적인 문제가 된다고 말한다.

로마의 주교 칼리스투스(217-222년)가 원로원 계급의 처녀들과 과부들에게 노예들과도 혼외 정사를 가질 수 있게 허가한 것을 결혼에 대한 적대감의 증거로 받아들여서는 안 된다. 이 허가는 그 가족에 대한 적대감이 극단적으로 추구된 공산주의의 소산이 아니라, 단지 예외를 두어 부유하고 권세 있는 지지자들을 얻기 위해 그들의 취향에 양보를 한 기회주의적 수정주의일 뿐이다.

이런 종류의 수정주의에 반대하여 그리스도교 교회에서는 공산주의적 경향들이 끊임없이 생겨났으며, 그것들은 독신의 형태로 아니면 마니교도들과 영지주의자들 중에 흔했던 것처럼 이른바 여자들의 공유의 형태로 결혼의 거부와 연계되는 일이 흔했다. 이들 중 가장 활발했던 것은 카르포크라테스주의자들이었다.

"(카르포크라테스의 아들) 에피파네스는 이렇게 가르쳤다. 신적인 정의는 그의 피조물에게 동등한 소유와 향유를 하도록 모든 것을 주었다. 인간의 법이 처음으로 네 것과 내 것을 세상에 들여왔고 이와 아울러 도둑질과 간음과 다른 모든 죄들을 들여왔다. 이는 '율법에 의해 내가 죄를 알게 되었다'(로마서 3장 20절, 7장 7절)고 사도가 말하는 바대로이다. 하느님 스스로가 사람들에게 종족의 보존을 위해 강력한 성 충동을 심어 놓았으므로, 성적 욕구를 금하는 것은 우스운 일일 것이며, 여러분의 이웃의 아내를 탐내는 것을 금하는 건 곱절로 우스운 일일 것이다. 이는 공유인 것을 사유 재산으로 만드는 일이다. 그래서 이 영지주의자들에 따르면, 일부일처제는 사유 재산 제도가 재물의 공동 소유를 유린하는 행위인 것처럼 신적인 정의에 의해 요구되는 여자들의 공유를 유린하는 것이라고 한다. … 클레멘트는 이 모든 이단들이 도덕적인 무방주의(Indifferentismus)를 설교하거나 아니면, 억지로 거룩한 체하는 금욕을 설교하든지 하는 두 경향으로 나눌 수 있다는 언급으로 이 방종적인 영지주의자들(카르포크라테스주의자들과 니콜라파, 시몬파의 한 분파)에 대한 묘사를 끝맺는다."*

그것들은 사실 철저한 가정운영상의 공산주의의 두 대안이었다. 우리는 이미 두 극단은 만난다는 것, 그들은 사상적으로는 아무리 대립하더라도 동일한 경제적 뿌리에서 나온다는 것을 지적한 바 있다.

---

* Pfleiderer, *Urchristentum*, II, S. 113, 114.

전통적 가족의 해체 혹은 적어도 이완과 함께 여성의 지위에 변화가 일어났음이 틀림없다. 여성이 협소한 가정 살림에 얽매이기를 그치게 되면 그녀는 가족 바깥의 다른 관념들에 대한 감각을 갖고 관심을 기울이게 될 것이다. 그녀의 기질·재능·사회적 지위에 따라 그녀는 이제 가족적 유대와 아울러 일체의 윤리적 사고, 사회적 금지 사항에 대한 존중, 일체의 규율과 수치에서 벗어날 수도 있었다. 제정시대의 로마 귀부인들의 경우에는 재산의 규모와 인위적인 무자녀 상태에 의해 일체의 가사를 벗어났으므로 대체로 그러했다.

반대로, 가정운영상의 공산주의에 의한 가족의 폐지는 프롤레타리아 여성들에게는 이제 좁은 가족의 울타리로부터 그리스도교 공동체라는 훨씬 더 넓은 영역으로 옮겨진 윤리적 감정의 힘찬 상승을 가져왔다. 그 윤리적 감정은 남편과 아이의 일상적 필요를 헌신적으로 챙기는 것에서부터 인류를 일체의 곤경에서 해방시키는 것으로 고양되었다.

그래서 초기에 우리는 그리스도교 공동체에서 활동하는 남자 예언자들만이 아니라 여자 예언자들도 발견하게 된다. 예를 들어서 사도행전은 "예언을 하는 처녀 딸 넷이 있는" "전도자" 필립보에 대하여 이야기해 준다.(21장 9절)

바울로가 설교를 부탁하고 세례까지도 맡겼을 개연성이 있는 테클라의 이야기도 신의 말씀을 전하는 여자 교사들의 존재가 그리스도교 공동체에서 결코 들어보지 못하는 것이 아니었다는 것을 가리켜 준다.

고린토인들에게 보낸 첫 번째 편지에서(11장) 바울로는 여자들이 예언자로서 활동할 권리를 명시적으로 인정했다. 그는 그들에게 다만 머리를 너울로 가릴 것을 요구한다. 천사들의 욕망을 일으키지 않도록 하기 위한 것이다. 14장은 다음과 같이 말하는 것이 사실이다(34, 35절): "여자들은 교회 집회에서 말할 권리가 없으니 말을 하지 마십시오. 율법에도 있듯이 여자들은 남자들에게 복종해야 합니다. 알고 싶은 것이 있으면 집에 돌아가서 남편들에게 물어 보도록 하십시오. 여자가 교회 집회에서 말하는 것은 자기에게 수치가 됩니다."

그러나 현대의 본문 비평가들은 이 구절을 훗날의 날조된 부분이라고 말한다. 마찬가지로 바울로가 디모테오에게 보낸 첫 번째 편지(둘째 편지 및 디도에게 보낸 편지와 함께) 전체도 2세기의 위작이다. 여기서 여자는 가족의 좁은 영역으로 거세게 밀려난다. 여자에 대하여 이렇게 말한다: "아이를 낳는 일로 구원을 얻을 것입니다."(디모테오 I. 2장 15절)

그것은 결코 원시 그리스도교 공동체의 입장이 아니었다. 결혼과 가족 및 여성의 지위에 대한 그 공동체의 관념들은 그 시대에 가능했던 여러 형태의 공산주의에서 논리적으로 도출되는 것과 완벽하게 부합하며, 이 공산주의가 원시 그리스도교의 사고를 지배했다는 것에 대한 또 하나의 증거이다.

<h1 style="text-align:center">제2장</h1>

<h1 style="text-align:center">그리스도교적 메시아 관념</h1>

## 하느님 나라의 도래

이 장의 제목은 완전히 말의 중복이다. 우리는 그리스도란 말이 메시아에 대한 그리스어 번역에 불과하다는 것을 안다. 문헌학의 관점에서 그리스도교적 메시아 관념은 메시아적 메시아 관념일 뿐이다.

그러나 역사적으로 볼 때, 그리스도교는 모든 메시아 신도들을 포괄하지 않으며, 그들 중 한 종류만을 포함한다. 이들의 메시아에 대한 기대는 처음에는 나머지 유태공동체의 소망과 별로 다르지 않았다.

특히 예루살렘의 그리스도인 공동체는 다른 유태인들처럼 내다볼 수 있는 때, 비록 정확히 언제인지는 예언할 수 없지만 그런 때에 메시아가 올 것이라고 기대했다. 복음서들은 비록 대다수의 그리스도인들이 더 이상 피가 끓지 않던 시기, 그리스도의 동시대인들의 기대가 완전히 무산된 것이 명확히 드러난 때로부터 우리에게 전해 내려오지만, 여전히 그것들이 근거를 두었던 구전이나 기록으로부터 받아들였던 이 기대의 흔적들은 약간 보전하고 있다. 마르코에 따르면 "요한이 잡힌 뒤에 예수께서 갈릴래아에 오셔서 하느님의 복음을 전파하시며 '때가 다 되어 하느님의 나라가 다가 왔다. 회개하고 이 복음을 믿어라' 하였다."(마르코 1장 14절)

제자들은 예수에게 메시아가 장차 올 때 그 표징을 알려줄 수 있는지 묻는다. 그는 그들 모두에게 지진, 전염병, 전쟁, 일식 등을 말하고 사람의 아들이 그의 신도를 구하려고 권능과 큰 영광을 가지고 어떻게 올 것인지를 설명한다. 그리고 이렇게 덧붙인다: "나는 분명히 말한다. 이 세대가 없어지기 전에 이 모든 일이 일어나고야 말 것이다."(루가 21장 32절)

마르코도 같은 말을 한다. 같은 복음서 9장에서 예수는 이렇게 말하는 것으로 되어 있다: "나는 분명히 말한다. 여기 서 있는 사람들 중에는 죽기 전에 하느님 나라가 권능을 떨치며 오는 것을 볼 사람들도 있다."(마르코 13장 30절)

끝으로 마태오복음에서 예수는 제자들에게 다음과 같이 약속한다: "끝까지 참는 사람은 구원을 받을 것이다. 이 동네에서 너희를 박해하거든 저 동네로 피하여라. 나는 분명히 말한다. 너희가 이스라엘의 동네들을 다 돌기 전에 사람의 아들이 올 것이다."

"끝까지 견디는 사람은 구원을 얻을 것이다. 이 고을에서 너희를 박해하거든 저 고을로 피하여라. 내가 진정으로 너희에게 말한다. 너희가 이스라엘의 고을들을 다 돌기 전에 인자가 올 것이다."(마태오 10장 22, 24절)

바울로는 데살로니카인들에게 보낸 첫 번째 편지에서 비슷하게 말한다: "교우 여러분, 죽은 사람들에 관해서 여러분이 알아두셔야 할 것이 있습니다. 여러분은 희망을 가지지 못하는 다른 사람들처럼 슬퍼해서는 안 됩니다. 우리는 예수께서 죽으셨다가 다시 살아나신 것을 믿습니다. 그래서 우리는 예수를 믿다가 죽은 사람들을 하느님께서 예수와 함께 생명의 나라로 데려가실 것을 믿습니다. 우리는 주님의 말씀을 근거로 해서 말합니다. 주님께서 다시 오시는 날 우리가 살아남아 있다 해도 우리는 이미 죽은 사람들보다 결코 먼저 가지는 못할 것입니다. 명령이 떨어지고, 대천사의 부르는 소리가 들리고 하느님의 나팔 소리가 울리면 주님께서 친히 하늘로부터 내려오실 것입니다. 그러면 그리스도를 믿다가 죽은 사람들이 먼저 살아날 것이고, 다음으로는 그때에 살아남아 있는 우리가 그들과 함께 구름을 타고 공중으로 들리어 올라가서 주님을 만나게 될 것입니다. 이렇게 해서 우리는 항상 주님과 함께 있게 될 것입니다."(4장 13절 이하)

이처럼 하느님의 나라에 들어가기 위해서 죽어 있어야 할 필요는 없었다. 산 자들은 그 나라가 오는 것을 보리라고 기대할 수 있었다. 그리고 그것은 그 안에서 살아서 그것을 맞이할 자들과 죽은 자들로부터 살아난 자들 모두가 온전한 육신의 존재 안에서 기뻐하게 될 나라로 생각되었다. 그에 대한 흔적들이 복음서에도 있다. 비록 후일의 교회의 개념에서는 미래의 지상 국가를 빼 버리고 그것을 천상의 국가로 대체했지만 말이다. 그래서 예수는 마태오복음에서(19장 28절 이하) 이렇게 약속한다.

"나는 분명히 말한다. 너희는 나를 따랐으니 새 세상이 와서 사람의 아들이 영광스러운 옥좌에 앉을 때에 너희도 열두 옥좌에 앉아 이스라엘 열두 지파를 심판하게 될 것이다. 나를 따르려고 제 집이나 형제나 자매나 부모나 자식이나 토지를 버린 사람은 백 배의 상을 받을 것이며, 또 영원한 생명을 얻을 것이다."

그래서 그들은 자기 가족을 해체시키고 자기 재산을 포기한 대가로 미래의 나라에서 지상의 쾌락으로 풍족히 보답을 받게 되리라는 것이다. 이 쾌락들은 특별히 식탁의 쾌락으로 여겨진다.

예수는 그들 따르려 하지 않는 자들에게 큰 재앙이 온 다음에 사회에서 배제될 것이라고 협박한다: "아브라함과 이사악과 야곱과 모든 예언자들은 다 하느님 나라에 있는데 너희만 밖에 쫓겨나 있는 것을 보게 되면 거기서 가슴을 치며 통곡할 것이다. 그러나 사방에서 많은 사람들이 모여들어 하느님 나라의 잔치에 참석할 것이다."(루가 13장 28, 29절; 마태오 8장 11, 12절과도 비교해 보라.)

그러나 그는 사도들에게 다음과 같이 약속한다: "내 아버지께서 나에게 왕권을 주신 것처럼 나도 너희에게 왕권을 주겠다. 너희는 내 나라에서 내 식탁에 앉아 먹고 마시며 옥좌에 앉아 이스라엘의 열두 지파를 심판하게 될 것이다."(루가 22장 29, 30절)

미래의 나라에서의 선후 순서를 놓고 사도들 간에 다툼도 있었다. 야고보와 요한은 주인의 오른편과 왼편의 자리가 자기들 것이라고 주장하고 다른 이들은 불쾌해 한다.(마르코 10장 35절 이하)

예수는 한 바리사이파 사람의 집에서 식사를 하던 중에 그가 식탁에 친구들이나 친척을 초대하면 안 되고, 가난한 자, 장애인, 다리 저는 자, 눈먼 자를 초대해야 한다고 말한다: "그러면 너는 행복하다. 그들은 갚지 못할 터이지만 의인들이 부활할 때에 하느님께서 대신 갚아 주실 것이다." (루가 14장 14절) 이 복이 무엇을 뜻하는 것인지를 우리는 곧 알게 된다: "같이 앉았던 사람 중의 한 사람이 이 말씀을 듣고 '하느님 나라에서 잔치 자리에 앉을 사람은 참으로 행복하겠습니다' 하고 말한다."

그곳에서도 음주가 행해진다. 마지막 저녁 식사에서 예수는 이렇게 선포한다: "잘 들어 두어라. 이제부터 나는 아버지의 나라에서 너희와 함께 새 포도주를 마실 그 날까지 결코 포도로 빚은 것을 마시지 않겠다."(마태오 26장 29절)

예수의 부활은 그의 제자들의 부활을 위한 모범이다. 복음서들은 부활

후 예수의 육체성을 공공연히 강조한다.

그는 당시에 엠마오 마을 근처에서 그의 두 제자를 만난다. 그는 그들과 저녁을 같이 먹고 사라진다. "그들은 곧 그 곳을 떠나 예루살렘으로 돌아갔다. 가 보았더니 거기에 열한 제자가 다른 사람들과 함께 모여서 주께서 확실히 다시 살아나셔서 시몬에게 나타나셨다는 말을 하고 있었다. 그 두 사람도 길에서 당한 일과 빵을 떼어 주실 때에야 비로소 그분이 예수시라는 것을 알아보게 되었다는 이야기를 들려주었다. 그들이 그런 이야기를 하고 있을 때에 예수께서 나타나 그들 가운데 서시며 '너희에게 평화가 있기를!' 하고 말씀하셨다. 그들은 너무나 놀랍고 무서워서 유령을 보는 줄 알았다. 예수께서는 그들에게 '왜 그렇게 안절부절 못하고 의심을 품느냐? 내 손과 발을 보아라. 틀림없이 나다! 자, 만져 보아라. 유령은 뼈와 살이 없지만 보다시피 나에게는 있지 않느냐?' 하시며 당신의 손과 발을 보여주셨다. 그들은 기뻐하면서도 믿어지지가 않아서 어리둥절해 있는데 예수께서는 '여기에 무엇이든 먹을 것이 좀 없느냐?' 하고 물으셨다. 그들이 구운 생선 한 토막을 드리니 예수께서는 그것을 받아 그들이 보는 앞에서 잡수셨다."(루가 24장 33절 이하)

요한복음에서도 예수는 부활 후에 그의 육체성을 보여주었을 뿐 아니라 왕성한 식욕도 드러냈다. 요한은 문이 닫혀 있는데 예수가 어떻게 제자들에게 나타났는지 의심하던 토마에게 몸에 손을 대어 보게 하는 장면을 묘사한다. 그리고 다음과 같이 계속하여 말한다.

"그 뒤 예수께서 티베리아 호숫가에서 제자들에게 다시 나타나셨는데 그 경위는 이러하다. 시몬 베드로와 쌍둥이라는 토마와 갈릴래아 가나 사람 나타나엘과 제베대오의 아들들과 그 밖의 두 제자가 한 자리에 모여 있었다. 그때 시몬 베드로가 '나는 고기를 잡으러 가겠소' 하자 나머지 사람들도 같이 가겠다고 따라나섰다. 그들은 배를 타고 고기잡이를 나갔으나 그 날 밤에는 아무것도 잡지 못하였다. 이튿날 날이 밝아 올 때 예수께서 호숫가에 서 계셨다. 그러나 제자들은 그분이 예수이신 줄을 미처 몰랐다. 예수께서 '얘들아, 무얼 좀 잡았느냐?' 하고 물으시자 그들은 '아무것도 못 잡았습니다' 하고 대답하였다. '그물을 배 오른편에 던져 보아라. 그러면 고기가 잡힐 것이다.' 그들이 예수께서 이르시는 대로 그물을 던졌더니 그물을 끌어 올릴 수 없을 만큼 고기가 많이 걸려들었다. 예수의 사랑을 받던 제자가 베드로에게 '저분은 주님이십니다' 하고 말하였다. … 그들이 육지에 올라와 보니 숯불이 있고 그 위에 생선이 놓여 있었다. 그리고 빵도 있었다. … 예수께서 그들에게 '와서 아침을 들어라' 하고 말씀하셨다. … 예수께서 부활하신 뒤 제자들에게 나타나신 것은 이것이 세 번째였다."(요한 21장)

세 번째이자 마지막이다. 복음서 기자의 상상에서 예수가 하늘에서 메시아로 되돌아오기 위해 하늘로 올라간 것은 필시 생선으로 아침식사를 하고서 기운을 차린 뒤였을 것이다.

그리스도인들은 부활한 자들이 육신으로 살아난다고 주장했지만, 그들 스스로는 그런 몸들은 생명의 영원함을 위해서라도 예전의 몸과는 다른 성질을 지니는 것이 분명하다고 서로 말했을 것임이 틀림없다. 초대 그리스도인들의 시대처럼 무지하고 순진하던 시대에 그 문제에 관한 기상천외한 상상들이 유태인들의 머리에 떠오른 것과 똑같이 그리스도인의 머리에 떠올랐다는 것은 놀랄 일이 아니다.

그래서 바울로의 고린토인들에게 보낸 첫 번째 편지에서 우리는 그의 동료들 중에 미래의 나라가 올 때까지 사는 자들과 함께 죽음에서 깨어날 자들은 새로운 더 높은 형태의 몸을 지니게 될 것이라는 관념이 전개된 것을 볼 수 있다.

"내가 이제 심오한 진리 하나를 말씀드리겠습니다. 우리는 (메시아가 올 때까지) 죽지 않고 모두 변화할 것입니다. 마지막 나팔 소리가 울릴 때에 순식간에 눈 깜박할 사이도 없이 죽은 이들은 불멸의 몸으로 살아나고 우리는(산 자들은) 모두 변화할 것입니다."(15장 51, 52절)

요한묵시록은 심지어 두 번의 부활을 이야기한다. 첫 번째는 로마의 붕괴 후에 일어난다.

"나는 또 많은 높은 좌석과 그 위에 앉아 있는 사람들을 보았습니다. 그들은 심판할 권한을 받은 사람들이었습니다. 또 예수께서 계시하신 진리와 하느님의 말씀을 전파했다고 해서 목을 잘리운 사람들의 영혼을 보았습니다. … 그들은 살아나서 그리스도와 함께 천 년 동안 왕노릇을 하였습니다. 이것이 첫째 부활입니다. 그 나머지 죽은 자들은 천 년이 끝나기까지 살아나지 못할 것입니다. 이 첫째 부활에 참여하는 사람은 행복하고 거룩합니다. 그들에게는 둘째 죽음이 아무런 세력도 부리지 못합니다. 이 사람들은 하느님과 그리스도를 섬기는 사제가 되고 천 년 동안 그리스도와 함께 왕노릇을 할 것입니다."(20장)

그러나 그때 이 성인들에 대항하여 땅의 민족들의 반란이 일어난다. 반란자들은 불과 유황의 호수에 던져지고 죽은 자들이 이제 모두 살아나서 심판을 받는다. 불의한 자들은 불의 호수에 던져지고 의인은 더 이상 죽음을 모르고 새 예루살렘에서 그들의 삶을 기뻐한다. 이 새 예루살렘에 땅위의 나라들이 영광과 영예를 가져올 것이다.

여기서 유태 민족주의가 가장 천진한 형태로 표출되는 것을 보게 된다. 사실 우리가 지적한 바 있듯이 요한의 그리스도교적 계시의 상은 유태적인 기원을 가지며, 예루살렘 포위 시기에 생겨났다.

예루살렘 멸망 후에도 비슷한 방식으로 메시아적 기대를 나타낸 유태의 묵시록들이 있었다. 바룩의 묵시록과 에즈라의 네 번째 책이 그런 것들이다.

바룩은 메시아가 민족들을 모아서 야곱의 후손들에게 복종하는 자들한테 생명을 주고 이스라엘을 억압해 온 다른 자들은 쓸어 버릴 것이라고 선포한다. 그리고 나서 그는 보좌에 오를 것이며, 영원한 기쁨이 지배할 것이며, 자연은 모든 것을, 특히 포도주를 넘치게 내놓을 것이라는 예언이다. 죽은 이들은 살아나고 사람들의 몸은 다른 조직이 될 것이다. 의인은 노동을 할 때 더 이상 피곤해지지 않을 것이고 그들의 몸은 빛줄기로 변할 것이다. 반면에 불의한 자들은 예전보다 더 추해질 것이며, 고통을 받도록 넘겨질 것이다.

에즈라의 네 번째 책 저자도 비슷한 생각을 펼친다. 메시아가 와서 4백 년을 살 것이며, 그러고 나서 온 인류와 함께 죽을 것이다. 그 뒤에 모두의 부활과 심판이 뒤따를 것이며, 의인은 안식을 얻고 일곱 배의 기쁨을 누리게 될 것이다.

우리는 초대 그리스도인들의 메시아적 대망이 일반 유태인들의 메시아 대망과 이런 점들에서 얼마나 차이가 작은지를 보게 된다. 에즈라의 네 번째 책도 여러 차례 첨가가 된 후에 그리스도교 교회에서 대접을 받았으며, 여러 개신교의 성서 번역에도 포함되었다.

# 예수의 족보

원래의 그리스도교적 메시아 관념은 그 시대의 유태교와 완전히 일치하여 복음서들은 예수를 다윗의 자손으로 보여주는 데 최대의 가치를 부여한다. 왜냐하면 유태인들의 관념에 따르면 메시아는 왕손이어야 하기 때문이다. 여러 번 되풀이하여 그는 '다윗의 아들' 혹은 '하느님의 아들'이라고 불리며, 이 두 표현은 유태의 체제에서는 동일한 것에 해당했다. 그래서 사무엘 하권은 하느님이 다윗에게 이렇게 말하는 것으로 표현한다: "내가 친히 그의[너희 자손들의] 아비가 되고 그는 내 아들이 되리라."(사무엘하 7장 14절)

그리고 둘째 시편에서 왕은 이렇게 말한다: "야훼가 나에게 말씀하셨다. 너는 내 아들, 나 오늘 너를 낳았노라."

이는 예수의 아버지 요셉이 긴 가계도를 통해서 다윗의 후손이 됨을 보여주는 것, 나자렛 사람 예수를 다윗의 도시인 베들레헴에서 태어나게 하는 것이 왜 필요했는지에 대한 이유가 된다. 극히 이상한 주장들이 이를 그럴듯하게 만들기 위해 도입된다. 책의 앞부분에서 우리는 루가의 그 이야기를 언급했다.(2장 1절 이하)

"그 무렵에 로마 황제 아우구스토가 온 천하에 호구 조사령을 내렸다. 이 첫 번째 호구 조사를 하던 때 시리아에는 퀴리노라는 사람이 총독으로 있었다. 그래서 사람들은 등록을 하러 저마다 본고장을 찾아 길을 떠나게 되었다. 요셉도 (다윗 가문의 자손이므로) 갈릴래아 지방의 나자렛 동네를 떠나 유다 지방에 있는 베들레헴이라는 곳으로 갔다. 베들레헴은 다윗 왕이 난 고을이며 요셉은 다윗의 후손이었기 때문이다. 요셉은 자기와 약혼한 마리아와 함께 등록하러 갔는데 그때 마리아는 임신 중이었다."

루가복음의 저자 혹은 저자들은 어떤 것의 메아리를 들었었는데 그들도 모르게 그것을 완전히 엉터리로 만들어 버리고 말았다.

　아우구스토는 제국의 인구 총조사를 명한 일이 없다. 언급된 것은 퀴리노가 서기 7년에 유대아에서 실시한 것이 명백하다. 유대아는 당시 로마의 속주가 되어 있었다. 이것이 그곳에서 그런 식의 첫 번째 인구 조사였다.

　그러나 이 혼동은 그래도 별것이 아니다. 제국의 인구 총조사에서 혹은 심지어 주 단위 인구 조사에서도 모든 사람이 등록을 하러 자기 고향으로 가야 했을 것이라는 상상에 대해 우리는 무슨 말을 해야 할까? 철도 시대인 오늘날에도 그러한 칙령은 최고로 끔찍한 민족 대이동을 야기했을 것이며, 그 쓸모없음은 그보다 더했을 것이다. 사실 로마의 인구 조사에서 모든 사람은 자기 거주지에 등록을 했으며, 오직 남자들만 직접 그렇게 했다.

　그러나 선량한 요셉이 혼자서 다윗의 도시에 갔더라면 그것은 경건한 목적에 맞지 않았을 것이다. 그래서 인구 조사에다가 그들은 모든 세대주가 자기의 온 식솔을 데리고 자기 고향으로 가야 한다는 규정까지 발명하여 요셉이 만삭이 된 자기 아내를 끌고 갈 수밖에 없도록 만든 것이다.

　그러나 이 모든 사랑의 노고는 무익했으며, 실제로 그 공동체가 유태적인 틀을 넘어서 자라남에 따라 그리스도교 사상에 심각한 낭패감의 근원이 되었다. 이교도의 세계에서 다윗은 완전히 관심 밖의 소재였으며, 다윗의 자손이라는 것이 특별한 추천장도 되지 못했다. 그러나 헬라와 로마의 사고는 하느님이 아버지라는 것을 진지하게 받아들이는 경향이 제법 있었다. 이는 유태인들에게는 단지 왕손의 상징일 뿐이었다. 우리가 살펴보았던 것처럼, 그리스인들과 로마인들이 한 위대한 사람을 아폴로 혹은 다른 어떤 신의 아들로 보는 것은 드문 일이 아니었다.

　그러나 그리스도교 사상은 이방인들의 눈에 메시아를 그렇게 높이려고 노력하는 데서 약간의 난관에 부딪쳤다. 즉 유태교에서 취해 온 유일신 신앙이 문제였다. 신이 아들을 낳는다는 사실은 다신론에서는 문제될 것이 없다. 그냥 신 하나가 더 느는 것뿐이다. 그러나 그 신이 신을 낳았는데, 여전히 신은 단 한 분뿐이다. 이는 상상하기가 쉽지 않은 것이다. 그 문제는 신에게서 유출된 생산력을 별도의 거룩한 영으로 분리해 가는 것으로써 단순화되지 않는다. 필요한 것은 세 인물에게 한 모자를 씌우는 것이었다. 이 과제에서 가장 기발한 환상과 예리하기 짝이 없는 솜씨마저 낭패를 보아야 했다. 삼위일체는 믿어질 수 있을 뿐 이해될 수는 없는 신비들 중의 하나가 되었다. 바로 그것이 터무니없었기 때문에 믿어져야 하는 신비였던 것이다.

모순이 없는 종교는 없다. 어떤 종교도 한 사람의 머리에서 순전히 논리적 과정에 의해 생겨나지 않았다. 각 종교마다 다채로운 사회적 영향들의 산물이며, 그 영향들은 수 세기를 관통하여 아주 다양한 역사적 상황들을 반영하는 경우가 흔하다. 그러나 그리스도교만큼 모순과 엉터리투성이인 다른 종교는 좀처럼 없다. 그런 험악한 대립에서 자라난 다른 종교는 좀처럼 없었기 때문이다. 그리스도교는 유태교에서 로마 양식으로, 프롤레타리아 공동체에서 세계 지배자로, 공산주의 조직에서 모든 계급들에 대한 착취의 조직으로 진화했다.

한편 한 인물 안에 아버지와 아들을 결합하는 것이 그리스도교 사상이 비유태적 환경의 영향하에 놓이게 되자 메시아상으로부터 생겨난 유일한 난관은 아니었다.

요셉이 그의 아비라는 것은 어떻게 처리할 것인가? 마리아는 이제 더 이상 그녀의 남편에 의해 예수를 잉태할 수가 없게 되었다. 그리고 하느님이 사람으로서가 아니라 영으로서 그녀와 짝짓기를 했으므로 그녀는 처녀 상태로 남아 있어야 했다. 예수가 다윗의 자손이란 것은 끝난 이야기였다. 그러나 종교에서 전통의 힘은 아주 커서 모든 문제에도 불구하고 아름답게 구성된 요셉의 가계도와 다윗의 아들이라는 예수의 호칭은 충실하게 계속 전해 내려왔다. 불쌍한 요셉은 이제 처녀를 건드리지도 못하고 그녀의 임신에 조금도 구애받지 않고 그 처녀와 살아가는, 감사할 일이 없는 역할을 맡게 되었다.

## 예수의 반체제 성향

나중 시대에 그리스도인들이 그들의 메시아가 신적 기원을 가짐에도 불구하고 그의 왕손 신분에 대한 완전한 포기를 결심할 수 없었다면, 그 때문에 더욱더 그의 유태인 태생이라는 또 하나의 특징, 곧 그의 반체제 성향을 지워 버리는 데 더욱 열심히 노력했다.

　2세기 이후로 그리스도교 공동체에는 점점 더 수동적인 복종이 대세를 이루었다. 이전 세기의 유태교는 상당히 다른 것이었다. 우리는 그 시대에 메시아를 대망하던 그런 유태인 계층들, 특히 예루살렘의 프롤레타리아들과 갈릴래아의 여러 패거리들이 얼마나 반체제 성향이었는지를 살펴보았다. 이들은 그리스도교가 생겨난 기원이 된 바로 그 분자들이다. 그리스도교가 처음에는 폭력적이었다는 것을 두말없이 가정해야 한다. 이 가정은 복음서의 후대 개작자들이 권세 있는 자들에게 거슬릴 수도 있는 모든 내용을 복음서들에서 제거하려고 모진 애를 썼는 데도 그런 흔적이 여전히 남아 있음을 볼 때 확실한 사실이 된다.

　예수는 보통 신사적이고 무던한 사람으로 등장하지만 때에 따라서는 그가 정말로 존재했던 인물인지 아니면 가공의 인물, 이상적인 인물상일 뿐인지 몰라도 그가 원래의 전설에서는 반란자로서, 그의 성공하지 못한 봉기 때문에 십자가형을 받은 자로서 살았다는 것을 암시하는 상당히 다른 성질의 말을 한다.

그는 그중에서 합법성에 관하여 다음과 같은 이야기를 할 때 그 방식과 태도가 벌써 특기할 만하다: "나는 의인(δικαίους 디카이우스)을 부르러 온 것이 아니라 죄인을 불러내러(aufzurufen, 공동번역에서는 '부르러' – 옮긴이) 왔다."(마르코 2장 17절)

루터는 다음과 같이 번역한다: "나는 의인을 불러 회개시키러 온 것이 아니라 죄인들을 불러 회개시키러 왔다." 그가 가진 필사본 자체가 그랬을 수도 있다. 그리스도인들은 일찍이 예수가 합법성에 반대한 바로 그 계층들을 자기에게 오라고 불렀다는 것을 인정하는 것이 그들에게 얼마나 위험한 일인지를 감지했다. 그러므로 루가는 '불러내다'는 말에 '회개시키러'(εἰς μετάνοιαν 에이스 메타노이안)라는 문구를 추가했다. 이는 마르코의 여러 필사본들에서도 발견되는 추가 사항이다. 그러나 복음서들이 '자신에게 불러내다' 내지는 '불러일으키다'(καλέω 칼레오)를 '불러 회개시키다'로 바꾸면서 그 문장에 있는 어떤 맛도 빼앗아 버렸다. 루터가 디카이우스(δικαίους)를 그렇게 번역한 대로 누가 '의인'을 불러서 회개시킬 생각을 하겠는가? 게다가 이는 문맥과도 모순된다. 왜냐하면 예수는 멸시받던 사람들과 같이 먹고 사귄다고 비난을 받기 때문에 그런 표현을 구사한 것이다. 그는 이들에게 그들의 생활 방식을 바꾸라고 권고했다고 비난을 받았던 것이 아니다. 아무도 그가 '죄인들을 불러 회개시키는 일'을 한다고 해서 그를 나쁘게 보지는 않았을 것이다.

브루노 바우어는 이 구절에 대한 해석을 옳게 한다.

"그 말에는 원형에서는 죄인들이 실제로 회개를 하는지, 그 부름을 듣고 회개의 설교자에게 순종함으로써 하늘나라에 합당한 자가 되는지 하는 문제는 전혀 존재하지 않는다—오히려 죄인들로서 그들은 합법성에 반하는 특권을 부여 받는다—죄인들로서 그들은 복으로 부름을 받으며 절대적으로 총애를 받는다. 하늘나라는 죄인들을 위해 만든 것이다. 그들에게 향해지는 부름은 죄인들로서 그들에게 속하는 소유권을 그들에게 수여하는 것일 뿐이다." *

이 구절이 전통적 합법성에 대한 경멸을 암시한다면, 메시아의 도래를 예고할 때의 말은 폭력을 암시한다: 기존의 로마 제국은 무서운 살육으로 무너질 것이며, 성자들은 거기서 결코 수동적 역할을 해서는 안 된다는 것이다.

예수는 이렇게 선언한다.

"나는 이 세상에 불을 지르러 왔다. 이 불이 이미 타올랐다면 얼마나 좋았겠느냐? 내가 받아야 할 세례가 있다. 이 일을 다 겪어 낼 때까지는 내 마음이 얼마나 괴로울지 모른다. 내가 이 세상을 평화롭게 하려고 온 줄로 아느냐? 아니다. 사실은 분열을 일으키러 왔다. 한 가정에 다섯 식구가 있다면 이제부터는 세 사람이 두 사람을 반대하고 두 사람이 세 사람을 반대하여 갈라지게 될 것이다." (루가 12장 49절 이하)

마태오복음에서는 직설적으로 다음과 같이 말한다.

"내가 세상에 평화를 주러 온 줄로 생각하지 말아라. 평화가 아니라 칼을 주러 왔다." (10장 34절)

---

* *Kritik der Evangelien und Geschichte ihres Ursprungs*, 1851. S. 248.

유월절 기간에 예루살렘에 도착한 그는 환전상들을 성전에서 쫓아낸다. 이는 그가 선동한 큰 무리의 무력 행동이 없이는 상상할 수 없는 일이다.

바로 그 직후 마지막 저녁 식사에서, 재앙을 맞기 직전 예수는 그의 제자들에게 이렇게 말한다.

"지금은 돈주머니가 있는 사람들은 그것을 가지고 가고 식량자루도 가지고 가거라. 또 칼이 없는 사람은 겉옷을 팔아서라도 칼을 사 가지고 가거라. 그래서 '그는 악인들(ἀνόμων 아르몬) 중의 하나로 몰렸다' 하신 말씀이 나에게서 이루어져야 한다. 과연 '나에게 관한 기록은 다 이루어지고 있다' 하셨다. 이 말씀을 듣고 그들이 '주님, 여기에 칼 두 자루가 있습니다' 하였더니 예수께서는 '그만 하면 되었다' 하고 말씀하셨다." (루가 22장 36절 이하)

그 직후에 그들은 올리브 산 위에서 국가의 무장 공권력과 맞부딪쳤다. 예수가 체포되려던 참이다.

"예수와 함께 있던 제자들은 일이 어떻게 벌어질 것인가를 알고 '주님, 저희가 칼로 쳐 버릴까요?' 하고는 그 가운데 한 사람이 대사제의 종의 오른쪽 귀를 내려쳐 떨어뜨렸다." (루가 22장 49절 이하)

그러나 복음서 이야기에 따르면 예수는 일체의 피흘림을 반대한다. 자신을 포박하도록 하고 저항 없이 처형을 당한다. 그의 동지들은 전혀 고초를 겪지 않은 가운데 말이다.

방금 주어진 형태대로라면 이는 아주 이상한 이야기이고 모순으로 가득하다. 원래는 상당히 다른 이야기였을 것임이 틀림없다.

예수는 행동의 시간이 왔다는 듯이 칼을 준비하라고 요구한다. 그의 충실한 추종자들은 칼로 무장하고 외출한다. 그리고 그들의 적을 만나 칼을 뽑을 때, 예수는 갑자기 자기는 원칙상 어떤 무력의 사용도 반대한다고 선언한다. 물론 마태오복음에서는 특별히 다음과 같이 거칠게 표현하고 있다.

"칼을 도로 칼집에 꽂아라. 칼을 쓰는 사람은 칼로 망하는 법이다. 내가 아버지께 청하기만 하면 당장에 열두 군단도 넘는 천사를 보내 주실 수 있다는 것을 모르느냐? 그러나 그렇게 한다면 … 성서의 말씀이 어떻게 이루어지겠느냐?" (26장 52절 이하)

지금 예수가 일체의 폭력에 완전히 반대했다면, 그는 왜 칼을 준비하라고 요청했을까? 그는 왜 자기 친구들에게 자신과 함께 무기를 들고 같이 가는 것을 허락했을까?

그리스도의 전설이 원래는 계획된 기습을 이야기한 것이었고 그 과정에서 예수가 포로로 붙들린 것이며, 환전상들을 성전에서 쫓아내는 일이 성공한 후에 그때가 무르익은 것으로 여겨졌던 과감한 기습 이야기였다고 가정하기만 하면 이 모순이 무슨 말인지 이해가 된다. 훗날의 편집자들은 이 이야기를 감히 아주 없애지 못했다. 워낙 그 뿌리가 깊었기 때문이다. 그 대신 그들은 사도들이 시도한 무력 사용을 예수의 뜻에 어긋난 것으로 전락시키는 가운데 그 이야기를 두루뭉술하게 만들었다.

올리브 산 위에서 충돌이 일어났다는 것은 의미가 없을 수 없는 일이다. 그곳은 예루살렘을 공격하기 위해 정해진 출발점이었다.

우리는 펠릭스 집정관 때(서기 52-60년)에 있었던 이집트 유태인의 반란에 대한 요세푸스의 보도를 기억할 수 있다.

이 사람은 3만의 무장 병력과 함께 사막으로부터 들어와서 예루살렘시를 치고 로마 주둔군을 몰아내고 지배자가 되려고 올리브 산으로 올라 갔다. 펠릭스는 그 이집트인과 교전을 하여 그의 추종자들을 해산시켰다. 그 이집트인 자신은 도주하는 데 성공했다.

요세푸스의 역사 기록은 비슷한 사건들로 가득하다. 그것들은 그리스 도 시대에 유태인 인구의 정신 상태를 보여준다. 갈릴래아 예언자 예수에 의해 시도된 폭동은 그것과 완전히 부합할 것이다.

그가 착수한 일을 그런 시도로 간주한다면, 이 의문스러운 보도와 엮여 있는 유다의 배반도 이해할 수 있는 것이 된다.

우리에게 전해 오는 판본에서 유다는 예수를 체포해야 할 사람으로 포 졸들에게 가리켜 주는 입맞춤으로 예수를 배반한다. 그러나 이것은 완전 히 어처구니없는 행동 방식이다. 복음서들에 따르면, 예수는 예루살렘에 서 잘 알려진 인물이었다. 그는 날이면 날마다 공중에게 연설을 했으며 군중에게 열렬한 환호를 받았다. 그런데 이제 그가 그리도 잘 알려지지 않아서 그의 지지자들 무리로부터 구분이 되도록 유다가 가리켜 주어야 했다는 것이다! 그것은 베를린 경찰이 베벨*이라고 부르는 사람을 가리 켜 달라고 탐정에게 돈을 지불한다는 것과 아주 비슷한 일이 될 것이다.

그것이 모의된 기습이었다면 완전히 다른 이야기일 것이다. 그 경우에 는 뭔가 배신할 것이 있을 것이고, 돈을 지불하고 빼낼 만한 비밀이 있을 것이다. 기습 모의가 이야기에서 제거되면, 유다의 배신에 대한 설명은 실체가 없는 것이 된다. 그 배반은 명백하게 동지들 사이에 너무 잘 알려 져 있었고, 배신자에 대한 분노가 너무 강했기 때문에 복음서 기자로서는 이 상황을 지나쳐 가는 것은 안 될 일이었다. 복음서 기자는 자신의 상상

---

* 아우구스트 페르디난트 베벨(August Ferdinand Bebel, 1840-1913년)은 당시 독일의 사회주 의 사상가로 사회민주당의 지도자인 유명 정치인이다. - 옮긴이

력으로 어떻게든 새로운 배반 사건을 꾸며내야 했으며, 이는 별로 성공적이지 못했다.

예수의 체포는 유다의 배반이 기술된 현존하는 판본에 못지않게 신통치 못한 창작이다. 붙들린 사람은 바로 평화적인 방식을 설교하는 그 사람인 반면에, 칼을 뽑아 내리친 사도들은 조금도 다치지 않는다. 참으로, 말코스의 귀를 벤 베드로는 경비병들을 따라가서 대사제 관사의 마당에 그들과 같이 조용히 앉아서 잡담을 나눈다. 베를린에서 동지의 체포에 무력으로 저항하여, 권총을 쏘아서 경찰관에게 부상을 입힌 사람이 그리고 나서는 법을 집행하는 병력을 평화스럽게 경찰서까지 따라가서 몸을 녹이고 그 경찰들과 맥주를 마신다는 것을 상상해 보라!

그보다 더 허황된 것을 꾸며내기도 어려울 것이다. 그러나 여기에 어떤 대가를 치르더라도 감추어야 할 뭔가가 있었다는 사실을 보여주는 것이 바로 이 허황된 이야기이다. 그래서 있었을 것 같은 쉽게 이해할 수 있는 행동, 유다의 배신을 통해 패배와 그 지도자의 체포로 마감된 충돌은 단지 '성경 말씀이 이루어지기 위해' 일어나는 이해할 수 없고 허황된 사건으로 둔갑했다.

예수의 처형은 그가 반란자였으면 쉽게 이해할 수 있지만, 그것은 지금 터무니없는 악의에서 나온 것으로서, 예수를 석방하기를 원하는 로마 총독의 의지에도 반하여 추진된 전혀 이해가 되지 않는 행동으로 남아 있다. 그것은 실제의 사건이 알려지지 않도록 하려는 후일의 개정자들의 필요에 의해서만 설명될 수 있는 앞뒤가 맞지 않는 이야기들 투성이다.

그때는 어떤 투쟁에도 반대를 한 평화적인 에세네인들도 일반적인 애국사상으로 한데 휩쓸려 나선 시기이다. 로마인들에게 항거한 마지막 대전쟁에서 우리는 유태인 장수들 중에 에세네인들도 발견한다. 예를 들어 요세푸스는 전쟁의 발단에 대해 다음과 같이 이야기한다.

"유태인들은 힘센 장군 셋을 선택했다. 이들은 체력과 용맹을 타고났을 뿐 아니라 지략도 뛰어난 자들로서 페레아 출신의 니게르, 바빌론 출신의 실라스, 그리고 에세네인 요한이다." *

그러므로 예수의 처형이 그의 반란 때문에 일어난 일이라는 가정은 복음서들에 있는 암시들을 명확히 이해할 수 있게 해 주는 유일한 가정일 뿐 아니라 그 시대와 장소의 성격과 완벽히 부합하기도 한다. 예수의 죽음이 있던 때부터 예루살렘의 파괴에 이르기까지 그곳에서 혼란은 그칠 줄 몰랐다. 시가전은 아주 일상적인 일이었으며, 폭동 가담자들의 처형도 그러했다. 프롤레타리아들의 작은 집단이 일으킨 그러한 시가전과 그에 따른 그들 두목, 오래전부터 반란의 본거지인 갈릴래아 출신 두령의 십자가 처형이 그 일에 가담했던 생존자들에게 깊은 인상을 주었을 수 있다는 것은 아주 당연하다. 역사가들은 그러한 일상적 사건에 대해서 언급할 필요가 없었던 것이다.

그 시대에 유태인 사회 전체를 휩쓸던 반란의 흥분 가운데 이렇게 시도된 봉기에서 생겨난 그 종파는 그것을 강조함으로써 포교상의 이점을 얻었을 것이다. 그래서 그것은 전설로 정착되고, 그 과정에서 당연히 특히 그 영웅, 예수라는 인물을 불가피하게 과장하고 치장했을 것이다.

그러나 일단 예루살렘이 파괴되자 사정은 달라졌다. 유태인 공동체와 함께 로마 제국에서 여전히 명맥을 이어 오던 민주주의적 반대당파의 마지막 자취가 사라졌다. 바로 그 무렵에 로마인들 간의 내전도 끝났다.

마카베오 형제들부터 티투스에 의한 예루살렘의 파괴에 이르는 두 세기에 걸쳐 동지중해 유역은 끊임없는 불안 상태에 처해 있었다. 정권들이

---

* *Jüdischer Krieg*, III, 2, 1.

하나씩 쓰러졌고, 한 민족씩 독립 내지는 그 지배적 지위를 상실해 갔다. 이 모든 혁명들을 직간접으로 일으킨 세력인 로마 공동체는 그락쿠스 형제로부터 베스파시아누스에 이르기까지 이 시기 동안 극심한 내부적 혼란으로 찢겨졌다. 이는 군대들과 장군들에게서 점점 더 많이 생겨난 혼란들이다.

메시아에 대한 기다림이 발전되고 공고화된 이 시기에는 어떤 정치 조직도 항구적이지 못한 것으로 보였다. 그들 모두가 단지 잠정적인 것으로 보였던 반면에 정치적 혁명은 불가피한 것, 항상 기대되는 것으로 여겨졌다. 이 모두가 베스파시아누스와 함께 끝났다. 그의 시대에 군사적 왕조는 드디어 어떠한 경쟁도 애초부터 불가능하도록, 즉 경쟁자가 군사들의 환심을 사고자 노력하는 것이 불가능하도록 하는 데, 이와 함께 군사 반란의 원천을 오랫동안 고갈시키는 데 황제가 필요로 했던 금융 질서를 터득했다.

그리하여 제국의 '황금시대'가 시작되었다. 이는 베스파시아누스(69년)부터 콤모두스(180년)까지 1백 년 이상 지속된 내적인 평화의 일반 상태였다. 그 이전의 2백 년간은 불안이 평상시 상태였지만, 이 세기에는 조용함이 일상 상태였다. 정치적 변동은 정상적인 일이었으나 이제는 비정상적인 것이 되었다. 황제의 권력에 대한 굴복, 인내하는 복종이 이제는 겁쟁이들에게 현명한 처세의 계율로 여겨졌을 뿐 아니라 도덕적 의무로서 깊이 뿌리를 내렸다.

이는 자연히 그리스도교 공동체에게 영향을 미쳤던 것이 분명하다. 그들은 더 이상 유태적 사고방식에 적합했던 반체제의 메시아는 써 먹을 수 없었다. 그들의 도덕적인 정서가 그에 반대하여 부상했다. 그러나 그들은 예수를 하느님으로, 모든 덕성의 집약으로 숭배하는 데 익숙해져 있었기 때문에, 변화는 반체제적인 예수라는 인물을 제거하고 새로운 조건에 더 잘 맞는 다른 인간성의 이상적 상으로 그것을 대체하는 방식으로 일어나지 않았다. 대신에 그리스도교 공동체는 신으로서의 예수상에서 반체제적인 모든 것을 점차적으로 제거했고 반체제적인 예수를 봉기 때문이 아니라 오직 그의 무한한 선함과 거룩함 때문에, 음흉한 질투하는 자들의 비열함과 악의 탓에 죽음을 당한 고통받는 예수로 바꾸었다.

다행히도 이 각색은 아주 서툴게 이루어져서 원래 색상의 흔적을 여전히 볼 수 있고 그로부터 전체적 모습을 도출할 수가 있다. 그 흔적이 나중에 덧칠한 것과 어울리지 않는 바로 그 때문에, 그것이 진짜이고 실제적인 더 이른 시기의 보도에서 유래하는 것이라고 더욱더 확실하게 가정할 수 있다.

이런 관계로, 우리가 지금까지 조사해 온 다른 것과 관련해서도 그렇지만, 초대 그리스도교 공동체에서의 메시아상은 원래의 유태적 메시아상과 완전히 합치되었다. 그로부터 이탈하기 시작한 것은 나중의 그리스도교 공동체였을 뿐이다. 그러나 그리스도교 공동체의 메시아상이 처음부터 유태의 메시아상과 극명하게 다른 점 두 가지가 있었다.

## 십자가에 달린 자의 부활

그리스도의 시대에 메시아는 얼마든지 있었다. 특히 예언자들과 패거리의 지도자들이 끊임없이 출현하여 스스로 구원자요 주님의 기름 부음을 받은 자로 행세했던 갈릴래아에서는 더 심했다. 그러나 그들 중 하나가 로마인들의 권세에 패배하여 붙잡혀서 십자가에 매달리거나 살해되면, 그것으로 그의 메시아 역할은 끝났다. 왜냐하면 그런 경우에 그는 거짓 예언자요 거짓 메시아로 간주되었기 때문이다. 진짜는 아직 오지 않았다는 것이다.

반면에 그리스도교 공동체는 그들의 선구자에게 매달렸다. 그들에게도 물론 메시아는 장차 그의 영광 중에 올 것이었다. 그러나 올 메시아는 이미 왔던 바로 그 메시아, 죽은 지 사흘 만에 살아나서 그의 추종자들에게 모습을 드러낸 뒤에 하늘로 올라간, 십자가 매달렸던 바로 그 메시아였다.

이런 관념은 그리스도교 공동체에만 독특했다. 그것은 어디서 유래했는가?

원시 그리스도교적 관점에서 예수의 신성을 입증해 주고 하늘로부터 그의 재림에 대한 기대를 하게 한 근거가 된 것은 예수가 십자가 형을 당한 지 사흘 만에 부활한 기적이었다. 오늘날의 신학자들도 그 수준을 넘어서지 못했다. 물론 그들 중에도 '자유사상가'들은 부활을 더 이상 문자적으로 받아들이지 않는다. 그들에 따르면 예수는 실제로 살아나지 않았다. 그러나 그의 제자들이 그의 사후에 황홀경 속의 넋이 나간 상태에서 그를 보았다고 믿었으며, 이로부터 그의 신성을 이끌어 냈다.

"바울로가 순간적인 황홀경의 환상 속에서 다마스쿠스로 가는 길에 그리스도의 천상의 환영을 본 것과 똑같이 우리는 베드로에게 처음 나타난 그리스도의 출현을 생각해야 할 것이다. 이는 영적인 경험으로서 설명이 안 되는 기적이 아니라 모든 시대로부터의 여러 비슷한 현상들에 따라서 심리적으로 파악이 가능한 것이다. … 그러나 다양한 유사 현상들에서 우리는 영감에 의한 목격의 경험이 베드로에게만 국한된 상태로 머무르지 않았고 곧 다른 제자들, 심지어는 신자들의 전체적 집회들에서도 되풀이된 것은 상당히 이해할 만하다는 것을 알게 된다. … 그래서 우리는 처음에는 개인들이 겪고 그리고 곧 모두를 확신하게 만드는 황홀경의 환상 경험, 십자가 형을 당한 그들의 스승이 살아 있다가 천상의 위엄 속에 들려 올라가는 것을 보았다고 믿게 된 경험에서 제자들의 부활에 대한 믿음의 역사적 근거를 발견한다. 기적의 세계에 둥지를 튼 상상은, 영혼을 가득 채우고 움직인 것을 위해 옷을 지어 입혔다. 그들의 믿음에서 이 예수의 부활의 추진 동력은 기본적으로 그들이 그의 인격에서 받았던 지워지지 않는 인상 말고 다른 것이 아니었다. 예수에 대한 그들의 사랑과 신뢰는 죽음보다 강했다. 전능함의 기적이 아닌 이 사랑의 기적이 원시 공동체 부활 신앙의 근거였다. 그러나 그렇기 때문에 그것은 이제 지나가는 흥분된 감정에 머물지 않았으며, 새로이 깨어난 영감을 얻은 신앙은 행동으로도 이어졌다. 제자들은 동포들에게 그들이 적들의 손에 넘겨준 나자렛 예수가 메시아였다는 소식, 이제 하느님에 의해 그의 부활과 승천을 통해서 처음으로 메시아가 되었고, 그리로부터 땅위의 메시아적 영광의 자리에 오르기 위해서 곧 다시 올 것이라는 소식을 전하는 것을 사명으로 생각했다."*

이에 따르면 우리는 원시 그리스도교 공동체의 메시아 신앙의 확산과 그리스도교라는 엄청난 세계사적 현상 전체를 한 작은 남자의 우발적 환각의 탓으로 돌려야 할 것이다.

사도들 중 한 사람이 십자가에 달렸던 자를 보았다는 것은 결코 불가능한 일은 아니다. 이 보았다는 것을 믿는 자들이 있었다는 것도 가능하다. 그 시대는 특별히 순진했던 시대였고 유태공동체는 부활에 대한 믿음에 깊이 젖어 있었던 때문이다. 죽은 자들이 살아나는 것은 이해할 수 없는 일로 간주되지 않았다. 우리는 우리가 앞서 제시한 많은 예들에 또 하나의 예를 더할 수도 있다.

마태오복음에서 예수는 사도들을 위해 활동을 지시한다: "앓는 사람은

---

* O. Pfleiderer, *Die Entstehung des Christentums*, 1907, S. 112–114.

고쳐 주고 죽은 사람은 살려 주어라. 나병환자는 깨끗이 낫게 해 주고 마귀는 쫓아내어라."(10장 8절) 죽은 이들을 살려내는 것은 병든 이들을 고치는 것과 함께 사도들의 일상적 직무로서 상당히 담담하게 제시된다. 그들의 봉사의 대가로 돈을 취해서는 안 된다는 경고가 덧붙여진다. 예수, 아니 복음서의 저자는 그러므로 돈을 받고 죽은 자를 살려내는 일에 직업으로 종사하는 것이 가능하다고 생각하는 것이다.

마태오복음에서의 부활에 대한 묘사가 특징적이다. 제자들이 시신을 탈취해 가서 그가 다시 살아났다는 이야기를 퍼뜨리지 못하도록 예수의 무덤은 병사들이 지키고 있었다. 그러나 번개와 지진의 와중에 무덤을 막던 돌이 굴러 나오고 예수는 살아난다.

"경비병 중 몇 사람이 성안으로 들어가 그동안에 일어난 일들을 대사제들에게 낱낱이 보고하였다. 대사제들은 원로들과 만나 의논한 끝에 병사들에게 많은 돈을 집어주며 '너희가 잠든 사이에 예수의 제자들이 밤중에 와서 시체를 훔쳐 갔다고 말하여라. 이 소문이 총독의 귀에 들어가게 되더라도 우리가 잘 말해서 너희에게는 아무런 해가 없도록 하여 주겠다' 하고 말하였다. 경비병들은 돈을 받고 시키는 대로 하였다. 이 이야기는 오늘날까지 유다인들 사이에 널리 퍼져 있다."(마태오 28장 11절 이하)

이 그리스도인들은 이처럼 죽어서 사흘 동안 묻혀 있던 사람의 부활이 목격자들에게 아주 사소한 인상을 주어서, 그들의 입을 영원히 닫아두도록 할 뿐 아니라 진실과 반대되는 것을 그들이 퍼뜨리게 하는 데 후한 사례금으로 족하다고 상상했다.

복음서들에 표현된 그런 견해들을 가진 저자들이 부활 이야기를 의심없이 받아들였다는 것을 당연히 믿어도 좋다.

그러나 이는 아직 이야기의 끝이 아니다. 이런 순진함과 부활 가능성에 대한 확신은 그리스도교 공동체들에 특별한 것이 아니었다. 그것은 유태 공동체가 메시아를 대망했다는 점에서 그 시대의 유태인 공동체 전체와 그들이 공통으로 가지던 것이다. 자기들의 메시아의 부활을 본 것이 왜 그리스도인들만이었는가? 그 당시에 순교자의 죽음을 당한 다른 메시아들의 지지자에게는 그런 일이 왜 일어나지 않았는가?

우리 신학자들은 그 사실이 예수의 인품이 불러일으킨 특별히 깊은 인상, 다른 메시아들 누구도 줄 수 없었던 인상 때문이라고 대답할 것이다. 그러나 예수의 활동이 어느 모로 보나 짧은 기간 동안만 지속했던 것으로 대중에게 주목받지도 못하고 지나간 것이어서, 어떤 동시대인도 그것을 주목하지 않았다는 사정이 이를 반박한다. 반대로 다른 메시아들은 오랫동안 로마인들과 싸웠으며, 때로는 그들에 대해 큰 승리를 거두어서 역사에 길이 남은 일도 있었다. 이런 메시아들이 더 약한 인상을 주었을까? 그러나 예수가 민중을 매혹할 수는 없었지만, 그의 인품의 힘이 그의 몇 안 되는 추종자들 가운데 지울 수 없는 기억을 남겼다고 가정해 보자. 그것은 기껏해야 왜 예수에 대한 믿음이 그의 사적인 친구들 속에서 이어졌는지를 설명할 뿐, 그의 인품이 어떤 영향도 줄 수 없었던 그를 모르던 사람들 가운데서 왜 예수에 대한 믿음이 전파력을 지녔는지는 설명하지 못한다. 그의 부활과 그의 신적 사명에 대한 믿음을 낳은 것이 예수가 남긴 인간적 인상뿐이었다면, 이 믿음은 그에 대한 인간적 기억이 희미해지고 그와 인간적으로 교류하던 자들의 수가 적어져 감에 따라 약해졌을 것임이 분명하다.

다 알다시피, 어떤 배우의 공연을 직접 보지 못한 후세들이 그의 목에 화환을 걸어 줄 수는 없다. 그러나 이 점에서도 연기자와 목사는 많은 공통점이 있다. 설교자가 오직 그의 인품을 통해서만 직무를 수행하고 설교하는 일로 자기를 국한하고, 그 개인보다 더 오래갈 아무런 작품도 남기지 않는다면 배우에게 해당되는 것을 설교자에 대해서도 말할 수 있는 것이다. 그의 설교가 아무리 감동적이거나 감정을 고양시킨다고 해도 그것을 듣지 않고 오직 소문을 통해서만 아는 사람들에게는 동일한 영향을 줄수가 없다. 그의 인품은 그런 사람들을 완전히 냉담한 상태로 놓아둘 것이다. 그것은 그들의 상상을 작동시키지 못할 것이다.

누구도 자기의 인품 말고 일정한 인상적인 창작물을 남겨 놓지 않는다면, 건물이나 그림, 음악 악보나 시 같은 예술작품, 혹은 과학적 업적, 학문적으로 정돈된 자료들의 수집, 어떤 이론, 발명이나 발견, 아니면 그가 존재하게 만들었거나 그 창설이나 활성화에 그가 두드러진 역할을 한 일정한 종류의 정치적 혹은 사회적 제도나 조직을 남기지 않는다면, 자기의 인간됨에 대한 기억을 자기를 인간적으로 아는 자들의 범위를 넘어서까지 남기지는 못한다.

그런 작품이 존속하고 기능을 수행하는 한, 그 창작자의 인간됨에 대한 관심은 지속하는 법이다. 실로 그러한 창조물이 그의 생애 중에는 주목을 받지 못하고 그가 죽은 후에 중요성이 커진다면, 이는 발견과 발명, 조직 등에서는 흔히 있는 일이지만, 그 작품의 창작자에 대한 관심은 그의 사후에 비로소 생겨나서 계속 커질 수가 있다. 그의 생애 중에 그에게 주의가 덜 기울여졌을수록, 그의 인물됨에 대해서 알려진 바가 더 적을수록 그에 대한 상상력은 더욱더 자극될 것이며, 그의 작품이 강력한 것이라면 그것에 일화와 전설들로 된 화환이 더욱더 신속하게 씌워질 것이다. 사람에게 있는, 원인을 찾으려는 욕구, 즉 모든 사회적 사건에서 그리고 원래 모든 자연적 사건에서도 그것을 일으킨 능동적 인격을 찾으려고 하는 이 욕구는 아주 커서 이는 사람들로 하여금 큰 중요성을 띤 어떤 생산물이든 그 창안자를 꾸며내게 만든다. 아니면 그 실질적 창안자가 잊혀진 상태이거나, 드물지 않은 경우로 그 작품이 아주 많은 결합된 힘의 산물이어서 아무도 다른 이들보다 더 두드러지지 않아 한 사람의 확정된 창안자를 지명하는 것이 완전히 불가능하다면, 그것을 어떤 전해 내려오는 이름에라도 연결시키도록 몰고 간다.

예수의 메시아적 행적이 유다 같은 자들, 튜다 같은 자들, 기타 그 시대의 다른 메시아들의 행적과 같은 식으로 끝나지 않은 이유는 그의 인품이 아니라 그의 이름과 연계된 작품에서 찾을 수 있다. 예언자의 인품에 대한 광적인 신임, 기적에 대한 갈망, 황홀경, 부활에 대한 믿음—이 모두는 예수의 추종자들에게서처럼 다른 메시아들의 추종자들 가운데서도 찾아볼 수 있다. 그들 중 한 사람이 다른 사람들과 차이가 나는 이유는 그들이 공통으로 가졌던 것에 있을 수는 없다. 신학자들이 그들 중에 최고로 자유사상가인 자들조차 다음과 같은 가정, 즉 우리가 예수에 대하여 이야기되는 모든 기적들을 포기해야 할지라도 예수 자신은 여전히 하나의 기적으로, 비슷한 것을 세상이 본 적이 없는 초인으로 남아 있다는 가정에 근접한다고 해도, 우리는 이런 기적도 받아들일 수 없다. 그러나 그럴 경우에, 예수와 다른 메시아들 간에 남는 유일한 차이는 다른 메시아들은 그들의 인간성이 그 안에 살아 있는 아무것도 남기지 않은 반면에 예수는 그의 추종자들을 결집시키고 새로운 추종자들을 끌어 모으는 데 탁월하게 적합한 제도들을 갖춘 조직을 물려주었다는 것이다.

다른 메시아들은 단지 봉기를 위해 패거리를 한데 모으기만 했다. 실패했을 때면, 그 패거리는 흩어졌다. 예수가 그것 이상의 일을 하지 않았더라면 그의 이름은 십자가에 못 박힌 후에 흔적도 남기지 못한 채 사라졌을 것이다. 그러나 예수는 그냥 반란자가 아니었다. 그는 그가 죽은 후에도 지속되고, 계속하여 강해지고 권세도 더 커진 한 조직의 대표이고 선구자이고, 필시 그 창설자이기도 했을 것이다.

전통적인 가정에 따르면 물론 그리스도의 공동체는 예수의 사후에 비로소 사도들에 의해 조직되었다. 그러나 이런 개연성 없는 가정을 하지 않을 수 없게 하는 사정은 없다. 이는 사실상 예수의 죽음 직후에 그의 추종자들이 그의 교리에 완전히 새로운 내용, 그가 고려하지도 의도하지도 않던 내용을 도입했으며, 그때까지 조직화되지 않았던 사람들이 예수가 전혀 의도하지도 않던 조직을 결성했다는 것, 그것도 공고한 조직을 깨뜨릴 수 있었던 바로 그 패배의 순간에 그랬다는 것, 적어도 그런 것을 가정하는 것이다. 그 출발이 잘 알려진 다른 조직들의 유사한 경우로 판단해 보건대, 예루살렘 프롤레타리아들의 메시아적 대망으로 가득 찬 공산주의적 상호 부조 단체들이 예수 이전에 존재했고 갈릴래아 출신의 이런 이름의 한 대담한 선동자이자 반란자는 그들의 가장 걸출한 선구자이고 순교자가 되었을 뿐이라고 더 쉽게 가정할 수 있을 것이다.

요한에 따르면 열두 사도는 예수의 생전에도 공동의 돈주머니를 가졌다. 그러나 예수는 다른 모든 제자들도 자기의 모든 재산을 바칠 것을 요구한다.

사도행전 어디에도 사도들이 예수가 죽은 후에 공동체를 처음으로 조직했다고 진술하지 않는다. 우리는 그 당시에 공동체가 이미 조직되어 있어서 그 구성원들의 집회를 열고 그 기능들을 수행하는 것을 보게 된다. 사도행전에서 공산주의에 대한 최초의 언급은 다음과 같다: "그들은 사도들의 가르침을 듣고(ἦσαν δε προσκαρτεροῦντες 에산 데 프로스카르테룬테스) 서로 도와주며 빵을 나누어 먹고 기도하는 일에 전념하였다."(2장 42절) 즉 그들은 이전의 공동 식사와 그 밖의 공산주의적 제도들을 계속했다. 이것이 예수가 죽은 뒤에 새로 도입된 것이었다면, 그 본문의 표현은 상당히 달랐을 것이다.

공동체 조직은 예수의 추종세력을 그가 죽은 뒤에도 한데 묶어 준 띠였으며, 그들의 십자가 처형을 받은 선구자, 전설에 따르면 자기 스스로를 메시아라고 선포했다는 그에 대한 기억을 생생하게 보전한 것이었다. 그 조직이 점차 커지고, 더욱 강력해질수록 그 순교자가 구성원들의 상상력을 점점 더 점유했을 것이며, 십자가에 달렸던 메시아를 가짜로 보는 것에 대해서 더욱 분노를 터뜨렸을 것임이 분명하다. 또한 더욱더 그들은 그의 죽음에도 불구하고 그를 진짜 메시아, 그의 영광 중에 다시 올 메시아로 간주할 수밖에 없다는 것을 스스로 느꼈을 것이며, 더한층 그의 부활을 믿는 마음이 생겼으며, 십자가에 달린 이의 메시아적 본성과 그의 부활에 대한 신앙은 더욱더욱 조직의 특징이 되어 갔고, 이것이 다른 메시아들을 믿는 자들과 그들을 구별시켰다. 십자가에 달린 메시아의 부활에 대한 믿음이 인간적인 인상에서 생겨난 것이었다면, 그것은 시간이 경과하면서 점점 약해졌을 것이 분명하고, 다른 인상들로 대체되는 쪽으로 갔을 것이며, 결국에는 예수를 인간적으로 알던 자들과 함께 사라졌을 것이다. 그러나 십자가에 달린 예수의 부활에 대한 믿음이 그의 조직이 발휘한 영향력에서 유래한 것이라면 그 믿음은 조직이 성장할수록, 그리고 예수의 인물에 대해 실증적 정보가 적을수록, 그의 숭배자들의 상상이 확정된 보고들에 의해 덜 구속받게 될수록 더욱 강하게 되고 갈수록 번창하게 될 것이다.

그리스도교 공동체를 창설하고 그 공동체에 힘을 준 것은 십자가에 매달린 예수의 부활에 대한 믿음이 아니었으며, 그 반대이다. 그 공동체의 생명력이 그들의 메시아의 지속된 생명에 대한 믿음을 있게 했다.

십자가에 못 박혔다가 부활한 메시아의 교리는 유태교 사상과 조화될 수 없는 어떤 것도 포함하지 않았다. 우리는 유태교 사상이 그 당시에 얼마나 부활론적 믿음으로 충만했었는지를 살펴보았다. 그러나 추가적으로 미래의 영광은 의인의 고난과 죽음으로만 살 수 있다는 관념은 유태의 메시아론의 문헌 전체를 관통했으며, 유태공동체의 고난에 찬 처지에서 나온 자연스러운 결과였다.

그래서 십자가에 달린 메시아에 대한 믿음은 그것이 세워진 토대가 동시에 유태공동체와의 대립을 발전시켜야 했던 것이 아니었다면, 그 당시 유태공동체의 다채로운 메시아적 기대들의 특수한 하나의 변종을 이루기만 하면 되었다. 이 토대, 곧 프롤레타리아 계층의 공산주의적 조직의 생명력은 예루살렘에 있는 공산주의적 프롤레타리아들의 메시아적 기대들의 특수한 형태와 밀접한 연관이 있었다.

## 국제적 구원자

나머지 유태인 공동체의 메시아적 희망은 젤롯당들의 그것을 포함해서 전적으로 민족적인 것이었다. 로마인들의 세계 지배를 대체할 유태인들의 세계 지배하의 나머지 민족들의 복속, 유태인 공동체를 억압하고 괄시하던 민족들에 대한 복수, 이런 것이 희망사항의 내용이었다. 그리스도교 공동체의 메시아적 기대는 달랐다. 그들도 유태인 애국자들이었고 로마인들의 적이었다. 외세의 지배를 벗어던지는 것이 어떤 해방이든 그것의 전제 조건이었다. 그러나 그리스도교 공동체의 신자들은 거기에 머물기를 원하지 않았다. 벗어던져야 할 것은 외국 지배자들의 멍에만이 아니라 국내 지배자들의 멍에를 포함하여 모든 지배자들의 멍에였다. 그들은 피곤하고 무거운 짐을 진 자들만 자기들에게로 불렀으며, 심판의 날은 모든 부자와 권세 있는 자들에 대한 복수의 날이 되어야 했다.

그들을 가장 거세게 불붙인 열정은 종족적 증오가 아닌 계급 증오였다. 이와 함께 민족적으로 단합된 나머지 유태공동체에서의 결별의 씨앗이 뿌려졌다.

동시에 나머지 비유태 세계와의 접근의 씨앗도 뿌려졌다. 민족적 메시아 사상은 본질상 유태공동체에 국한된 상태로 머물렀으며, 나머지 세계에서는 거부되었음이 분명하다. 그 사상은 나머지 세계를 복속시키려고 애썼던 것이기 때문이다. 이와 달리 부자들에 대한 계급적 증오와 프롤레타리아적 연대성은 유태인 프롤레타리아들에게만 받아들여질 수 있는 관념이 결코 아니었다. 가난한 자들의 구원으로 귀결된 메시아적 희망은 모든 민족들 중의 가난한 이들에 의해 열심히 경청되었음이 분명하다. 민족적 메시아가 아닌 사회적 메시아는 유태공동체의 한계를 넘어서 갈 수 있었다. 사회적 메시아만이 예루살렘의 파괴에서 절정에 달한 유태공동체의 가공할 만한 파국을 성공적으로 견디어 낼 수 있었다.

　한편, 로마 제국 내에서 공산주의 조직이 유지될 수 있었던 곳은 오직 메시아가 와서 모든 억압받는 자들과 멸시받는 자들을 구원할 것이라는 믿음으로 조직이 강화되었던 곳이었다. 실제로 이런 공산주의적 조직들은 뒤에 살펴보겠지만, 상호 부조 단체들로 귀결되었다. 서기 1세기 이래 로마 제국에서는 그런 단체들에 대한 일반의 필요가 있었으며, 이는 일반의 빈곤이 증대하고 전통적인 원시 공산주의의 마지막 잔재들이 사라지면서 더욱 강렬하게 느껴진 요구였다. 그러나 독재권력은 의혹을 품고 모든 단체들을 없앴다. 우리는 트라야누스가 의용 소방 단체조차 두려워했던 것을 살펴본 바 있다. 카이사르는 유태인 조직들은 남겨 두었지만 나중에는 이들마저 특권적 지위를 잃었다.

　상호 부조 단체들은 오직 비밀 결사로서만 계속 존속할 수 있었다. 그러나 단순한 원조를 얻기 위해서 누가 생명을 걸려고 했겠는가? 공적 정신이 거의 소멸한 시기에 동지들을 위한 연대의 감정에서 자기 목숨을 걸자가 누가 있겠는가? 공적 정신과 공공의 복리에 대한 헌신으로서 남아 있던 것은 메시아에 의한 세계, 곧 사회의 갱신이라는 관념 외에는 어디에서도 크고 높은 관념을 마주치지 못했다. 그런가 하면, 프롤레타리아들 중에 더 자기중심적인 자들, 자신들의 개인적 이익을 위해 상호 부조 단체를 찾던 그들은 풍성한 보상이 수반되는 몸의 부활 관념으로 그들 신변의 위험에 대해서는 마음을 놓게 되었다. 이는 상황이 사회적 본능과 감정을 강력하게 자극하여 개인 스스로가 자기 이익의 위험, 심지어는 생명의 위험조차 무릅쓰고 그런 것들을 따라야 한다는 절박한 마음을 억누를 수 없다고 느끼던 시기에는, 박해받는 이들을 꿋꿋이 세워 주는 데 필요하지 않았을 수도 있던 관념이었다. 그러나 몸의 부활이란 관념은 지배계급들에서만 아니라 억압과 착취를 받는 자들에게서도 모든 사회적 본능과 감정들이 급속히 진행되는 사회적 해체에 의해 극도로 억눌렸던 시대에는 강력한 권세에 대항한 위험스러운 투쟁을 유도하는 데 필요 불가결한 것이었다.

메시아 관념은 십자가에 달린 메시아라는 형태, 그리스도교 공동체의 공산주의적 형태로서만 유태공동체 바깥에 뿌리를 내릴 수 있었다. 공산주의적 조직이 로마 제국 내에서 비밀 결사체로 유지되고 퍼져 나갈 수 있었던 것은 오직 메시아와 부활에 대한 신앙에 의해서였다. 이들 두 관념, 공산주의와 메시아 신앙은 서로 결합됨으로써 억누를 수 없는 것이 되었다. 유태공동체가 왕족 혈통을 지닌 그 메시아에게서 바랐으나 헛수고였던 것이 프롤레타리아 출신의 십자가에 매달린 메시아에 의해 달성되었다. 그는 로마를 제압했고 황제들을 무릎 꿇게 했으며, 세계를 정복했다. 그러나 그는 프롤레타리아 계층을 위해서 그런 정복을 한 것이 아니다. 그 승리로 돌아간 싸움의 과정에서 프롤레타리아적 공산주의적 상호 부조 조직은 세계에서 가장 강력한 지배와 착취의 기계로 변형되었다. 이 변증법적 과정은 전례가 없지 않다. 십자가에 달린 메시아는 결국 그가 정복을 행하는 데 동원했던 군대를 결국 그 자신의 백성에게 맞서게 하여 그들을 복속시키고 노예화하는 데 활용한 최초의 정복자도 마지막 정복자도 아니었다.

카이사르와 나폴레옹도 민주주의의 승리에서 등장했다.

## 제3장

# 유태 그리스도인들과
# 이방 그리스도인들

## 이교도들 사이의 선동

최초의 공산주의적 메시아 공동체는 예루살렘에서 만들어졌다. 사도행전
의 이 진술을 의심할 하등의 이유도 없다. 그러나 공동체들은 곧 유태 프
롤레타리아 계층이 있는 다른 도시들에서도 생겨났다. 예루살렘과 제국
의 다른 지역들 간에, 특히 로마 제국의 동반부(東半部) 지역 간에 왕래가
잦았다. 이유라면 해마다 예루살렘에 오는 수십만, 아니 수백만의 순례자
들 때문이었다. 그리고 오늘날에도 동유럽에서는 여전히 그러하듯이 무
일푼의 많은 노숙자들이 가족도 고향도 없이 여기저기 끊임없이 떠돌아
다니며, 어느 고장에든 적선이 동날 때까지 오랫동안 머물렀다. 예수가
그의 사도들에게 준 규칙은 이런 사정에 들어맞는다.

"다닐 때 돈주머니도 식량자루도 신도 지니지 말 것이며 누구와 인사하느라고 가던 길을 멈추지도 마라. 어느 집에 들어가든지 먼저 '이 댁에 평화를 빕니다!' 하고 인사하여라. 그 집에 평화를 바라는 사람이 살고 있으면 너희가 비는 평화가 그 사람에게 머무를 것이고 그렇지 못하면 너희에게 되돌아올 것이다. 주인이 주는 음식을 먹고 마시면서 그 집에 머물러 있어라. 일꾼이(!) 품삯을 받는 것은 당연한 일이다. 이 집 저 집으로 옮겨 다니지 마라. 어떤 동네에 들어가든지 너희를 환영하거든 주는 음식을 먹고 그 동네 병자들을 고쳐 주며 하느님 나라가 그들에게 다가왔다고 전하여라. 그러나 어떤 동네에 들어갔을 때 사람들이 너희를 환영하지 않거든 길거리에 나가서 '당신네 동네에서 묻은 발의 먼지를 당신들한테 털어 놓고 갑니다. 그러나 하느님 나라가 다가왔다는 것만은 알아 두시오' 하고 일러 주어라. 내 말을 잘 들어라. 그날이 오면 소돔 땅이 그 동네보다 오히려 가벼운 벌을 받을 것이다." (루가 10장 4-13절)

복음서 기자가 예수의 입을 통해서 한 마지막 협박은 적선받을 것을 기대하다가 실망한 거지의 복수심을 전형적으로 보여준다. 그는 도시 전체가 불바다가 되는 것을 가장 보고 싶을 것이다. 다만 불을 놓는 것은 메시아가 그 대신 해 줄 것이다.

새로운 조직의 방랑하는 모든 무일푼의 선동자들이 사도들로 자리 잡았다. 예수가 임명한 말씀 설교자들로서 그 이름이 전해 오는 열두 명만이 아니었다. 이미 언급한 바 있는 디다케(열두 사도의 교리)는 2세기 중반에도 여전히 공동체들에서 활동하는 사도들에 대한 이야기를 한다.

새로운 프롤레타리아 조직의 기본 명제인 '좋은 소식', 곧 복음*을 예루살렘으로부터 처음으로 이웃에 있는 유태공동체들로, 그리고 더 멀리

---

* εὐ(에우-) '좋은', '복을 가져오는'과 ἀγγέλλω(앙겔로-) '알리다', '보고하다'에서 나온 말.

더 멀리 로마에 다다를 때까지 실어 나른 것은 스스로 성령 충만하다고 느낀, 이들 같은 방랑하는 '거지들과 모반자들' 이었다. 그러나 복음이 팔레스티나 땅을 떠나자마자 그것은 전혀 다른 사회적 환경으로 들어가서 다른 성격을 띠었다.

거기서 사도들은 유태공동체의 구성원들과 아울러 그들과 아주 가까운 관계에 있던 '경건한' 이방인들(σεβόμενοι 세보메노이)을 발견했다. 이들은 유태의 하느님을 숭배하고 회당에 나갔으나 모든 유태교 관습들을 따를 것인지 마음을 정하지 못한 자들이다. 잘되어 갈 때는 그들은 침수 목욕의 예식인 세례는 받았다. 그러나 할례에 대해서는 아무것도 알려고 하지 않았으며, 음식 규정, 안식일 그 밖의 형식들에 대해서도 마찬가지였다. 이것들은 그들을 그들의 '이교도적' 주변 환경에서 완전히 이탈하게 했을 것이기 때문이다.

복음의 사회적 내용은 그러한 '경건한 이방인들'로 된 프롤레타리아 집단들에서 기꺼이 받아들여졌을 것임이 틀림없다. 그들은 이제 그것을 또 다른 비유태계 프롤레타리아 집단들에게 가져다주었으며, 이들은 십자가에 달린 메시아의 교리가 사회의 전복을 계획하고 즉각적 원조 기구들을 조직한 한에서는 그 교리를 위한 비옥한 토양이었다. 그러나 무엇이든 특별히 유태적인 것에 대해서는 이 집단들은 몰이해의 태도, 심지어는 기피나 조롱의 태도를 지녔다.

새로운 가르침이 팔레스티나 바깥의 유태인 공동체들에 더 널리 확산될수록 유태적 특질들을 버린다면, 민족적인 것이기를 중단하고 전적으로 사회적인 것이 된다면, 엄청나게 포교의 힘을 얻으리란 것이 더 명확해졌을 것이다.

이를 처음으로 인식했고 그런 방향으로 활발한 조치들을 취한 사울이란 이름을 가진 사람이 등장한다. 그는 전설에 따르면 팔레스티나 출신이 아니라 킬리키아의 타르수스라는 그리스 도시의 유태인 공동체 출신 유태인이었다. 열성적 정신을 가진 그는 처음에는 온 마음을 다해 바리사이 사상에 투신했고 바리사이파 사람으로서 젤롯 사상과 아주 가까웠던 그리스도교 공동체에 맞서 싸우다가 결국에는 본인 이야기에 따르면 하나의 환상을 통해서 그의 잘못을 깨닫게 되어 반대의 극단으로 방향을 바꾸었다. 그는 그리스도교 공동체에 가담하지만 그 안에서 곧바로 비유태인들 가운데 새로운 가르침을 선전할 것과 그들을 유태교도로 개종시키는 일을 포기할 것을 주장함으로써 전통적 관념의 파괴자로서 행동했다.

그가 자신의 히브리식 이름인 사울을 라틴 이름인 바울로로 바꾼 것이 그의 경향을 특징적으로 보여주는 것이다. 그러한 개명은 비유태인 집단들에서 출세하기를 원한 유태인들 중에는 흔했다. 마나세가 자신을 메날라우스라고 부를 수 있었다면, 사울은 왜 바울로가 되면 안 되는가?

바울로의 이야기에 역사적 근거가 있는 어떤 것이 있는지는 오늘날 우리는 더 이상 좀처럼 확실하게 알 수 없을 것이다. 사적인 사건들을 말하는 다른 모든 경우에서처럼 여기서도 신약은 모순투성이이고 불가능한 기적 이야기들로 가득한 믿을 수 없는 사료이다. 그러나 바울로의 개인적 행동들은 부차적 문제이다. 결정적인 것은 그리스도인 공동체의 종전(從前) 관념에 대한 본질적 반대이며, 그는 이를 구체화했다. 이 충돌은 사물의 본성상 생겨난 것이며, 그것은 불가피했다. 사도행전이 개별적 우발사건들에 대하여는 아무리 신뢰할 만하지 못하다 할지라도 공동체 안에서의 두 경향 간의 투쟁 사실은 우리에게 알려주고 있다. 사실, 사도행전은 이 투쟁에서 생겨난 책으로서 명확한 목적을 염두에 두고 쓰였다. 바울로적 경향을 위한 선전을 하면서도 두 진영 간의 상충을 덮고 완화하려고 노력하는 것이 목적이었다.

처음에 새로운 경향은 몇 가지 사항에서만 관용을 요구한 온건한 움직임이었을 것이며, 이는 원공동체가 너그럽게 눈 감아 줄 수도 있는 수준이었다. 실제로는 치열한 투쟁이 일어났는데도 장밋빛으로 색칠을 하고 평화의 모습을 그린 사도행전의 설명에서는 최소한 그렇게 보일 것이다.*

그래서 시리아에서 바울로가 선동하던 시기에 대해 사도행전은 이렇게 이야기한다.

"유다에서 몇몇 사람이 (시리아로) 안티오키아에 내려와 교우들에게 모세의 율법이 명하는 할례를 받지 않으면 구원을 받지 못한다고 가르치고 있었다. 그래서 바울로와 바르나바 두 사도와 그들 사이에 격렬한 의견 충돌과 논쟁이 벌어졌다. 그러다가 결국 교회는 바울로와 바르나바와 몇몇 신도들을 예루살렘에 보내어 다른 사도들과 원로들에게 이 문제를 의논하게 하였다. 그들은 교회의 전송을 받고 떠나 페니키아와 사마리아를 거쳐 가면서 이방인들이 개종한 이야기를 들려주었다. 그리하여 그곳 모든 교우들에게 큰 기쁨을 주었다. 예루살렘에 도착한 그들은 사도들과 원로들을 비롯한 온 교회의 환영을 받았다. 그리고 하느님께서 그들을 도와 이루어 주신 일들을 모두 보고하였다. 그런데 바리사이파에 속했다가 신도가 된 사람 몇이 나서서 '이방인들에게도 할례를 주고 모세의 율법을 지키도록 일러주어야 합니다' 하고 말하였다."(사도행전 15장 1-5절)

이제 사도들과 장로들이 한데 모였다. 말하자면 그들이 도당의 지도자들이었다. 베드로와 야고보는 화해시키는 연설을 행하고 결국 유다 바르나바와 실라, 형제들 중의 지도자인 자들을 같이 시리아로 보내어 그곳의

---

* Bruno Bauer, *Die Apostelgeschichte, eine Ausgleichung des Paulinismus und des Judentums innerhalb der christlicher Kirche*, 1850을 참조하라.

형제들에게 "다음 몇 가지 긴요한 사항 외에는 여러분에게 다른 짐을 더 지우지 않으려는 것이 성령과 우리의 결정입니다. 여러분은 우상에게 바쳤던 제물을 먹지 말고 피나 목졸라 죽인 짐승도 먹지 마시오. 그리고 음란한 행동을 하지 마시오"라고 말해 주도록 할 것이 결정되었다. 그 지도자들은 이방인 개종자들의 할례는 포기했다. 그러나 자선사업은 포기해서는 안 된다는 것이었다: "한 가지 그들이 우리에게 요구한 것은 가난한 사람들을 기억해 달라는 것이었는데 그것은 바로 내가 전부터 열심히 해오던 일이었습니다."(2장 10절) 이는 바울로가 갈라디아인들에게 보낸 편지에서 그에 대하여 이야기한 것이다.

구제 활동은 유태와 이방의 그리스도인들에게 똑같이 핵심에 놓였다. 그것은 토론 사항이 아니었다. 그 이유 때문에 그것에 대해서는 거의 전적으로 논쟁적인 그들 문헌에 별로 언급이 없다. 이렇게 언급되는 일이 드물다고 해서 그것이 원시 그리스도교에서 아무 역할을 하지 못했다고 결론을 내리는 것은 잘못이다. 구제 활동은 단지 그리스도교의 내적 분열에서는 역할을 하지 않았던 것이다. 이 분열은 화해의 모든 시도들에도 불구하고 커져 갔다.

앞서 언급한 갈라디아인들에게 보낸 바울로의 편지는 할례의 옹호자들을 기회주의적인 고려에 따라 처신하는 자들이라고 고발한다: "인간적인 겉치레만을 일삼는 자들은 여러분에게 할례를 강요하고 있습니다. 그들은 오직 그리스도의 십자가 때문에 받는 박해를 면하려고 그러는 것뿐입니다."(6장 12절)

우리가 방금 언급한 예루살렘 대회 후에 사도행전에서는 바울로가 그리스를 돌며 전도 여행을 하는 것으로 묘사되어 있다. 이는 역시 이방인 포교를 위한 것이었다.

"그들은 그 보고를 듣고 하느님을 찬양하며 바울로에게 이렇게 말하였다. '아시겠지만 유다인들 가운데서도 예수를 믿는 사람이 대단히 많습니다. 그들은 모두 율법을 지키는 데 골몰한 사람들입니다. 그런데 그들은 당신이 이방인들 가운데서 사는 모든 유다인들에게 모세를 배척하고 자식들에게 할례도 베풀지 말고 유다인의 풍속을 지키지도 말라고 가르친다는 말을 전해 듣고 있습니다.'"(사도행전 21장 20절 이하)

바울로는 이제 그 혐의를 스스로 벗고 자기가 여전히 경건한 유태인임을 보이라는 요구를 받는다. 그는 기꺼이 그렇게 하려고 하지만 그를 반대하는 유태인들이 들고 일어나서 하지 못한다. 유태인들은 민족의 반역자로서 그를 죽이고 싶어 한다. 로마 정부는 그를 일종의 보호관찰 상태로 두고 결국에는 그를 로마로 보낸다. 그곳에서 그는 예루살렘에서와는 달리 거리낌 없이 그의 선동 활동을 수행할 수가 있었다: "아무런 방해도 받지 않고 하느님 나라를 아주 대담하게 선포하며 주 예수 그리스도에 관하여 가르쳤다."(사도행전 28장 31절)

## 유태인들과 그리스도인들 간의 대립

이방의 그리스도인들의 수가 증가함에 따라 그들이 자기 의견을 더욱 강하게 내세우게 된 것은 사물의 본성상 당연했다. 그래서 대립이 점점 더 격화되었던 것이 분명하다.

그 대립이 오래 지속되고 마찰 면이 더 많이 있을수록, 두 경향은 서로를 향해 더욱 적대적이 되었을 것이다. 그 대립은 유태공동체와 유태공동체 그 가운데서 거주하던 민족들 간의 대립이 예루살렘의 파괴 전 마지막 수십 년 동안 첨예화됨으로써 더욱 악화되었다. 유태공동체 안의 프롤레타리아 분자들, 특히 예루살렘의 그들은 비유태 민족들, 특히 모든 로마인들에 대하여 점점 더 광적인 증오를 지녀 갔다. 로마인, 이는 가장 잔인한 압제자요 착취자였고, 최악의 적이었다. 헬라인은 로마인의 우군이었다. 유태인을 그들로부터 구별한 모든 것이 이제 이전 어느 때보다 강조되었다. 유태공동체 내에서의 포교에 주된 강조를 둔 자들은 단지 그들의 선전 활동의 필요상 유태적인 특징을 강조하고 모든 유태교의 계율들을 고수하지 않을 수 없었다. 이는 그들이 처음부터 주변 환경의 영향하에서 이끌리던 경향이었다.

유태인들이 자신들을 압제한 민족들에 대해 품은 광적인 증오가 성장한 것과 똑같은 정도로 그 민족들의 대중 가운데서 유태인에 대한 질시와 경멸도 커져 갔다. 이는 이번에는 이방인 그리스도인들과 그들 중에서 선전 활동을 수행하던 자들로 하여금 그들 자신에 대하여 유태교 계율로부터의 자유를 요구하도록 유도했을 뿐 아니라 그 계율들을 점점 더 날카롭게 비판하도록 했다. 유태 그리스도인과 이방 그리스도인 간의 대립은 이방 그리스도인들 가운데서는 점점 더 유태공동체 자체에 대한 반대로 되었다. 그러나 메시아에 대한 믿음은 십자가에 달린 메시아에 대한 믿음을 포함하여 유태공동체와 너무나 깊이 연관된 것이어서 이방인 그리스도인들로서는 단순히 유태공동체를 도외시할 수는 없었다. 그들은 유태공동체에서 모든 메시아적 예언들과 그 밖의 메시아 대망(待望)의 기둥들을 취해 갔지만, 동시에 바로 이 유태공동체에 대해서는 점점 더 적대적으로 되었다. 이는 우리가 이미 그리스도교에서 지적한 많은 모순들에 모순을 하나 더 더하는 것이었다.

우리는 복음서들이 예수가 다윗의 혈통이라는 것에 어떤 가치를 두었는지, 그리고 그 갈릴래아 사람을 베들레헴에서 태어난 것으로 만들기 위해 어떤 괴상한 가정들을 도입했는지를 살펴보았다. 복음서들은 예수의 메시아적 사명을 증언하기 위해 유태인들의 성경에서 계속하여 여러 구절을 인용한다. 다른 한편 그들은 예수가 유태 율법을 폐하려고 한다는 의견에 대하여 항변하게 만든다.

"내가 율법이나 예언서의 말씀을 없애러 온 줄로 생각하지 마라. 없애러 온 것이 아니라 오히려 완성하러 왔다. 분명히 말해 두는데, 천지가 없어지는 일이 있더라도 율법은 일 점 일 획도 없어지지 않고 다 이루어질 것이다."(마태오 5장 17절 이하; 루가 16장 16절)

예수는 그의 제자들에게 이렇게 명령한다: "이방인들이 사는 곳으로도 가지 말고 사마리아 사람들의 도시에도 들어가지 마라. 다만 이스라엘 백성 중의 길 잃은 양들을 찾아가라."(마태오 10장 5절 이하)
여기에는 유태교 바깥에서의 포교가 직접적으로 금지된다. 예수는 마태오복음에서 비록 약간 더 온건하기는 하지만 페니키아 여자(마르코복음에는 시로페니키아 출신의 그리스 여인)에게 비슷하게 자신을 표현한다. 그녀는 예수에게 다음과 같이 간청했다.

" '다윗의 자손이시여, 저에게 자비를 베풀어 주십시오. 제 딸이 마귀가 들려 몹시 시달리고 있습니다' 하고 계속 간청하였다. 그러나 예수께서는 아무 대답도 하지 않으셨다. 그때에 제자들이 가까이 와서 '저 여자가 소리를 지르며 따라오고 있으니 돌려보내시는 것이 좋겠습니다' 하고 말씀드렸다. 예수께서는 '나는 길 잃은 양과 같은 이스라엘 백성만을 찾아 돌보라고 해서 왔다' 하고 말씀하셨다. 그러자 그 여자가 예수께 다가와서 꿇어 엎드려 '주님, 저를 도와주십시오' 하고 애원하였다. 그러나 예수께서는 '자녀들이 먹을 빵을 강아지에게 던져 주는 것은 옳지 않다' 하며 거절하셨다. 그러자 그 여자는 '주님, 그렇긴 합니다마는 강아지도 주인의 상에서 떨어지는 부스러기는 주워 먹지 않습니까?' 하고 말하였다. 그제 야 예수께서는 '여인아! 참으로 네 믿음이 장하다. 네 소원대로 이루어질 것이다' 하고 말씀하셨다. 바로 그 순간에 그 여자의 딸이 나았다."(마태오 15장 22절 이하; 마르코 7장 25절 이하)

여기서 물론 예수는 양보를 한다. 그러나 처음에 그는 그리스 여인에게 아주 몰인정하다. 그녀가 그를 유태교의 메시아 신앙의 의미에서 다윗의 자손이라고 부르는 데도 단지 그녀가 유태인이 아니라는 이유에서이다.

끝으로 예수가 그의 제자들에게, 그의 미래의 나라에서 그들은 열두 보좌에 앉아 이스라엘의 열두 부족을 심판하리라고 약속할 때 그것은 철저 히 유태적인 사고방식이다. 이 전망은 오직 유태인에게만, 실로 유대아에 있는 유태인에게만 굉장히 매력적인 것으로 여겨졌을 것이다. 이방인들에 대한 포교에서 그것은 무익했다.

복음서들이 유태공동체의 메시아 신앙의 그런 강한 흔적들을 보전했지만, 동시에 그 저자들과 개작자들에게 영감을 준 유태공동체에 대한 질시 의 폭발을 여과 없이 보여준다. 예수는 경건한 유태인에게 소중한 모든 것들에 계속 맞서 싸우고 있다. 단식, 음식 관련 율법, 안식일 등. 그는 유 태인들보다 이방인을 추켜세운다.

"잘 들어라. 너희는 하느님의 나라를 빼앗길 것이며 도조(賭租)를 잘 내는 백성들이 그 나라를 차지할 것이다."(마태오 21장 43절)

예수는 심지어 유태인들을 저주하기까지 한다.

"예수께서 기적을 가장 많이 행하신 동네에서 회개하지 않으므로 그 동네들을 꾸짖으셨다. '코라진아, 너는 화를 입으리라. 베싸이다야, 너도 화를 입으리라. 너희에게 베푼 기적들을 띠로와 시돈에서 보였더라면 그들은 벌써 베옷을 입고 재를 머리에 들쓰고 회개하였을 것이다. 그러니 잘 들어라. 심판 날에 띠로와 시돈이 너희보다 오히려 가벼운 벌을 받을 것이다. 너 가파르나움아! 네가 하늘에 오를 성싶으냐? 지옥에 떨어질 것이다. 너에게 베푼 기적들을 소돔에서 보였더라면 그 도시는 오늘까지 남아 있었을 것이다. 그러니 잘 들어라. 심판 날에 소돔 땅이 너보다 오히려 더 가벼운 벌을 받을 것이다.'"(마태오 11장 20절 이하)

이 말씀들은 유태인들에 대한 직접적 증오를 보여준다. 여기서는 더 이상 유태교 내의 한 종파가 같은 민족의 다른 종파들에 대해서 비판하는 것이 아니다. 여기서 유태 민족 자체가 도덕적으로 열등한 것으로 낙인찍히며, 특히 패역하고 완고한 민족으로 제시된다.

이는 예수가 직접 말한 것으로 되어 있는 예루살렘의 파괴에 관한 예언들에서도 나타난다. 물론 이 예언들은 사건 발생 후에 날조된 것이다.

유태 전쟁은 유태공동체가 적들에게 얼마나 강하고 위험한지를 보여준 것으로서, 이 광포한 자포자기적 폭력 사태의 발발은 유태공동체와 이방인들 간의 대립을 최고조로 만들었다. 그것은 19세기의 6월 학살과 빠리 꼬뮌이 19세기의 프롤레타리아 계층과 부르주아 계층 간의 계급 증오에 미친 영향과 같은 수준이었다. 그것은 또한 유태적 그리스도교와 이방 그리스도교 간의 골을 깊게 했지만, 또한 유태적 그리스도교의 발 디딜 기반을 빼앗았다. 예루살렘의 파괴를 통해서 유태의 프롤레타리아 계층의 독립적 계급 운동은 그 토대를 상실했다. 그러한 운동은 민족의 자주성을 그 전제 조건으로 한다. 예루살렘의 파괴 후에 유태인들은 오직 외국에만, 그들 모두를 부자와 가난한 자 할 것 없이 미워했고 박해한 적들 사이에서만 존재했다. 이들에 대항하여 모든 유태인들은 굳게 단결해야 했다. 부자들의 가난한 동포들에 대한 자선은 그러므로 유태공동체에서 정점에 도달했고 민족적 연대의 감정은 계급 대립을 훨씬 능가했다. 그래서 유태 그리스도교는 점차 그 포교의 힘을 잃었다. 그 후로 그리스도교는 점점 더 전적으로 이방 그리스도교가 되어, 유태공동체 내의 한 당파로부터 유태공동체 바깥의 한 당파로, 참으로 유태공동체와 대립하는 당파로 변모했다. 점점 더 그리스도교적 정서와 반유태적 정서는 동일한 개념으로 되어 갔다.

유태공동체의 몰락과 함께 유태 민족의 메시아에 대한 희망은 그 토대를 잃었다. 그 희망은 여전히 수십 년간을 지속하면서 여전히 죽음의 경련을 일으킬 수 있었으나, 정치적·사회적 발전의 촉발 요인이었던 유태 수도의 멸망으로 치명상을 입었다.

이는 이방 그리스도인들의 메시아적 희망에는 해당이 안 되었다. 이들은 유태의 민족 정서에서 벗어나 있었고, 유태 민족의 운명에 개의치 않았기 때문이다. 메시아 관념은 이제 십자가에 달린 메시아라는 형태로만, 유태공동체 외부의 메시아, 그리스어로 번역된 메시아, 곧 그리스도라는 형태로만 그 생명을 유지했다.

사실상 그리스도인들은 메시아에 대한 유태교적 기다림의 파산을 의미한 소름 끼치는 사태를 그들의 그리스도의 승리로 전환시킬 수 있었다. 예루살렘은 이제 그리스도의 적으로 등장했으며, 예루살렘의 파괴는 유태공동체에 대한 그리스도의 복수로, 그의 승리하는 위력을 보여주는 무서운 증거로 등장했다.

루가는 예수의 예루살렘 입성에 대해 이렇게 말한다.

"예수께서 예루살렘 가까이 이르러 그 도시를 내려다보시고 눈물을 흘리시며 한탄하셨다. '오늘 네가 평화의 길을 알았더라면 얼마나 좋았을까! 그러나 너는 그 길을 보지 못하는구나. 이제 네 원수들이 돌아가며 진을 쳐서 너를 에워싸고 사방에서 쳐들어 와 너를 쳐부수고 너의 성안에 사는 백성을 모조리 짓밟아 버릴 것이다. 그리고 네 성안에 있는 돌은 어느 하나도 제자리에 얹혀 있지 못할 것이다. 너는 하느님께서 구원하러 오신 때를 알지 못하였기 때문이다.'"(루가 19장 41절 이하)

그 후에 예수는 심지어 "임신한 여자들과 젖먹이가 딸린 여자들에게도 멸망을 가져올 예루살렘 붕괴의 날들이 '복수의 날들'(ἐκδικήσεως 에크디케세오스)"이라고 선언한다.(루가 21장 22절)

프랑스 혁명의 9월 도살은 젖먹이 아기들에 대한 복수는 아니었고 잔인한 적에 대항한 방어에 해당했던 것으로서 선한 목자의 이 심판에 비하면 약과이다.

예루살렘의 파괴는 그리스도교 사상에 또 다른 결과들을 가져왔다. 우리는 그때까지 폭력적이었던 그리스도교가 이제 어떻게 평화로운 성격을 띠게 되었는지를 이미 지적한 바 있다. 유태인들에게만 제국시대의 초기에 기운 찬 민중의 힘(Demokratie)이 있었다. 제국의 다른 민족들은 그 당시에 이미 싸울 능력이 없었고 소심해졌다. 심지어 그들 중의 프롤레타리아들도 그러했다. 예루살렘의 파괴는 제국 내의 마지막 민중의 힘을 질식시켰다. 그때부터는 어떤 반란도 전망이 없었다. 그리스도교는 점점 전적으로 이방적인 그리스도교로 되어 갔다. 그것은 그럼으로써 비굴하고 심지어 노예적으로 되었다.

제국에서 지배자는 로마인들이었다. 그들의 비위를 맞추는 것이 무엇보다도 중요했다. 초대 그리스도인들이 유태 애국자들이고 일체의 외세 지배와 착취에 대한 적이었다면, 이방 그리스도인들은 그들의 유태인 증오에 로마 체제와 제국의 조정(朝廷)에 대한 존경까지 더하였다. 이는 복음서들에서도 찾아볼 수 있다. '율법학자들과 대사제들'이 그리스도에게 보내어 예수에게 반역적인 언사를 내놓도록 꾀인 *끄나풀*들의 이야기가 유명하다.

"그래서 그들은 기회를 엿보다가 밀정들(ἐγκαθέτους 엥카테투스)을 선량한 사람처럼 [즉 예수의 동지들인 체] 꾸며 예수께 보냈다. 그들은 예수의 말씀을 트집잡아 사법권을 쥔 총독에게 넘겨서 처벌을 받게 하려는 것이었다. 그들은 예수께 이렇게 물었다. '선생님, 우리는 선생님의 말씀과 가르침이 옳다는 것을 압니다. 또 선생님은 사람을 겉모양으로 판단하지 않으실 뿐더러 하느님의 진리를 참되게 가르치신다는 것도 압니다. 그런데 우리가 카이사르에게 세금을 바치는 것이 옳습니까? 옳지 않습니까?' 예수께서는 그들의 간교한 속셈을 아시고 '데나리온 한 닢을 나에게 보여라. 그 돈에 누구의 초상과 글자가 새겨져 있느냐?' 하고 물으셨다. '카이사르의 것입니다' 하고 그들이 대답하자 '그러면 카이사르의 것은 카이사르에게 돌리고 하느님의 것은 하느님께 돌려라' 하고 말씀하셨다." (루가 20장 20절 이하)

예수는 여기서 화폐와 조세에 대한 훌륭한 이론을 전개한다. 동전은 그 인물상과 글자를 거기 새겨 넣은 사람에게 속한다. 세금을 바치는 것은 황제에게 그 자신의 돈을 돌려주는 것일 뿐이다.

똑 같은 정신이 이방 그리스도인 포교의 선구자들의 글에도 흐른다. 바울로가 로마인들에게 보낸 편지에는 다음과 같이 되어 있다.

"누구나 자기를 지배하는 권위에 복종해야 합니다. 하느님께서 주시지 않은 권위는 하나도 없고 세상의 모든 권위는 다 하느님께서 세워 주신 것이기 때문입니다. 그러므로 권위를 거역하면 하느님께서 세워 주신 것을 거스르는 자가 되고 거스르는 사람들은 심판을 받게 됩니다. … 그[지배자]는 공연히 칼을 차고 있는 것이 아닙니다. 그는 하느님의 심부름꾼으로서 악을 행하는 자들에게 하느님의 벌을 대신 주는 사람입니다. 그러므로 하느님의 벌이 무서워서뿐만 아니라 자기 양심을 따르기 위해서도 권위에 복종해야 합니다. 여러분이 여러 가지 세금을 내는 것도 이 때문입니다. 통치자들은 그와 같은 직무들을 수행하도록 하느님의 임명을 받은 일꾼들입니다. 그러므로 여러분은 그들에게 해야 할 의무를 다하십시오. 국세를 바쳐야 할 사람에게는 국세를 바치고 관세를 바쳐야 할 사람에게는 관세를 바치고 두려워해야 할 사람은 두려워하고 존경해야 할 사람은 존경하십시오." (13장 1절 이하)

이는 그의 제자들에게 칼을 사라고 명하고, 부자와 권세 있는 자에 대한 증오를 설교하던 예수와 벌써 얼마나 다른가, 요한묵시록에서 로마와 로마에 결부된 왕들을 더 없이 통렬히 저주하는 그리스도교와 얼마나 다른가: "무너졌다! 대바빌론이 무너졌다! 바빌론은 악마들의 거처가 되고 더러운 악령들의 소굴이 되었으며 더럽고 미움받는 온갖 새들의 집이 되었다. 모든 백성이 그 여자의 음행으로 말미암은 분노의 포도주를 마셨고 세상의 왕들이 그 여자와 놀아났으며 세상의 상인들이 그 여자의 사치 바람에 부자가 되었기 때문이다. … 그 여자와 함께 음란한 일을 하고 방탕한 생활을 한 세상의 왕들은 그 여자를 태우는 불의 연기를 보고 가슴을 치며 통곡할 것입니다." (18장 2절 이하)

사도행전의 기본적인 논조는 십자가에 달린 메시아 교리에 대한 유태공동체의 적대감과 로마인들이 이 교리를 수용했다는 것에 대한 강조이다. 예루살렘의 멸망 후에 그리스도교가 바랐거나 상상한 그것이 사도행전에서는 사실로서 표현된다. 이 책에 따르면 예루살렘에서 그리스도교의 포교는 유태인들에게 점점 더 탄압을 받았다. 유태인들은 할 수 있는 곳에서는 어디서든 그리스도인들을 박해하고 돌을 던지는 반면에 로마 당국은 그들을 보호한다. 우리는 바울로가 예루살렘에서는 심각하게 위협을 받았지만, 로마에서는 방해받지 않고 자유롭게 말할 수 있었다고 이야기하는 것을 살펴보았다. 로마에서는 자유이고 예루살렘에서는 무력 탄압이다!

유태인 증오와 로마인들에 대한 아첨은 그리스도의 고난과 죽음 이야기인, 수난 이야기에서 가장 명백하다. 그 안에서 우리는 이야기의 원래 내용이 새로운 경향들의 영향 속에서 어떻게 그 반대로 바뀌었는지를 명확히 인식할 수 있다.

수난 이야기는 복음서 역사 서술의 가장 중요한 부분이고 역사라는 것을 말할 수 있는 유일한 부분이며, 또한 초대 그리스도인들이 역사를 기술한 방식을 명확히 그려 주는 것이기 때문에 이제 그것을 집중적으로 살펴보려고 한다.

# 제4장

# 그리스도의 수난 이야기

복음서들에서 우리가 예수의 생애에서 실제 사실로서 어떤 개연성이라도 가진 것으로 확인할 수 있는 것은 아주 적다. 그의 탄생과 죽음이 그것이다. 이 두 사실은 입증이 될 수 있다면 예수가 실존 인물이었고 단지 신화적 인물은 아니었다는 것을 증명해 주지만 이는 역사적 인물에 대한 가장 중요한 것, 그의 탄생과 죽음 사이에 그가 전개한 활동에 대해서는 아무런 조명도 해 주지 않는 것들이다. 복음서들에서 그의 활동에 대한 보도로서 제시하는 도덕적 격언들과 기적들의 뒤엉킴은 있을 수 없는 것들, 공공연하게 날조된 것들을 아주 많이 포함하고, 다른 어떤 증거에 의해 확인될 수 있는 것은 아주 적게 포함하여 사실적 사료로는 활용할 수 없을 정도이다.

예수의 탄생과 죽음에 대한 증언들에서도 사정은 별로 낫지 못하다. 그러나 여기서는 정녕 이 증언들이 날조의 쓰레기더미 밑에 숨겨진 사실의 핵심을 지닌다고 주장할 어떤 이유가 있다. 확실히 날조하지는 않았을 듯한, 그리스도교에는 아주 불편한 자료를 그 이야기들이 담고 있다는 사실에서 이미 우리는 그런 결론에 도달할 수가 있다. 그 자료는 복음서 기록자의 지지자들 사이에서 너무나 잘 알려져 있고 또 받아들여지던 것이어서, 자주 그렇게 했던 것처럼 양심의 가책도 없이 그들 자신의 날조물로 감히 대체할 수는 없는 것들이었다.

이러한 사실들 중 하나가 예수가 갈릴래아 출신이라는 것이다. 이는 그의 다윗-메시아적 정통성을 주장하는 데는 아주 불편한 것이었다. 메시아는 최소한 다윗의 도시 출신이어야 했다. 우리는 그 갈릴래아 사람에게 이 출생지를 지정해 주기 위해서 어떤 이상한 꾀를 써야 했는지를 살펴본 바 있다. 예수가 메시아 신앙에 홀린 한 공동체의 상상의 산물에 불과했다면, 그들은 그를 갈릴래아 사람으로 만들려고 생각하지는 않았을 것이다. 그러므로 그가 갈릴래아 출신이라는 것, 따라서 그가 실존 인물이었다는 것은 최소한 개연성이 높은 것으로 받아들일 수 있다. 그가 십자가에서 죽었다는 것도 마찬가지이다. 우리는 그가 무장 봉기를 계획했고 그 때문에 십자가 형을 받았다는 것을 암시해 주는 구절들이 복음서들에서 여전히 발견될 수 있다는 것을 살펴보았다. 이 역시 아주 당혹스러운 사실이어서 그것이 창작되었을 가능성은 거의 없다. 그것은 그리스도교가 그 자신을 성찰하기 시작하고 그 기원에 대한 역사를 쓰던 당시에, 비록 그것이 역사적 목적에서는 물론 아니라 호교적이고 포교적인 목적에서 쓴 것이기는 하지만 아무튼 그 당시에 그리스도교 안에 지배적이던 정신과는 너무 강하게 모순을 이루었다.

메시아가 십자가 처형을 당한다는 것은 유태교적 사고에서는 아주 생소한 관념이었다. 그것은 승전한 영웅의 온갖 영광 속에 있는 메시아만을 상상할 수 있었기 때문이다. 그래서 십자가에 달린 메시아라는 관념에 발판을 만들어 주는 데는 실제 사태, 그 지지자들에게 지울 수 없는 인상을 주었던 선한 목적을 위한 투사의 순교가 필요했을 것이다.

이방인 그리스도인들이 그 십자가에서의 죽음 이야기를 받아들였을 때, 그들은 거기서 곧 마음에 들지 않는 부분을 발견했다. 그 이야기에서는 예수가 유태인의 메시아, 유태인들의 왕으로서, 곧 유태 독립의 옹호자요 로마의 권위에 대한 반역자로서 로마인들에 의해 십자가 형을 받았다고 말했던 것이다. 에루살렘의 멸망 후에 이 이야기는 이중으로 불편한 것이 되었다. 그리스도교는 유태공동체와 완전히 대립되는 것이 되어 있었으며, 유태공동체와 달리 로마 당국과는 좋은 관계를 유지하고자 했다. 이제는 그 이야기를 각색하여 그리스도의 십자가 형의 책임이 로마인들에게서 유태인들에게로 옮겨지도록 하고 그리스도 자신은 어떠한 폭력 혐의에서도 벗어나도록 할 뿐 아니라 유태 애국심이나 로마에 대한 적대감의 어떠한 감정에서도 벗어난 것으로 만드는 것이 중요했다.

그러나 복음서 기자들은 그 시대의 무지한 민중들과 거의 마찬가지로 무지했기 때문에 원래의 그림에 대한 각색은 극히 이상한 혼합물을 낳게 되었다.

아마도 복음서들의 어디에서도 거의 2천 년 동안 항상 그리스도교 세계에 최고로 큰 영향을 주었고 그 상상력을 가장 많이 불어넣은 그 부분에서보다 모순과 터무니없는 내용이 더 많은 부분을 찾아볼 수 없을 것이다. 그리스도의 수난과 죽음만큼 자주 그려진 주제도 거의 없다. 그러나 이 이야기는 냉정한 검증을 버티어 내지 못하며, 예술답지 못한 조잡한 효과들의 무더기를 이룬다.

그리스도교 세계의 최고로 위대한 정신들마저 복음서 저자들의 허무맹랑하기 짝이 없는 가필에 무감각하게 만들어, 그 결과로 위대한 신조를 위한 모든 순교처럼 그리스도의 십자가 처형에 있는 원래의 비극이 이 모든 잡동사니에도 불구하고 항상 그 영향력을 발휘하도록 했고, 가소롭고 황당한 것에도 드높은 영광을 부여하도록 한 것은 습관의 힘일 뿐이다.

고난 이야기는 예수의 예루살렘 입성으로 시작한다. 그것은 왕의 개선 행렬이다.* 민중이 그를 만나러 나오고 어떤 이들은 그가 지나가는 길에 옷을 깔고 다른 이들은 나뭇가지를 꺾어 길을 쓸고 모두가 그에게 환호한다.

> "호산나! [우리를 도우소서] 주의 이름으로 오시는 이여, 찬미받으소서! 우리
> 조상 다윗의 나라가 온다."(마르코 11장 9절 이하)

이것은 왕들이 유태인들 사이에 영접을 받던 방식이었다.(열왕기하 9장 13절의 예후와 비교해 보라.)

모든 평민이 예수를 따른다. 귀족 계층과 부르주아 계층, "대사제들과 율법학자들"만이 그에게 적대적이다. 예수는 독재자처럼 행동한다. 그는 아주 강해서 어떤 저항도 받지 않고 성전에서 장사꾼들과 환전상들을 쫓아낼 수가 있다. 이 유태공동체의 안마당에서 그는 아무런 제한도 받지 않고 다스린다.

물론 이것은 복음서 기자 쪽의 허황된 이야기일 뿐이다. 예수가 그런 권능을 지녔다면 그것이 주목받지 못한 채로 넘어가지는 않았을 것이다.

---

* "호기심을 유발하는 것으로서 우리는 예수가 두 마리의 짐승을 동시에 타고 들어오게 함으로써 마태오가 일으키는 문헌상의 기적을 지적할 수 있다."(Bruno Bauer, *Kritik der Evangelien*, III, S. 114). 전통적 번역은 이 기적을 은폐한다. 그래서 루터는 다음과 같이 번역한다.(마태오 21장 7절), "그리고 어미나귀와 새끼나귀를 끌어다가 그 위에 겉옷을 얹으니 예수께서 올라타셨다." 그러나 원문은 이렇게 말한다: "그리고 어미나귀와 새끼나귀를 끌어다가 그 둘 위에 (ἐπ᾽ αὐτῶν 에프 아우톤) 옷을 얹고 그 둘 위에(ἐπάνω αὐτῶν 에파노 아우톤) 그를 태웠다." 그리고 얼마든지 자유롭게 가필을 하던 상황에서도 이는 수 세기에 걸쳐 필사자에게서 필사자에게로 그대로 전해져 왔다. 이는 복음서의 편집자들의 생각 없음과 멍청함의 증거이다.

극히 사소한 세부 사항까지도 이야기하는 요세푸스 같은 저자가 그것을 알아서 언급했을 것이다. 게다가 젤롯당원들 같은 예루살렘의 프롤레타리아 분자들도 그 도시를 제한도 받지 않고 다스릴 만큼 결코 강하지 않았다. 그들은 계속 저항에 부딪쳤다. 예수가 사두가이파 사람, 바리사이파 사람들에 맞서 예루살렘에 들어가서 성전을 정화할 뜻이 있었으면 그는 먼저 시가전에서 승리해야 했을 것이다. 유태공동체 내의 다양한 분파들 간의 시가전은 그 당시의 예루살렘에서 매일 벌어지는 일이었다.

그의 입성에 대한 서술에서 주목할 만한 면은 그 이야기에서, 민중이 예수를 "우리 조상 다윗의 나라"를 가져오는 자, 곧 유태 왕국 독립의 회복자로서 영접하는 것으로 되어 있다는 것이다. 이는 예수가 단지 유태공동체 내에서 지배계층들에 대한 반대자만이 아니라 로마인들에 대한 반대자이기도 한 것을 보여준다. 이러한 반대에서 우리가 보게 되는 것은 명백히 그리스도교적 환상이 아니라 유태적인 현실이다.

복음서의 보도는 이제 우리가 이미 다룬 사건들, 제자들에게 무장을 하라고 하는 요청, 유다의 배반, 올리브 산 위에서의 무장 충돌을 이야기한다. 우리는 이미 거기에서 옛 전설의 흔적을 목격하게 되며, 이는 후세에는 수용될 수가 없어서 평화적인 굴복의 의미로 덧칠된 것이라는 것을 살펴보았다.

예수는 붙잡혀서 대사제의 관사로 끌려가 심문을 받는다.

"대사제들과 온 의회는 예수를 사형에 처할 만한 증거를 찾고 있었으나 하나도 얻지 못하였다. 많은 사람이 거짓 증언을 하였지만 그들의 증언은 서로 일치하지 않았던 것이다. … 그때에 대사제가 한가운데 나서서 예수께 '이 사람들이 그대에게 이토록 불리한 증언을 하는데 그대는 할 말이 없는가?' 하고 물었다. 그러나 예수께서는 입을 다문 채 한 마디도 대답하지 않으셨다. 대사제는 다시 '그대가 과연 찬양을 받으실 하느님의 아들 그리스도인가?' 하고 물었다. 예수께서는 '그렇다. 너희는 사람의 아들이 전능하신 분의 오른편에 앉아 있는 것과 하늘의 구름을 타고 오는 것을 볼 것이다' 하고 대답하셨다. 이 말을 듣고 대사제는 자기 옷을 찢으며 '이 이상 무슨 증거가 더 필요하겠소? 여러분은 방금 이 모독하는 말을 듣지 않았습니까? 자, 어떻게 했으면 좋겠소?' 하고 묻자 사람들은 일제히 예수는 사형감이라고 단정하였다."(마르코 14장 55절 이하)

참으로 이상한 심문 절차이다! 법정은 죄수의 체포 직후에, 그것도 밤중에 소집되었으며, 명백히 성전 언덕 위에 있는* 법원 청사가 아닌 대사제의 관사에서 열렸다! 베를린에 있는 왕궁에 설치된 법정에서 열린 독일의 대반역죄 심문 보고서의 신뢰성을 상상해 보라! 이제 거짓 증인들이 예수에게 불리한 증언을 한다. 그러나 아무도 그들을 반대 심문하지 않고 예수가 그들의 고발에 침묵을 지키는 데도 그들은 그의 범죄 사실에 대한 아무런 증거도 제시하지 못한다. 예수는 자기가 메시아라고 시인함으로써 자신의 범죄를 입증한 최초의 사람이 된다. 이제 이 시인이 예수를 기소하는 데 충분하다면, 거짓 증인들을 데려다 놓은 목적은 무엇인가? 그들의 유일한 목적은 유태인들의 사악함을 보여주는 것이다. 사형 선고는 즉시 공표된다. 이는 그 당시의 유태인들이 아주 까다롭게 준수했던 규정된 형식을 위반하는 것이다. 법정은 무죄 판결만 즉시 내릴 수가 있었다. 유죄 판결은 심리 다음날까지 기다려야 했다.

산헤드린은 그래도 그 당시에 사형 선고를 할 권한이 있었는가? 산헤드린은 이렇게 말한다: "성전의 파괴 전 40년간 생사여탈권은 이스라엘

---

* Schürer, *Geschichte des judischen Volkes*, II, S. 211.

로부터 박탈되었다."

이를 확인해 주는 것은 산헤드린이 예수에 대한 벌을 집행하지 않고 그의 심리를 마친 후에 빌라도에게 넘겨서 새로 심문을 받게 했다는 사실에서 발견할 수 있다. 이번에는 로마에 대한 대반역죄의 혐의로 재판을 받는다. 그가 유태인들의 왕이 되려고 했다는 혐의, 즉 유대아를 로마의 지배에서 해방시키려 했다는 혐의였다. 유대인 애국자들의 법정에서는 영예로운 고발이다!

한편, 산헤드린에게 사형 언도를 할 권리가 있었고 그런 판결은 집정관의 인준을 필요로 했을 가능성도 있다.

이제 로마 총독 앞에서 어떤 일이 일어나는가?

"빌라도는 예수께 '네가 유다인의 왕인가?' 하고 물었다. 예수께서는 '그것은 네 말이다' 하고 대답하셨다. 대사제들이 여러 가지로 예수를 고발하자 빌라도는 예수께 '보라. 사람들이 저렇게 여러 가지 죄목을 들어 고발하고 있는데 너는 할 말이 하나도 없느냐?' 하고 다시 물었다. 그러나 예수께서는 빌라도가 이상하게 여길 정도로 아무런 대답도 하지 않으셨다. 명절 때마다 총독은 사람들이 요구하는 죄수 하나를 놓아주는 관례가 있었다. 마침 그때에 반란을 일으키다가 사람을 죽이고 감옥에 갇혀 있던 폭도들 가운데 바라빠라는 사람이 있었다. 군중은 빌라도에게 몰려가서 전례대로 죄수 하나를 놓아달라고 요구하였다. 빌라도가 그들에게 '유다인의 왕을 놓아달라는 것이냐?' 하고 물었다. 빌라도는 대사제들이 예수를 시기한 나머지 자기에게까지 끌고 왔다는 것을 알고 있었던 것이다. 빌라도의 말을 들은 대사제들은 군중을 선동하여 차라리 바라빠를 놓아달라고 청하게 하였다. 빌라도는 다시 군중에게 '그러면 너희가 유다인의 왕이라고 부르는 이 사람은 어떻게 하면 좋겠느냐?' 하고 물었다. 그러자 군중은 '십자가에 못박으시오!' 하고 소리 질렀다. 빌라도가 '도대체 이 사람의 잘못이 무엇이냐?' 하고 물었으나 사람들은 더 악을 써 가며 '십자가에 못박으시오!' 하고 외쳤다. 그래서 빌라도는 군중을 만족시키려고 바라빠를 놓아주고 예수를 채찍질하게 한 다음 십자가 형에 처하라고 내어 주었다."(마르코 15장 2절 이하)

마태오복음에서 빌라도는 군중 앞에서 손을 씻고 다음과 같이 선언하기까지 한다: "너희가 맡아서 처리하여라. 나는 이 사람의 피에 대해서는 책임이 없다." 그러자 모든 사람들이 이렇게 대답한다: "그 사람의 피에 대한 책임은 우리와 우리 자손들이 지겠습니다."

루가는 산헤드린이 예수에게 선고를 내린다는 취지의 말은 결국 하지 않는다. 그들은 다시 빌라도 앞에 고발자들로 등장할 뿐이다.

"그리고 나서 온 의회가 일어나 예수를 빌라도 앞에 끌고 가서 '우리는 이 사람이 백성들에게 소란을 일으키도록 선동하며 카이사르에게 세금을 못 바치게 하고 자칭 그리스도요 왕이라고 하기에 붙잡아 왔습니다' 하고 고발하기 시작하였다. 빌라도가 예수께 '네가 유다인의 왕인가?' 하고 물었다. '그것은 네 말이다' 하고 예수께서 대답하시자 빌라도는 대사제들과 군중을 향하여 '나는 이 사람에게서 아무런 잘못도 찾아낼 수 없다' 하고 선언하였다. 그러나 그들은 '이 사람은 갈릴래아에서 이곳에 이르기까지 온 유다 땅을 돌며 백성들을 가르치면서 선동하고 있습니다' 하고 우겨댔다."(루가 23장 1절 이하)

루가가 진실에 가장 근접했음이 분명하다. 여기서 예수는 빌라도 앞에서 직접 대역죄로 기소된다. 그리고 그는 당당한 용기로 그 죄를 부인하지 않는다. 빌라도에게 자신이 유태인들의 왕인가, 즉 독립 투쟁에서의 지도자인가 하는 질문을 받을 때 예수는 "당신이 그렇게 말하고 있소" 하고 선언한다. 요한복음은 유태인의 애국심의 이 흔적이 얼마나 당혹스러운 것인지를 느끼고 그래서 예수가 이렇게 대답하는 것으로 만든다. "내 왕국은 이 세상 것이 아니다. 만일 내 왕국이 이 세상 것이라면 내 부하들이 싸워서 나를 유다인들의 손에 넘어가지 않게 했을 것이다." 지금의 요한복음은 가장 나중의 복음서이다. 그와 같이 그리스도교 작가들이 원래의 사실을 허구로 만들려는 결심을 하는 데는 상당히 오랜 시간이 걸렸다.

빌라도에게 이 사건은 명백히 아주 단순한 것이었다. 그가 로마 당국의 대표자로서 반란자 예수를 처형시켰다면, 그는 단지 임무를 다한 것뿐이다.

반면에 유태인 군중은 로마의 지배를 조금도 원치 않았고 황제에게 세금 내는 것을 거부하라고 요청한 사람에게 분노할 하등의 이유도 없었다. 예수가 정말로 그랬다면, 그는 그 당시 예루살렘의 인구 중에 지배적인 흐름이던 젤롯당들과 완전히 일치하는 행동을 한 것이다.

우리가 루가복음에서 서술된 고발 내용을 신빙성 있는 것으로 받아들인다면, 사리에 맞게 내려지는 결론은 유태인들이 예수에게 동정적이고 빌라도가 그를 정죄했으리란 것이다.

하지만 복음서들은 어떻게 서술하는가? 빌라도는 예수가 그 죄를 스스로 시인했는데도 그에게서 죄를 조금도 발견하지 못한다. 총독은 피고인이 무죄라고 반복해서 말하고 그가 무슨 나쁜 일을 저질렀느냐고 계속하여 묻는다.

이것만 해도 충분히 이상하다. 그러나 더 이상한 것은 빌라도가 예수의 죄를 인정하지 않는데도 그를 놓아주지 않는다는 것이다.

그 당시에는 이따금씩 집정관이 그 스스로 판결을 하기에는 너무 복잡한 정치적 사건을 만나는 일이 있었다. 그러나 로마 황제의 공직자가 군중에게 피고인을 어떻게 할지 물어서 곤경에서 빠져나오려고 했다는 것은 들어보지 못했다. 그가 스스로 반역자를 정죄하고 싶지 않다면 그는 반역자를 로마에 있는 황제에게 보냈어야 했다. 예를 들어서 이는 집정관 안토니우스 펠릭스(52년-60년)가 행한 일이었다. 그는 예루살렘 젤롯당의 두목, 20년 동안 땅을 소란하게 만든 유격대 두목 엘레아자르를 신변 안전보장을 약속하여 꾀어내어 포로로 잡아서 로마로 보냈다. 그러나 펠릭스는 엘레아자르의 추종자 여럿을 십자가에 매달았다.

빌라도도 예수를 로마로 보낼 수 있었다. 그러나 마태오가 빌라도에게 맡긴 배역은 한마디로 우스운 것이다. 생사여탈권을 가진 티베리우스 황제의 대리자인 로마인 심판관이 예루살렘에 모인 군중에게 자기가 피고인을 석방할 수 있게 해 달라고 간청하고 그들이 거절하는 외침에 대해 "그렇다면 그를 죽여라. 나는 이 일에 죄가 없다"는 말로 대답을 하는 것이다.

이 역할은 역사적인 빌라도에게는 어림도 없는 것이다. 아그립파 1세는 필로에게 보낸 편지에서 빌라도를 "불굴의 무자비한 인물"로 부르고, "뇌물 수수, 폭력 행위, 절도, 악행, 모욕, 계속되는 재판 없는 처형, 끊임없는 무자비한 잔혹 행위"에 대해 그를 비난한다.

그의 잔혹성과 무자비함은 끔찍한 상황을 조성하였고 그것은 로마의 중앙 정부로서도 너무 지나친 것이라서 그를 소환하였다(서기 36년).

그런데 그 사람이 프롤레타리아인 반역자 예수에게 그런 각별한 정의감과 자비심을 보여주었다는 것이며, 피고인에게는 불행한 일이지만 오직 민중을 향한 그의 바보 같은 약한 마음이 그보다 더 컸다는 것이다!

복음서 기자들은 자기들이 로마 총독에게 너무 이상한 배역을 맡기고 있다는 생각이 언뜻 들었을 수도 있겠지만 그것에 문제를 느끼기에는 너무 무지했다. 그들은 그것을 더 믿을 만한 것으로 만들기 위한 뭔가를 찾았다. 그들은 유태인들이 빌라도가 유월절에 죄수 한 명을 석방하는 관행에 익숙해져 있었다고 보도한다. 그리고 그가 이제 그들에게 예수의 석방안을 제안했을 때 그들은 이렇게 대답했다는 것이다. "아니오. 그보다는 살인자 바라빠를 놓아주시오."

복음서들 외에는 그러한 관습이 어디서도 알려진 바가 없다는 것이 이상하다. 그것은 총독들에게 어떠한 사면권도 주지 않은 로마의 제도에도 어긋난다. 그리고 사면권을 일정한 책임 있는 기구가 아니라 우연히 운집했던 군중에게 준다는 것은 어떠한 제대로 된 법에도 반하는 일이다. 이런 식의 법적 조건은 오직 신학자들만이 액면 그대로 받아들일 수 있다.

그러나 우리가 그런 일이 벌어지도록 기꺼이 놓아두고 유태인 군중이 총독의 관저 주위에 우연히 몰려들었을 때 그들에게 그 기이한 사면권이 주어진 것을 기꺼이 수용하더라도 이 사면권이 문제의 사건과 어떤 관련이 있는가 하는 문제가 여전히 생겨난다.

왜냐하면 예수는 아직 법적으로 유효하게 판결을 받지 않았기 때문이다. 본티오 빌라도는 다음의 문제에 직면한다: 예수는 대역(大逆)의 죄가 있는가 없는가? 내가 그의 유죄를 선고해야 하나, 말아야 하나? 그는 다음과 같은 질문으로 대답한다: 여러분은 여러분의 사면권을 그를 위해서 쓰고 싶소, 그렇지 않소?

빌라도는 판결을 해야 한다. 그런데 판결을 하는 대신에 사면권에 호소한다! 그는 예수가 무죄하다고 생각하더라도 그를 석방할 권한이 없는가?

이제 새로운 괴상한 일이 나타난다. 유태인들은 자기들이 사면권을 가지고 있다고 한다. 그들은 그것을 어떻게 행사하는가? 그들은 바라빠의 석방을 요구하는 것에 만족하는가? 아니다. 그들은 예수의 십자가 처형을 요구한다! 복음서 기자들은 한 사람을 사면할 권리가 다른 사람을 정죄할 권리도 발생시킨다고 상상하는 것이 명백하다.

이런 미친 재판 방식은 그에 못지않게 미친 정치 방식과 맞아떨어진다.

복음서 기자들은 예수가 아닌 살인자를 사면할 정도로 예수를 증오하는 군중을 보여준다. 하필이면 살인자를 말이다—이 군중은 사면을 할 더 적당한 대상을 찾지 못했다. 그리고 그 정도로 증오했기 때문에 군중은 예수가 십자가에 매달리게 인도될 때까지 조용히 하지 않는다.

이제 이 사람들이 며칠 전에 그에게 호산나를 외치며 왕으로 인사를 드렸고 그가 가는 길에 겉옷을 깔고 아무런 반대도 없이 한 목소리로 그에게 환호를 보낸 바로 그 군중이라는 것을 생각해 보라. 복음서들에 따르면 귀족들이 예수의 생명을 노린 이유, 낮에 감히 그를 체포하지 못했고 그 대신 밤을 택한 이유였던 것이 바로 군중들의 이 지지도였다. 그리고 이제 바로 이 군중이 똑같이 만장일치로 가장 격렬하고 가장 광적인 증오를 그에 대해서, 모든 유태인 애국자의 눈으로 볼 때는 그를 최고의 영예를 받을 사람으로 만들 범죄로, 유태 나라를 외세의 지배에서 해방시키려는 시도로 고소당한 사람에 대해서 품는다.

이런 경악할 태도의 변화를 일으킨 어떤 일이 일어났는가? 가장 강력한 동기가 그것을 그럴듯하게 만드는 데 필요할 것이다. 그러나 복음서 기자들은 그 주제에 대해 뭔가 이야기라도 하는 한에서는 몇 마디 우스운 문장들로 얼버무린다. 루가와 요한은 아무런 동기도 마련하지 않는다. 마르코는 이렇게 이야기한다: 예수를 반대하도록 "대사제들이 백성을 움직였다." 그리고 마태오는 그들이 "군중을 설득했다"고 말한다.

이런 문구들이 입증해 주는 것은 정치적 감각과 정치적 지식의 마지막 흔적마저 그리스도교 작가들에게 얼마나 심하게 상실되었는가 하는 것뿐이다.

군중이 아무리 성품이 모자랐다고 해도 어떤 근거도 없이 광적인 증오를 품게 유도되지는 않는 법이다. 그 근거는 바보 같은 것일 수도 있고 비열한 것일 수도 있지만 어떤 근거가 있어야 한다. 복음서 기자들의 설명에서는 유태인 군중은 지극히 비루하고 비열한 배역에서 최고로 비열하고 야비한 악당 역할을 능가한다. 왜냐하면 하등의 이유도 없이, 최소한의 동기도 없이 불과 그 전날 경배를 드리던 그 사람의 피를 요구하며 광분하기 때문이다.

우리가 그 시대의 정치적 조건들을 고려할 때는 그 일은 훨씬 더 어처구니없는 것이 된다. 유태공동체는 로마 제국의 거의 모든 다른 지역과 다르게 비상하게 활발한 정치적 생명을 보여주었으며, 그 사회 정치적 대립이 극단적으로 치달은 곳이다. 정치적 당파들이 잘 조직되어 있었고 결코 오합지졸이 아니었다. 젤롯주의는 예루살렘의 하층민들을 완전히 장악하고 끊임없이 사두가이파 사람·바리사이파 사람들과 치열하게 대립했으며, 로마에 대한 최고로 매서운 증오로 가득 찼다. 그들의 최선의 우군이 반체제적인 갈릴래아인들이었다.

사두가이파 사람들과 바리사이파 사람들이 민중의 일부 분자들을 예수에게 반대하도록 "움직이는 데" 성공했더라도 그들은 일사불란한 시위를 조직할 수는 없었으며 잘 해야 치열한 시가전을 하게 할 수 있었을 것이다. 젤롯당들이 로마인들이나 귀족들에게가 아니라 고소당한 반란자에게 격렬한 고함을 지르며 달려들어 광적인 소동을 벌여 반역죄인을 흠모하던 겁쟁이 로마 사령관에게서 그의 처형을 이끌어 냈다는 것인데 이것보다 더 희극적인 상상도 하기 힘들 것이다.

그보다 더 유치한 괴이한 일은 결코 상상된 적이 없다.

복음서 기자들이 이런 탁월한 방법으로 피 흘리기 좋아하는 빌라도를 무고한 어린양으로 제시하고 유태공동체의 선천적인 타락을 무해하고 평화로운 메시아의 십자가 처형의 실질적 원인으로 제시하는 데 성공한 후에 그들의 기력은 고갈되었다. 그들의 창작열은 잠시 꺼지고 옛 설명이 잠정적으로 돌아온다. 예수는 유죄 판결 후에 유태인들이 아니라 방금 자신을 무죄하다고 선언했던 바로 그 빌라도의 병사들에 의해 조롱을 받고 학대를 받는다. 이제 빌라도는 자신의 병사들에게 예수를 십자가에 매달게 할 뿐 아니라 먼저 그를 매질하고 그의 유태 왕국에 대해서 그를 조롱하게 한다. 가시면류관이 그의 머리에 씌워지고 그에게 자주색 망토가 둘러진다. 그러고 나서 병사들은 예수의 얼굴을 때리고 그에게 침을 뱉는다. 마지막으로 병사들은 그의 십자가에 유태인의 왕 예수라고 적힌 팻말을 붙인다.

여기서 그 재앙의 원래의 성격이 다시금 명확히 나타난다. 여기서 로마인들은 예수의 뼈에 사무친 적들이며, 그들의 증오 그리고 조롱의 근거는 그의 대역죄, 그가 유태인의 왕좌를 갈망한다는 것, 로마인들이라는 외세의 지배를 떨쳐버리려는 그의 노력에 있었다.

유감스럽게도 단순한 진실의 가물거리는 빛은 오래가지 못한다.

예수는 죽고, 이제 과제는 일련의 무대 효과에 의해 신이 죽었다는 것을 입증하는 것이다.

"예수께서 다시 한 번 큰 소리를 지르시고 숨을 거두셨다. 바로 그때에 성전 휘장이 위에서 아래까지 두 폭으로 찢어지고 땅이 흔들리며 바위가 갈라지고 무덤이 열리면서 잠들었던 많은 옛 성인들이 다시 살아났다. 그들은 무덤에서 나와 예수께서 부활하신 뒤에 거룩한 도시에 들어가서 많은 사람에게 나타났다."(마태오 27장 50절 이하)

복음서 기자들은 부활한 '성인들'이 예루살렘으로의 집단적 행차 중에 그리고 그 후에 무엇을 했는지, 그들이 생존한 상태로 있었는지 아니면 다시 무덤에 우아하게 누웠는지 보도해 주지 않는다. 아무튼 그런 특이한 사건은 그것을 목격한 모든 이들에게 압도적인 영향을 주고 모든 사람에게 예수의 신성을 확신시켰을 것으로 사람들은 기대했을 것이다. 그러나 유태인들은 지금까지도 완고한 채로 남아 있다. 신 앞에 고개를 숙이는 것은 여전히 로마인들뿐이다.

"백인대장과 또 그와 함께 예수를 지키고 있던 사람들이 지진을 비롯하여 여러 가지 일들이 일어나는 것을 보고 '이 사람이야말로 정말 하느님의 아들이었구나!' 하며 몹시 두려워하였다."(마태오 27장 54절)

그러나 대사제들과 바리사이파 사람들은 이 모든 것에도 불구하고 예수가 거짓말쟁이라고 선언한다.(마태오 27장 63절) 그리고 그가 죽었다가 살아날 때에도, 그것은 우리가 전에 말했던 것처럼, 로마인 목격자들에게 그 기적은 사기라고 하는 말을 퍼뜨리게 하기 위해 뇌물을 주는 것 이상의 효과는 내지 못한다.

그와 같이 고난 이야기의 마지막에서 우리는 정직한 로마 병사들을 유태인의 협잡과 비열함의 도구로 만드는 유태인의 타락을 여전히 보게 된다. 이는 가장 고귀한 신의 자비에 악마적인 광분으로 맞서는 것이다.

이 이야기 전체를 통해서 로마인들을 향한 비굴함과 유태인들을 향한 증오의 경향이 아주 굵은 선으로 다수의 황당한 이야기를 동원하여 그려져서 그것은 생각이 있는 사람들에게는 조금도 영향을 주지 못하리라고 생각할 수밖에 없다. 그런데도 우리는 그 이야기가 목적을 달성하는 데는 꽤나 성공했음을 알고 있다. 이 이야기는 신의 영광의 빛으로 조명이 비추어지고, 고귀한 사명을 지닌 당당한 고백자의 순교로 고상하게 만들어져서 수 세기 동안 그리스도교 세계에서 아주 따뜻한 정신의 소유자들 중에서도 그들과 사적으로 관계가 멀고 또 관계를 피하던 유태공동체에 대한 증오와 멸시를 일으키는 최고로 효과적인 수단이었다. 이 이야기는 유태인들을 인간 말종으로, 천성적으로 사악함과 완고함으로 가득 찬 족속으로, 모든 인간적 교제로부터 격리해야 하고 무쇠 손으로 억눌러야 하는 족속으로 낙인찍는 데 기여했다.

그러나 이런 유태공동체에 대한 관념은 유태인들에 대한 일반의 증오와 박해의 시기에 생겨난 것이 아니었다면, 일반적으로 통용되기는 불가능했을 것이다.

유태인들의 권리 박탈에서 태어난 그것은 그 권리 박탈을 한없이 강화했고 연장했고 확장시켰다.

주 예수 그리스도의 고난 이야기로 제시된 것은 실제로는 유태 민족의 수난사의 증거에 불과하다.

제5장

# 그리스도교 공동체의 발달

## 프롤레타리아들과 노예들

우리는 그리스도교의 요소들의 일부인 유일신론과 메시아 사상, 부활에 대한 믿음 그리고 에세네식 공산주의 같은 것들이 유태공동체 안에서 어떻게 생겨났는지, 그 민족의 하층 계급들의 일부가 어떻게 이 요소들의 조합에서 그들의 염원과 희망이 가장 잘 충족된 것으로 보았는지를 살펴보았다. 우리는 나아가서 로마 세계제국의 사회적 유기체 전체를 관통하여 로마 사회를 특히 그 프롤레타리아적 부분에서는 유태공동체에서 유래하는 새로운 경향에 더욱 수용적이 되게 하는 상황들이 어떻게 펼쳐졌는지, 그러나 이런 경향들이 그들이 비유태적 환경의 영향하에 놓이자마자 유태공동체에서 떨어져 나갔을 뿐 아니라 유태공동체에 직접적으로 적대하기까지 했던 과정도 살펴보았다. 그 경향들은 이제 죽어 가는 그리스−로마 세계 내에서 예루살렘 파괴 시까지 유태공동체에서 세를 떨치던 강한 민족적 민주주의 정신을 그 정반대로 바꾸어 그것을 줏대 없는 순종, 노예근성과 죽음을 향한 염원으로 대체한 죽어 가는 그리스-로마 세계의 경향들과 뒤섞였다.

정신생활과 동시에 그리스도교 공동체의 조직도 깊은 변화를 겪었다.

처음에 그 공동체를 관통한 것은 활기차기는 하지만 막연한 공산주의였다. 즉 일체의 사유재산에 대한 배격, 새로운 더 나은 사회 질서를 향한 충동, 즉 그 안에서 모든 계급적 차별이 소유물의 분배에 의해 균형을 이루게 되는 그런 사회 질서를 향한 충동으로 일관했다.

달리 설명이 되지 않는 복음서들의 다양한 폭력적인 구절들이 원래의 전통의 흔적들이라는 가설이 옳다면, 그리스도교 공동체는 원래는 다분히 투쟁하는 조직이었다고 할 수 있다. 그것은 또한 그 시대 유태공동체의 역사적 상황과도 완전히 일치할 것이다.

프롤레타리아적 종파가 일반의 혁명적 분위기에 영향을 받지 않았다면, 그것은 믿을 수 없는 일일 것이다.

혁명, 메시아의 도래, 사회 변혁을 향한 기대가 아무튼 유태공동체 내의 최초의 모든 그리스도교적 조직들을 완전히 가득 채웠다. 현재에 대한 염려와 현실적인 소소한 일은 뒷전에 있었다.

이런 사정은 예루살렘의 파괴 후에 달라졌다. 메시아 공동체에 반체제적 성격을 부여했던 분자들은 패배했다. 그리고 메시아 공동체는 싸울 수도 없고 싸울 의지도 없는 비유태계 프롤레타리아 계층 내의 반(反)유태적 공동체로 점점 바뀌어 갔다. 그 공동체가 오래 지속될수록 그들은 복음서들에서 여전히 찾아볼 수 있는 예언의 성취, 곧 예수의 동시대인들이 살아서 혁명을 보게 될 것이라는 예언의 성취를 더 이상 기대할 수 없다는 것이 더욱 명확해졌다. 지상에서의 '하느님 나라' 도래에 대한 확신은 점점 사라졌다. 하느님 나라는 하늘에서 땅으로 내려왔어야 하는 것이었는데 이제는 점점 더 하늘로 옮겨져 갔다. 몸의 부활은 영혼 불멸로 변형되었고, 불멸하는 영혼에게는 하늘의 복 아니면 지옥의 고통만이 있을 뿐이었다.

미래의 메시아적 기대가 점차 이런 천상의 형태들을 취하여 정치적으로 보수화되거나 무관심해져 감에 따라 현재에 대한 현실적 염려가 전면으로 나왔을 것이다.

그러나 실천적 공산주의는 혁명적 열의가 사그라진 것만큼 변질되었다.

공산주의는 원래 일체의 사유 재산 폐지를 향한 활발하기는 하지만 막연한 충동, 모든 재산을 공유함으로써 동지들의 곤궁한 처지를 해결해 주려는 충동에서 생겨났다.

그러나 그리스도교 공동체들은 에세네주의와 달리 원래 도시적이었고 사실상 주로 대도시 중심이었다는 것 그리고 이것이 그들의 공산주의를 완전하고 지속적으로 만드는 것을 방해했다는 사실을 이미 지적한 바가 있다.

그리스도인들 중에서처럼 에세네인들 중에서도 공산주의는 향유 수단의 공산주의로, 소비 행위의 공산주의로 출발했다. 지금도 시골에서는 소비와 생산이 밀접하게 연관되어 있으며, 그 당시에는 더욱 그러했다. 생산은 자기 자신의 소비를 위한 것이지 시장을 위한 것이 아니었다. 작물 재배, 가축 사육, 가정 운영은 서로 얽혀 있었다. 게다가 대농장도 꽤 가능한 것이었으며, 그 당시에도 대농장이 더 진전된 분업을 할 수 있었고 건물과 설비를 더 잘 활용할 수 있었던 만큼 소규모 영농에 비해 우수했다. 그것은 물론 노예 노동의 단점으로 상쇄되는 것 이상이었다. 그러나 노예를 이용한 경작이 그 당시에 단연 대규모 농업의 가장 흔한 형태였음에도 그것이 유일하게 가능한 형태는 아니었다. 확대된 농민 가족들의 대농장은 이미 농업 발달의 초기에 생겨난다. 그리고 에세네인들도 사해의 거주지와 같은 농촌의 한적한 곳에 거대한 수도원 같은 거주지를 형성한 곳에서 조합 형태의 가족들에 의한 대규모 농업을 창설했던 것으로 보인다. 플리니우스는 이에 대해서 그들이 "야자나무들로 된 사회에서 살았다"고 우리에게 말해 준다.(*Naturgeschichte*, 5, Buch)

그러나 생산의 종류와 양식은 어떠한 사회 구성에서도 결국에는 항상 결정적인 요인이다. 생산 양식에 기초를 둔 구성만이 지속성과 힘을 얻는다.

사회적 혹은 협동조합적 농업이 그리스도교의 발생 시기에 가능하기는 했으나 협동조합적인 도시 공업을 위한 제반 조건은 결여되어 있었다. 도시 공업에서 일하는 근로자들은 노예 아니면 자유로운 가내 근로자였다. 확대된 농민 가족과 같은 자유로운 근로자들이 있는 대기업은 사실상 도시에서는 알려져 있지 않았다. 노예, 가내 근로자, 짐꾼 그리고 다음으로 행상, 작은 점포 운영자, 룸펜프롤레타리아 이런 자들이 공산주의적 경향이 자라날 토양이 될 수도 있던 그 시대의 도시 인구의 하층 계급들이었다. 이들에게는 재화들의 공산주의를 생산의 공산주의로 확장할 수 있는 어떠한 요인도 효과가 없었다. 그것은 출발점부터 소비의 공동체에 머물렀다. 그리고 이 공동체는 본질적으로 오직 식사 시간의 공동체였다. 의복과 주거지는 그리스도교의 탄생지, 혹은 남부와 중부 이탈리아에서는 큰 역할을 하지 않았다. 에세네인들의 공산주의와 같은 전면적인 공산주의도 의복의 공유에 대해서는 시도만 했을 뿐이었다. 사유재산은 이 영역에서는 극복될 수 없다. 주거의 공유화는 대도시에서는 동지들 개개인의 일터가 서로 떨어져 있을수록, 그리고 초대 그리스도교의 시대에는 주택에 대한 투기가 성행해서 집을 사는 데 큰 액수의 돈이 필요할수록 더욱더 달성하기 어려웠다. 통신 수단의 결여는 대도시의 주민들을 한정된 공간에 모이지 않을 수 없게 만들고 이 땅의 소유자들을 주민들 위에 군림하는 절대적 주인으로 만들었다. 주민들은 철저히 강탈을 당한 것이다. 주택들은 그 시대의 기술이 허용하는 한 높이 지어져서 로마에서는 7층 혹은 그 이상이 되었으며, 임대료는 믿기지 않을 만큼의 높이로 치솟았다. 이는 주택 임대업을 그 시대의 자본가들을 위한 인기 있는 투자 형태로 만들었다. 로마 공화국을 사들인 3인 집정관 중 한 사람인 크라수스는 주로 주택 투기로 부자가 된 사람이었다.

대도시의 프롤레타리아들은 이 분야에 관여할 수가 없었다. 이것만으로도 그들이 주택의 공유화를 실행하는 것은 불가능했다. 게다가 그리스도교 공동체는 의심이 많은 제정 정부하에서는 비밀 결사로서밖에 존재할 수 없었다. 공동 주거지는 쉽게 발각이 될 수도 있었다.

그래서 그리스도교 공산주의는 모든 동지들을 위한 지속적인 일반적 제도로서는 공동 식사의 형태로만 나타날 수 있었다.

복음서에서 '하느님 나라' 곧 미래의 국가를 이야기할 때는 거의 유일하게 공동 식사만을 염두에 둔다. 그것은 고대(苦待)되었던 유일한 축복이다. 이 축복이 초대 그리스도인들의 마음을 가장 많이 사로잡았던 것이 명백하다.

이런 식의 실천적 공산주의는 자유 프롤레타리아들에게는 중요했으나, 통상적으로 주인집에 속했고 거기서 먹고 사는, 그것도 아주 빈약하게 먹는 경우가 많은 노예들에게는 별로 의미가 없었다. 소수의 노예들만이 주인의 집 밖에서 살았다. 예를 들어서 주인의 대농장의 소출을 도시에서 판매하는 점포를 지킨 자들이 그런 경우였다.

노예들에게 가장 매력이 있던 면은 메시아에 대한 희망, 보편적인 행복의 왕국에 대한 전망이었음이 틀림없다. 이는 그들이 노예 상태로 남아 있는 한 그들에게 별로 의미가 없는 형태로만 가능했던 실천적 공산주의보다 훨씬 더 매력이 있었다.

우리는 초대 그리스도인들이 노예제에 대해서 무슨 생각을 했는지 모른다. 우리가 살펴본 바대로 에세네인들은 그것을 정죄했다. 필로는 이렇게 이야기한다: "그들 중 아무도 노예가 아니며 모두가 자유 신분이다. 각 사람은 서로가 다른 사람을 위해 일한다. 그들은 노예를 소유하는 것이 불의하고 신앙을 해치는 것일 뿐 아니라 신을 무시하는 것이기도 하고, 모두를 평등하게 형제들로 낳아 준 자연의 질서를 침해하는 것이라고 생각한다."

예루살렘의 메시아 공동체 프롤레타리아들도 비슷한 생각을 했을 가능성이 높다.

그러나 예루살렘의 파괴와 함께 사회 혁명의 전망은 사라졌다. 그리스도교 공동체들의 대변인들은 또한 지배 권력층에 대한 반대세력이라는 어떤 의혹도 사실무근인 것으로 만드는 데 전전긍긍하여 그들의 집단 내에 있을 수도 있었던 어떠한 반체제 성향의 노예들도 잠잠히 지내도록 하려고 했음이 분명하다.

그래서 바울로가 골로사이인들에게 보낸 편지, 우리가 보는 그 편지는 2세기의 '개정판' 내지 위작인데, 그 저자는 예를 들어서 노예들에게 이렇게 말한다: "남의 종이 된 사람들은 무슨 일에나 주인에게 복종하십시오. 남에게 잘 보이려고 눈가림으로 섬기지 말고 주님을 두려워하면서 충성을 다하십시오."(3장 22절)

훨씬 더 강한 말을 베드로의 첫 번째 편지의 작가가 사용한다. 이는 명백히 트라야누스 통치 시기에 작성된 것이다: "하인으로서 일하고 있는 사람은, 주인에게 진정 두려운 마음으로 복종하십시오. 착하고 너그러운 주인에게뿐만 아니라 고약한* 주인에게도 그렇게 하십시오. 억울하게 고통을 당하더라도 하느님이 계신 것을 생각하며 괴로움을 참으면 그것은 아름다운 일입니다. 죄를 짓고 매를 맞으면서 참으면 영예스러운 것이 무

엇입니까? 그러나 선을 행하다가 고통을 당하면서도 참으면 하느님의 축복을 받습니다." (2장 18절 이하)

사실, 2세기의 싹트는 그리스도교 기회주의는 그리스도인 주인들이 공동체의 형제들을 노예로 소유해야 했다는 사실과 맞아떨어졌다. 이는 바울로가 디모테오에게 보낸 첫째 편지가 입증해 주는 바와 같다: "노예들은 자기 주인을 대할 때 깊이 존경하며 섬겨야 할 사람으로 여기십시오. 그래야 하느님이 모독을 당하지 않으실 것이고 우리의 교회가 비방을 받지 않을 것입니다. 그리스도를 믿는 주인을 섬기는 사람들은 주인이 교우라고 하여 소홀히 여기지 말고 오히려 더 잘 섬겨야 합니다. 결국 이렇게 섬겨서 이익을 얻는 사람들은 공동 식사에 함께하는 사람(ἀγαπητοί 아가페토이)들(공동번역에는 '사랑하는 동료 신도들' – 옮긴이)이 아니고 누구이겠습니까?" (6장 1절 이하)

그리스도교가 노예제를 없앴다는 생각보다 틀린 것도 없다. 오히려 그리스도교는 노예제에 새로운 지지를 보냈다. 고대에는 두려움을 통해서만 노예들을 복종시켰다. 그리스도교는 노예의 마지못해 하는 복종을 도덕적 의무로, 기쁨으로 수행해야 할 그 무엇으로 최초로 승격시켰다.

그리스도교는 최소한 혁명적인 것이기를 그친 후에는 더 이상 노예에게 해방의 전망을 제공하지 않았다. 게다가 그 현실적 공산주의는 노예에게 어떤 실익을 제공하는 경우가 아주 드물었다. 노예에게 매력이 있을 수 있었던 것은 오직 '하느님 앞에서의', 즉 공동체 내에서의 평등이었다. 공동체 내에서 모든 동지는 같은 가치를 가질 수 있었고 노예는 그 주인도 같은 공동체에 속했다면, 주인과 나란히 공동의 애찬에 참석하러 올

---

* 스콜리오이스(σκολιοῖς): 이 단어는 불의, 사기성, 음흉함을 포괄한다. 루터는 '변덕스러운'이라고 아주 부드럽게 번역한다.

수 있었다.

칼리스투스는 그리스도인 면천인의 그리스도인 노예로서 로마의 주교까지 되었다(217-222년).

그러나 이런 식의 평등도 더 이상 큰 의미는 없었다. 자유 프롤레타리아 계층이 노예들과 얼마나 가까웠는지를 회상해 보자. 프롤레타리아 계층은 노예들로부터 충원되는 경우가 많았다. 그리고 이제 또 한편으로 황실의 노예들은 고위 공직에 오를 수 있었고 귀족들도 이에 대해 눈살을 찌푸리는 일이 많았다.

그리스도교가 공산주의와 프롤레타리아적 정서에도 불구하고 자신의 집단 내에서도 노예제를 없앨 수 없었다는 사실은 그리스도교가 '이교도적' 고대와 적대적으로 대립했을 수도 있지만, 그 뿌리를 '이교적' 고대에 얼마나 깊이 두고 있었는지, 윤리가 생산 양식의 영향을 얼마나 많이 받는지를 보여준다. 아메리카 독립선언문의 인권이 노예제와 타협한 것과 똑같이 모두를 포용하는 이웃 사랑과 형제애, 메시아 공동체의 하느님 앞에서의 만인 평등도 노예제와 타협했다. 그리스도교는 처음부터 주로 자유 신분의 프롤레타리아 계층의 종교였다. 그리고 이들과 노예들과의 친근성에도 불구하고 고대에는 항상 이들 양자 간 이해관계의 차이가 남아 있었다.

처음부터 자유 프롤레타리아들이 그리스도교 공동체에서 우세하여, 노예들의 이해관계가 언제나 비중 있게 고려되지는 못했다. 이는 그래서 공동체의 흡인력을 자유 프롤레타리아 계층에 대해서보다 노예들에 대해서 더 약하게 만드는 데 기여했고 자유 프롤레타리아 계층의 상대적 비중을 더욱 크게 강화했음이 틀림없다.

경제 발전도 같은 방향으로 진행되었다. 그리스도교 공동체 내에서 혁명적 경향들에 치명타를 가한 바로 그 시기, 곧 예루살렘의 멸망 때 이후로 로마 제국에 새로운 시대가 열렸다. 이는 보편적 평화, 내적 평화의 시대일 뿐 아니라 외적 평화의 시대이기도 했다. 왜냐하면 로마 권세의 팽창력이 사라졌기 때문이다. 전쟁은, 정복 전쟁들과 마찬가지로 내전도 값싼 노예들을 조달한 수단이었다. 그것이 이제 끝나게 된 것이다. 노예들은 희소해졌고 비싸졌다. 노예 경제는 더 이상 이익이 되지 않아 농업에서는 소작제로, 도시 공업에서는 자유 근로자의 노동으로 대체되었다. 노예는 점차 필수품 생산의 도구에서 사치의 도구로 변모했다. 귀족과 부자들에 대한 인적 서비스가 이제 노예들의 주된 기능이 되었다. '노예 정신'이란 말은 이제 점점 더 '비굴한 정신'과 같은 뜻이 되었다. 스파르타쿠스의 시대는 지났다.

노예들의 수는 줄어든 동시에 자유 프롤레타리아들의 수는 대도시에서 증가했기 때문에 노예와 자유 프롤레타리아 간의 대립은 더욱 첨예하게 되었음이 분명하다. 이 두 추세는 그리스도교 공동체 내에서 노예 분자의 영향력을 더욱 축소시키는 경향을 띠었을 것이다. 결국에는 그리스도교에 노예들을 위해 아무것도 남아 있는 것이 없게 된 것도 놀랄 일은 아니다.

이러한 발전은 우리가 그리스도교에서 특수한 계급 이해의 침전(沈澱)을 본다면 완전히 이해할 만하다. 하지만 그것을 순수하게 이상적인 형성물로 본다면 설명이 안 된다. 왜냐하면 그 기본 관념의 논리적 전개는 노예제의 폐지로 나아가야 했을 것이기 때문이다. 그러나 역사 전체를 통해서 논리는 항상 계급 이해 앞에서 정지해 왔다.

## 공산주의의 쇠퇴

노예제의 수용과 아울러 공유 재산제를 공동 식사로 점차 한정하는 것이 그리스도교 공동체가 그 공산주의적 경향들을 실현하려는 노력에서 부닥친 유일한 제약은 아니었다.

이런 경향들은 공동체의 모든 구성원이 그가 소유한 모든 것을 팔아 그 돈을 공동체의 처분에 맡겨 동지들에게 분배하도록 할 것을 요구했다.

그러한 절차는 대규모로는 실행될 수 없었다는 것이 애초부터 명확하다. 그것은 최소한 사회 구성원의 반수 이상이 비신자로 남아 있어야 한다는 것을 전제로 했다. 왜냐하면 그렇지 않으면 신자들의 소유물을 살 사람도 신자들이 필요로 한 음식물을 신자들에게 팔 사람도 없었을 것이기 때문이다.

신자들이 생산이 아니라 분배로 살아가기를 원했다면, 항상 신자들을 위해 생산을 할 충분한 비신자들이 남아 있어야 했을 것이다. 그러나 이 경우에도 그 영광은 신자들이 그들의 모든 소유물을 팔아서 분배하여 다 먹어 치우자마자 유감스러운 종말을 맞게 될 위험에 처했다. 당연히 그때쯤이면 메시아가 구름에서 내려와 '육신'의 모든 어려움들을 극복하도록 도와주어야 했다.

그러나 이를 실증하는 쇼는 결코 일어나지 않았다.

팔아서 분배할 값어치가 있는 무엇이라도 보유한 동지들의 수는 공동체의 초창기에 아주 적었다. 그들은 그것으로 살아갈 수가 없었다. 그들이 지속적인 소득을 올릴 수 있었던 유일한 방법은 각 구성원이 그의 매일의 벌이를 공동체에 가져오는 것이었다. 그런데 동지들이 단지 거지나 짐꾼들만이 아니었던 한에서는, 그들은 뭔가를 벌기 위해서 약간의 재산, 직조공으로서 혹은 도공이나 대장장이로서 생산 수단에 대한 소유, 혹은 가게 운영자나 행상인으로서 판매할 재화의 재고에 대한 소유를 필요로 했다.

기존의 조건하에서는 공동체는 에세네인들처럼 공동의 작업장을 만들어서 스스로 필요로 하는 것들을 생산할 수 없었기 때문에, 즉 상품 생산과 개인적 생산의 영역을 벗어날 수 없었기 때문에 그들은 공산주의적 노력에도 불구하고 생산 수단과 상품 재고의 사유재산제도에 가로막혀 멈추어야 했다.

개별 기업의 수용은 공동 식사에도 불구하고 필연적으로 그와 관련된 분리된 가계 운영, 분리된 가족과 결혼을 결과로 가져왔다. 여기서 우리는 다시 한번 공산주의적 경향의 현실적 결과물로서의 공동 식사로 돌아온다.

그러나 그것이 유일한 결과는 아니었다. 프롤레타리아들은 단결된 힘으로 그들의 빈궁에 대처하려고 뭉쳤다. 그들이 완전한 공산주의를 실현하는 것을 막은 난관들이 생겨났다면, 그 때문에 그들은 비상한 곤경에 처한 개인에게 도움을 주는 상호 부조 기구를 세울 필요를 더욱더 절실히 느꼈다.

그리스도교 공동체들은 서로 간에 연결되어 있었다. 어느 다른 지역에서 한 동지가 와서 머물러 있기를 원하면 공동체는 일을 얻어 주었고, 길을 계속 가기를 원하면 여행 경비를 주었다.

한 동지가 병이 들면 공동체가 돌보았다. 그가 죽으면 그들이 비용을 대어 장례를 치러 주고 그의 과부와 자녀들을 보살폈다. 충분히 흔한 경우로서 그가 감옥에 가면 이번에도 그에게 위로와 도움을 준 것은 공동체였다.

그래서 그리스도교 프롤레타리아 조직은 현대 노동조합의 여러 보험들의 범위에 다소 상응하는 일단의 기능들을 맡아서 수행했다. 복음서에서 영원한 생명에 대한 권리를 주는 것은 이러한 상호 간의 보험의 실행이었다. 메시아가 올 때, 그는 사람들을 미래의 나라의 영광과 영원한 생명에 참여할 자들과 영원한 저주로 떨어질 자들을 나눌 것이라고 한다. 전자의 양떼에게 임금은 이렇게 말할 것이라고 한다.

"너희는 내 아버지의 복을 받은 사람들이니 와서 세상 창조 때부터 너희를 위하여 준비한 이 나라를 차지하여라. 너희는 내가 굶주렸을 때에 먹을 것을 주었고 목말랐을 때에 마실 것을 주었으며 나그네 되었을 때에 따뜻하게 맞이하였다. 또 헐벗었을 때에 입을 것을 주었으며 병들었을 때에 돌보아 주었고 감옥에 갇혔을 때에 찾아 주었다."

의인들은 그때 자신들이 임금을 위해 그런 일들을 결코 한 적이 없다고 대답할 것이다. "그러면 임금은 '분명히 말한다. 너희가 여기 있는 형제 중에 가장 보잘것없는 사람 하나에게 해 준 것이 바로 나에게 해 준 것이다' 하고 말할 것이다."(마태오 25장 34절 이하)

공동 식사와 상호 부조 조직은 아무튼 그 대중을 지속적으로 결속시키는 그리스도교 공동체의 공고한 유대의 끈이었다. 바로 이 상호 부조 기구의 구제 활동에서 원래의 공산주의적 노력을 약화시키고 깨뜨린 추진력이 생겨난 것 같다.

메시아가 곧 영광 중에 오리라는 기대가 수그러듦에 따라, 그리고 상호 부조 기구를 운영할 재원을 확보하는 것이 공동체에서 점차 중요하게 여겨짐에 따라 그리스도교 포교의 프롤레타리아 계급적 성격이 깨어졌고, 부유한 동지들을 끌어들여 그들의 돈을 선한 일에 사용할 수 있도록 하는 노력이 더욱 행해졌다.

공동체가 더 많은 돈을 필요로 할수록 그 선전자들은 부유한 동조자들에게 금과 은으로 된 보물들이 얼마나 헛된 것인지, 영생의 복에 비하면 얼마나 무가치한 것인지를 더욱 열심히 보여주려고 애썼다. 부자들은 그들의 소유를 처분함으로써만 영생의 복을 얻을 수 있다는 것이었다. 그리고 그들의 설교는 특히 재산 소유자 계급에게 닥쳤던 그 일반적인 파흥(破興)과 숙취(宿醉)의 시기에 성공하는 일이 없지 않았다. 그들이 돈으로 살 수 있었던 모든 감각적인 것들을 남김없이 즐긴 뒤에 남아 있는 유일한 자극이 있었는데, 그것은 돈 없이 지내는 것이었다.

중세에 내려오기까지 우리는 이따금 자기의 모든 소유를 가난한 자들에게 주고 거지의 삶을 살아가는 부자들을 계속해서 만나게 된다―대부분은 세상의 모든 쾌락을 흥청망청 맛보고 위장에 탈이 난 후이지만 말이다.

그럼에도 불구하고 그런 사람들의 등장은 공동체가 필요로 한 만큼 자주 일어나지는 않은 행운에 속한 일이었다. 빈곤이 제국 안에서 증가하고 공동체 안에 노동을 통해 자기의 빵을 벌 능력도 의지도 없는 룸펜프롤레타리아들의 수가 더욱 증가함에 따라 공동체의 필요를 충족시킬 수 있도록 부자들을 끌어들일 필요가 더욱 커졌다.

부자가 자신의 전 재산을 사후에 자선 목적으로 공동체에 남기는 것은 그것을 생전에 내놓는 것보다는 달성하기 쉬운 일이었다. 자녀를 두지 않는 것이 그 시대에 널리 유행했으며 친척들 간의 유대는 아주 느슨했다. 자기의 유산을 친척들에게 남기려는 열망도 참으로 작은 경우가 많았다. 다른 한편으로, 자기 자신의 개성에 대한 관심, 개인주의가 높은 수준에 도달해 있었다. 죽은 후에도 개인의 삶이 지속되기를, 그것도 행복하게 지속되기를 바라는 갈망이 고도로 발달했다.

그리스도교 교리는 이런 갈망에 상당히 영합했다. 지상의 그 무엇을 절제하지 않고도 영원한 복된 삶을 달성하는 편리한 방법이 부자에게 열려 있었으니 자신이 죽은 뒤 재산이 더 이상 필요하지 않을 때 재산을 기부하면 되는 것이었다. 그렇지 않아도 그것으로 무엇을 해야 할지 모르는 그의 유산으로 이제 영원한 복락을 살 수가 있었다.

그리스도교 선동가들은 젊고 열정적인 부자들에게 그들이 이끌어 왔던 삶에 대해 느낀 염증을 통해 인상을 심어 주었던 반면에, 노인들과 지친 부자들에게는 그들의 죽음과 그들이 직면한 지옥의 고통에 대한 두려움을 통해서 인상을 심어 주었다. 그때 이후로 현재까지 유산 가로채기는 그리스도인 선동가들이 교회의 훌륭한 위장(胃腸)에 새로운 먹이를 넣어 주는 인기 있는 수단이 되어 왔다.

그러나 공동체의 처음 몇 세기 동안에는 풍부한 상속 재산의 공급은 빈약했으며, 이는 공동체가 비밀 결사여서 법인이 되지 못하고 그래서 직접 상속을 할 수 없었기 때문에 더욱 그러했다.

따라서 부자들이 소유한 모든 것을 가난한 자들에게 나누어주라는 주의 명령을 엄격히 이행하는 데는 동의하지 않을지라도 생전에서부터 공동체를 지원하도록 그들을 끌어들이려는 노력이 이루어졌다. 그 당시에 자본의 축적이 아직 생산 양식에서 어떤 역할도 하지 않았기 때문에, 시혜(施惠)는 부자들 중에서 아주 보편적이었다는 것을 우리는 살펴보았다. 공동체를 위한 부자들의 관심과 공감을 일깨우는 데 성공만 하면, 공동체는 시혜에서 이익을 보고 그로부터 지속적인 소득을 끌어낼 수 있었다. 공동체가 투쟁하는 조직이기를 중단하고 자선 활동이 그 안에서 점점 더 전면으로 나오게 됨에 따라 부자들에 대한 원래의 프롤레타리아적 증오를 누그러뜨리고 부자들이 비록 부자로 남아 있고 자신의 소유에 집착하더라도 공동체에 머물러 있는 것이 부자들에게 매력적인 것이 되게 하려는 경향이 더 강해졌다.

공동체의 세계관—옛 신들의 포기, 유일신론, 부활 신앙, 구세주의 기대—이런 것들은 그 시대의 일반의 열망에 상응한 것이었으며, 그리스도교의 가르침을 상류 사회에서조차 환영받게 했음이 틀림없다.

또 다른 한편으로 대중의 곤경이 커지는 것을 보고, 부자들은 그것을 억제할 방법들을 찾았다. 이는 고아원의 설립이 입증해 주는 바와 같다. 이런 고통은 실로 사회 전체를 위협했던 것이다. 이것 또한 그리스도교 조직체들이 부자들과 더 공감하게 만들었음이 분명하다.

끝으로 인기를 추구하는 것도 그리스도교 공동체들에 대한 지원을 행하는 데 관련이 있었다. 최소한 그 공동체들이 인구의 상당 부분에 영향력을 가진 곳에서는 어디에서나 그러했다.

그래서 그리스도교 공동체는, 세상에서의 도피와 절망에 도달하지는 않았던 저 부유한 사람들, 죽음에 대한 두려움과 지옥의 고통에 대한 공포에서 그들의 유산을 내놓기로 서약하지 않은 그런 부자들에게도 매력이 있었다.

그러나 부유한 사람들이 공동체에서 편안하다고 느낄 수 있으려면, 그것은 그 성격을 완전히 바꾸어 부자들에 대한 계급 증오를 포기해야 했다.

부자들을 끌어들이고 그들에게 양보를 하는 이 노력이 공동체 안의 프롤레타리아적 투쟁가 체질을 가진 자들에게 얼마나 고통스럽게 느껴졌는지는 2세기 중반 디아스포라 상태인 열두 부족에게 야고보가 보낸 앞서 언급한 편지에서 볼 수 있다. 그는 동지들에게 다음과 같이 경고한다.

"가령 여러분의 회당에 금가락지를 끼고 화려한 옷을 입은 사람과 남루한 옷을 입은 사람이 들어왔다고 합시다. 그때 여러분이 화려한 옷차림을 한 사람에게는 특별한 호의를 보이며 '여기 윗자리에 앉으십시오' 하고 가난한 사람에게는 '거기 서 있든지 밑바닥에 앉든지 하시오' 하고 말한다면 여러분은 불순한 생각으로 사람들을 판단하여 차별 대우를 하는 것이 아니고 무엇이겠습니까? … 그런데 여러분은 가난한 사람들을 업신여겼습니다. … 차별을 두고 사람을 대우한다면 그것은 죄를 짓는 것이고 …."(2장 2절-9절)

그러고 나서 그는 부자들에게 신앙명제를 이론으로 받아들일 것만을 요구하고 돈을 포기하도록 요구하지 않는 경향에 반대한다.

"나의 형제 여러분, 어떤 사람이 믿음이 있다고 말하면서 그것을 행동으로 나타내지 못한다면 무슨 소용이 있겠습니까? 그런 믿음이 그 사람을 구원할 수 있겠습니까? 어떤 형제나 자매가 헐벗고 그날 먹을 양식조차 떨어졌는데 여러분 가운데 누가 그들의 몸에 필요한 것은 아무것도 주지 않으면서 '평안히 가서 몸을 따뜻하게 녹이고 배부르게 먹어라'고 말만 한다면 무슨 소용이 있겠습니까? 믿음도 이와 같습니다. 믿음에 행동이 따르지 않으면 그런 믿음은 죽은 것입니다."(2장 14절-17절)

물론 조직의 토대는 부자들에 대한 고려에 따라 달라지지 않았다. 그것은 이론으로나 실제로나 동일한 것으로 남아 있었다. 그러나 자기가 가진 모든 것을 공동체에 바칠 의무는 자발적 봉헌으로, 많은 경우에 아주 작은 부분만을 바치는 데 그치는 자진납세로 대체되었다.

테르툴리아누스의 「아폴로게티쿠스」(변증)는 야고보 서신보다 조금 나중에 나온 것이다(그 작성 시기는 150년에서 160년 사이이다). 그 안에도 공동체의 조직이 서술되어 있다.

"우리에게도 일종의 기금이 있지만 그것은 어떤 종류의 입회금에 의해서도 적립되지 않는다. 그것은 일종의 종교 판매일 것이다. 그런 것이 아니라 각자가 월중 정해진 일자에 혹은 그가 할 수 있고 할 의사가 있을 때, 할 수 있는 그리고 의사가 있는 그만큼 적정한 기부를 한다. 왜냐하면 아무도 돈을 내도록 요구받지 않고, 각 사람이 자발적으로 내기 때문이다. 그것은 말하자면 경건의 저금통이다. 그중 아무것도 잔치와 술 마시는 데나 쓸모없는 탐식을 하는 데 쓰이지 않으며, 가난한 이들을 지원하고 그들의 장례를 치르는 데, 헐벗은 소년 소녀 고아들을 도와주는 데, 그리고 집에서 꼼짝 못하는 노인들, 난파한 배 선원들을 위해서 쓰이며, 혹은 광산이나 섬, 감옥에 있는 이들이 오직 하느님의 조합에 속해 있다는 것 때문에 그렇게 된 경우에는 그들의 신앙고백 때문에 부양받을 자격이 있다."

그는 이렇게 계속 이야기한다: "우리는 마음과 영혼으로 서로 결속되어 있음을 알기 때문에 재물을 공유하는 데 주저하는 일이 없다. 여자들을 제외하고 모든 것은 우리에게는 공유이다. 다른 이들이 유일하게 공유를 실천하는 그 지점에서 우리는 공유를 멈추는 것이다." *

그러므로 이론상으로는 사람들이 공산주의를 고수했으며, 실천상으로 그 적용의 강도가 완화된 것으로 보일 뿐이었다. 그러나 부자들이 점점 더 고려됨에 따라 공동체의 전체적 본질이 모르는 사이에 달라졌다. 원래 공동체는 전적으로 프롤레타리아적 조건들에 맞추어져 있었다. 부유한 회원들을 확보하는 데 골몰한 그런 분자들이 공동체 내의 계급 증오를 억제하는 일을 했을 뿐 아니라, 공동체 내부의 활동도 이제 다른 형태를 띠는 경우가 많았음이 분명하다.

공산주의가 겪은 탈색에도 불구하고 공동 식사는 형제들 모두를 묶어둔 강한 결속의 끈으로 남아 있었다. 물론 후원 제도는 누구에게나 닥칠 수 있었던, 개별적으로 고통받는 경우들에만 적용이 되었다. 공동 식사는 모두의 일상적 필요를 채워 주었다. 거기에 공동체 전원이 모여들었으며, 그것은 공동체 생활 전체가 돌아가는 중심축이었다.

그러나 식사로서의 공동 식사는 잘사는 동지들에게는 의미가 없었다.

---

* Harnack, "Die Mission und Ausbreitung des Christentums in den ersten Jahrhunderten", 1906, I, S. 132에서 인용; Pfleiderer, *Urchristentum*, II, S. 672, 673도 참조.

그들은 집에서 더 편안히 더 잘 먹고 더 잘 마셨다. 소박하고 흔히 거친 상차림이 이에 식상한 입맛을 가진 자들에게는 고통스러웠을 것이다. 그들이 공동 식사에 참여했다면 이는 단지 공동체 생활에 함께 하고, 공동체 안에서 영향력을 행사하기 위한 것이었지 배불리 먹기 위한 것은 아니었다. 다른 이들에게는 육신의 필요를 충족해 준 것이 그들에게는 단지 영적 필요를 충족해 주는 것이었을 뿐이고 빵과 포도주를 나누는 것은 순전히 상징적인 행위였다. 공동체 안에 부유한 사람들이 많을수록 고기와 술을 들기 위해서가 아니라 집회와 상징 예식만을 위해 공동 식사 자리에 오는 회원들의 수가 늘어났다. 그래서 2세기에는 가난한 회원들을 위한 실제적인 공동 식사는 전체 공동체를 위한 단지 상징적인 식사와 분리되었고, 4세기에 교회가 국가의 지배 권력이 된 후에는 처음 번 종류의 식사는 공동체의 집회 장소인 교회에서 밀려났다. 공동 식사는 더욱 변질했으며, 그 다음 세기에는 완전히 폐지되었다. 그와 함께 실제적 공산주의의 가장 두드러진 면모가 그리스도교 공동체에서 사라졌고, 자선 기구, 가난한 자와 병든 자의 돌봄으로 완전히 대체되어 확실히 성장이 억제된 형태로 우리 시대까지 전해져 온다.

이제 공동체 안에는 부자들을 불쾌하게 할 수 있는 것은 무엇도 남아 있지 않았다. 공동체는 더 이상 프롤레타리아적 기관이 아니었다. 부자들은 원래 재산을 가난한 자들과 나누지 못하면 '하느님 나라'에서 완전히 배제되었지만, 이제는 '마귀의 세계'에서와 동일한 역할을 그 나라에서도 할 수 있었다. 그리고 그들은 그 가능성을 충분히 활용했다.

그러나 단지 옛날부터의 계급 대립이 그리스도교 공동체 안에서 되풀이된 것만이 아니었다. 새로운 지배 계급도 그 안에서 자라났다. 새로운 수장인 주교를 둔 새로운 관료제도가 그것인데 우리는 이를 곧 만나보게 될 것이다.

로마 황제들이 결국 머리를 조아린 대상은 그리스도교 공산주의가 아닌 그리스도교 공동체였다. 그리스도교의 승리는 프롤레타리아 계층의 독재가 아니라 그리스도교가 그 공동체 안에서 크게 성장시킨 지도자들의 독재를 뜻했다.

자신의 소유, 자신의 노동, 자신의 생명을 가난한 자들과 비참한 자들의 구원을 위해 바쳤던 초기 공동체의 선구자들과 순교자들은 새로운 종류의 굴종과 착취를 위한 터전을 닦은 것에 불과하게 되었다.

## 사도들, 예언자들, 교사들

원래 공동체 안에는 간부들이 없었고 동지들 간에 구분이 없었다. 어떤 동지이든지 여성 동지라도 그럴 역량이 있다고 느낀다면 교사와 선동가로 나설 수 있었다. 각 사람은 자기가 마음속에서 생각하는 대로, 혹은 그 당시 그들이 말하듯이, 영이 자신을 감동시키는 대로 발언했다. 물론 회원들 대부분은 그들의 직업을 계속 영위했지만, 특별한 신망을 얻은 자들, 특별한 감명을 주는 자들은 그들이 가진 것을 희사하고 전적으로 사도나 예언자로서 선전 활동에 전념했다. 이로부터 새로운 계급 차별이 생겨났다.

두 계급이 이제 그리스도교 공동체 내에서 형성되었다. 하나는 평회원들로서 그들의 실제적 공산주의는 공동 식사와 공동체가 설치한 자선 제도들인 일자리 찾아주기, 과부와 고아와 죄수들을 후원하는 일, 질병 보험, 장례 기금 운용 등에만 펼쳐졌다. 그러나 그들과 함께 '성도들' 혹은 '완전한 자들'이 있었다. 이들은 급진적으로 공산주의를 실행하여 모든 개인 소유와 개인적 결혼을 포기하고 소유한 모든 것을 공동체에 희사했다.

그것은 숭고해 보였으며, 그들의 호칭만 보아도 이 급진적 분자들에게 공동체에서 높은 위신을 주었다는 것을 알 수 있다. 그들은 스스로 평범한 동지들보다 높다고 느꼈으며, 지도하는 위치의 엘리트로서 활동했다.

그리하여 급진적 공산주의 자체가 새로운 귀족 지배를 낳았다.

어떠한 귀족계층과도 마찬가지로, 그것은 공동체의 나머지 회원들에 대한 명령권을 주장하는 것으로 만족하지 않았고, 그들을 착취하려고 했다.

결국 '성도들'이 소유하던 모든 생산 수단과 물자의 재고를 나누어주었다면 무엇으로 먹고 살았겠는가? 그들에게는 짐꾼이나 심부름꾼 같은 임시적인 직업밖에는 할 것이 없었다. 아니면 구걸을 해야 했다.

머릿속에 떠오른 첫 번째 생각은 동지들과 공동체 자체에게 구걸을 하여 살아간다는 것이었을 것이다. 이들이 기특한 남녀를 배고프게 둘 수는 없었기 때문이다. 특히 그 훌륭한 회원이 포교의 재능을, 그 당시에는 확실히 어떤 공부를 많이 해서 습득할 수 있는 지식을 요하지 않았고 단지 기질과 영특함 그리고 재치만을 필요로 했던 재능을 보유할 때는 더욱 그러했다.

바울로는 공동체가 그와 다른 사도들에게서 육체노동의 짐을 덜어 주고 그를 부양할 의무를 진다는 것에 대해 고린토인들과 이미 언쟁을 벌이고 있었다.


"내가 자유인이 아니란 말입니까? 내가 사도가 아니란 말입니까? 내가 우리 주 예수를 뵙지 못했단 말입니까? 여러분은 바로 내가 주님을 위해서 일하여 얻은 열매가 아닙니까? … 우리라고 해서 다른 사도들에게나 주님의 형제들이나 베드로처럼 그리스도를 믿는 아내를 데리고 다닐 권리가 없단 말입니까? 혹은 나와 바르나바에게만 노동하지 않고 먹을 권리가 없단 말입니까? … 또 도대체 누가 양을 친다면서 그 젖을 짜 먹지 않겠습니까? … 모세의 율법에 '타작 마당에서 일하는 소에게 망을 씌우지 말라'고 기록되어 있습니다. 하느님께서 소를 걱정해서 하신 말씀이겠습니까? 아니면 우리들을 위해서 하신 말씀이겠습니까?'

타작 일을 하는 소라고 하느님이 말하는 것은 우리를 뜻한다고 바울로는 설명한다. 당연히 그것은 빈 짚을 털어 내는 소를 말하는 것이 아니다. 그 사도는 말을 잇는다.

"우리가 여러분에게 영적인 씨를 심어 주었는데 이제 여러분에게서 물질적인 것을 거둔다고 해서 그것이 지나친 일이겠습니까? 다른 사람들이 여러분에게서 거두어 갈 권리를 가졌다면 우리에게는 더 큰 권리가 있지 않겠습니까?'(고린토전서 9장 11절 이하)

마지막 문장은 역시 초기 그리스도교 공동체들의 공산주의적 성격을 암시해 주는 것이라는 데 잠시 주목할 수가 있다.

사도들을 잘 돌보는 것에 대한 이 훈시 후에 바울로는 자신이 스스로를 위해 말하는 것이 아니라 다른 이들을 위해 말하는 것이라는 사실을 밝힌다. 그는 고린토인들에게는 아무것도 요구하지 않는다는 것이다. 그러나 그는 다른 공동체들의 부양을 받아들이고 있다: "나는 다른 교회들이 주는 삯(ὀφώνιον 오포니온)을 받아 가지고 여러분에게 봉사했습니다. 말하자면 다른 교회들의 것을 빼앗아 여러분을 도운 셈입니다. … 마케도니아에서 온 교우들이 나에게 필요한 것들을 다 공급해 주었기 때문입니다."(고린토후서 11장 8절 이하)

이는 물론 바울로가 공동체의 그 '성도들'을 돌볼 의무를 강조한 사실을 변경하는 것은 아니다. 성도들은 일을 해야 할 의무를 인정하지 않았다.

이런 식의 그리스도교 공산주의가 비신자들의 머리에 어떻게 그려졌는 지는 165년에 루키아누스가 쓴 「페레그리누스 프로테우스」(Peregrinus Proteus)의 이야기에서 볼 수 있다. 그 풍자시인은 물론 공평무사한 증인 은 아니다. 그는 페레그리누스가 자기 아버지를 죽였기 때문에 헬레스폰 트에 있는 자기 고향 도시 파리움을 떠났다고 주장하는 때 그랬듯이 개연 성이 거의 없는 악소문을 곧잘 옮긴다. 고소가 뒤따르지 않았기 때문에 그 사건은 아무래도 의심스럽다.

그러나 우리가 루키아누스의 보고문에서 제외할 부분은 제외하더라도, 주의를 기울일 만한 것이 아직도 충분히 많이 남아 있다. 그것은 그리스 도교 공동체가 이교도들에게 어떻게 보였는지를 보여줄 뿐만 아니라 그 들의 실생활에 대해서도 언뜻 드러내는 것이기 때문이다.

루키아누스가 페레그리누스에 대한 여러 가지 극악한 일들을 공개한 뒤에, 페레그리누스가 부친 살해 후에 어떻게 스스로 유배를 떠나 부랑아 처럼 세상을 방랑했는지를 이야기한다.

"이때 그는 또한 팔레스티나의 사제들, 율법학자들과 사귀어 그리스도인 들의 경탄할 만한 지혜를 알게 되었다. 자신에 비하면 그들은 곧 어린아이 들과 같다고 여겨졌다. 그래서 그는 그들의 예언자가 되고 그들의 애찬 (θιασάρχης 티아사르케스) 주재자, 회당장을 겸하여 맡았다[루키아누스는 유태인들과 그리스도인들을 뭉뚱그려서 말한다. - 카우츠키]. 그는 그들에게 어 떤 저술들을 설명하고 풀어주었으며 그 자신이 많은 저작들을 편찬하기도 했다. 곧 그들은 그를 신으로 여겼으며 그를 그들의 입법자로 만들었고 그 들의 영도자라고 불렀다. 그들은 물론 저 위대한 사람, 팔레스티나에서 십 자가에 달린 그 사람을 여전히 숭배한다. 그가 이 새로운 종교( τελετήν 텔레텐)를 세상에 도입했기 때문이다.* 이런 이유로 페레그리누스는 그때에 체포되어 투옥되었다. 이 일은 그에게 그의 여생 동안 큰 명성을 가져다주었으며, 그의 지배적인 열정이었던 허풍과 명예욕을 불러일으켰다.

그가 감옥에 있었을 때 그리스도인들은 그것을 불행으로 여겼고 그를 빼내려고 온갖 수단을 동원했다. 그들이 그것이 불가능하다고 보고 포기하자, 그들은 그에게 모든 생각할 수 있는 주의와 배려를 쏟았다. 이른 아침부터 늙은 여인들과 과부들과 고아들이 감옥 바깥에 앉아 있는 것을 볼 수 있었다. 한편 그들의 지도자들은 간수들에게 뇌물을 주고 그와 같이 밤을 보냈다. 온갖 요리가 그에게 배달되었고, 그들은 그들의 거룩한 전설을 서로 이야기했다. 그리고 그는 여전히 선한 자 페레그리누스라고 불렸는데, 그는 그들에게 새로운 소크라테스로 통했다. 아시아의 도시들에 있는 그리스도교 공동체들에서 사절들까지 와서 그를 지원했으며, 법정에서 그의 편에 섰고 그를 위문했다. 그들은 공동체에 관련된 이와 같은 경우들에서 믿을 수 없는 열의를 보인다. 간단히 말해서 그들은 아무것도 아끼지 않았다. 페레그리누스는 그 당시에 투옥 때문에 그들에게서 많은 돈을 받았고 그래서 적지 않은 이익을 얻었다.

그 불쌍한 바보들은 자기들이 불멸하게 되어 영원히 살 것이라는 확신을 가지고 사는 것이다. 그렇기 때문에 죽음을 경시하고 죽음을 스스로 구하는 일도 흔하다. 게다가 그들의 최초의 입법자는 그들이 그리스의 신들

---

* 이 문장은 상식을 깨뜨리며, 또한 이견이 없지 않다. 특히 "물론"(γοῦν 구운)이라는 말이 의혹을 불러일으킨다. 게다가 10세기의 사전편찬자 쉬다스(Suidas)는 루키아누스가 그의 페레그리누스 전기에서 "그리스도 자신을 비방한다"고 명확히 지적한다. 우리에게 보전되어 온 본문에서는 그런 부분은 더 이상 찾아볼 수 없다. 위의 문장에서 그런 부분을 찾을 수가 있으며, 루키아누스는 여기서 예수를 희화화했으며, 이는 경건한 신자들의 마음을 상하게 했고, 그래서 그들은 필사를 하면서 그 본문을 정반대로 바꾸었다고 가정할 수가 있을 듯하다. 사실상 다양한 연구자들이 현재 형태의 그 문장은 그리스도인의 위조일 것이라고 가정한다.

을 버리고, 십자가에서 죽은 그들의 스승(σοφιστὴν 소피스텐)에게 기도를 드리고 그의 율법에 따라 산다면 서로가 모두 형제들이라는 확신을 그들에게 주었다. 그래서 그들은 온갖 물건들을 똑같이 경시했고 그런 시각에 대한 아무런 타당한 이유도 없이 그것들을 공동 소유(κοινὰ ἡγοῦνται 코이나 헤구운타이)로 생각했다. 이제 이 상황을 이용할 줄 아는 영리한 악당이 그들에게 들어오면, 잠깐 동안에 그들 가운데서 아주 부자가 될 것이다. 왜냐하면 그는 순진한 사람들의 코를 꿰어 이리저리 이끌 수 있을 것이기 때문이다."

이는 물론 문자 그대로 받아들일 수는 없다. 그것은 사회민주주의의 선전활동가들이 노동자들의 푼돈으로 쌓아 올리는 부에 대한 일화들과 같은 수준이다. 그리스도교 공동체는 누구든지 그로부터 부자가 될 수 있으려면 그 당시에 그랬던 것보다는 더 부유하게 되어야 했을 것이다. 그러나 그들이 선동가들과 조직가들을 세심하게 돌보았으리란 것, 그리고 양심도 없는 사기꾼들이 그 체계를 이용할 수 있었으리란 것은 그 시대에 상당히 들어맞는 이야기일 것이다. 주목할 만한 면은 공동체의 공산주의에 대한 증언이다.

루키아누스는 시리아 총독이 페레그리누스 사건을 별로 중요하지 않은 것으로 보고 석방했다고 계속 이야기한다. 그때 페레그리누스는 자기 고향으로 돌아갔다. 그곳에서 그는 자기 아버지의 유산이 크게 황폐화된 것을 발견했다. 그래도 여전히 그에게 상당한 액수가 남아 있었으며, 그의 지지자들에게는 엄청난 금액으로 여겨졌다. 그를 좋게 보지 않는 루키아누스도 그 금액을 15달란트(7만 마르크)로 본다. 루키아누스에 따르면 그는 유산을 그의 도시의 주민에게 주었는데 이는 부친 살해의 혐의를 벗어나기 위한 것이다.

"그는 파리움 사람들의 민회에서 발언하기 위해 일어섰다. 그는 이미 머리가 길었고 더러운 외투를 걸쳤으며, 어깨에는 짐보따리가 달려 있었고 손에는 지팡이를 짚고 있었고 대략 극적인 장면을 연출하며 일으켜 세워졌다. 이런 복장으로 그가 그들 앞에 등장하여, 자기의 복 받은 아버지가 남긴 전 재산은 백성의 재산이라고 말했다. 사람들이 이 말을 듣고 있을 때, 이 불쌍한 사람들의 입에서는 그 몫을 생각하고 군침이 흐르고 있었는데, 그들은 그 즉시 그가 지혜롭고 그의 나라의 유일한 벗이며, 디오게네스와 크라테스의 유일한 추종자라고 외쳤다. 그의 적들은 말문이 막혔다. 그리고 누군가가 감히 살인을 떠올렸더라면, 그는 그 자리에서 맞아 죽었을 것이다.

그는 이제 두 번째로 부랑자의 길을 떠났다. 이번에는 그리스도인들이 여행 경비를 풍성하게 대 주었고 그들은 어디든지 그를 쫓아다녔으며, 그가 아무것도 부족하지 않게 조치했다. 이런 식으로 그는 한동안 잘 살았다."*

그러나 결국 페레그리누스는 금지된 음식을 먹었다고 하여 공동체에서 쫓겨났다. 이는 그에게서 생계 수단을 빼앗았고 이제 그는 자신의 재산을 돌려받으려고 시도했으나 허사였다. 그는 이제 금욕주의 견유 철학자로서 이집트와 이탈리아, 그리스를 돌아다녔고, 결국에는 올림픽 경기장에서 축제 공연 후에 극적인 방식으로 자기 목숨을 끊었다. 이 장면을 위해서 초청된 관중들 앞에서 자정에 달빛 아래서 불타는 장례 화목 속으로 뛰어들었던 것이다.

그리스도교가 생겨난 시대는 괴상한 존재들을 낳았다는 것을 우리는

---

* Lucian, *Vom Tode des Peregrinus*, 11 bis 16.

보게 된다. 그러나 페레그리누스 같은 사람들을 사기꾼들로만 생각하는 것은 그들에게는 부당할 것이다. 그의 자발적 죽음이 벌써 다른 이야기를 해 준다. 자살을 선전 수단으로 활용하는 것은 아무튼 무한한 허영심과 선풍적 관심의 추구와 함께, 세상에 대한 약간의 경멸 그리고 삶에 지친 상태, 혹은 광기를 필요로 한다.

루키아누스가 그리는 페레그리누스 프로테우스는 실제의 그가 아닌 만화였을 수도 있다. 그래도 아무튼 그것은 천재의 작품이다.

만화의 핵심은 단지 주인공을 왜곡하는 것이 아니며, 그 특징적이고 결정적인 측면들에 대한 일면적 강조와 과장이다. 진정한 만화가는 단지 기괴한 광대일 수 없다. 그는 사물을 그 기초 위에서 들여다보고 그에 대하여 핵심적이고 중요한 것을 명확히 인식해야 한다.

루키아누스도 페레그리누스가 그들의 대표로서 활동했던 '거룩하고 완전한' 사람들의 전체 부류에게 중요했을 수 있는 페레그리누스의 면모들을 부각시켰다. 그들은 부분적으로는 고상하고 부분적으로는 광적인 극히 다양한 동기들로 이끌림을 받았을 수 있으며, 스스로를 극히 비이기적이라고 생각했을 수도 있다. 그러나 공동체에 대한 그들의 모든 관계 이면에는 루키아누스가 본 착취가 도사리고 있었다. 무일푼의 '성도들'이 공동체의 공산주의에 의해 치부를 하는 것은 그 당시에는 그래도 과장이었을 수 있지만, 곧 그것은 현실이 되었고 결국에는 그 초창기에 대한 거칠기 짝이 없는 풍자가의 과장을 훨씬 넘어선 현실이 되었다.

루키아누스가 예언자들이 취득한 '부'를 강조했다면, 그와 동시대인인 어떤 다른 이교도는 그들의 광기를 비웃었다.

켈수스는 "예언이 페니키아와 팔레스티나에서 어떻게 행해지는지"를 다음과 같이 묘사했다.

"이름도 없고 명성도 없는 자들이지만 성소 안에서 그리고 그 밖에서도 예언적인 황홀경에 사로잡힌 사람처럼 극히 경박하게 기분 내키는 대로 행동하는 자들이 많았다. 다른 이들은 도시들과 야영지들을 거지처럼 배회하면서 똑같은 광경을 연출한다. 그들 각 사람은 말이 유창하고, 각자는 다음과 같은 말들을 곧장 쏟아 낼 준비를 하고 있다: '나는 하느님이다.' 혹은 '하느님의 아들' 혹은 '하느님의 영'이다. '내가 온 것은 세상의 종말이 눈앞에 보이기 때문이다. 너희 사람들은 너희의 불의 때문에 멸망의 길로 갈 것이다. 그러나 나는 너희를 구해 주겠다. 그리고 너희는 곧 내가 천상의 권능을 가지고 다시 오는 것을 보게 될 것이다! 지금 나를 영예롭게 하는 자들은 복이 있다! 나는 나머지 사람들 모두를 영원한 불에 던질 것이다. 나라들과 사람들만 아니라 도시들도 마찬가지이다. 그들을 기다리는 심판을 인정하기를 지금 거부하는 자들은 언젠가는 다른 생각을 하면서 한숨을 쉬겠지만 소용이 없다! 그러나 나를 믿는 자들, 그들을 나는 영원히 지킬 것이다!' 그들은 이런 엄청난 협박을 가끔씩 이상한, 반쯤 미친, 절대로 이해가 안 가는 말들로, 아주 모호하고 무의미해서 아무리 영리한 사람일지라도 누구도 분간할 수 없는 그런 말들로 꾸며 댄다. 그러나 어떤 멍텅구리나 야바위꾼도 자기 마음대로 해석할 수가 있다. … 이런 자칭 예언자들은, 나도 내 귀로 한번 이상 들어본 적이 있고, 또 내가 그들의 술수를 들추어낸 뒤에는, 자기들의 약점을 실토했고 스스로도 알아들을 수 없는 말들을 지어낸다는 것을 단언했다."*

여기서 다시금 우리는 사기꾼과 예언자의 재미있는 혼합을 보게 된다. 그러나 여기서도 모든 것을 단지 사기로만 본다면 지나친 것이다. 그것이

---

* Harnack의 저서 *Lehre der zwölf Apostel*, 130쪽 이하에서 인용.

입증해 주는 것이 있다면 그것은 사기꾼들에게 좋은 활동 무대를 제공하는 민중의 일반적 상황이다. 그러나 그 상황은 또한 흥분하기 쉬운 정신들에 실제의 열광과 황홀경을 일으켰던 것도 분명하다.

사도들과 예언자들은 이런 면에서는 비슷했을 것이다. 그러나 그들 사이에 하나의 본질적 차이점이 있었다. 사도들은 고정된 정착지가 없고 끊임없이 옮겨 다녔다. 그래서 그들의 호칭인 아포스톨로스(ἀπόστολος)는 사자, 여행자, 항해자라는 뜻이다. 반면에 예언자들은 지방의 명사들이었다.

사도직이 먼저 발달되었을 것이 분명하다. 공동체가 작았던 동안에는 항시적 선전활동가를 둘 수가 없었다. 그들이 그를 부양하는 데 가용한 자원을 다 써 없애자마자 그는 또 길을 떠나야 했다. 공동체들의 수가 적었던 때에는 가장 중요한 목표는 아직 공동체가 없던 도시들에 새로운 공동체들을 설립하는 것이었다. 아직 당도하지 못했던 새로운 지역들에 조직을 확장하고 그 조직들 간에 연결을 유지하는 것이 이들 방랑하는 선전활동가들, 사도들의 중대한 임무였다. 그리스도교 조직이 국제적인 성격을 띠게 되어 그리스도교의 생존 능력에 크게 기여했던 것은 특히 그들 덕분이다. 지방 조직은 홀로 서면, 소탕될 수도 있었다. 그러나 국가 권력이 그 당시에 가진 수단으로는 제국의 한쪽 끝에서 다른 쪽 끝까지 모든 그리스도교 공동체들을 동시에 추적하기란 불가능했다. 박해를 받는 자들에게 물질적 도움을 줄 수 있고 박해받는 자들이 가서 몸을 숨길 수 있었던 공동체가 항상 남아 있었다.

이는 주로 항구적으로 방랑하는 사도들의 일이었으며, 그들은 그 무렵에 상당히 수가 많았던 것이 분명하다.

선전 활동에만 전념하는 지방의 선전가들은 일정한 공동체들이 아주 커져서 그들의 자금력이 그런 선전가들을 상시적으로 부양할 수 있게 해 줄 때 비로소 등장할 수 있었다.

그리스도교 공동체가 있는 도시들이 점점 많아지게 되고, 공동체들이 커져 감에 따라 예언자들이 번창했고, 반면에 사도들의 활동 분야는 축소되었다. 그들은 주로 공동체들이 아직 없거나 있어도 극히 작은 공동체들만 있던 도시들에서 활동했기 때문이다. 사도들의 위세는 쇠퇴할 수밖에 없었다.

또한 그들과 예언자들 간에 일정한 대립도 생겨났을 것이다. 왜냐하면 공동체들의 자금력은 한정되어 있었기 때문이다. 사도들이 자기 몫을 많이 챙길수록 예언자들에게는 돌아갈 것이 적었다. 그래서 예언자들은 그렇지 않아도 쇠퇴하던 사도들의 위세를 더욱 낮추고, 그들에게 가는 선물을 제한하고 다른 한편으로 자신들의 위세를 드높이고 신자들의 선물에 대한 일정한 몫의 권리를 확립하려고 했을 것이다.

이러한 노력들은 우리가 여러 번 인용한 적이 있는, 135년에서 170년 사이에 작성된 저작 『열두 사도의 교리』(디다케)에서 아주 잘 부각된다. 거기서는 이렇게 말한다.

"여러분에게로 오는 모든 사도는 주님처럼 영접받아야 합니다. 그러나 그는 하루 혹은 필요하다면 이틀 이상을 머물지 않을 것입니다. 그러나 그가 사흘을 머문다면 그는 거짓 예언자입니다. 사도가 떠날 때에는 그는 다음 번 숙소에 갈 때까지 먹을 충분한 빵 이상을 받아서는 안 됩니다. 돈을 요구한다면, 그는 거짓 예언자입니다.

영으로 말하는 모든 예언자는 조사하거나 검증해서는 안 됩니다. 어떤 죄도 용서받을 수 있지만 이 죄는 용서받지 못합니다. 그러나 영으로 말하는 모든 사람이 예언자는 아니며, 주님처럼 행동해야만 예언자입니다. 그러므로 예언자와 거짓 예언자는 그들의 행동으로 구분해서 말할 수 있습니다. 성령에 의해 이끌려 (가난한 자들을 위한 – 하르낙) 잔치를 베푸는 어떤 예언자도 거기서 먹지 않습니다. 그런 자는 거짓 예언자입니다. 진리를 가르치는 어떤 예언자라도 가르치는 대로 행하지 않는다면 거짓 예언자입니다. 그러나 땅위 교회의 비밀을 참조하여 행하면서도 모두가 자기처럼 행하여야 한다고 설교하지 않는 참되고 믿을 만한 모든 예언자는 여러분에 의해 판단을 받아서는 안 됩니다. 왜냐하면 그는 하느님 안에서 심판을 받기 때문입니다. 옛 [그리스도인] 예언자들도 바로 그렇게 행동했습니다."

우리는 이미 이 구절에 예언자들이 공동체에게 자기들의 본을 쫓으라고 촉구하는 것은 아니지만, 예언자들에게 허용되었을 자유연애에 대한 언급이 담겨 있을 개연성을 살펴보았다.

그 책에서는 다음과 같이 계속 말한다.

"그러나 영의 이름으로 나에게 돈을 달라, 다른 어떤 것을 달라고 말하는 자, 그의 말을 듣지 마십시오. 그러나 그가 다른 궁핍한 사람들을 위해 선물을 요청하면 아무도 그를 정죄해서는 안 됩니다.

주님의 이름으로 오는 모든 사람[그러므로 모든 동지 – 카우츠키]을 영접하십시오. 그러나 그때 여러분은 그를 시험해 보고 진짜와 가짜를 구분하십시오. 여러분에게는 분명히 통찰력이 있기 때문입니다. 새로 오는 자가 여행자라면 그를 도우십시오. 그러나 그는 이틀이나 필요하다면 사흘 이상 여러분과 같이 머물러 있어서는 안 됩니다. 그가 여러분 가운데서 정착하기를 원하면 그가 수공업자일 경우 일을 시키고 먹여 주십시오. 그가 어떤 일도 할 줄 모른다면, 어떤 그리스도인도 여러분 가운데 한량으로 살아가지 못하도록 알아서 조치하십시오. 그가 이런 식으로 치리(治理)를 받으려 하지 않는다면, 그는 그리스도로 이익을 취하는 사람입니다. 그런 사람을 멀리하십시오.”

이처럼 공동체가 눌러앉는 거지들로 들끓고 그들에 의해 착취를 당하는 것에 대하여 경계를 하는 것이 이미 필요하다고 여겨졌다. 그러나 이는 평범한 거지들에게만 적용될 수 있는 것이었다.

“그러나 여러분과 함께 정착하려는 모든 참 예언자는 부양을 받을 만합니다. 참된 교사도 모든 일꾼처럼 부양을 받을 만합니다. 여러분은 포도주 술틀과 타작마당, 소와 양의 첫 열매 모두를 취하여 이를 예언자들에게 주십시오. 그들은 여러분의 대사제들이기 때문입니다. 그러나 여러분에게 예언자가 없다면, 그것들을 가난한 자들에게 주십시오. 여러분이 밀가루 반죽을 할 때는 그 처음 것을 가져다 계율대로 드리십시오. 마찬가지로 여러분이 기름이나 포도주 통을 딸 때는 그 처음 것을 예언자에게 드리십시오. 돈과 옷과 온갖 종류의 소유물의 처음 열매들을 여러분의 재량껏 취하여 그것을 계명에 따라 드리십시오.”

사도들은 이런 규정들에서 별 볼일이 없지만 그들을 아직 손에서 탁탁 털어 버릴 수는 없었다. 그러나 그들이 나타나게 되면 그 공동체는 가능한 한 속히 그를 쫓아내어야 한다. 평상적인 유랑하는 동지는 공동체에 의해 이틀에서 사흘간 지원을 받을 권리를 가진다면, 사도라는 불쌍한 작자는 하루나 이틀만이다. 그리고 돈은 절대로 취해서는 안 된다.

그러나 예언자는 “부양을 받을 만하다.” 그는 공동체의 돈주머니로 부양을 받아야 한다. 게다가 신자들은 포도주와 빵과 고기, 기름과 옷 심지어 화폐 수입의 처음 열매들을 그에게 줄 의무가 있다.

이는 바로 『디다케』가 쓰이고 있던 그때에 루키아누스가 예언자로 행세했던 페레그리누스의 행복한 생활에 대해 그린 그림과 잘 맞아떨어진다.

이처럼 예언자들이 사도들을 물리쳤던 반면에, 예언자들에게는 교사라는 새로운 경쟁자가 생겨났다. 교사들은 『디다케』가 쓰인 때에는 별로 중요하지 않았을 수 있다. 왜냐하면 그들에 대한 언급은 아주 짧게만 되어 있기 때문이다.

이들 셋과 아울러 『디다케』에는 거명이 되지 않은 공동체 안에서 활동하는 다른 분자들도 있었다. 바울로는 고린토인들에게 보낸 첫 번째 편지에서 그들 모두를 언급한다: "하느님께서는 교회 안에 다음과 같은 직책을 두셨습니다. 첫째는 사도요 둘째는 하느님의 말씀을 받아 전하는 사람이요 셋째는 가르치는 사람이요 다음은 기적을 행하는 사람이요 또 그 다음은 병 고치는 능력을 받은 사람, 남을 도와주는 사람, 지도하는 사람, 이상한 언어를 말하는 사람 등입니다." (12장 28절)

이들 중에서 남을 도와주는 은사와 관리하는 은사가 매우 중요해졌다. 그러나 공동체 내에서 그 당시에 통상적으로 알려진 형태들과 구분이 되었을 만한 어떤 형태도 갖추지 못한 돌팔이 치료의 은사는 그렇지 않았다. 교사들의 부상(浮上)은 잘살고 교육을 받은 회원들이 공동체에 들어온 것과 관련이 된다. 사도들과 예언자들은 무식한 사람들이어서 어떤 사전 연구도 없이 되는 대로 발언을 했다. 교육을 받은 자들은 그들을 무시하곤 했다. 곧 이어서 이 교육받은 자들 중 몇 사람이 공동체 조직의 자선 활동에, 혹은 그 능력에 깊은 인상을 받아서, 혹은 그리스도교 교리의 일반적 성격에 매혹되어서 그 교리를 당시에 학문이란 것이 별 것은 아니었지만, 그 당시의 고급 수준 학문으로 끌어올리려고 시도했다. 이들이 교사가 되었다. 그들은 먼저 그리스도교를 세네카나 필로 같은 사람의 정신으로 채우려고 했다. 그 당시까지 그리스도교는 이에 대해서 정말 아는 것이 별로 없었을 수도 있다.

　여전히 그들은 공동체의 대중에게뿐만 아니라 사도들과 예언자들 다수에게도 불신과 질시의 눈총을 받았다. 그것은 필시 '일꾼들의 못이 박인 손'과 '지식인들' 간의 관계와 유사했을 것이다. 그러나 공동체 안에서 잘사는, 교육을 많이 받은 분자들이 늘어남에 따라 교사들의 위세가 커졌고 결국에는 예언자들과 사도들을 제거했을 것이다.

　그러나 일이 그렇게 진행되기 전에 이들 세 범주는 모두 그들 모두보다 더 강해진 권세자에 의해 흡수되었으나 『디다케』에서는 단지 간헐적으로만 언급이 된다. 주교 말이다.

## 주교

그리스도교 공동체들의 출범도 프롤레타리아 단체의 새로운 설립 때와 비슷했다. 그 설립자인 사도들이 포교, 조직, 행정 등 공동체 내의 모든 일을 처리해야 했다. 그러나 공동체가 오래 존속하고 성장하면서 분업의 필요성이 눈에 띄게 되고 특정한 신뢰할 만한 사람들에게 특정한 기능들을 할당할 필요가 느껴진다.

　처음으로 확정적인 공동체의 직분으로 된 것은 공동체의 수입과 지출의 행정이었다.

　포교는 모든 구성원이 마음대로 수행할 수 있었다. 그것에 전념한 자들도 우리가 살펴본 대로 2세기까지도 공동체에 의해 그 일이 맡겨진 것은 아니었다. 사도들과 예언자들도 그들의 소명에 따라 스스로 소임을 맡았다. 혹은 그들에게 그렇게 여겨진 바대로, 그들이 따른 것은 오직 하느님의 음성이었다. 공동체 내에서 사도이든 예언자이든 개별 포교자가 누리는 위세, 따라서 그의 소득도 그가 준 인상에, 그래서 그의 인품에 달려 있었다.

또 다른 한편으로 우리가 이런 용어를 사용해도 된다면, 당(黨)의 규율의 유지는 공동체가 작고 모든 회원이 서로를 잘 아는 한에서는 공동체 스스로 맡았던 일이었다. 공동체는 신입 회원의 입회에 대해 스스로 결정을 했다. 누가 입회식인 세례를 거행할 것인가는 중요하지 않았다. 공동체 스스로가 출회(黜會)를 결정했고, 공동체 스스로가 동지들 간에 평화를 유지했고, 그들 간에 생겨날 수 있었던 모든 분쟁을 해결했다. 공동체는 동지들이 다른 동지들에 대해 제기하는 모든 고발을 그 앞으로 가져오도록 한 법정이었다. 그리스도인들은 오늘날 사회민주주의자들 못지않게 국가의 법정을 불신했다. 그들의 사회적 견해도 국가 판사의 그것과 첨예하게 대립이 되었다. 그리스도인은 자기 권리를 찾겠다고 그런 사람 앞에 나가는 것을 죄라고 여겼다. 분쟁이 동료 그리스도인과 벌어졌던 경우에는 특히 그랬다. 이로써 교회가 항상 국가 법정에 맞서서 그 신자들에 대해 가진다고 주장해 온 특수한 재판권의 싹이 텄다. 물론 나중에 여기서의 판결의 본래의 성격은 그 정반대로 바뀌었다. 그리스도교 공동체의 초창기에 그것은 일체의 계급 재판의 지양, 동지들에 의한 피고의 판결을 의미했기 때문이다.

바울로는 고린토인들에게 보낸 첫 번째 편지(6장 1절 이하)에서 이렇게 말한다.

"여러분 중에서 누가 다른 교우와 분쟁을 일으켰을 때에 어찌하여 성도들 앞에서 해결하려 하지 않고 이교도의 법정에 고소합니까? 여러분은 성도들이 세상을 심판하게 되리라는 것을 모르십니까? 온 세상을 심판하게 될 여러분이 지극히 작은 사건들조차도 심판할 능력이 없다는 말입니까? 우리가 천사들까지도 심판하게 되리라는 것을 모르십니까? 그런 우리가 이 세상에 속한 사소한 사건을 심판할 수 없겠습니까? 그런데 이런 사건이 생길 때 여러분은 어찌하여 교회가 멸시하는 자들을 재판관으로 앉히는 것입니까?"

공동체 내에서의 규율과 평화의 유지는 처음에는 포교와 똑같이 형식이 없었으며, 아무런 확정적인 직분이나 심급 절차와도 결부되지 않았다.

그러나 경제적 요인은 일찍부터 규칙을 요구했다. 특히 공동체가 단지 포교 단체가 아니라 처음부터 상호성에 기초한 공제조합이었기 때문에 더욱 그러했다.

사도행전에 따르면 특수한 회원들에게 회원들의 납부금 징수 및 분배를 특히 식탁에서 음식을 내놓는 일과 함께 맡길 필요성이 예루살렘 공동체에서는 일찍이 느껴졌다. 디아코네오(διακονέω)는 봉사하는 것을 뜻하며, 일차적으로는 식탁에서 시중드는 것을 뜻한다. 이는 공동 식사가 원시 그리스도교 공산주의의 가장 중요한 활동이었기 때문에 명백히 '부제들'(Diakone)의 최초의 기능이었다.

사도행전은 이렇게 말한다: "이 무렵 신도들의 수효가 점점 늘어나게 되자 그리스 말을 쓰는 유다인들이 본토 유다인들에게 불평을 터뜨리게 되었다. 그것은 그들의 과부들이 그날 그날의 식사 시간마다(공동번역은 '식량을 배급받을 때마다' — 옮긴이) 푸대접을 받았기(παρεθεωροῦ γτο ἐν τῇ διακονία) 때문이었다. 그래서 열두[실제로는 우리가 모든 복음서 이야기들을 액면 그대로 받아들인다면 열하나밖에 없었다] 사도가 신도들을 모두 불러 놓고 이렇게 말하였다. '우리가 하느님의 말씀을 전하는 일은 제쳐 놓고 식량 배급에만 골몰하는 것은 옳지 못합니다. 그러니 형제 여러분, 여러분 가운데서 신망이 두텁고 성령과 지혜가 충만한 사람 일곱을 뽑아 내시오. 이 일은 그들에게 맡기고⋯.'"(6장 1절-3절)

보도에 따르면 일이 그렇게 진행되었고, 실제로도 그와 비슷했을 것이다. 그것이 사리에 맞는 것이다.

그러므로 사도들은 민중의 집(Volkshaus)에서 식탁 시중드는 자로 일하는 것을 면제받았다. 이 일은 그들이 전에는 포교사업과 함께해야 했던 것이며, 그것은 공동체가 성장함에 따라 버거워졌던 것이다. 그러나 지금 배치된 식탁 시중드는 자들, 부제들 사이에도 곧 분업이 필요해졌음이 틀림이 없다. 상을 차리고 치우고 또 그 외의 시중을 들고 설거지하는 일은 회원들의 헌금을 걷고 관리하는 일과는 완전히 달랐다. 후자의 일은 제일가는 중요성을 띤 신임이 두터운 지위를 뜻했다. 특히 공동체가 성장하고 공동체로 더 큰 수입이 흘러 들어옴에 따라서 그러했다. 이 지위는 상당한 정도의 진실성, 사무 지식 그리고 필요할 경우 엄격함과 결합되어야 하는 친절함을 특출 나게 보유한 자를 필요로 했다. 그러므로 행정가가 부제들 위의 자리에 있었다.

그러한 관리의 임명은 이치상 필요한 일이었다. 재산이나 소득이 있는 협동조합이라면 관리자 한 사람은 있어야 한다. 소아시아의 협동조합들과 단체들에서는 그 행정 및 재무 관리자는 에피메텔레스 혹은 에피스코포스(Ἐπίσκοπος, 관찰자, 감시자)라는 호칭을 지녔다. 동일한 명칭이 시청의 특정한 행정공무원들에게도 사용되었다. 이런 발전 과정을 자세히 연구하고 우리가 이 주제에 대한 지식의 많은 부분을 얻게 해 준 책에서 그것을 기술한 하치(Hatch)는* 한 로마의 법률가 카리시우스(Charisius)의 말을 다음과 같이 인용한다: "에피스코피(비숍들)는 도시의 주민들에게 일용할 식품이 되는 빵과 다른 구매 대상 물품들을 감독하는 자들이다."

---

* Edwin Hatch, *Die Gesellschaftsverfassung der christlichen Kirchen im Altertum*, Gießen 1883. A Harnack에 의해 번역되고 주석되었다.

도시 비숍은 그러므로 주로 인구를 제대로 먹여 살리도록 관리하는 행정관리였다. 그리스도교의 '민중의 집' 행정가에게 같은 호칭을 부여한 것은 자연스런 절차였다.

우리는 이미 테르툴리아누스가 이야기하는 공동체의 공동의 금고에 대해 읽은 바가 있다. 우리는 순교자 유스티누스(서기 100년경 출생)의 첫 번째 변증론에서 그 금고의 출납 행정이 특별한 수탁자에게 맡겨져 있었다는 것을 알게 된다. 거기서는 다음과 같이 말한다: "재력 있는 자들과 독지가들이 자기 소유에서 재량에 따라 뭔가를 내놓으면 이를 모아서 지도자 곁에 갖다놓고 그는 그것으로 고아와 과부, 병이나 어떤 다른 이유 때문에 궁핍한 자들, 죄수들과 해외 각지에서 온 방문자들을 후원하며, 일반적으로 곤궁한 가운데 있는 누구라도 돌보아 준다."

많은 일, 많은 책임 그리고 또한 많은 권한이 그렇게 주교들의 손에 들어갔다. 공동체의 초기에 주교 직분은 그의 조수들 그리고 그 밖의 공동체의 직원들의 직분과 마찬가지로 명예직이었으며, 생계를 위해 다른 일을 하며 무급으로 수행되었다.

"그 시대의 주교들과 장로들은 은행을 경영했고, 의사로서 진료를 했고, 은장이로 일했고, 양떼를 치고, 그들의 제품을 장에 가서 팔았다. … 그들과 관련하여 우리에게 전해 오는 옛 속주 주교회의들의 가장 중요한 결정들은 주교들이 물건을 가지고 이 시장 저 시장 다니며 행상을 해서는 안된다는 것, 그리고 그들의 지위를 이용하여 다른 이들보다 값싸게 사서 비싸게 팔아서는 안 된다는 것이다." *

---

* Hatch, *Gesellschaftsverfassung der christlichen Kirche*, 152, 153.

그러나 공동체가 성장하면서 여러 재정적 기능들을 부업으로 돌보는 것은 불가능해졌다. 주교는 공동체의 종업원이 되었고, 공동체가 그 일에 대한 급료를 지불했다.

이와 함께 그의 직분 임기도 항구적으로 되었다. 물론 공동체는 주교가 자신들의 요구에 부합하지 못하면 언제라도 그를 면직시킬 수 있었다. 그러나 명백히 그들이 일자리를 박탈한 사람을 가벼이 거리로 내몰지는 않았다. 게다가 공동체의 업무를 맡는 것은 상당한 능력과 공동체 내의 사정을 잘 아는 것을 필요로 했으며, 이는 그 자리에서 오래 활동해야만 얻을 수 있는 것이었다. 그러므로 불필요하게 주교들을 교체하는 것을 피하는 것이 공동체 사업의 원활한 발전에 이익이 되었다.

그러나 주교가 그 자리에 오래 머물러 있을수록 그가 그 직무를 맡기에 충분히 능력이 된다면 그의 위세와 권한은 커질 수밖에 없었다.

주교만이 공동체의 유일한 항구적 직원으로 있었던 것은 아니었다. 부제들의 자리도 언제까지나 보조적인 일자리로 채워질 수는 없었다. 주교들처럼 그들도 곧 공동체의 금고에서 급료를 받게 되었지만 주교의 부하가 되었다. 주교는 그들을 관리해야 했으며, 이미 그 때문에 그들을 선발할 때는 주교의 추천을 무엇보다도 중시했다. 그래서 그는 공동체의 관직들을 수여하는 일을 하게 되었으며, 이는 그의 영향력을 더 높여주었다.

공동체가 확장되면서, 공동체 스스로 규율을 잡는 것이 불가능해졌다. 회원들의 수가 늘었을 뿐 아니라 구성원들의 종류도 가지각색으로 되었다. 처음에는 모두가 단일한 가족을 이루어 모두가 다른 동지들을 정확하게 알고, 모두가 정서와 사고에서 완전히 신뢰가 있었고, 물론 또한 기꺼이 희생할 줄 아는 열성분자들의 엘리트 집단을 이루었다면, 공동체가 커져 감에 따라 이는 점차 불가능해졌다. 온갖 종류의 사람들이 모든 계층과 고장으로부터 들어왔다. 서로가 낯설고 상호 간의 이해도 없는 경우가 많았으며, 때로는 노예들과 노예 소유자들처럼 서로가 적대적이기까지 했다. 게다가 열성에 따라 움직이는 것이 아니라 동지들의 순진함과 자기 희생 정신을 자신을 위해 이용하려고 하는 약삭빠른 계산을 품은 분자들도 있었다. 이것에 시각과 철학의 차이도 더해져서, 이 모두가 온갖 분쟁을 야기했음이 분명하다. 흔히 그런 분쟁들은 집회 시에 토론으로 깨끗하게 마무리되지 못하고 사안의 사실관계에 대한 긴 조사 과정을 요하는 일이 많았다.

그래서 원로 혹은 장로들의 위원회가 공동체의 규율을 유지하고 그 안의 분쟁들을 조정하는 일, 물의를 일으킨 회원의 제명에 대해 공동체에 보고하는 일, 신입회원들을 받아들이는 일을 맡았다. 받아들인 신입회원에게는 그들이 입회식인 세례를 거행해야 했다.

주교는 공동체에서의 제반 관계들에 대한 가장 정확한 지식을 가졌으므로 이 위원회의 당연직 의장이었다. 이는 또한 그에게 공동체의 도덕적 감독과 사법 판결에 대한 영향력을 주었다. 장로들(Presbyter, 이로부터 사제 Priester라는 말이 나왔다)이 공동체가 성장한 결과로 공동체의 정규 유급 관리가 된 경우에, 그들은 부제들과 같이 공동체의 금고 관리자인 주교의 권위 밑으로 들어갔다.

대도시에서 공동체는 단일한 건물이 그들의 집회에 충분하지 않을 정도로 쉽게 커질 수 있었다. 그것은 구역들로 분할이 되었다. 모든 구역회마다 동지들을 돌보는 부제가 있었으며, 그 집회를 이끌고 주교를 대리하도록 주교가 장로를 임명하였다. 유사한 조치들이 교외 지역과 시골들에 대해서도 취해졌다. 공동체들이 로마나 알렉산드리아 공동체 같은 공동체와 인접해 있는 경우에는 그런 대도시의 영향력이 압도적이었으며, 이웃하는 공동체는 자기 스스로 도시와 그곳 주교의 세력 밑으로 들어갔다. 그래서 대도시의 공동체들이 이웃 공동체들에게 부제들과 장로들을 파견했다.

이런 식으로 점차 주교를 우두머리로 하는 공동체 관료제가 형성되었으며, 그것은 점차 독립적이고 힘이 강해졌다. 그렇게 간절하게 구해지는 자리에 선택을 받으려면 공동체 내에서 최대의 신망을 얻어야 했다. 일단 그 자리를 차지하면 그것은 아주 큰 권세를 수반했으므로 약간의 기지와 용기만 있으면, 주교의 의사가 처음부터 그의 공동체 대다수의 경향과 일치하는 경향을 띠어 점점 더 결정력을 갖게 되었다. 특히 개인적인 문제들에서는 그러했다.

결과적으로 그의 권위는 공동체의 행정에 종사한 사람들에게만 미치는 것이 아니라 포교와 이론 작업에 매달린 자들에게도 미치게 되었다.

우리는 2세기가 되면서 어떻게 사도들이 예언자들에 의해 뒷전으로 밀려나게 되었는지를 살펴보았다. 그러나 예언자들뿐만 아니라 사도들까지 이 양자가 주교와 자주 충돌할 수 있었다. 주교가 자신의 재정적·도덕적 권력을 그들로 하여금 느끼게 하는 데 망설이지 않았기 때문이다. 사도들과 예언자들, 교사들까지도 그들 중에 아무라도 주교가 선호하지 않는 경향들을 드러내기가 무섭게 공동체 내에 머무는 것을 괴롭게 만드는 것은 그로서는 어려운 일이 아니었다. 그리고 그런 일은 특히 사도들과 예언자들에게는 드물지 않게 생길 수 있었다.

주교들, 곧 금고를 맡은 자들은 탈속적인 열성분자들 중에서가 아니라 냉정한 사업가 기질의 현실적 인간들 중에서 우선적으로 선택되곤 했다. 이 사람들은 돈의 가치 그리고 공동체의 수많은 잘사는 회원들의 가치를 아주 잘 평가할 줄 알았다. 그들은 무엇보다도 그리스도교 공동체 내에서 기회주의적 수정주의를 대표하는 자들이었다는 것, 그들은 공동체 안의 부자들에 대한 증오심을 완화하는 작업을 하고 공동체의 교리를 부유한 사람들이 공동체 안에 머물러 있기가 좋도록 그 톤을 낮추는 작업을 한 것은 당연지사였다.

그 시대의 부자들은 그 당시에 교육을 많이 받은 자들이기도 했다.

공동체를 부자들과 교육받은 자들의 필요에 맞춘다는 것은 사도들과 예언자들의 영향력을 억누르고 그들의 성향을 불합리한 것으로 몰아가는 것을 뜻했다. 단지 심술 때문에 그런 자들의 성향만이 아니라, 열정에서 출발하여 부에 대한 극도의 증오를 가지고서 싸운, 자기를 돌보지 않는 분자들, 그들이 예전의 부자들로서 숭고한 공산주의적 이상을 실현하려고 전 재산을 공동체에 바쳤을 경우에는 더욱 치열하게 싸운 자들인데, 이런 자들의 성향도 그런 취급을 받았다.

엄숙주의와 기회주의 사이의 투쟁에서 이긴 것은 후자였다. 그래서 주교들이 사도들과 예언자들을 이겼고, 이들의 운신의 자유도, 심지어는 공동체 안에서의 생존 가능성도 눈에 띄게 작아졌다. 그들 대신에 점점 더 많은 공동체의 관리들이 등장했다. 모든 동지들이 원래는 집회에서 발언하고 포교에 참여할 권리가 있었으므로 공동체 관리들도 그런 활동을 전개할 수 있었고, 그들은 탁월할 정도로 그런 일을 했었을 것이다. 무명의 군중에서 유명한 웅변가로 부각된 동지들이 전혀 알려지지 않은 이들보다 공동체의 관리로 피택될 가능성이 더 높았다는 것은 명확하다. 다른 한편으로, 피택된 자들에게는 행정 및 사법 업무 외에 포교 활동도 요구될 수 있었다. 공동체의 성장에 따라 새로운 기관들이 창설되어, 다른 기관들의 업무 부담을 줄여 주면서 많은 행정 관리자들에게 그들의 본연의 직무보다는 포교 사업이 더 전면에 부각되었다. 부제들은 포교에 더 치중할 수 있었던 경우가 많았다. 그들의 직무는 큰 공동체들에서 특별히 병원, 고아원, 가난한 이들을 위한 수용소, 방문하는 동지들을 위한 숙소를 통하여 수행되었기 때문이다.

다른 한편, 공동체와 그 경제적 기능들이 성장함에 따라 그 관리들에게 직무상의 일정한 훈련을 시키는 것이 곧바로 필요하게 되었다. 모든 사람에게 실무 경험으로 숙련을 쌓도록 맡겨 두었다면, 그것은 이제 너무 비용이 많이 들고 위험한 일이었을 것이다. 공동체 관리의 후진들은 주교의 집으로 보내져서 그곳에서 교회 직분상의 의무들을 부여받았다. 그들이 공식적 직무에 추가하여 포교 활동도 해야 했다면 그 목적을 위해서도 주교의 집에서 그들을 훈련시키고 그들에게 공동체의 교리들을 가르치는 것은 당연했다.

그리하여 주교는 공동체의 경제 활동만이 아니라 포교 활동에서도 중심이 되었다. 이번에도 이데올로기가 경제 앞에 굴복해야 했다.

이제 공식적인 교리가 형성되어 공동체의 관료 기구에 의해 인정되고 전파되었다. 이 교리는 그와 다른 견해들을 그들에게 주어진 온갖 권력 수단으로 점점 더 강압적으로 억눌렀다.

그렇다고 해서 그 교리가 항상 반(反)교양적이었다는 말은 아니다.

주교들이 반대한 경향들은 원래의 반국가적이고 반(反)소유적인 프롤레타리아적 공산주의의 경향이었다. 인구 하층의 무지, 그들의 순진함, 그들의 희망과 현실의 양립 불가능성에 상응하여 이런 경향들은 특별한 기적 신앙 및 기상천외한 공상과 결부되었다. 공식 교회가 이런 영역에서 제아무리 많은 것을 달성할 수 있었다 해도, 처음 몇 세기 동안 이 교회의 박해를 받은 종파들은 광기에서 또 하나의 혁혁한 업적을 달성했다.

억압받는 자들에 대한 동정, 모든 억압에 대한 혐오가 있다고 해서 그것이 공식 교회에 대한 모든 반대파 혹은 모든 이단이 더 수준 높은 관념을 가진 것으로 인정하도록 우리를 오도해서는 안 된다.

교회의 공식적인 신앙 교리의 형성은 다른 상황들에서도 도움을 받았다.

우리는 그리스도교 공동체의 초창기 신앙 교리에 대해서는 별로 많이 알지 못한다. 다양한 단서들로 판단해 보건대 그것은 포괄적이지 않고 아주 단순한 성질의 것이었다. 어떤 경우에도 우리는 그것이 복음서들이 나중에 예수의 교리로서 제시한 모든 것을 이미 포함했다고 가정할 수는 없다.

우리는 예수가 실존 인물이었고 십자가에서 처형되었다는 것, 그것도 반란을 시도한 것 때문에 희생됐다는 주장을 개연성 있는 것으로 겨우 가정할 수 있다면, 그것이 우리가 그에 대해 아는 것의 거의 전부이다. 그의 가르침에 대해 보도되는 것은 증거가 결여되고, 아주 모순적이고, 독창성이 없고 일반적인 도덕적 상식의 집성물이어서 그 당시 여러 사람의 입에 오르내리던 것이었으며, 그중 극히 작은 부분이라도 확실하게 예수의 진짜 가르침으로까지 소급될 수 있는 것은 없다.

그럴수록 우리는 그리스도교 공동체들의 초기 사실들을 그들과 아주 많은 그 밖의 유사성도 띠는 사회주의 단체들의 초창기 양태에 따라서 대략 상상해도 정당성이 있다. 우리가 이 초창기를 본다면 어떤 압도적인 권능을 지닌 인물, 그 이론이 운동의 앞으로의 경로를 위한 기조를 제시하는 그런 인물을 결코 발견하지 못하며, 혼란스러운 백가쟁명, 수많은 프롤레타리아들에 의한 불확실하고 본능적인 탐색과 모색만을 발견할 뿐이다. 그들 중 어느 누구도 자기 동료들을 훨씬 능가하지 못하며, 모두가 다소 동일한 경향들에 의해 동기가 부여되나 개별적으로는 극단적인 독특한 형태로 가는 일도 흔하다. 예를 들어서 이와 같은 식의 그림은 19세기의 30년대, 40년대 프롤레타리아적 사회주의 운동의 초창기 모습으로 제시된다. 의인(義人) 연맹, 훗날의 공산주의자 연맹은 맑스와 엥겔스가 공산주의자 선언이란 형태로 확정된 이론적 기초를 그것에 부여하기 전에도 그 배경에 상당한 역사를 이미 지녔다. 그리고 이 연맹 자체가 프랑스와 영국에서의 초기 프롤레타리아 조류들의 계속에 불과했다. 맑스와 엥겔스가 없었다면 그 교리는 여전히 오랫동안 백가쟁명 단계에 남아 있었을 것이다. 하지만 공산주의자 선언의 이 두 아버지는 그들의 시대가 제공한 과학을 통달했기 때문에 비로소 두드러진 결정적 지위를 달성할 수 있었다.

깊은 과학적 수련을 쌓은 인물이 그리스도교의 요람기에 있었을 것이라는 데 대해서는 이를 시사해 주는 것이 없으며, 오히려 그랬을 가능성은 확실히 배제된다. 예수에 대해서는 그가 극히 단순한 프롤레타리아들인 그의 동지들보다 더 교육을 잘 받은 것이 없다고 공공연하게 말해진다. 바울로는 그의 특출한 지식에 대해 지적하지 않고 그의 순교에 의한 죽음과 부활만을 지적해서 말한다. 그리스도인들에게 최고로 깊은 인상을 준 것이 이 죽음이었다.

그리스도교의 처음 세기에 행해진 가르침의 종류는 그것과 부합한다.

사도들과 예언자들은 다른 이들에게 전해 받은 확정된 가르침을 재연하지 않는다. 그들은 영이 이끄는 대로 말한다. 극히 다양한 견해들이 쏟아져 나왔다. 언쟁과 충돌이 초기 공동체들을 가득 채웠다.

바울로는 고린토인들에게 이렇게 편지를 쓴다.

"그런데 이번에는 칭찬할 수 없는 일을 한 가지 말씀드리겠습니다. 그것은 여러분이 모여서 하는 일이 이익보다는 해를 자아낸다는 것입니다. 무엇보다도 여러분이 모이는 교회 안에 당파(σχίσματα 스키스마타)가 생겼다는 말을 들었는데 나는 그것이 전연 헛소문만은 아니라고 생각합니다. 하기야 여러분 가운데서 진실한 사람들(δόκιμοι 도키모이)이 드러나려면 분파도 있어야 할 것입니다."(고린토전서 11장 17, 18절)

나중의 공식 교회는 공동체 내의 다양한 분파, 곧 이단(바울로는 하이레세이스 αἱρέσεις라는 말을 쓴다)에 대한 이런 필요성을 전혀 통찰하지 못했다.

2세기에 불확실한 탐색과 모색은 끝이 난다. 공동체에는 그 배경에 역사가 있다. 이 역사의 과정에서 특정한 신조들이 승리를 거두고 동지들 다수에게 인정을 받았다. 그러나 이제 교육받은 사람들도 공동체에 들어와서, 한편으로 그들은 운동과 그 신조들의 역사를 구술된 대로 적어 내어 더 이상 변질되지 않도록 보전한다. 다른 한편으로 그들은 그들이 발견하는 순진한 교리를 그 시대의 지식의 낮은 수준까지 올려놓고, 그것을 그들의 철학으로 가득 채운다. 그럼으로써 교육받은 사람들에게 매력이 있게 만들 뿐만 아니라 이교도 비판자들의 반론에 대항하여 그것을 무장시키려고 했다.

이제 그리스도교 공동체의 교사가 되고 싶은 사람은 누구든지 일정한 함량의 지식을 소유해야 했다. 단지 세상의 죄 많음에 대해 벼락같은 호통을 치고 그 종말이 속히 온다고 예언하던 사도들과 예언자들은 더 이상 함께 갈 수가 없었다.

불행한 사도들과 예언자들은 모든 면에서 시달림과 제약을 받았다. 그들의 소규모 사업은 결국 그리스도교 관료기구의 엄청난 장치에 굴복해야 했다. 그들은 사라졌다. 그러나 교사들은 자유를 박탈당하고 주교의 밑으로 들어갔다. 곧이어 아무도 공동체의 집회인 교회*에서 주교의 사전 허락 없이 감히 발언하지 못하게 되었다. 즉 주교의 지도를 받는 공동체 관료 기구, 성직자들(Klerus)** 외에는 아무도 발언을 못하게 된 것이다. 이들은 점점 다수의 동지들, 평신도들(Laien)***과 분리되었고 그들 위에 군림했다. 목자와 양떼의 형상이 뿌리를 내린다. 양떼는 저항 없이 인도를 받고 털을 깎이는 참을성 있는 종류의 양을 뜻했다. 그런데 우두

---

* 에클레시아(ἐκκλησία)는 본래 민중집회를 뜻한다.
** Kleros(κλῆρος), 하느님의 유업, 재산, 하느님의 백성, 하느님에 의해 뽑힌 자들.
*** laos(λᾱός), 백성에서 유래.

머리 목자는 주교이다.

운동의 국제적 성격이 주교의 권세를 증진해 주는 데 더욱더 기여했다. 예전에는 끊임없이 방랑하여 공동체들 간의 국제적 연계를 유지해 준 것은 사도들이었다. 사도직이 퇴색하면서 공동체들을 결속하고 소통시킬 다른 방도를 찾는 것이 필요해졌다. 분쟁이 발생하거나 공동의 행동 혹은 공동의 규칙이 어떤 문제에서든지 필요하게 되면, 2세기부터는 공동체들의 대표자들의 대회가 지방 단위의 대회로, 또한 제국 전체의 대회로도 소집되었다.

처음에는 이런 회의들은 단지 토론과 심의만을 위한 것이었다. 그 회의들에서 구속력 있는 결정을 할 수는 없었다. 각 개별 공동체가 스스로 주인이라고 느꼈던 것이다. 키프리아누스*는 3세기 전반기에도 여전히 각 공동체의 절대적 독립성을 선포했다. 그러나 다수 의견이 처음부터 도덕적인 우위를 차지하는 것은 명확한 일이다. 이 우위가 점점 더 구속력을 띠게 되었다. 다수의 결정이 대표를 파견한 모든 공동체들에게 구속력을 갖게 되었으며, 그 공동체들을 통일된 탄탄한 몸으로 융합시켰다. 개별 공동체가 이렇게 해서 운신의 자유에서 잃은 것을 전체가 권능의 크기에서 얻는다.

그리하여 가톨릭**교회가 만들어졌다. 여러 대회(주교회의, 공의회)의 결정 사항에 따르려고 하지 않는 공동체들은 가톨릭교회 연맹을 떠나야 했으며, 공동체에서 제외되었다. 자기 공동체에서 추방된 개인은 더 이상 다른 공동체에서도 환영받지 못했다. 그는 모든 공동체들에서 배제되는

---

* 카르타고의 주교로서 그리스도교 초기의 중요한 저술가. - 옮긴이
** 가톨릭은 홀로스(holos; ὅλος ) 전체, 완전과 카타(kata; κατα ) 즉 아래로, 관하여, ~에 속하는을 뜻하는 전치사에서 나온 말이다. Katholikos는 '전체에 관하여'를 뜻하며 가톨릭교회는 전체 교회 혹은 보편적 교회라는 말이다.

것이다. 이러한 배제나 파문의 효과는 이제 상당히 가혹해졌다. 공동체의 목적에 반대하는 구성원들을 배제시킬 수 있는 권능은 교회가 특정 목적을 추구하는, 국가 내의 여러 다른 당파 및 조합들과 나란히 하나의 특정한 당파 내지 조합을 이룬 한에서는 교회의 정당한 권리였다. 교회가 이 목적들에 반대하는 누구라도 그 품에서 내칠 권리가 없었다면, 이 목적들을 달성할 수 없었을 것이다.

교회가 전체 국가를 가득 채우고 사실상 국가들이 오직 그 개별 부분들만을 이루는 전체 유럽 사회를 가득 채운 조직으로 변모했을 때 문제는 달라졌다. 교회에서 배제되는 것은 이제 인간 사회에서 배제되는 것과 같은 것이 되었으며, 그것은 사형 선고와 동일한 의미가 될 수 있었다.

공동체의 목적을 인정하지 않는 구성원들을 배제할 가능성은 국가 내에서 특정한 정당들의 형성과 성공적인 활동을 위해, 그리하여 활발하고 유익한 정치적 생활을 위해, 활기찬 정치적 발전을 위해 불가피하다. 그러나 그것은 국가 내의 개별 정당들이 아닌 국가 자체 혹은 국가를 가득 채우는 조직에 의해 활용된다면, 어떠한 정당의 결성도 가로막고, 어떠한 정치 생활도, 어떠한 정치적 발전도 불가능하게 만드는 수단이 된다. 그러나 어떤 민주주의적 정당이든 국가에 제기해야 하는 완전한 언론 자유의 요구를 개별 정당에도 제기한다면 그것은 정신 나간 짓이다. 그 대열에서 모든 의견 표명을 용인하는 정당은 더 이상 정당이 아니다. 반면에 특정한 견해를 박해하는 국가는 그럼으로써 그 자체가 정당이 된다. 민주주의가 요구해야 하는 것은 정당들이 정당이기를 중단하라는 것이 아니라, 국가가 정당이기를 중단하라는 것이다.

민주주의적인 관점에서는 교회가 여러 당들 중 한 당을 이루는 데 불과하다면, 그럴 경우에는 교회의 파문에 대하여 아무런 이의를 제기할 것이 없다. 누구든지 교회의 신조를 믿지 않거나 그 규정을 따르고 싶지 않으면 교회에 속하지 않으면 된다. 민주주의는 교회에 관용을 요구할 이유가 없다. 물론 교회가 다른 당파들과 나란히 하나의 당파인 데 만족하는 한, 국가가 교회를 편들거나 심지어 자신을 교회와 동일시하지 않는 한 그렇다는 것이다. 여기서 민주적인 교회 정책이 펼쳐져야 하며, 교회 안에서 불신자들에 대한 관용을 요구하는 것이 민주적인 교회 정책은 아니다. 이는 결단력이 없는 것이고, 희미한 것일 뿐이다.

교회의 파문권이 교회가 국가 교회가 아닌 한에서는 민주주의적 관점에서 그 자체로서는 반대할 만한 것은 아니라 해도, 이 권리가 행사된 방식의 측면에서는 그 당시에도 이미 여러 가지 반대를 할 만했다. 왜냐하면 파문을 행하는 것은 더 이상 다수의 동지들이 아니라 관료 기구였기 때문이다. 개인이 그 과정에서 더 많은 피해를 겪을 수 있었을수록, 교회 관료 기구와 그 수장인 주교의 권세는 더 커졌다.

추가적 요인은 그가 교회들의 대회에서 그의 공동체 대표였다는 사실이다. 주교의 권세는 공의회와 동시에 자라났으며, 공의회는 처음부터 주교들의 집회가 되었다.

주교에게 자기 손 안에 공동체의 재산 관리, 공동체 관료 기구의 전체 행정·사법·포교·학술 기구의 임명과 지휘권을 부여한 위세와 큰 권력에 이제는 부분에 대한 전체, 곧 공동체에 대한 가톨릭교회의 우월한 권능이 더해졌다. 주교는 전체 교회의 대표로서 공동체에 맞섰다. 전체 교회의 조직이 더 엄격해질수록 주교에 비하여 공동체는 더 허약해졌다. 적

---

* Harnack, *Mission und Ausbreitung des Christentums*, I, 370. 하르낙은 트로피무스 (Trophimus) 주교를 주교들이 그들의 공동체에 대하여 가졌던 큰 권력의 예로 인용한다. 그 주교가 한 박해 기간에 이교주의에 빠졌을 때 그의 공동체의 대부분이 그를 따랐다. "그가 돌아와서 회개했을 때, 다른 이들도 다시 그를 따랐다. 모두는 트로피무스가 그들을 이끌지 않았더라면 교회로 되돌아오지 않았을 것이다."

어도 주교가 그의 동료들 대다수의 경향을 대변하는 한에서는 그러했다. "이 주교의 카르텔에 의해 평신도는 완전히 금치산 선고를 받았다."*

주교들은 스스로 사도들의 후계자임을 자처하면서 사도들에게서 자신들의 권위를 이끌어 내는데, 이것이 전혀 잘못된 것은 아니었다. 주교들도 사도들처럼 각 개별 공동체와 관련하여 공동체들 전체에서 국제적이고 결속을 시켜 주는 요소를 이루었으며, 바로 이로부터 엄청난 몫의 영향력과 권세를 끌어내었다.

공동체의 원래 민주주의의 마지막 흔적인, 공동체가 필요로 하는 관리들을 스스로 선출할 권리도 이제 빠르게 사라져 갔다. 주교와 그의 사람들이 공동체 안에서 더욱 큰 독립성과 권한을 차지함에 따라 공동체로 하여금 자기 입맛에 맞는 사람들을 선택하도록 만드는 것이 그에게는 더욱더 쉬운 일이 되었다. 그는 사실상 직분들을 채워 넣는 사람이 되었다. 주교 자신을 선택하는 데서는 공동체 안에서 성직자 계층의 권세를 감안할 때 이들에 의해 추천을 받은 후보가 처음부터 최선의 기회를 가졌다. 그것은 결국 성직자 계층만이 주교를 선택하고 공동체 내의 다수 동지들은 그 선택을 승인하거나 기각할 권리만을 갖는 데까지 도달했다. 그러나 이것도 점점 순전한 형식으로 전락했다. 공동체는 결국 성직자들이 자신들을 위해 선출한 주교를 소개하면 그를 위해 열렬히 박수갈채나 보내는 박수부대 수준으로 전락했다.

이로써 공동체의 민주적 조직은 완전히 소멸되었고 성직 계층의 절대주의는 인준 도장을 받았다. 겸손한 '하느님의 종들의 종'에서 무소불위의 주인으로 성직자 계층의 변신이 완성되었다.

공동체의 재산은 이제 사실상 그들의 관리자들 재산이 되었으며, 이는 물론 그들의 개인 재산이 아니라 단체로서 관료 기구의 재산이 되었다. 교회 재산은 더 이상 동지들의 공유 재산이 아니게 되었고, 성직자 계층의 재산으로 되었다.

이러한 변모는 4세기 초에 국가에서 그리스도교가 공인을 받으며 강하게 힘을 받고 촉진되었다. 그러나 다른 한편으로 황제들이 가톨릭교회를 인정한 것은 관료 기구와 주교 절대주의가 이미 교회 안에서 권력의 높이로 올라선 사실의 결과에 불과했다.

교회가 민주적 조직이던 한에서는 그것은 로마 제국 황제 전제정치의 본질에 완전히 반대 입장이었다. 그러나 주교 관료 기구는 민중을 절대적 방식으로 다스리고 착취하는 조직으로서 황제의 전제정치에 퍽 쓸모가 있었다. 그것은 또한 주교의 관료 기구를 무시할 수도 없었다. 황제는 주교의 관료 기구와 타협을 해야 했다. 그렇지 않으면 그에게 너무 강한 상대로 성장할 위험이 있었다.

성직자 계층은 제국의 모든 통치자가 고려해야 하는 세력이 되었다. 3세기 초의 일련의 내전에서 왕좌의 후보자들 중에 승자는 성직자 계층과 동맹을 맺은 콘스탄티누스였다.

주교들은 이제 황제들과 아울러 제국을 통치하는 주인들이 되었다. 황제들이 주교회의를 주재하는 일이 흔했으며, 그 대가로 공의회의 결정 사항들과 파문을 실행하도록 국가의 공권력을 주교들에게 제공하기도 했다.

이제는(321년부터) 교회도 재산을 취득하고 상속할 수 있는 법인의 권리를 얻게 되었다. 이를 통해 교회의 소문난 식욕은 곧바로 엄청나게 증진되어, 교회의 재산은 한없이 불어났다. 그와 아울러 교회가 행한 착취도 증가했다.

이렇게 해서 프롤레타리아적 반체제 공산주의 조직에서 전제와 착취의 강고한 보루가 자라났고, 이는 새로운 전제와 새로운 착취의 원천이 되었다.

승리를 거둔 그리스도교 공동체는 모든 면에서 3세기 전에 갈릴래아의 가난한 어부와 농민들, 그리고 예루살렘의 프롤레타리아들이 세웠던 공동체와는 정반대였다. 십자가에 달린 메시아는 메시아 공동체가 그에게 폭삭 무너뜨려 주기를 기대했던 저 몰락해 가는 악명 높은 사회의 가장 강건한 버팀목이 되었다.

## 수도원 제도

가톨릭교회가 특히 정부의 공인을 받은 후에는 메시아 공동체의 원래 경향들을 정반대의 것으로 변형했지만, 이는 결코 반대와 분란이 없는 평화로운 과정은 아니었다. 그리스도교의 원래의 민주적 공산주의를 만든 사회 상황이 계속 존재했으며, 심지어 제국이 쇠약해져 감에 따라 더욱더 괴로움과 자극을 일으키는 것으로 되어 갔다.

우리는 어떻게 처음부터 새로운 방향에 대항한 항거의 경향들이 나타났는지를 살펴보았다. 그것이 교회의 지배적이고 공식적인 방향이 된 후, 그리고 다른 어느 것도 공동체 내에서 허락되지 않게 된 후에 새로운 민주주의적이고 공산주의적인 종파들이 가톨릭교회와 나란히 계속 생겨났다. 예컨대 북아프리카에서는 교회가 콘스탄티누스의 공인을 받은 시대에 키르쿰켈리오네스 종파가 퍼져 나갔다. 이들은 열광적인 걸인들로서 국가 교회와 국가에 대한 도나투스파의 투쟁을 극단적으로 실천했고 모든 귀족과 부자들에 대한 전쟁을 설교했다. 그리스도 시대의 갈릴래아에서처럼 북아프리카의 4세기 농민 인구는 그들의 압제자들에 자포자기의 심정으로 대항해 일어섰다. 그들의 항거는 수많은 도당들의 산적질의 형태를 취했다. 젤롯당들이 그들 전에 그랬던 것처럼, 그리고 예수의 최초 추종자들도 필시 그랬을 것처럼, 키르쿰켈리오네스파는 이제 이 산적패들에게 해방의 목표, 모든 멍에를 벗어던진다는 목표를 주었다. 그들은 가톨릭 사제들과 손을 맞잡고 봉기를 진압하는 데 노력한 황제의 군대들과 담대하게 전투를 벌였으며, 이는 수십 년을 지속했다.

이 시도가 실패했듯이, 평화적이든 폭력적이든 교회를 공산주의적으로 갱신시키려는 다른 시도들도 모두 실패로 돌아갔다. 그들은 모두 같은 원인들, 즉 최초의 시도를 결국에는 그것과 정반대로 탈바꿈시켰던 원인, 그리고 그러한 시도들의 필요성이 지속된 것과 똑같이 지속적으로 작용한 그 똑같은 원인 때문에 실패했던 것이다. 이 필요성이 증대하는 고통 때문에 강화되었다면, 잊어서는 안 될 것은, 프롤레타리아 계층의 점점 더 많은 부분을 그 자선 기구들에 의해 최악의 고통으로부터 보호하고, 또한 프롤레타리아 계층을 성직자들에게 의존하게 하고 그들을 타락시키고 일체의 열정과 일체의 숭고한 사상들도 질식시킬 수 있는 교회의 수단도 증강되었다는 것이다.

교회가 국가 교회로 공인되고 역사상 전에 볼 수 없었던 활력과 큰 규모를 가진 전제와 착취의 도구로 변질되었을 때, 교회 내의 모든 공산주의적 경향들의 종말이 완전히 확정된 것같이 보였다. 그런데 이 경향들은 바로 이 국가 종교에서 다시 새로운 힘을 흡수했던 것 같다.

국가의 인정을 받을 때까지는 그리스도교 공동체 생활의 확장은 본질적으로 대도시들에 국한되었다. 그곳이 박해의 시대에 그리스도교 공동체 생활을 유지할 수 있었던 유일한 장소였다. 시골에서는 개인을 쉽게 감시할 수 있어서 비밀 조직은, 예를 들어서 19세기의 아일랜드의 비밀단체들이 그랬던 것처럼, 전체 인구의 지지를 받아야만 존재할 수 있었다. 소수파의 사회적 반체제 운동은 시골에서는 그때까지 엄청난 어려움에 직면했다. 그리고 이는 처음 3세기 동안 그리스도교에도 해당되었다.

교회가 일단 반체제 운동을 중단하고 국가의 인정을 받게 되자 그리스도교가 농촌 지역에서 확장되는 데서의 어려움은 사라졌다. 그때부터 그리스도교 공동체 조직에게는 농촌에서도 더 이상 아무런 장애물이 없었다. 3백 년 동안 그리스도교는 유태교처럼 거의 전적으로 도시의 종교였지만 비로소 농민들의 종교도 되기 시작했다.

그리스도교와 함께 그 공산주의적 경향들도 시골에 들어갔다. 그러나 여기서 이런 경향들은 우리가 에세네인들에 대해 논하면서 살펴본 것처럼 도시에서와는 완전히 다른 훨씬 더 유리한 조건들을 갖게 된다. 에세네주의는 시골에서 공개적인 공산주의적 조직체의 가능성이 주어지자마자 그리스도교 형태의 새로운 생명으로 즉시 소생했다. 이는 그것이 얼마나 강한 필요에 부응했는지를 보여준다. 4세기 초에 그리스도교가 정부에 의해 수용되던 바로 그때에 최초의 수도원들이 이집트에서 생겨났으며, 곧이어 제국의 다양한 지역들에서도 다른 수도원들이 뒤따라 생겨났다.

아메리카에서의 공산주의 실험들이 19세기 초에 프랑스와 영국의 통치자들에게 혐오스러운 것이 아니었던 것과 똑같이 교회와 국가의 권력자들은 이런 식의 공산주의를 방해하지 않았을 뿐만 아니라 촉진하기까지 했다. 대도시의 소란스러운 선동자들이 속세를 떠나 광야로 나가서 그곳에서 평화롭게 오두막집을 짓고 사는 것이 그들로서는 득이 될 뿐이었다.

아메리카에서의 오웬주의자들과 푸리에주의자들 그리고 까베주의자들의 공산주의 실험과 달리, 이집트 농민 안토니우스와 그의 제자들의 실험은 미국에서 18, 19세기 중에 세워진 이와 상당히 유사한 농민 공산주의 정착촌들처럼 아주 눈부신 성공을 거두었다. 이런 사실에 대한 가장 유력한 설명은 그 실험들이 현대의 유토피아주의 추종자들에게는 결여된 종교적 열정으로 추진되었다는 것이다. 종교가 없이는 공산주의도 없다는 것이다. 그러나 수도자들에게 영감을 준 똑같은 종교적 열정이 처음 몇 세기에는 대도시의 그리스도인들에게도 살아 있었다. 그러나 그들의 공산주의적 실험들은 철저하지도 못했고 오래가지도 못했다.

한편에서는 실패를 하고 다른 한편에서는 성공을 한 원인은 종교에 있지 않고 물적인 조건들에 있다.

대도시에서의 원시 그리스도교의 공산주의적 실험들에 비하여 광야의 수도원들이나 공산주의적 집단 거주지는 농업이 농장과 가정의 결합을 필요로 한다는 점, 공업 기업과 함께 대규모 농업은 이미 가능한 것이었고 사실상 진작에 대지주들의 '오이코스 경제'에서 높은 발전 단계에 도달했다는 점에서 장점이 있었다. 그러나 오이코스 경제의 이러한 대기업은 노예제 위에 세워져 있었다. 노예제에서 그것은 생산성의 한계만이 아니라 존립 자체의 한계도 발견했다. 노예들의 공급이 줄어들면서 대지주의 대형 농장도 사라져야 했다. 수도원들은 이 대규모 생산지를 다수 인수하여 그것을 더욱 발전시켰다. 노예들의 노동 대신에 자유로운 동지들의 노동을 투입했기 때문이다. 사회의 일반적인 쇠퇴에 직면하여 수도원들은 결국 쓰러져 가는 제국 내에서 고대 기술의 마지막 유산을 보존하고 민족 대이동의 폭풍으로부터 그것을 구해 낸, 그리고 여러 가지 점에서 완성하기까지 한 유일한 장소가 되었다.

동방, 특히 아랍인들의 영향을 예외로 하면, 유럽에서 중세 동안 문화의 융성이 먼저 생겨난 것은 수도원들에서였다.

수도원의 협동조합적 생산 양식은 사멸해 가는 고대와 시작되는 중세기 농촌의 생산 조건들에 기가 막히게 잘 맞았다. 그래서 성공할 수 있었던 것이다. 그러나 도시들에서는 생산의 제조건이 협업에 역행하여 공산주의는 오직 소비의 공산주의로서만 생겨날 수 있었다. 그러나 결국 사회적 관계들의 성격을 결정하는 것은 분배 내지 소비 양식이 아니라 생산 양식이다. 그리스도교가 원래 도달하려고 애썼던 소비 수단의 공유가 생산의 공유에 항구적인 토대를 두게 된 것은 오직 시골, 수도원에서였다. 그러한 토대 위에서 에세네인들의 협동조합이 한 세기 동안 융성했으며,

이는 내부적 원인 때문이 아니라 다만 유태공동체의 갑작스런 파멸로 시들었었다. 이제 이런 기초 위에서 그리스도교 수도원 제도의 강력한 구조물이 생겨났으며, 이는 오늘날까지 유지되어 온다.

그러나 현대의 유토피아 공산주의의 집단 거주지들이 실패한 것은 왜인가? 그들은 수도원들과 비슷한 토대 위에서 건설되었지만, 생산 양식은 그때 이후로 완전히 달라졌다. 고대의 분산된 고립적 사업체들에서는 개인주의적 작업 방식이 발달했고 도시 근로자의 협동조합적인 협업은 곤란해서 그에게 생산에서의 무정부주의적 감정을 갖게 했으나, 그 대신 오늘날 우리는 도시 공업에서 거대 기업들을 보게 되며, 그 안에서 각 사람의 근로자는 무수한 다른 근로자들과 함께 일해야 하는 하나의 톱니에 불과하다. 협동조합적 협업의 습관, 노동에서의 규율, 개인이 전체의 필요에 복종하는 것이 단독으로 일하는 노동자의 무정부주의적 정서를 대체하는 것이다.

그러나 생산에서만 그렇다.

소비에서는 그렇지 않다.

생활 조건들은 예전에는 아주 단순하고 다수의 인구에게 일률적이어서 소비와 필요의 일률성이 생겨났고 상시적인 소비의 공유화를 결코 견딜 수 없는 것으로 만들지는 않았다.

현대의 생산 양식은 모든 계층의 사람들과 국민들을 한데 뒤섞고 전 세계의 제품들을 상업 중심지로 가져오며, 끊임없이 새로운 물건들을 창조해 내고, 필요를 충족시키는 새로운 방법들을 끊임없이 만들어 낼 뿐 아니라 새로운 필요들조차 만들어 낸다. 이는 다수의 인구에게서 개인적 취향과 필요의 다양성, 곧 예전에는 부자들과 귀족 계층들에서만 찾아볼 수 있었던 그런 개인주의를 초래했다. 그래서 또한 소비 행위의 다채로움도 초래했다. 여기서 소비 행위란 가장 폭넓게 '향유'라는 의미로 쓴 말이다. 가장 거칠고, 가장 물적인 소비 수단―음식, 음료, 의복―은 현대의 생산 양식에서 획일화된 경우가 많다. 그러나 대중의 소비조차 그런 소비 수단들로 국한시키지 않고 근로 대중에게조차 문화 수단―과학, 예술, 스포츠 등―에 대한 필요의 증대를 불러일으키는 것이 이 생산 양식의 본질에 속한다. 이런 필요는 점차 다양화되고 각 개인마다 다른 방식으로 드러난다. 지금까지는 부자들과 교육받은 자들의 특권이었던 향유에서의 개인주의가 근로 계급에게도 먼저 대도시에서 확산되고, 그곳으로부터 나머지 인구에게도 점차 침투해 들어간다. 현대의 근로자가 그 필요성을 인정하기 때문에 비록 자기의 동지들과 함께 일하는 데서의 규율에 복종한다고 해도, 그는 자신의 소비, 자신의 향유에 대한 어떤 감독에 대해서도 반기를 든다. 이런 분야에서 그는 점점 더 개인주의자가 되고 무정부주의자가 된다고 해도 좋다.

현대의 도시 프롤레타리아가 기본적으로 부수적인 공업 기업체들이 딸린 대규모 농장에 불과한 광야의 작은 공산주의적 집단 정착촌에서 어떤 기분을 느낄지는 이제 알 수 있다. 여러 번 말했듯이 이제까지는 이런 생산 분야에서는 생산 활동과 가계 운영은 아주 밀접하게 연관되었다. 그것은 소비의 공유화에서 출발했던 그리스도교 공산주의에게는 장점이었다. 농촌에서의 수도원적 기관들에서는 이런 공산주의는 생산의 공산주의와 한데 묶일 수밖에 없었으며 이는 그것에 비상한 저항력과 발전 역량을 가져다주었다.

현대의 유토피아적 공산주의는 생산 활동에서의 공동체에서 출발했으며, 거기에 아주 공고한 토대를 두었다. 그러나 그 작은 주거지 내에서의 소비와 생산의 밀접한 끈은 소비의 공산주의를 생산의 공산주의에 더하지 않을 수 없게 만들었고 소비의 공산주의는 기존의 사회적 영향하에서 그것에 폭약처럼 작용하여 끝없는 분쟁, 참으로 사소한 일들에 대한 최악의 불쾌한 분쟁들을 일으킬 수밖에 없었다.

현대 자본주의에 때 묻지 않은 상태로 있던 인구의 구성분자들인 탈속적인 농민들만이 19세기에 현대 문명 내에서도 성공적으로 공산주의 집단 주거지들을 창설할 수 있었다. 그들의 종교는 개인적 특성이 아닌 사회 현상으로서의 종교적 열정이 오늘날 오직 가장 후진적인 인구 계층 가운데서만 마주칠 수 있다는 의미에서만 그들의 성공과 연관된다.

현대의 공업적 인구 계층에게 생산의 공산주의는 상당히 진전된 향유―그 말의 가장 넓은 의미에서―의 개인주의와 양립할 수 있는 정도의 높은 수준에서 비로소 관철될 수 있다.

지난 세기의 비종교적 공산주의적 집단 주거지에서 좌초한 것은 생산의 공산주의가 아니었다. 이런 식의 공산주의는 자본이 가장 성공적인 방식으로 오래전부터 실시해 오고 있다. 좌초한 것은 개인적 소비를 획일화하는 공산주의였다. 이는 현대의 성격과 아주 상반된 것이기 때문이다.

고대, 그리고 중세까지도 다수의 민중 가운데 필요의 개인주의화에 대해서는 아직 아무것도 감지되는 것이 없었다. 따라서 수도원적 공산주의는 그 방향에서 장해를 만나지 않았으며, 그 경영방식이 널리 퍼져 있던 방식을 능가했고, 그것의 경제적 우월성도 큼에 따라 더욱더 번성했다. 377년에 예루살렘 부근의 올리브 산 위에 스스로 수도원을 설립한 루피누스(345-410년)는 이집트에서는 시골의 수도원에 사는 사람들이 거의 도시에 사는 사람들만큼 많았다고 주장했다. 이것을 경건한 상상에 의한 과장이라고 평가절하할 수도 있지만, 아무튼 이는 수도자와 수녀들의 수가 많았다는 것을 보여주며, 그것이 엄청난 수로 여겨졌던 것이다.

그리하여 수도원 제도를 통하여 그리스도교 내에서 공산주의적 열정이 새로이 생기를 얻었으며, 그 안에서 지배적인 교회 관료 기구에 대한 이단적인 반대세력으로 기능해야 할 필요가 없이 그것과 사이좋게 지내는 형태를 찾았다.

그러나 그리스도교 공산주의의 이런 새로운 형태도 사회의 일반 형태가 될 수 없었으며, 그것도 일부 계층에 한정된 채로 남아 있었다. 그래서 새로운 공산주의도 끊임없이 그 정반대로 변신할 수밖에 없었으며, 그것도 그 경제적 우수성이 크면 클수록 더욱 그러했다. 그럴수록 더욱더 그것은 경제적 우월성을 통해서 구성원들을 귀족 계층으로 상승할 수 있게 해 주었고 이들은 나머지 인구 위로 올라서서 결국은 그들을 지배하고 착취했다.

다른 이유가 아니더라도, 수도원 공산주의는 그 토대가 된 가계 운영의 공유화를 실천하려면 에세네인들이 그들 이전에 그랬듯이, 그리고 그들 이후에는 북아메리카의 종교적 공산주의 집단 주거지에서 지난 세기에 그랬듯이 결혼을 배제해야 했기 때문에 사회의 일반 형태가 될 수 없었다. 물론 공동의 가계 운영이 번성하는 것은 개인적 결혼을 배제하는 것만을 필요로 했다. 일종의 공동 결혼 형태가 방금 언급한 최근의 집단 주거들의 다양한 경우에서 보듯이 그것과 아주 잘 맞을 수도 있었다. 그러나 이런 종류의 성관계는 받아들여지고 공개적으로 실천되기에는 사멸하는 고대의 일반 사회적 정서에 너무 심하게 어긋났다. 그 시대 일반의 도덕적 멀미 상태에서는 금욕, 향유의 절제가 훨씬 더 그럴듯한 해결 방도였으며, 그것을 실천하는 자들에게 특별한 거룩함의 영광의 빛을 둘러 씌워 주는 태도이기도 했다. 그러나 독신제도에 의해 수도원 운동은 애초부터 소수로 국한될 운명을 자초했다. 물론 이 소수파는 어떤 때에는 루피누스의 위와 같은 진술이 가리켜 주는 것처럼, 성장할 수도 있었으나 그의 의심할 바 없는 과장으로도 수도원 인구가 다수를 이루었다고는 감히 주장하지 못한다. 그리고 루피누스 시대의 이집트인들의 수도원 열기는 곧 식었다.

수도원 공산주의가 확고한 인정을 받고 공고화됨에 따라 수도원의 부도 증대했다. 곧 수도원식 대기업들은 가장 저렴한 가격에 최선의 제품들을 내놓게 되었다. 그들의 생산 비용이 공동의 가계 운영 덕분에 낮았기 때문이었다. 대지주들의 오이코스 경제처럼 그들도 사실상 스스로 필요로 한 식품과 원료들을 거의 모두 생산했다. 그들의 일꾼들은 지주들의 노예들보다 부지런했다. 그들은 바로 노동의 산물 전체를 받는 동지들이었던 것이다. 게다가 모든 수도원에는 일꾼들이 아주 많아서 어떤 분야의 일들에는 가장 적합한 자들을 선별할 수 있었고, 광범위한 분업을 실시할 수 있었다. 끝으로 수도원은 인간 개인과 달리 영구적 존재였다. 발명과 사업 비밀은 그 발명자와 그의 가족의 죽음과 함께 사라질 가능성이 높은 것이었지만 수도원에서는 여러 형제들에게 알려지게 되었고 이들은 그 계승자들에게 이를 전수했다. 그 밖에도 수도원은 법인으로서 영구적으로 존재하기 때문에 상속권이 분산되는 효과들에서도 자유로웠다. 수도원은 부를 축적만 했을 뿐 언젠가 상속으로 분배하지 않아도 되었다.

그리하여 개별 수도원들의 부가 성장했으며, 일률적인 지도와 규정하에 놓인 수도원들의 연맹인 수도회가 생겨났다. 그러나 수도원이 부유해지고 힘이 강해지자마자 그것은 사회의 작은 부분만을 포괄하는 수많은 공산주의 단체가 그 후로 반복해 온 것과 똑같은 과정을 거쳤다. 이는 우리가 오늘날 성공을 거두고 있는 생산협동조합들에서 보게 되는 바와 같다. 생산 수단의 소유자들은 이제 필요한 노동력, 곧 무산 임금 노동자들, 노예들 혹은 농노들을 발견하게 되면, 스스로 일을 하는 대신에 남들을 대신 일하게 하는 것이 더 편하다는 것을 알게 된다.

출발 시에 수도원 제도는 그리스도교의 공산주의적 열정에 새로운 생기를 불어넣어 주었지만, 결국에는 교회의 성직자 계층이 그 이전에 접어든 것과 같은 길로 빠져들었다. 수도원도 마찬가지로 착취와 지배의 조직이 된 것이다.

물론 수도원은 교회의 통치자들, 주교들의 단지 줏대 없는 도구로 전락하는 것을 항상 스스로 용납하지는 않은 통치 기구가 되었다. 주교들로부터 경제적으로 독립했고 그들과 부에서 경합을 벌였으며, 주교들처럼 국제적으로 조직되어 있던 수도원들은 다른 누구도 감히 그렇게 할 수 없었던 경우에 주교들에 맞설 수 있었다.

그 과정에서 그들은 때로는 주교들의 전제권력을 완화시키는 데도 기여했다. 그러나 전제권력의 이런 완화 역시 결국에는 그 반대로 돌변했다.

교회가 동방 교회와 서방 교회로 갈라진 후에, 황제는 동방 교회에서 주교들의 총수가 되었다. 서방에서는 교회의 전체 영역을 장악할 국가 권력이 없었다. 그래서 처음에는 로마의 주교가 그의 교구가 컸던 덕분에 다른 주교들보다 선임의 위치에 있었다. 여러 세기를 거치면서 이런 선임의 위치는 다른 주교들에 대한 지배권이 되었다. 주교들과의 이 싸움에서 그는 수도회들의 강력한 지원을 받았다. 현대의 절대 왕정이 봉건 귀족계층과 부르주아지 간의 계급 전쟁에서 성장했듯이 교황의 절대 왕정은 주교 귀족계층과 수도자들, 곧 수도원식 대농장 소유자들 간의 계급투쟁에서 성장했다.

교회의 상승적 발전은 교황권의 공고화로 결말을 맺는다. 그때 이후로 국가나 사회에서의 더 이상의 어떠한 발전도 교회의 몰락을 뜻한다. 발전은 교회의 적이 되고, 교회는 어떤 발전에도 적이 된다. 교회는 철저히 반동적인, 사회에 유해한 제도가 된다.

교회가 그 초창기와는 정반대로 변질되어, 지배와 착취 기관이 된 후에도 한동안은 꽤 위대한 업적을 이룰 수 있었다. 그러나 십자가의 표지를 앞세우고서 교회는 인류를 위해서 할 수 있었던 모든 일을 다 했다.

국가 종교가 된 후로 교회의 업적은 그것이 계승해 온 고대 문화의 유적들을 보전하고 발전시키는 데 있었다. 그러나 교회가 구원했고 발전시켰던 토대에서 고대적 형태보다 훨씬 우수한 새로운 자본주의적 생산 양식이 발전하여 그로써 모두를 포괄하는 생산의 공산주의를 위한 조건들을 창출했을 때, 가톨릭교회는 사회 진보에 대한 장해물로서만 작용했다. 가톨릭교회는 공산주의에서 출발했으면서도 현대 공산주의의 가장 지독한 적 중 하나에 들어간다. 이 공산주의가 지금 자기 나름대로 그리스도교 공산주의가 실천한 것과 같은 변증법을 전개하여 새로운 착취와 지배의 기관으로 타락하지 않을까?

이 질문은 우리에게 아직 대답해야 할 것으로 남아 있다.

# 제6장

# 그리스도교와 사회민주주의

엥겔스가 맑스의 글 "1848년에서 1850년까지 프랑스의 계급투쟁" 신판에 1895년 3월 작성한 유명한 서문은 다음과 같은 상론(詳論)으로 끝맺는다.

"로마 제국에서 한 위험한 혁명당파가 활동했던 것이 이제 햇수로 거의 1,600년이 된다. 그 당파는 종교와 국가의 모든 기초를 잠식했다. 그 당파는 황제의 뜻이 최고의 법이라는 것을 정면으로 부정했고, 조국이 없으며 국제적이고, 갈리아에서 아시아까지 제국의 영토 위에 그리고 제국의 경계를 넘어서까지 퍼졌다. 그 당파는 오랫동안 지하에 숨어서 준동했다. 그러나 그 당파는 이미 오래전부터 세상에 자신을 드러내기에 충분할 만큼 강인했다. 그리스도인이란 이름으로 알려진 이 혁명당은 또한 군대 안에 강력한 대변자들을 가졌다. 부대 전체가 그리스도인이었다. 그들이 이교적 토착교회의 희생 제사에 참여하여 예를 올리도록 명령을 받으면, 혁명

당파 병사들은 항의의 표시로 특별한 기호―십자가―를 투구에 붙일 정도로 대담함을 추구했다. 상관들의 통상적인 병영 내 체벌도 소용이 없었다. 디오클레티아누스 황제는 자신의 군대에서 질서, 복종, 규율이 침식되어 가는 것을 더 이상 두고 볼 수 없었다. 아직은 늦지 않았기 때문에 그는 의욕적으로 개입했다. 그는 사회주의자 법, 즉 그리스도인 법을 반포했다. 혁명당원들의 집회는 금지되었고 그들의 회당은 폐쇄되거나 철거되었으며, 그들의 표식 십자가 등은 작센에서 붉은 손수건이 금지된 것처럼 금지되었다. 그리스도인들은 국가 관리가 될 수 없다고 선포되었다. 심지어는 하사관도 될 수가 없었다. 그 당시에는 쾰러(Herrn v. Köller) 씨의 국가보안법안이 전제로 하는 바와 같은 '사람의 형편을 고려하는' 아주 훌륭한 심판관이 아직 없었기 때문에 그리스도인들이 법정에서 자기 권리를 다투는 것은 한마디로 금지되었다. 이런 예외적인 법도 효력이 없었다. 그리스도인들은 그 법의 포고문을 모욕적으로 벽에서 떼어냈다. 심지어는 니코메디아의 황궁에 방화를 했는지도 모른다. 이에 황제는 서기 303년의 그리스도인 대박해로 복수했다. 그것은 그런 종류의 마지막 박해였다. 그리고 그것은 아주 큰 영향을 끼쳐서 17년 후에는 주로 그리스도인들로 구성된 군대가 생겨났고, 전체 로마 제국의 그 다음 독재자 콘스탄티누스는 신부들에게 대왕이라 불린 자인데 그리스도교를 국가 종교로 선포했다."

엥겔스를 알고 또 그의 '정치적 유언'의 이 마지막 행들을 그가 평생에 걸쳐 추구했던 견해들과 비교하는 사람이라면 그가 이 유머 넘치는 비교를 통해서 무엇을 말하고자 했는지에 대하여 의문을 가질 수 없을 것이다. 그는 우리 운동의 전진의 중단 없음과 신속함을 암시하고 싶었던 것이다. 우리의 운동은 특히 군대에 가입하는 자들의 증가를 통해 막을 수 없는 기세로 이루어져서 곧 극히 완강한 독재자도 항복하게끔 강제할 수 있을 정도이다.

이러한 묘사에서는 무엇보다 엥겔스가 생애의 종말에까지 고무했던 생기 넘친 낙관주의를 볼 수가 있다.

그러나 이 묘사가 우리 당이 현재 합법적인 노선에서 최선의 성장을 한다고 설명하는 상론으로 기울기 때문에 사람들은 이를 다르게도 해석했다. 엥겔스가 그의 정치적 유언에서 자신의 전 생애의 작업을 부정했고 그가 두 세대에 걸쳐 견지한 혁명적 견해를 결국은 그릇된 것으로 보았다는 것을 거기서 읽어 내는 사람들이 있었다. 이 사람들은 엥겔스가 물리력(Gewalt)이 모든 새로운 사회의 산파라는 맑스적 사고는 더 이상 유지될 수 없다는 인식에 도달했다고 결론을 내렸다. 그리스도교와 사회민주주의 간의 비교에서 이런 종류의 해석자들은 강조점을 가로막을 수 없는 전진의 기세와 속도에 둔 것이 아니라 콘스탄티누스가 그리스도교를 자유 의사에 따라 공인했다는 것, 이 국가 종교는 어떠한 위력적인 국가의 소요 사태도 없이 시종일관 평화로운 방식으로 정부의 환영을 받아 가며 승리를 거두었다는 것에 강조점을 두었다.

그들은 사회민주주의도 그렇게 승리해야 하고 또 그럴 것이라고 생각했다. 그리고 엥겔스 사후 곧바로 사실상 이런 기대는 이미 성취되어 가는 듯했으며, 한편 프랑스에서는 발데크 룻소(Waldeck Rousseau) 씨가 새로운 콘스탄티누스로 등장했으며, 새로운 그리스도인들의 주교 밀르랑 씨를 그의 대신(大臣)으로 만들었다.

엥겔스를 알고, 얽매인 데 없이 평가하는 사람이라면 자신의 혁명적 과거를 부정하려는 생각이 그에게 든 적이 없었다는 것, 그의 서문의 마지막 단락은 위에서 표명된 의미로 해석되어서는 안 된다는 것을 안다. 그러나 이 단락이 별로 명확하게 파악되지 않았다는 것은 인정해야 한다. 엥겔스를 모르는 사람들, 그러나 그가 죽기 직전에 그의 전 생애의 작업의 합목적성에 대한 갑작스런 의혹이 그를 사로잡았다고 생각하는 사람들에게는 그 견해는 그 자체만을 본다면, 그리스도교가 걸었던 승리의 길이 사회민주주의 앞에 놓인 목표를 향한 길에 모범이라고 하는 것처럼 해석될 수 있다.

그것이 엥겔스의 실제 견해였다면, 그는 사회민주주의에 대하여 더 이상 나쁜 말을 할 수 없을 것이며, 사회민주주의가 달성하려고 애쓰는 위대한 목표의 다가오는 승리가 아닌 완전한 패배를 예언하는 것이다. 그 의문에 싸인 단락을 아전인수 격으로 이용하는 사람들은 엥겔스에게 있는 모든 위대하고 심오한 내용들은 이해도 못 하고 혹은 의혹을 흘려 버리며, 그들이 그 안에서 읽어 내는 것을 정말로 담고 있다면 영 틀린 것이 될 문장들은 환호를 하며 받아들인다는 것이 특징이다.

우리는 그리스도교가 그 근원적 본질의 정반대로 변했을 때 비로소 성공을 거둔 것, 그리스도교에서는 프롤레타리아 계층이 아니라 이들을 착취하고 지배한 성직자 계층이 성공을 거두었다는 것, 그리스도교는 전복 세력이 아닌 보수세력으로 억압과 착취의 새로운 버팀목으로서 승리했다는 것, 그것은 황제의 권력·노예제·민중의 헐벗음·소수의 손아귀에 부가 집중되는 것을 극복하기는커녕 오히려 공고화했다는 것을 살펴보았다. 그리스도교의 조직인 교회는 그 원래의 목표들을 포기하고 그 반대의 것을 감싸는 것으로써 승리했다.

정말로 사회민주주의의 승리가 그리스도교의 승리와 같은 방식으로 달성될 것이라면 그것은 혁명이 아닌 사회민주주의를 부인할 이유가 될 것이고 프롤레타리아적 관점에서는 사회민주주의에 더없이 날카로운 비난을 하게 될 것이며, 그것에 대한 무정부주의자들의 공격이 아주 정당한 것으로 될 것이다. 사실상 프랑스에서의 사회주의적 각료주의의 시도는 부르주아 진영에서도 사회주의 진영에서도 그 옛날 그리스도교의 국가화

방식을 모방하려고 시도한 것으로서─ 흥미롭게도 오늘날의 국가 그리스 도교를 없애는 쪽으로─반(半)무정부주의적이고 반(反)사회민주주의적인 생디깔리즘*의 강화라는 결과만을 얻었을 뿐이다.

그러나 다행히도 이와 관련해서 그리스도교와 사회민주주의 간의 유사 성은 완전히 틀린 것이다.

물론 그리스도교는 그 시초에서는 사회민주주의와 마찬가지로 무산자 들의 운동이며, 그래서 이 양자는 서로 공통점이 많다. 이는 또한 앞에서 여러 번 부각되었다.

엥겔스는 사망 직전에 노이에 차이트(Neue Zeit)지**에 "원시 그리스도 교의 역사에 대하여"라는 글에서 이에 대해 언급했다. 이는 엥겔스가 그 당시에 그 주제에 얼마나 몰두해 있었는지를 입증해 준다. 그래서 "프랑 스의 계급투쟁"에 대한 그의 서문에서는 그 유사성이 그에게는 명백했다. 그는 거기서 이렇게 기술한다.

"원시 그리스도교의 역사는 현대의 노동자 운동과의 주목할 만한 접촉 지 점들을 제공한다. 현대의 노동자 운동처럼 그리스도교는 처음에는 억압받 는 자들의 운동이었다. 그것은 먼저 노예들, 면천인, 가난한 자, 권리 없는 자, 로마에 의해 노예화되거나 파괴된 민족들의 종교로서 등장했다. 그리 스도교, 그리고 사회주의 이 양자는 노예 상태와 비참한 처지로부터의 임 박한 해방을 설파한다. 그리스도교는 이 해방을 죽음 후 하늘에 있는 저세 상에 두며, 사회주의는 이 세상에, 사회의 변혁에 둔다. 이들 양자가 모두 추적을 당하고 쫓기며, 그 가담자들은 권리를 박탈당하고 특별법의 적용

───────────

* 노동조합 지상주의 운동으로 총파업과 사보타지 등의 직접 행동으로 생산과 분배를 노동조합의 수중에 넣으려는 운동. - 옮긴이
** XIII, I, S. 4f., im September 1894.

을 받는다. 한쪽은 인류의 적으로, 다른 쪽은 제국의 적, 종교 · 가족 · 사회질서의 적으로서 그렇게 된다. 그리고 모든 추격에도 불구하고, 아니 이 추격을 통해서 승리의 큰 동력을 얻어 이 양자는 중단 없는 승리의 전진을 한다. 발생한 지 300년 후에 그리스도교는 로마 세계제국의 국가 종교로 인정되었고, 60년 남짓한 기간 안에 사회주의는 승리를 절대적으로 보장해 주는 위치를 차지했다."

이러한 유사점은 대략 전체적으로는 옳다. 물론 약간의 한계는 있다: 그리스도교는 노예들의 종교라고는 하기 힘들다. 노예들을 위해서 한 일은 아무것도 없다. 다른 한편으로 그리스도교가 선포한 비참한 상태로부터의 해방은 처음에는 아주 물질적이고 현세적인 것이었으며, 하늘에서 일어날 일로 생각되지 않았다. 이 후자의 정황은 새 시대의 노동자 운동과의 유사성을 오히려 더 증대시켜 준다.

엥겔스는 다음과 같이 계속한다.

"두 역사적 현상 간의 유사성은 이미 중세 때 억압받던 농민들 그리고 특히 도시의 하층민들의 최초의 봉기에서 드러난다. … 프랑스의 혁명적 공산주의자들도 특히 바이틀링(Weitling)과 그의 추종자들도 에르네스트 르낭이 다음과 같이 말하기 오래전에 원시 그리스도교를 근거로 삼았다: '여러분이 최초의 그리스도교 공동체들에 대해 상상하고 싶다면, 국제노동자협회의 지방 분회를 떠올려 보라.'

현대의 저널리즘에서도 예를 찾아볼 수 없는 독일의 성서비평에 대한 난도질을 토대로 교회사적 소설 『그리스도교의 기원』(*Origines du christianisme*)을 쓴 프랑스의 통속작가는 위의 말에 얼마나 많은 진리가 있는지도 몰랐다. 나는 예를 들어 이른바 고린토인들에게 보낸 두 번째 편지를 읽을 수 있는, 그러면서도 최소한 어떤 점에서는 옛 상처가 터지지 않는, 옛 인터내셔널을 보고 싶다."

엥겔스는 그러고는 더욱 상세히 원시 그리스도교와 인터내셔널 간의 비교를 해 나가지만, 그리스도교 발전의 더 이상의 진행 경과는 노동자 운동처럼 탐구하지 않는다. 전자의 변증법적 격변은 그의 관심을 사로잡지 않았지만 그가 그것을 추적했다면, 현대의 노동자 운동에서의 비슷한 격변에 대해서도 그 발단을 발견할 수 있었을 것이다. 그리스도교처럼 노동자 운동도 그 성장 과정에서 상시적인 기관을 창설해야 한다. 이는 노동조합에서처럼 당에서도 일종의 직업 관료 기구이다. 이것 없이 노동자 운동은 버티어 나갈 수 없고 이 운동에는 필요불가결한 것이며, 항상 더 성장하고 또 점점 더 중요한 기능들을 맡아야 한다.

이런 관료 기구는 넓은 의미에서는 행정 관리들만이 아니라 문서 편집자와 국회의원들도 포괄하는 것인데, 그것은 그 발전이 더 진행되는 과정에서 꼭대기에 주교를 둔 성직자 계층처럼 새로운 귀족계층이 되지 않을 것인가? 근로 대중을 지배하고 착취하며 결국에는 국가 권력과 동등한 세력으로서 토론할 힘을 획득하는, 그러나 국가 권력을 전복시키는 것이 아니라 그에 참여하려는 필요를 갖는 귀족계층 말이다.

그 유사성이 정확히 들어맞는다면, 이런 최종 결과에 대해서는 의심할 바가 없을 것이다. 그러나 다행히도 그것은 그렇지가 않다. 그리스도교와 현대의 노동자 운동 간에 아무리 많은 유사점이 있더라도 그들 간에는 차이도 있다. 우선 오늘날의 프롤레타리아 계층은 그리스도교 초창기의 프롤레타리아 계층과는 완전히 다르다. 물론 그 당시의 자유 프롤레타리아 계층은 거지들로만 이루어졌다든지, 노예들이 유일한 노동자들이었다든지 하는 것 같은 관습적인 견해는 과장된 것이다. 그러나 노예의 노동이 대부분 가내 노동자였던 자유롭게 일하는 프롤레타리아도 썩게 만들었다는 것은 확실하다. 일하는 프롤레타리아의 이상은 당시에 거지의 이상처럼 부자들에게 빌붙어서 일하지 않고 먹고사는 것을 달성하는 쪽으로 변질해 갔다. 부자들은 노예들에게서 필요한 수량의 제품을 쥐어짜야 했던 것이다.

또한 그리스도교는 처음 3세기 동안 전적으로 도시의 운동이었으나, 그 시대 전체를 통틀어서 도시의 프롤레타리아도 그리고 노동하는 자들도 사회의 존속을 위해서 별 의미가 없었다. 사회의 생산적 토대는 거의 전적으로 농업이 이루었으며, 이 농업과 아주 중요한 공업 분야들이 결합되어 있었다.

그 때문에 처음부터 부자들을 향한 일체의 계급 증오에도 불구하고 그들의 호의와 시혜를 얻어 내려는 노력이 끊임없이 생겨났고 교회 관료 기구가 부자들에게 편애를 하는 것이 공동체의 민중에게서 별로 지속적인 저항을 받지 않는데, 이는 관료 기구 자체의 월권 행위도 마찬가지였다.

로마 제국에서 프롤레타리아 계층의 경제적·도덕적 몰락은 사회 전체의 일반적 몰락을 통해 더욱 촉진되었으며, 사회는 점점 더 빈곤화하고 쇠퇴했고 생산력은 점차 감소했다. 그래서 희망이 보이지 않는 것과 절망이 모든 계층을 사로잡았으며, 그들의 자발성을 마비시켰고 그들에게 일체의 구원을 오직 특별한 초자연적 힘들에서만 기대하게 했으며, 그들을 교활한 사기꾼의, 그리고 모든 정력적이고 자의식을 갖는 모험가의 피동적인 먹잇감이 되게 했고, 지배 세력들 중 하나에 대항한 어떠한 독자적인 투쟁도 전망이 없는 것으로 포기하게 했다.

현대의 프롤레타리아 계층과 어쩌면 그렇게 완전히 다른가! 현대의 프롤레타리아 계층은 노동의 프롤레타리아 계층이며, 자신의 어깨 위에 온 사회가 얹혀 있다는 것을 안다. 게다가 자본주의적 생산 양식은 생산의 중점을 평야로부터 공업 중심지로, 정신적·정치적 삶이 가장 강하게 맥박 치는 그곳으로 계속해서 옮기고 있다. 그 노동자들은 지금 모든 사람 가운데 가장 정력적이고 똑똑한 자들로서 사회 전체의 운명을 손에 쥔 그런 요소들이 된다.

그런가 하면, 지배적인 생산 양식은 생산력을 엄청나게 발달시키고, 그럼으로써 노동자들이 제기하는 청구 권리를 증대시키며, 또한 이 청구 권리들을 관철할 힘도 증대시킨다. 희망에 부푼 희열·확신·자의식이, 그들 이전에 이미 떠오르는 부르주아 계층의 가슴을 벅차게 했고, 그들에게 봉건적·교회적·관료주의적 지배와 착취의 사슬을 끊어 버릴 충동을 주입했으며, 자본의 발전도 그들에게 이에 필요한 힘을 제공했듯이, 그들의 가슴도 벅차게 했다.

그리스도교의 기원은 민주주의의 붕괴와 일치한다. 그것이 공인되기까지 300년간의 발달 기간은 자치의 모든 흔적의 지속적인 퇴화 시기였다. 이는 그 시대가 생산력의 지속적인 퇴화 시기였던 것과 마찬가지이다.

현대의 노동자 운동은 민주주의의 가공할 승리인 프랑스 대혁명에서 출발한다. 그 이후로 흘러간 한 세기는 온갖 변천과 격동을 거치면서도 민주주의의 끊임없는 전진, 생산력의 그야말로 거짓말 같은 증대, 그리고 프롤레타리아 계층의 크기만이 아닌 독립성과 현명함의 증대도 가리켜 준다.

사회민주주의의 발전이 그리스도교의 발전과 같은 길로 진행하는 것이 불가능하다는 것, 그들의 계열로부터 새로운 지배자와 착취자 계층이 발생하여 옛 권력 소유자들과 먹잇감을 나누게 될 것을 우려할 필요가 없다는 것을 아는 데는 이런 대조를 눈으로 확인해 보는 것으로 충분하다.

로마 제국에서 프롤레타리아 계층의 투쟁 능력과 투쟁 의욕이 계속 감퇴했다면 현대 사회에서는 상승하며, 계급 대립은 때를 기다리며 날카로워져 간다. 그리고 앞장서서 싸우는 자를 만족시켜 프롤레타리아 계층이 투쟁을 포기하도록 움직이려는 일체의 시도는 이미 실패한 것이 분명하다. 그런 시도가 행해졌던 경우에는 그 모의자들은 항상 곧 그들의 추종 세력에게 버림을 받았다. 비록 그들이 그 전까지, 그리고 그때에도 프롤레타리아 계층을 위해 헌신적으로 일해 왔을지라도 그러하다.

그러나 프롤레타리아 계층과 그들이 그 안에서 움직이는 정치적·사회적 환경만이 아니라 공산주의의 성격도 오늘날에는 원시 그리스도교 시대의 그것과는 완전히 다르며, 그 실천의 조건들도 오늘날은 그 당시와 판이하다. 공산주의를 향한 노력, 그에 대한 필요는 지금도 물론 예전처럼 같은 근원, 가진 것이 없다는 것에서 생겨나며 사회주의가 단지 감정의 사회주의, 단지 이 필요의 표현인 한에서는 그것은 현대의 노동자 운동에서도 원시 그리스도교 시대에서와 같은 분투에서 때때로 표현된다. 그러나 공산주의의 경제적 조건들을 조금만 살펴보더라도 우리 시대에는 곧바로 원시 그리스도교의 성격과는 완전히 다른 공산주의의 성격이 드러난다.

로마 제국에서 생산력의 지속적인 감퇴와 나란히 진행된, 소수의 손으로의 부의 집중은 생산력 감퇴에 부분적으로 책임이 있었던 것인데, 이 집중은 오늘날에는 생산력의 엄청난 증대의 토대가 되었다. 부의 분배가 그 당시에 사회의 생산력을 조금도 손상시키지 않고 오히려 촉진했을 것이라 가정한다면, 오늘의 그것은 생산의 완전한 무력화를 의미할 것이다. 현대의 공산주의는 오늘날 더 이상 부를 균등하게 분배하는 것을 생각할 수 없다. 오히려 그것은 부의 집중화를 극단적으로 추구함으로써 그리고 부를 자본가 집단의 사적 독점에서 사회적 독점으로 변화시킴으로써, 노동의 생산력을 가능한 한 최고로 증대시키는 것과 노동의 연간 생산량을 균등히 배분하는 일에 그 길을 터 주고자 한다.

그러나 이를 위해 현대 공산주의는 현대적 생산 양식을 통해 생겨난 인간의 필요에 부응하려면 향유의 개인주의를 완전한 정도로 보장해 주어야 한다. 이 개인주의는 향유에 있어서 개인들 서로 간의 분리를 뜻하는 것이 아니며, 친교의 형태, 친교적 향유의 형태로 빈번히 등장할 수 있고 또 그럴 것이다. 향유의 개인주의는 또한 많은 심미주의적 사회주의자들이 꿈꾸는 것처럼 향유 수단의 생산에서 대기업의 지양, 수작업을 통한 기계의 대체를 뜻하지 않는다. 향유의 개인주의는 향유물의 선택에서의 자유, 또한 사람이 더불어 향유할 동아리를 선택하는 데서의 자유를 필요로 한다.

원시 그리스도교 시대의 도시 민중은 이에 반해서 사회적인 생산의 형태를 전혀 몰랐으며, 자유노동자들이 있는 대기업은 도시 공업에서는 좀처럼 존재하지 않았다. 그러나 물론 그들의 사회적인 향유의 형태들, 많은 경우에 공동체적으로 혹은 국가적으로 확립된 향유의 형태들, 특히 공동 식사 시간은 아주 익숙했다.

그래서 원시 그리스도교 공산주의는 부의 분배와 향유의 균일화의 공산주의였으며, 현대의 공산주의는 부와 생산의 집중의 공산주의이다.

저 원시 그리스도교 공산주의는 그 실현을 위해 전체 사회 영역으로의 확장을 필요로 하지 않았다. 그 실천과 함께 이미 주어진 사회 내부에서는 가능한 범위에서 지속하는 형태, 이것이 사회의 일반적 형태로 될 가능성은 전혀 없는 그런 종류의 형태이기는 했으나, 그런 형태를 띠기 시작할 수 있었다.

그 후로 원시 그리스도교 공산주의는 결국 귀족 지배의 새로운 형태로 다시 이어졌음이 분명하다. 그리고 그것이 상대로 한 사회 내부에서 이미 이 내적 변증법을 전개했음이 분명하다. 그것은 계급을 지양할 수는 없었으며, 결국에는 사회에 하나의 새로운 지배관계를 결합시킬 수 있었을 뿐이다.

현대의 공산주의는 이에 반하여 생산 수단의 거대한 크기, 생산 양식의 사회적 성격, 부의 가장 중요한 대상물들의 상당 정도의 집중 때문에 사회 전체의 범위보다 더 작은 범위로는 실현될 가능성이 없다. 사회주의적 집단 정착지 내지 이미 주어진 사회 내에서 설립하는 작은 생산조합의 틀에서 그것을 실천하려는 모든 시도가 실패했다. 그것은 갈수록 더욱 성장하여 더 작은 결사체들을 흡수하는 자본주의 사회 내부에서 작은 결사체들의 형성을 통해 태어나지는 못한다. 오직 전체의 사회생활을 지배하고 변혁시킬 수 있는 힘의 획득을 통해서만 가능한 것이다. 이런 힘은 국가 권력이다. 프롤레타리아 계층을 통한 정치적 힘의 쟁취가 현대 공산주의 실천의 첫 번째 조건이다.

프롤레타리아 계층이 그렇게 크지 않은 한, 사회주의적 생산은 말할 것이 못 되며, 그 생산의 발전이 이성을 난센스로, 선행을 골치거리로 변화시키는 모순들을 초래하는 일도 말할 것이 못 된다. 그러나 프롤레타리아 계층이 정치적 힘을 쟁취한 경우에도 사회주의적 생산은 갑자기 준비된 총체로서 나타나지 않을 것이며, 그때부터 단지 경제적 발전이 갑자기 자본주의의 첨예화가 아닌 사회적 생산의 수립 쪽으로 방향을 택한다. 이것이 나름대로 자신을 넘어서 어떤 완전히 어둠에 가려진 방식으로 더 멀리 발전해 가게 하는 모순과 폐단을 불러일으킬 정도로 진전되는 것이 언제일지는 오늘날 예측할 수가 없으며, 우리가 그것에 매달릴 필요도 없다.

현대의 사회주의 운동이 추적될 수 있는 한에서 그 운동이 국가 종교로서의 그리스도교의 현상과 뭔가 유사성을 띠는 현상을 불러일으키는 것은 배제된다. 그러나 물론 그와 함께 또한 배제되는 것은 그리스도교가 승리를 달성했던 방식과 양태가 어떤 식으로든 현대의 플로레타리아적 해방운동에 모범이 될 가능성이다.

4세기의 주교 나으리들에게게처럼 승리는 프롤레타리아 계층의 선구자들에게 그렇게 쉬운 일이 되지 않을 것이다. 그러나 사회주의가 그리스도교가 빠졌던 모순과 뭔가 공통점을 지닌 어떠한 모순도 초래하지 않으리란 것을 이 승리에 이르기까지의 시기에 대하여 우리는 주장할 수 있을 뿐 아니라, 이 승리의 예측할 수 없는 결과의 시기에 대해서도 큰 확신을 가지고서 똑같이 가정할 수 있다.

왜냐하면 자본주의는 사회가 계급 차별의 형성 이래로 딛고 선 토대들 중 어느 것과도 완전히 다른 새로운 토대 위에 사회를 세우기 위하여 조건들을 창출했기 때문이다. 지금까지 어떠한 새로운 혁명적 계급이나 정당도 비록 그들이 콘스탄티누스에 의해 공인된 그리스도교보다 훨씬 더 나아갔어도, 기존의 계급 차별을 실제로 극복했어도 모든 계급을 지양할 수는 없었고 극복된 계급 차별 대신에 끊임없이 새로운 계급 차별을 둘 수 있었을 뿐이지만, 오늘날에는 일체의 계급 차별을 없앨 물적 조건들이 마련되어 있다. 그리고 현대의 프롤레타리아 계층은 그의 계급 이해를 통하여 이 조건들을 그 일에 활용하려고 할 수밖에 없다. 왜냐하면 그 계층은 지금 노예들이 그들 밑에 여전히 있었던 그리스도교 시대와 달리 모든 계급들 중 가장 낮은 계급을 이루기 때문이다. 계급 차별과 계급 적대는 다양한 직업들 간의 분업이 만들어 내는 차별화와 같은 것으로 보아서는 안 된다. 계급들 간의 대립은 세 원인에서 생겨난다. 생산 수단의 사유, 무기 다루는 기술, 학문이 그 셋이다. 특정한 기술적·사회적 조건들은 생산 수단의 소유자들과 소유에서 배제된 자들의 대립을 낳으며, 그 다음에는 무기를 다루는 숙련을 갖춘 무장을 한 자들과 무방비 상태인 자들 간의 대립, 끝으로 학문을 맡은 자들과 무식자들 간의 대립을 낳는다.

자본주의적 생산 양식은 이 모든 대립의 지양을 위한 전제 조건들을 창출한다. 그것은 생산 수단의 사적 소유를 지양하도록 재촉할 뿐 아니라 생산력의 풍부함으로 무예와 지식을 특정한 계층에 국한해야 할 불가피성도 극복한다. 이 불가피성은 무예와 학문이 더 높은 단계에 도달하여, 무기와 지식을 획득하고 그것들을 성공적으로 활용하기 위해서는 자유로운 시간과 삶의 필요를 넘는 물적 수단의 소유가 필요하게 되었을 때 일찍이 형성되었던 것이다.

노동의 생산성이 낮은 상태에 머물고 오직 작은 잉여만을 제공하던 한에서는 각 개인은 무예나 학문에서 그 시대의 높은 위치에 있기 위하여 시간과 수단을 확보할 형편이 되지 않았다. 단 한 사람이 무예나 학문에서 완성을 성취하도록 해 주는 데는 여러 사람의 잉여가 필요했다.

이는 소수가 다수를 착취함을 통해 비로소 도달할 수 있었다. 소수의 향상된 무예와 지력은 그들로 하여금 무예 실력이 없고 무지한 대중을 억압하고 착취할 수 있는 여건을 마련해 주었다. 또 한편으로는 대중에 대한 바로 이 억압과 착취가 지배계급의 무예와 학문을 향상시킬 수단이 되었다.

착취와 억압을 멀리할 줄 알았던 국민들은 무지했고, 더 무예를 갖추고 더 많이 아는 이웃들에 대하여 많은 경우에 무방비 상태에 머물렀다. 착취자와 억업자의 국민들은 싸움과 생존에서 자연 그대로의 공산주의와 자연 그대로의 민주주의를 고수한 국민들을 이겼다.

자본주의적 생산 양식은 노동의 생산성을 끊임없이 높이 발달시켜 계급 대립의 이 원인을 더 이상 존재하지 않도록 했다. 계급 대립은 사회적 필연으로서가 아니라 전통적 세력관계의 결과로서만 유지되어 이 관계가 더 이상 작용하지 않게 되자마자 중단된다.

자본주의적 생산 양식은 그것이 낳은 큰 잉여 덕분에 다양한 국민들에게 국민개병주의로 넘어가고 그래서 군사귀족 지배를 극복할 수단을 제공했다. 그러나 그 자체가 세계 시장의 여러 국민들을 아주 긴밀하고 지속적인 서로 간의 연합으로 가져가서 세계 평화는 점점 더 절박한 필요사항이 되고 어떠한 세계 전쟁도 형편없는 치기(稚氣)로 여겨진다.

자본주의적 생산 양식과 함께 개별 국민들 간의 경제적 대립도 극복된다면 오늘날 이미 인류 다수에 의해 대망되는 영구 평화 상태가 실현될 것이다. 황제의 독재체제가 그리스도교의 두 번째 세기에 지중해의 국민들에게 가져다준 그 국민들 간의 평화 상태―이는 그 체제가 그들에게 가져다주었던 유일한 중대 이익이다―그것에 대한 토대를 20세기 사회민주주의가 세계의 여러 민족들을 위해 놓을 것이다.

그와 함께 무력을 가진 자들과 무방비 상태인 자들 간의 계급 간 대립의 모든 기초가 완전히 사라진다.

그에 못지않게 배운 자들과 배우지 못한 자들 간의 대립의 기초도 사라진다. 오늘날 이미 자본주의적 생산 양식은 책 인쇄술을 통해 지식의 생산 수단을 굉장히 저렴하게 했고 대중에게 친근하게 만들었다. 동시에 그것은 지식인에 대한 수요의 증대를 일으켜서 그들을 학교에서 대량으로 길러내지만, 지식인들이 대량으로 생겨나면 날수록 더욱더 그들을 프롤레타리아 계층으로 내려가도록 압박을 가한다. 그래서 자본주의적 생산 양식은 노동시간을 굉장히 축소할 수 있는 기술적 가능성을 창출했으며, 몇몇 노동자 계층들은 이미 이런 방면에서의 이익을 보아서 그들의 교양을 위해 더 많은 자유 시간을 확보했다.

프롤레타리아 계층이 승리하자마자 그 계층은 이 모든 싹을 완전히 틔워 꽃이 만발하게 할 것이며, 자본주의적 생산 양식이 창출한 보편적 대중교육의 모든 가능성들을 최고로 훌륭한 현실로 구현할 것이다.

발흥하는 그리스도교의 시대가 슬프기 짝이 없는 정신적 쇠퇴의 시대, 우습기 그지없는 무지와 극히 우둔한 미신이 급증하던 시대라면, 사회주의의 발흥 시대는 자연과학의 눈부신 진보 시대, 사회민주주의에 사로잡힌 민중에게서 교양의 급속한 증대 시대이다.

프롤레타리아 계층의 정치적 지배권이 그 영향력을 행사하고 그 결과가 배운 자와 배우지 못한 자 간의 차별의 감소로 빠르게 나타나 그 차별이 한 세대 내에는 사라질 수가 있게 되자, 오늘날 이미 무력에서 유래하는 계급 대립은 그 기초를 상실했으며 생산 수단의 사적 소유에서 유래하는 그것도 그 기초를 상실했다.

이로써 계급 대립 내지는 계급 차별의 마지막 원인이 소멸한다.

그리하여 사회민주주의는 그리스도교와는 완전히 다른 경로로 집권해야 할 뿐 아니라, 또한 완전히 다른 영향력 행사를 목표로 해야 한다. 그것은 일체의 계급 지배를 영원히 종식시켜야 한다.

| 옮긴이의 글 |

카우츠키는 체코인 아버지와 독일인 어머니 사이에서 태어나 오스트리아에서 성장하여 학업을 마친 학자로서 맑스와 엥겔스의 사회과학과 사상 체계를 가장 잘 해설하고 계승한 당대 최고 수준의 이론가로 알려져 있다. 그는 사회 변화의 원동력이 생산 양식, 곧 사람들이 무슨 일을 해서 어떻게 먹고사느냐 하는 방법과 기술에 있다는 유물론적 역사 인식을 대표하는 역사가이고 사회과학자이다.

이런 역사관을 가장 정교하게 적용한 분야는 농업이었다. 카우츠키는 로마 제국에 건강한 농민들이 있었기 때문에 군사적으로 승리를 거듭하여 세계 제국으로 성장할 수 있었다고 생각한다. 마찬가지로 군사적 정복에서 지방 속국의 부를 약탈하고 노예를 들여와서 그 힘으로 호화로운 경제를 유지함에 따라 소농민 계층이 몰락하여 로마의 제한적 민주주의 형태인 공화정도 몰락하고, 전제군주정 아래서 로마의 몰락이 진행된 것으로 본다. 이러한 여러 세기에 걸친 노예 경제의 몰락 과정이 바로 동방의 팔레스티나에서 시작된 그리스도교라는 종파가 확산된 배경이 되는 것으로 보고 있다. 그리스도교 종파는 팔레스티나라는 땅, 여러 고대 문명들이 만나는 길목에서 히브리인들이 겪은 역사적 경험, 곧 강대국들의 틈바구니에서 생존을 이어가야 했던 경험과 이들이 상업으로 생계를 유지하

556

면서 형성된 민족적 특성, 바빌론과 같은 곳의 선진적 고대 문명을 체험하고 받아들인 역사를 통해서 그 성격이 만들어졌다는 것이다. 이 역시 그들이 주어진 역사적·지정학적 조건에서 어떻게 연명해 나갈 수 있었는지를 살펴볼 때 대체로 설명이 되는 것이다. 이는 역사를 몇몇 위대한 영웅의 결단과 행동으로 설명하는 것이 아닌, 다수 인구의 생존의 필요와 그 생활 양식에 따라 설명하려는 과학적인 노력이라고 할 수 있다. 역사 전개의 현상들 배경에 있는 근본 동력은 다수 민중의 삶 그 자체에 있으며, 이런 다수 민중의 삶에 영향을 미치는 요인은 기후와 같은 지리적 요인들로서 고대 사회에서 큰 지각 변동을 가져온 민족 대이동이 주된 설명 변수가 된다.

이러한 물적·경제적 토대에서 정치조직과 문화적·정신적 경향의 변천을 설명하고 해석하는 것이 개연성 있는 인과관계를 규명하는 학문의 입장에서는 지극히 타당한 가설이라고 할 수 있다. 이른바 유물사관이 바로 이러한 역사관이고, 역사 탐구를 위한 작업 가설이다. 그러나 이것을 과장하거나 절대화하여, 모든 지역·모든 민족의 역사에 동일한 역사 발전 도식을 적용하고, 사실들을 섣불리 그런 틀에 따라 재단하는 실천적 성향의 역사가들의 오류도 없지 않았다.

카우츠키는 유럽의 역사와 사회에서 가장 두드러진 변수가 되는 그리스도교의 형성 과정을 위와 같은 작업 가설을 가지고 누구나 납득할 수 있게 합리적이고 건전한 양식에 의존하여 설명해 주었다. 선험적인 논리를 너무 확고하게 가지고서 역사적 사실을 설명하는 경우에는 그 설명이 난해하고 복잡해질 수가 있지만, 카우츠키는 위와 같은 기본적인 작업 가설을 배경으로 깔고, 논리적인 비약이나 주관적인 억설 없이 여러 사료들을 차분하게 인용하고 검토하면서 이해하기 쉽게 이야기를 전개해 나간다.

맑스의 유물사관을 학문적인 균형 감각을 가지고 적용한 문화사의 고

전적인 예라고 할 수 있다.

사실 카우츠키는 제2인터내셔널 시대의 중심 이론가로서 국가 전체를 한 당파가 장악하여 언론과 사상의 자유가 없는 체제를 세우는 것을 정면으로 반대한 민주주의의 신봉자였으며, 이 책에서도 그런 신념을 간혹 보여주고 있다. 다음과 같은 글이 그러하다.

"그 대열에서 모든 의견 표명을 용인하는 정당은 더 이상 정당이 아니다. 반면에 특정한 견해를 박해하는 국가는 그럼으로써 그 자체가 정당이 된다. 민주주의가 요구해야 하는 것은 정당들이 정당이기를 중단하라는 것이 아니라, 국가가 정당이기를 중단하라는 것이다."

이런 견해 때문에 그는 프롤레타리아 독재체제를 확립한 러시아의 1917년 혁명을 인정하지 않아서 맑스주의의 정통성을 자처하는 레닌과 그의 추종자들에 의해 변절자(renegade)로 낙인찍혔다.

그 자신은 유태인이 아니면서 유태인을 아내로 맞이했고 사회주의자의 입장에서 반유태주의의 광기에 맞섰다. 독일 사회민주당의 핵심 이론가였지만 제1차 대전을 겪으면서, 반전 입장으로 돌아서서 탈당을 하고 평화주의자가 되었다고 한다. 그는 1938년 나치 정권에 쫓기는 몸으로 암스테르담에서 숨을 거둘 때까지 냉철한 관찰로 대세를 쫓지 않고 자신의 소신을 펼치는 저작들을 계속 써 나간 투철한 신념가이고 학자였다.

『칼 카우츠키 그리스도교의 기원』은 특정한 시기의 사회 정치적 사건을 서술한 것이 아니라 여러 세기에 걸친 새로운 문명의 탄생을 거시적으로 조명한 작품으로서 오늘날의 자본주의 세계에서 전개되는 사태의 흐름을 바라보는 데 참고가 될 수 있는 의미심장한 내용들을 많이 담고 있다.

카우츠키는 로마 제국이 서서히 내리막길을 가게 된 근본 원인을 로마인들이 군사적 정복으로 얻어진 값싼 노예 노동에 중독이 되어 일을 할 줄 모르게 된 탓으로 본다. 지금의 자본주의 산업문명과 로마의 문명을 같은 것으로 보고, 지금의 산업문명이 같은 몰락 과정을 겪을 것으로 예상하는 것은 카우츠키가 가장 경계하던 단순한 역사의 반복을 가정하는 것임은 물론이다. 그러나 이 책을 읽으면서 지금의 대도시 중심 문명의 모순들, 토목 및 건축사업에 매달리는 자본가들의 행태, 자연과 유리된 대도시 시민들의 사물 인식에서의 천박성을 로마 시대에 이미 주요한 흐름으로 지적하는 것을 발견하게 되며, 마치 오늘날 사회적 모순의 요인들을 설명하는 것처럼 느껴진다는 것은 신기하다. 카우츠키가 이 책을 쓴 20세기 초는 서구의 산업문명이 비약적인 기술 진보와 생산력 향상을 배경으로 우리나라가 있던 동양에까지 진출하기를 서두르던 시기였다. 그 당시는 서구 자본주의의 고도 성장과 산업화의 완성 시기였으며, 카우츠키 역시 기술의 비약적 발전이 사회주의 사회를 위한 물적 토대를 마련해 주는 것으로 보고, 생산 조직의 대규모화·집중화를 긍정적으로 바라보았다.

그러나 그런 현실 인식과는 별개로 로마 시대에 대해서는 다른 방향의 논리로 기술을 하고 있다. 카우츠키 스스로도 그런 차이점을 거듭 강조하고 있다. 즉 소농 경제의 몰락과 노예 노동에 의한 대규모 농장인 라티푼디움 경제의 번창이 로마 사회의 몰락을 가져왔다는 것이며, 그 과정의 전개를 경제적·문화적 측면에서 규명하고 있다. 마지막 장에서 카우츠키는 그리스도교가 등장하던 당시의 사회경제적 조건과 자본주의 세계에서 프롤레타리아의 혁명운동이 진행되는 집필 시점의 조건의 차이를 열거하며, 현대의 프롤레타리아 운동은 그리스도교처럼 새로운 착취 기구로 타락하지 않고 승리에 이르게 될 것으로 낙관하고 있다.

기본적으로 카우츠키는 인간 사회의 생산 양식과 기술을 중시하는 유물사관 이전에 그보다 더 근본적으로 대자연인 땅 위에 건설된 농업을 중심으로 한 인간 문명의 자연적 존재 조건에 대한 통찰을 가지고 있었다. 이는 도시와 농촌 간의 물질 순환의 단절이 가져오는 생태계의 파괴를 지적한 맑스와 자연의 변증법적 파악을 이론적으로 정리한 엥겔스의 사고방식에서 그 연원을 찾을 수 있다. 뿐만 아니라 카우츠키는 맑스와 엥겔스를 만나기 이전에 다윈의 진화론에 심취한 상태였다. 다윈은 단순한 적자생존에 의한 진화론을 주장한 것이라기보다는 생명세계의 상호연관성에 대한 깊은 과학적·철학적 통찰로 전통적인 사고체계에 도전한 새로운 세계관을 제시한 사상가였다.

인간을 포함한 지구 생태계의 상호의존과 변증법적 연관성, 그 연관성 속에서 함께 변화해 가는 구조를 파악하려는 오늘날의 변증법적 계열의 진화생물학자들은 맑스, 엥겔스, 카우츠키, 부하린 등 스탈린이 창조적인 사회주의 사상가들을 탄압하기 전의 사회주의자들의 변증법적 생태관에 주목하고 있다. 맑스와 그 뒤를 이은 사회주의 이론가들은 산업혁명 후의 공업 문명이 무제한적으로 지속할 수 있다고 생각하지 않았으며, 도시 문명의 비대화와 농촌으로부터의 단절에서 물질 대사의 균열을 인식했다고 할 수 있다.

카우츠키는 그리스도교의 기원에서 이미 융성하던 문명의 몰락 원인과 그 과정을 어느 정도는 유형화했다. 로마 이전에 카르타고와 에트루스칸 문명에 이를 적용했으며, 근세의 미국 남부의 노예 농업도 같은 식으로 바라보는 것을 볼 수 있다. 그러므로 값싼 화석 연료에 중독된 현대의 산업 문명의 균열 과정을 예견하는 데 카우츠키의 시각이 시사해 주는 바가 크다는 것을 부정할 수 없다.

카우츠키가 그리스도교의 기원에 대한 역사적 탐구에서 관찰하고 유형화한 또 하나의 공식이 있다. 그것은 조직의 생성과 발전과 변질 과정에 대한 것이다. 민주주의가 살아 있는 공동체가 커지면서 분업화에 의해 역할 분담이 생기고, 관료 기구가 발달하게 된다. 일단 이러한 관료 기구가 커지게 되면 조직 내에 계급이 생기고 차별이 나타나 민주주의는 끝이 나고 그 조직은 사회의 모순을 그대로 반영할 뿐 아니라 사회의 진보를 가로막는 억압적이고 변질된 사회 형태가 되는 것으로 본다. 크게는 로마를 예로 들어 국가공동체에서 그런 사태의 전개가 관찰된다. 그는 그리스도교의 역사에서도 그 과정을 추적했으며, 이는 수도원 운동에도 똑같이 적용된다. 이를 통해 카우츠키는 사회주의 정당이 그리스도교와 같은 전철을 밟을 수도 있을지 모른다는 가능성에 대해서도 주목을 한다. 그러나 그에 대한 분석의 결론으로 마지막 장에서는 자본주의 경제가 이룬 생산 양식의 진보 때문에 그럴 염려는 없을 것이며, 프롤레타리아가 주체가 되어 평등사회의 민주주의를 실현하는 혁명이 일어날 것을 예견하고 있다.

이 책을 쓴 후에 일어난 일이지만, 카우츠키는 1917년의 러시아 혁명이 자본주의적 관계가 발달하지 않은 러시아에서 일어났기 때문에 위와 같은 혁명의 조건에 맞지 않는 것으로서 결국 관료화의 길로 가고 새로운 계급 차별이 나타나 실패할 것을 예견했다.

그렇다면, 산업화가 충분히 진행된 나라들에서는 카우츠키가 생각하는 민주주의적인 프롤레타리아 혁명의 조건이 그만큼 성숙되는 방향으로 진행되어 온 것인지, 또 그의 생각처럼 자본주의적 생산 양식의 확산이 국제 평화를 가져왔는지를 지금 시점에서 돌이켜 볼 필요가 있다. 오히려 미국을 중심으로 한 서구 선진국은 군사적인 힘으로 자원의 보고를 점령하고 값싼 화석 연료와 산업 원료를 들여와서 방만한 물질적 풍요를 구가했다. 그 과정에서 노동자와 농민의 경제적 지위와 실력은 더 하락하고 단순한 소모품인 생산 요소의 하나로 전락했으며, 사회는 형식적인 의회 민주주의와는 별개로 오히려 과학기술을 중심으로 한 새로운 자본가-테크노크라트 집단에 의해 더욱 관료주의와 전체주의 내지 빈틈없는 통제 사회의 방향으로 발달해 왔다고 볼 수 있다. 물론 생산의 발전이 언젠가는 모순과 폐단을 일으킬 때가 올 것이라는 언급이 있기는 하지만, 이는 100년 전의 카우츠키가 미처 고려하지 못한 사태의 전개라고 할 수 있다. 지금의 관점에서 본다면 카우츠키의 생산력 발달에 대한 신뢰와 이에 기초한 민주주의적 사회주의 사회의 전망은 분명히 순진할 정도로 낙관적인 것이었다고 볼 수밖에 없다.

그러나 그의 미래 전망의 한계와는 상관없이 고대 로마 사회 몰락 과정의 물적·정신적 변화를 설명하는 거시적 관점과 여러 가지 사실들에 대한 예리한 해석은 지금의 사회 변화를 이해하는 데 큰 시사점을 주고 있다. 특히 문명의 생성, 발달과 몰락 과정에서 종교는 초월적인 영역에서 독립 변수로 들어오는 것이 아니다. 사회의 조건들과 인구의 물적·정신적 필요를 반영한 정신적·문화적 운동이나 제도로서 끊임없이 진화해 가는 것으로 파악한다.

이러한 사회과학적 종교 이해, 특히 그리스도교라는 종교 현상에 대한 이해는 외래 종교로서 한국 사회에서 가장 유력한 종교로 짧은 시간 안에 정착한 개신교와 천주교를 포함한 그리스도교를 그 종교 내외부에서 바라보고 이해하는 데 필수적인 한 측면이라고 하겠다.

동양의 한 귀퉁이 팔레스티나에서 태동한 그리스도교는 유럽에서 제도화되고 관료 기구화된 기성 사회조직이 되어 지구 반 바퀴를 돌아 조선 후기와 구한말에 이 땅에 상륙했다. 교회 조직은 조선의 멸망과 일본 제국주의의 침략이라는 폭력적·억압적 사회 여건 속에서 한국 민중에게 평등 공동체와 미래의 해방에 대한 꿈을 갖게 해 주었으며, 제한적이나마 숨을 쉴 수 있는 민주적인 공간을 마련해 주었던 것도 사실이다.

그러나 사회의 산업화 과정과 함께 급성장한 한국 교회는 물질적 번영을 신의 은총과 연결시키는 설교 메시지로 사회의 계급 차별을 교회 안에서 되풀이하고, 직업화된 목회자 그리고 안정된 물적 기반을 가진 장로들이 교회의 실질적 주인이자 지배인이 되는 공고한 위계질서를 구축해 왔다고 할 수 있다. 이는 교회가 대형 예배당을 건축하고 땅을 사들여 재산을 늘리고 사회적 지위가 안정된 신자들을 많이 받아들여 엄청나게 조직을 성장시키는 과정과 일치했으나, 그리스도교 본래의 해방적 평등공동체적 성격은 오히려 반그리스도교적 이단적인 요소로 배척받으며, 그 성격이 변질된 정도가 아니라 돈을 많이 벌고 자본을 키우는 것을 공공연히 축복하는, 성격이 다른 시장의 종교로 되었다는 느낌마저 주고 있다.

말하자면 한국 사회에서 그리스도교는 유럽 사회에서 초기의 해방적 그리스도교가 수백 년에 걸쳐 변질된 이른바 변증법적 과정을 불과 수십 년 사이에 나타내 보인 셈이다.

카우츠키의 이 책은 원시 그리스도교가 어떻게 형성되었고, 어떻게 원래의 공산주의적 반체제 성격을 잃게 되었는지를 당시 유럽 구교회를 염두에 두고 설명하고 있지만, 오늘의 한국 그리스도교의 현실에서도 그 내용은 현재의 교회 조직이 지나온 궤적과 지금의 좌표를 설정하는 데 유효함은 물론이다.

교회와는 관계가 멀거나 적대적이었을 것으로 생각되는 공산주의자 카우츠키가 바쁜 실천운동의 가운데서 학문적인 객관성을 유지하면서 이런 파노라마식의 그리스도교 역사를 쓴 이유는, 당시의 사회주의 운동의 전망과 관련해서 사회주의 운동의 모태라고 여겨진 초기 그리스도교의 발생 및 전개 과정에서 시사점을 얻으려는 관심이 매우 컸다는 데 있다고 할 수 있다. 사회주의 운동의 관점에서 그리스도교를 바라본 대표적인 저작이라고 할 수 있으며, 그런 측면에서 정치적 색채에 의해 객관성이 훼손된 저작으로 여겨지기도 한다. 그러나 사회주의 운동의 미래를 정확히 예측하려는 실천가의 정치적 관심이 오히려 객관적이고 과학적인 역사인식 노력의 에너지가 되었다고 할 수 있다.

그리고 옮긴이 자신의 경험상, 여러 가지 이유로 유물사관에 대하여 부정적인 선입견을 가진 사람일지라도 유물사관의 관점에서 썼다고 하는 이 책을 읽어 볼 경우에는, 이런 것이 유물사관이라면 과학적인 관점으로 받아들여도 좋겠다고 생각하게 될 것이라고 확신한다. 카우츠키의 유물론적 역사인식 방법에 충실히 따른다면, 현재의 그리스도교 교회가 처한 위치와 앞으로의 진행 방향은 교회가 처음부터 보여 온 일정한 속성과 패턴에 따라 유추될 수 있는 것이 아니다. 지금의 사회적 조건에 대한 치밀한 관찰과 분석을 통해서만 가능할 수가 있는 것이다. 미래에 대한 정확한 전망으로 현실의 운동을 펼쳐 가야 하는 실천가에게 절실한 것은 피상적인 역사 지식으로 형성된 고정관념에 구애받지 말고 지금의 현실 상황을 제대로 관찰하고 이해하는 것을 근거로 삼는 것이라는 것이 이 책의 가장 중요한 메시지가 아닐까 생각한다.

카우츠키가 이 책을 쓰기 전에 썼다고 하는 『새로운 사회주의의 선구자들』(1894)이라는 책이 서두에서 언급되는데 그 책은 시대적으로 그리스도교의 기원 이후의 시대를 다루며, 유럽 역사의 특성상 역시 그리스도교의 한 줄기를 이루는 사회주의 사상가들의 사상과 활동을 다루고 있다. 또한 그의 『토마스 모어와 그의 유토피아』(1888)라는 저서도 같은 계열의 저작이다. 아직 번역이 되지 않았지만 이 책들도 같이 읽는다면 한 사회주의 지식인이 본 그리스도교의 역사를 어느 정도 개관할 수 있을 것이다.

신학이나 종교학을 전공하지도 않았고 독일어 지식과 독일의 사회주의 운동에 대한 지식도 보잘것없는 옮긴이로서 무리가 되는 번역 작업이었지만, 그리스도교 신앙의 뿌리에 대한 관심 때문에 번역을 시작했고 카우츠키의 차분하고 명쾌한 논지에 호감을 느끼면서 짧지 않은 작업을 끝낼 수 있었다.

　이제 긴 번역 작업을 끝내면서 일찍이 이 책에 큰 관심을 갖고 번역작업을 독려해 주셨을 뿐 아니라 기독교 서적 출판사로서는 내용상 위험 부담이 있는 이 책의 가치를 평가하여 일종의 사회적 책임감에서 출판을 결정해 주신 동연의 김영호 사장께 깊은 감사를 드린다. 아울러 옮긴이의 원고를 원서와 대조하여 처음부터 끝까지 읽고 많은 오류를 바로잡아 주셨을 뿐 아니라 딱딱한 번역 문투의 문장을 부드럽게 고쳐주고, 필요한 곳에서는 도움이 되는 해설도 붙여 주신 성공회대학의 손규태 박사님께 큰 감사를 드린다. 카우츠키의 통찰력을 지금의 우리나라 독자들에게 제대로 전달해야 한다는 책임감으로 여러 가지 보충자료를 추가하고 교정, 편집에 정성을 쏟아 주신 조영균 편집장님의 노고도 잊을 수 없다. 끝으로 집에서도 낡은 책과 원고를 붙들고 있는 좋지 않은 취미를 너그럽게 보아 준 나머지 가족들에게 미안한 마음과 고마움을 전하고 싶다.

– 옮긴이 이승무

# 로마사 · 오리엔트사*

\* 오리엔트사에는
뒤에 ★표를 붙였다.

## B. C.

| | |
|---|---|
| 2000년대 | 가나안인의 이집트 이동* |
| 1000년대 말 | 셈족의 이동(~BC 11세기)* |
| 2100 | 이집트 제12왕조(~1900) 우세르테센은 제12왕조의 한 통치자* |
| 1800 | 힉소스의 북이집트 정복(~1600)* |
| 1800 | 이집트의 힉소스에 대항한 투쟁(~1530)* |
| 1500경 | 이집트 의학서적 편찬* |
| 1115 | 앗시리아 틸랏트-필레제르 1세 재위(~1050)* |
| 859 | 앗시리아 살라만네세르 2세 재위(~825)* |
| 753 | 로물루스 로마 건국 |
| 724 | 이스라엘 호세아 왕 앗시리아에 조공 바치기를 거절* |
| 722 | 이스라엘 북왕국 함락* |
| 625 | 스키타이인의 앗시리아 침투* |
| 621 | 신명기 발견* |
| 606 | 앗시리아의 멸망* |
| 605 | 바빌론-이집트 간의 카르케미시 전투* |
| 597 | 유대아의 바빌로니아에 대한 조공 거부* |
| 586 | 예루살렘 함락* |
| 569 | 이집트의 지중해 연안 항구도시 나우크라티스 건설(~525)* |
| 538 | 바빌론 멸망* |
| | 바빌론의 유태인들에 대한 귀향 허가* |
| 525 | 페르시아에 의한 이집트 멸망* |

89  동맹시 전쟁 종결. 모든 이탈리아인에게 로마 시민권 부여

88  술라, 집정관에 취임. 술라와 마리우스의 대립으로 로마는 내란에 빠짐

81  술라, 무기한 독재관에 취임하여 국정개혁 착수

73  스파르타쿠스 반란

71  크라수스, 스파르타쿠스 반란군 진압

70  크라수스와 폼페이우스, 집정관에 취임. 카이사르, 회계감사관에 취임. 먼 스페
    인에 부임

67  폼페이우스, 지중해 해적을 소탕하여 지중해 전역에 팍스 로마나 확립

63  폼페이우스, 오리엔트 평정. 지중해 전역이 로마의 패권하에 들어옴. 카이사르,
    호민관 라비에누스의 협력으로 최고제사장에 취임

    키케로, 집정관에 취임

    옥타비아누스가 태어남

63  폼페이우스의 예루살렘 정복*

60  카이사르 귀국하여 이듬해 집정관에 출마. 폼페이우스 · 크라수스와 손잡고 삼두
    정치 결성. 국가 개조의 첫걸음을 내딛음

59  카이사르, 집정관에 취임. 율리우스 농지법을 민회에서 가결하여 원로원파에 타
    격을 가함

    키케로의 연설

58  카이사르, 갈리아 총독에 부임

58  갈리아 전쟁(~51)

54  크랏수스의 예루살렘 성전 노략*

50  카이사르, 북이탈리아 속주로 돌아옴

    원로원파, 카이사르의 오른팔 라비에누스에게 접근. 카이사르는 호민관 쿠리오
    를 앞세워 원로원파에 대항. 카이사르 군단에 대한 해산 명령을 둘러싼 카이사
    르파의 신임 호민관 안토니우스와 원로원파의 정치투쟁이 계속됨

47  히스키야의 처형*

45  카이사르, 스페인 속주에서 반카이사르파가 봉기하자 스페인으로 떠나 3월 17일
    문다 회전에서 폼페이우스를 격파

    팍스 로마나를 확립하고 민생을 풍족하게 하고 공화정을 제정으로 바꾸기 위한
    전면 개혁에 착수

44  1월 카이사르의 동료 집정관에 안토니우스 취임

    2월 원로원과 민회, 카이사르를 종신 독재관에 임명

    3월 15일 카이사르, 원로원 회의장인 폼페이우스 회랑에서 브루투스 일당에게
    암살됨

43  8월 옥타비아누스, 집정관에 선출

카이사르의 양자 입적을 공인받고 '가이우스 율리우스 카이사르 옥타비아누스'
가 됨

11월 볼로냐에서 안토니우스 · 레피두스 · 옥타비아누스의 제2차 삼두정치 성립.
27일에 열린 민회가 5년 기한으로 이를 승인하여, 원로원 주도의 과두정 체제
완전히 소멸

37  헤롯 재위(~4)*
12월 7일 키케로 피살

31  3월 옥타비아누스, 모든 전력을 이끌고 그리스로 건너감
9월 악티움 해전 발발
패한 안토니우스와 클레오파트라, 알렉산드리아로 도주

29  8월 옥타비아누스의 웅장하고 화려한 개선식에 로마 시민 열광함
9월 옥타비아누스, 신격 카이사르에게 바치는 신전을 포로지인 로마노에 짓겠다
고 공표

28  옥타비아누스, '황제묘' 건설에 착수. 원로원을 재편성하여 1천 명이 넘었던 의
원 수를 다시 600명으로 줄임

27  1월 13일 옥타비아누스, 공화정 체제 복귀를 선언

4   친로마파인 유대 왕 헤롯 사망*


## A. D.

4   아우구스투스, 티베리우스를 후계자로 결정
티베리우스의 후계자로 게르마니쿠스를 지명

6   유대아가 로마의 직접 통치를 받음*

14  아우구스투스와 공동 통치자 티베리우스의 이름으로 국세조사를 실시
9월 17일 티베리우스, '제일인자'가 되어 제2대 황제에 즉위

21  타쿠팔리나스가 이끄는 북아프리카의 반란이 기세를 더함
갈리아 동부에서 고금리에 반발한 반란이 발생
시리아 속주 총독 퀴리누스 사망

33  속주에서 고리대금을 하고 있던 원로원 의원이 고발당한 것을 발단으로 한 금융
불안과 땅값 하락으로 로마에 일대 금융위기가 발생
티베리우스, '공공자금 투입'을 비롯한 여러 가지 대책을 내놓아 위기를 일단 진
정시킴

36  빌라도의 소환*

37  3월 16일 티베리우스, 나폴리 만 서쪽 끝의 미세노 곶에 있는 별장에서 사망

## | 인명사전 |

가이우스 → 칼리굴라(기원후 12~41) 로마 제국의 3대 황제.

갈루스(Gaius Cestius Gallus, 67년 사망): 고대 로마의 어떤 집정관의 아들이며, 42년에는 그가 대체 집정관이 되었다. 63년 혹은 65년부터 시리아의 대사였으며 유태인 대봉기를 평정하기 위해서 66년에 유대아로 진군했다.

갈리에누스(218~268): 로마 제국의 41대 황제.

갈바(Servius Sulpicius Galba Augustus, 기원전 3~69): 로마 제국의 6대 황제.

고레스(?~?): 아케메네스 왕조의 시조로 페르시아 제국을 건설한 위대한 황제.

고르디아누스(Gordianus I, 159년~238년 4월 12일): 로마 제국의 26대 공동 황제.

플리니우스, 삼촌(Gaius Plinius Secundus Major, 24?~79): 고대 로마의 관리·군인·학자.

그락쿠스 형제: 기원전 2세기 공화정 시대 고대 로마에서 활동한 정치가인 티베리우스 그라쿠스와 가이우스 그라쿠스를 말한다. 두 형제는 모두 호민관이 되어 로마 공화정 내에서 자작농을 육성하는 토지개혁을 비롯하여 빈민, 무산자를 돕는 여러 가지 개혁을 시행하려고 했으나 로마 원로원과 보수적인 귀족 반대파에 밀려 끝내 죽임을 당하고 개혁은 실패했다.

그레고로비우스(Ferdinand Gregorovius, 1821~1891): 독일의 역사가. 쾨니히스베르크대학에서 배우고, 후에 이탈리아에 머물면서 대저『중세 로마시사』를 저술했다.

그레고리(Gregorius Nyssenus, 약 335~394 이후): 그리스도교 주교, 성인, 대 바실리우스의 동생.

기본(Edward Gibbon, 1737~94):『로마 제국의 흥망사』라는 책을 쓴 영국 역사가.

깔리오스트로(Count Alessandro di Cagliostro, 1743~1795): 신비학자 Giuseppe Balsamo의 별칭, 이탈리아의 모험가.

네르바(Marcus Cocceius Nerva Caesar Augustus, 30~98): 로마 제국의 제12대 황제(96~98년).

네세르호텝(?~?): 이집트 제13왕조의 왕, 이 왕조의 가장 강력한 왕권을 지닌 왕들에 속함.

느고(?~?): 애굽의 제26왕조 제2대 왕(B.C. 609~593)(대하 35:20). 그는 므깃도에서 전쟁할 때 유다 왕 요시야를 살해하였다(왕하 23:29-30).

느부갓네살(?~?): 갈대아 왕으로(주전 605~562) 새 바빌론 제국 창건자.

느부사라단(?~?): 기원전 586년 예루살렘 포위시 느부갓네살의 근위대장(왕하 25:8-20).

니부르(Barthold Georg Niebuhr 1776~1831): 덴마크-독일 정치인이자 역사가로서 고대 로마 역사학계를 주도했고 현대의 학문적 역사기술의 창시자.

니키아스(?~?): 페리클레스(기원전 495?~429) 사망 후 대두한 정치가이다. 그 무렵의 정치지도자는 대개 상공업 경영자였는데, 그도 1,000명의 광산노예를 소유하고 그 임대로 재산을 모았다고 전해진다.

다리우스(?~?): 다리우스 대제는 아케메네스조 페르시아 제국의 세 번째 왕중왕이다. 다리우스는 제국을 전성기에 올려놓았고, 그리스의 일부와 이집트를 차지했다.

데메트리우스(Demetrius, 37~71), 고린토의 견유철학자로서 칼리굴라, 네로 및 베스파시아누스 재위 시절에 로마에 살았다.

도나투스파: 지도자 도나투스(355경 사망)의 이름을 딴, 북아프리카에 있었던 그리스도교 단체이며, 312년 카르타고의 주교로 카이실리아누스를 선출함으로 말미암아 생겨난 문제 때문에 가톨릭교에서 갈라져 나옴.

도미니티아누스(81~96): 도미티아누스와 동일인.

도미티아누스(Titus Flavius Caesar Domitianus Augustus, 51~96): 로마 제국의 11대 황제.

도미틸라(Flavia Domitilla): 황제 티투스(Titus)와 도미티아누스(Domitianus)의 질녀.

드루수스(Nero Claudius Drusus Germanicus, 기원전 38~9): 고대 로마의 군인. 아우구스투스의 세 번째 부인인 리비아의 둘째 아들이자 티베리우스의 동생.

드루실라(Livia Drusilla, 기원전 58~기원후 29): 로마 황제 아우구스투스의 황비. 기원전 38년 전남편 네로와 헤어져 옥타비아누스(뒷날의 아우구스투스)의 아내가 되었다.

디오게네스(기원전 약 412~약 323): 고대 그리스의 철학자, 견유학파의 대표적 인물로 시노페에서 출생하였으며, 안티스테네스의 제자이다. 그는 문명을 반대하고, 원시적인 생활을 실천한 철학자로 유명하다.

디오 카시우스(Cassius Dio Cocceianus, 155에서 163/164 사이~229 이후): 로마 제국 시기의 역사가이자 정치가이다. 디오 카시우스는 아이네이아스가 이탈리아에 도착한 시기부터, 로마의 건국 이후 서기 229년까지를 다룬 80권으로 구성된 『로마사』를 편찬하였다.

디오 크리소스토무스(Dio Chrysostom, ca. 40~ca. 120): 그리스 웅변가. 작가, 철학자, 1세기의 로마 제국에 관한 역사가.

디오클레티아누스(Gaius Aurelius Valerius Diocletianus, 약 245~약 312): 284년부터 305년까지 로마 황제. 이른바 제3세기의 위기에 빠진 로마 제국의 혼란을 수습하고 효율적인 통치 체제를 회복시켰다.

라베리우스, 데시무스(기원전 약 105~43) 로마의 하급귀족, 무언극 작가.

락탄티우스(Lucius Caecilius Firmianus Lactantius, 약 240~약 320): 초기 기독교의 신학자이자 저술가. 북아프리카 출신으로 주로 로마 제국 동방의 여러 도시를 다니면서 수사학을 가르쳤다.

그의 저술 『신의 기관』은 초기 기독교 사상의 체계화된 저작의 대표적인 사례로 꼽힌다.

레키(William Edward Hartpole Lecky, 1838~1903): 아일랜드의 역사가.

룻소(Jean-Jacques Rousseau, 1712~1778): 스위스 제네바에서 태어난 프랑스의 사회계약론자이자 직접민주주의자, 공화주의자, 계몽주의 철학자이다.

룻소, 발데크(Waldeck Rousseau): 프랑스 정치가. 변호사를 거쳐 1879년 의원에 당선, 자유주의공화파의 공화동맹에 속하였다. 1881년의 감베타내각, 1883년 페리내각의 내무장관으로서 노동조합 결성을 인정한 동업조합법을 성립시켰다.

르낭(Joseph Ernest Renan, 1823~1892): 프랑스의 언어학자·철학자·종교사가·비평가. 1860년 그리스도교의 기원을 밝히기 위하여, 시리아로 가서 학술 탐험을 하고 돌아왔으며, 25년에 걸쳐 『그리스도교 기원사』 7권을 완성하였다.

리비아(Livia Drusilla, 기원전 58~기원후 29): 기원후 14년에 율리아누스 가문에 정식 입양된 후 율리아 아우구스타(Julia Augusta)라는 이름도 얻으며 아우구스토 황제의 세 번째 부인으로서 로마의 황후가 됨. 티베리우스 황제의 어머니.

리카도(Ricardo, David ; 1772.4.18~1823.9.11): 영국의 경제학자.

리히터(Eugen Richter, 1838~1906): 독일의 정치인, 언론인.

마르코니(Guglielmo Marconi, 1874~1937): 이탈리아인 전기 공학자. 볼로냐 출신으로 무선 전신을 실용화하였다. 1895년 헤르츠의 전자파에 기초하여 현대 장거리 무선통신의 기초를 이루었다.

마르티알리스(Marcus Valerius Martialis, 38~102(104)): 히스파니아(이베리아 반도)의 라틴 시인.

마리암메: 헤롯 왕의 두 번째 아내. 기원전 29년에 사망.

마이어(Eduard Meyer, 1855~1930): 독일의 역사가.

마카베오, 시몬: 구약성서 마카베오기 상권과 하권에 등장하는 헬레니즘 시대 유대인들의 4대 저항 지도자. 전 유대인의 저항 지도자 마타티아스의 아들로 그의 형 유다 마카베오, 요나단과 함께 오랫동안 이민족들과 전쟁을 치렀다.

마크리나(Caelia Macrina, 150년경 여성): 로마의 동남쪽에 위치한 타라치나 읍에서 200명의 헐벗은 어린이를 부양할 건물과 식량기금을 만드는 데 거액을 기부했다고 한다.

마트리다테스(기원전 132년~기원전 63년): 마트리다테스 대왕으로 알려져 있는 아나톨리아 북부의 폰투스 왕국의 왕. 로마 공화정 말기 세명의 유명한 로마 장군(술라, 루쿨루스, 폼페이우스)과 차례로 대적한 것으로 유명하다.

막시미누스(Julius Verus Maximinus Augustus, 173~238): 막시미누스 1세로 알려지며, 235년부터 238년까지의 로마 황제.

메리발레(Charles Merivale, 1808~1893): 영국의 목사, 역사가, 엘리(Ely) 대성당의 주임신부를 수년간 지냄.

메살라(Marcus Valerius Messala Corvinus, 기원전 64~13): 로마의 웅변가, 정치인. 카이사르의 사망 후에 옥타비아누스에 대한 전투에 처음으로 참가.

메살리누스(Marcus Aurelius Cotta Maximus Messalinus): 1세기의 로마 사람으로서 율리오 클라우디안 왕조에서 원로원을 지냈으며 20년에는 집정관이 되었다.

메스메르(Franz Anton Mesmer, 1734~1815): 독일의 의사로서 천문학에 관심이 있었으며, 모든 생물체와 무생물체 간에는 자연적인 기 전이(energetic transference)가 존재한다는 이론을 만들었음.

모어(Thomas More, 1478~1535): 잉글랜드 왕국 시기의 법률가, 저술가, 사상가, 정치가이자 로마 가톨릭교회의 성인(聖人).

몸센(Christian Matthias Theodor Mommsen, 1817~1903): 독일의 고전학자, 역사가, 법학자, 정치가, 고고학자. 19세기의 가장 위대한 고전학자로 간주된다.

밀르랑(Alexandre Millerand, 1859~1943): 프랑스의 사회주의 정치인. 1920년부터 1924년까지 프랑스 대통령을 역임.

바루스(Publius Quinctilius Varus, 기원전 46~기원후 9): 로마의 정치가, 아우구스투스 황제 때의 장군.

바르 코흐바(Bar Kochba, ?~?): 기원전 132년 로마 제국에 대항한 바르 코흐바 봉기를 일으켜 이스라엘에 유태인 독립 국가를 세웠으며 3년간 지도자로서 통치했다.

바실리우스(330~379): 로마 제국 시대 소아시아 지역(오늘날의 터키) 카파도키아 카이사레아의 주교이자 성인이다.

바우어(Bruno Bauer, 1809~1882): 독일의 철학자, 역사가. GWF Hegel의 제자로서 철학, 정치학, 성서비평 분야에서 급진적 합리주의자였다.

바이틀링(Wilhelm Weitling, 1808~1871): 19세기의 유럽의 급진주의자, 맑스와 엥겔스에 의해 "유토피아적 사회주의자"로 불렸다.

발라(Laurentius 혹은 Lorenzo Valla, 1407~1457): 이탈리아의 인문주의자, 수사학자, 교육자.

발자크(Honoré de Balzac, 1799~1850): 프랑스의 소설가.

베벨(August Ferdinand Bebel, 1840~1913): 독일의 사회주의 사상가, 사회민주당의 지도자.

베스파시아누스(Titus Flavius Caesar Vespasianus Augustus, 9~79): 로마 제국 9대 황제.

벨로흐(Karl Julius Beloch, 1854~1929): 독일의 고전 및 경제사가.

벨하우젠(Julius Wellhausen, 1844~1918): 독일의 성서 신학자이자 동양을 연구한 학자.

뵉크(August Böckh, 1785~1867): 독일의 고전학자, 골동품 수집가.

브루투스(Marcus Junius Brutus, Quintus Servilius Caepio Brutus, 기원전 85~기

원전 42): 로마 공화정 말기의 정치인. 율리우스 카이사르의 암살자 중 중요한 역할을 맡은 사람으로 더 잘 알려져 있다.

비텔리우스(Aulus Vitellius Germanicus Augustus, 15~69): 로마 제국 8대 황제.

사비나(Poppaea Sabina, 30~65): 네로 황제의 두 번째 부인으로서 로마의 황후.

사비누스(Titus Flavius Sabinus, 8~69): 로마의 정치인, 군인.

사투르니누스(Lucius Appuleius Saturninus, 기원전 100년 사망): 기원전 2세기에 활동한 로마 공화정의 정치인. 호민관으로 선동정치에 능하였으나 결국 살해당했다.

세네카(Lucius Annaeus Seneca, 기원전 4~65): 고대 로마 제국 시대의 정치인, 사상가, 문학자. 로마 제국의 황제인 네로의 스승으로도 유명하다.

알렉산더, 세베루스(Marcus Aurelius Severus Alexander Augustus, 208~235): 로마 제국의 24대 황제(재위 222~235).

세베루스, 셉티미우스(Septimius Severus, 146~211): 로마 제국 20대 황제.

세쿤두스(Lucius Pedanius Secundus, 61년 사망): 1세기 클라우디우스 황제 재위 시기의 로마 정치인.

술라(Lucius Cornelius Sulla Felix, 기원전 138~기원전 78): 로마 시대의 정치가, 장군.

쉐토니우스(Gaius Suetonius Tranquillusca, 69/75~130 이후): 공화정 시대 초기에 하급귀족계층에 속한 로마의 역사가.

쉬러(Emil Sch?rer, 1844~1910): 독일의 프로테스탄트교 신학자.

슈트라우스(David Friedrich Strauβ, 1808~1874): 독일의 신학자, 문필가. 예수의 신성을 부정한 "역사적 예수" 연구로 유럽 그리스도교 세계를 난처하게 만들었다. 역사적 예수 연구의 개척자이다.

슐로써(Friedrich Christoph Schlosser, 1776~1861): 독일의 역사가.

스미스(Adam Smith, 1723~1790): 스코틀랜드 출신의 정치경제학자이자 윤리철학자.

스페우시푸스(Speusippus, 기원전 약 408~339/8): 고대 그리스의 철학자, 플라톤의 조카로서 누이 포토네의 아들.

실라(?~?): 초대 교회의 중요한 지도자적인 인물. 예루살렘 교회에서 결정된 사실을 안디옥 교회에 전달할 때 특사로 갔으며 바울과 바나바를 따라다녔다.

아그립파(Agrippa, Marcus Vipsanius, 기원전 62~기원전 12): 로마 제국의 장군, 정치가로서 로마 초대 황제 아우구스투스의 강력한 부관(副官). 기원전 31년 악티움 해전에서 마르쿠스 안토니우스를 무찌르는 데 으뜸가는 공을 세웠다.

아그립파 1세(기원전 10~44): 유태 왕국 헤롯 대왕의 손자이며 왕이 되었다.

아그립파 2세(27~100): 아그리파 1세의 아들.

아그립피나(?~?): 로마 황제 칼리쿨라(재위 37~41)의 누이동생이자, 폭군 네로의 어머니.

아나니아(?~?): 초대 교회 당시 밭을 판 돈을 숨겼다가 아내와 함께 죽음의 징벌을 당한 자.

**아르켈라우스, 헤롯**(기원전 23~기원후 18): 기원전 4년부터 6년까지 사마리아, 유대, 이도메이아 지방을 다스린 분봉왕으로 로마 제국에 의해 임명되었다. 헤롯 대왕과 사라미아 출신의 말테체 사이에서 태어난 아들이다.

**아르키타스**(?~?): 고대 그리스 정치가·장군·수학자·기계학자. 타렌툼(지금의 타란토) 출생. 기원전 4세기 전반에 활동하였고 플라톤의 친구이며 피타고라스 학파이다.

**아리스토파네스**(기원전 약 445~385): 고대 그리스 아테네의 대표적 희극작가.

**아마시스**(?~?): 이집트 제26왕조의 왕(재위 기원전 570~523).

**아메노피스 4세**(기원 1336년 혹은 1334년 사망): 아멘호텝 4세로도 알려져 있으며, 이집트 제18왕조의 파라오. 전통적인 이집트 다신론을 버리고 유일신 신앙을 도입한 것으로 유명하다.

**아스테리우스**(Asterius, 약 350~약 410): 아마시아의 주교로서 동방교회에서 크게 추앙을 받는 강론집(Homilies)으로 유명하다.

**아우렐리우스**(Marcus Aurelius Antoninus Augustus, 121~180): 로마 제국 16대 황제(161~180). '철인황제(哲人皇帝)'로 불리며, 5현제 중 한 사람.

**아트론게스**(Athronges, ?~?): 헤롯 아르켈라우스 때에 일어난 봉기에서 유태인들의 지도자.

**아틸라**(Attila, 406~453): 훈족 최후의 왕이며 유럽 훈족 가운데 가장 강력한 왕

이었다.

**아폴로니우스**(Apollonius of Tyana, 15?~100?): 소아시아의 로마 속주 카파도키아의 티야나 읍 출신의 그리스 신피타고라스 학파 철학자.

**안토니우스**(Marcus Antonius, 기원전 83~기원전 30): 로마 공화정 시대의 정치가이자 군인. 율리우스 카이사르의 충실한 부하로 카이사르 군대 지휘관이자 행정가였고, 카이사르의 사후 옥타비아누스, 레피두스와 함께 제2차 삼두정치를 하였다.

**안티노우스**(Antinous, 약 111~130): 로마 황제 하드리아누스의 총애를 받은 아름다운 비티니아의 젊은이로서 사망 후에 신격화되었다.

**알렉산더, 아보노테이코스의**(?~?): 2세기의 악명 높은 사기꾼.

**알비누스**(Lucceius Albinus, ?~?): 62년부터 64년까지 유대아의 로마 총독이었으며, 64년부터 69년까지는 마우레타니아의 지방관이었다.

**암모니우스**(Ammonius Saccas, 3세기): 알렉산드리아 출신 그리스 철학자로서 신플라톤주의의 창시자로 불리며, 플로티누스의 스승이다.

**암브로시우스**(Sanctus Ambrosius, 약 340~397): 성 암브로스(Ambrose)로 불리며, 4세기에 활동한 서방 교회의 4대 교부 중 한 사람으로서 법률가이자 밀라노의 주교이다.

**에우세비우스**(Eusebius of Caesarea, 약 263~339): 로마의 역사가, 주석자, 그리스도교 호교론자. 314년경 팔레스티

나의 카이사랴의 주교가 되었다.

에피파네스(Antiochus IV Epiphanes, 기원전 약 215~164): 기원전 175년부터 164년 사망 시까지 셀레우키아 제국을 통치했다.

엘비디우스(Helvidius Priscus, ?~?): 스토아 철학자, 정치인. 네로, 갈바, 오토, 비텔리우스, 베스파시아누스 재위 기간에 생존했다. 그의 장인 트라세아 파에투스처럼 열렬한 공화주의 신봉자였다.

예로니무스(Eusebius Sophronius Hieronymus, 347~420): 성직자이며, 제1차 니케아 공의회 이후의 초대 교회 신학자이자 서방 교회의 4대 교부 중 한 사람으로서 성서를 라틴어로 번역한 것으로 잘 알려져 있다.

오리게네스(약 185~약 254): 알렉산드리아파를 대표하는 그리스도교의 교부.

오토(Marcus Salvius Otho Caesar Augustus, 32~69): 로마의 황제로서 재위기간은 3개월에 불과했다.

옴스테트(Frederick Law Olmsted, 1822~1903): 미국의 언론인, 사회비평가, 공무원, 조경설계자.

요세푸스, 플라비우스(Flavius Josephus, 약 38~약 100): 기원후 1세기의 유대인 정치 선동가이자 역사가.

우세르테센 3세(?~?): 기원전 2600~2500년경의 이집트 황제.

월리허(Adolf Jülicher, 1857~1938): 독일의 학자, 성서 주석가.

유베날리스(Decimus Iunius Iuvenalis, ?~?): 1세기 말부터 2세기 초까지 활동한 로마의 시인으로서 많은 풍자시를 지었다.

유스티누스(Iustinus Martyr, 100~165): 초대 교회 교부들 중 최초의 기독교 철학자며 변증자, 순교자.

율리우스(Canus Julius, ?~?): 칼리굴라 황제에 의해 죽음을 당한 스토아 철학자. 사망 후에 친구들에게 나타나겠다는 약속을 했고, 그들 중 한 명에게 환상으로 나타나 약속을 지켰다고 한다.

지크프리트(Siegfried): 고대 노르웨이어로는 Sigurd. 고대 게르만족의 영웅문학에 나오는 인물.

카라칼라(Marcus Aurelius Severus Antoninus Augustus, 188~217): 로마 제국 21대 황제(재위 209~217).

카리시우스(Arcadius Charisius, ?~?): 모든 반역 사건에서 고문의 보편적인 실행을 정당화한 최초의 법률가로서 인용된다.

카이사르(Gaius Iulius Caesar, 기원전 100~44): 고대 로마의 정치가, 장군, 작가. 그는 로마 공화정이 제정으로 변화하는 데 중요한 역할을 하였다

칼리굴라(Gaius Julius Caesar Augustus Germanicus, 12~41): 로마 제국 3대 황제. 본래 이름은 가이우스이며, 칼리굴라는 이름이 아니라 '꼬마 장화'라는 뜻을 가진 별명이다.

칼리스투스(Callistus, Callixtus, ?~222): 노예 출신의 교황 223년까지 5년 동안 교황직을 맡은 후 순교자로서 영광스럽게 죽었다고 한다.

칼토프(Albert Kalthoff, 1850~1906): 독일의 개혁 신학자, 철학자.

켈수스(Celsus, ?~?): 2세기의 그리스 철학

자이고 초기 그리스도교의 반대자였다. 오리게네스가 언급한 『참된 말씀』이란 저작으로 유명하며, 이는 그리스도교에 대한 최초의 포괄적인 비판서로 알려져 있다.

콘스탄티누스(Flavius Valerius Aurelius Constantinus, 272~337): 중기 로마 황제(재위 306~337)이다. 흔히 그리스도교 역사에서는 콘스탄티누스 대제로 통칭하며, 동방 정교회에서는 그를 성인으로 추대하여 성 콘스탄티누스로 불린다.

콤모두스(Marcus Aurelius Commodus Antoninus Augustus, 161~192): 로마 제국 17대 황제(재위 180~192). 마르쿠스 아우렐리우스의 아들이며, 로마 제국 사상 최악의 황제 중 한 사람으로 언급되어 '포학제'라고도 불린다.

쾰러(Ernst-Matthias von Köller, 1841~1928): 독일의 정치가.

퀴리노(Publius Sulpicius, 기원전 약 51~기원후 21): 로마의 귀족. 기원 후 6년에 4인체제에서 헤롯 아르켈라우스 분봉왕을 축출한 후 시리아의 지방관으로 임명되었고, 유대아 지방도 인구조사의 목적으로 이에 편입되었다.

퀸틸리아누스(Marcus Fabius Quintilianus, 약 35~약 100): 히스파니아 출신의 로마 수사학자. 그의 저술은 중세의 수사학에서, 그리고 르네상스 시기의 글에서 널리 참조되었다.

크라수스(Marcus Licinius Crassus, 기원전 약 115~53)는 로마 공화정의 군인이자 정치가였다. 술라파로 정계에 등장하여 스파르타쿠스 전쟁을 진압하고 율리우스 카이사르와 폼페이우스와 함께 제1차 삼두정치를 이끌었다.

크리소스토무스(약 349~407): 영어로는 요한 크리소스톰(John Chrysostom)이며, 초기 기독교의 교부이자 제37대 콘스탄티노폴리스 대주교였다.

크세노폰(기원전 약 430~약 354): 고대 그리스의 직업 군인이자 저술가이며, 소크라테스와 동시대를 살았고 그를 찬양하였다.

클라우디우스(Claudius, 기원전 10~기원후 54): 로마 제국 4대 황제이다. 마르쿠스 안토니우스의 손자이며, 아우구스투스의 아내 리비아의 손자이기도 하며, 티베리우스의 조카이기도 하다.

클레멘스, 알렉산드리아의(Titus Flavius Clemens: 약 150~약 215): 로마의 클레멘스라 불리는 교황 클레멘스 1세와 구분하기 위해 알렉산드리아의 클레멘스라고 알려져 있다. 그는 알렉산드리아 학파의 기독교 신학자였다.

클레멘스, 플라비우스(Flavius Clemens, ?~?): 베스파시아누스 황제의 형제로 티투스와 도미티아누스 황제의 삼촌이었다. 그는 티투스와 도미티아누스 황제의 질녀인 성녀 플라비아 도미틸라(Flavia Domitilla, 5월 12일)와 결혼하였다. 95년 로마 집정관이었던 성 플라비우스 클레멘스는 이듬해에 그리스도인으로서 도미티아누스 황제에 의해 참수형을 받아 순교하였다.

키르쿰켈리오네스파: 4세기 초부터 중반까지 북아프리카에서 활동한 그리스도교

극단주의자들의 단체로서 처음에는 사회적 불만사항을 개선하는 데 관심을 두었으나 도나투스파와 연결을 가졌다. 그들은 사유재산과 노예제를 정죄했으며, 채무의 탕감과 노예의 해방을 옹호했다.

키케로(Marcus Tullius Cicero, 기원전 106~기원전 43): 로마 시대의 정치가, 웅변가, 문학가, 철학자.

키프리아누스(Thascius Caecilius Cyprianus, 약 200~258): 초대 교회의 교부이자 주교.

타키투스(Publius Cornelius Tacitus, 56~117): 고대 로마의 역사가.

테르툴리아누스(Quintus Septimius Florens Tertullianus, 약 155~약 230): 초대 교회의 교부이자, 평신도 신학자. 삼위일체라는 신학 용어를 먼저 사용한 이로 알려져 있으며, 그의 라틴어 문체는 중세 교회 라틴어의 표본으로 간주된다.

텔레마쿠스(Telemachus): 오디세우스와 페넬로페의 아들로 호머의 『오디세이아』에서 중요한 역할을 담당한다.

툴리우스: 키케로를 가리킴.

트라세아(Publius Clodius Thrasea Paetus, ?~66): 로마의 원로원 회원이고 스토아 철학자로서 네로의 통치기간에 살았다. 그는 엘비디우스의 장인이며, 시인 페르시우스의 친구이다.

트라야누스(Marcus Ulpius Traianus, ?53~117): 로마의 황제(재위 98~117). 그는 제국을 동쪽으로 확장했으며 많은 도로, 교량, 운하, 도시를 건설했다.

트로피무스(Trophimus, ?~?): 에페소 사람

으로서 파울로의 세 번째 포교여행 시에 동행했다(사도행전 20:4; 21:29).

티베리우스(Tiberius Julius Caesar Augustus, 기원전 42~37): 로마 제국 2대 황제. 로마 제국의 초대 황제 아우구스투스의 양아들이자 아우구스투스의 황후였던 리비아 드루실라의 친아들이다.

티투스(Titus Flavius Caesar Vespasianus Augustus, 39~81): 79년부터 81년까지 로마의 황제.

틸랏트-필레제르 1세(?~?): 중 아시리아 시기의 아사리아 왕(기원전 1114~1076).

파두스(Cuspius Fadus, ?~?): 고대 로마의 하급 귀족. 44년부터 46년까지 유대아 속주의 총독을 지냈다. 그의 재임 기간에 평화가 회복되었으며, 튜다가 유일하게 소요를 일으켰다고 한다.

파 울 루 스 (Lucius Aemilius Paullus Macedonicus, 기원전 약 229~160): 로마 공화정의 집정관이자, 유명한 장군.

페레그리누스(Peregrinus Proteus, 약 95~165): 미시아 파리움 출신의 견유 철학자. 어린 나이에 가출하여 팔레스티나에서 그리스도인들과 지내다가 그 공동체에서 축출되어 견유 철학자의 생활을 선택했다고 한다.

페르티낙스(Pertinax, 126~193): 로마 제국 황제(재위 193. 1~193. 3). 해방 노예 출신으로, 169년 게르만족 침입 시에 큰 공을 세워 원로원에 진출했다. 192년 콤모두스가 죽은 후 원로원에 의해 황제로 추대되었다.

페리크티오네(Periktione, 기원전 5세기): 아테네의 입법자 솔론의 자손으로서 플라톤의 어머니이다.

페스투스(Porcius Festus, ?~?): 안토니우스 펠릭스의 뒤를 이어 58년부터 62년까지 유대아의 총독으로 재임했다.

펠릭스(Marcus Antonius Felix, 5~10년경 출생~?): 52년부터 58년까지 유대아 지방의 로마 총독.

폴리비우스(Polybius, 기원전 약 200~118): 헬레니즘 시대의 그리스 역사가로서 기원전 220년에서 146년의 기간을 상세히 다룬 역사책으로 유명하다.

폴리오(Publius Vedius Pollio, ?~기원전 15): 기원전 1세기 로마의 하급귀족. 로마 황제 아우구스투스의 친구였으며, 아시아 속주의 관직을 받았다.

폴리오르케테스, 데메트리우스(기원전 294~288) 알렉산더 제국의 봉토 분배에서 소아시아를 받은 안티고누스의 아들.

폼페이우스(Gnaeus Pompeius Magnus, 기원전 106~기원전 48): 로마 공화정 말기의 위대한 장군이자 정치인.

풀비아(Fulvia Flacca Bambula, 기원전 약 83~40): 후기 로마 공화정 시대에 생존한 귀족 부인.

프리틀랜더(Ludwig Henrich Friedländer, 1824~1909): 독일의 문헌학자.

프사메티쿠스(Psammetichus, ?~?): 이집트의 제26왕조인 사이테 왕조의 세 명의 파라오의 이름.

프톨레마이오스, 필로메토르: 이집트의 황제(재위 기원전 180~45)로서 그 시기에 시리아의 안티오코스 4세가 이집트를 침략해 보호령을 설치했다.

플라우투스(Titus Maccius Plautus, 기원전 약 254~184): 로마의 구라틴 시기의 극작가. 그의 희극들은 라틴 문학에서 온전한 형태로 남아 있는 가장 오래된 작품들이다.

플라이더러(Otto Pfleiderer, 1839~1908): 독일의 프로테스탄트교 신학자.

플라쿠스(Aulus Avilius Flaccus, ?~?): 기원전 32년 티베리우스에 의해 이집트 총독으로 임명되었으며 그의 총독 임기 중 알렉산드리아에서 유태인 대학살이 있었다.

플로루스(Gessius Florus, ?~?): 64년부터 66년까지 유대아 지방의 로마 총독. 그의 아내가 네로의 아내 포페아와 맺은 친분을 이용하여 네로에 의해 알비누스를 대신하여 총독으로 임명되었다.

플로티누스(Plotinus, 약 204/5~270): 고대 세계의 주요한 철학자로서 신플라톤학파.

플뤼거(Paul Pflüger, 1865~1947): 스위스의 사회정치적 선구자로서, 1895년에 스위스의 목사로서는 처음으로 사회민주당에 가입했다고 한다.

플리니우스, 조카(Gaius Plinius Caecilius Secundus, 기원후 61~약 112): 고대 로마의 법률가, 작가, 행정장관.

피우스(Titus Aelius Hadrianus Antoninus Augustus Pius, 86~161): 안토니누스로도 알려져 있으며, 138년부터 161년까지의 로마 제국 황제.

피타고라스(기원전 약 569~497): 이오니아의 그리스 철학자이자, 피타고라스학파라 불린 종교 단체의 교주. 기원전 6세기 말 피타고라스는 철학에 큰 영향을 끼쳤고 종교 교리를 가르쳤다. 특히 그의 이름을 딴 유명한 정리인 피타고라스의 정리로 가장 널리 알려져 있다.

필로(Philo, 기원전 20~50): 알렉산드리아의 필로라고 알려져 있으며 알렉산드리아에서 출생한 헬라문화권의 유태교 성서 철학자이다.

하드리아누스(Publius Aelius Trajanus Hadrianus Augustus, 76~138): 로마 제국 14대 황제(재위 117~138).

하르낙(Adolf von Harnack, 1851~1930): 독일의 자유주의 신학자이자 교회사 연구가.

하치(Edwin Hatch, 1835~1889): 영국의 신학자로서 『그리스의 관념과 관습이 그리스도교 교회에 미친 영향』이란 저서의 저자로 가장 잘 알려져 있다.

헤라클레이토스(기원전 6세기 초~?): 고대 그리스의 이른바 전소크라테스 철학자이다. "생성, 변화"를 중요시한 철학자라고 볼 수 있다.

헤렌(Arnold Hermann Ludwig Heeren, 1760~1842): 독일의 역사가. 저서로는 『고대 세계 주요 민족들의 정치, 교역 및 상업에 관한 관념』이 있다.

헤로도투스(기원전 약 480~약 420)는 고대 그리스의 역사가이다. 서양 문화에서 그는 "역사학의 아버지"로 여겨진다.

헤르츠베르크(Gustav Friedrich Hertzberg, 1826~1907): 독일의 저술가로서 고대사, 지역사의 역사가.

헤르츠펠트(Levi Herzfeld, 1810~1884): 독일의 유태교 랍비, 역사가.

호라치우스(Quintus Horatius Flaccus, 기원전 65~8): 고대 로마 공화정 말기의 으뜸가는 시인.

홀쯔만(Heinrich Julius Holtzmann, 1832~1910): 독일의 프로테스탄트교 신학자. 『공관복음: 그 기원과 역사적 특징』을 저술했다.

히르카누스(John Hircanus, 기원전 104 사망): 기원전 2세기 하스모니안 왕조의 지도자.

히에로클레스(Sossianus Hierocles, ?~?): 로마 후기의 귀족으로서 디오클레티아누스 재위 시기인 290년대에 시리아에서 지방관으로 있었다.

# | 색인 |

| 성경색인 |

# 칼 카우츠키 그리스도교의 기원

2011년 11월  7일 초판 1쇄 인쇄
2011년 11월 22일 초판 1쇄 발행

지은이 | 칼 카우츠키
옮긴이 | 이승무
감수자 | 손규태
펴낸이 | 김영호
펴낸곳 | 도서출판 동연
편  집 | 조영균 디자인 | 이선희 관  리 | 이영주
등  록 | 제1-1383호(1992년 6월 12일)
주  소 | 서울시 마포구 망원2동 472-11 2층
전  화 | 02)335-2630
전  송 | 02)335-2640
이메일 | ymedia@paran.com
홈페이지 www.y-media.co.kr

ISBN  978-89-6447-136-4   93200
Copyright ⓒ 이승무, 2011